DROIT, POUVOIR ET POLITIQUE

Association Nigérienne de Droit Constitutionnel (ANDC)

DROIT, POUVOIR ET POLITIQUE

Actes du Séminaire Scientifique

Niamey, 20 au 22 octobre 2021

Sous la direction

d'**Oumarou NAREY**

L'Harmattan Sénégal

10 VDN, Sicap Amitié 3, Lotissement Cité Police, DAKAR

senharmattan@gmail.com
senlibrairie@gmail.com

ISBN : 978-2-14-026100-8
EAN: 9782140261008

COMITÉ SCIENTIFIQUE

SOMMAIRE

VENDREDI 22 OCTOBRE 2021

Mercredi 20 octobre 2021

CÉRÉMONIE D'OUVERTURE DU SÉMINAIRE SCIENTIFIQUE

MOT DE BIENVENUE DU PRÉSIDENT DE L'ASSOCIATION NIGÉRIENNE DE DROIT CONSTITUTIONNEL (ANDC)

Messieurs les Présidents ou représentants des hautes juridictions nigériennes ;

Messieurs les membres du Gouvernement ;

Mesdames et Messieurs les honorables députés, représentants des groupes parlementaires de l'Assemblée nationale ;

Monsieur le Secrétaire Général, représentant le Recteur de l'Université de Tahoua ;

Madame la cheffe de département Science politique, représentante du Doyen de la FSJP ;

Messieurs les Professeurs membres du comité scientifique ;

Mesdames et Messieurs, les Professeurs, chers collègues communicants ;

Mesdames et Messieurs de la société civile et des médias publics et privés ;

Chers invités ;

Permettez-moi tout d'abord de dire combien mes collègues, membres du bureau de l'ANDC, et moi-même sommes heureux que cette activité scientifique prévue en octobre 2020, reportée au troisième trimestre, ait finalement lieu cette année, en dépit des contraintes liées à la pandémie de la Covid-19.

Ensuite, je voudrais vous souhaiter, au nom de l'ensemble des membres du bureau de l'ANDC et au mien propre, la chaleureuse et cordiale bienvenue à ce séminaire scientifique consacré à un thème digne d'un intérêt majeur : « ***Droit, pouvoir et politique*** ».

En effet, « ***pouvoir, droit et politique*** » sont consubstantiels à toute société humaine organisée autour des valeurs, qui en constituent les outils nécessaires de sa gestion ou de sa régulation, dans l'objectif de l'atteinte du bien commun de ses composantes. Ils se divergent de par leur nature, mais s'entremêlent bien souvent. Ainsi, si le pouvoir peut exister dans toute société ou association humaine, le pouvoir politique, qui nous préoccupe ici, est intimement lié à l'État.

Appliqué à l'État et au pouvoir politique institutionnalisé, l'ordre juridique n'est rien d'autre que la Constitution, justement appelée droit politique. Il est dès lors important de situer ces trois concepts dans leur origine pour saisir les relations qu'elles peuvent entretenir dans la société politique caractérisée par l'essor du constitutionnalisme, dans son principe fondamental de limiter le pouvoir politique. En réalité, il est question de mettre en rapport le pouvoir politique et le droit. On comprend ainsi mieux l'importance de cette dialectique entre Droit et Pouvoir politique, telle qu'elle ressort des termes de référence du présent séminaire. Le renvoi à Munia Abu Jamal, ***« le droit n'est que la continuation de la politique par d'autres moyens »***, et la référence faite au Doyen Louis Favoreu, ***« la politique saisie par le droit »***, fixent le décor. On sent naturellement que le pouvoir est une obsession du droit, mais reste la question de savoir que reste-t-il du droit dans cette obsession ?

À travers ces trois éléments, il ressort que le pouvoir et la politique sont saisis par le droit ; ce qui, en retour, ne cache pas que le droit reste aussi dans l'obsession du pouvoir politique. **Sur ce deuxième point, on note surtout la récurrence du pouvoir politique, dès que l'occasion se présente à lui de se débarrasser du droit, ou de créer cette occasion en s'appuyant sur les expédients de la politique pour retrouver son état de nature**. Ce phénomène traduit ce que la doctrine africaine qualifie de pathologie du constitutionnalisme, qui révèle la tension qui existe notamment entre le droit et le pouvoir politique. Elle se manifeste essentiellement par le bouleversement des règles de dévolution du pouvoir, le repositionnement institutionnel de certains organes de l'État, le renforcement des pouvoirs d'une institution au détriment d'une autre et la mise entre parenthèses de la protection des droits et libertés. Ici, c'est le droit qui est saisi par le pouvoir politique, voire le pouvoir militaire, ce qui conduit à l'émergence d'un champ para-juridique de solution des crises.

Nous sommes ainsi dans un mouvement pendulaire de l'horloge, du pouvoir politique saisi par le droit et du droit saisi par le pouvoir politique, en d'autres termes, la juridicisation du pouvoir politique et la politisation du droit.

Mesdames et Messieurs, chers invités,

Je tiens à exprimer ma sincère gratitude aux Professeurs membres du Comité scientifique d'ici et d'ailleurs, aux communicateurs pour avoir accepté de venir participer à cette activité annuelle qui nous permet d'échanger et de nous ressourcer. Je voudrais aussi remercier les invités réunis ici, ainsi que nos principaux partenaires techniques et financiers (le Gouvernement nigérien, la Fondation Hanns Seidel, la CENI, l'ARCEP, et la CNSS) et du monde universitaire (l'UAM, l'Université de Tahoua). Mes remerciements vont aussi aux membres de l'ANDC et au comité d'organisation ainsi qu'à tous ceux qui ont participé, d'une manière ou d'une autre à la parfaite tenue de ce séminaire qui est en réalité l'aboutissement d'un travail collectif considérable entrepris il y a un peu plus de deux ans de cela, quand le bureau de l'ANDC a entériné le thème choisi pour être débattu au cours de cette rencontre scientifique de Niamey.

Je voudrais terminer en formulant le vœu pour un séminaire des mieux récompensés puisque je suis certain que ses conclusions contribueront largement à l'atteinte des résultats déclinés dans les termes de référence de cette activité.

Je vous remercie de votre aimable attention.

Oumarou NAREY

Professeur titulaire de droit public

Agrégé des Facultés de droit

Président de l'ANDC

ALLOCUTION DE MONSIEUR LE REPRÉSENTANT RÉGIONAL DE LA FONDATION HANNS SEIDEL POUR L'AFRIQUE DE L'OUEST

Mesdames et Messieurs les Présidents des Institutions de l'État ;

Honorables députés nationaux ;

Monsieur le Recteur de l'Université Abdou Moumouni de Niamey, président de cette cérémonie ;

Monsieur le Secrétaire général de l'Université de Tahoua, représentant Monsieur le Recteur de l'Université de Tahoua ;

Monsieur le Président de l'Association Nigérienne de Droit Constitutionnel (ANDC), cher Professeur Narey ;

Mesdames et Messieurs les professeurs, membres du comité scientifique ;

Mesdames et Messieurs les membres de la communauté universitaire et scientifique, tout protocole respecté, chers étudiants et doctorants ;

Mesdames et Messieurs, distingués invités en vos titres, grades et qualités respectifs ;

C'est un grand honneur et un plaisir pour moi exprimé en toute sincérité d'être à nouveau parmi vous aujourd'hui et de vous souhaiter, au nom de la Fondation Hanns Seidel et en mon nom propre, la bienvenue au séminaire scientifique organisé par notre partenaire de longue date, l'Association Nigérienne de Droit Constitutionnel (ANDC), consacré cette année au sujet « Droit, pouvoir et politique ».

Monsieur le Président de l'ANDC, cher Professeur Narey, veuillez recevoir le témoignage de mon respect et de ma haute estime pour le courage que vous démontrez en proposant ce thème à la fois d'une grande complexité, brisance et actualité.

Dans la réalité que nous vivons dans tous les pays du monde, le droit, le pouvoir et la politique constituent trois pôles de la vie en société, en communautés, qui peuvent quelques fois paraître comme des éléments opposés, mais qui sont en fait plutôt complémentaires, interdépendants et même indispensables. Au niveau de l'État, le regard sur leur structuration, leur fonctionnement et leurs interactions dégage un dénominateur commun : c'est la constitution. La constitution est la loi fondamentale qui a pour mission d'en déterminer les relations, et interactions, d'établir l'équilibre, de définir les rapports de forces et même une « pondération fonctionnelle » entre ces facteurs. L'interprétation téléologique des constitutions, combinée et mise en synergie avec l'approche inter- ou transdisciplinaire de l'administration comparée, nous ouvre le regard sur les règles de base de fonctionnement de nos sociétés et en détermine les perspectives de développement, tout en considérant et en mettant en valeur les spécificités des cultures constitutionnelles et administratives du continent africain qui enrichissent le contenu de ses constitutions en termes de droit, de pouvoir et de politique.

En plus, cher Professeur Narey, considérant la qualité des enseignants, chercheurs et praticiens du droit constitutionnel que vous êtes une fois de plus arrivé à réunir autour de vous, ici à Niamey qui démontre encore une fois de plus pendant ces jours sa position de centre d'excellence et de référence de droit constitutionnel en Afrique occidentale et centrale, ne me laisse point douter de la pertinence des contributions et discussions prévues pour les trois jours à venir, et encore moins des conclusions que vous tirerez de ces travaux. Veuillez en accepter en même temps mes félicitations très sincères.

Les impacts de vos travaux scientifiques se manifestent dans la rédaction continue des constitutions des États de notre région. Certains problèmes constitutionnels relevés au cours des conférences de l'ANDC et des travaux de recherche menés autour de son action ont laissé leurs empreints dans la rédaction des nouvelles constitutions ou de leurs amendements. Les travaux de l'ANDC, soigneusement documentés dans les ouvrages collectifs que nous tenons aujourd'hui entre nos mains, témoignent des et illustrent ainsi les progrès du droit constitutionnel en Afrique qui ont fait leur entrée dans la rédaction normative, la légistique constitutionnelle. Telles sont les mérites de l'ANDC.

Ainsi, la Fondation Hanns Seidel est fière d'être en partenariat avec l'ANDC pour accompagner cette démarche de soutenir le constitutionnalisme et l'évolution continue du droit constitutionnel sur notre continent voisin et partenaire, l'Afrique. Veuillez me permettre de saisir cette opportunité pour exprimer ma profonde gratitude ainsi que mes encouragements à l'ANDC pour l'organisation théorique et méthodologique de ce séminaire. Nous sommes aussi particulièrement reconnaissants vis-à-vis du gouvernement de la République fédérale d'Allemagne et en particulier au Ministère fédéral de la Coopération économique et du Développement (BMZ) qui a mis à notre disposition les fonds nécessaires pour réaliser cette activité importante. Et, finalement, je tiens à adresser mes remerciements sincères à l'équipe de la représentation de la Fondation Hanns Seidel ici à Niamey sous la direction de mon collègue Ali Mounkaïla pour son appui engagé et infaillible à l'organisation pratique et logistique de ce séminaire.

Nous sommes déjà curieux de suivre vos contributions et discussions des trois jours à venir et de prendre connaissance de leurs conclusions. C'est dans cette attente que nous vous souhaitons beaucoup de succès pour vos travaux.

Merci de votre aimable attention.

Dr. Klaus GRÜTJEN

Représentant régional Afrique de l'Ouest / Sahel Fondation Hanns Seidel

ALLOCUTION D'OUVERTURE DU SÉMINAIRE SCIENTIFIQUE PRONONCÉE PAR MONSIEUR LE RECTEUR DE L'UNIVERSITÉ ABDOU MOUMOUNI DE NIAMEY

Messieurs les Présidents ou représentants des hautes juridictions nigériennes ;

Messieurs les membres du Gouvernement ;

Messieurs les honorables députés, représentants des groupes parlementaires de l'Assemblée nationale ;

Monsieur le Recteur de l'Université de Tahoua ;

Madame la représentante du Doyen de la FSJP ;

Messieurs les Professeurs ;

Mesdames et Messieurs, chers collègues ;

Mesdames et Messieurs de la société civile et des médias publics et privés ;

Chers invités ;

Nous voici à nouveau réunis à Niamey sur invitation de l'Association nigérienne de droit constitutionnelle (ANDC) pour animer un séminaire scientifique autour du thème : « **droit, pouvoir et politique** ».

Nous honorons cette invitation avec une année de retard, car ce colloque a été initialement prévu pour se tenir en octobre 2020, mais des circonstances exceptionnelles et mondiales ont amené l'ANDC à reporter sa tenue pour cette année 2021. Ce report a été imposé par un cas de force majeure, la pandémie de la Covid-19.

Cette maladie qui, à ses débuts paraissait banale, a bouleversé le monde et a eu des répercussions sur toutes les activités humaines. Les impacts sur la marche des États et des politiques publiques, sur l'aménagement des droits humains et les contraintes qui pèsent sur eux, le renforcement du pouvoir d'État face à l'urgence médicale et sociale, ne sont pas les moindres des effets induits par cette pandémie.

Certainement, les scientifiques de tous les domaines s'attèleront à étudier les conséquences de la pandémie actuelle sur tous les aspects, l'objectif de cette contextualisation est juste de rappeler à quel point la problématique ancienne des rapports entre droit, pouvoir et politique peut être impactée par la crise actuelle.

Les rapports entre ces trois notions sont animés par une tension dynamique qui peut être considérée comme congénitale, dans la mesure où le pouvoir, pour être stable, doit s'exprimer à travers le droit ; de même que la politique emprunte les voies du droit pour atteindre ses objectifs ; le droit, quant à lui, bien qu'émanant des deux autres, se pose comme la mesure et la limite du pouvoir et de la politique.

Ce séminaire nous donne l'occasion de nous interroger « *sur la relation entre politique et droit. En effet, le droit est à la fois une limite et un instrument qui renforce le politique en même temps. En amont : la politique doit se dérouler conformément aux règles suprêmes de l'État, ce qui constitue une contrainte, une limitation. Mais en aval, avant toute règle de droit il y a une volonté politique. On ne peut pas éliminer un des deux termes de cette contradiction. Il s'ensuit donc que droit et politique sont dans une relation de va-et-vient et de contradiction* ».

Ainsi, « *le droit régit le politique et procède de la politique. D'un côté, les gouvernants sont ainsi assujettis au droit. Il s'agit là d'un pouvoir fondé sur le droit mais qui n'est jamais absolu. Un tel pouvoir est fondé sur une ou plusieurs règles de droit, mais il est conditionné par celui-ci. Le pouvoir est donc borné, limité, parce que c'est la règle qui fixe les limites à ne pas franchir dans la conduite des affaires : c'est la règle du jeu politique. De l'autre, la constitution est certes le produit d'une volonté politique, mais celui qui la façonne, le pouvoir constituant est illimité parce qu'il est un pouvoir souverain, absolu. Il est le seul habilité à arrêter le pouvoir des gouvernants. Il est en effet encadré sur trois plans : la définition du statut des gouvernants, l'encadrement des compétences et les contrôles exercés sur eux.*

Ce rapport dialectique entre droit et politique est donc une réalité vivante en Afrique. Mais peut-on réglementer le politique, juridiciser le jeu politique en essayant de fixer ses règles ? Cette vocation du droit est fortement ambiguë ».

Les discussions auxquelles vont donner lieu ces interrogations nous permettront à la fin de ce séminaire d'atteindre les objectifs suivants :

- Identifier les différents mécanismes par lesquels le droit est instrumentalisé par le pouvoir politique ;
- Cerner les situations politiques dans lesquelles le droit a une vocation sinon purement, du moins largement, instrumentale ;
- Comprendre les mécanismes par lesquels le droit encadre le pouvoir et la politique ;
- Identifier les mécanismes par lesquels le droit contrôle le pouvoir et la politique dans leurs dimensions institutionnelles ;
- Relever les mécanismes par lesquels le droit contrôle l'activité normative des pouvoirs politiques.

Les nombreuses communications reçues, dont je ne doute pas de la richesse au vu de la haute valeur scientifique de leurs auteurs, nous permettront d'aller bien au-delà des objectifs ci-dessus rappelés.

En vous souhaitant un excellent séminaire, nourri de réflexions fécondes, je déclare ouverts les travaux du séminaire scientifique de Niamey consacré au thème « **droit, pouvoir et politique** ».

Je vous remercie de votre aimable attention.

Professeur Saidou MAMADOU

Recteur de l'Université Abdou Moumouni de Niamey

Fabrice HOURQUEBIE

PROPOS INTRODUCTIF SUR LE THÈME GÉNÉRAL : « DROIT, POUVOIR ET POLITIQUE »

Plus que jamais, pour suivre les conseils donnés à nos étudiants, compte tenu des termes du titre du colloque, et de leurs implications, l'approche par les définitions est nécessaire.

Politique. Le Lexique de termes juridiques donne une triple définition : *« la science du gouvernement des États ; la manière de gouverner ; l'ensemble des affaires publiques »*[1]. En Allemagne, on distingue parfois entre le concept de « la politique » *(die Politik)* et celui « du politique » *(das Politische)*. Alors que la politique touche à l'État et au pouvoir, et envisage la communauté par le haut, le politique est appréhendé comme logique de communication et discours sur des questions politiques et les affaires publiques.

Droit. Il s'agit de l'ensemble de règles qui organisent la vie en société et qui sont sanctionnées par la puissance publique. Les différentes branches du droit, telles qu'enseignées aujourd'hui, tendent à occulter l'existence d'un véritable « droit politique », cher aux Bordelais dont est l'auteur de ce rapport introductif, et je dirais même à l'École de Bordeaux : Duguit - sous l'influence de la conception sociale du droit développée par Émile Durkheim - écrivait déjà dès le début du XXème siècle que le droit constitutionnel est par son objet et sa vocation un droit politique ; suivi en cela des Maurice Duverger, Jean-Louis Seurin, Dmitri Georges Lavroff, Christian Bidegaray, Slobodan Milacic. La règle de droit est intrinsèquement politique ; mais la règle de droit constitutionnel est encore plus politique (par nature). D'où cette conception très institutionnelle, et donc politique, du droit constitutionnel, à l'opposé

[1] *Lexique de termes juridiques*, Dalloz.

d'une vision plus normativiste, et donc contentieuse, promue par l'École d'Aix-en-Provence. Reste que les deux approches ne me semblent pas irréconciliables, loin s'en faut, et sont même absolument complémentaires pour saisir l'objet constitutionnel dans son entièreté.

Pouvoir. Autre façon d'exprimer la puissance, la *« prérogative de commandement et de gouvernement »*[2], c'est-à-dire l'attribut de la souveraineté. Pas moins de douze occurrences dans le Lexique de termes juridiques ! Mais le sens que l'on retient ici est celui selon lequel « le pouvoir s'exerce dans le cadre d'une société politique ». Dans la perspective d'organiser la société politique (passage de l'État de nature à la société organisée au sens du Contrat social de Rousseau ou du Léviathan de Hobbes), le pouvoir est politique ou n'est pas. Dans notre discipline, le pouvoir est par nature d'origine politique – y compris dans les hypothèses de dévolutions extra constitutionnelles du pouvoir - et a vocation politique (dans l'acception de la *polis* antique), y compris quand il prend une forme violente (un acte de violence qui n'est pas en soi politique peut toutefois le devenir quand il s'accompagne de revendications qui, en elles-mêmes, sont de nature politique[3]). Pouvoir et politique ont donc destin lié ; d'où la liaison, parfois dangereuse, qui conduit souvent à associer les deux termes et parler de « pouvoir politique ».

Alors, bien sûr, vient en tête la belle formule du doyen Favoreu, *« La politique saisie par le droit »*[4], en titre de son ouvrage dans lequel il constatait la manière dont le Conseil constitutionnel français avait juridicisé les alternances politiques et leurs conséquences législatives. La formule a fait florès ; nul doute que nous allons la reprendre ici à plusieurs reprises. Car la formule est belle, signifiante et efficace. Elle renvoie aujourd'hui à un double phénomène bien connu, celui de la juridicisation et de la judiciarisation de la vie politique.

Trois termes, quelles relations entre eux ? Difficile de ne pas isoler l'un des deux autres dans ce ménage à trois. Preuve en est, ce triptyque de termes juridiques a d'ailleurs souvent été ramené à un diptyque dans l'exposé, par les organisateurs, des termes de références du colloque.

---

[2] *Ibid.*

[3] Ch. Gusy, « Considérations sur le droit politique », *Jus Politicum*, décembre 2008, http://juspoliticum.com/article/Considerations-sur-le-droit-politique-26.html, p. 3.

[4] L. Favoreu, *« La politique saisie par le droit » (alternances, cohabitation et Conseil constitutionnel) »*, Economica, 1988.

On posera pourtant l'hypothèse que le dialogue entre droit, pouvoir et politique, qu'il soit apaisé ou sous tension, est toujours fondateur de l'exercice de la souveraineté dans l'État. Nous tenterons de l'expliquer en trois temps qui seront autant d'articulations différentes des trois termes et de séquences d'institutionnalisation du pouvoir de l'État.

I. Le droit contre le pouvoir politique

II. Le pouvoir hors du droit politique

III. Le droit politique au service du pouvoir

I. Le droit contre le pouvoir politique

La thématique est ici bien connue. Le postulat de l'encadrement du pouvoir politique par le droit ***(A)*** n'est pas exempt de critique si on interroge ce qu'il convient d'admettre comme étant un présupposé sur la validité de la règle constitutionnelle ***(B)***.

A. Le principe

La règle juridique a vocation à encadrer la conduite à humaine en vue de relations sociales apaisées. Transposée dans notre domaine, cette conception conduit à considérer que le droit constitutionnel, défini par son objet, renvoie à l'encadrement juridique des « phénomènes politiques »[5]. C'est bien la vocation de régulation sociale de la règle de droit, qu'elle soit constitutionnelle ou non.

En conséquence, le droit (constitutionnel) a pour but d'institutionnaliser le pouvoir politique, c'est-à-dire de lui prescrire les limites juridiques de son action (des règles du jeu se substituent ainsi peu à peu aux simples rapports sociaux). Ces règles du jeu deviennent les instruments de la lutte autour du pouvoir et, ce faisant, ouvrent la voie de la soumission du pouvoir au droit par la fiction de l'acceptation d'une autolimitation de son pouvoir par le pouvoir lui-même (c'est le sens de l'État de droit).

L'objet premier du droit constitutionnel est alors de s'intéresser au fonctionnement réel d'un régime politique en décryptant ses règles jusqu'à le saisir dans son environnement global, que d'aucuns appellent

---

[5] J. Gicquel et J.-E. Gicquel, *Droit constitutionnel et institutions politiques*, Domat Droit public, LGDJ, 35ème éd., 2021-2022, p. 30.

le système politique. La règle de droit sort ainsi de la simple prescription normative pour s'intéresser à son environnement politique. Le droit déborde la constitution pour s'orienter vers les institutions, structures politiques, armature du pouvoir (le réflexe d'instaurer des Cours constitutionnelles face au pouvoir politique avec pour mission la régulation de la vie politique par ces juridictions est un très bon exemple à cet égard). Or sans contextualisation politique, comment rendre compte par le droit, de l'exercice du pouvoir ? C'est ainsi que, pour reprendre la distinction de Jean-Claude Colliard, aux côtés de la constitution juridique, existe une constitution politique.

Il en ressort que le droit (constitutionnel en l'espèce) est pris dans une contradiction : il est le droit du pouvoir politique et en même temps impose la soumission du pouvoir au droit. Dès lors, la constitution apparaît à la fois comme l'instrument de justification du pouvoir mais aussi comme celui de sa pérennisation. La traditionnelle antinomie entre pouvoir et droit peut en conséquence être surmontée par l'inscription d'une « axiologie constitutionnelle »[6] qui consiste à affirmer que le pouvoir se voit imparti de réaliser les valeurs par le moyen du droit. C'est bien le rôle du pouvoir constituant, rappelle Stéphane Pierré-Caps ; et cela revient à dire que tout droit énoncé est juste. En contrepartie, « le pouvoir gagne en légitimité, celle précisément qu'incarnent les valeurs proclamées par la constitution et à la réalisation desquelles il se trouve placé par le moyen du droit »[7].

B. La critique

Les critiques sur cette institutionnalisation du pouvoir politique par le droit et plus particulièrement par le droit constitutionnel, et l'acceptation par le pouvoir des limites à son exercice qui en découlent, existent. L'une d'entre elle est formulée par Michel Troper [8] dont nous voudrions reprendre ci-dessous les principaux points du raisonnement.

---

[6] St. Pierré-Caps, « La constitution comme ordre de valeurs », in *La constitution et les valeurs. Mélanges en l'honneur de Dmitri-Georges Lavroff*, Dalloz, 2005, p. 289.

[7] *Ibid.*, p. 289.

[8] M. Troper, « La machine et la norme. Deux modèles de constitutions », Communication au Congrès mondial de philosophie du droit à New York, 1999, in M. Troper, *La théorie du droit, le droit, l'État,* PUF, Léviathan, 2001, pp. 147-162.

Chaque type de constitution est censé correspondre à un certain type d'attributions, d'exercice et de fonctionnement du pouvoir politique. On présuppose ainsi que les autorités se comporteront conformément aux règles constitutionnelles considérées comme obligatoires. Cette idée selon laquelle l'efficacité de la constitution sera assurée dès lors que les autorités se soumettront à des règles obligatoires semble aller de soi aujourd'hui[9]. Il peut même s'agir d'une proposition analytique car on ne peut définir la constitution autrement que comme une espèce du genre « norme ». Pourtant rien ne garantit que les règles prescrites par la constitution seront respectées. Les contrôles eux-mêmes ne garantissent rien car il ne peut exister aucune certitude que le contrôleur se soumettra lui-même effectivement aux règles qu'il est censé appliquer[10]. C'est pourquoi, pour M. Troper, il existe du coup une autre conception de la constitution selon laquelle on n'attend pas que les gouvernants se soumettent librement à des règles obligatoires mais que l'organisation même du système détermine des comportements auxquels ces gouvernants ne pourront pas se soustraire[11].

Autrement dit, le « modèle mécanique » de constitution (Montesquieu, Blackstone, Madison) promeut la recherche de garanties internes ; quand le « modèle normatif »[12] (Sieyès et l'instauration d'une jurie constitutionnaire pour empêcher les violations de la constitution de 1795) vise à rendre la constitution obligatoire et à faire de ce caractère le critère de son efficacité. Sans ces garanties, le pouvoir s'écartera nettement de la règle de droit.

II. Le pouvoir hors du droit politique

C'est l'hypothèse du droit dessaisi par le politique, pour prendre le contrepied de la formule du doyen Favoreu. Cela suppose de démontrer l'existence d'un droit politique ***(A)*** qui, repoussé dans ses finalités libérales par le pouvoir, devient en fait un droit au service dudit pouvoir ***(B)***.

---

[9] *Ibid.*, p.154.

[10] *Ibid.*, p. 153.

[11] *Ibid.*, pp. 148-156.

[12] *Ibid.*, pp. 152-153 notamment.

A. L'EXISTENCE D'UN DROIT POLITIQUE

Faux débat en apparence. Dans la continuité des propos précédents, le droit constitutionnel est produit par le politique, régit la politique, est à la fois expression et limite au pouvoir politique, et lui-même le résultat de choix politiques, et l'expression de valeurs d'une société à un moment donné. Le droit constitutionnel est, à l'évidence, un droit politique.

On rejoindra ici les Xavier Magnon et Ariane Vidal-Naquet qui proposent alors plusieurs acceptions du concept de « politique »[13] qui, selon nous, témoignent chacune d'une caractéristique particulière d'un « droit politique » polymorphe ; sans pour autant apparaître ici comme un espace d'isomorphisme complet avec le droit constitutionnel (pour emprunter un terme cher à André Cabanis).

Pour nous, ce droit politique repose sur plusieurs axes ces axes sont autant de leviers de tentation pour le pouvoir qui va s'écarter des prescriptions du droit constitutionnel pour mieux s'approprier celles d'un droit politique qui, en raison de son triple objet, devient encore plus instrumental, c'est-à-dire maniable au service dudit pouvoir.

Ainsi, premièrement, le droit politique « règle l'exercice du pouvoir, entendu dans un sens plus large que celui de compétence »[14]. Le droit politique s'intéresserait à l'exercice des phénomènes politiques indépendamment de leur encadrement par le droit. C'est l'hypothèse d'un droit politique au-delà du droit constitutionnel, c'est-à-dire d'un droit politique supra constitutionnel : l'argument de la flexibilité politique, presque jus naturaliste, justifierait de s'affranchir facilement de la rigueur de la norme. Si, deuxièmement, on vise une lecture politique et institutionnelle des rapports de pouvoirs, alors « le droit serait politique par la lecture des institutions qu'il propose »[15]. C'est l'hypothèse d'un droit politique, cette fois, confondu avec le droit constitutionnel, c'est-à-dire un droit politique para constitutionnel qui justifierait des manipulations de la constitution derrière des impératifs toujours présentés comme légitimes. Enfin, si « le droit politique repose sur des valeurs sur le fondement desquelles se construit le droit positif

---

[13] X. Magnon et A. Vidal-Naquet, « Le droit constitutionnel est-il un droit politique ? », *Les Cahiers Portalis*, Association de l'Institut Portalis (AIP), 2018. ffhal-01973191, pp. 107-128.

[14] *Ibid.*, p. 113.

[15] *Ibid.*

constitutionnel en vue d'organiser une société déterminée, le droit serait alors politique par les valeurs qui le sous-tendent »[16]. C'est là l'hypothèse d'un droit politique en-deçà du droit constitutionnel, c'est-à-dire un droit politique infra constitutionnel qui autoriserait des écarts avec la règle de droit au nom de valeurs qui, elles-mêmes, ne sont pas du droit[17], et donc moins susceptibles de sanctions en cas de non-respect.

Ces hypothèses, que nous avons tentées de systématiser, traduisent en réalité les oppositions, déjà fort anciennes, entre Rousseau et Montesquieu, ou plus récemment dans la doctrine allemande, entre Carl Schmitt et Max Weber, sur le rapport droit et politique.

En choisissant de se placer hors de portée du droit politique, alors même qu'il est censé en être le sujet principal, le pouvoir accompagne un double mouvement de « déjuridicisation » du politique et de « repolitisation » du droit, aux fins de faire accepter une application de la règle juridique politiquement contestée, car instrumentalisée.

B. L'instrumentalisation du droit politique

Le droit constitutionnel est « largement un droit instrumental car il met et à la disposition des acteurs du jeu politique un arsenal de règles et procédures dans lequel chacun puise ses instruments aptes à renforcer sa position, à faire triompher ses idées et sa politique »[18]. N'importe quel choix s'inscrit dans une politique car leurs auteurs en attendent des effets concrets[19]. L'usage du droit peut être dans un sens conforme à l'esprit de la règle ; mais l'usage peut aussi être détourné. Et alors la règle de droit politique devient l'accessoire du pouvoir, par le biais de son instrumentalisation. Cette situation est bien connue dans un certain nombre d'États d'Afrique francophone, mais pas seulement.

Dans ce cas, le recours à une procédure ne correspond pas à l'intention du constituant, mais poursuit un but politique autre et exempt de toute

[16] *Ibid.*, p. 114.

[17] F. Hourquebie, Libre propos sur le juge constitutionnel et les valeurs, *Les Cahiers de la justice*, n°1, 2022, pp. 7-14.

[18] Ph. Ardant et B. Mathieu, *Droit constitutionnel et institutions politiques*, LGDJ, 32ème éd., 2020-2021, p. 20.

[19] *Ibid.*, pp. 20-21.

préoccupation constitutionnelle[20]. Dans cette hypothèse d'un droit politique au service du pouvoir, la lettre du texte l'emporte sur l'esprit ; l'utilisation des procédures constitutionnelles est déconnectée de la volonté du constituant qui leur a donné naissance. Le pouvoir donne ainsi à l'instrument (c'est à la dire la règle de droit) « une finalité que le constituant n'avait pas envisagée et qu'il désavouerait même certainement »[21]. On glisse de l'usage du droit politique par le pouvoir (pratique, coutume, convention de la constitution) à l'abus de droit par ce même pouvoir.

L'inflation des révisions constitutionnelles est un bon exemple. C'est un fait observable dans tous les États africains depuis les années quatre-vingt-dix avec une accélération ces dix dernières années. Cette intensification des révisions qui se traduit soit par la quantité des révisions soit par leur ampleur aboutit au détournement du sens des règles juridiques, à la dénaturation du régime par l'usage instrumentalisé des procédures du droit politique, ainsi qu'à la violation de l'esprit de la constitution allant même jusqu'à atteindre les clauses théoriquement insusceptibles de révision (cf. clauses d'éternité, clauses limitatives des mandats présidentiels etc…). Dans tous ces cas, l'instrumentalisation du droit par le pouvoir conduit à porter atteinte au caractère démocratique des institutions et à créer une instabilité juridique[22].

Ces amendements constitutionnels « commandités » révèlent la manipulation de la règle de droit politique. Avec l'appui des Parlements bien souvent dominés par une majorité écrasante, voire un parti dominant, la modification du texte constitutionnel apparaît toujours aisée, au service du pouvoir en place. Ainsi, l'usage instrumental de la règle constitutionnelle découle d'une sorte d'essoufflement de la règle de droit politique après une forme « d'euphorie constitutionnelle » [23] dans les années quatre-vingt-dix qui a présidé à son instauration. C'est le règne

---

[20] *Ibid.*, pp. 20-21.

[21] *Ibid.*, p. 21.

[22] F. Hourquebie, « Le sens d'une constitution vu d'Afrique », *Titre VII*, n°1, septembre 2018, https://www.conseil-constitutionnel.fr/publications/titre-vii/le-sens-d-une-constitution-vu-de-l-afrique; et J. du Bois de Gaudusson, « Défense et illustration du constitutionnalisme en Afrique après quinze ans de pratique du pouvoir », in *Mélanges en l'honneur de Louis Favoreu. Renouveau du droit constitutionnel*, Sirey, Dalloz, 2007.

[23] J. du Bois de Gaudusson, « Constitution sans culture constitutionnelle n'est que ruine du constitutionnalisme », in *Mélanges en l'honneur de Slobodan Milacic, Démocratie et liberté : tension ; dialogue, confrontation*, Bruylant, 2007, p. 338.

de la « prévalence de la procédure sur le fond et de la lettre du droit sur son esprit »[24].

Pour autant, droit, politique et pouvoir ne sont pas nécessairement des notions irréconciliables.

III. Droit et politique au service du pouvoir

C'est ici une réflexion sur le plan des paradigmes. Le paramètre juridique d'un côté ; le paramètre politique de l'autre. Les deux sont a priori opposés ***(A)*** mais s'articulent nécessairement au bénéfice de l'exercice du pouvoir dans l'État ***(B)***.

A. L'opposition entre le politique et le juridique

Le système de gouvernement étatique a toujours eu besoin de deux référentiels majeurs pour être nommé. La vocation démocratique et/ou libérale du pouvoir induit que ce dernier repose sur deux paramètres initialement opposés.

Le paramètre juridique d'abord. C'est Montesquieu, un des pères fondateurs du courant libéral, « soucieux avant tout du gouvernement modéré »[25] au service de la liberté et moins soucieux de la place du citoyen. Le juridique, c'est le droit, la norme, le juge, les libertés. Le libéralisme ressourcé à la post modernité a ainsi priorisé les libertés désormais devenues fondamentales[26], sur la participation des citoyens à l'exercice du pouvoir. La liberté est la précondition de tout. Elle est affirmée par la norme juridique qui organise avant tout la concurrence des libertés individuelles. Fort logiquement, c'est le juge qui en est le garant.

Le paramètre politique ensuite. Cette montée en puissance libérale depuis de nombreuses années a eu pour conséquence le recul du second paramètre, le politique. Le politique c'est Rousseau. C'est l'égalité, la majorité, le suffrage, l'élection, la participation. Cette égalité doit

---

[24] *Ibid.*, p. 339.

[25] S. Milacic, « Avant-propos », in S. Milacic, *De l'âge idéologique à l'âge politique. L'Europe post-communiste vers la démocratie pluraliste*, Bruylant, 2010, p. X.

[26] *Ibid.*, pp. XI-XVI.

s'exprimer pleinement dans l'espace politique ; l'élection et le vote en deviennent les ressorts privilégiés.

Or l'opposition entre ces deux principes – le principe du droit avec l'accent mis sur la liberté – le principe du politique avec l'accent mis sur l'égalité – conduit à une confrontation claire, dans les héritages philosophiques de chaque États, entre le courant libéral qui fonde l'État de droit et le courant démocrate, qui fonde la démocratie. C'est pourquoi, au départ, l'État de droit se construit contre les valeurs de la démocratie (que l'on songe aux refus des majorités politiques d'admettre l'existence d'un contrôle de constitutionnalité qui n'a d'autre signification que d'indiquer à la majorité qu'elle est dans l'erreur (elle s'est trompée en votant la loi) et que la démocratie est politique ou n'est pas ; seul le parlement jugeait de la validité des élections voire de la constitutionnalité des lois votées)

Mais à certains moments de l'histoire des États, l'articulation des deux volets du système dans une relation d'équilibre relatif a permis à la démocratie libérale (presque paradoxal d'accoler ces deux termes) de s'installer comme le système le plus fiable de l'histoire ; ce que Slobodan Milacic qualifie de « compromis systémique-fondateur »[27].

B. L'ARTICULATION ENTRE LE POLITIQUE ET LE JURIDIQUE

La démocratie est un système politique ; l'État de droit est un ordre normatif. Si on considère aujourd'hui que les deux sont les piliers de l'organisation d'une société politique moderne, il faut penser à leurs incompatibilités de départ. C'est là le génie des systèmes constitutionnels que de parvenir, avec plus ou moins de difficultés, à réaliser la synthèse entre les valeurs portées par le juridique d'un côté et le politique de l'autre, au service de l'institutionnalisation du pouvoir.

Le droit et le politique, la liberté et l'égalité, sont au final des valeurs partagées au soutien de l'exercice du pouvoir, incarnant « les reflets politiques de la bipolarité systémique »[28]. Ainsi, l'élection est légitime parce qu'elle est conforme à la norme qui l'organise, elle-même adoptée à l'issue d'un processus de délibération politique, processus encadré par

---

[27] *Ibid.*, p. XI.

[28] *Ibid.*, p. XIII.

des règles de droit etc… L'articulation des deux paramètres, politiques et juridiques, obéit, en fait, à une logique régressive sans fin. Et cela conduit à la nécessaire conciliation entre les deux débouchés institutionnels de ces paramètres : l'État de droit d'une part et la démocratie d'autre part. Là où la démocratie était simplement politique, elle devient libérale voire constitutionnelle. Là où l'État de droit se suffisait à lui-même, il devient démocratique, voire politique. Que de chemin parcouru : le doit et le politique, « en allant de concert », fondent l'institutionnalisation du pouvoir !

Maurice Duverger le relevait déjà, en notant que l'État de droit ou État légal est nécessairement un État minimal car délimité par les droits et libertés qui justifient des abstentions. L'État de droit définit le contenu juridique à l'intérieur duquel les libertés vont s'ajuster ; mais il ne définit pas le contenu des libertés, c'est ici le rôle du politique, c'est-à-dire de la majorité par l'exercice du suffrage. La rationalité formelle de l'État de droit suppose donc aussi une rationalité matérielle, qui est celle de la démocratie.

Jean-Louis Seurin n'écrivait pas autre chose :

> « Si je dis État de droit vous pensez tout d'abord à un modèle normatif, c'est-à-dire à du droit formel (…). La notion d'État de droit la plus pertinente d'un point de vue d'une approche réaliste revient à la fois à la doctrine allemande avec Ihering et Jellinek et, je suis fier de le dire, à la doctrine française de l'École de Bordeaux, celle de Duguit (…). Il est juste de rappeler que le réalisme de Duguit à cette époque devait beaucoup à l'analyse de l'État par Durkheim, qui est mal connue en droit positif, mais qui définissait la démocratie (…) en termes d'information et de communication politique ». Sur ce point, je vous renvoie à ce texte superbe de Durkheim intitulé « Leçons de sociologie » (…). Dans cette optique l'État [de droit] est déjà désacralisé et le phénomène étatique est déjà ramené à une réalité des rapports d'interdépendance et des gouvernants et gouvernés. (…) A cet égard, l'existence historique et sociologique de l'État de droit doit être clairement identifiée à la pratique politique des démocraties pluralistes constitutionnelles »[29].

---

[29] J.-L. Seurin, « Le problème minoritaire face à l'exigence démocratique. Essai de typologie », Texte reproduit dans les *Mélange en l'honneur de S. Milacic* (préc.,), pp. 1-21, et particulièrement, pp. 3-4.

C'est ainsi que les deux composantes, droit et politique, dans leurs cohérences propres, se rejoignent en profondeur au sein du système global du pouvoir, dans « une logique commune obtenue par une sorte de compromis systémique qui est, aussi, un compromis historique »[30]. C'est d'ailleurs tout le sens du travail de la Commission de Venise, « La démocratie par le droit ». Et c'est aussi tout le sens de ce colloque de nous montrer que, dans la démocratie constitutionnelle, avatar moderne de l'ancien État de droit démocratique, droit, pouvoir et politique peuvent avant tout dialoguer plutôt que de s'affronter.

Fabrice Hourquebie

Professeur de droit public – université de Bordeaux

Directeur du Centre d'Études et de Recherches Comparatives sur les Constitutions, les Libertés et l'État (CERCCLE)

Secrétaire général de l'Association française de droit constitutionnel (AFDC)

---

30 S. Milacic, *préc.*

ACTE 1

LE DROIT ET SES VALEURS, ENTRE POUVOIR ET POLITIQUE

Sous la présidence de Monsieur le Professeur **Babacar KANTE**, Doyen honoraire de l'UFR de droit et science politique de l'Université Gaston Berger de Saint Louis (Sénégal)

Avec comme modérateur Monsieur le Professeur **Mahaman Sanoussi TIDJANI ALOU**, Ancien Doyen de la FSEJ, Université Abdou Moumouni (Niger)

André CABANIS

DROIT CONSTITUTIONNEL, POUVOIR MILITAIRE ET POLITIQUE EN AFRIQUE

L'histoire politique de l'Afrique depuis les indépendances des années 1960 est très marquée par la présence d'un pouvoir militaire qui a souvent ébranlé la stabilité constitutionnelle des pays composant ce continent[1]. Pourtant, lorsque ces nations parviennent à se libérer du joug colonial, les régimes politiques mis en place se veulent civils. Pour ce qui est des États composant le groupe subsaharien de succession coloniale française, ils relèvent de présidents ayant conduit le combat pour la souveraineté de leur peuple et possédant souvent une expérience de la vie parlementaire pour y avoir participé comme membres des assemblées mises en place sous la IVe République[2]. Ils installent des institutions fondées sur le multipartisme et sur une place notable reconnue aux syndicats qui ont joué un rôle dans le combat contre la colonisation. Rapidement, ce pluralisme est jugé par beaucoup comme contraire à un objectif d'efficacité qui s'impose dans des pays qui ont besoin de la mobilisation de toutes les énergies pour assurer leur développement économique dans une ambiance d'interventionnisme qui conduit à s'en remettre aux structures publiques pour jeter les bases de la croissance. Les jeux parlementaires sont peu compréhensibles par une opinion publique qui

[1] Nous avons eu l'occasion de traiter de « La négation du prétorianisme » dans les Constitutions africaines dans *Le constitutionnalisme de la troisième vague en Afrique francophone* (Louvain 2010, p. 121 à 159). Les évolutions de la dernière décennie nous ont conduit à cette approche renouvelée.

[2] Les plus connus sont Léopold Sédar Senghor, Sekou Touré, Sourou Migan Apithy, Modibo Keita et Félix Houphouët-Boigny. D'autres ne bénéficient pas de la même notoriété : Hubert Maga, Justin Ahomadegbé et Émile Derlin Zinzou au Bénin, Maurice Yaméogo en Haute-Volta, Philibert Tsirana à Madagascar, Sylvanus Olympio au Togo.

attend beaucoup de l'indépendance et qui est évidemment déçue par des résultats qui ne sont pas à la mesure des espoirs suscités. C'est dans ces conditions que l'irruption de l'armée sur le terrain politique est relativement bien acceptée dans la mesure où elle apparaît, à ses débuts, comme un gage d'efficacité liée à l'habitude du commandement chez les officiers, comme une promesse d'unité particulièrement nécessaire dans des pays nées récemment à partir de frontières coloniales très artificielles, enfin comme une garantie d'honnêteté souhaitable après les soupçons de corruption qui entourent le personnel politique et administratif des régimes démocratiques.

On pourrait tenter une typologie sommaire, fondée sur la chronologie de ces pouvoirs prétoriens[3]. Les premiers installés, remontant aux années 1970, s'appuient sur des colonels ou des généraux souvent issus des armées coloniales. Il s'agit d'officiers supérieurs[4] ayant l'expérience de l'autorité et qui tranchent sur les atermoiements de l'ancienne classe politique. En même temps, ils n'ont qu'une expérience politique limitée et commettent, de ce dernier point de vue, pas mal de maladresses qui les déconsidèrent aux yeux des nouvelles élites intellectuelles. En outre, ils ne se démarquent pas assez ostensiblement de l'ancienne puissance coloniale. Il n'en va pas de même de la génération suivante qui s'impose durant la décennie 1980. Ce sont de jeunes officiers[5], ayant bénéficié d'une formation pluridisciplinaire liée à la conviction qu'ils devront jouer un rôle important dans ces États naissants. Ils évincent leurs aînés à l'égard desquels ils ne nourrissent guère d'estime. Ils se réclament d'un marxisme qu'ils veulent adapté à l'Afrique. Ils s'appuient sur les gouvernements appartenant au bloc socialiste où ils cherchent des exemples et des appuis qui leur permettent de se démarquer de l'ancienne métropole. Ils ont une bonne pratique des techniques de la communication politique ce qui leur permet d'exercer une certaine séduction sur les médias occidentaux. Ils contrôlent leur population par

---

[3] Patrick Mac Gowan, "African military coups d'états, 1956-2001. Frequency, Trends, and Distributions", *Journal of Modern African Studies*, 2003, p. 339-370.

[4] L'on peut citer le colonel Soglo au Bénin, le lieutenant-colonel Lamizana puis le général Saye Zerbo au Burkina Faso, le général Ramanantsoa à Madagascar, le lieutenant Moussa Traoré au Mali, le lieutenant-colonel Gnassingbé Eyadema au Togo…

[5] L'on peut citer les commandants Ngouabi au Congo-Brazzaville et Kérékou au Bénin, Didier Ratsiraka, « l'amiral rouge », à Madagascar et le capitaine Sankara dans ce qui va devenir le Burkina Faso.

un réseau de comités de défense de la Révolution sur le modèle cubain... A côté de ces deux prétorianismes, l'un plutôt conservateur, l'autre progressiste, apparaissent des formes dégénérées de régimes militaires, avec des titulaires tels Jean Bedel-Bokassa en Centrafrique ou Idi Amin Dada en Ouganda, auxquels le pouvoir monte à la tête jusqu'à imposer des caprices grotesques. L'image de la vie politique en Afrique ne s'en trouve pas grandie.

Dans la mesure où ils n'ont pas toujours une aussi piètre allure que dans ces deux derniers cas, les militaires jouent un rôle souvent décisif en Afrique francophone durant plus de vingt ans, jusqu'à ce qu'interviennent les bouleversements politiques des années 1990. On peut s'étonner d'une place si importante occupée par ces officiers dont certains restent au pouvoir plusieurs dizaines d'années. Au-delà de l'habileté ou de la brutalité de nombre de ces militaires, plusieurs éléments expliquent cette longévité au pouvoir[6]. Il y a certainement des qualités inhérentes à la carrière des armes, avec la capacité de décider et la détermination à mettre en œuvre des politiques souvent audacieuses, sinon toujours réalistes. S'y ajoute, en principe, un patriotisme qui se déploie au service de l'État, avec la volonté de construction de nouvelles nations, ce qui est particulièrement utile en cette période de mise en place de pays jeunes et fragiles, ayant récemment accédé à la souveraineté. Pour stabiliser et prolonger ces régimes prétoriens s'ajoute souvent l'appui de puissances étrangères qui font peu de cas de l'autoritarisme que manifestent ces militaires mais qui se félicitent de la stabilité qu'ils imposent à leurs peuples, surtout lorsqu'il s'agit d'alliés fidèles. Ce dernier aspect est particulièrement important en cette époque d'opposition de la communauté internationale en deux blocs rivaux. Si certains dans le camp occidental s'indignent que l'on puisse s'appuyer sur des gouvernements peu respectueux des libertés publiques, ces scrupules ne pèsent guère par rapport aux avantages de pouvoir compter sur certains pays africains, notamment lors des votes importants à l'Assemblée générale de l'ONU... La transition démocratique des

---

[6] Sur la notion d' « actes de dictature martiale » comme une « catégorie constitutionnelle hétérodoxe », cf. Adama Kpodar et Dodzi Kokoroko, « Remarque sur quelques mutations du droit constitutionnel par les crises politiques en Afrioque », *Démocratie en questions. Mélanges en l'honneur du professeur Théodore Holo,* Toulouse 2017, p. 244-245.

années 1990 va tout modifier[7]. Les Constitutions des nouveaux régimes reflètent les préoccupations du moment, notamment à l'égard du prétorianisme. Si nombre de dispositions sont l'expression des traditions républicaines (I) qui impliquent que l'armée soit exclue de la vie politique, il faut aussi souligner la présence d'importantes dispositions qui expriment la crainte de ces nouvelles démocraties à la perspective que revienne le temps des coups d'État (II) ce qui n'empêche pas que, paradoxalement et dans certains cas, il se trouve une partie de la doctrine pour faire l'éloge d'un retour de l'armée dans la vie politique, non pour détruire les Constitutions démocratiques mais pour les rétablir (III).

I. La place du pouvoir militaire dans les Constitutions à la lumière des traditions républicaines

Au premier rang des traditions républicaines, figure une formule d'un laconisme martial, plaçant le président de la République à la tête des forces armées. C'est une façon élégante de garantir, au moins à s'en tenir aux textes, le respect de la maxime romaine : « Que les armes le cèdent à la toge »[8]. On peut espérer qu'à partir du moment où l'élu du suffrage universel se voit reconnaître comme disposant de l'autorité la plus élevée sur l'institution militaire, aucun général ne pourra s'ériger en rival. Si l'on cherche à reconstituer la généalogie de la phrase confiant un tel pouvoir au chef de l'État, il faut évoquer la Constitution française de la seconde République : le président de la République « dispose de la force armée »[9]. Les lois fondamentales dont s'est dotée la France en 1946 et 1958 se rallient à une formule un peu plus sobre, conférant au président

---

[7] Le discours de la Baule prononcé par François Mitterrand lors de la seizième conférence des chefs d'État d'Afrique et de France, encourage cette démocratisation des régimes africains, quoiqu'en des termes beaucoup moins prescriptifs qu'on ne le prétend souvent.

[8] En latin : *Cedant arma togae*, inspiré de Cicéron (*De Officiis*, I, 22).

[9] Art. 50. Dans la mesure où une crainte chasse l'autre, le constituant de 1848 prend en compte le risque que le chef de l'Etat utilise cette disposition pour renverser la République. Ainsi la phrase complète est : « Il dispose de la force armée, sans pouvoir jamais la commander en personne ». Cette méfiance est fondée, comme le prouve le fait que Louis-Napoléon Bonaparte, premier président élu au suffrage universel, instaure le Second Empire le 2 décembre 1851 en s'appuyant sur l'armée.

le titre de « chef des armées »[10]. Pour leur part, toutes les Constitutions africaines sur lesquelles porte notre étude présentent le président comme le « chef suprême des forces armées »[11], l'adjectif « suprême » étant parfois omis ce qui est sans doute de peu de conséquence[12]. Toutes ces lois fondamentales font découler de ce titre le droit de présider les conseils en charge -sous des dénominations diverses- d'organiser la politique de défense.

Par rapport à cette position prééminente du chef de l'État, placé sans aucune discussion ni exception au sommet de la hiérarchie militaire, l'articulation entre ses pouvoirs et ceux du premier ministre apparaît plus problématique. Avec la Constitution de 1958, les juristes français ont dû déployer un vrai talent d'exégètes pour rendre compatible le titre de chef des armées reconnu au président avec le fait que le gouvernement « dispose de l'administration et de la force armée »[13]. Les lois fondamentales africaines sont beaucoup plus claires et explicites dans l'affirmation de la suprématie du président en matière de défense. Deux formules sont les plus généralement utilisées. La première consiste à indiquer simplement que le chef de l'État définit la politique de défense avec des rédactions variées mais au fond peu différentes : en Guinée, « le président est responsable de la défense nationale »[14] ; à Madagascar, le président arrête « le concept de défense »[15] ; au Sénégal, « le président de la République est responsable de la défense nationale »[16]. La seconde formule consiste à préciser, à propos des fonctions du premier ministre qu'il applique ce qu'a décidé le président, là encore avec des rédactions diverses : « au Burkina Faso, « le premier ministre est responsable de l'exécution de la politique de défense nationale définie par le président

---

[10] Art. 33 de 1946 et 15 de 1958.

[11] Art. 62 béninois, 52 burkinabè, 33 centrafricain, 90 congolais, 22 gabonais, 36 guinéen, 56 malgache, 44 malien, 63 nigérien et 45 sénégalais.

[12] Art. 8-2 camerounais, 73 ivoirien, 94 tchadien et 72 togolais. Dans notre ouvrage *Le constitutionnalisme de la troisième vague en Afrique francophone* (ouvr. cité), nous posons la question du caractère valorisant ou pas de l'adjectif « suprême ». Nous n'y reviendrons pas ici. On trouvera cette interrogation à la p. 125.

[13] Art. 20 de 1958.

[14] Art. 36 guinéen.

[15] Art. 55 malgache.

[16] Art. 45 sénégalais.

du Faso »[17] ; au Mali le premier ministre « est responsable de l'exécution de la politique de défense nationale »[18] ; au Tchad « le gouvernement exécute la politique de la nation définie en conseil des ministres »[19] etc. La tendance générale est, au fil des révisions, de renforcer l'autorité du président. Par exemple, la réforme de 2018 au Gabon modifie le libellé de l'article 28 (« Le gouvernement conduit la politique de la nation sous l'autorité du président de la République et en concertation avec lui ») en supprimant la référence à quelque *concertation* que ce soit.

Il est un autre espace qui fait figure de terrain de rivalité potentielle entre les deux branches de l'exécutif : c'est la répartition des pouvoirs de nomination des agents publics les plus importants. Là encore, on peut distinguer deux solutions différentes[20]. Avec la première, le chef du gouvernement se voit concéder une responsabilité limitée, le président se réservant le choix pour les postes les plus élevés. Par exemple le premier ministre burkinabè « nomme aux emplois civils et militaires autres que ceux relevant de la compétence du président »[21] ; au Congo Brazza, il « nomme aux emplois civils et militaires autres que ceux pourvus en conseil des ministres ou par décret simple du président de la République »[22] ; au Gabon, il nomme aux postes civils et militaires sous réserve des « emplois supérieurs » confiés au chef de l'État[23]. La seconde solution consiste de façon très révélatrice, à réserver au chef de l'État les nominations aux emplois militaires : au Cameroun, le président nomme aux emplois civils et militaires, tandis que le premier ministre nomme

---

[17] Art. 63 burkinabè.

[18] Art. 55 malien.

[19] Art. 105 tchadien.

[20] Sans compter naturellement les Constitutions qui ne confient aucun pouvoir de nomination au premier ministre mais seulement au président, sauf délégation de sa part : art. 67 ivoirien, 46 malien et 98 tchadien qui prévoit une possibilité de délégation au premier ministre. Une rareté : la Constitution nigérienne de 1996 propose une longue énumération des fonctions qui dépendent ainsi du chef de l'État, y compris dans l'armée : « (…) les officiers généraux, le chef d'état-major général des armées et son adjoint, le haut commandant de la gendarmerie nationale et son adjoint, le haut commandant des forces nationales d'intervention et de sécurité et son adjoint, l'inspecteur général des forces armées nationales (…) » (art. 47). L'actuelle loi suprême renvoie à la loi pour déterminer les emplois relevant du chef de l'État (art. 70).

[21] Art. 63 burkinabè.

[22] Art. 101 congolais.

[23] Art. 20 et 29 gabonais.

seulement aux pouvoirs civils « sous réserve des prérogatives reconnues au président de la République dans ces domaines »[24] ; la formule est à peu près identique en Centrafrique[25] ; au Sénégal, le président « nomme à tous les emplois militaires »[26] ; au Togo, « le président de la République après délibération du Conseil des ministres nomme (…) les officiers commandants des armées de terre, de mer et de l'air et (…) les officiers généraux »[27] ; à Madagascar, le président nomme les militaires placés auprès des organismes internationaux[28].

S'agissant des rapports -parfois de la rivalité- entre le chef de l'État et le premier ministre, la tendance est donc au renforcement des pouvoirs du premier. On peut de nouveau prendre l'exemple du Gabon et de la révision de 2018 qui ajoute à l'article 20 concernant la nomination par le président des titulaires de « fonctions importantes », l'obligation, intimée aux commandants en chef des forces de défense et de sécurité, de prêter un serment devant le président de la République : « Je jure de défendre la patrie (…), dans le strict respect de ses (sic) obligations de loyauté et de fidélité à l'égard du chef de l'État ». Comme l'on pouvait s'y attendre cette révision a été fort contestée par l'opposition. A noter que, désormais, le serment est également imposé au vice-président de la République, rapprochement de statut avec les militaires trahissant peut-être les craintes ressenties par le chef de l'État à l'égard de l'un comme des autres.

Quelques pays -peu nombreux- choisissent un équilibre différent, plus favorable au chef du gouvernement. A Madagascar, il « assure la sécurité, la paix et la stabilité sur toute l'étendue du territoire national dans le respect de l'unité nationale ; à cette fin, il dispose de toutes les forces chargées de la police, du maintien de l'ordre, de la sécurité intérieure et de la défense ; en cas de troubles politiques graves (…) (il) peut recourir aux forces de l'ordre pour rétablir la paix sociale »[29]. Le Niger a conservé une formule proche de celle utilisée en France et dont

---

[24] Art. 8-10 et 12-3 nigérien.

[25] Art. 33 et 52 centrafricain.

[26] Art. 45 sénégalais.

[27] Art. 70 togolais. Il est aussi des pays qui mêlent les deux formules, tel le Cameroun où premier ministre « nomme aux emplois civils, sous réserve des prérogatives reconnues au président de la République dans ces domaines » (art. 12.3 camerounbais).

[28] Art. 55 malgache.

[29] Art. 65 malgache.

on a évoqué l'ambiguïté : « Le Gouvernement (...) dispose de l'administration et de la force publique. Il peut disposer de la force armée dans les conditions déterminées par la loi »[30]. La formule tchadienne va plus loin : « le Gouvernement assure la sécurité publique et le maintien de l'ordre dans le respect des libertés et des droits de l'Homme. // A cette fin, il dispose de toutes les forces de police chargées du maintien de l'ordre et de la sécurité intérieure »[31].

Comme sur de nombreux points, la Constitution béninoise présente une forte spécificité. Elle ne prévoit pas de chef du gouvernement mais confie cette fonction au chef de l'État. On sait que la pratique politique n'a pas empêché le président, à quatre reprises, de s'appuyer sur un premier ministre, avec l'accord de la Cour constitutionnelle. Cette dernière se fonde sur la différence entre les fonctions de premier des ministres et celle de chef du gouvernement[32], distinction dont d'autres pourraient s'inspirer puisqu'à peu près partout c'est celui qui a été élu au suffrage universel qui donne les impulsions décisives aux titulaires des divers départements ministériels. D'ailleurs la Constitution béninoise distingue bien les deux fonctions avec deux articles différents : l'un qui prévoit les compétences du chef du gouvernement, notamment le fait disposer de la force armée et d'être responsable de la défense nationale ; l'autre qui confère au président le titre de « chef suprême des armées » et lui confie la présidence du Conseil supérieur de la défense dont il choisit les membres. Il lui appartient également de nommer les officiers généraux et supérieurs[33].

Pour ce qui est de la place et du rôle des forces militaires, la tradition constitutionnelle républicaine ne se borne pas évidemment pas à arbitrer entre les composantes de l'exécutif, elle fixe la place du législatif. Dans un système qui se veut fondé sur le suffrage universel, les assemblées élues ne sauraient se voir privées de toute fonction d'orientation, de contrôle et de vérification. C'est dans deux circonstances qu'elles sont appelées à se prononcer, la première relevant du rôle normal d'intervention de la représentation nationale dans la détermination des grandes options politiques, en l'occurrence dans le domaine de la défense. Toutes les Constitutions que nous étudions précisent avec soin

---

30 Art. 76 nigérien.

31 Art. 113 tchadien.

32 DCC 96-020 du 26 avril 1996.

33 Respectivement art. 54, 62 et 56 béninois.

le domaine de la loi et toutes utilisent la même formule confiant au législatif « l'organisation de la défense »[34]. C'est certainement l'aspect où les lois fondamentales des pays composant l'Afrique subsaharienne de succession coloniale sont les plus exactement semblables. Dans les faits, c'est surtout par le biais des votes sur les questions financières et plus précisément dans le cadre des lois de programmation militaire que le Parlement a l'occasion d'examiner et est appelé à approuver les principaux choix gouvernementaux en matière de défense. Ces options ne sont pas négligeables dans la mesure où l'expérience montre que les revendications financières, notamment pour ce qui est des rémunération et des conditions de vie, constituent l'une des motivations parfois déterminantes pour inciter les militaires à sortir des casernes et à revendiquer le pouvoir, même si ce n'est pas l'argument officiel auprès de l'opinion publique[35].

La seconde occasion d'intervention pour les élus du peuple, est plus dramatique et heureusement très exceptionnelle. Il s'agit de la déclaration de guerre. Si la quasi-totalité des Constitutions africaines réserve aux assemblées le droit de dernier mot en ce domaine[36], la formulation n'est, ici, pas exactement uniforme dans la mesure où l'intervention du législatif peut se faire sous forme de décision ou d'approbation *a posteriori* de la déclaration formulée par l'exécutif. Quelques textes imposent d'ailleurs des conditions plus rigoureuses qu'un vote à la majorité simple : majorité absolue des membres composant le Parlement à Madagascar[37] ou majorité des deux tiers en Guinée[38]. A l'inverse, en Côte d'Ivoire, la décision finale est facilitée par le fait que l'opposition éventuelle de la seconde chambre peut être surmontée par un vote de la seule Assemblée nationale[39], voire et en cas d'obstacle à la réunion de

---

[34] Art. 98 béninois, 101 burkinabè, 26 camerounais, 80 centrafricain, 125 congolais, 101 ivoirien, 47 gabonais, 72 guinéen, 95 malgache, 70 malien, 100 nigérien, 67 sénégalais, 137 tchadien et 84 togolais.

[35] Michel L. Martin, *Le Soldat africain et le politique : essais sur le militarisme et l'État prétorien au sud du Sahara,* Toulouse, 1990.

[36] Art. 101 béninois, 106 burkinabè, 78 centrafricain, 156 congolais, 104 ivoirien (Assemblée nationale si la 2e chambre n'est pas d'accord), 49 gabonais, 91 guinéen (majorité des 2/3), 95 malgache (majorité absolue des membres composant le Parlement), 71 malien, 104 nigérien, 70 sénégalais, 139 tchadien et 93 togolais.

[37] Art. 95 malgache.

[38] Art. 101 guinéen.

[39] Art. 104 ivoirien.

cette Assemblée, par une décision prise en conseil des ministres comme au Bénin[40]. En fait, l'éventualité d'une guerre ouverte et classique entre deux nations africaines se concrétise rarement, heureusement. En revanche, les interventions militaires dans un pays voisin afin d'y remettre de l'ordre, ne sont pas exceptionnelles, rarement évoquées par les Constitutions même si certaines confirment l'intervention de l'exécutif comme à Madagascar et au Niger[41] ou, au contraire exigent l'autorisation du législatif comme au Burkina Faso[42]. Ultime élément de la tradition républicaine : la conscription. Ici, c'est en tête des Constitutions dans les déclarations des droits, donc assortis de devoirs, que figure cette obligation, soit que les contraintes du service militaire soient officiellement évoquées[43], soit que l'on parle plus vaguement de la nécessité d'être prêt à défendre sa patrie[44].

II. La place du pouvoir militaire dans les Constitutions et la crainte des coups d'État

Une formule prêtée aux hommes de troupe en Haïti exprime de façon brutale une opinion partagée par beaucoup : « Constitution c'est papier, fusil c'est fer ». Il paraît effectivement naïf de croire qu'il serait efficace d'opposer des dispositions juridiques, des barrières de papier, à la décision prise par une partie de l'armée d'utiliser ses armes pour s'approprier le pouvoir politique. Une telle aventure est cependant porteuse de beaucoup de risques, d'abord du fait d'éventuelles divisions entre les unités, entre les rebelles et les légalistes, entre les régiments soulevés et la garde présidentielle, entre l'armée et la police, avec des rivalités qui compliquent les oppositions entre des corps différents. Le fait de ne pas se conformer à des textes de droit, de toutes façons susceptibles de multiples interprétations, paraît, d'un certain point de vue, porteur de moins de dangers que la difficile gestion des rapports de

40 Art. 101 béninois.

41 Art. 56 malgache et 66 nigérien.

42 Art. 106 burkinabè.

43 Art. 32 béninois, 10 burkinabè, 22 Centrafrique, 18 malgache, 38 nigérien, 56 tchadien et 44 togolais.

44 Préambule camerounais, 39 ivoirien, 29 guinéen, 22 malien et 25-3 sénégalais.

force une fois parvenue au sommet de l'État... Même si les Constitutions ne sauraient évidemment pas constituer une protection absolue contre le risque prétorien, leur étude n'est sans intérêt dans la mesure où elles expriment, avec plus ou moins de fidélité, les préoccupations de la société. C'est particulièrement vrai actuellement où les divers intérêts qui traversent le corps social ont tendance à souhaiter voir leurs revendications les plus importantes figurer dans la loi fondamentale, comme une protection et une garantie[45]. Dans la mesure où l'on accepte l'idée que les textes actuels constituent une troisième vague en Afrique francophone, il apparaît clairement qu'au fur et à mesure que les régimes se succèdent, les mesures préventives contre les coups d'État sont de plus en plus nombreuses et se veulent de plus en plus contraignantes.

Une disposition présente dans toutes les Constitutions francophones, celle qui concerne les pouvoirs exceptionnels du président, constitue une forme de tradition puisqu'elle figure déjà dans les premiers textes adoptés au lendemain des indépendances. En même temps, elle n'appartient pas tout à fait aux valeurs républicaines classiques dans la mesure où nombre de commentateurs y voient un danger pour la liberté et la démocratie. La possibilité pour le chef de l'État de s'attribuer les pleins pouvoirs est subordonnée à un certain nombre de conditions que les diverses Constitutions articulent de façons variées. Il est d'abord exigé une menace « grave et immédiate » contre l'un des aspects suivants : les institutions de la République, l'indépendance de la nation, l'intégrité de son territoire ou l'exécution de ses engagements internationaux. Seconde condition qui s'ajoute ou se substitue aux précédentes : « l'interruption du fonctionnement régulier des pouvoirs publics constitutionnels ».

Cette énumération d'événements fort divers permet toutes sortes de combinaisons et de variantes, selon que certaines circonstances ne sont pas reprises par tel ou tel constituant, selon qu'elles sont présentées comme des exigences cumulatives ou alternatives, selon encore que la mise en œuvre des pouvoirs exceptionnels est subordonnée à des précautions particulières, présentées dans certaines lois comme des garanties de plus pour les libertés. Nous avons tenté, il y a plus de dix

---

[45] Pour une vision désabusée du rôle des Constitutions de la transition démocratique : « A la fièvre constitutionnelle caractérisée par la sacralisation de la Constitution et au fétichisme constitutionnel, s'est substituée une instabilité constitutionnelle dont l'ampleur et la portée sont interprétées à l'aune des objectifs des chefs d'État » (Amadou Tidiane Ly, « Les changements anticonstitutionnels de gouvernement en Afrique », *Pouvoirs et États en Afrique francophone. Revue Droit sénégalais*, n° 9-2010, p. 310).

ans, de proposer une typologie des Constitutions d'Afrique francophone[46] en prenant en compte les diverses variantes imposées à l'exécutif pour pouvoir bénéficier de ces prérogatives exorbitantes destinées à lui permettre de surmonter des problèmes d'une extraordinaire gravité. Nous n'y reviendrons pas ici d'autant que les révisions intervenues au cours de la dernière décennie n'ont pas modifié fondamentalement les équilibres existants de ce point de vue. Au surplus, ces dispositions, largement inspirées de l'article 16 de la Constitution française de 1958, ne concernent pas principalement les coups d'État militaires[47], même s'il peut en résulter une menace pour les institutions de la République et une interruption des pouvoirs publics constitutionnels. A noter enfin que cet article est rarement utilisé[48].

Dans les Constitutions du XXIe siècle, la dénonciation des coups d'État prend d'abord la forme d'incriminations menaçantes dont on a du mal à évaluer le caractère dissuasif pour les militaires qui seraient tentés de s'en prendre aux autorités civiles. Si l'on opte pour un classement allant du texte le moins sévère au plus véhément, c'est sans doute le préambule congolais qu'il faut citer d'abord puisqu'il se borne à condamner « le coup d'État (…) comme moyens d'accession au pouvoir »[49]. Le Bénin est plus rigoureux : « Toute tentative de renversement du régime constitutionnel par les personnels des forces armées ou de sécurité publique sera considérée comme une forfaiture et un crime contre la Nation et l'État »[50]. Le Burkina Faso, pour sa part, classe « l'atteinte à la Constitution » parmi « les crimes les plus graves

---

[46] A. Cabanis et M. L. Martin, *Les constitutions de la troisième vague en Afrique francophone*, ouvr. cité, p. 87 à 89.

[47] Lors de la rédaction de cette Constitution, les partisans de l'article 16 invoquaient une situation telle que celle que connut la France en 1940 lorsque le président Lebrun se considéra comme dépourvu de tout moyen constitutionnel lors de la débâcle. En fait, c'est contre le putsch des généraux en Algérie en 1961 que de Gaulle a utilisé cet article 16.

[48] Le 25 juillet 2021 le président tunisien Kaïs Saïed s'est appuyé pour l'article 80 de la Constitution sur les pouvoirs exceptionnels pour *geler* les travaux de l'Assemblée, pour lever l'immunité de ses membres et pour déposer le chef du gouvernement.

[49] Préambule congolais qui, prudemment, « affirme son attachement aux vertus du dialogue comme moyen de règlement pacifique des différends dans le cadre d'une République apaisée ».

[50] Art. 65 béninois.

commis à l'encontre du peuple »[51]. Enfin le Togo, dans l'article consacré aux *coups d'États* et aux *coups de force quelconques*, prévoit que « Tout renversement du régime constitutionnel est considéré comme un crime imprescriptible contre la nation et sanctionné conformément aux lois de la République »[52].

Ces menaces ayant été proférées, des déclarations de principe tendent à fixer le rôle de l'armée de façon à la maintenir dans ses fonctions normales. Dans la mesure où l'enjeu est décisif, ces dernières sont parfois présentées de façon fort développée. Deux lois fondamentales témoignent de l'importance que les constituants accordent à l'armée en lui consacrant tout un titre. Au Congo, c'est le titre 13 qui regroupe, sous l'intitulé « De la force publique », quatre articles[53] concernant la police nationale, la gendarmerie nationale et les forces armées congolaises, chacune étant « subordonnée à l'autorité civile ». Au Tchad, le titre 11, « De la défense nationale et de la sécurité », rassemble rien moins que seize articles[54] et cinq chapitres respectivement consacrés à l'armée, à la gendarmerie, à la police, à la garde nationale et nomade et à la police judiciaire, là encore chacune « subordonnée au pouvoir civil ». A peu près partout, les missions assignées aux forces militaires consistent prioritairement à assurer la défense du pays et de ses habitants, la préservation de l'intégrité du territoire national, enfin la réponse aux agressions extérieures. S'y ajoute, dans cinq Constitutions, la possibilité qu'elle participe à l'intervention de l'État en matière économique et, donc, qu'elle aide au développement du pays[55]. Enfin, une fréquente affirmation porte sur le caractère *apolitique* des forces armées[56]. Le constituant poursuit donc un double objectif. Il s'efforce de valoriser les

---

[51] Art. 166 burkinabè. Il est vrai que, de façon réaliste et pour dissuader les présidents de se maintenir par crainte des représailles, par une loi de révision constitutionnelle de 2012 « une amnistie pleine et entière est accordée aux chefs de l'État du Burkina Faso » (art. 168-1).

[52] Art. 150 togolais. B. Gueye, « Les coups d'État en Afrique entre légalité et légitimité », *Droit sénégalais*, vol. 9, 2010, p. 263-264.

[53] Art. 204 à 207 congolais.

[54] Art. 196 à 211 tchadien.

[55] Art. 63 béninois, 22 gabonais, 36 guinéen, 66 nigérien et 95 tchadien.

[56] Art. 27 camerounais, 27 centrafricain (forces de défense et de sécurité « non partisanes »), 205 congolais, 141 guinéen et 39 malgache. A noter cette précision que l'armée doit être multiethnique : art. 27 camerounais et centrafricain. A noter aussi que l'armée *populaire* burkinabè s'appelle désormais *nationale*.

forces armées, en leur reconnaissant, outre leur vocation militaire, un but pacifique et presque productif. Simultanément, il tend à les maintenir dans leur devoir en les dissuadant de faire irruption sur le terrain politique.

Pour se prémunir contre les coups d'État, il ne suffit évidemment pas de multiplier les objurgations adressées à l'armée pour qu'elle reste dans les casernes. Il convient de tenter de se prémunir contre ceux qui, n'appartenant pas aux forces régulières mais s'en rapprochant par les moyens à leur disposition, pourraient être tentés d'utiliser leurs armes pour se substituer au pouvoir civil. C'est l'occasion de dénoncer dans les Constitutions les groupes armés et paramilitaires qui sont à l'origine de nombre de crises en Afrique. Au Gabon, l'existence même de ces structures est prohibée, avant même toute tentative de prise de pouvoir : « aucune personne, aucun groupement de personnes ne peuvent se constituer en milice privée ou groupement paramilitaire »[57]. Pour ce qui est du Bénin, c'est l'action conduite par ces groupes qui est dénoncée : « En cas de coup d'État, de putsch, d'agression par des mercenaires ou de coup de force quelconque, tout membre d'un organe constitutionnel a le droit et le devoir de faire appel à tous les moyens pour rétablir la légitimité constitutionnelle »[58]. Le forfait est si grave et l'enjeu si important que c'est toute la population qui est conviée à se mobiliser. Les formules utilisées sont diverses mais l'intention est clairement identique : tout le monde doit se mobiliser contre une tentative de coup d'État. « Dans ces circonstances, pour tout Béninois, désobéir et s'organiser pour faire échec à l'autorité illégitime constitue le plus sacré des droits et le plus impératif des devoirs »[59]. Les termes sont exactement les mêmes au Togo[60]. Au Burkina Faso, « Dans ce cas, le droit à la désobéissance civile est reconnu à tous les citoyens »[61]. On sait les dangers d'un tel soulèvement national et des risques que cela implique de le provoquer. Le fait que les constituants assument le danger d'une guerre civile donne une idée de leur détermination, même si, en pratique et heureusement, on évite de jeter la foule contre l'armée.

---

[57] Art. 22 gabonais.

[58] Art. 66 béninois.

[59] *Id.*

[60] Art. 45 togolais.

[61] Art. 167 burkinabè.

Un autre élément prouve d'ailleurs cette détermination : le constituant prévoit l'appel éventuel à une aide militaire étrangère. Au temps des prétorianismes progressistes, une telle hypothèse aurait fait scandale au point que c'était l'une des craintes les plus ostensiblement brandies que l'irruption de mercenaires étrangers, envoyées par des gouvernements européens, donc impérialistes. A l'époque, l'on soupçonne volontiers l'ancienne puissance coloniale de guetter le moment le plus favorable pour renverser des régimes qui ne se montrent pas suffisamment dociles et l'on se prépare à repousser ses commandos[62]. Les temps ont un peu changé. Désormais, non seulement les Constitutions ne présentent plus une intervention étrangère comme *a priori* dangereuse pour le régime légitime en place, mais plusieurs d'entre elles absolvent à l'avance le chef de l'État démocratiquement élu, d'y faire appel face au danger du coup d'État. La formule est à peu près toujours semblable, indiquant que ceux qui sont victimes d'une tentative de coup d'État ont « le droit et le devoir de faire appel à tous les moyens pour rétablir la légitimité constitutionnelle, y compris le recours aux accords de coopération militaire ou de défense existants ». Si trois Constitutions utilisent toutes les mêmes mots sur la légitimité des traités prévoyant des aides militaires étrangères, en revanche elles varient sur ceux qui sont en droit de déclencher un tel moyen, ce qui est révélateur : « tout membre d'un organe constitutionnel » au Bénin[63], « les autorités habilitées par la Constitution » en Centrafrique[64], « tout membre du Gouvernement ou de l'Assemblée nationale » au Togo[65]. L'appel à une intervention étrangère serait évidemment lourd de conséquence. Il est vrai que d'autres procédés sont imaginables. C'est ainsi que la Constitution du Niger prévoit une institution originale « en vue de prévenir et de résoudre les crises institutionnelles et politiques, de manière consensuelle »[66]. Il s'agit d'un organe collégial intitulé « Conseil de la République » et rassemblant, sous la présidence du chef de l'État, le président de l'Assemblée nationale, le premier ministre, les anciens présidents de la République et

---

[62] Il n'est jusqu'à un texte aussi consensuel que la charte africaine des droits de l'homme et des peuples de 1981 qui comporte un engagement « à éliminer (...) les bases militaires étrangères d'agression » (préambule), étant entendu qu'il est difficile de distinguer les bases agressives de celles qui ne le sont pas.

[63] Art. 66 béninois.

[64] Art. 29 centrafricain.

[65] Art. 150 togolais.

[66] Art. 69 nigérien.

les anciens chefs d'État, enfin le chef de file de l'opposition. Une telle composition lui permet de donner des avis judicieux en cas de crise et même, le cas échéant, de les rendre publics, donc pour s'appuyer sur l'opinion. Le procédé paraît ingénieux. Peut-être mériterait-il de faire école.

III. Les coups d'État au service des Constitutions

Il paraît presque sacrilège de présenter les coups d'État militaires comme susceptibles de venir au secours des Constitutions démocratiques. La tradition est de considérer qu'ils constituent au contraire un danger majeur et l'expérience des cinquante dernières années notamment en Afrique francophone vient confirmer cette crainte avec la disparition des régimes pluralistes, semi présidentiels mis en place au lendemain des indépendances. A partir de là, il ne peut plus y avoir d'alternances politiques à la suite d'élections. S'il y a rivalités, oppositions et successions à la tête de l'État, parfois à la suite d'affrontements violents, ils opposent des factions différentes au sein de l'armée, souvent entre des générations différentes au sein du corps des officiers, avec des incompréhensions entre les généraux ayant appartenu aux armées de l'ancienne métropole et de jeunes officiers, politiquement mieux formés et progressistes jusqu'à se réclamer du marxisme. Dans cette ligne, ils s'appuient parfois sur un encadrement des populations fondé sur un système de parti unique. Par la suite, dans nombre de pays africains, les tentatives de transition démocratique qui se multiplient depuis les années 1990 sont à plusieurs reprises interrompues par des retours au pouvoir de l'armée. Les événements du passé laissent donc une impression peu favorable à l'irruption des militaires dans le débat politique.

Pourtant depuis quelques années, un mouvement de réhabilitation est perceptible. Dans la doctrine constitutionnelle ou de science politique, les coups d'États se voient désormais accompagnés d'adjectifs auxquels ils étaient rarement associés : *démocratique, salutaire* ou encore *légitime*[67]. Ce nouvel état d'esprit est fondé sur le constat de situations

---

[67] Selon B. Gueye, « Le coup d'État devient en effet légitime lorsque son but est de créer les conditions d'un dialogue afin de rétablir l'ordre constitutionnel, la démocratie, l'État de droit et de restituer les droits et les libertés aux citoyens. On considère les artisans d'un tel coup comme des sauveurs face aux dirigeants qui ont violé les principes

où les mécanismes constitutionnels liés aux régimes présidentiels, semi présidentiels ou parlementaires ne permettent pas de surmonter des situations de blocage[68]. Ces dernières sont souvent liées à la volonté du chef de l'État de se maintenir au pouvoir ce qui le conduit soit à lever des interdictions juridiques comme l'exclusion d'un troisième mandat, soit à surmonter des obstacles politiques comme le regroupement des oppositions autour d'un candidat unique au second tour. Malgré l'opposition de l'opinion, ces problèmes peuvent être contournés en s'appuyant sur une majorité parlementaire docile ou en faisant appel à l'utilisation maîtrisée du référendum. Dans ces conditions et quand les mouvements de rues paraissent plus dangereux qu'efficaces, certains considèrent qu'il n'y a que l'armée pour dénouer la situation en évitant de devoir choisir entre la pérennisation d'un régime autoritaire et le risque d'une guerre civile. Encore faut-il que les militaires annoncent leur intention de rentrer rapidement dans leur caserne, promesse qu'ils font volontiers, peut-être de bonne foi, et à condition qu'ils respectent cet engagement ce qui est moins évident, tant il est difficile de quitter le pouvoir quand on y a goûté[69].

Il est cependant, au cours de ce XXIe siècle, quelques exemples de ce type d'utiles interventions de l'armée. Ce n'est pas le monopole des pays francophones subsahariens de succession coloniale française mais, si l'on continue à concentrer l'étude sur ces derniers, l'on peut citer quatre exemples. Au titre des coups d'État considérés par certains comme salutaires, il y aurait donc, en Mauritanie, l'éviction le 3 août 2005, par le colonel Ould Mohamed Vall, du colonel Maaouiya Ould Taya, président réélu en 2003 et que ses adversaires chassent en profitant de son absence de Nouakchott alors qu'il est en séjour à Riyad pour assister

---

démocratiques » (« Les coups d'État en Afrique entre légalité et légitimité », art. cité, p. 271).

[68] Cf. aussi O. O. Varol, « The Democratic Coup d'État », *Harvard International Law Journal*, vol. 53, n° 2, été 2012, p. 292-356. À propos de l'Afrique: J. M. Powell, « An Assessment of the 'Democratic' Coup Theory », *African Security Review*, vol. 23, n° 3, 2014, p. 213-224.

[69] Selon Bedi Yves Stanislas Etekou, « c'est parce que les coups d'État militaires s'imposent comme un évitement du chaos politique que la transition vers un ordre politique constitutionnel devient inéluctable. L'armée devient alors un arbitre des blocages politiques, un contrepouvoir de fait qui restaure le processus démocratique » (« Les résistances à l'alternance démocratique dans les États d'Afrique de l'Ouest », *Mélanges dédiés au doyen Francis Wodié,* Toulouse 2016, p. 192).

aux funérailles du roi d'Arabie Saoudite. Relève d'une logique proche, la prise de pouvoir par le général Konaté en Guinée, après que le capitaine Moussa Dadis Camara, président désigné par l'armée un an plus tôt, ait été grièvement blessé, le 3 décembre 2009, par le chef de la garde présidentielle et hospitalisé au Maroc. En troisième lieu, figure l'arrestation, le 18 février 2010, du lieutenant-colonel Mamadou Tandja qui cherche à se maintenir à la tête de l'État nigérien après la fin de son second mandat : c'est le chef d'escadron Salou Djibo qui préside à la période transitoire. Il y a enfin, le 22 mars 2012, la chute, provoquée par le capitaine Amadou Sanogo, du général Toumani Touré, notamment accusé d'inefficacité dans la lutte contre la rébellion touareg dans le nord du pays.

Ces coups d'État présentent un certain nombre de similitudes. En premier, ils constituent une réponse à une situation politique qui semble sans issue. Maaouiya Ould Taya est au pouvoir en Mauritanie depuis 1984 ce qui implique vingt-et-un ans d'exercice du pouvoir suprême[70] d'abord comme président du Comité militaire de salut national, puis comme président de la République élu à trois reprises : 1992, 1997 et 2003. C'est dire que l'on imagine mal qu'il accepte de renoncer au pouvoir de son plein gré d'autant que la Constitution prévoit que le chef de l'État est indéfiniment rééligible[71]. En même temps, l'on assiste à une montée des mécontentements ce qui entraîne notamment une accusation de génocide déposée en Belgique à cause des modalités d'une épuration de l'armée ayant entraîné l'élimination de Mauritaniens noirs[72].

Pour ce qui est de Moussa Dadis Camara, son passage à la tête de l'État guinéen est sensiblement plus bref puisqu'il est de moins d'une année à partir de sa désignation par ses camarades militaires comme président de la République le 24 décembre 2008. Le problème tient à ce que, malgré son engagement, plusieurs fois réitéré, d'organiser des élections libres auxquelles il ne serait pas candidat, plusieurs éléments conduisent à penser qu'il organise son maintien au pouvoir :

---

[70] Que l'on peut porter à près de vingt-cinq ans si l'on y ajoute les fonctions de premier ministre de 1981 à 1984.

[71] Art. 28 mauritanien de 1991 modifié en 2006 : une seule réélection est désormais possible.

[72] Les vaincus de ces coups d'État ne sont en général pas trop maltraités. Ainsi Maaouiya Ould Taya se réfugie au Niger, puis en Gambie avant d'obtenir l'asile politique à Doha à condition de renoncer à toute activité politique

l'élimination des anciens dirigeants du pays, la recherche d'une popularité fondée sur la lutte contre la corruption, le recrutement de mercenaires... Si l'on ajoute qu'il est accusé de crime contre l'humanité à la suite de la répression, en septembre 2009, d'une manifestation au stade de Conakry, l'on comprend que des oppositions soient apparues entre les officiers qui se désolidarisent d'un tel massacre et ceux qui craignent d'être sacrifiés aux protestations tant nationales qu'internationales. C'est dans ces conditions qu'intervient l'attentat dont il est victime et son éviction du pouvoir[73].

Au Niger, le président Tandja élu en 1999 est réélu en 2004. La Constitution interdisant un troisième mandat, il engage en juin 2009 un processus destiné à lui permettre de se maintenir au pouvoir : révision de la Constitution, renforcement du pouvoir présidentiel et prolongation de son mandat de trois ans. Il entend faire avaliser ce projet par un référendum. Il se heurte à la double opposition de l'Assemblée nationale et de la Cour constitutionnelle. Il maintient son projet de modification de la loi fondamentale du pays, passant outre l'opposition de la Cour constitutionnelle, prononçant la dissolution de l'Assemblée nationale, défiant les instances internationales, notamment l'Union africaine. Le référendum a lieu le 4 août 2009 et il est annoncé 92,5 % de suffrages positifs avec une participation de 68,2% des électeurs. Avec la nouvelle Constitution, le gouvernement n'est plus responsable devant le Parlement qui est désormais bicaméral. Il n'est plus question de limitation du nombre de mandat présidentiel. Aucune solution démocratique ne paraît possible[74] jusqu'au coup d'État de 2010[75].

Enfin au Mali, le général Amadou Toumani Touré a été élu président en 2002 et 2007. A partir de là, il ne peut plus briguer un troisième

---

[73] Après avoir reçu des soins, Moussa Dadis Camara est recueilli au Burkina Faso, échoue en 2015 à se présenter à l'élection présidentielle et paraît renoncer à la vie politique.

[74] *Jeune Afrique* rend compte du référendum sans paraître nourrir trop d'illusion, expliquant que le président « qui se révèle être un véritable loup de la politique a réussi au nez et à la barbe de tous (Union africaine et Union européenne comprises), à se scotcher à son fauteuil présidentiel pour une durée indéterminée ». Voir Babacar Gueye et Semou Ndiaye, « L'instabilité institutionnelle en Afrique », *Conflictualité en Afrique francophone. Droit sénégalais,* n° 10-2011-2012, p. 153-155.

[75] Là encore, le président déchu fait l'objet d'un traitement modéré : arrêté en février 2010 il voit les charges contre lui abandonnées par la Cour d'appel de Niamey et bénéficie d'une libération en mai 2011.

mandat (art. 30). On lui reproche les succès de la rébellion touareg dans le nord au point que certains le soupçonnent de chercher à retarder les élections présidentielles prévues fin avril 2012 sans sa candidature et qui devaient être accompagnées d'un référendum. Le coup d'État intervient un peu plus d'un mois avant l'échéance électorale et deux mois avant la fin du mandat officiel de Toumani Touré[76]. Les nouveaux dirigeants affirment vouloir préserver l'unité du pays. En fait, il va falloir faire appel à des aides militaires extérieures, d'abord tchadienne, puis française dans le cadre de l'opération Serval[77].

Ce qui fait l'originalité de ces coups d'État, ce sont moins les promesses d'une meilleure gouvernance, pas même le rétablissement rapide de la démocratie puisque de tels engagements sont fréquents et rarement tenus[78], que l'organisation d'une alternance rapide, fondée sur un scrutin honnête auquel les artisans du coup d'État ne participent pas, quelque envie que ressentent certains. Ainsi, en Mauritanie, le colonel Ely Ould Mohamed Vall utilise sa vingtaine de mois d'exercice du pouvoir pour faire adopter une nouvelle Constitution et organiser une élection présidentielle, tenue en mars 2007, à laquelle il ne se présente pas mais qui est supervisée par une commission électorale nationale indépendante. Vall tentera cependant de revenir au pouvoir en 2009, en vain.

En Guinée, Sékouba Konaté préside la transition pendant un an, avec mise en place d'une élection présidentielle qui ne se déroule pas sans contestation liée aux problèmes de constitution des listes électorales. C'est au point que quatre mois séparent les deux tours du scrutin, ce qui incite Konaté à proposer un gouvernement d'union nationale. Finalement, il annonce, en décembre 2010, la fin de la transition au profit

---

[76] « La première leçon que nous tirons de la situation du putsch est que la junte mettrait fin à la 'transmission organisée du pouvoir' » (Mamadou Fomba, « Inversion sociale et pratique démocratique au Mali. Essai d'explication du coup d'Etat de mars 2012 », *L'inversion sociale : un défi au droit et à l'ordre*, vol. 2, *Revue malienne des sciences juridiques, politiques et économiques de Bamako*, n° 2-2016, p. 38)

[77] Exilé au Sénégal, ayant bénéficié d'un refus de l'Assemblée nationale d'engager des poursuites contre lui, Amadou Toumani Touré rentre à Bamako en 2017.

[78] Selon Djedjro Francisco Meledje, « dans les situations d'instabilité et de crise, il n'y a pas d'alternance démocratique possible ; on ne peut au mieux que se résoudre à un partage du pouvoir » (« L'instabilité politique en Afrique », *Annales de l'Université Toulouse 1 Capitole*, t. LIX, 2019-1, p. 42).

du nouveau président Alpha Condé. Lui-même se met au service de l'Union africaine à Addis-Abeba.

La durée de la transition est du même ordre au Niger : un peu plus d'un an. Salou Djiba la place ostensiblement sous le signe du retour à l'ordre constitutionnel. Désigné comme président du Conseil suprême pour la restauration de la démocratie, il fait voter la Constitution de la VIIe République dont on a vu qu'elle s'efforce d'organiser une procédure de règlement d'éventuelles crises institutionnelles en s'appuyant sur un Conseil de la république composé des plus hautes personnalités politiques du pays. Il prépare l'élection présidentielle et cède ses pouvoirs au nouveau chef de l'État, Mahamadou Issoufo, régulièrement élu, le 7 avril 2011 avec près de 58% des voix.

C'est Amadou Sanogo qui, au Mali, reste le moins longtemps au pouvoir : moins d'un mois. Désigné comme président du Comité national pour le redressement de la démocratie et la restauration de l'État, il commence par suspendre la Constitution, établir le couvre-feu et fermer les frontières. Ces dispositions un peu menaçantes sont rapidement retirées : la Constitution est remise en vigueur dès le 1er avril 2012 et, à la suite d'une médiation conduite par la CEDEAO et le Burkina Faso, un accord intervient le 6 avril[79]. Sanogo remet le pouvoir à celui que la Constitution désigne comme en charge de l'intérim, le président de l'Assemblée nationale. Il cherche cependant à continuer de jouer un rôle ce qui lui vaudra d'être arrêté fin 2013.

CONCLUSION

L'idée de résoudre une crise en instaurant une régime transitoire s'appuyant sur l'armée mais acceptant de se retirer après avoir résolu les problèmes n'est pas neuve. Sous l'Antiquité, la dictature romaine relevait cette logique : avec l'accord du Sénat, une personnalité de confiance recevait les pleins pouvoirs pendant six mois pour écarter un danger extérieur ou intérieur ; le système est abrogé après que Sylla puis César l'aient dénaturé en ne respectant pas le caractère temporaire de cette

---

[79] Diango Cissoko, « La transition politique au Mali (avril 2012-septembre 2013) », *Itinéraires du droit et terres des hommes. Mélanges en l'honneur de Jean-Marie Breton*, s.l. 2017, p. 125 à 164. En mai 2021, un coup d'Etat militaire aboutit à l'éviction du président et du premier ministre de la transition, respectivement Bah N'Daw et Moctar Ouane, au profit du colonel Assimi Goïta.

magistrature. C'est bien le problème : celui qui a reçu tous les moyens pour remplir une mission précise a de la peine à y renoncer lorsque les objectifs ont été atteints. L'histoire de l'humanité compte nombre d'exemples de régimes -démocratiques ou pas, en tous cas organisés et bénéficiant d'une certaine légitimité- qui font appel, pour résoudre une crise majeure, à un personnage providentiel auquel est conférée une autorité exceptionnelle et provisoire. Reste à s'en débarrasser lorsque l'on n'en a plus besoin. A s'en tenir à l'Antiquité : les Athéniens avaient une procédure pour chasser les personnalités trop influentes et soupçonnées de vouloir exercer un pouvoir personnel ; il s'agissait de l'ostracisme qui permettait aux citoyens de prononcer à leur encontre et à une majorité qualifiée, le bannissement pour dix ans.

L'expérience française n'est guère encourageante en ce domaine. On se souvient que, lorsqu'en mai 1958, le général de Gaulle annonça qu'il était « prêt à assumer les pouvoirs de la République » pour résoudre le problème algérien, un caricaturiste représenta Marianne tenant les portraits de Napoléon Ier, de Napoléon III et du maréchal Pétain en disant : « Merci, général. Maman, grand-mère et mon aïeule se sont déjà fait assumer »[80]. De fait, le premier Bonaparte avait été appelé par des survivants de la Révolution inquiets de la montée simultanée des royalistes et des anciens montagnards, le second Bonaparte par des notables qui voyaient en lui « à la fois une gloire nationale, une garantie révolutionnaire et un principe d'autorité »[81], enfin le maréchal Pétain par l'assemblée élue sur le programme du Front populaire et prête à tous les abandons après la débâcle de 1940. Il n'est jusqu'au général de Gaulle auquel tous les partis républicains, sauf le Parti communiste, font appel pour sortir le pays du guêpier algérien, puis qui cherchent à l'écarter une fois le problème réglé, en 1962.

En Afrique, l'appel à un sauveur issu de l'armée ne paraît pas une garantie absolue de succès durable. La démocratie demeure fragile et il faut parfois s'y reprendre à plusieurs reprises pour implanter un régime civil, issu d'élections honnêtes et acceptant d'abandonner le pouvoir au terme d'un mandat confié par le peuple[82]. Parmi les quatre pays sur

---

[80] Jean Duché, *Deux siècles d'histoire de France par la caricature*, Paris 1961, p. 238.

[81] François Guizot (1787-1874), *Mémoires pour servir à l'histoire de mon temps* (1858-1867).

[82] Amadou Tidiane Ly dénonce l'« essoufflement de la transition démocratique » (« Les changements inconstitutionnels de gouvernement en Afrique », *Pouvoirs et Etats en*

lesquels a porté notre étude, certains avaient déjà connu, à la fin du XXe siècle, de brèves irruptions de l'armée dans l'arène politique pour mettre fin à une situation qui paraissait sans issue. C'est le cas au Mali où déjà, en 1991 l'intervention du commandant Amadou Toumani Touré avait permis de se débarrasser du régime brutal du général Moussa Traoré, ouvrant la voie à une conférence nationale puis à des élections législatives et présidentielles à laquelle il ne participe pas, cédant le pouvoir après un peu plus d'un an de transition. C'est le cas aussi au Niger où après que la garde présidentielle ait renversé et assassiné le général Ibrahim Baré Maïnassara en 1999, le commandant Daouda Malam Wanké est proclamé président du Conseil de réconciliation nationale avant de se retirer, un peu plus de huit mois plus tard, au profit du nouveau président élu. Le fait qu'il ait fallu, quelques années plus tard, dans ces deux pays, organiser une nouvelle transition confiée à un militaire pour dénouer un blocage institutionnel, témoigne des limites de l'exercice.

Il est aussi des cas où la transition se révèle moins facile et rapide qu'on ne l'imaginait. Il est hasardeux d'en donner des exemples d'échecs caractérisés d'autant que cela pourrait passer pour un jugement de valeur sur telle ou telle personnalité, voire sur une condamnation que la position d'observateur extérieur rend trop facile. Du moins peut-on évoquer ici les espoirs nés des initiatives du général Gueï en Côte d'Ivoire, acceptant de prendre la tête du Conseil national de salut public après le coup d'État du 24 décembre 1999, ce qui lui vaut le surnom de « Père Noël en treillis ». Malgré ses efforts pour mettre fin à la délinquance et pour résoudre les oppositions entre les factions, son action ne fait pas l'unanimité d'autant qu'il se présente aux élections présidentielles, ce qui ne correspond pas au schéma en honneur s'agissant des transitions démocratiques confiées aux militaires. Son échec électoral et, deux ans plus tard, son assassinat avec celui de sa femme et de ses proches concluent sur une note particulièrement tragique sa tentative de participation au pouvoir politique, ouvrant en outre une période noire de

---

Afrique francophone, Droit sénégalais, n° 9-2010, p. 301 à 315). Pour leur part, Babacar Gueye et Sémou Ndiaye préconisent comme « voies d'une stabilité institutionnelle en Afrique » d'une part la « consolidation de la gouvernance démocratique » (nécessité d'un équilibrage institutionnel, renforcement des contrepouvoirs et de la régulation du jeu politique), d'autre part de « refonder la gouvernance économique » (« L'instabilité institutionnelle en Afrique », *Conflictualité en Afrique francophone, Droit sénégalais*, n° 10-2011-2012, p. 157 à 188).

l'histoire de la Côte d'Ivoire, avec de multiples interférences étrangères[83].

En fait le jeu des grandes et moyennes puissances en Afrique est devenu, avec la disparition de l'Union soviétique, plus complexe à défaut d'être plus vertueux. De nouveaux acteurs internationaux sont apparus[84]. A partir des années 1990, les démocraties africaines réinstallées entendent diversifier leurs partenaires internationaux et plusieurs pays extérieurs au continent s'engagent résolument dans cette voie d'autant que nombre d'espaces terrestres ou maritimes paraissent riches de ressources naturelles. L'heure n'est plus aux chasses gardées néo-coloniales. Le gouvernement français proclame hautement -sans toujours convaincre- avoir abandonné les pratiques relevant de ce qu'il était convenu d'appeler la doctrine de la Françafrique. S'il est vrai qu'il quitte nombre de bases militaires sur ce continent, certains attribuent ce redéploiement à l'amélioration des méthodes d'intervention à longue distance. Si les opérations militaires françaises se font plus rares, elles sont conduites autant que possible sous l'égide de l'ONU, à la demande du gouvernement en place et sont de plus longue durée, ce qui suscite de plus vives réactions de rejet de la part des opinions publiques tant locales que métropolitaines. Parmi les nouveaux partenaires internationaux qui s'implantent plus vigoureusement figurent au premier chef la Chine mais aussi les États-Unis et même la Russie qui entend affirmer son retour sur la scène internationale. Le rôle des organisations gouvernementales et non gouvernementales est de plus en plus important, y compris pour ce qui est des mouvements terroristes. Dans le cadre de ce nouvel équilibre, les prétorianismes n'ont plus la même place qu'autrefois, même s'il leur est toujours possible de se trouver des alliés à l'extérieur.

Les opérations internationales se multiplient avec des notions telles que celles relevant de l'« interventionnisme humanitaire » qui autoriserait l'immixtion de l'étranger au profit de populations en danger

---

[83] Pour une analyse à portée générale et son application à la Côte d'Ivoire : Djedjro Francisco Meledje, « Constitution et urgence ou le lien entre les contestations violentes de l'ordre constitutionnel et la régulation constitutionnelle des crises », *Revue ivoirienne de droit*, n° 42-2011, p. 11 à 33.

[84] Sur une tendance à la légitimation des régimes africains par une reconnaissance internationale : Ndiogou Sarr, « Les stratégies de légitimation des pouvoirs dans les nouvelles démocraties africaines de l'Ouest », *Légitimité et élections en Afrique francophone, Revue sénégalaise de droit et science politique,* n° 14-2017-2018, p. 89 à 112.

ou que celles répondant à la « responsabilité de protéger » qui permettrait de sanctionner les gouvernements dont les politiques mettraient en péril leurs citoyens au point de se rendre coupables de génocide, de crimes contre l'humanité[85] ou de crimes de guerre[86]. Beaucoup continuent de se méfier de ces immixtions d'origine internationale d'autant que l'on se souvient qu'en Asie comme en Afrique, l'argument humanitaire a servi de prétexte au XIXe siècle pour justifier les expéditions coloniales venues d'Europe. L'intervention de militaires étrangers demeure problématique et jusqu'en ce début du XXIe siècle. Après un accueil parfois sympathique lorsqu'ils paraissent amener l'ordre et la paix, ils suscitent des réactions de rejets de la population, comme toute présence de soldats étrangers. Il n'est jusqu'à leur départ qui peut poser problème lorsqu'il est le signal de règlements de compte. On a vu que certaines Constitutions autorisent, voire encouragent, l'appel à des forces étrangères. Le remède peut être pire que le mal.

André Cabanis
Professeur émérite de l'Université Toulouse 1 Capitole (CTHDIP)

---

85 Sur « L'évolution institutionnelle par l'externe », cf. Adama Kpodar et Dodzi Kokoroko, « Remarques sur quelques mutations du droit constitutionnel par les crises politiques en Afrique », *Démocratie en questions. Mélanges en l'honneur du profeseur Théodore Holo*, Toulouse 2017, p. 252 à 255.

86 A. Cabanis, J.-M. Crouzatier, R. Ivan, C. Mihali, E.-M. Mbonda, *La responsabilité de protéger : une perspective francophone*, Paris 2010.

Jean Louis ESAMBO KANGASHE

LES ALTÉRITÉS DE LA FONCTION PRÉSIDENTIELLE EN AFRIQUE NOIRE FRANCOPHONE

INTRODUCTION

Au nombre des questions brulantes du droit constitutionnel, celle liée à la fonction présidentielle occupe une bonne place. Et lorsqu'elle concerne l'Afrique noire francophone, la réflexion devient plus attrayante, en raison, sans doute, de l'idée que se font les titulaires, mais également les citoyens qui, de toute évidence, échappe à la cohérence constitutionnelle sur la dévolution et l'exercice du pouvoir.

Une précision sur l'utilisation des concepts s'impose. On gardera, néanmoins, à l'esprit le caractère polysémique de la notion de fonction, pour se convaincre qu'elle désigne, dans le langage courant, l'ensemble d'actes posés par une personne ou un organe qualifié. Le concept est, dans ce cas, proche de la mission, du pouvoir ou de la compétence. La notion détermine aussi une activité réalisée dans le cadre d'un service public et la conduite à tenir. Elle décrit, enfin, les pouvoirs et devoirs incombant à un organe ou une institution.

Dans son contenu, la fonction fixe le statut d'une personne ou d'une institution, mais collée à l'adjectif présidentiel, on découvre une gamme des prérogatives et restrictions imposées au titulaire.

Est, également, convoquée à la précision, la notion d'altérité entendue au sens de ce qui contrarie une situation normale ou encore le contraire de ce qui est prévu ou de ce que l'on pense.

Ramenée à l'exercice du pouvoir présidentiel en Afrique noire francophone, la fonction suggère une analyse constitutionnelle, mais aussi celle tirée de la science politique. Il s'observe, en même temps, que rares sont les Constitutions africaines, d'expression française, qui ne reconnaissent au président de la République un rôle capital dans le fonctionnement des pouvoirs publics et des institutions politiques. De lui dépendraient l'avenir et le devenir de tout une Nation.

Parallèlement à son statut constitutionnel, le président de la République se voit imposé le respect de la Constitution de laquelle il tire l'essentiel de son pouvoir. Tel est le sens du serment qu'il prête avant d'entrer en fonction.

S'il est, en effet, autorisé à tout citoyen remplissant les conditions requises de candidater à la fonction présidentielle, la pratique du pouvoir révèle une certaine sublimation du droit par la politique, alors que la cohabitation entre les deux faces d'une même réalité est possible.

De tout temps, en effet, il se constate que les règles constitutionnelles ne s'accommodent pas toujours de la pratique du pouvoir ; une distance est souvent observée entre les prescriptions normatives et l'exercice effectif du pouvoir[1].

Dans ces conditions, la cohérence entre *droit, pouvoir et politique* semble traduire une ambiguïté entretenue par le titulaire de la fonction présidentielle, son statut intéressant à la fois le droit constitutionnel et la science politique.

Même si on peut s'accorder sur le rôle joué par l'ingénierie constitutionnelle[2] sur la question, il s'observe la construction des habitudes qui finissent par former des précédents capables d'opérer des mutations politiques inattendues.

Prestigieuse, au départ, la fonction présidentielle est apparue, au fil de temps, vulnérable en raison des convoitises qu'elle provoque ou qui lui sont imposées. Il revient, donc, aux esprits avisés d'en pénétrer la profondeur, pour y découvrir le secret.

---

[1] ESAMBO KANGASHE J-L., *Le droit constitutionnel*, Louvain-la-Neuve, Academia-l'Harmattan, 2013, p. 23.

[2] Entendue au sens de la mise en œuvre de l'expertise au moment de la rédaction ou de la modification de la Constitution.

I. L'AMÉNAGEMENT CONSTITUTIONNEL DE LA FONCTION PRÉSIDENTIELLE

L'architecture institutionnelle établie dans la quasi-totalité des Constitutions africaines, d'expression française, fait du président de la République le centre d'impulsion et de décisions politiques.

On note que, disposant d'importants moyens d'action, le président de la République est, néanmoins, tenu à l'observance de certaines restrictions dictées par son statut, pris au sens d'actes déterminant l'idée de droit et impulsant l'organisation et l'exercice de son pouvoir. Pour chaque État, en effet, le statut du Président de la République est fixé dans la Constitution.

A. LE STATUT DU PRÉSIDENT DE LA RÉPUBLIQUE

Le statut du président de la République se décline en prérogatives et restrictions qui lui sont imposées.

1. Les prérogatives présidentielles

L'exercice du pouvoir politique est, par vocation, porté vers un apostolat ou un service à la communauté. Il prédestine le titulaire à être au service des autres, raison pour laquelle nombre de Constitutions modernes reconnaissent au président de la République une gamme relativement importante des pouvoirs.

L'on croit, en effet, que le développement d'un pays dépend largement des prérogatives conférées aux gouvernants. On soutient que, plus ils disposent des moyens d'action, dans la conduite des affaires de l'État, plus les citoyens sont portés à en tirer un bénéfice individuel et collectif et, conséquemment, à les obéir[3].

Pour le président de la République, en effet, les constituants africains en font le garant de l'indépendance nationale et de l'intégrité territoriale[4].

---

[3] ESAMBO KANGASHE J-L., *Le droit constitutionnel*, *op.cit.*, p. 24.

[4] Art. 41, al. 2 de la Constitution de la République du Bénin du 11 décembre 1990, 5, al. 4 et 5 de la Constitution de la République du Cameroun du 02 juin 1972, telle que révisée par la Loi n°96-06 du 18 janvier 1996 et 58 de la Constitution de la République du Togo du 31 décembre 2002.

Il veille au respect de la Constitution[5] et assure, par son arbitrage, le fonctionnement régulier des pouvoirs publics et la continuité de l'État[6].

Gardien de la Constitution et du bon fonctionnement des institutions, le président de la République définit et conduit la politique de la nation[7]. Il convoque et préside le conseil des ministres[8].

Chef de l'État, il est détenteur exclusif du pouvoir exécutif[9] et nomme à des postes importants. Dans certains pays, le président de la République peut, après consultation du premier ministre et des présidents de l'Assemblée nationale et du Sénat, dissoudre l'Assemblée nationale[10]. Il prononce la dissolution des assemblées provinciales, après consultation des bureaux de l'Assemblée nationale et du Sénat[11].

La quasi-totalité des Constitutions africaines, d'expression française, confèrent au président de la République des pouvoirs importants en situation de crises graves[12]. Qu'il s'agisse, en effet, de la crise

---

[5] Art. 69, al. 2 de la Constitution de la République Démocratique du Congo du 18 février 2006, telle que révisée par la Loi n°11/002 du 20 janvier 2011 portant révision de certains articles de la Constitution, 36 de la Constitution de la République du Burkina Faso du 5 novembre 2015, 5, al. 4 de la Constitution de la République du Cameroun du 18 janvier 1996, 34 de la Constitution de la République de Côte d'Ivoire du 8 novembre 2016 et 46, al. 3 de la Constitution de la République du Niger du 25 novembre 2010.

[6] Art. 46 al. 3 in fine de la Constitution de la République du Niger du 25 novembre 2010, 5 de la Constitution de la République française du 4 octobre 1958, 5, al. 5 de la Constitution de la République du Cameroun du 18 janvier 1996 et 64 de la Constitution de la République du Congo du 6 novembre 2015.

[7] Art. 5, al.3 de la Constitution de la République du Cameroun du 18 janvier 1996, 50 de la Constitution de la République de Côte d'Ivoire du 8 novembre 2016.

[8] Art. 55 de la Constitution de la République du Bénin du 11 décembre 1990, 51 de la Constitution de la République de Côte d'Ivoire du 8 novembre 2016, 9 de la Constitution de la République française du 4 octobre 1958, telle que révisée le 8 septembre 2008, 79 de la Constitution de la République Démocratique du Congo du 18 février 2006, telle que révisée le 20 janvier 2011.

[9] Art. 54 de la Constitution de la République du Bénin du 11 décembre 1990, 41 de la Constitution de la République de Côte d'Ivoire du 8 novembre 2016.

[10] Art. 148, al. 1er de la Constitution de la République Démocratique du Congo et 12, al. 1er de la Constitution de la République française du 4 octobre 1958.

[11] Art. 197, al. 7 de la Constitution de la République Démocratique du Congo du 18 février 2006, telle que révisée le 20 janvier 2011.

[12] L'analyse de l'article 5 de la Constitution française du 4 octobre 1958, finit par atterrir à la lecture de l'article 16 du même texte qui donne au président de la République des pouvoirs exceptionnels en cas des circonstances graves.

économique et financière internationale ou de la pandémie de la Covid-19, la solution aux problèmes de gestion de l'État met en exergue la responsabilité des institutions publiques, au premier rang desquelles se trouve le président de la République.

Dans le cadre précis de la pandémie de la Covid-19, déclarée en mars 2020, nombreux sont des chefs d'État africains qui ont décrété l'urgence sanitaire, usant de leurs prérogatives constitutionnelles[13]. Aussi, face à une menace grave et imminente, dans le fonctionnement des pouvoirs publics, le titulaire de la fonction présidentielle se voit-il autorisé à recourir à des mesures exigées par les circonstances, qui ne sortent pas de l'arbitraire, mais bien de la volonté d'assurer aux pouvoirs publics les moyens de leur action.

Le confinement imposé à la population, un peu partout dans le monde, est une illustration concrète de l'exercice des pouvoirs exceptionnels du président de la République. Ils ont eu notamment pour effet de limiter certains droits et libertés fondamentaux des citoyens par la nécessité de protection et de préservation individuelle et collective.

Vu sous cet angle, la fonction présidentielle revêt un caractère constitutionnel et institutionnel, mais au regard du volume et de l'importance des pouvoirs dont jouit le titulaire, on y voit l'épicentre de l'édifice institutionnel. Il est, par moments, pris pour un arbitre[14], notion dont le sens demeure, tout de même, ambigu.

Produit de la pensée gaullienne, l'arbitre se situerait au-dessus des contingences politiques ou politiciennes. Il ne ferait pas partie du jeu politique, sa neutralité découlant du rôle qu'il est appelé à jouer dans le fonctionnement des institutions de l'État, raison pour laquelle, la Constitution l'investit des pouvoirs propres lui permettant de trancher ou de faire trancher, par le peuple, les conflits entre les acteurs du jeu

---

[13] Art. 85 de la Constitution de la République Démocratique du Congo du 18 février 2006, telle que révisée le 20 janvier 2011, 157 de la Constitution de la République du Congo du 6 novembre 2015 et 68 de la Constitution du Niger du 25 novembre 2010.

[14] Art. 5, al. 1er de la Constitution de la République française du 4 octobre 1958 et 69, al.3 de la Constitution de la République Démocratique du Congo du 18 février 2006, telle que révisée le 20 janvier 2011.

institutionnel et politique[15]. À cette fin, le président de la République peut convoquer le peuple au référendum[16].

Il s'observe que dès les premières années de sa mise en pratique en France, *l'arbitrage présidentiel*, au sens sportif[17] a connu une forte transformation. Plutôt que de solliciter la collaboration d'autres pouvoirs[18], le titulaire est apparu plus actif.

Cette volonté d'action a été, au fil de temps, renforcée par l'élection du président de la République au suffrage universel direct et la recherche d'une majorité parlementaire acquise à sa cause réduisant, du coup, l'influence du parlement dans le jeu politique.

Aussi, au lieu de constituer un contrepoids à l'exécutif, le parlement s'est assigné un rôle limité de caisse de résonnance ou chambre d'enregistrement. Réelle, l'influence de l'exécutif sur le jeu politique aboutit à la neutralisation et, même, la disparition des contre-pouvoirs[19].

Dans cette configuration-déconfiguration des rapports entre les deux pouvoirs constitués, c'est bien le président de la République qui est le véritable chef d'orchestre, se plaçant dans l'arène du jeu politique.

La neutralité qui serait attachée à l'arbitrage présidentiel devient, lorsque le titulaire décide de faire partie du jeu politique, aléatoire et sujet à caution. Il s'ensuit que le pouvoir de nomination à des postes d'envergure fait du titulaire de la fonction la pierre angulaire de la construction-destruction de l'édifice institutionnel.

Par l'effet du mimétisme, nombreux chefs d'États africains se sont crus autorisés à recourir, dans ses grandes lignes, à la Constitution française du 4 octobre 1958 et à la pratique gaullienne du pouvoir, pour définir et redéfinir la fonction présidentielle lui donnant, du coup, un contenu souvent éloigné de celui fixé par le constituant.

---

15 FORMERY S-L., *La constitution commentée article par article,* Paris, 3ème éd., Hachette,1996, p.18.

16 Art. 11 de la Constitution française du 4 octobre 1958.

17 DUVERGER M., *Institutions politiques et droit constitutionnel,* Paris,11ème éd. PUF, 1970, p.705 et s.

18 Selon l'expression de Michel DÉBRÉ.

19 ESAMBO KANGASHE J-L, « L'opposition politique en Afrique noire francophone, du contre-pouvoir à une force politique absorbée » in NAREY O. (dir), *Séparation des pouvoirs et contre-pouvoirs*, Actes des premières journées scientifiques de droit constitutionnel de Niamey au Niger, l'Harmattan-Sénégal, 2018, pp. 351-369.

On doit, à la vérité, reconnaitre les limites d'une telle approche, le mimétisme ayant cessé d'être une recette durable au fonctionnement des institutions politiques africaines[20]. À la place, on devra explorer les pistes que propose l'internationalisation du droit constitutionnel[21], l'Afrique disposant des modèles et pratiques constitutionnels susceptibles d'être dupliqués ou partagés à travers le monde[22].

Sous cet angle, on opine que le président de la République serait doté de la divinité ou d'une puissance surnaturelle qui lui permettent d'assurer la stabilité politique et le développement du pays. Il s'observe que, plus de soixante ans indépendances, l'Afrique se trouve en train de magnifier et de vénérer les hommes providentiels qui ne tiennent, finalement, leur pouvoir qu'au bout du fusil[23] et à des modifications de la Constitution.

Devant cette posture, de plus en plus, décalée de la volonté du constituant, c'est bien le titulaire de la fonction présidentielle qui détermine des règles du jeu politique méconnaissant, par-dessus tout, les bornes qui lui sont prescrites.

2. Les restrictions à la fonction présidentielle

L'ensemble des Constitutions africaines exigent du président de la République la défense et le respect de la Loi fondamentale, la préservation de l'unité nationale et l'intégrité du territoire ainsi que l'observance des droits de la personne humaine. Il jure, sur l'honneur, *de ne se laisser guider que par la recherche de l'intérêt général, de remplir loyalement et en fidèle serviteur du peuple les hautes fonctions qui lui*

---

[20] De GAUDUSON J.-B, « Le mimétisme post-colonial et après ? », *La démocratie en Afrique*, Pouvoirs, n°129, 2009, p. 55.

[21] QAZBIR H, *L'internationalisation du droit constitutionnel,* Paris, Bibliothèque de thèses, Dalloz, 2015.

[22] Lire dans ce sens, ESAMBO KANGASHE J-L., *Le droit constitutionnel, op.cit.*, pp. 30-31

[23] L'article 67 de la Constitution de la République du Bénin autorise au président de la République à faire appel aux Forces armées ou de Police étrangères pour intervenir dans un conflit intérieur, sauf en cas de coup d'État, de putsch, d'agression par des mercenaires ou de coup de force (Art. 66).

sont confiées[24], la méconnaissance pouvant constituer le parjure[25], prélude à la mise en jeu de sa responsabilité pénale.

Même si certains pays ont érigé la violation intentionnelle de la Constitution, celle grave et caractérisée des droits de l'homme en infraction de haute trahison[26], rares sont les poursuites pénales engagées contre les contrevenants, la procédure en la matière étant rigoureusement vérouée.

On relève, en effet, que les poursuites et la mise en accusation du président de la République sont autorisées par les deux tiers des membres du parlement réunies en Congrès[27] ou par les deux tiers des députés composant l'Assemblée nationale[28].

De cette ingénierie constitutionnelle qui semble consacrer l'impunité du titulaire de la fonction présidentielle, se creuse une distance entre la formule du serment constitutionnel et la posture réelle du bénéficiaire. On note, par exemple, que l'exercice de la fonction aurait pu concourir au bien-être social de tous et à l'intérêt général, mais à la place, ce sont plutôt des réajustements constitutionnels, sur fond du renforcement des pouvoirs présidentiels, qui paraissent urgents.

Est, également, relevée la tactique qui consiste à prêcher, avant l'accession au pouvoir, le respect et la protection de la Constitution, la déférence aux droits humains et la préservation de l'intérêt général, mais qui contraste avec la chasse à la même Constitution, une fois le pouvoir conquis.

---

[24] Art. 53 de la Constitution de la République du Bénin du 11 décembre 1990, 74 de la Constitution de la République Démocratique du Congo du 18 février 2006, telle que révisée le 20 janvier 2011, 73 de la Constitution de la République du Bénin du 11 décembre 1990.

[25] Art. 53, al. 2 de la Constitution de la République du Bénin du 11 décembre 1990.

[26] Art.74 de la Constitution de la République du Bénin du 11 décembre 1990, 109 de la Constitution de la République de Côte d'Ivoire du 8 novembre 2016, 165, al. 1er de la République Démocratique du Congo du 18 février 2006, telle que révisée le 20 janvier 2011.

[27] Art. 166, al. 1er de la Constitution de la République Démocratique du Congo du 18 février 2006, telle que révisée le 20 janvier 2011.

[28] Art. 137, al.2 de la Constitution de la République du Bénin du 11 décembre 1990, 111 de la Constitution de la République de Côte d'Ivoire du 8 novembre 2016.

B. La pratique du pouvoir

Comme partout ailleurs, les réformes politiques sont nécessaires pour la consolidation de la démocratie, même si dans bien des cas, elles conduisent rarement à la sérénité souhaitée. La distance entre les prescriptions constitutionnelles et la pratique du pouvoir finit par douter de l'utilité de la fonction présidentielle.

On note qu'interprétant la Constitution, le titulaire en fait une lecture qu'il tente d'imposer aux autres pouvoirs constitués, voire aux citoyens. Les modifications, en pleine compétition ou à la veille, des règles du jeu politique participent de cette stratégie d'accaparement du pouvoir[29].

Dans bien de cas, en effet, le constituant aménage à l'ancien président de la République un statut spécial[30]. Les dignitaires du régime sont également concernés. En République Démocratique du Congo, par exemple, l'ancien président de la République élu est sénateur à vie. Cette garantie constitutionnelle est apparue insuffisante aux yeux du législateur.

La loi n°18/021 du 26 juillet 2018 portant statut des anciens présidents de la République élus et fixant les avantages accordés aux anciens chefs de corps constitués[31] précise que *les mécanismes institués (par la Constitution) s'avèrent insuffisants pour garantir l'alternance démocratique, ainsi que la stabilité et la pérennité des institutions de la République pour la consolidation de la démocratie*[32].

Elle accorde à l'ancien président de la République l'immunité des poursuites pénales, pour les actes posés dans l'exercice de ses fonctions[33], les juridictions nationales ayant priorité sur toute autre

---

[29] Sont notamment visées, les dispositions relatives au mode de scrutin, aux conditions d'éligibilité ainsi qu'à la limitation du nombre et de la durée des mandats du président de la République.

[30] Art.104, alinéa 7 de la Constitution de la République Démocratique du Congo du 18 février 2006 et 224 de la Constitution de la République du Congo du 6 novembre 2015.

[31] Votée et promulguée quelques mois avant l'organisation des élections qui ont consacré l'alternance démocratique au sommet de l'État.

[32] Exposé des motifs de la Loi n°18 /021 du 26 juillet 2018 portant statut des anciens présidents de la République élus et fixant les avantages accordés aux anciens chefs de corps constitués, *Journal Officiel de la République Démocratique du Congo*, numéro spécial du 31 juillet 2018.

[33] Art. 7 de la même Loi.

juridiction internationale ou étrangère, en cas de crimes contre la paix et la sécurité de l'humanité[34].

De son côté, le constituant congolais étend ce statut spécial aux anciens dirigeants[35], lorsqu'il dispose que *les anciens présidents de la République ont droit, à la fin de leur mandat, à la protection de l'État tant en leur personne qu'en leurs biens. Il leur versé mensuellement, à titre de pension, une allocation viagère dont le montant est fixé par décret délibéré en Conseil de ministres. Les autres avantages et les modalités de protection des anciens Chefs de l'État sont déterminés par la loi.*[36]

Les anciens présidents des Assemblées parlementaires et les anciens premiers ministres, à l'exception de ceux qui ont été condamnés pour forfaiture, bénéficient de la reconnaissance de la Nation dont la nature et les formes sont déterminées dans la loi[37].

La même loi détermine les autres anciens dirigeants bénéficiaires de la reconnaissance de la Nation et les avantages qui leur sont dus[38].

L'ingénierie constitutionnelle semble faire écho de l'autre rive du fleuve Congo, la loi portant statut d'anciens présidents de la République élus et chefs des corps constitués ayant pris soin d'énumérer les avantages dus aux anciens présidents des deux chambres du parlement[39] et anciens membres de corps constitués[40].

---

[34] Art. 9 de la même Loi.

[35] Titre XVIII de la Constitution de la République du Congo du 6 novembre 2015.

[36] Art. 224 de la même Constitution.

[37] Art. 225 de la même Constitution.

[38] Art. 226 de la même Constitution.

[39] Art. 19-20 de la Loi n°18 /021 du 26 juillet 2018.

[40] En l'espèce les anciens premiers ministres, anciens présidents du Conseil supérieur de la magistrature, anciens procureurs généraux près la Cour constitutionnelle, anciens premiers présidents de la Cour suprême de justice, de la Cour cassation, du Conseil d'État, de la Haute Cour militaire , des anciens procureurs généraux de la République, procureurs généraux et auditeurs généraux près ces juridictions, anciens présidents de la Commission économique et social, de la Commission électorale nationale indépendante, du Conseil supérieur de l'audiovisuel et de la communication, et de la Commission nationale des droits de l'homme, des anciens chefs d'état-major général des forces armées et des anciens commissaires généraux de la police nationale congolaise, des anciens administrateurs généraux de l'Agence nationale de renseignements, des anciens directeurs généraux de migration et des anciens chefs d'état-major des forces terrestre, aérienne et navale. Lire dans ce sens, les articles 21à 22 de la Loi.

Pris en exécution de la loi[41], le Décret n°18/039 du 24 novembre 2018[42] détermine les avantages et devoirs reconnus aux anciens premiers ministres, alors que celui n°18/038[43] les prolonge, en violation de la même loi, aux membres du gouvernement[44].

Aussi, plutôt que de servir l'unité et la cohésion nationales, ces réformes sont-elles porteuses de frustrations et tensions politiques, sur fond d'exclusion politique.

La première est portée par le régime sénégalais qui, placé dans un contexte de nouvelles élections générales, décida d'engager deux réformes électorales. La Loi organique n° 92-23 du 30 mai 1992 portant Code électoral a dû subir, par deux fois, des réajustements, juste pour assurer au président de la République, en exercice, le maintien au pouvoir, et lui donner les moyens d'en contrôler.

Si la tentative initiale n'a pu aboutir à cause de la forte mobilisation politique et citoyenne opposée à l'instauration d'un pouvoir patrimonial et héréditaire, la seconde permit l'élection, au premier tour, de l'auteur qui a su profiter de la division de l'opposition.

Vint, ensuite, la tactique utilisée en République du Congo. Adoptée par référendum du 25 octobre 2015, la nouvelle Constitution[45] précise que *le président de la République est élu pour un mandat de cinq ans renouvelables deux fois*[46].

Cette disposition abroge celle portée par la Constitution du 20 janvier 2002 aux termes de laquelle *le président de la République est élu pour sept ans au suffrage universel direct. Il n'est rééligible qu'une fois*[47]. Elle

---

[41] Art. 33 de la Loi n°18 /021 du 26 juillet 2018.

[42] *Journal Officiel de la République Démocratique du Congo*, n°24 du 15 décembre 2018, col.60.

[43] *Idem*, col. 58.

[44] Aux termes de l'article 2 du Décret n°18/029 du 24 novembre 2018, on entend par membre du Gouvernement le Vice-premier ministre, le Ministre d'État, le Ministre, le Ministre délégué, le Vice-ministre, le Secrétaire général du Gouvernement, le Secrétaire général du Gouvernement adjoint, les personnalités exerçant les fonctions équivalentes au rang des membres du Gouvernement au cabinet du président de la République et au cabinet du premier ministre.

[45] *Journal Officiel de la République du Congo*, édition spéciale n°8 du 6 novembre 2015.

[46] Art. 65, al. 1er de la Constitution de la République du Congo du 6 novembre 2015.

[47] Art. 57 de la Constitution de la République du Congo du 20 janvier 2002.

autoriserait au président de la République, en fonction, à commencer un nouveau mandat de cinq ans, deux fois renouvelables.

Désigné, le 10 décembre 2020, candidat du Parti congolais du travail à l'élection présidentielle du 21 mars 2021, l'auteur fut, sans surprise, élu au premier tour avec 88, 57% des suffrages exprimés contre son challenger Guy Parfait Kolelas crédité de 7, 84 % des suffrages exprimés.

La stratégie servit de support au régime ivoirien qui initia une réforme constitutionnelle le 8 novembre 2016 laquelle permit au président de la République, en exercice, d'organiser les élections présidentielles du 31 octobre 2020, qu'il remporta facilement.

En République de Guinée, l'élection présidentielle du 18 octobre 2020 a été précédée d'une réforme constitutionnelle controversée, réalisée dans un climat politique agité. S'appuyant sur la nouvelle Constitution du 7 avril 2020, le président de la République, en fonction, s'est cru autoriser de candidater au scrutin présidentiel du 18 octobre 2020, qu'il remporta avec 59, 49% des suffrages exprimés contre 33, 5% attribués à Cellou Dalen Diallo, candidat de l'opposition.

La mauvaise gouvernance et la crise sociopolitique qui ont caractérisé le troisième mandat de Alpha Condé, ont fini par avoir raison d'un régime solitaire écroulé par un coup d'État mené, le 05 septembre 2021, par le Colonel Mamady Doumbouya[48].

Pour asseoir un pouvoir présidentiel fort, l'actuel président béninois entreprît, dès l'entame de sa première mandature, de réviser la Constitution, pour ramener, à un seul terme de huit ans, le mandat présidentiel.

Par un vote majoritaire à l'Assemblée nationale, la réforme fut anéantie, une autre aboutie du 7 novembre 2019[49] raviva les tensions politiques que l'on croyait contenues avant la nouvelle élection présidentielle du 11 avril 2021.

Organisée dans le cadre de la nouvelle loi de révision constitutionnelle[50], ce scrutin fut remporté par le président de la

---

[48] Qui a fini par être investi, le 1er octobre 2021, président de la République par la Cour suprême de justice aux termes d'une cérémonie de prestation de serment.

[49] Portée par la Loi n°2019-40.

[50] Conduite dans une Assemblée nationale composée des députés issus du parti présidentiel, cette réforme a bénéficié d'un appui significatif de la Cour constitutionnelle, également, commise à la tâche. On y découvre notamment la création

République, avec 86% des suffrages exprimés, pour un taux de participation estimé à 50 %, confirmant ainsi la présidentialisation du régime[51].

Au Burundi, le président de la République, alors en fonction, signa, le 18 mars 2018, un décret pour convoquer, le 7 mai 2018, un référendum conduisant à la modification de la Constitution, avec en toile de fond l'extirpation de la limitation du nombre et la durée des mandats présidentiels.

Bien que concluante[52], la réforme n'a pu séduire l'auteur qui a vite fait d'annoncer son retrait de la vie politique au profit d'un dauphin désigné. Élu, le 20 mai 2020, avec 89, 7% des suffrages exprimés, Évariste Ndahishimiye fut investi un peu plutôt que prévu[53].

À la base d'une controverse, au sein de la classe politique, la loi électorale malgache du 4 avril 2018 aurait été personnalisée pour avoir visé les candidatures de l'opposition à l'élection présidentielle. Les personnes condamnées, pour un délit, et dont la campagne électorale serait soutenue par les entreprises et personnes morales de droit étranger seraient également concernées par l'exclusion politique.

Saisie par les députés de l'opposition, et quelques dirigeants de la société civile, la Haute Cour constitutionnelle rendit, le 3 mai 2018, une décision aux termes de *laquelle étaient jugées contraires à la Constitution, les dispositions légales qui organisent, notamment, la*

---

du poste de vice-président qui n'a pas des pouvoirs précis, à part ceux qui lui sont confiés par le président de la République. N'étant pas membre du Gouvernement, il n'a comme rôle que d'assumer l'intérim du président de la République, en cas de décès, démission ou empêchement définitif. Est, également, signalé, l'instauration du parrainage à l'élection présidentielle, chaque candidature appelée à être soutenue par dix pourcent du collège des députés et des maires.

[51] À la décharge du présidentialisme du régime béninois, on signale notamment les efforts entrepris dans la lutte contre l'impunité et les détournements de deniers publics, ainsi que la construction ou la réfection des infrastructures de base. La politique d'austérité pratiquée par le président de la République contraste avec les restrictions aux libertés publiques et le musèlement de l'opposition. Est ainsi relancé le débat sur les rapports entre l'autoritarisme d'un régime politique et sa vocation à tenir compte des aspirations populaires, d'une part, et la protection des libertés publiques, source de ralentissement au développement.

[52] Avec le *Oui* crédité de 73, 2% des suffrages exprimés, résultats validés, le 31 mai 2018, par la Cour constitutionnelle.

[53] En raison de la mort, le 8 juin 2020, de Pierre Nkurunziza alors président en fonction.

révision des listes électorales, la réduction, de quinze à sept jours, la durée de la campagne électorale, pour le second tour de l'élection présidentielle, l'utilisation des bulletins uniques ou encore les conditions nécessaires à la candidature à la présidence de la République. Cette décision a contribué à la décrispation politique avant le scrutin présidentiel.

Au Gabon, l'adoption, le 29 décembre 2020, par le Congrès d'une réforme constitutionnelle organisant l'intérim du président de la République, en cas d'indisponibilité, a été à la base d'une controverse politique.

La nouvelle reformulation de l'article 13 de la Constitution aménage la gestion conjointe, sinon, collégiale de l'intérim, en cas d'indisponibilité du président de la République, par le président du Sénat, celui de l'Assemblée nationale et le ministre de la Défense nationale.

En République démocratique du Congo, la réforme constitutionnelle du 20 janvier 2011 a, notamment, modifié le mode de scrutin à l'élection présidentielle qui passe de deux à un seul tour.

Dans la foulée, la loi électorale a dû subir quatre modifications, avec en toile de fond, l'institution, le 24 décembre 2017, du seuil légal de représentativité, dont l'application, aux élections législatives nationales et provinciales du 30 décembre 2018 et du 31 mars 2019 a engendré de la brouille, de soupçons de fraudes et de conflits de légitimité [54] qu'elle n'a été capable d'éviter, ni de contenir.

De courte durée, la majorité parlementaire favorable au Front commun pour le Congo[55] au sein de l'Assemblée nationale et du Sénat s'est, finalement, effritée avec des pétitions visant la déchéance des membres des bureaux des chambres parlementaires, entrainant, du coup, la recomposition de la configuration politique, désormais, contrôlée par l'Union sacrée pour le Congo[56].

On voit bien qu'en dépit du dispositif constitutionnel porté vers l'encadrement de la fonction présidentielle, l'histoire politique des États

---

[54] En considérant, notamment la cartographie politique offerte au sein des assemblées politiques délibérantes.

[55] Plateforme électorale créée, à la veille des scrutins du 31 décembre 2018 par l'ancien président de la République Joseph KABILA KABANGE.

[56] Nouvel appareillage politique créé par le président de la République en fonction.

d'Afrique francophone convoquée par la réflexion, révèle, plutôt, un style de gouvernance personnelle.

Tributaire de la personnalité de l'auteur et de sa capacité à museler d'autres institutions[57]ou forces politiques et sociales d'opposition, c'est l'entendement présidentiel de la Constitution et sa conception du pouvoir[58] qui conditionnent les règles de jeu. On n'est, donc, pas loin de franchir l'impasse créée par l'image contrariée de la fonction présidentielle.

II. L'IMAGE DISCUTÉE DE LA FONCTION PRÉSIDENTIELLE

La quasi-totalité des constituants africains, d'expression française, consacrent l'hégémonie présidentielle sur d'autres institutions et pouvoirs constitués.

Interprétant la Constitution qui fait de lui le garant de la Nation et l'arbitre dans le fonctionnement des pouvoirs publics, le titulaire de la fonction présidentielle finit par prescrire son style de gouvernance, souvent éloigné de la volonté du constituant.

A. LA TRACE DU TITULAIRE DE LA FONCTION

L'exercice du pouvoir est, par les convoitises qu'il génère, source de conflits. Il oppose l'agir et le bien agir, le respect des textes ne s'accommodant que très peu de ce qu'on attend. Poussant sa posture jusqu'au-delà de son statut constitutionnel, le titulaire parvient à créditer l'idée que *les institutions, à la différence des satellites, demeurent rarement sur l'orbite où leur créateur avait entendu les placer. Elles échappent à la volonté du constituant ou du législateur qui leur a donné vie. L'événement, le milieu, la personnalité des hommes qui les incarnent, déterminent leur trajectoire*[59].

---

[57] Notamment le parlement et le Conseil ou la Cour constitutionnelle.

[58] Lorsque le titulaire cumule les fonctions de président et de chef de file de la majorité au pouvoir, il bénéficie presque automatiquement de la légitimité politique de chef d'État.

[59] RIVERO J., « Fin d'un absolutisme », *Le Conseil constitutionnel et les libertés*, Paris, Economica-PUAM, coll. « Droit public positif », 1987.

Cette torsade est doublement ressentie. Au plan interne, on soutient une certaine similitude entre le chef de l'État africain et le monarque ancestral qui incarnait la divinité et conditionnait l'avenir et le devenir de toute une Nation. Ce Léviathan africain symbolisait, néanmoins, l'unité, la cohésion, la stabilité et la justice, sans lesquelles le bien-être de tous était illusoire. Dans ces conditions, il ne peut qu'être au-dessus de la mêlée, même si quelques fois son agir politique pouvait dépasser la sphère de ses compétences formelles[60]. Le facteur exogène tiendrait de la lutte contre le colonisateur de qui on retiendrait l'image d'un Tiran privant ses sujets du droit à la vie. La recherche de l'indépendance et la lutte contre les velléités séparatistes justifieraient la conception autoritaire du pouvoir en Afrique post-coloniale.

Le rapprochement de deux approches aboutit à provoquer une mutation dans la perception du pouvoir qui cesse d'être un service à rendre, pour constituer un amas de privilèges et avantages personnels.

Aussi, portée vers un apostolat, l'exercice du pouvoir ne reflète-t-il pas toujours le résultat attendu. Alors que la Constitution établit clairement les sphères des compétences à chaque institution, le titulaire de la fonction présidentielle ne se prive pas d'afficher une attitude de contraste, allant jusqu'à imposer ses vues là où aucune marge ne lui est autorisée. Partant de l'idée que le pouvoir s'exerce, il finit par en abuser sans égard aux conséquences qui peuvent en résulter. Au fil de temps, l'idée de la vanité et la précarité du pouvoir finit par faire du chemin.

On rappelle que dans un discours historique[61] prononcé, à la tribune de l'Assemblée générale des Nations Unies, le 4 décembre 1973, l'ancien président du Zaïre soutenait *qu'un fruit ne tombe que quand il est mur, mais devant la tempête et l'ouragan, mur ou pas il tombe quand même.*

Prémonitoire, l'affirmation semble d'actualité dans certains États africains. Qui l'eût cru qu'au bout de deux décennies d'exercice autoritaire du pouvoir, celui qui y a accédé par les armes n'ait pu résister au vent de changement porté par le balai citoyen pour être contraint à l'exil dans un pays voisin où il a, gracieusement, bénéficié d'une nouvelle nationalité ?

---

[60] HOURQUEBIE F., « Quel statut constitutionnel pour le chef de l'État africain ? Entre principes théoriques et pratique du pouvoir », *Afrique contemporaine*, 2012-2, n°242, p.79.

[61] De 48 minutes, 44 secondes.

Construite autour du tripatouillage de la Constitution et la patrimonialisation du pouvoir[62], la mauvaise gouvernance d'un opposant devenu président de la République par la voie des urnes n'a pas contrarié le coup de l'État du 5 septembre 2021 qui a emporté son régime.

Alors qu'il disposait d'une marge de manœuvres suffisantes pour maintenir son pays dans la voie de la démocratie, l'entêtement d'un président de la République malien aux mutations de la vie politique a sonné le glas d'un régime de plus en plus impopulaire.

Se croyant invulnérable, le dernier maréchal au pouvoir en Afrique francophone n'a pu démontrer sa bravoure à vaincre l'ennemi mieux préparé à avoir sa tête.

La soif du pouvoir a, quelque fois, poussé certains régimes africains à organiser soit la présidence à vie, soit la succession dynastique au pouvoir. Si le Cameroun, la Guinée Équatoriale et la République du Congo sont en passe de symboliser la première hypothèse, le Gabon, le Tchad et le Togo s'apprêtent à consolider la deuxième hypothèse. Dans l'un ou l'autre cas, les héritiers sont désignés et associés à l'exercice du pouvoir[63].

La vulnérabilité de la fonction présidentielle a poussé certains chefs d'État africains à se doter des moyens juridiques et politiques de pérennisation du pouvoir, les rapports peu reluisants avec les contre-pouvoirs institutionnels[64] ou institués, induisant la soumission à leur style de gouvernance.

De la constitutionnalisation à l'institutionnalisation du pouvoir personnel, on finit par succomber à la tentation d'une *superposition institutionnelle*[65] qui dicte l'action politique, avec le soutien, plus ou moins déclaré, de l'armée et du personnel acquis à sa cause.

---

62 AIVO F.-J, *Le Président de la République en Afrique noire francophone. Genèse, mutations et avenir de la fonction*, Paris, L'Harmattan, 1996, p. 105.

63 Le Sénégal n'a pas connu cette pratique sous la présidence de Léopold SEDAR SENGHOR et d'Abdou DIOUF. Pour ce dernier, on signale qu'à la fin de son mandat, il ordonna à sa femme et ses enfants de restituer à l'État sénégalais les passeports diplomatiques qu'ils détenaient de vers eux.

64 AVRIL P, « Les contre-pouvoirs institutionnels », *Projet*, n°150, 1980.

65 ASSO B, « La présidence et l'institutionnalisation du pouvoir en Afrique noire », *État et société en Afrique Revue française d'histoire d'Outre-mer*, tome 68, n° 250-253, 1981, p.4.

Ainsi tracée, la trajectoire débouche, naturellement, sur une gouvernance *néo-présidentialiste* adoubée par *un paternalisme institutionnel*[66] souvent éloigné des aspirations populaires.

B. L'ATTITUDE CONTRARIÉE DES CITOYENS

Les circonstances variées et diverses d'accession au pouvoir en Afrique noire francophone suggèrent une prudence sur la généralisation des raisons, plus ou moins, objectives d'obéissance ou de désobéissance politique.

Sinon, comment comprendre qu'à peine élu, un président de la République ne soit pas capable de contenir, quelques mois plus tard, la contestation de son pouvoir ? Comment, également, juger avec objectivité les liesses populaires qui surviennent après le renversement d'un régime pourtant fraichement issu des urnes ? Se pose la question de l'ambiguïté dans les rapports entre la légalité et la légitimité du pouvoir en Afrique noire francophone.

Quel que soit, en effet, l'hypothèse envisagée, le doute sur la fiabilité et la sincérité des résultats électoraux[67] semble réel, tant et si bien qu'ils sont souvent entachés des irrégularités, quelques fois redressées, sans les remettre fondamentalement en cause, parce que confirmés par le juge électoral, usant de son pouvoir de régulation[68].

Du coup, se dessine une posture contrariée, mais compréhensible des citoyens obligés tantôt à soutenir les présidents autoritaires[69], tantôt à les combattre jusqu'à la résignation[70] ou à l'abandon du pouvoir[71].

---

[66] MANANGOU V.-R, « Le néo-présidentialisme africain : entre paternalisme et superposition », *Revue française de droit constitutionnel*, PUF, 2015, n°103, pp. 32-43.

[67] Sur la question de la vérité des urnes, lire ESAMBO KANGASHE J.-L, *Le droit électoral congolais*, 2ième édition, Academia- L'harmattan, Louvain-la-Neuve, 2020, pp. 228-291.

[68] ESAMBO KANGASHE J.-L, « À propos du pouvoir régulateur du juge électoral en Afrique noire » in NAEY O (dir), *L'élection présidentielle*, Actes des deuxièmes journées scientifiques de droit constitutionnel de Niamey au Niger, l'Harmattan-Sénégal, 2020, pp. 355-367.

[69] Tels qu'au Bénin, au Cameroun, en Côte d'ivoire, en République du Congo, au Rwanda ou au Togo.

[70] Comme en République Démocratique du Congo ou au Sénégal.

[71] Notamment, au Burkina Faso.

Dans ces conditions, il faut s'assurer que l'éducation civique et politique d'une population composée, en majorité, *des citoyens androïdes*[72] soit au rendez-vous, car de la déformation de la pensée à désorientation de l'action, c'est bien toute la vie politique qui prend la percussion. Il importe alors de mobiliser les énergies nécessaires pour garantir la sécurité et la protection à la Constitution et ses valeurs.

Protéger la Constitution, c'est empêcher sa violation, également promouvoir ce qu'elle contient comme valeurs essentielles. Si le constituant congolais fait obligation à tout citoyen de faire échec à tout individu ou groupe d'individus qui prend le pouvoir par la force ou l'exerce en violation de la Constitution[73], celui béninois impose à tout civil ou militaire le devoir sacré de respecter, en toutes circonstances, la Constitution et l'ordre constitutionnel établi, ainsi que les lois et règlements de la République[74]. Peut également être exploitée, la possibilité offerte à toute personne-pas uniquement au citoyen congolais-de saisir la Cour constitutionnelle, pour inconstitutionnalité de tout acte législatif ou règlementaire[75].

Il s'observe la rareté des demandes portées par les citoyens devant le juge pour solliciter la protection de la Loi fondamentale, créditant l'idée que ce texte ne serait rédigé que par les autres et pour leurs intérêts. Aussi, la résignation à exercer un droit constitutionnel conduit-elle à sa mise en quarantaine, pour qu'au finish le droit soit sublimé par la politique, elle-même conditionnée par une règle juridique. La dialectique *droit-pouvoir-politique* impose, donc, l'existence d'une norme qui encadre l'exercice au profit de la communauté : c'est la fonction utilitaire de la règle de droit.

Dans cette perspective, on ne peut, raisonnablement, expliquer que ceux qui mettent en doute la constitutionnalité ou la légalité d'une action politique soient les mêmes qui justifieraient le bien-fondé, au nom *de la stabilité politique et l'intérêt supérieur de la Nation*, mais qui, à la vérité, s'avère comme une prime ou une récompense de la loyauté à l'auteur.

---

[72] Qui font de l'internet et ses différentes applications leur mode de vie.

[73]Art. 162, al. 2 de la Constitution de la République Démocratique du Congo du 18 février 2006, telle que révisée par la Loi du 20 janvier 2011.

[74] Art.34 de la Constitution de la République du Bénin du 11 décembre 1990.

[75] Art. 162, al.2 de la Constitution de la République Démocratique du Congo du 18 février 2006, telle que révisée par la Loi du 20 janvier 2011.

Appelée à jouer, quelques fois, le rôle de contre-pouvoir, l'opposition et la société civile sont, quotidiennement, limitées par la suprématie factuelle du titulaire de la fonction présidentielle, du mode de démocratie qu'il s'octroie ou du système électoral choisi ou imposé, rendant ainsi la fonction de contrôle parlementaire aléatoire, sinon illusoire, tant l'exercice reflétant, certes, un affrontement démocratique entre deux institutions politiques, mais aussi une superposition de l'une, le président de la République, sur les actions de l'autre, le parlement, dont la fonction de contrôle est fragilisée.

Dans ces conditions, l'opposition se contente d'afficher une posture d'accompagnement[76] des actions d'un président de la République autoritaire soutenu, par ailleurs, par une majorité parlementaire. Désabusée et recomposée, cette force politique finit par faire profil bas, pour composer avec la majorité au pouvoir, en vue d'un positionnement ou repositionnement politique aux futures échéances électorales.

Formée par une partie de la population, pour la défense de ses intérêts, la société civile n'est pas exemptée du syndrome de politisation et de division[77], œuvre du titulaire de la fonction présidentielle, mais devant la dégradation des conditions sociales de ses membres, elle a pu développer une opposition brutale, contestataire et parfois sauvage, dans le cadre d'une démocratie gouvernante.

Il s'observe, cependant, une certaine complicité entre les partis politiques de l'opposition minoritaires au parlement et les mouvements citoyens revendiquant de porter la voix des sans voix pour briser, dans le cadre de la liberté d'expression et de manifestation, le mythe d'une fonction présidentielle autoritaire.

Variés et de moins en moins structurés, ces mouvements d'expression populaire parviennent à influer le jeu politique, voire à déconstruire certains édifices politiques par une opposition informelle au service d'une majorité dite populaire. Le recadrage de ces nouveaux canaux d'expression politique est nécessaire, il passe par l'éducation civique d'une population souvent prise par le piège d'un suivisme aveugle.

---

[76] ESAMBO KANGASHE J.-L, « L'opposition politique en Afrique noire francophone, du contrepouvoir à une force politique absorbée », *op.cit.*, pp. 363-364.

[77] ESAMBO KANGASHE J.-L, *Traité de droit constitutionnel congolais*, Paris, l'Harmattan, Série Droit, Études africaines, 2016, p. 303.

CONCLUSION

En dépit des observations et critiques formulées sur l'exercice de la fonction présidentielle en Afrique noire francophone, on doit reconnaitre que l'exercice est loin d'être une fiction ou un faire-valoir. Il se vit et se constate au quotidien. Un doute est, par moments, perceptible entre les objectifs poursuivis et la finalité visée, pour que d'un prestige, on finit par découvrir une épreuve avec laquelle il faut bien compter.

Quelque fois vulnérable, la fonction présidentielle incite à des précautions, les expériences convoquées dans cette réflexion ayant convaincu de la difficile adéquation entre le droit, le pouvoir et la politique. Vient aussi à l'esprit, la cohérence qu'il faut construire entre la finalité et l'utilité de la fonction, pour que du bon choix, découlent les meilleurs résultats. Tout est, donc, question d'approche et des objectifs, car même en Afrique traditionnelle, l'exercice d'une fonction est redevable de l'obéissance, à condition que le titulaire s'oblige à aider et à protéger ses sujets.

Jean-Louis ESAMBO KANGASHE
Professeur Ordinaire et Doyen de la Faculté de Droit,
Université de Kinshasa, République Démocratique du Congo

CONCLUSION

François ABENG MESSI

L'IMPÔT DANS LES ÉTATS D'AFRIQUE NOIRE FRANCOPHONE : UNE INSTITUTION SOCIALE À REPENSER ENTRE DROIT ET POUVOIR

INTRODUCTION

On le confesse :

> « Le temps semble loin où, après la Seconde Guerre mondiale et sous l'égide de l'État-providence, les prélèvements obligatoires relevaient d'un sens partagé et étaient posés comme participant de la réalisation de l'intérêt général, du bien-être de tous, de la solidarité sociale »[1].

Partant, on devrait se garder de s'étonner que *« la fiscalité fait actuellement l'objet d'un malaise qui peut se lire dans les sondages, dans les débats politiques, économiques ou sociaux ou plus encore dans les refus exprimés au regard de la création de nouveaux impôts [...] ou de l'augmentation de certains autres »*[2]. Si *« trop d'impôt tue l'impôt »*[3] pour certains, pour d'autres, *« l'impôt c'est le vol »*[4], il demeure pourtant, *« pour l'entretien de la force publique et pour les dépenses d'administration, une contribution commune est indispensable »*[5]. A la

---

[1] BOUVIER (M.), « Sens et légitimité de l'impôt », *Pouvoirs*, 2014, n°151, p.27.

[2] BOUVIER (M.), « Éditorial, », *RFFP*, 2019, n°145, p.5.

[3] Selon la présentation faite par la courbe de Laffer. Cf. BOUVIER (M.), ESCLASSAN (M. Ch.), LASSALE (J.-P.), *Finances publiques*, 13e éd., Paris, LGDJ-Lextenso, 2014, p. 672, n° 736.

[4] Bouvier (M.), *Introduction au droit fiscal général et à la théorie de l'impôt*, 12e éd., Paris, LGDJ-Lextenso, 2014, p. 247.

[5] Article 13 de la Déclaration des droits de l'Homme et du citoyen en France.

lecture de cette disposition des révolutionnaires français, il apparaît que, comme bien d'autres, l'impôt est une institution qui est au cœur de la socialisation, voire de la civilisation. Attribut de la souveraineté[6], l'impôt est le nerf du contrat social. Autant, il apaise les relations sociales entre les personnes morales de droit public bénéficiaires et les citoyens payeurs, il peut être source de graves tensions dont les plus virulentes pourraient reconduire à l'état de nature. Le *poujadisme*, le Comité de défense fiscale de Paris, le mouvement des *tondus* ainsi que le *Cidunati* de Gérard NICOUD connus en France confortent une telle lecture à laquelle les États d'Afrique noire francophone sont éligibles. C'est donc dire que dans ces États, l'impôt est une institution sociale dont il faut merveilleusement bien assurer la texture, voire l'entrelacement entre droit et pouvoir. Avant d'aller plus loin, il se fait urgent de préciser le sens qu'il faut donner aux concepts sans lesquels cette thématique perdrait de sa pertinence.

S'agissant en premier lieu de la notion d'impôt, à l'image de la notion d'autonomie[7], elle n'est pas de celles que l'on pourrait manier ou évoquer sans précaution. A cet effet, dans son article consacré aux *« impositions et aux cotisations obligatoires »*, le Professeur Paul AMSELEK[8] soulignait une fois de plus le caractère, à la fois fondamental et problématique, de la notion d'impôt ou imposition en mettant en exergue les facteurs justifiant l'amalgame et en prenant le soin de rappeler les différences de nature, malgré l'impact de la décision du Conseil constitutionnel français de décembre 1990[9]. *« Au fond, nous ne savons*

---

[6] TROTABAS (L.) et COTTERET (J.-M.), *Droit fiscal*, Paris, Dalloz, 8ième éd., 1997, p.70.

[7] ONDOA (M.), *Introduction Historique au Droit Camerounais : la formation initiale. Éléments pour une théorie de l'autonomie des droits africains,* Préface POUGOUE (P. G.), Avant-propos OWONA (J.), Envoi... BIPOUN WOUM (J.-M.), Coll. Doctrine juridique africaine et malgache, EDLK, 2013, p. 28.

[8] AMSELEK (P.), « Impositions et cotisations obligatoires », in *Mélanges* en l'honneur de Loïc PHILIP, *Economica*, 2003, p.240.

[9] La décision du 29 décembre 1990 du Conseil Constitutionnel sur la Contribution sociale généralisée et la notion d'impôt. V. PHILIP (L.), « La décision du 29 décembre du Conseil constitutionnel sur la CSG et la notion d'impôt », *Dr. fisc.* 1991, n°14, pp. 748-751 ; PHILIP (L.), « Impositions de toutes natures, redevances, cotisations sociales et prélèvements obligatoires », in *Mélanges* Paul AMSELEK, *Bruylant*, 2005, pp. 677-691.

plus ce qu'est l'impôt »[10]. Cette affirmation du Professeur MIKHAÏL XIFARAS semble coller au silence des législateurs des États de l'Afrique noire francophone à propos de la définition de l'impôt. On est même tenté de reconnaitre avec le Professeur Alexandre MAITROT DE LA MOTTE que : *« la notion d'impôt. Le droit fiscal à la recherche de son objet »*[11] car, il existerait un grand désordre dans les qualifications fiscales[12]. Ainsi, l'impôt est de nos jours une notion ambiguë en raison de la concurrence qu'exercent à son encontre d'autres prélèvements obligatoires. Il est désormais partiellement vrai de définir l'impôt comme *« une prestation pécuniaire, requise des particuliers par voie d'autorité, à titre définitif et sans contrepartie, en vue de la couverture des charges publiques »*[13] tant la notion a subi l'usure du temps gagnant ainsi en vétusté. La notion d'impôt a donc évolué avec le temps confirmant ainsi les écrits du Professeur Jean DU BOIS DE GAUDUSSON selon lesquels *« il y a dans les évolutions des notions juridiques les causes de pertes de repère, d'insécurité juridique et d'incommunicabilité non seulement entre juristes et hommes du monde, comme IHERING l'avait relevé déjà*

---

[10] XIFARAS (M.), *« Introduction »*, in BERNS (Th.), K. DUPONT (J.-Cl.), XIFARAS(M.) (sous la dir. de), *Philosophie de l'impôt,* Bruylant Bruxelles, coll. « *Penser le droit* », 2006, p. 4.

[11] MAITROT DE LA MOTTE (A.), « La notion d'impôt. Le droit fiscal à la recherche de son objet », in TUSSEAU (G.) (sous la dir. de), *Les notions juridiques*, Economica, 2009, pp. 101-124.

[12] BUISSON (J.), « Le grand désordre des qualifications fiscales : l'exemple de la CSG », in *Mélanges Loïc PHILIP*, FAVOREU (L.), HERTZOG (R.) et ROUX (A.), Préface JOXE (P.) (sous la dir. de), Paris, *Economica*, p. 309.

[13] Historiquement la définition la plus remarquable que l'on peut avoir de l'impôt est l'œuvre du Doyen Gaston JEZE. Mais, au sens du Professeur Olivier NEGRIN (In, « Une légende fiscale : la définition de l'impôt de Gaston Jèze », *Revue de droit public*, 2008, n° 1, p. 119-131. Selon cette récente étude du Professeur Olivier NEGRIN, il s'agit d'une légende. Il démontre que la définition donnée à l'origine par Gaston JEZE a été retouchée à plusieurs reprises en l'occurrence par Georges VEDEL et par Maurice DUVERGER), on attribue souvent faussement au Doyen Gaston JEZE cette formule selon laquelle *« l'impôt est une prestation pécuniaire requise des particuliers par voie d'autorité, à titre définitif et sans contrepartie, en vue de la couverture des charges publiques »*. En réalité, selon le Professeur Olivier NEGRIN, cette définition est due à un autre Doyen : le Doyen Georges VEDEL. La véritable définition que le Doyen Gaston JEZE aurait donnée à l'impôt selon lui[13]est la suivante : *« une prestation de valeurs pécuniaires exigée des individus d'après des règles fixes, en vue de couvrir des dépenses d'intérêt général, et uniquement à raison du fait que les individus qui doivent les payer sont membres d'une communauté politique organisée »*.

en son temps, mais aussi entre juristes »[14]. Aussi, accordons-nous avec le Professeur MIKHAÏL XIFARAS pour qui *« l'effondrement des prémisses sur lesquelles reposait jusqu'à nos jours la théorie de l'impôt nous contraint de poser à neuf la question de sa définition »*[15]. L'une de ses caractéristiques classiques est même qualifiée de fossile théorique[16]. De cette sorte, l'impôt peut être perçu comme une forme très particulière de technique de financement des missions d'intérêt général qui *« consiste à prélever d'autorité une fraction des ressources des contribuables et cela sans contrepartie directe »*[17]. Son régime est déterminé par le droit dont il faut à présent apporter des clarifications définitionnelles.

Comme l'indiquent les Professeurs Jean-Sylvestre BERGE et Sophie ROBIN-OLIVIER, il est difficile de définir le droit. Plus exactement, il est impossible d'enfermer la réalité juridique dans une définition moniste du droit. C'est la raison pour laquelle la plupart des juristes admettent qu'une pluralité d'approches est possible, chacune étant susceptible de correspondre à un moment donné – et sans doute pour un temps limité – à une situation déterminée[18]. Partant, le droit est une notion diversement appréhendée. Étymologiquement, elle est tirée du nom féminin latin *directum* qui signifie neutre, pris substantivement de l'adjectif *directus* qui signifie ce qui est en ligne droite, direct, sans détour. Le doit peut être conçu objectivement et subjectivement. Si la première conception désigne l'ensemble des règles de conduite socialement édictées et

---

[14] DU BOIS DE GAUDUSSON (J.), « Avant-propos », in TUSSEAU (G.) (sous la dir. de), *Les notions juridiques*, Economica, 2009, p. X.

[15] XIFARAS (M.), *« Introduction »*, in BERNS (Th.), K. DUPONT (J.-Cl.), XIFARAS (M.) (sous la dir. de), *Philosophie de l'impôt,* Bruylant Bruxelles, coll. « *Penser le droit* », 2006, p. 15.

[16]*« L'impôt est requis des particuliers »* cette mention est qualifiée de fossile théorique : CROUY-CHANEL (E. De), *« La définition juridique de l'impôt. L'exemple de la doctrine française »*, in BERNS (Th.), K. DUPONT (J.-Cl.), XIFARAS (M.) (sous la dir. de), *Philosophie de l'impôt,* Bruylant Bruxelles, coll. « *Penser le droit* », 2006, p. 159. Cette expression avait été choisie afin de trouver un équivalent aux « citoyens » de la définition classique à la fin du XIXème siècle, permettant d'englober les étrangers, à une époque où la personnalité des formes sociales restait encore discutée et où l'imposition des sociétés n'était qu'une modalité d'imposition de leurs associés.

[17] BOUVIER (M.), « Quelle légitimité de l'impôt pour demain ?», *in* LAMBERT (Th.) et autres (sous la dir. de), *Les chantiers fiscaux à l'étranger,* L'Harmattan, 2002, p. 193.

[18] BERGER (S.) et ROBIN-OLIVIER (S.), *Introduction au droit européen*, Paris, PUF, 2008, p.19.

sanctionnées, qui s'imposent aux membres de la société[19], à l'opposé, le droit subjectif reconnaît et sanctionne lui-même des droits subjectifs, prérogatives attribuées dans leur intérêt à des individus, qui leur permettent de jouir d'une chose, d'une valeur ou d'exiger d'autrui une prestation[20]. A suivre les Professeur Philippe MALAURIE et Patrick MORVAN, ces deux conceptions traduisent une distinction capitale, celle qui oppose la règle générale et abstraite aux prérogatives individuelles et concrètes conférées à des sujets de droits. Quelle que soit son acception, le droit organise la vie sociale et l'activité juridique : il est donc un phénomène social[21]. Il est parfois considéré comme un rempart contre l'arbitraire ou l'abus de pouvoir. Le pouvoir ainsi évoqué mérite tout aussi d'être circonscrit.

En droit civil, le pouvoir est une prérogative permettant à une personne de gouverner une autre personne publique ou privée ou de gérer les biens d'une autre personne pour le compte de celle-ci[22]. De manière générale, le pouvoir est un ensemble de compétences juridiques et de capacités matérielles de l'État[23]. Il peut être synonyme d'organe pour traduire par exemple le pouvoir législatif, le pouvoir exécutif et dans certains États le pouvoir judiciaire. Il peut également être synonyme de fonction. Dans cette dernière acception, on notera par exemple que le parlement est investi du pouvoir de légiférer, de contrôler l'action du gouvernement, voire d'évaluer les politiques publiques. Enfin, il est synonyme de compétence, c'est-à-dire de prérogative juridique. C'est cette dernière conception qui est retenue dans le cadre de la présente réflexion dont la revue de littérature corrobore l'intérêt.

A la suite du législateur, la doctrine s'est intéressée à la question du rapport de l'impôt au droit et au pouvoir. Le premier rapport s'articule autour de la question de la légalité de l'impôt. C'est ce qui fait dire à Jean BODIN qu'imposer, c'est légiférer. A en suivre le professeur Philippe AUGE, bien qu'admettant des limites, le principe de la légalité de l'impôt

---

19 CORNU (G.), *Vocabulaire Juridique*, Paris, PUF, 11ème éd., 2017, p.375.

20 GUINCHARD (S.), DEBARD (Th.) et autres, *Lexique des termes juridiques*, Dalloz, 25ième éd., 2017, p.796.

21 MALAURIE (Ph.) et MORVAN (P.), *Introduction au droit*, Paris, LGDJ, 6ième éd., 2016, p.31.

22 GUINCHARD (S.), DEBARD (Th.) et autres, *Lexique des termes juridiques*, Paris, Dalloz, 25ième éd., 2017, p.1562.

23 CORNU (G.), *Vocabulaire Juridique*, Paris, PUF, 11ème éd., 2017, p.784.

signifie que les dispositions fiscales doivent résulter de la loi[24]. Pour les professeurs Louis TROTABAS et Jean-Marie COTTERET, exprimant une réalité juridique dans le système fiscal français, la légalité de l'impôt apparaît comme un principe solidement établi, auquel le constituant et le législateur ont attaché une grande importance : il doit être rigoureusement respecté[25]. Quant au second rapport, il se résume autour de la question de la légitimité de l'impôt. Dans ce registre, Jean-Baptiste FOTSING note que le souci de fonder l'impôt afin de lui donner une légitimité est une constante de l'histoire humaine. Partant, l'impôt est une institution sociale et comme telle, elle suppose dans chaque société une adhésion qui accompagne en général les institutions sociales[26]. Pendant que le professeur Antony TAILLEFAIT note un affaiblissement sans précédent de la légitimité de l'impôt en France[27], le professeur Michel BOUVIER pour sa part souligne que *« si la qualité du service n'est pas au rendez-vous, le citoyen-client refusera de reconnaître la légitimité de l'impôt qui lui est demandé »*[28]. Pour sa part, le professeur Jean-Raphaël PELLAS note que la notion de capacité contributive favorise la cohésion sociale et partant la légitimité de l'impôt[29]. Du fait des éléments qui précèdent, il peut être difficile d'être sceptique sur l'intérêt de l'étude en cours.

En effet, la recherche menée présente un double intérêt théorique et pratique. Dans le premier versant, il s'avère que la conception idéologique, voire philosophique de l'impôt rapportée au droit et au pouvoir mérite d'être revisitée. Il s'agira d'en restituer les tendances actuelles qui sont filles de l'environnement social considéré. L'impôt doit être repensé dans ses propriétés intrinsèques à l'effet d'être le reflet des aspirations légitimes des contribuables payeurs. Dans le second versant, la présente étude mérite d'être engagée dans la mesure où l'impôt est une

---

[24] AUGE (Ph.), *Droit fiscal général*, Ellipses, 2002, p.16.

[25] TROTABAS (L.) et COTTERET (J.-M.), *Droit fiscal*, Paris, Dalloz, 8ième éd., 1997, p.71.

[26] FOTSING (J.-B.), *Le pouvoir fiscal en Afrique. Essai sur la légitimité fiscale dans les Etats d'Afrique noire francophone*, Paris, LGDJ, 1995, p.3.

[27] TAILLEFAIT (A.), « Le citoyen, un acteur du financement local ?», *RFFP*, 2019, n°148, p.81.

[28] BOUVIER (M.), « Editorial, », *RFFP*, 2019, n°145, p.6.

[29] PELLAS (J.-R.), « Les principes de territorialité et de mondialité de l'impôt en France », *RFFP*, 2020, n°151, p.33.

institution qui fait corps avec la société, en l'occurrence l'État. Censé financer les politiques publiques, l'impôt est un instrument de socialisation qui non seulement est la première source de financement des collectivités publiques, mais permet aux contribuables de bénéficier des services publics qui satisfont leurs besoins. Il se crée là une relation commerciale d'un type particulier usité dans la plupart des États et de manière circonstancielle, dans les États d'Afrique noire francophone.

Les États ci-avant évoqués sont le cadre géographique de déploiement de la présente étude. Les liens coloniaux et actuels de leurs systèmes d'imposition avec celui de la France aboutissent à des ressemblances qui autorisent que le système fiscal camerounais soit rapporté à ceux du Bénin, du Burkina Faso, de la Côte d'Ivoire, du Gabon, du Mali, du Niger, du Sénégal, du Tchad ainsi que du Togo. Les chantiers réflexifs engagés dans l'un de ces États pourraient également être transposés dans un autre, les préoccupations et les enjeux étant parfois les mêmes. Nonobstant quelques spécificités, ce qui est vrai pour le système fiscal béninois peut l'être pour le système fiscal sénégalais. Partant, il nous semble judicieux dans cet environnement **d'apprécier la lecture qu'appelle l'impôt, vue comme une institution sociale, dans ses rapports avec le droit et le pouvoir dans les États d'Afrique noire francophone**.

La réponse à ce questionnement pourra indéniablement dévoiler le contraste des liens que l'impôt a avec le droit d'une part, mais aussi avec le pouvoir d'autre part. Pour défendre une telle thèse, l'approche du positivisme scientifique cher à SAVIGNY, Émile DURKHEIM et au Doyen Léon DUGUIT s'avère adéquate. Il s'agit ainsi de faire recours aux dispositions juridiques des systèmes fiscaux objet de la présente étude pour les confronter à des faits socio-historiques, voire économiques. Ce substrat méthodologique étant identifié, il se révèle que l'impôt, bien qu'il soit un droit régalien répugné (I), il n'en demeure pas moins un pouvoir populaire abandonné (II).

I. L'IMPÔT, UN DROIT RÉGALIEN RÉPUGNÉ

Une analyse des systèmes fiscaux des États d'Afrique noire francophone permet de relever que l'impôt est un phénomène social. Aujourd'hui, il apparaît que l'impôt est un droit régalien de plus en plus contesté. Si les missions d'intérêt qu'exécutent les personnes morales de droit public se financent principalement par des prélèvements obligatoires ; ce qui est un droit pour ces personnes (A), les contribuables répugnent (B) de plus en plus à payer la note, estimée beaucoup trop salée. Ils usent donc de nombreux stratagèmes pour se soustraire à l'impôt.

A. L'IMPÔT, UN DROIT DE L'ÉTAT

Au rang des prérogatives de l'État figure en bonne place le droit de prélever l'impôt. Perçu comme un prélèvement obligatoire, l'impôt représente une contrepartie indirecte des services publics rendus par les collectivités publiques (1). Son acquittement par les contribuables est une marque de civisme (2).

1. L'impôt, une contrepartie indirecte des services publics

L'État est chargé de remplir un ensemble de missions à l'égard de la société civile. Comme l'indiquent les professeurs Francis HAMON et Michel TROPER[30], la nature et l'étendue de ces missions sont naturellement variables selon les époques et les idéologies. Néanmoins, tous les États ont au moins certaines attributions : conduire les relations internationales, défendre le territoire, rendre la justice, battre la monnaie, assurer le maintien de l'ordre. En plus de ces missions traditionnelles, les États modernes accomplissent également d'autres tâches : assurer un certain nombre de services publics notamment l'éducation, les transports, la santé. A cela, l'on peut ajouter la direction de l'économie et la redistribution des revenus.

Par les temps qui courent pour assurer les missions ci-avant évoquées comme tous les autres États, les États d'Afrique noire francophone mobilisent des ressources financières. A en croire les différentes lois relatives aux lois de finances ou aux régimes financiers, les impôts occupent une place primordiale. Leurs produits constituent la principale et la première ressource financière. Ainsi par exemple au Niger, en application de la Loi n° 2012-09 du 26 mars 2012 portant loi organique relative aux lois de finances :

> « La loi de finances de l'année contient le budget de l'État pour l'année civile. Le budget de l'État décrit les recettes et les dépenses

---

[30] HAMON (F.) et TROPER (M.), *Droit constitutionnel*, Paris, LGDJ, 38ième, 2017, p.127.

budgétaires autorisées par la loi de finances. Les ressources et les charges de l'État sont constituées de recettes et de dépenses budgétaires, ainsi que de ressources et de charges de trésorerie »[31].

L'article 7 du même texte qui énumère les recettes budgétaires de l'État considère les impôts comme la première catégorie[32]. Cet article est repris mots pour mots par l'article 10 de la Loi organique n° 073-2015/CNT relative aux lois de finances au Burkina-Faso.

L'impôt est un prélèvement obligatoire institué non seulement pour assurer le financement des services publics de l'État, mais aussi ceux rendus par les collectivités territoriales décentralisées. C'est ainsi par exemple qu'au Cameroun, les collectivités locales exercent des compétences en matière économique, sanitaire, sociale, sportif, éducatif, culturel, d'environnement, de planification, d'aménagement du territoire, de l'urbanisme et de l'habitat[33]. A cet effet, *« les ressources nécessaires à l'exercice par les Collectivités Territoriales de leurs compétences leur sont dévolues soit par* ***transfert de fiscalité****, soit par dotations, soit par les deux à la fois »*[34]. C'est dans cette ordre d'idées qu'il faut interpréter l'adoption de la Loi N°2009/019 du 15 décembre 2009 portant fiscalité locale. L'article 1er dudit texte souligne que :

> « La présente loi portant fiscalité locale détermine les impôts, taxes et redevances prélevés au profit des collectivités territoriales décentralisées ; La fiscalité locale s'entend de tous prélèvements opérés par les services fiscaux de l'État ou compétents des collectivités territoriales au profit de ces dernières. L'ensemble de ces prélèvements est encore désigné sous le vocable «impôts locaux» ».

C'est dans ce registre que l'on classe par exemple la contribution des patentes, la contribution des licences, l'impôt libératoire, la taxe foncière

---

[31] Article 6 de la Loi n° 2012-09 du 26 mars 2012, portant loi organique relative aux lois de finances au Niger.

[32] *« Les recettes budgétaires de l'État comprennent : les impôts, les taxes ainsi que le produit des amendes ; les rémunérations des services rendus et les redevances ; les Fonds de concours, dons et legs ; les revenus du domaine et des participations financières ; les produits divers ».*

[33] Des articles 156 à 163 de la Loi n°2019/024 du 24 décembre 2019 portant code général des collectivités territoriales décentralisées au Cameroun.

[34] Article 12 de la Loi n°2019/024 du 24 décembre 2019 portant code général des collectivités territoriales décentralisées au Cameroun.

sur les propriétés immobilières, la taxe sur les jeux de hasard et de divertissement etc[35].

Si l'impôt est considéré comme un droit régalien de l'État, il faut reconnaitre qu'il s'agit d'un prélèvement obligatoire dont les contribuables ne peuvent se soustraire au regard de son caractère obligatoire. L'acquittement des impôts par les contribuables est un marqueur du civisme fiscal.

2. L'impôt, une marque de civisme

L'impôt est un prélèvement obligatoire. Ce caractère obligatoire de l'impôt le rend exigible à l'égard des contribuables qui remplissent les conditions d'assujettissement. Le contribuable ne peut donc se soustraire à l'obligation fiscale. S'il en est ainsi, c'est parce l'impôt a été voulu par le législateur qui intervient doublement. Premièrement, en créant l'impôt au moyen d'une loi ordinaire ou d'une loi de finances. Secondement, en autorisant pour un an le recouvrement de l'impôt : c'est l'un des objets de la loi de finances de l'année. De ce fait :

> « Les contribuables n'ont pas la faculté de déterminer eux-mêmes le principe de leur imposition, le montant de leurs cotisations et d'en fixer les modalités de recouvrement. Il s'agit d'un prélèvement imposé unilatéralement, d'une obligation qui pèse sur le contribuable, selon le juge constitutionnel. Un versement dont la détermination est subordonnée à l'accord de la personne qui doit le régler ne peut présenter le caractère d'une imposition au sens de l'article 34 de la Constitution (CC, 29 décembre 1989, n° 89268, relative à la LF pour 1990 : Dr. fisc. 1990, comm. 57). Le lien de droit en vertu duquel le contribuable peut être contraint par l'État de payer sa dette fiscale découle directement de la loi qui le constitue débiteur. Aucun acte de volonté du contribuable n'est susceptible d'intervenir dans ce rapport »[36].

---

[35] Article 7 de la Loi N°2009/019 du 15 décembre 2009 portant fiscalité locale au Cameroun.

[36] LEFEUVRE (A.), *Droit fiscal*, Coll. Cursus AES, L'Harmattan, 04 Mai 2007, p. 16. Le caractère obligatoire apparaît dans le nom même du prélèvement, il a une double signification. Dans un premier sens, l'impôt est l'une des manifestations de la Souveraineté. Le terme utilisé indique bien que ce prélèvement est établi unilatéralement et s'impose au contribuable. L'impôt est bien l'une des prérogatives de puissance publique. Dans un second sens, le contribuable ne peut se soustraire à l'obligation fiscale. Si toutefois, il s'y refuse la contrainte pourra être utilisée unilatéralement. Des

L'Administration dispose de nombreux pouvoirs comme le droit de communication, le droit de perquisition, la contrainte par corps, ou encore l'avis à tiers détenteur. Le professeur Alexandre MAITROT DE LA MOTTE note également cet état des choses en précisant que :

> « L'impôt doit être établi et recouvré de manière unilatérale par l'Administration, si bien que, d'une part, l'impôt est obligatoire, et que, d'autre part, l'Administration dispose de prérogatives de puissance publique exorbitantes qui lui permettent d'espérer recouvrer l'impôt mieux que tout autre créancier »[37].

---

sanctions fiscales s'appliqueront quasiment automatiquement. L'impôt est obligatoire, le contribuable ne peut s'y soustraire. Il y a là une contradiction avec le principe du consentement à l'impôt, l'agrément du contribuable n'est jamais requis.

En pratique, si les contribuables consentent à l'impôt, ce n'est en aucun cas individuellement, mais collectivement par la voix de leurs représentants. Il s'ensuit que tous les prélèvements qui n'ont pas un caractère forcé ne peuvent être regardés comme des impôts. Les contributions volontaires (dons, legs, fonds de concours...) et les prix de prestations fournies par les services de l'État, les emprunts publics... bien que procurant des ressources à l'État ne recouvrent aucun caractère d'obligation.

Le caractère obligatoire de l'impôt se traduit par l'application de prérogatives de puissance publique. Il s'agit de prérogatives exorbitantes du droit commun, qui n'ont pas d'équivalent en droit privé et même pour certaines en droit administratif. Étant établi de manière unilatérale, sans le consentement direct du contribuable, l'impôt est levé par voie de contrainte et sous peine de sanctions, dans le seul but de faire pression sur le contribuable pour l'obliger à payer.

[37] MAITROT DE LA MOTTE (A.), « La notion d'impôt. Le droit fiscal à la recherche de son objet », *in* TUSSEAU (G.) (sous la dir. de), *Les notions juridiques*, Economica, 2009, p. 105. Le système fiscal camerounais a opté pour un système déclaratif. En ce sens le contribuable doit se faire immatriculer auprès de l'administration fiscale. Selon l'article L 1 du CGI, *« toute personne physique ou morale assujettie en sa qualité de redevable légal au paiement d'un impôt, droit ou taxe ou d'acompte d'impôt, droit ou taxe en vertu des dispositions du Code Général des Impôts, est tenue de souscrire une demande aux fins d'immatriculation auprès du service des impôts territorialement compétent, dans les quinze (15) jours ouvrables qui suivent le début de ses activités, et de joindre à sa demande un plan de localisation. Un Numéro Identifiant Unique est attribué à titre définitif par la Direction Générale des Impôts après certification de la localisation effective du contribuable. Toute modification substantielle affectant l'exploitation (changement de dirigeant, cession, cessation, modification de la raison sociale, modification de la structure du capital ou de l'actionnariat, modification de l'activité et/ou le lieu d'exercice de l'activité) fera aussi l'objet d'une déclaration dans les quinze (15) jours ouvrables suivant cette modification. Ces obligations déclaratives s'appliquent également aux salariés des secteurs public et privé, ainsi qu'aux contribuables étrangers qui effectuent au Cameroun des activités économiques sans y avoir un siège. Ils doivent de ce fait désigner un représentant solvable accrédité auprès*

Au regard de ce caractère obligatoire de l'impôt, les contribuables sont tenus de faire preuve de civisme fiscal en souscrivant à toutes leurs obligations fiscales déclaratives et de paiement. Lorsque les contribuables font montre d'un civisme fiscal, ils doivent s'inscrire en faux contre ceux qui *« n'hésitent pas à utiliser toutes les failles de la législation pour échapper au fisc »*[38]. Par conséquent, ils s'opposent à la fraude et à l'évasion fiscales. En acceptant d'acquitter l'impôt de manière volontaire, les contribuables font preuve d'un civisme fiscal et consolident les collectivités publiques dans leur droit régalien qui consiste à lever l'impôt. Mais, de nos jours, on est forcé de reconnaitre que les contribuables sont de moins en moins vertueux. Ils répugnent à payer leur dette fiscale.

---

de l'Administration fiscale ». A côté de l'immatriculation qui doit normalement être effectuée à l'initiative du contribuable, la déclaration doit tout aussi être effectuée sur son initiative au risque de s'exposer à une procédure de taxation d'office (Art. L 29 du CGI selon lequel : *« sont taxés d'office les contribuables qui n'ont pas déposé dans le délai légal les déclarations qu'ils sont tenus de souscrire en application du Code Général des Impôts en leur qualité de redevable. Pour l'application de l'alinéa précédent, la procédure de taxation d'office n'est possible que lorsque le contribuable n'a pas régularisé sa situation dans les quinze (15) jours ouvrables suivant la réception d'une lettre de relance valant mise en demeure de déposer sa déclaration »*). Pour ce faire, l'article L2 du CGI prévoit que : *« toute personne physique ou morale assujettie en sa qualité de redevable légal au paiement d'un impôt, droit ou taxe ou d'acompte d'impôt, droit ou taxe, ou désignée pour procéder à des retenues d'impôts à la source en vertu des dispositions légales ou réglementaires est tenue de souscrire des déclarations selon le modèle fourni par l'Administration fiscale camerounaise, accompagnées des documents annexes obligatoires, dans les délais prévus par la loi. Toutefois, les entreprises relevant d'une unité de gestion spécialisée, sont tenues de déposer leurs déclarations statistiques et fiscales sur support physique et en version électronique »*. En cas de non déclaration le législateur camerounais (article L 3 du CGI) a prévu que : *« tout contribuable qui s'est abstenu de souscrire sa déclaration dans les délais prévus par la loi fait l'objet d'une lettre de relance valant mise en demeure de déclarer. Il dispose alors d'un délai de quinze (15) jours pour régulariser sa situation, à compter de la réception de la lettre, le cachet de la poste ou le bordereau de décharge, en cas de remise en mains propres, faisant foi. A défaut, et sans préjudice des sanctions susceptibles de s'appliquer, les bases d'imposition peuvent être déterminées d'office par l'Administration fiscale dans les conditions prévues aux Articles L 29 et suivants du présent Livre »*.

[38] NKOA (J.), *Les perspectives de l'impôt sur le revenu au Cameroun*, Mémoire de d'Études Supérieures Spécialisées en administration fiscale, Université de Paris-Dauphine, Année académique 1992-1993, pp. 46-47.

B. La répugnance du droit à l'impôt

Aux yeux des contribuables, la note fiscale est de plus en plus salée. Par conséquent, certains contribuables se soustraient par divers moyens au paiement de l'impôt. Si leurs motivations sont plus ou moins connues (1), il demeure que moyens utilisés sont duaux (2).

1. La diversité des motivations de la répugnance

Les raisons pour lesquelles les contribuables ne souscrivent à leurs obligations fiscales sont multiples. Dans un effort de systématisation, nous pouvons classer les motivations de la répugnance en trois catégories notamment économiques, techniques et psychologiques.

S'agissant des motivations d'ordre économique, il faut souligner que dans les États d'Afrique noire francophone, la majeure partie des contribuables vit dans la pauvreté. C'est la raison pour laquelle ils ont du mal à payer l'impôt pour le peu qu'ils gagnent. A ce propos, un contribuable à faible revenu ayant des charges nombreuses, diverses et variées relatives à l'entretien de sa famille ou de son activité génératrice de revenue sera beaucoup plus enclin à se soustraire à son obligation de s'acquitter de sa dette à l'égard du fisc. On peut tout aussi signaler que certains commerçants dont l'appât du gain est démesuré se lancent dans la fraude fiscale pour qu'une partie de leurs bénéfices ne soit pas imposée. On peut également relever la pression fiscale. En effet, il est de notoriété que *« trop d'impôts tue l'impôt »*. Les fraudeurs potentiels frauderaient d'autant plus que le poids de leur impôt leur serait insupportable. De ce fait, l'excessive pression fiscale favorise les comportements frauduleux. Une partie des fraudeurs considère même comme légitime cette forme d'incivisme lorsqu'ils calculent ce qu'ils doivent chaque année à l'État. Et cette position a été réconfortée par ADAM SMITH qui dit que *« il ne fait pas de doute qu'un impôt exorbitant de l'ordre de la moitié ou même du cinquième de la richesse de la nation justifierait, comme tout abus flagrant de pouvoir, la résistance de la part du peuple »*[39]. Cet avis est bien partagé par Arthur LAFFER, économiste libéral américain et chef de file de l'École de l'offre quand il affirme qu' *« une pression fiscale élevée alourdit les coûts de l'entreprise et par conséquent décourage l'entreprise à se*

---

[39] LEMERNICIER (B.), « L'évasion fiscale est-elle un devoir moral ? », *Revue éthique*, octobre 2001.

développer et l'oblige à frauder »[40]. LAFFER a théorisé son idée par sa courbe dite « Courbe de Laffer » qui montre bien que les rentrées fiscales diminuent à mesure que les taux d'imposition croissent et à contrario, ces rentrées augmentent à mesure que les taux d'imposition sont réduits.

En ce qui concerne les motivations techniques, elles sont explicitées par la complexité et à l'extrême technicité du système fiscal en lui-même. La conséquence immédiate c'est la mystification et la diversité du système fiscal. Or, comme le fait magistralement remarquer le professeur Michel BOUVIER :

> « Cette diversification qui pèse lourdement sur la configuration prise ces dernières années par les prélèvements obligatoires fait que la complexité fiscale n'a d'égale que la complexité politique, économique et sociale, et, plus exactement qu'elle tend à lui correspondre trait pour trait »[41].

Le professeur Daniel GUTMANN conforte d'ailleurs cette position dans un autre champ scientifique[42] dans lequel ses adeptes c'est-à-dire, *« les philosophes à de rares exceptions près, n'admettent qu'avec réticence l'impôt dans le champ de leurs réflexions. Il est vrai que la complexité et la technicité de la fiscalité ont de quoi rebuter »*[43]. D'ailleurs le professeur Jean-Baptiste GEFFROY souligne que le droit fiscal est une *« branche particulièrement et souvent mal aimée du droit public »*[44]. C'est ce qui pousse M. Guy-René BOYA NTSANG ONANINA à relever que la doctrine universitaire, n'a jusqu'ici, dans le contexte camerounais, que très peu investi le débat fiscal[45].

---

[40] EL ABDAIMI (M.), « Maroc : Pays émergent ? », *BERIPIE*, 2001, p. 8 et s.

[41] BOUVIER (M.), « La question de l'impôt idéal », *in L'impôt*, Archives de philosophie du droit, t. 46, Dalloz, 2002, p.17.

[42] La philosophie.

[43] GUTMANN (D.), « Du droit à la philosophie de l'impôt », *in L'impôt*, Archives de philosophie du droit, t. 46, Dalloz, 2002, p. 7.

[44] GEFFROY (J.-B.), « Voyages et fiscalité », *in Les voyages du droit*, Mélanges en l'honneur de Monsieur le Professeur Dominique BREILLAT, Préface, MONET (J.), L.G.D.J., 2011, p. 221.

[45] BOYA NTSANG ONANINA (G.-R.), *La problématique de l'interprétation de la législation fiscal en droit camerounais,* Mémoire de Master II en droit fiscal mention Administration fiscale, Université de Paris-Dauphine, 2010-2011, p. 12.

Quant aux motivations d'ordre psychologique enfin, il faut noter que dans la conscience collective en général et du contribuable en particulier, il y a une tendance à se tolérer le fait de frauder que le fait de soustraire frauduleusement un bien appartenant à autrui. Ainsi, la « conscience fiscale » serait beaucoup moins rigoureuse que la « conscience morale ». Bien plus, les contribuables n'ont pas ce qu'on appelle « la culture fiscale ». Rares sont ceux qui payent réellement l'impôt. Cette fresque inachevée des mobiles de la répugnance fiscale n'obère pas la dualité des formes de ladite répugnance.

2. La dualité des formes de la répugnance

Dans les systèmes fiscaux modernes, c'est sur le contribuable que repose la charge de déclarer les impôts. On dit alors qu'ils sont déclaratifs. Seulement, répugnant le paiement des impôts, les contribuables font recours à la fraude ou à l'évasion fiscales pour échapper ou minorer la dette fiscale.

Sur le plan juridique, la fraude fiscale désigne le fait de soustraire illégalement une partie ou l'ensemble de sa matière imposable à la législation fiscale. En d'autres termes, le fraudeur se soustrait à l'impôt ou en paie moins qu'il ne le devrait en ayant recours à des méthodes illégales. De tels agissements sont pénalement réprimés aussi bien au plan fiscal qu'au plan pénal. C'est ce qui ressort par exemple à l'alinéa 2 de l'article 945 et à l'article 994 du code général nigérien des impôts en ces termes respectivement :

> « La majoration pour manœuvres frauduleuses au taux de 70% des droits éludés. Elle est appliquée dans tous les cas où les manœuvres frauduleuses sont prouvées, sans préjudice de la radiation au registre du commerce et du crédit mobilier » ; « sera puni, sans préjudice des sanctions fiscales, d'une peine d'emprisonnement de trois (3) mois à deux (2) ans et d'une amende de 20 000 francs CFA à 200 000 francs CFA, quiconque se sera frauduleusement soustrait ou tenté de se soustraire à l'établissement ou au paiement de l'impôt, soit qu'il ait volontairement omis de souscrire sa déclaration dans les délais prescrits, soit qu'il ait volontairement dissimulé une part des sommes sujettes à l'impôt, soit qu'il ait organisé son insolvabilité ou mis obstacle par des manœuvres au recouvrement de l'impôt, soit en agissant de toute manière frauduleuse ».

Quant à l'évasion fiscale, elle consiste, pour un contribuable, à éviter ou à réduire le montant de ses impôts en transférant ses actifs dans un pays où la fiscalité est plus avantageuse. Cette technique visant à utiliser des moyens légaux fait néanmoins perdre des milliards de francs CFA aux États d'Afrique noire francophone. Pour s'en prévenir les États en question répriment par exemple l'abus de droit. C'est ainsi qu'au Niger :

> « Toute opération conclue sous la forme d'un contrat ou d'un acte juridique quelconque et dissimulant une réalisation ou un transfert de bénéfices ou de revenus, effectué directement ou par personnes interposées, n'est pas opposable à l'Administration fiscale qui a le droit de restituer à l'opération son véritable caractère et d'en tirer toutes les conséquences fiscales, sans préjudice des sanctions prévues aux articles 944 et suivants »[46].

La Côte d'Ivoire a institué le même mécanisme à l'article 25 du Livre des procédures fiscales[47], alors que le Bénin l'a fait à l'article 1102 du CGI[48]. Les paradis fiscaux et les anachorètes fiscaux enrichissent les formes de répugnance de l'impôt.

S'agissant des paradis fiscaux, il faut souligner qu'il s'agit d'*« États ou territoires qui, en général pour attirer les capitaux étrangers, ont une*

---

[46] Article 345 du CGI nigérien.

[47] En application de cette disposition, *« Ne peuvent être opposés à l'Administration fiscale les actes qui dissimulent la portée véritable d'un contrat ou d'une convention à l'aide de clauses :*

- *qui donnent ouverture à des droits d'enregistrement ou à une taxe de publicité foncière moins élevés ;*
- *ou qui déguisent soit une réalisation, soit un transfert de bénéfices ou de revenus ;*
- *ou qui permettent d'éviter, en totalité ou en partie, le paiement des taxes sur le chiffre d'affaires correspondant aux opérations effectuées en exécution d'un contrat ou d'une convention. L'Administration est en droit de restituer son véritable caractère à l'opération litigieuse. En cas de désaccord sur les redressements notifiés sur le fondement du présent article, le litige est soumis, à la demande du contribuable, à l'avis de la Commission mixte paritaire prévue à l'article 94. L'Administration peut également soumettre le litige à l'avis de la Commission. La partie qui ne se conforme pas à l'avis de la Commission supporte la charge de la preuve ».*

[48] *« Toute opération conclue sous la forme d'un contrat ou d'un acte juridique quelconque et dissimulant ou une réalisation ou un transfert de bénéfices ou de revenus effectués directement ou par personne interposées n'est pas opposable à l'administration des impôts, qui a le droit de restituer à l'opération son véritable caractère et de déterminer en conséquence les bases des impôts sur le revenu ».*

fiscalité sensiblement plus favorable que celle du reste du monde, alliée souvent à des mesures connexes. On y retrouve d'ordinaire un faible niveau d'imposition, l'absence d'informations fiscales vis-à-vis de l'extérieur, un contrôle des changes inexistant ou très faible et la pratique du secret bancaire »[49]. Le Cameroun a adopté une définition qui s'y rapproche. Ainsi, en application de l'alinéa 3 de l'article 8 ter (nouveau) du CGI, *« est considéré comme un paradis fiscal, un État ou un territoire dont le taux de l'impôt sur le revenu des personnes physiques ou morales est inférieur au tiers de celui pratiqué au Cameroun, ou un État ou un territoire considéré comme non coopératif en matière de transparence et d'échanges d'informations à des fins fiscales par les organisations financières internationales »*. Au regard de la définition qui précède, il s'avère que les paradis fiscaux sont des juridictions fiscales à faible imposition. C'est ainsi par exemple que M. Julien MARTIN et Mme Cristian STRATICA notent par exemple qu'au Canada :

> « Les multinationales utilisent différentes méthodes pour réduire, voire se soustraire à la fiscalité. Elles peuvent, entre autres, déplacer leur endettement vers des pays à taux d'imposition élevés. Elles peuvent aussi ajuster les prix de transferts, qui sont les prix imputés dans les transactions avec leurs filiales étrangères, de manière à transférer des profits vers des pays où le système de taxation est plus avantageux. Enfin, les multinationales ont également la possibilité de délocaliser leurs activités en faveur des juridictions à faible imposition »[50].

Selon l'Union européenne, en octobre 2021, neuf (09) pays[51] figurent dans la liste noire[52], contre quinze (15) dans la liste grise[53]. A travers les

---

[49] GUINCHARD (S.), DEBARD (Th.) et autres, *Lexique des termes juridiques*, Dalloz, 25ième éd., 2017, p.753.

[50] MARTIN (J.) et STRATICA (Ch.), « Fiscalité des entreprises et paradis fiscaux : une étude sur des données canadiennes », *L'Actualité Economique*, 2017, vol.93, n°3,p.405.

[51] Il s'agit de : Fidji (Océanie), Guam (Océanie, territoire des Etats-Unis), Îles Vierges américaines (Caraïbes, territoire des Etats-Unis) ; Palaos (Océanie) ; Panama (Amérique centrale) ; Samoa (Océanie) ; Samoa américaines (Océanie, territoire des Etats-Unis) ; Trinité-et-Tobago (Caraïbes) et Vanuatu (Océanie)

[52] Cette liste est dressée à l'Annexe I. Il s'agit des juridictions fiscales non coopératives.

[53] Il s'agit d'Anguilla, des Seychelles, de la Dominique, de la Barbade, du Botswana, du Costa Rica, de Hong-Kong, de la Jamaïque, de la Jordanie, de la Malaisie, de la Macédoine du Nord, du Qatar, de l'Urugay, de la Thaïlande et de la Turquie.

flux financiers illicites que ces pays abritent, ils offrent ainsi des asiles fiscaux à des revenus dont la perte est préjudiciable aux intérêts des autres États. Pour faire face au phénomène des paradis fiscaux, les pays de l'OCDE ont conclu le 8 octobre 2021 un accord fiscal historique[54] selon lequel un taux d'imposition minimum de 15% doit être appliqué aux entreprises multinationales à compter de 2023. Pour autant que les paradis fiscaux compromettent le financement des politiques publiques[55], il reste que la pratique de l'anachorésie fiscale a un effet de moindre importance.

Les anachorètes fiscaux sont des citoyens qui pour des raisons d'inconvenance fiscale décident de s'installer en campagne, généralement dans des montagnes pour se couper des services publics dont l'usage nécessite parfois l'acquittement des impôts et taxes. Par cette pratique, l'anachorète fiscale se vit couper de l'ensemble du groupe ou de la société. Ainsi prétextant ne pas bénéficier des services publics, il s'auto-exonère le paiement des impôts. Une telle posture corrobore la théorie de l'impôt-échange, contrepartie ou assurance développée au XVIIIe et XIXe siècle, bien que critiquée par l'idéologie de la solidarité nationale.

Toutes ces considérations achèvent de convaincre que le droit régalien de prélever l'impôt est de plus en plus remis en cause. Cela contraste sans doute avec le fait que l'impôt est un pouvoir populaire malheureusement abandonné.

II. L'IMPÔT, UN POUVOIR POPULAIRE ABANDONNÉ

Bien que l'on puisse trouver à l'impôt des origines divines, il faut reconnaitre que la fiscalité fait corps avec l'idéal associatif. Partant, son institutionnalisation relève de la volonté humaine. De ce point de vue, l'impôt peut être perçu comme un instrument de pouvoir entre les mains du peuple. Il en est ainsi parce que, la création et le régime de l'impôt

---

[54] Il s'agit de la Déclaration sur une solution reposant sur deux piliers pour résoudre les défis fiscaux soulevés par la numérisation de l'économie.

[55] Voir en ce sens HERKENRATH (M.), « Paradis fiscaux et fuite des capitaux en provenance des pays en développement : implications sociales et politiques Commentaires sur ‘‘ Fuite des capitaux et paradis fiscaux : impact sur l'investissement et la croissance en Afrique'' », *Revue d'économie du développement*, 2014, vol.22, n°2, pp.151-157.

sont l'œuvre du pouvoir voulant du peuple (A). Seulement, il est donné de constater que le peuple exerce de moins en moins ce pouvoir originaire et cardinal. Son pouvoir semble arraché et abandonné (B).

A. L'IMPÔT, UNE MARQUE DU POUVOIR DU PEUPLE

Les liens entre l'impôt et le peuple sont établis. En effet, bien que rapporté au fait social, il faut avouer que c'est la volonté du peuple qui porte le fait fiscal. Il n'est donc pas exagéré de voir en ce prélèvement obligatoire une création du peuple (1). Ce postulat est appuyé par le fait que le peuple s'est d'ailleurs parfois posé en défaiseur des systèmes d'impôts à travers des contestations (2).

1. Le peuple, un faiseur d'impôt

L'impôt est une création de l'Homme. C'est fort conscient de cette réalité que Jean-Jacques Rousseau souligne que *« les impôts ne peuvent être établis légitimement que du consentement du peuple ou de ses représentants »*[56]. L'impôt a donc un substrat politique. C'est ce dernier qui fonde la légitimité moderne de l'impôt et qui se traduit par le principe de la légalité fiscale. Par conséquent, la création, la suppression ou la modification d'un impôt ne peut se décider que dans le cadre d'une loi, qui peut être une loi d'impôts, notamment la loi de finances ou une loi ordinaire. Ce principe procède, dans le droit fil de la pensée des Lumières, d'une conception qui considère le citoyen comme un être raisonnable, soucieux du bien commun et conscient que, au travers du consentement de l'impôt exprimé par ses représentants, c'est bien son propre consentement qui s'exprime.

2. Le peuple, un défaiseur d'impôt

Globalement perçu comme un ponctionnement motivé par la soif d'enrichissement des nomenclatures dirigeantes, comme un rituel de soumission à un ordre politique injuste et criminel, l'impôt, bien que conservant sa légalité juridique, perd sa légitimité citoyenne[57]. Pour

---

[56] ROUSSEAU (J.-J.), *Discours sur l'économie politique*, 1755.

[57] CHOUALA (Y. A.), « L'économie fiscale des transitions africaines : Éléments pour une sociologie des luttes sociopolitiques autour de l'impôt », *Polis/R.C.S.P./C.P.S.R.*, Vol. 16, Numéros 1 & 2, 2009, p.13.

Edgard ALLIX, l'impôt matérialise l'oppression de ceux qui possèdent par ceux qui ne possèdent pas[58]. Les contribuables en sont malades. Ils affichent des symptômes variés, mais tendant tous à affirmer leur ras-le-bol à l'égard des impôts illégitimes. Pendant que certains font une « allergie fiscale »[59], d'autres souffrent d'une *psychose fiscale* qui peut aboutir à une *overdose fiscale*[60]. La contestation ou le refus de l'impôt est, considération faite des pathologies présentées *supra*, réputé être un *réflexe immunologique*[61] d'un organisme qui se défend[62].

Le refus de l'impôt est, comme le précise Laure AGRON, quelque chose d'universelle, qui se manifeste en tout lieu, et en tout temps[63]. Il n'est donc pas ignoré des États. L'histoire des États modernes révèle, pour certains, que c'est la grève de l'impôt qui est à l'origine de leur fonctionnement actuel, à défaut d'être à la base de leur constitution. Aux États unis d'Amérique du Nord, on se souvient du groupe *Quaker*[64], de la *Proposition 13* en Californie qui introduit le concept de *pétition* ou *référendum fiscal* ainsi que le Comité des citoyens pour la limitation fiscale au Massachussetts parfois appelé *Taxachussetts* car, étant un État à fiscalité très élevée. En France, le *poujadisme*, le Comité de défense fiscale de Paris, le mouvement des *tondus* ainsi que le *Cidunati* de Gérard NICOUD n'évoquent-ils pas un appel à la révolte fiscale ? Outre-manche, la *Women's Tax Resistance League* n'a-t-elle pas aussi organisé la résistance fiscale des féministes suffragistes britanniques au début du

---

[58] ALLIX (E.), *Traité élémentaire de science des finances et de la législation financière française*, A. Rousseau, 5ième éd., 1927, pp. 420-421.

[59] AUBERGER (Ph.), *L'allergie fiscale*, Calmann-Lévy, 1984, p. 51.

[60] L'Etat drogue le contribuable. Voir en ce sens : SCHIFRES (M.), *La drogue fiscale*, Le Figaro, 5 juillet 1997, p. 1.

[61] *1789-1989 La révolution fiscale à refaire*, ouvrage collectif, Litec, 1986, p. 8.

[62] AGRON (L.), *Histoire du vocabulaire fiscal*, Préface COZIAN (M.), L.G.D.J., 2000, p. 267.

[63] *Ibid.*, p. 317.

[64] C'est un groupe qui dans les années 1960a élaboré un prototype de loi qui permettrait aux objecteurs de conscience de payer leurs impôts à l'UNICEF et non au Trésor américain. En 1972, ladite loi fut dénommée *Peace Tax Fund.* A ce jour, elle est connue sous le nom de *Religious Freedom Peace Tax Fund Act.*

XXe siècle ? Au Cameroun, l'on se souvient du mouvement baptisé *« l'émotion fiscale des femmes »*[65] des femmes Douala[66].

A travers le refus de l'impôt, le peuple procède à la contestation de l'impôt ou d'un régime d'imposition. De cette sorte, il réaffirme qu'il est le détenteur ultime du pouvoir d'autoriser la levée de l'impôt. Partant, il peut procéder à la déformation d'un régime d'imposition. Vu qu'aux yeux du législateur pénal, l'impôt est une valeur ou une institution protégée, il faut préciser que de tels agissements sont pénalement répréhensibles. C'est ainsi qu'au Cameroun, bien que plus souple par rapport au livre des procédures fiscales[67], en application de l'article 183 de la Loi n° 2016/007 du 12 juillet 2016 portant Code pénal en ces autres termes :

> « (1) Est puni d'un emprisonnement de trois (03) mois à deux (02) ans et d'une amende de deux cent mille (200 000) à deux millions (2 000 000) de francs celui qui organise par quelque moyen que ce soit le refus collectif de l'impôt. (2) Est puni d'un emprisonnement de six (06) mois à un (01) an et d'une amende de cinquante mille (50 000) à un million (1 000 000) de francs celui qui incite le public à refuser ou à retarder le paiement de l'impôt ».

---

[65] TANGA ONANA, « L'émotion fiscale des femmes Douala en 1931 », *Syllabus Review*, n°1, 2009, pp. 139-177.

[66] En effet, suite à une hausse de l'impôt de capitation, les femmes douala adressèrent une requête à M.CORTADE, Chef de la circonscription de Douala, le 31 janvier 1931. L'administration ne va pas y apporter une réponse. Face à ce silence, les femmes réunies dans le cadre d'un directoire, décidèrent d'organiser un rassemblement devant le siège de la circonscription dans le but de faire entendre leur mécontentement. L'une des leaders, EWOUDOU LEMBA rapporte alors que : *« ce rassemblement sans précédent nous avait donné confiance en nous. Nous étions bien décidées à ne pas nous laisser faire, à ne pas nous laisser soutirer un impôt que la plupart d'entre nous étaient, d'ailleurs, incapables de payer »* (MOUME-ETIA (L.), *Cameroun, les années ardentes aux origines de la vie syndicale et politique*, Paris, J.A. Livres, 1991, p. 31.

[67] Le Livre des procédures fiscales punit plus sévèrement le refus de l'impôt. En effet, en application de l'article L 108 de la Loi n° 2002/003 du 19 avril 2002 portant Code Général des impôts en République du Cameroun réprime le refus de l'impôt en ces termes : *« Est également puni des peines visées à l'article L 107 ci-dessus, quiconque : Par voies de fait, de menaces ou manœuvres concertées, organise ou tente d'organiser le refus collectif de l'impôt, ou incite le public à refuser ou à retarder le paiement de l'impôt »*. L'article L 107 dont il est fait mention prévoit que : *« Sans préjudice des sanctions fiscales applicables, est passible d'un emprisonnement d'un (1) à cinq (5) ans et d'une amende de cinq cent mille (500 000) à cinq millions (5 000 000) de francs ou de l'une de ces deux peines seulement »*.

Bien que le peuple puisse par moment, mais rarement, affiché son ras-le-bol fiscal en refusant de payer l'impôt, il peut être admis que dans une grande proportion, le peuple a abandonné son pouvoir fiscal.

B. L'ABANDON DU POUVOIR FISCAL PAR LE PEUPLE

Un regard rétrospectif laisse entrevoir que le peuple est au commencement de l'idée d'impôt et de l'exercice du pouvoir qu'il confère. Depuis quelques siècles, le pouvoir que confère l'impôt est abandonné entre les mains de ses représentants et d'autres groupes importants tels que les firmes multinationales. Si la représentation (1) justifie cet abandon, il convient de relever qu'il épouse diverses formes (2).

1. La représentation, justificatif de l'abandon

Lorsque l'on évoque le verbe *représenter* en droit, il s'agit de signifier le fait de *« remplacer une personne dans l'exercice de ses droits »*[68]. Partant, la représentation c'est l'action *« consistant pour une personne investie à cet effet d'un pouvoir légal, juridique ou conventionnel [...], d'accomplir au nom et pour le compte d'une autre [...] un acte juridique dont les effets se produisent sur la tête du représenté »*[69]. Partant, le représentant renvoie à *« celui qui agit par représentation, au nom, à la place et pour le compte du représenté »*[70]. De ce fait, il fait valoir les intérêts d'une autre personne, dans le cas d'espèce le peuple. S'agissant de l'exercice du pouvoir politique, la représentation est consacrée dans les États modernes par les constitutions. C'est ainsi par exemple que la Constitution nigérienne du 25 novembre 2010, comme celle du Togo[71], affirme que : *« le Peuple exerce sa souveraineté par ses représentants élus et par voie de référendum »*. Allant dans le même sens, à l'image de

---

[68] CORNU (G.), *Vocabulaire Juridique*, Paris, PUF, 11ème éd., 2017, p.907.

[69] *Ibid.*, p.905.

[70] *Ibid.*, p.903.

[71] Article 4 de la Constitution : *« la souveraineté appartient au peuple. Il l'exerce par ses représentants et par voie de référendum »*.

ses homologues congolais[72], gabonais[73], le constituant camerounais du 18 janvier 1996 précise que :

> « La souveraineté nationale appartient au peuple camerounais qui l'exerce soit par l'intermédiaire du Président de la République et des membres du Parlement, soit par voie de référendum »[74].

L'article 26 de la Constitution centrafricaine du 13 décembre 2015 abonde également dans cet ordre d'idées. Le parlement ayant la compétence de légiférer en République centrafricaine[75], comme au Cameroun[76], en République Démocratique du Congo[77], l'assiette, le taux et les modalités de recouvrement des impositions de toute nature y relèvent du domaine de la loi[78]. L'article 122 de la Constitution de la RDC du 18 février 2006 modifiée attribue également au parlement congolais la compétence en matière d'édiction des régimes d'imposition. La Constitution togolaise paraît plus claire lorsqu'elle affirme que :

> « Le pouvoir législatif, délégué par le peuple, est exercé par un Parlement composé de deux assemblées : l'Assemblée nationale et le Sénat »[79]. L'article 84 du même texte d'ajouter que : « la loi fixe les règles concernant : […] l'assiette, le taux et les modalités de recouvrement des impositions de toutes natures ».

A ces différents régimes législatifs ci-avant évoqués, il faut tout aussi souligner la représentation qui s'exerce au niveau international et au niveau infra-étatique. S'agissant en premier lieu de la représentation au niveau international, elle conduit à l'adoption de certaines règles fiscales tant au plan communautaire qu'au plan bilatéral. C'est en ce sens que le

---

[72] Article 5 de la Constitution de la RDC du 18 février 2006 modifiée.

[73] Article 3 de la Constitution : *« la souveraineté nationale appartient au peuple qui l'exerce directement, par le référendum ou par l'élection, selon le principe de la démocratie pluraliste, et indirectement par les institutions constitutionnelles ».*

[74] Article 6 de la Loi n°96/06 du 18 janvier 1996 portant révision de la Constitution du 02 juin 1972, modifiée et complétée par la loi n°2008/001 du 14 avril 2008.

[75] Article 63 de la Constitution centrafricaine du 13 décembre 2015.

[76] Alinéa 2 de l'article 14 de la Loi n°96/06 du 18 janvier 1996 portant révision de la Constitution du 02 juin 1972, modifiée et complétée par la loi n°2008/001 du 14 avril 2008.

[77] Article 100 de la Constitution

[78] Voir en ce sens l'article 80 de la Constitution centrafricaine du 13 décembre 2015.

[79] Article 51 de la Constitution du Togo révisée.

conseil des ministres de la CEMAC[80] et celui de l'UEMOA[81] adoptent des directives et des actes en matière de fiscalité. Au niveau bilatéral, l'on relève que les chefs d'État des États de l'Afrique noire francophone signent également des conventions fiscales avec certains États. Dans ce registre, le chef d'État du Cameroun a signé le Décret n°2021/246 du 27 avril 2021 portant ratification de l'Accord du 13 juillet 2017 entre le Cameroun et les Émirats Arabes Unis tendant à éviter la double imposition et à prévenir l'évasion fiscale en matière d'impôts sur le revenu. On note ainsi l'importante place des autorités gouvernementales. C'est ainsi par exemple qu'au Niger :

> « Les taxes parafiscales perçues dans un intérêt économique ou social au profit d'une personne morale de droit public ou privé autre que l'État, les collectivités locales et leurs établissements publics administratifs, sont établies par décret pris sur rapport du ministre en charge des finances et du ministre intéressé »[82].

S'agissant de la fiscalité locale, il est à noter que pour certains prélèvements obligatoires, c'est l'organe délibérant de la collectivité locale qui peut fixer des tarifs ou des taux, voire instituer certaines taxes.

---

[80] Sur le fondement du Traité instituant la CEMAC (N'djamena, 16 mars 1994), la Convention régissant l'Union Économique de l'Afrique Centrale (UEAC) sera adoptée. Cette convention rappelle que l'un des objectifs de l'Union est de poursuivre *« le processus de mise en place des instruments de libre circulation des biens, des services, des capitaux et des personnes, notamment par une harmonisation de la fiscalité des activités productives et de la fiscalité de l'épargne » (article 4 b)*. C'est en cela que le même texte va en son article 12 mettre en place des mesures tendant à la réalisation des objectifs ci-avant déclinés. On peut alors y lire : *« en vue de la réalisation des objectifs définis à l'article 4 b) de la présente Convention, l'Union Économique harmonise les législations fiscales qui régissent les activités économiques et financières. Les réglementations nécessaires à l'élaboration de la législation fiscale commune sont adoptées, sur proposition du Président de la Commission, par le Conseil des Ministres statuant à l'unanimité »*.

[81] En application de l'article 4 du Traité instituant l'UEMOA (Dakar, 10 janvier 1994) révisé, *« sans préjudice des objectifs définis dans le Traité de l'UMOA, l'Union poursuit, dans les conditions établies par le présent Traité, la réalisation des objectifs ci-après : [...] e) harmoniser, dans la mesure nécessaire au bon fonctionnement du marché commun, les législations des États membres et particulièrement le régime de la fiscalité »*.

[82] Article 8 de la Loi n° 2012-09 du 26 mars 2012 portant loi organique relative aux lois de finances.

C'est ce qui est par exemple établi au Mali par l'article 4[83] de la Loi n°2011-36 du 15 juillet 2011 relative aux ressources fiscales des communes, des cercles et des régions et les articles 3[84] et 6[85] de la Loi n°96-058 du 16 octobre 1996 déterminant les ressources fiscales du District de Bamako et des communes qui le composent.

Au regard de ce qui précède, il apparait clairement que par la technique de la représentation, le peuple est substitué par ses

---

[83] *« Les taux et les tarifs des taxes ci-après sont fixés par les délibérations du Conseil communal. Ils ne peuvent excéder les maxima suivants autorisés pour chaque taxe ».*

[84] *« Dans la limite des maxima fixés au présent article, le District de Bamako peut, par délibération faite avant le 1er octobre de l'année précédant celle à laquelle se rapportent ces taxes, instituer à son profit des taxes fiscales sur les matières ci-après :*

1) Taxe de sortie sur les véhicules de transport public de personnes ou de marchandises, sortant du territoire du District lorsqu'ils ont été chargés dans le District : maximum de 1.000 FCFA par sortie et par véhicule.

2) Taxe sur les embarcations : sans moteur : maximum de 5000 FCFA par embarcation et par an avec moteur :

- *un moteur hors-bord : maximum de 10.000 FCFA par embarcation et par an*
- *deux moteurs hors-bord ou plus maximum de 20.000 FCFA par embarcation et par an*
- *un moteur fixe ou plus : maximum de 40.000 FCFA par embarcation et par an*

3) Sur les charrettes à bras : maximum de 2.000 FCFA par an.

4) Taxe de voirie.

La taxe de voirie est due par les personnes physiques ou morales assujetties à la patente et les familles.

Le taux maximum de ladite taxe est selon le cas de 5 % de la patente ou de 3.000 FCFA par an et par famille à l'intérieur d'une concession. Pour les familles, l'émission et le recouvrement de la taxe de voirie sont assurés conjointement avec la taxe de développement régional et local ».

[85] *« Dans la limite des maxima fixés au présent article, les communes du District de Bamako peuvent, par délibération du conseil communal faite avant le 1er octobre de l'année précédant celle à laquelle se rapportent ces taxes, instituer à leur profit des taxes fiscales sur les matières ci-après :*

1) Les autorisations de spectacles et divertissements occasionnels : maximum de 10 % des recettes brutes.

2) Les appareils de jeux installés dans les lieux publics :

- *appareils automatiques : maximum de 15.000 FCFA par an et par appareil*
- *autres appareils : maximum de 6.000 FCFA par an et par appareil*

3) Les établissements de nuit, dancings, discothèques et restaurants avec orchestre : maximum de 100.000 FCFA par an [...] ».

représentants aussi bien au niveau national qu'au niveau international. Il s'agit par-là de justifier l'abandon du pouvoir fiscal par le peuple. Cet abandon passe par divers moyens qu'il sied à présent d'identifier.

2. Les moyens de l'abandon

L'abandon par le peuple du pouvoir fiscal est visible non seulement en ce qui concerne l'édiction des régimes d'imposition, mais aussi et surtout en ce qui concerne l'autorisation de lever l'impôt.

En ce qui concerne en premier lieu l'abandon dans l'édiction des régimes d'imposition, il faut souligner que dans les États modernes, le régime de l'impôt est légal. C'est la raison pour laquelle dans les États d'Afrique noire francophone, c'est le parlement qui a édicté les dispositions normatives applicables en matière fiscale. C'est ainsi par exemple qu'au Cameroun, le code général des impôts est l'œuvre de la Loi n°2002/003 du 19 avril 2002 et la loi portant fiscalité locale est portée par la Loi n°2009/019 du 15 décembre 2009. Au Mali, le code général des impôts est issu de la Loi n° 06/AN-RM et le Livre de procédures fiscales Loi n°06-068/AN en date du 29 décembre 2006. La Loi n°2011-36 du 15 juillet 2011 relative aux ressources fiscales des communes, des cercles et des régions et la Loi n°96-058 du 16 octobre 1996 déterminant les ressources fiscales du District de Bamako et des communes établissent le régime de la fiscalité locale au Mali. Au Sénégal, l'on relève l'existence de la Loi n° 2012-31 du 31 décembre 2012 portant code général des impôts modifiée par la Loi n° 2018-10 du 30 mars 2018. Au Bénin[86] comme au Togo[87] les régimes d'imposition sont également l'œuvre du législateur.

En ce qui concerne en second lieu l'autorisation annuelle de lever l'impôt, au Niger comme au Burkina-Faso[88], il est consacré que :

---

[86] Loi n°64-35 du 31 décembre 1964 portant codification des droits, impôts et taxes fiscales d'enregistrement, de timbre, de publicité foncière et hypothécaire et sur les revenus des capitaux mobiliers et l'Ordonnance n°2PR/MFE du 10 janvier 1966 portant codification des impôts directs et indirects au Bénin.

[87] Loi n°2018-024 du 20 novembre 2018 portant code général des impôts au Togo.

[88] Article 11 de la Loi organique n° 073-2015/CNT relative aux lois de finances au Burkina-Faso.

> « L'autorisation de percevoir les impôts est annuelle. Le rendement des impôts dont le produit est affecté à l'État est évalué par les lois de finances »[89].

C'est la raison pour laquelle la première partie de la loi de finances y *« autorise la perception des impôts affectés aux collectivités locales et aux établissements publics »*[90]. Le Burkina-Faso abonde dans le même sens à l'article 47 de la Loi organique n° 073-2015/CNT relative aux lois de finances. Il sied d'ajouter que l'abandon du pouvoir fiscal en matière d'autorisation de la levée des impôts ne profite pas seulement aux parlementaires, le pouvoir exécutif en bénéficie également. C'est dans ce sens qu'il est affirmé à l'article 58 de la Loi n° 2012-09 du 26 mars 2012 portant loi organique relative aux lois de finances que :

> « Dans la mesure où, compte tenu de la procédure prévue à l'alinéa précédent, le Projet de loi de finances n'a pu être voté avant le début de l'année budgétaire, le Gouvernement est autorisé, conformément aux dispositions constitutionnelles en vigueur, à continuer de percevoir les impôts et à reprendre en dépenses le budget de l'année précédente par douzièmes provisoires »[91].

Au Burkina-Faso, c'est l'article 60 de la Loi organique n° 073-2015/CNT relative aux lois de finances qui confère également un tel pouvoir au président de la République.

---

[89] Article 8 de la Loi n° 2012-09 du 26 mars 2012 portant loi organique relative aux lois de finances.

[90] Article 45 de la Loi n° 2012-09 du 26 mars 2012 portant loi organique relative aux lois de finances.

[91] En effet, le Projet de loi de finances de l'année, y compris le rapport et les annexes explicatives prévus à l'article 46 de la Loi n° 2012-09 du 26 mars 2012 portant loi organique relative aux lois de finances, est déposé sur le bureau de l'Assemblée nationale au plus tard le jour de l'ouverture de la session budgétaire. Lorsque le Projet de loi de finances a été déposé dans les délais sur le bureau de l'Assemblée nationale, il doit être adopté au plus tard à la date de clôture de la session budgétaire. A défaut, il peut être mis en vigueur par ordonnance. Lorsque le Projet de loi de finances n'a pu être déposé en temps utile pour que l'Assemblée nationale dispose avant la fin de la session ordinaire de l'entier délai prévu à l'alinéa précédent, celle-ci est immédiatement et de plein droit suivie d'une session extraordinaire dont la durée ne peut excéder quinze (15) jours. Si à l'expiration de ce délai, le Projet de loi de finances n'est pas adopté, il est mis en vigueur par ordonnance.

CONCLUSION

Dans les États d'Afrique noire francophone comme ailleurs, l'impôt est une institution sociale qui devrait exprimer, dans son principe, un équilibre entre le droit et le pouvoir. Au total, il est souhaité que la politique fiscale cherche davantage à garder l'équilibre entre les intérêts de l'État et ceux du peuple en mettant sur pied un système fiscal neutre et juste, répondant aux aspirations légitimes du peuple contributeur. A la suite du professeur Michel BOUVIER relevons que :

> « Le temps est assurément venu de s'interroger sur la pertinence de nos systèmes fiscaux. Faute de quoi, ceux-ci pourraient bien s'avérer obsolètes. Redonner un nouveau sens à l'impôt est une condition de base à la fois à la rentabilité fiscale et à la cohésion sociale. Mais, préalablement, la question fiscale doit sortir du cercle habituel des experts et faire l'objet d'un grand débat national »[92].

Il demeure que *« la liberté du peuple est toute dans l'impôt »* ainsi que le pensait le révolutionnaire BARRERE. La guerre d'indépendance américaine entre 1775 et 1783, la signature de la Magna Carta par le roi Jean SANS TERRE en 1215[93] et la Révolution française de 1789 à 1799 rappellent de manière fort éloquente que l'impôt façonne les régimes politiques. L'impôt est donc la poutre financière sur laquelle repose le solide édifice de l'État. La fragiliser c'est à coup sûr assurer le dépérissement de l'État. Il faut donc repenser l'impôt entre le droit et le pouvoir afin de garantir la pérennité de l'institution étatique en Afrique comme partout ailleurs dans le monde.

Dr. François ABENG MESSI

Ph. D en Droit Public. Maître-Assistant à la Faculté des Sciences Juridiques et Politiques, Université de Yaoundé II

---

[92] BOUVIER (M.), « Sens et légitimité de l'impôt », *Pouvoirs*, 2014, n°151, p.34.

[93] Voir en ce sens COLLIARD (J.-E.) et MONTIALOUX (C.), « Une brève histoire de l'impôt », Regards croisés sur l'économie, 2007, vol.1, n°1, pp.56-65.

ACTE 2

DES RAPPORTS POLITIQUES SAISIS PAR LE DROIT ?

Sous la présidence de Monsieur le Professeur **Martin BLEOU**, ancien Ministre de l'Intérieur, ancien Directeur de Cabinet du Président du Conseil constitutionnel, Université Felix Houphouët Boigny d'Abidjan (Côte d'Ivoire)

Avec comme modérateur Monsieur le Professeur **Mamoudou GAZIBO**, Université de Montréal (Canada)

Dominique BREILLAT

LE POUVOIR ET LA POLITIQUE SAISIS PAR LE DROIT

INTRODUCTION

« Il faut qu'une Constitution soit courte et obscure. La Constitution ne devrait déterminer que le mode selon lequel se fait la loi ; si elle dit plus, c'est mauvais ; si elle dit trop et qu'on ne puisse faire autrement, on la casse.

Une Constitution doit être faite de manière à ne pas gêner l'action du gouvernement et à ne pas le forcer à la violer. Aucune Constitution n'est restée telle qu'elle a été faite. Sa marche est toujours subordonnée aux hommes et aux circonstances. Si un gouvernement trop fort a des inconvénients, un gouvernement faible en a bien davantage. Chaque jour on est obligé de violer les lois positives ; on ne peut pas faire autrement ; sans cela, il serait impossible d'aller.

Les Constitutions sont l'ouvrage du temps : on ne saurait laisser une trop large place aux améliorations.

Je ne peux pas mieux comparer une Constitution qu'à un vaisseau. Si vous abandonnez votre vaisseau au vent avec toutes ses voiles, vous ne savez où vous allez ; vous changez au gré du vent qui vous pousse ; mais au contraire, si vous vous servez de votre gouvernail, vous allez à la Martinique malgré le vent qui vous mène à Saint-Domingue. »[1]

---

1 NAPOLEON, Pensées pour l'action, recueillies par E. DRIAULT, Presses universitaires de France, 1943, p. 33, cité in Ch. DAVOST, Lettre, Le Monde, 11 septembre 1946.

En France les constitutions longuement rédigées ont eu peu de durée. Pourtant aujourd'hui la tendance est à des textes de plus en plus longs et régulièrement augmentés

C'est ainsi que la Constitution éphémère du 3 septembre 1791 comptait 207 articles (durée : moins de 11 mois) ; celle du 24 juin 1793, plus éphémère encore puisque inappliquée, 124 ; celle du 5 fructidor an III (22 août 1795), 377 (durée 4 ans), la plus longue de toutes les constitutions françaises ; celle du 22 frimaire an VIII (13 décembre 1799), 95 (durée 2ans, mais le régime a perduré au total pendant près de 15 ans); les chartes constitutionnelles des 4 juin 1814 et 14 août 1830, plus durables, n'ont respectivement que 76 et 70 articles (durée 15 et 18 ans) ; la Constitution du 4 novembre 1848 compte 116 articles (durée moins de 4 ans) ; celle du 14 janvier 1852, 58 (durée 18 ans).

Les trois lois constitutionnelles des 24, 25 février et 16 juillet 1875 se bornent, à elles trois, à 34 articles, record de concision mais aussi de stabilité puisque le régime a duré 65 ans. On ne voulait pas aller trop loin puisque le régime, dans l'esprit des rédacteurs ne devait être que provisoire. Mais on sait qu'en France le provisoire dure longtemps…

Au XIXème siècle les libéraux vivant dans un régime autoritaire avaient comme principale revendication l'adoption d'une constitution que nombre de souverains furent contraints d'accorder lors de révolutions. Mais il est évident que ces souverains contraints d'accorder un texte ne souhaitaient pas multiplier des détails qui se révéleraient une entrave à leur pouvoir.

Sans doute la politique a-t-elle toujours façonné le droit, mais on constate que de plus en plus on cherche à utiliser le droit pour tenter, souvent de façon bien illusoire, d'agir sur la politique.

Si on a pu considérer que le droit était investi par la politique[2], force est aussi de constater que la politique est investie par le droit.

I. DE LA CONSTITUTION AU CODE CONSTITUTIONNEL

Texte bref, ce qui en fait, lui donnait son autorité, la constitution est devenue un texte imposant quantitativement confinant à l'embonpoint des codes.

---

[2] Le droit investi par la politique, Archives de philosophie du droit, t. XVI, 1971

Mais cette importance du droit est aussi due à ce que, à côté d'un droit élaboré par les autorités nationales, est apparu un droit extérieur à la Nation qui s'impose à elle.

A. L'EMBONPOINT CONSTITUTIONNEL

Cette dimension nouvelle des constitutions est due à l'insertion de nombreux droits et libertés qui dans un premier temps figuraient souvent dans des déclarations dont la portée n'était que politique et non pas juridique. Mais également lorsqu'un régime s'inscrit dans la durée il s'avère nécessaire de compléter la constitution, de l'enrichir par des révisions. Et puis il faudra prendre en considération nombre de textes toujours plus nombreux s'inscrivant à un niveau inférieur dans la hiérarchie des normes. C'est pourquoi certains auteurs ont pu élaborer des codes constitutionnels par la compilation de nombreux textes touchant le système politique et ayant force de droit.[3]

1. Les droits de la personne

Si une constitution se doit de déterminer avant tout l'organisation et le fonctionnement des pouvoirs publics dans ses éléments majeurs, ce que faisaient les premiers textes constitutionnels, très vite les constitutions ont dû intégrer des dispositions relatives aux droits, voire également aux devoirs des citoyens contribuant ainsi à accroître la dimension du texte constitutionnel.

La constitution américaine ne comptait en 1787 que 7 articles précédés d'un très bref préambule. Il est vrai que certains de ces articles étaient assez longs et aujourd'hui, la présentation qui en est donnée divise les quatre premiers articles en sections, chacune de ces sections pouvant être comparée à chacun de nos articles de constitution quant à la forme. Mais si nous faisons cette assimilation, la constitution américaine ne serait malgré tout qu'un texte de 24 articles. Mais elle s'est, immédiatement après, enrichie de 10 amendements venant s'ajouter au texte initial et énumérant les droits et libertés des citoyens américains.

---

[3] En France : Th. S. RENOUX, M. de VILLIERS et X. MAGNON (Dir.), Code constitutionnel, 10ème éd., LexisNexis, 2021 ; Chr. De GAUDEMONT, M. LASCOMBE et A. POTTEAU, Code constitutionnel et des droits fondamentaux, 11ème éd., Dalloz (annoté et commenté en ligne) ; En Belgique : D. DELPEREE et D. RENDERS, Code constitutionnel, 6ème éd., Bruylant, Bruxelles, 2009

C'était la promesse faite pour obtenir la ratification de la Constitution par certains États récalcitrants. Et de fait, proposés dès le premier congrès en 1789, ce sont 10 amendements qui seront ratifiés le 15 décembre 1791.

Les constitutions intègrent les droits et libertés de plus en plus nombreux. Ce n'est pas nouveau. Si la Déclaration des droits de l'homme et du Citoyen, forte de 17 articles[4], avait été adoptée par l'Assemblée constituante le 26 août 1789, les constituants opéraient la distinction entre déclaration des droits et garantie des droits insérée dans la constitution en reprenant certains de ces droits et libertés dans son titre premier. Cette distinction perdurera en France jusqu'au 16 juillet 1971[5] lorsque le Conseil constitutionnel donnera valeur de droit positif au préambule de la constitution intégrant ainsi dans le corps de la Constitution, sans recourir à une numérotation complémentaire, la Déclaration des droits de l'homme et du citoyen et le Préambule de la constitution de 1946. Et cela a été augmenté en 2005 d'une Charte de l'environnement élaborée par une commission dans laquelle la place des juristes était plus que réduite ce qu'on peut vivement regretter. On a ainsi eu un décalogue de nouveaux droits et principes. Ainsi, si on prend en considération les 16 articles de la Déclaration de 1789, les 18 dispositions du Préambule de 1946 et les 10 points de la Charte c'est un total de 44 articles auxquels on peut encore ajouter trois ou quatre articles du corps de la constitution affirmant des droits et libertés.

C'est en règle générale, aujourd'hui, une trentaine d'articles qui évoquent les droits de la personne humaine dans leur constitution. Ainsi au Niger on a 36 articles dans le corps de la constitution, mais le Préambule se réfère à la Déclaration universelle des droits de l'Homme de 1948 (30 articles), au Pacte international relatif aux droits civils et politiques de 1966 (22 articles affirmant des droits), au Pacte international relatif aux droits économiques, sociaux et culturels de 1966 (10 articles affirmant des droits) et à la Charte africaine des droits de

---

[4] La Déclaration devait être complétée par la suite après l'adoption de la Constitution. Une motion de l'Assemblée constituante fut adoptée en ce sens le 27 août 1789. Mais les évènements en décidèrent autrement. Cf. Comité de Réflexion sur le Préambule de la Constitution (Prés. S. Veil) ; Rapport au Président de la République, Décembre 2008. Documentation française, p. 12 note 5

[5] CC, 16 juillet 1971, n°71-44DC, Loi complétant les dispositions des articles 5 et 7 de la loi du 1er juillet 1901 relative au contrat d'association ; Rec. P. 29

l'Homme et des Peuples de 1981 (28 articles). Cependant nombre de ces articles, bien évidemment, se recoupent.

Au Togo, la situation est assez proche avec 41 articles affirmant les libertés, droits et devoirs des citoyens et une référence aux mêmes textes internationaux mais y ajoutant la Charte des Nations Unies. Les 9 articles du titre premier sur l'État et la souveraineté pourraient s'y rattacher tout comme au Niger où l'article 8 affirme que le Niger est un État de droit, la constitution l'affirmant dès son article premier.

Malgré tout on constate une tendance à l'inflation dans l'insertion des droits. Et le phénomène n'est pas nouveau se manifestant souvent après une révolution. Un des exemples les plus caractéristiques est la constitution du Mexique de 1917 dont on a pu dire qu'elle contenait un code du travail. « L'article 123 … instaure l'une des législations du travail les plus progressistes du monde … et l'article 27 … a permis d'opérer très vite une importante réforme agraire ». [6]

Plus récemment, on peut évoquer la constitution portugaise du 2 avril 1976 qui dans ses articles 12 à 79 reconnaît les droits et devoirs fondamentaux des Portugais fournissant une liste des plus exhaustives.

2. Les révisions constitutionnelles

Les constitutions se sont également augmentées, bien souvent de nouvelles dispositions conduisant le droit à encadrer toujours plus le pouvoir politique.

La IIIème République en 65 ans d'existence avait échappé à ce phénomène ne connaissant que quatre révisions, les deux premières en 1879 (très brève) et 1884 (plus fondamentale) la républicanisant, la troisième bien inutile en 1926[7] et la quatrième emportant le régime le 10 juillet 1940. Pourtant les propositions furent nombreuses.[8]

La IVème République n'en a connu que deux, en 1954 (loi constitutionnelle du 7 décembre 1954) pour tenter de réformer le régime

---

[6] G. COUFFIGNAL, V° Mexique, in O. DUHAMEL et Y. MENY, Dictionnaire de la Constitution, PUF, 1992 , p.635

[7] Elle constitutionnalisait « l'autonomie de la Caisse de gestion des bons de la défense nationale et d'amortissement de la dette publique »

[8] A. GRANERO, Les révisions constitutionnelles non abouties sous la Troisième République, RFDC, 2013, pp. 835 s.

et surtout en 1958 (loi constitutionnelle du 3 juin 1958) permettant le passage de la IVème à la Vème République.

La Vème République a été plus prolixe puisqu'elle ne compte pas moins de 24 révisions, semblant cependant s'essouffler puisque la dernière l'a été en 2008. Il n'empêche que c'est un record dans note histoire constitutionnelle. Cependant il faut constater que sept d'entre elles sont les conséquences d'une adaptation de notre constitution à des engagements internationaux. Mais le rapport avec le droit peut être de modifier celui-ci pour surmonter une disposition annulée par la juridiction constitutionnelle. Ce fut le cas avec la loi constitutionnelle du 25 novembre 1993 relative aux accords internationaux en matière de droit d'asile adoptée pour mettre en échec une décision du Conseil constitutionnel.[9]

La République fédérale d'Allemagne a été beaucoup plus touchée par les révisions. Ce texte qui ne devait être que provisoire a connu 64 révisions, la dernière entrant en vigueur le 1er janvier 2021.

Mais quoi qu'il en soit nombre de ces révisions ont été mises en place pour qu'il y ait conformité au droit des institutions politiques.

On a perdu bien souvent le sens d'un caractère sacro-saint de la constitution à laquelle on ne devait toucher autrefois qu'avec appréhension.

Et on devrait s'en tenir au conseil de Jean Foyer cité par Pierre Avril : « Écrivez le moins possible ! ».[10] Et pourtant on ne se lasse pas d'écrire.

B. Textes complémentaires

S'exprimant devant l'Assemblée nationale le 26 mai 1959, Michel Debré affirmait avec lucidité qu'un « régime politique n'est pas fait uniquement du texte solennel qui s'appelle la Constitution ; bien d'autres textes ont une valeur sinon juridiquement égale, en tout cas fondamentalement analogue[11] ».

En effet tout ne figure pas pour autant dans la constitution et le droit fait son irruption dans un très grand nombre de textes complémentaires

---

[9] CC 93-325 DC, 13 août 1993, Loi relative à la maîtrise de l'immigration et aux conditions d'entrée, d'accueil et de séjour des étrangers, Rec. P. 224

[10] P. AVRIL, Des conventions à la révision de la Constitution, RFDC, 2008, p. 49

[11] M. DEBRE, J.O. Déb. AN, 26 mai 1959, p. 556

de nature différente quant à la forme et surtout l'autorité, mais ne pouvant être en contradiction avec la Constitution.

1. Les lois organiques

Il est difficile de définir les lois organiques. Une loi organique est une loi prévue comme telle par le texte constitutionnel. À cette définition formelle et bien peu significative peut s'ajouter une définition plus concrète : l'objet d'une loi organique est généralement de préciser l'organisation et le fonctionnement des pouvoirs publics, en application d'articles de la Constitution. Mais le choix n'est pas d'une évidence absolue. Ainsi l'article 25 pose qu' « une loi organique fixe ... le nombre des membres de chaque assemblée ». Mais le mode de scrutin résulte d'une loi ordinaire. Passer de 577 à 576 députés nécessite une loi organique, mais désigner les députés à la représentation proportionnelle au lieu du système uninominal majoritaire à deux tours ne nécessite qu'une loi ordinaire car la constitution n'exige pas une loi organique pour définir le mode de scrutin. Il y a quelque aberration car la première modification est de peu d'intérêt à la différence de la seconde. Il n'empêche que le droit est encore beaucoup plus présent avec la loi organique car elle doit obligatoirement être soumise au contrôle du Conseil constitutionnel.

La loi organique est soumise à une procédure moins rigoureuse que la révision constitutionnelle mais plus rigoureuse que celle de la loi ordinaire.[12] Trente-et-un articles de la Constitution renvoient à des lois organiques afin de préciser certaines dispositions du texte.

2. Les lois ordinaires

Bien évidemment les lois ordinaires viennent mettre en œuvre, elles aussi, la Constitution et très souvent des dispositions constitutionnelles sont accompagnées à la fois d'une loi organique et d'une loi ordinaire adoptées simultanément. Là encore le contenu des lois ordinaires apportant leur dimension juridique au système politique peut être d'une très grande variété. Les codes constitutionnels non officiels élaborés par

[12] La constitution de 1848 qui était la première à évoquer les lois organiques était bien peu précise. Article 115. « Après le vote de la Constitution, il sera procédé, par l'Assemblée nationale constituante, à la rédaction des lois organiques dont l'énumération sera déterminée par une loi spéciale. »

la doctrine réunissent ainsi des dispositions de nature constitutionnelle, organique, ordinaire ainsi que des dispositions règlementaires.

3. Les règlements des assemblées

Les règlements des assemblées apportent aussi leur contribution et elle peut être très importante. C'est pourquoi la constitution de 1958, sous l'impulsion de Michel Debré, a inséré dans le texte constitutionnel nombre de dispositions qui habituellement étaient contenues dans les règlements des assemblées parlementaires, car celles-ci avaient souvent tendance à contourner les textes constitutionnels à travers leur règlement sous les régimes précédents. Et c'est pourquoi la Constitution a posé dans son article 61 que « les règlements des assemblées parlementaires, avant leur mise en application, doivent être soumis au Conseil constitutionnel qui se prononce sur leur conformité à la Constitution. », afin que les dévoiements qu'on avait pu connaître sous les régimes précédents ne se reproduisent plus. Et ce n'était pas inutile car lorsque le Conseil constitutionnel a examiné en 1959 le règlement de la nouvelle Assemblée nationale il a annulé pas moins de 18 articles comme non conformes à la Constitution et en accepté 3 autres sous réserves de ses observations.[13]

Le Conseil constitutionnel se montre vigilant. Ainsi que le soulignent Pierre Avril et Jean Gicquel, « la jurisprudence du Conseil constitutionnel considère que les dispositions du Règlement faisant application d'une règle constitutionnelle doivent en respecter strictement la lettre, sans rien y ajouter ni en retrancher, tandis qu'il suffit que les dispositions qui n'entrent pas directement dans le champ des prévisions constitutionnelles ne soient pas contraires à celles-ci ».[14]

---

[13] L. PHILIP, L. FAVOREU, « Règlement de l'Assemblée nationale », *Les grandes décisions du Conseil constitutionnel. Dalloz*, 2009, p. 26-40. L. FAVOREU et L. PHILIP « Règlement de l'Assemblée nationale. Contrôle de constitutionnalité des règlements d'assemblée », *Les grandes décisions du Conseil constitutionnel 1975. Sirey*, 1975, p. 35-48 ; L. HAMON, « Le contrôle par le Conseil constitutionnel des règlements provisoires de l'Assemblée nationale et du Sénat », *Dalloz*, 1959, n° s.n., p. 502-507

[14] P. AVRIL, J. GICQUEL et J.-E. GICQUEL, Droit parlementaire, 6ème éd., LGDJ, 2021, p ; 31

C. L'IRRUPTION DU DROIT INTERNATIONAL

Si le droit national reste sans doute l'encadrement juridique majeur du pouvoir, il n'en reste pas moins que depuis soixante-quinze ans, le droit international est venu prendre une place majeure que ce soit à travers des organisations d'intégration, ou par l'application du monisme avec primauté du droit international.

1. Les organisations internationales avec juridiction

Par l'adhésion à des organisations internationales, les États ont vu un certain nombre de règles venir les contraindre dans leur organisation politique. C'est vrai avec les organisations qui ont élaboré des conventions et auxquelles ces États sont parties. La place du droit est encore plus forte quand certaines de ces conventions ont prévu la création d'une juridiction. C'est tout à fait caractéristique avec le Conseil de l'Europe qui a proposé la Convention de sauvegarde des droits de l'Homme et des libertés fondamentales, dénommée le plus souvent Convention européenne des droits de l'Homme (CEDH). Même si les États n'étaient pas obligés d'y adhérer lorsqu'elle a été élaborée en 1950, - et la France a mis 24 ans pour ratifier ce texte, et 31 ans pour accepter le droit de recours individuel, pour adhérer au Conseil de l'Europe -, un État doit accepter notamment la prééminence du droit (*rule of law*) en vertu de l'article 3 du Statut. Mais aujourd'hui il est exigé aussi qu'ils ratifient la CEDH et aient aboli, en droit ou en fait, la peine de mort.

Il est évident que le poids du droit est renforcé ici par l'existence d'une juridiction, la Cour européenne des droits de l'Homme, qui va se prononcer sur les manquements au droit des États.

Ces décisions peuvent venir contrarier les États et susciter des conflits très graves. Ainsi suite à une décision de la Cour du 6 octobre 2005 à propos de l'interdiction, générale et automatique du droit de vote pour les détenus,[15] une grave crise est survenue entre le Royaume-Uni et la Cour, le Royaume-Uni menaçant de dénoncer son adhésion ce qui aurait sans doute conduit le Royaume-Uni à quitter le Conseil de l'Europe.

---

[15] CEDH, Gde Ch., 6 octobre 2005, N° 74025/01, Hirst (n°2) c. Royaume-Uni (2015)

Les premiers pas de la jeune Cour africaine dont tous les États de l'Union africaine n'ont pas ratifié le protocole portant sa création ont montré les difficultés à s'imposer, connaissant des conflits graves comme en avril 2020 avec la Côte d'Ivoire et le Bénin.

Mais le poids du droit est encore plus fort avec les organisations intégrées. On le constate avec l'Union européenne qui actuellement connaît un grave conflit avec la Pologne, suite à une décision du Tribunal constitutionnel du 7 octobre 2021 remettant en cause la primauté du droit de l'Union sur le droit polonais notamment en déclarant contraire à la Constitution l'article 1 qui établit l'Union européenne et l'article 19 qui instaure la CJUE.[16] Le Tribunal constitutionnel polonais n'est pas le seul à avoir connu ces tensions. On l'a vu encore, il y a peu avec le Tribunal constitutionnel fédéral allemand.[17]

2. Le monisme avec primauté du droit international

Si les rapports entre le droit international et le droit interne peuvent varier, la tendance semble malgré tout aller vers le triomphe du monisme avec primauté du droit international. Celui-ci conduit à imposer la supériorité du droit international sur le droit interne. Rares, cependant, sont les constitutions qui comme celle de l'Autriche ont complètement intégré le droit international en affirmant (art.9) que « les règles généralement reconnues du droit des gens valent comme partie intégrante du droit fédéral ». Encore faut-il que pour certaines règles posées par des traités ceux-ci aient été ratifiés et aujourd'hui les constitutions comme la constitution française imposent une révision de la Constitution qui autorisera la ratification. L'article 54 pose que « si le Conseil constitutionnel, a déclaré qu'un engagement international comporte une clause contraire à la Constitution, l'autorisation de ratifier ou d'approuver

---

[16] Tribunal constitutionnel polonais, 7 octobre 2021, K 3/21, Ocena zgodności z Konstytucją RP wybranych przepisów Traktatu o Unii Europejskiej / Examen de la conformité à la Constitution polonaise de certaines dispositions du Traité sur l'Union https://trybunal.gov.pl/postepowanie-i-orzeczenia/wyroki/art/11662 -ocena-zgodnosci-z-konstytucja-rp-wybranych-przepisow-traktatu-o -unii-europejskiej

[17] Tribunal constituionnel fédéral, 2 BvR 859/15, 5 mai 2020 ; https://www.bundesverfassungsgericht.de/SharedDocs/Entscheidungen/DE/2020/05/rs20200505_2bvr085915.html; P. ASTIE, D. BREILLAT et C. LAGEOT, Repères étrangers, Pouvoirs, n° 175, 2020, pp. 147-148 ; J.C. ZARKA, L'arrêt du 5 mai 2020 de la Cour constitutionnelle fédérale d'Allemagne concernant le programme PSPP de la Banque centrale européenne, LPA, 3 juillet 2020.

l'engagement international en cause ne peut intervenir qu'après révision de la Constitution ». Encore faut-il qu'il ait été saisi. Mais dès lors qu'un traité ou un accord a été régulièrement ratifié ou approuvé il a, en vertu de l'article 55, « une autorité supérieure à celle des lois, sous réserve, pour chaque accord ou traité, de son application par l'autre partie. » Ces dispositions ont été reprises dans d'autres constitutions comme celles du Niger (art. 170 et 171) ou du Togo (art. 139 et 140).

Et la Convention de Vienne sur le droit des traités est très claire dans son article 27 : « Une partie ne peut invoquer les dispositions de son droit interne comme justifiant la non-exécution d'un traité. »

En revanche dans les États pratiquant le dualisme les choses sont moins simples. On l'a vu au Royaume-Uni où il faut transformer le droit international en droit interne. Cela fut réalisé par l'European *Communities Act* 1972 du 17 octobre 1972 pour l'entrée dans les Communautés européennes. Pour la CEDH les Britanniques ont attendu pas moins de 47 années pour adopter le *Human Rights Act* 1998 du 9 novembre 1998 pour permettre l'incorporation de la Convention dans le droit britannique. On comprend mieux les tensions entre le Royaume-Uni et la Cour européenne des droits de l'Homme évoquées plus haut.

II. L'ACTION POLITIQUE SAISIE PAR LE DROIT

Toute l'action politique se trouvera investie par le droit par de multiples techniques, de multiples créateurs.

A. LE LÉGISLATEUR

Dès qu'une difficulté apparaît dans le système politique, on s'efforce d'y remédier par une nouvelle loi. En France ce type de texte s'est multiplié depuis les années 1980 et très vite ils apparaissent peu satisfaisants et conduisent à rapidement à l'adoption de nouvelles lois engendrant un processus qui semble sans fin. Ainsi jusqu'en 1988, la France ignorait superbement le financement des partis politiques. Mais un certain nombre de scandales ont conduit à vouloir de nouveaux textes. Depuis 1988 ce sont ainsi 3 nouveaux textes qui ont été adoptés.[18]

---

[18] Loi du 11 mars 1988, 15 janvier 1990, 11 avril 2003 et on ajoutera assez récemment, les lois pour la confiance dans la vie politique du 15 septembre 2017.

S'agissant du rôle de l'apport des acteurs on pourrait aussi évoquer les conventions de la constitution, concept emprunté au Royaume-Uni[19]. Mais le rapport avec le droit est très particulier et il ne s'agit pas de droit écrit. Ce sont des « coutumes constitutionnelles, c'est-à-dire de véritables règles de droit, en ce sens qu'il s'agit de règles que les organes constitutionnels s'estiment obligés de suivre. En revanche leur particularité par rapport aux autres règles juridiques tient au fait qu'elles ne peuvent pas faire l'objet d'une procédure d'exécution par voie de justice ».[20] Même si grâce aux travaux de Pierre Avril, on a pu observer de telles pratiques sous les régimes précédents, même sous la Vème République, les conventions ont à la fois une portée forte par l'acceptation des acteurs politiques et limitée car « n'étant pas des règles juridiques… [elles] relèvent de pratiques dont le juge constitutionnel n'a pas à connaître ».[21]

Mais aujourd'hui de plus en plus ce sont les citoyens qui conduisent à l'encadrement juridique à travers des référendums, soit proposés par les autorités nationales sur la pression des citoyens, soit sur l'initiative même des citoyens. Ceux-ci supplantent le Parlement et sont à leur tour le législateur. La Suisse est sans doute l'exemple le plus connu. Trois fois par an au moins, les Suisses sont amenés à se prononcer dans des votations pouvant porter chacune sur plusieurs sujets. Depuis 1848 et surtout depuis la constitution de 1874 jusqu'au 26 septembre 2021 ce sont 647 votations qui ont eu lieu portant sur les sujets les plus divers mais incluant souvent des thèmes relatifs à l'action politique. On constate aussi une certaine lassitude du citoyen car la participation dépasse rarement les 50%. Les référendums d'initiative populaire qui tendent à se développer conduisent bien souvent à perturber l'action politique car ils apparaissent comme une défiance vis-à-vis de celle-ci et on peut penser qu'il faut accueillir ce mode de décision avec prudence.

---

[19] J. ROSSETTO, Recherches sur la notion de constitution et l'évolution des régimes constitutionnels, LGDJ, 2020

[20] E. ZOLLER et W. MASTOR, Droit constitutionnel, 3ème éd., PUF, 2021, pp. 256-257

[21] E. ZOLLER et W. MASTOR, op. cit., p. 258

B. L'IMPORTANCE DES COMMENTATEURS

Le pouvoir politique est aussi sous l'influence des commentateurs, politiciens eux-mêmes mais surtout et avec une grande autorité les créateurs de la doctrine juridique.

Si bien entendu on doit se référer aux travaux préparatoires, leur publication est parfois absente ou bien tardive comme pour la constitution française de 1958[22], certains commentateurs ont pu avoir une très grande autorité.

L'exemple le plus emblématique est certainement celui d'Alexander Hamilton, James Madison et John Jay lorsque sous un pseudonyme ils publièrent des articles connus sous l'expression de *Federalist Papers* (Le Fédéraliste) donnant leur interprétation de la Constitution de 1787 et ces articles sont toujours aujourd'hui aux États-Unis une référence obligée.[23]

Sous la Troisième République en France c'est l'œuvre monumentale d'Eugène Pierre, secrétaire général de la Présidence de la Chambre des Députés de 1885 à 1925 qui sera la référence d'autant plus utile en raison de la concision des lois constitutionnelles. Son Traité pratique de droit parlementaire publié avec Jules Poudra en 1878 puis réédité par lui seul à partir de 1885 sera le passage obligé sur toute question politique.[24] Bien évidemment les analyses des universitaires constitutionnalistes et politistes parmi lesquels nombre de participants à ce colloque mais aussi de nombreux praticiens également présents ici, apportent leur contribution à cette incursion du droit.

---

[22] C'est en 1984 que Didier Maus a été chargé de la publication des *Travaux préparatoires de la Constitution de 1958,* apportant une précieuse contribution à la connaissance du régime. Cf. F. LUCHAIRE et D. MAUS (Dir.), *Documents pour servir à l'histoire de l'élaboration de la Constitution du 4 octobre 1958*, Comité national chargé de la publications des travaux préparatoires des institutions de la Ve République, La Documentation française, 4 vol., 1987-2002.

[23] Alexander Hamilton, John Jay et James Madison (trad. de l'anglais), *Le Fédéraliste*, Paris, Classiques Garnier, 2012, 648 ; Élise Marienstras, Naomi Wulf, *The Federalist Papers. Défense et illustration de la Constitution fédérale des États-Unis*, Paris, PUF, 2009.

[24] M. Meyer, *Gouverner les gouvernants, Eugène Pierre (1848-1925), le droit parlementaire au service de la République*, Thèse Toulouse 1, novembre 2019

C. La judiciarisation de l'action politique

Mais ce qu'on constate aujourd'hui, c'est la judiciarisation de ce domaine.

L'intervention du juge devient de plus en plus prégnante et la solution des difficultés intervenant à propos du pouvoir politique échappe de plus en plus à ses acteurs

L'intervention du juge est multiple. Nous avons déjà évoqué l'intervention du juge international et nous pourrions ajouter les juridictions pénales internationales qu'il s'agisse de la Cour pénale internationale ou de juridictions ad hoc créées pour des conflits spécifiques, là où les sanctions étaient soit absentes pour les responsables politiques accusés de crimes, soit tranchées par les juridictions nationales.

Mais on constate avant tout qu'il y a diversité des juges.

Il peut s'agir du juge ordinaire, juge judiciaire ou juge administratif.

Mais c'est bien évidement le développement des juridictions constitutionnelles conduisant avant tout au contrôle de la constitutionnalité des lois. Mais ces juridictions constitutionnelles se voient dotées de bien d'autres compétences.

Le phénomène est relativement récent. Primitivement on connaissait essentiellement le modèle américain avec un contrôle de la constitutionnalité des lois par voie d'exception, posé par la géniale intuition du Chief justice John Marshall en 1803 dans le célèbre arrêt *Marbury v. Madison* rendu à l'unanimité et rédigé par Marshall lui-même, voulant assurer la suprématie de la constitution.

> « Les compétences du pouvoir législatif sont définies et limitées ; et c'est pour que ces limites ne soient pas ignorées ou oubliées que la constitution est écrite. A quoi servirait-il que ces pouvoirs soient limités et que ces limites soient écrites si ces dites limites pouvaient, à tout moment, être outrepassées par ceux qu'elles ont pour objet de restreindre ? Lorsque ces limites ne s'imposent pas aux personnes qu'elles obligent et lorsque les actes interdits et les actes permis sont également obligatoires, il n'y a plus de différence entre un pouvoir limité et un pouvoir illimité. C'est une proposition trop simple pour être contestée que, soit la constitution l'emporte sur la loi ordinaire qui lui est contraire,

soit le pouvoir législatif peut modifier la constitution au moyen d'une loi ordinaire.

Entre ces deux possibilités, il n'y a pas de troisième voie. Ou la constitution est un droit supérieur, suprême, inaltérable par des moyens ordinaires ; ou elle est sur le même plan que la loi ordinaire et, à l'instar des autres lois, elle est modifiable selon la volonté de la législature.

Si c'est la première partie de la proposition qui est vraie, alors une loi contraire à la constitution n'est pas du droit ; si c'est la deuxième qui est vraie, alors les constitutions écrites ne sont que d'absurdes tentatives de la part des peuples de limiter un pouvoir par nature illimité.

Il est certain que ceux qui élaborent les constitutions écrites les conçoivent comme devant former le droit fondamental et suprême de la nation, et que, par conséquent, le principe d'un tel gouvernement est qu'un acte législatif contraire à la constitution est nul »[25]

---

[25] Cour Suprême, 24 février 1803, Marbury v. Madison, 5 U.S ?. (1 Cranch) 137. Texte in E. ZOLLER, Les grands arrêts de la Cour suprême des Etats-Unis, 1ère éd., Dalloz, 2010, p.11.

« *The powers of the legislature are defined and limited; and that those limits may not be mistaken or forgotten, the constitution is written. To what purpose are powers limited, and to what purpose is that limitation committed to writing; if these limits may, at any time, be passed by those intended to be restrained? The distinction between a government with limited and unlimited powers is abolished, if those limits do not confine the persons on whom they are imposed, and if acts prohibited and acts allowed are of equal obligation. It is a proposition too plain to be contested, that the constitution controls any legislative act repugnant to it; or, that the legislature may alter the constitution by an ordinary act.*

Between these alternatives there is no middle ground. The constitution is either a superior, paramount law, unchangeable by ordinary means, or it is on a level with ordinary legislative acts, and like other acts, is alterable when the legislature shall please to alter it.

If the former part of the alternative be true, then a legislative act contrary to the constitution is not law: if the latter part be true, then written constitutions are absurd attempts, on the part of the people, to limit a power in its own nature illimitable.

Certainly all those who have framed written constitutions contemplate them as forming the fundamental and paramount law of the nation, and consequently the theory of every

Il faudra attendre le XXème siècle pour qu'un contrôle de la constitutionnalité des lois puisse exister hors des États-Unis, suite aux géniales intuitions de Hans Kelsen, le plus grand juriste du XXème siècle, mais d'une façon différente avec une juridiction spécialisée dont la Cour autrichienne sera le premier modèle[26].

Ces juridictions composées de juristes les plus remarquables du pays, essentiellement, des professeurs de droit – une idée que malheureusement la France ignore à quelques exceptions près -, ont vu leur rôle ne pas se limiter au contrôle de la constitutionnalité des lois permettant de garantir la rigueur juridique des textes adoptés par le Parlement et renforcer ainsi l'impact du droit. On a élargi leur saisine permettant notamment aux citoyens de former des recours. L'Allemagne a principalement ouvert la voix avec la *Verfassungsbeschwerde* (recours constitutionnel) légalisée en 1951[27] et constitutionnalisée en 1969[28].

La France qui s'était longtemps opposée au contrôle de la constitutionnalité des lois finira par s'y rallier en 1958 mais d'une façon ne gênant pas, à l'origine, le pouvoir. Pourtant un premier pas décisif sera accompli en 1974 en permettant aux parlementaires et surtout à l'opposition de saisir le Conseil constitutionnel et la révision constitutionnelle de 2008 ira beaucoup plus loin, décuplant l'activité du Conseil, avec l'instauration de la question prioritaire de constitutionnalité et il faut rendre hommage au président Jean-Louis Debré d'avoir qui, par sa détermination, a véritablement donné toute sa force à cette institution.

Le Royaume-Uni n'a fait qu'un mini-pas dans cette direction. En effet c'est une Cour suprême très britannique qui a été adoptée en 2005[29], car

---

such government must be, that an act of the legislature repugnant to the constitution is void. «

[26] Encore que la Tchécoslovaquie l'avait précédée quelques mois plus tôt dans cette voie, mais cette Cour n'eut pas la portée de celle d'Autriche.

[27]. Loi du 12 mars 1951, BGBl. I, p. 243.

[28] Loi const. Du 2 janvier 1969, BGBl., I, p. 97 ; A. *DITTMANN,* Cahiers du Conseil constitutionnel n° 10 (Dossier : L'accès des personnes à la justice constitutionnelle) - mai 2001

[29] *Act to make provision for modifying the office of Lord Chancellor, and to make provision relating to the functions of that office; to establish a Supreme Court of the United Kingdom, and to abolish the appellate jurisdiction of the House of Lords; to make provision about the jurisdiction of the Judicial Committee of the Privy Council and the judicial functions of the President of the Council; to make other provision about the judiciary, their appointment and discipline; and for connected purposes, 2005, c.4.*

pour le Département des affaires constitutionnelles une cour à l'américaine serait une « rupture avec les traditions constitutionnelles britannique. [30]

Les juridictions constitutionnelles peuvent être dotées de compétences en tant que juge électoral. C'est partiellement le cas en Allemagne, où le Bundestag vérifie lui-même la validité du mandat des députés[31], mais l'articler 41 al. 2 de la Loi fondamentale pose qu'un « recours est ouvert devant la Cour constitutionnelle fédérale contre la décision du Bundestag ».

La France a complètement écarté le Parlement du contrôle de la validité de l'élection de ses membres. Les recours contentieux contre les élections parlementaires, tout comme contre l'élection présidentielle ou contre les référendums sont de la compétence du Conseil constitutionnel. Il est vrai que l'invalidation de l'élection de nombreux députés par l'Assemblée nationale suite aux élections du 2 janvier 1956 avait été particulièrement scandaleuse et avait discrédité ce mode de contrôle.

La judiciarisation a fini par toucher la mise en, jeu de la responsabilité des acteurs du pouvoir politique. Certaines juridictions constitutionnelles sont compétentes pour décider de la déchéance de certaines autorités. Les parlements se trouvent aujourd'hui de plus en plus dépossédés de ce pouvoir de décision, s'ils peuvent mettre en accusation bien souvent, ils ne peuvent juger. Ainsi l'article 61 de la Loi fondamentale allemande donne compétence au Tribunal constitutionnel fédéral pour se prononcer sur le Président fédéral accusé de « violation délibérée de la Loi fondamentale ou d'une autre loi fédérale ».

En Grèce la compétence appartient à une Haute Cour spéciale dont les membres sont des membres du Conseil d'État et de la Cour de Cassation tirés au sort (Art. 86 al. 4)

---

[30] A. DUFFY-MEUNIER, «La Cour suprême au Royaume-Uni après le Constitutional Reform Act 2005 : une juridiction hors norme », Jus Politicum, n° 9 [http://juspoliticum.com/article/La-Cour-supreme-au-Royaume-Uni-apres-le-Constitutional-Reform-Act-2005-une-juridiction-hors-norme-641.html]

[31] M. FROMONT, Présentation de la Cour constitutionnelle fédérale d'Allemagne, Cahiers du Conseil constitutionnel n° 15, janvier 2004.

La France a connu des évolutions à cet égard faisant une place toujours plus importante aux magistrats. La Cour de Justice de la République créée en 1993 et compétente pour juger les crimes ou délits commis par les ministres dans l'exercice de leurs fonctions étant entendu que les tribunaux ordinaires trouvent leur compétence pour les autres actes délictuels éventuels, comprend certes une forte majorité de parlementaires (12) mais elle inclut trois magistrats du siège élus par la Cour de Cassation dont l'un préside cette Cour de Justice. Il n'en reste pas moins que cette Cour est très critiquée par son côté mi-politique et mi-judiciaire et on peut penser qu'on ira vers une évolution constituant tout simplement à confier le jugement des ministres aux tribunaux ordinaires.

Au Niger les magistrats sont en beaucoup plus forte proportion, ce qui est heureux. La Haute Cour de Justice « est composée de quatre députés que l'Assemblée nationale élit en son sein après chaque renouvellement général ; trois magistrats dont un désigné par la Cour de cassation, un par le Conseil d'État et un par la Cour des comptes. » On retrouve le même type de composition au Togo.

CONCLUSION

Les juridictions constitutionnelles aujourd'hui, peuvent s'avérer comme les meilleures garantes des droits des citoyens et du fonctionnement rigoureux et respecté du système politique, notamment en situation de crise, mais il faudra alors du courage au juge constitutionnel comme on a pu l'observer au Niger lors de la crise de 2009-2010 et le Conseil constitutionnel de transition a pu témoigner « du rôle déterminant qu'il a joué dans la garantie de la suprématie des textes tenant lieu de corpus constitutionnel de la période de transition ».[32]

Le droit a fait une entrée considérable pour tout ce qui touche au pouvoir et à la politique ». Ils sont en effet saisis par le droit. On ne peut sans doute que s'en féliciter car c'est une garantie avant tout pour les

---

[32] O. NAREY, La suprématie de la Constitution en période de crise (Niger), La suprématie de la Constitution en période de crise (Niger) ; Actes du 7ème congrès de l'Association des Cours Constitutionnelles Francophones, Lausanne, Suisse, 2015, p. 153 ;

https://accf-francophonie.org/publication/actes-du-7e-congres/#la-suprematie-de-la-constitution-en-periode-de-crise-niger

citoyens, mais aussi pour tous les acteurs politiques. Cependant, il convient de laisser une marge d'action aux acteurs politiques et réfléchir par exemple aux conventions de la constitution dans la mesure où elles s'établissent avec le consensus de tous les acteurs politiques, majorité ou opposition.

Faut-il alors faire entrer le droit dans le domaine du pouvoir et de la politique. Pour reprendre une formule bien connue, oui, mais avec modération.

Dominique BREILLAT

Professeur émérite de droit public à l'Université de Poitiers

Doyen honoraire de la Faculté de Droit et des Sciences sociales de Poitiers

Gaëtan EDJANGUE

RÉFLEXION SUR LES INTERACTIONS DE LA RÉGULATION DU POUVOIR ET DE LA POLITIQUE PAR LE DROIT

Résumé

Le droit, le pouvoir et la politique constituent [et interagissent] dans un système ébranlé et reconfiguré. En effet, l'avènement du modèle d'État régulateur au sein des États de la CEMAC et de l'UEMOA durant ces trois dernières décennies a profondément affecté le trinôme droit-pouvoir-politique. Et pour cause, ce modèle y a introduit la régulation en tant que liant. De telle sorte que l'observation des interactions au sein dudit trinôme enrichi d'un nouvel élément [qui d'ailleurs laisse inchangé la structure du système] permet non seulement de redécouvrir sous pavillon régulationniste les interactions qui y ont cours ; mais aussi d'en découvrir de nouvelles : notamment entre les composantes du système (droit-pouvoir-politique) et leur liant (la régulation)

Abstract

Law, power and politics constitute and interact in a shaken and reconfigured system. Indeed, the advent of the regulatory statemodel state model whithin CEMAC and WAEMU (West african economic and monetary union) states over past three decades has profoundly affected the right-power-politics trinomial. And for good reason, this model introduced regulation as a binder. In such a way that the observation of the interactions whithin the said trinomial enriched whith a new element (which moreover leaves the structure of the trinomial unchanged) not only makes it possible to rediscover under the regulationist flag the interactions which takes place there ; but also to discover new ones, in particular between the components of the system (law-power-politics) and their link (regulation)

Mots clés

Trinôme – externalités – interactions régulatoires – principe de localité – anisotropie – équilibre systémique – harmonie régulatoire.

INTRODUCTION

Quelles sont les interactions entre Droit, Pouvoir et politique ? Et qu'a à voir la régulation dans ce trinôme dynamique[1] ? Répondre à ces questions qui sont désormais connexes[2], commande comme prérequis de situer le contexte de l'analyse des interactions au sein du trinôme, et de se situer dans le champ sémantique des notions (intrinsèquement polysémiques) qui en constituent la trame.

La CEMAC[3] et l'UEMOA[4] entités supra étatiques constitutives du champ géographique de cette analyse, sont elles-mêmes constituées d'États membres[5] dont le modèle idéel (après les deux premières

---

[1] Le droit, le pouvoir et la politique dans les sociétés politiques juridiquement organisées, sont un trinôme au sein duquel chaque élément agit, réagit et interagit avec les deux autres. Ces actions, réactions et interactions rendent le trinôme si dynamique qu'il est fort aise d'y voir une interpénétration entre le droit, le pouvoir et la politique.

[2] La question des interactions au sein du trinôme constitué du droit, du pouvoir et de la politique, et celle du rapport entre eux et la régulation, peuvent *a priori* sembler distinctes et (par conséquent, dissociées). Mais lorsqu'on a conscience que l'État est passé en ce début de millénaire du modèle interventionniste au modèle régulateur, la régulation cesse donc d'être une extranéité du trinôme pour en devenir une donnée. De telle sorte que la résolution de l'une appelle tout au moins la prise en compte de l'autre.

[3] La Communauté Économique et Monétaire de l'Afrique Centrale est une organisation internationale d'intégration communautaire en Afrique Centrale créée par le traité de Ndjamena du 16 Mars 1994 et entrée en vigueur en juin 1999. Cette communauté est issue de deux unions (l'union économique d'Afrique créée par la convention régissant l'UEAC et l'Union Monétaire d'Afrique Centrale créée par la convention régissant l'UMAC). Elle regroupe six États (Cameroun, Centrafrique, Congo, Gabon, Guinée Équatoriale et Tchad). Elle prend la suite de l'Union Douanière et Économique de l'Afrique Centrale (UDEAC) créée par traité du 08 décembre 1964.

[4] L'Union Économique et Monétaire Ouest-Africain est une organisation d'intégration économique créée par le traité de Dakar du 10 janvier 1994 ; Comme la CEMAC, cette organisation sous régionale repose sur deux unions (l'une économique et l'autre monétaire). C'est du point de vue historique un rassemblement des anciens territoires sous domination française (Bénin, Burkina Faso, Côte d'ivoire, Mali, Niger, Sénégal, Togo. Auxquels s'est ajouté la Guinée-Bissau).

[5] L'État-membre est un syntagme désignant toute entité étatique qui fait partie (soit par adhésion, soit par fondation) à une entité collective supra étatique ou interétatique. Pour

décennies du XXème siècle) correspond d'avantage à un État régulateur[6], lequel est par conséquent, le champ matériel de cette analyse.

A l'observation du modèle d'État régulateur, et en se basant sur la théorie des groupes[7] transposable aux sciences sociales[8], le droit, le pouvoir et la politique sont les éléments constitutifs d'un système clos dans lequel la régulation apparait comme le liant nécessaire. Aussi, convient-il préalablement de préciser leurs sens.

Le droit en tant que premier du trinôme, en est aussi la première grande difficulté. Et pour cause, le définir est une entreprise si périlleuse qu'on serait tenté de faire le choix d'une définition simpliste présupposée axée sur la singularité de la règle de droit par rapport aux autres règles

---

d'aucun, l'état-membre est né d'une mutation du génome étatique. Il s'agirait dans certains cas d'une figure de l'équilibre d'un État se trouvant à équidistance de l'État fédéré et de l'État unitaire, empruntant au premier sa discipline collective et au second, la force de l'engagement volontaire. Voir à cet effet : Helias ISAIE, La *notion d'État-membre : essai d'analyse théorique*, Thèse, Montpellier, 2015.

[6] L'État régulateur, comme l'État interventionniste ou l'État dirigiste, renvoie à un modèle axé sur la fonction prédominante qu'accomplit l'État à un moment donné. L'État régulateur s'entend donc par rapport à la fonction de régulation et constitue pour ainsi dire la déclinaison organique de la notion de régulation. Ainsi, l'État régulateur est un État moins entreprenant et moins interventionniste parce que devenu modeste, désormais tourné vers la sauvegarde des grands équilibres sociaux, politiques et économiques dans un univers évolutif et en constantes mutations endogènes et exogènes. Voir à cet effet : Jacques CHEVALLIER, « L'État régulateur » in RFAP, 2004/3 (n°111), Pp. 473-482. Bruno LASSERRE, « L'État régulateur » Discours à l'ENA de la France, 25 janvier 2019. Eberlein BURKARD, « l'État régulateur en Europe » R.F.Sce.Politique, 1999, Pp. 205-230.

[7] La théorie des groupes, d'origine mathématique, est désormais transposable *mutatis mutandis* en Sciences Sociales ; elle permet [en association avec la théorie de représentation et par application au droit en général et au droit constitutionnel en particulier] de saisir le droit, le pouvoir et la politique, comme des éléments constitutifs d'un trinôme c'est-à-dire un système clos.

[8] La théorie des groupes entre en Sciences sociales par la psychologie-sociale. Puis en droit par l'étude du droit des groupes de société. Dans ces champs de savoir, il en ressort que le groupe se caractérise par l'interdépendance des éléments qui le constituent. On peut logiquement transposer cette théorie en droit public, notamment en matière de système d'organismes publics. A ce propos, voir : Shérif MUZAFER, *The Psychologyof Social Norm*, Harper & Brthers, 1936, 209 Pages. Charley HANNOUN, « Le droit et les groupes de société », coll. « bibliothèque de droit privé », t.216, Paris, Revue international de droit comparé, 1992, 44-1, Pp.314 et Ss.

sociales[9]. Le rejet de la définition simpliste du droit en tant que corpus normatif spécifique de l'État (entité sociologique) traduit-elle le choix des définitions savantes où le droit passe pour être un phénomène complexe ? De toute évidence non ! Et pour cause, entre les définitions théoriques[10] empreintes de replis doctrinales et celles métathéoriques[11] assorties de la difficulté à concilier alternativement ou conjointement les définitions théoriques, le choix est cornélien et tout analyste s'en trouve placé devant un dilemme : choisir entre une définition conventionnelle contestable et une définition réelle et essentielle toujours fuyante. De même, face aux définitions holistes[12] du droit trop englobantes et [par conséquent] vagues, et aux définitions fragmentaires[13] du droit trop spécifiques et réductrices, le dilemme ressurgit.

Dès lors, la définition stipulative[14] du droit semble la mieux indiquée dans le cadre de cette analyse. Et pour cause, non seulement elle permet

---

[9] Les normes sociales sont de différents ordres. Les règles de droit se distinguent des règles religieuses et des règles de morale sur les éléments [fort bien] connus mais discutables dans une approche de droit comparé. Voir Nicholas MOLFESSIS, François TERRE, *Introduction général au droit*, Dalloz, Précis, 111ème éd , 2019, 644 Pages.

[10] Les définitions théoriques du droit sont l'ensemble des définitions émises dans le méta discours sur le droit. Elles sont soit nominales-conventionnelles (focalisées sur un aspect de l'analyse théorique), soit réelles-essentialistes (c'est-à-dire issues d'un condensé assez difficile des traits essentiels du droit). Voir sur ces précisions Jerzy WROBLEWSKI, « Problèmes méthodologiques pour définir le droit », in définir le droit, Revue française de théorie juridique/PUF, 1989, Pp 117-120.

[11] La définition métathéorique du droit est une définition qui recoupe plusieurs définitions théoriques du droit, elles sont des définitions métathéoriques alternatives ou conjonctives. Voir Jerzy WROBLEWSKI, « Problèmes méthodologiques pour définir le droit », *Op. Cit.*

[12] La définition holiste du droit porte sur le droit tout entier pour y donner une définition intégrale par-delà sa complexité, sa fragmentation et la diversité d'approches théoriques en la matière. Voir Jerzy WROBLEWSKI, « Problèmes méthodologiques pour définir le droit » *Op. Cit.*

[13] La définition fragmentaire du droit est une définition qui porte sur un aspect de la réalité complexe du droit. Elle débouche sur une définition spécifique à l'aspect du droit visé. Voir Jerzy WROBLEWSKI, « Problèmes méthodologiques pour définir le droit », *Op ; Cit.*

[14] La définition stipulative, est un type très particulier de définition. Cette particularité réside dans la volonté qu'a le chercheur d'ajouter un terme nouveau dans la définition pour la faire correspondre à un contexte donné. Voir à cet effet, André-Jean ARNAUD, « Essai d'une définition stipulative du droit », in définir le droit, Revue française de théorie juridique/PUF, 1989, Pp.11-14.

de prendre en compte la donnée nouvelle du trinôme à savoir, la régulation ; mais également, de faire correspondre la définition du droit au contexte de l'analyse notamment l'État régulateur. Dans cette perspective, le droit est donc l'ensemble des principes et règles collectivement admis comme coercitifs participant de la régulation des conduites humaines et de la marche des institutions sociales et/ou inter sociales.

Le pouvoir, deuxième du trinôme, est le deuxième verrou de l'accès à celui-ci. Et pour cause, c'est une notion polysémique et une donnée diversement perçue. S'il est assez saisissable d'un point de vue personnel[15], ou interpersonnel[16]. En revanche, d'un point de vue étatique [qui est d'ailleurs retenu dans le cadre de cette analyse] le pouvoir est assez peu saisissable, si bien qu'il nécessite des données voisines qui lui sont plus ou moins étroitement liées pour le rendre intelligible et lui donner une envergure supra personnelle.

Il s'agit d'abord, de l'autorité[17]. A travers elle, le pouvoir apparaît comme l'autorité légitime, légale, rationnelle de commander, d'obliger et d'être obéit par la population d'un État. Il s'agit ensuite de la notion de politique[18] qui, juxtaposée à la notion de pouvoir, renvoie à l'autorité souveraine de l'État. Dans ce sens, le pouvoir a une déclinaison organique et renvoie par conséquent au gouvernement d'un État. En alliant les deux notions voisines du pouvoir, celui-ci se révèle être l'autorité politique qui gouverne un État et à laquelle sont soumis à l'interne la population et à l'international ses ressortissants.

---

[15] D'un point de vue personnel, le pouvoir est la faculté, la capacité, la possibilité matérielle ou psychique de faire ou ne pas faire. Voir Frédéric WORMS, « POUVOIR », Les 100 mots de la philosophie, PUF, 2013, Pp. 9-44.

[16] D'un point de vue interpersonnel, le pouvoir est la domination, l'emprise ou l'ascendant exercé sur une autre personne ou un groupe de personnes. Voir Michel CROZIER, « Pouvoir et organisation », Archives européenne de sociologie, vol. 5, n° 1, Pp. 52-64.

[17] L'autorité apparait quelque fois comme un synonyme ou tout au moins come un terme inter changeable d'avec le terme pouvoir. Mais à l'analyse, il s'agit d'une notion voisine à celle de pouvoir et même d'une notion qui lui est connexe. Voir Gérard CORNU, *Dictionnaire du vocabulaire juridique*, Paris, PUF, coll. « quadrige », 2018, P.263.

[18] Ici, le terme politique est employé comme adjectif qualificatif. De telle sorte que la notion pouvoir-politique renvoie d'une part au pouvoir en matière politique, et d'autre part, au pouvoir du politique et des organes politiques.

Ainsi défini, le pouvoir révèle un rapport dissymétrique car il conduit à une relation d'obéissance absolue au commandement donné, et ouvre sur le dirigisme voire l'autoritarisme que les modernes[19] ont récusé [en leur temps] arguant du besoin au mieux, d'encadrement, au pire de délimitation du pouvoir[20]. Par ailleurs, cette définition essentiellement matérielle, occulte l'aspect organique du pouvoir pourtant au cœur de la théorie constitutionnaliste du pouvoir. Par application au modèle d'État régulateur, une telle perception du pouvoir conduit à se focaliser sur le pouvoir de régulation et à occulter le pouvoir régulateur qui est fort intéressant pour la doctrine régulationniste tout au moins en tant qu'alter égo de l'État régulateur. Ce qui justifie et commande une définition stipulative du pouvoir. Celui-ci renvoie alors, dans ce sens, à l'ensemble d'organes étatiques investis de l'autorité légitime légale rationnelle de réguler les conduites humaines et la marche des institutions par des mesures préventives et correctives des dysfonctionnements des différentes sphères sociales et/ou inter sociales.

La politique, troisième du trinôme [et certainement pas le moindre] est tout aussi un verrou national à l'accès au trinôme parce que tout aussi polysémique[21] que les notions devancières.

En effet, dans son étymologie grecque de *politikos*, la politique renvoie à l'organisation et/ l'auto gestion d'une cité et par conséquent

---

[19] Allusion est faite ici aux Hommes du XVIIIème et de la première moitié du XIXème siècle qui étaient assez versés dans la séparation du pouvoir, et par conséquent contre l'absolutisme du pouvoir. D'ailleurs, ils se considéraient eux-mêmes comme des modernes à en croire par les écrits d'un de leurs contemporains. Voir à cet effet, Benjamin CONSTANT, « De la liberté des anciens comparée à celle des modernes », Discours prononcé à l'Athénée royal de Paris en 1819.

[20] Le moyen classique de limitation du pouvoir (absolu) a été la séparation de celui-ci en plusieurs fonctions dévolues à d'autres personnes ; fonctions d'ailleurs érigées en pouvoir. D'où le principe de la séparation des pouvoirs. L'autre moyen de délimitation du pouvoir a été sa soumission à l'État de droit. Si depuis les travaux de HEGEL, Georg JELLINEK, Heinrich TRIEPEL, les recherches se sont concentrées sur l'origine de cette limitation et ses implications dans l'État, et entre celui-ci et les organismes internationaux, l'idée de limitation semble être devenue un des piliers de l'organisation post moderne de l'État.

[21] La notion de pouvoir peut s'entendre différemment selon qu'il est envisagé dans une perspective unipersonnelle, interpersonnelle ou au sein d'un groupe plus ou moins homogène d'Hommes interagissants et interdépendants. Ou selon qu'il est saisit par ses sources, ou selon qu'il est décrypté par différents auteurs (Karl MAX, WEBER, Steven Michael, LUKES). Elle est donc (pour ainsi dire) polysémique malgré elle.

d'une entité étatique ou supra étatique. La politique renvoie [pour ainsi dire] à la manière dont un État se gouverne, conduit ses affaires publiques à l'interne et à l'international. Sous son étymologie grecque de *politeia*, la politique concilie organisation constitutionnelle de l'État et citoyenneté pour apparaitre comme la gestion publique normée d'un agrégat d'individus [notamment les citoyens] dans tout ce qui les unit et les diversifie. Sous son étymologie grecque [sans doute la plus restrictive des trois] de *politikè* ou d'art politique, la politique renvoie au jeu de conquête et de maintien au pouvoir, aux compétitions électorales en vue de la représentativité entre Hommes de pouvoir et éventuellement entre partis politiques. Dans ce sens, la politique suppose nécessairement un processus normé d'expression démocratique et de dévolution du pouvoir.

En plus d'unifier la notion de politique avec elle-même, c'est-à-dire sous ses déclinaisons féminine et masculine, ce dernier sens de la notion de politique s'intègre avec d'autant plus d'aisance dans la perspective régulationniste où la politique n'est autre que le théâtre d'expression concurrentielle où s'affrontent aux fins d'acquisition de la légitimité légale rationnelle des Hommes politiques et conséquemment des conduites humaines et de la marche des institutions.

Quant à la régulation, notion fuyante[22], elle appelle des précisions sur sa place au sein du trinôme et sur sa signification dans cette analyse.

De prime à bord, et telle que libellé, le sujet d'analyse porterait à croire que la régulation est une extranéité au trinôme. Et par conséquent, il s'agirait d'un phénomène qui viendrait impacter le trinôme ou chaque élément qui le constitue. Cette perception quoique logique[23], et théoriquement soutenable[24], ne reflète cependant pas la réalité empirique. A l'observation du trinôme, la régulation sans prétendre au statut d'élément constitutif du trinôme[25], en fait néanmoins partie en tant que

---

[22] Il serait peut-être excessif de considérer la régulation aujourd'hui comme une notion à objet juridique non identifié. Il serait [cependant plus] réaliste de la considérer comme une notion très controversée, un concept dont l'objet est en construction.

[23] La théorie du groupe montre qu'en plus des interactions, et interdépendances internes au groupe, celui-ci se construit également par une sorte de réactivité à une extranéité (un élément extérieur ou un autre groupe). Et dans ce cas de figure, on serait dans l'analyse des rapports du trinôme à l'extranéité que serait la régulation.

[24] Voir Jean-Paul SARTRE, *Critique de la raison dialectique*, Gallimard, 1960, 894 Pages.

[25] Si elle en était un élément constitutif, il ne s'agirait plus d'un trinôme.

liant. Et pour cause, sans elle, ces éléments intrinsèquement distincts les uns des autres ne sauraient se constituer en système.

Entendu comme liant[26], qu'elle définition pour la régulation ? Beaucoup en sont données[27], mais aucune ne correspond à la perspective sus évoquée. En effet, [en simplifiant beaucoup et par un effort de regroupement des définitions émises] deux conceptions semblent fédérer l'essentiel des définitions de la régulation. La première est la conception formelle[28] de la régulation. Dite maximaliste, elle saisit la théorie des régulations comme une théorie d'ensemble de l'action des pouvoirs publics dans les conduites humaines et la marche des institutions. De telle sorte que la régulation apparaît comme le choix et le cadre méthodologique des politiques publiques et de l'action administrative dans les différentes sphères sociales et/ou inter sociales[29]. La seconde est la conception sectorielle[30] de la régulation. Dite minimaliste, la régulation y est envisagée par son objet à savoir rétablir les équilibres

---

[26] La régulation est ici une donnée qui permet d'assembler différents éléments autonomes. C'est donc un principe agissant à même de former des systèmes entre divers éléments et les y maintenir.

[27] La régulation a reçu plusieurs définitions selon Gérard PEKASSA NDAM, « la régulation étant la tâche qui consiste entre les droits et les obligations de chacun, le type d'équilibre voulu par la loi… ». Pour Claude MOMO, la régulation est « l'action de mécanisme correcteur qui maintien un système en existence », selon Marie-Anne FRISON-ROCHE, la régulation est le moyen dynamique de maintenir les grands équilibre d'un secteur. Voir respectivement Gérard PEKASSA NGAM, « Les établissements administratifs indépendants : une innovation fondamentale du droit public camerounais ». RASJ, vol.2, n°1, 2001, Pp. 153-178. Claude MOMO, « Régulation économique au Cameroun », Revue de la recherche Juridique, PUAM, n°118, 2007, Pp. 965-998. Marie-Anne FRISON-ROCHE, « Les différentes définitions de la régulation », petites affiches, 10 juillet 1998.

[28] La conception formelle de la régulation vient des travaux d'auteurs anglosaxons, et relayés dans l'espace francophone par certains auteurs à l'instar de Jean-Bernard AUBY. Voir à cet effet : Robert BALDWIN, Colin SCOTT, Christopher HOOD (ed), *A Reader on Regulation,* Oxfort University Press, 1998, 536 Pages. Jean-Bernard AUBY, « Régulation en droit administratif », mel, étude en l'honneur de TIMSIT Gérard, Bruxelles, 2004, Pp. 209-254

[29] L'expression empruntée à Georges SELLES renvoie à toutes les données qui transcendent le cadre étatique pour atteindre le l'international régional (le communautaire) ou l'international universel.

[30] Cette conception a été développée et mise en exergue par Marie-Anne FRISON-ROCHE dans sa recherche d'une définition de la régulation économique.

d'un système donné[31]. Aussi, la régulation y est-elle définie comme le « moyen dynamique de maintenir les grands équilibres d'un secteur (en l'occurrence économique) qui ne peuvent advenir par les seules forces du marché[32] »

La première conception conduit à une définition holiste de la régulation, si englobante et si diffuse qu'elle finit par ne plus pouvoir s'insérer dans le trinôme. La seconde conception conduit à une définition fragmentaire de la régulation qui n'est admise que pour la régulation sectorielle économique, gagnant [pour ainsi dire] en spécificité ce qu'elle perd en pertinence plurisectorielle et même sociétale[33]. Elle est donc si sectoriellement marquée qu'elle finit par ne point pouvoir s'insérer dans le trinôme. Toutefois, lorsque les conceptions formelle et sectorielle de la régulation sont substituées par sa conception *jus naturaliste* selon laquelle celle-ci est un principe naturel d'harmonisation et d'équilibre des sécularités, la régulation s'insère bien dans le trinôme.

Ainsi située du point de vue sémantique et contextuel, la présente analyse est construite sur le problème de l'état des interactions entre le droit, le pouvoir et la politique dans un trinôme enrichi d'une nouvelle donnée : la régulation. Dès lors, une question semble assez structurante pour l'analyse : par sa présence au sein du trinôme droit-pouvoir-politique, la régulation modifie-t-elle l'état des interactions qui s'y opèrent ?

Cette question d'intérêt éminemment pratique est nécessairement théorique parce que d'une part elle met en exergue les impacts du changement de paradigme étatique survenu en [à peine] un quart de siècle sur le système organisationnel le plus abouti des États membres de la CEMAC et de l'UEMOA depuis leurs indépendances ; et d'autre part, elle révèle la nouvelle perception des interactions entre droit, pouvoir et politique sous le prisme régulationniste. Par ailleurs, cette question est sous-tendue par de nombreux enjeux : le premier consistant à déceler les

---

31 Voir Marie-Anne FRISON-ROCHE, « Définition du droit de la régulation économique », in Marie-Anne FRISON-ROCHE (dir), les régulations économiques, légitimité et efficacité, Paris, Dalloz, 2004, Pp.12 et Ss.

32 Ibid

33 D'un point de vue global, c'est-a-dire à l'échelle de la société entière, une définition fragmentaire de la régulation, parce que spécifique à un secteur d'une sphère de la société, ne saurait intégrer les réalités ni de toute la sphère, ni de la société. Ce qui la rend impertinente à cette échelle.

mutations des interactions au sein du trinôme. Le second visant à dégager les enseignements sous-jacents à la perception régulationniste des interactions dans le trinôme. Et à partir des deux, construire une grille et des critères d'analyse des interactions droit-pouvoir-politique dans le contexte d'État régulateur.

Pour répondre à la question sus posée, il est possible de soutenir que, saisissant le trinôme droit-pouvoir-politique, la régulation y interférerait. Pour vérifier cette hypothèse, cette réflexion est située au confluent des approches constitutionnaliste et régulationniste. Par ailleurs, elle est faite suivant le raisonnement analytique [libellé oblige] à travers les méthodes exégétique[34], comparative[35] et empirique. Et par application de cette dernière, lorsqu'on observe les réactions réciproques entre le droit, le pouvoir et la politique en corrélation avec le modèle d'État régulateur dans les espaces CEMAC et UEMOA, il apparait que la régulation participe de la redécouverte d'interactions qui y ont cours (I) et de la découverte d'interactions (II) nouvelles.

I. Des interactions redécouvertes

La découverte de la régulation[36] et tout particulièrement de son rôle majeur au sein et vis-à-vis du trinôme droit-pouvoir-politique [où il était présumé soit inexistant, soit négligeable], a entrainé la redécouverte des interactions qui y ont cours sous un nouveau pavillon. Si l'on observe donc une certaine continuité des interactions entre le droit, le pouvoir et

---

[34] Il s'agit dans le cadre précis de cette analyse, de l'exégèse scholastique afin de pouvoir questionner voire discuter certaines dispositions et certaines positions doctrinales.

[35] Le champ géographique de l'analyse ainsi que les besoins de raisonnement analogique obligeant le recours à la méthode comparative.

[36] La découverte de la régulation entend que donnée des sciences sociales au XIXème siècle, et son entrée dans l'univers juridique au XXème siècle s'est faite de façon à ce que les mutations qu'elle causerait se fasse de manière progressive dans un univers où le conservatisme juridique n'est pas toujours mal perçu comme l'a montré le Doyen RIPERT dans *Les forces créatrices du droit.* Sur l'origine de la régulation, voir : Jean-Marie PONTIER (dir), *Synthèse du rapport public sur les autorités administratives indépendantes,* Office Parlementaire d'Evaluation de la Législation (OPEL), t. II, Annexes documents d'information de l'Assemblée Nationale, et les rapports du SENAT, n°3166-404, 15 juin 2006, Pp. 22 et Ss… Elisabeth ZOLLER, « Les Agences fédérales américaines, la régulation et la démocratie », in droit administratif comparé et étranger, RFDA, 2004, Pp.1757-1771.

la politique, en revanche, celles-ci s'avèrent désormais faites d'actions (A) et de réactions (B) régulatoires des uns à l'égard des autres.

A. Les actions régulatrices du droit dans le trinôme

A l'observation de l'organisation des sociétés étatiques dans les zones CEMAC et UEMOA sous le prisme régulationniste et phénoménologique, le droit ne fait pas que réguler la société. Il exerce aussi une action régulatrice sur le pouvoir (1) et la politique (2).

1. L'action régulatrice du droit sur le pouvoir

Jusqu'ici, les réflexions sur les rapports entre le droit et le pouvoir se sont construites essentiellement sur la recherche de la cause du consentement du peuple à l'asservissement et au pouvoir tyrannique. Cette approche de la philosophie du droit se résume à la question (sans doute philosophique) de la cause du pacte de gouvernement[37]. Du point de vue essentiellement juridique, les réflexions en la matière se sont construites depuis les travaux d'Aristote[38], John Locke[39] et Montesquieu[40], sur l'idée de rejet du pouvoir absolu. Celui-ci conduisant logiquement à la tyrannie ou au totalitarisme : cette approche se résume à la question de limitation du pouvoir.

---

[37] Le pacte de gouvernement, contrairement au pacte d'association (les deux mis en exergue par Thomas HOBBES), repose sur l'idée que la vie en société n'est possible que s'il existe un pouvoir suffisamment fort pour s'imposer aux individus et arbitrer leurs différends, et suffisamment indépendant pour n'être soumis à aucun autre pouvoir. Dans ce sens, le pouvoir souverain ne l'est qu'en vertu d'un contrat passé par les sujets humains pour créer, par transfert de leurs pouvoirs personnels à un homme, un pouvoir supra personnel qui les protège tous. Voir à cet effet, Thomas HOBBES, *Léviathan ou Matière, Forme et Puissance de l'Etat Chrétien Civil,* Londres, Andrew CREOKE (ed)°, 1651, 445 Pages, document pdf Léviathan-Faculty of Social Sciences Mc Master University.

[38] Nombre d'auteurs attribuent à Aristote l'intuition originelle sur la séparation des pouvoirs. Dans sa séparation des pouvoirs, Aristote distinguait trois fonctions : la fonction de délibérer, la fonction de commander et la fonction de juger. Voir entre autres : Philippe ARDANT, Mathieu BERTRAND, *Droit constitutionnel et institutions politiques*, Paris, LGDJ, Manuel, 30ième édition, 2018/2019, 618 Pages.

[39]Voir John LOCKE, *Traité du gouvernement civil*, traduction française de David MUZEL en 1975, partir de la 5ème édition de Londres publiée en 1728, 144Pages.

[40] Montesquieu, *De l'Esprit des lois*, Première partie, livre I à VIII, Genève, barillot, 1748, 144 Pages.

Désormais avec le changement de modèle d'État, s'opère un changement fondamental de perception du rapport droit-pouvoir pour devenir un rapport fondamentalement régulatoire du premier sur le second. L'action régulatrice du droit sur le pouvoir touche deux aspects du pouvoir : son organisation et fonctionnement d'une part, et son exercice d'autre part.

Sur le premier aspect, quelle que soit la loi fondamentale choisie au sein des États de l'UEMOA[41] ou de la CEMAC[42], le constat est le même : le droit agit sur le pouvoir pour l'organiser juridiquement et soumettre son fonctionnement, au respect des règles de fond, de procédure et de forme[43]. Certes, le droit a été longtemps regardé comme le moyen d'encadrement du pouvoir[44], mais la réalité des constitutions « taillées sur mesure [45]», révèle que le droit vise d'avantage à rendre le fonctionnement du pouvoir plus fluide, de façon à prévenir les crises institutionnelles au sommet de l'État. La régulation préventive est pour ainsi dire, le *leitmotiv* de l'organisation juridique et du fonctionnement normé du pouvoir. C'est également cette fonction de régulation préventive qui fonde le pouvoir du juge constitutionnel à rejeter tout texte[46] qui attenterait au fonctionnement fluide des pouvoirs fut-il d'origine international.

---

41 Voir la constitution de la VIIème République du Niger, adoptée par référendum le 31 octobre 2010 ;

42 Voir loi constitutionnelle camerounaise n°96/06 du 18 janvier 1996 portant révision de la constitution du 02 juin 1972, modifiée et complétée par la loi n°2008/001 du 14 avril 2008.

43 L'ensemble de ces dispositions auxquels s'ajoutent d'autres dispositions constitutionnelles participent de ce qu'il convient d'appeler droit constitutionnel processuel.

44 Cela serait et demeurerait vrai tant il est juste de considérer les sociétés actuelles comme étant des sociétés juridiquement organisées. Toutefois, lorsqu'on se situe dans une approche régulationniste, l'objectif d'encadrement s'efface devant celui de régulation de telle sorte que le droit ne fait pas qu'encadrer le pouvoir, il le régule.

45 L'expression « constitution taillée sur mesure » prend d'avantage l'allure d'une contestation de constitution révisée aux seules fins fondamentales de garantir le droit au chef de l'exécutif de briguer autant de fois la magistrature suprême ou de lui octroyer d'importants pouvoirs qu'il n'en aurait autrement. Cette conception en construction cristallise les controverses tout autant qu'il divise la doctrine constitutionnaliste.

46 Le juge constitutionnel exerçant sa fonction de régulation-préventive, saisi tout texte qui attenterait au fonctionnement fluide des différents pouvoirs de l'État, comme de potentielles causes de dysfonctionnement. Cependant, l'observation du travail du juge

Sur l'aspect de l'exercice du pouvoir, il convient de rappeler que le rejet de tout pouvoir absolu est désormais acté[47] et constitue le socle des démocraties en construction en Afrique Centrale et de l'Ouest. En revanche, la question de la limitation (et précisément du degré de limitation) du pouvoir y est encore controversée[48] et source de contestations démocratiques[49]. Dès lors, la régulation y serait le palliatif. Elle permet dans ces régions d'Afrique, de substituer à la question de la limitation du pouvoir, celle de la régulation.

La différence semble tenue, mais elle est en réalité très importante ! Et pour cause, avec la flexibilité qui lui est intrinsèque, la régulation supposera logiquement, un savant dosage entre au moins deux données : le pouvoir et le panel d'impératifs constitutionnels[50]. C'est dire que le droit ne viendrait pas limiter l'exercice du pouvoir, mais viendrait plutôt

---

constitutionnel révèle qu'échappent à ce pouvoir du juge constitutionnel les lois constitutionnelles issues des pouvoirs constituant originaire ou dérivé.

[47] Voir très précisément et de façon illustrative pour les zones UEMOA et CEMAC, l'avant dernier paragraphe du préambule de la constitution de la VIIème République du Niger : « réaffirmons notre opposition absolue à tout régime politique fondé sur la dictature, l'arbitraire, l'impunité, l'injustice, la corruption, la concussion, le régionalisme, l'ethnocentrisme, le népotisme et le culte de la personnalité »

[48] Un des terrains les plus significatifs de cette controverse concerne la question de la limitation du nombre de mandats présidentiels. Voir entre autres : YEBEGA Germain-Hervé, NDONGO Régine, « Déconstitutionnalisation de la limitation des mandats présidentiels en Afrique », Allégorie du droit et coup d'État permanent, in le « Jour », n°2070 du 27 novembre 2015, P.7. Collectif de Solidarité avec les Luttes Sociales et Politiques en Afrique, « Burkina Faso: Limitation du nombre de mandats présidentiels aucune exception n'est plus acceptable », www.ensemble-fdg.org, consulté le 10 juillet 2020, à 11h11. Augustin LOADA, « La limitation du nombre de mandats présidentiels en Afrique francophone », Afrilex, Revue électronique, n°03/2003, Pp. 139-174.

[49] Les manifestations contre le pouvoir au Togo, au Niger, au Tchad, au Cameroun, au Gabon, en Guinée, en Côte d'ivoire de ces dix dernières années témoignent des contestations démocratiques du pouvoir et qui, quelque fois, aboutissent aux coups d'État.

[50] Ce panel est constitué de l'ensemble des droits de l'Homme, notamment la liberté d'expression, droit à la vie, à la liberté d'aller et venir, les droits politiques et les droits économiques….. tous constitutifs des droits de l'Homme de toutes générations, voir : Ludovic HENNEBEL, « Typologies et hiérarchies des droits de l'Homme », Annuaire internationale de justice constitutionnelle, 2011, Pp.423-435 ; Jean RIVERO, Hugues MOUTOUH, *Libertés Publiques*, Paris, Puff, coll. « thémis », tome 1, 9ème édition.2003, 271 Pages ; Stéphanie HENNETTE VAUCHEZ, Diane ROMAN, *Droits de l'Homme et libertés fondamentales*, Paris, Dalloz-Sirey, coll « Hyper cours », 4ième édition 2020, 774 Pages.

réguler l'exercice du pouvoir. Ce droit qui est imprégné de flexibilité devient un flexible droit[51], et régulera l'exercice du pouvoir en fonction de l'impératif constitutionnel en face. Ainsi, la régulation de l'exercice du pouvoir de préservation de l'ordre public face à l'exercice des libertés publiques à l'instar de la liberté de manifester où l'exercice du droit de grève conduira à l'encadrement policier des manifestants et autres grévistes de façon à éviter la destruction des biens publics ou privés. De même, la régulation de l'exercice du pouvoir de disposer des ressources naturelles des sols et sous-sols face à l'impératif de préservation de l'environnement, conduira à une exploitation rationnelle normée des ressources naturelles.

La régulation de l'exercice du pouvoir par le droit, semble encore mieux fonctionner là où prévalait la limitation du pouvoir par le droit. Celle-ci conduit à l'impuissance[52] de la puissance de l'État, là où celle-là conduit à la modulation graduelle de la puissance publique. Le champ le plus illustratif de l'importance de l'action régulatoire du droit sur l'exercice du pouvoir concerne la préservation de l'intégrité du territoire et de la sécurité des personnes et des biens. A l'heure où les zones CEMAC et UEMOA sont confrontées à des attaques terroristes[53] ; au moment où, le Cameroun[54] et le Mali[55] sont menacés par des

---

[51] Voir à cet effet : Jean CARBONNIER, *Flexible Droit*, pour une Sociologie de droit sans rigueur, Paris, LGDJ, 10ième édition, rééd. 2001, 493 Pages.

[52] Voir à cet effet, *mutatis mutandis* : Bertrand BADIE, *L'impuissance de la puissance*, Essai sur les nouvelles relations internationales, Fayard, 2004, 298 Pages.

[53] Il s'agit précisément des attaques de BOKO HARAM au Cameroun, au Tchad, au Niger et au Nigéria, et qui est considéré par ces États et par l'ONU comme une organisation terroriste, laquelle a prêté allégeance au groupe État Islamique. Il s'agit également des attaques du groupe Al Qaïda au Maghreb islamique au Niger, Mali, Mauritanie, Algérie, Burkina Faso, Côte d'Ivoire, Libye, lequel est considéré par ces États, l'ONU, Etats-Unis Russie, Australie comme organisation terroriste.

[54] Depuis 2016, le Cameroun connaît une importante crise de sécession ayant entraîné de nombreuses migrations internes voire externes des populations de cette partie du pays à la suite de la déclaration d'indépendance de l'Ambazonie par des sécessionnistes. Ces revendications sécessionnistes ont conduit à une crise humanitaire majeure jamais connue par l'État du Cameroun depuis son indépendance, crise qui a récemment été qualifiée de crise humanitaire « la plus négligée au monde ». Voir la déclaration du directeur régional pour l'Afrique de l'Est et le Yémen du conseil norvégien pour les réfugiés, conférence de presse, Nairobi, 07juin 2017 ; International Crisis Group, Cameroun : la crise anglophone à la croisée des chemins, Rapport Afrique n°250, Août 2017, 43 Pages.

[55] Le Mali a été plongé dans une violente crise de sécession à la suite de la déclaration d'indépendance de l'AZAWAD par le Mouvement National de Libération de l'Azawad

mouvements sécessionnistes, la limitation du pouvoir par le droit conduirait à affaiblir un État face aux forces ayant des replis endogènes et exogènes ; tandis que la régulation de l'exercice du pouvoir conduit à l'exercice proportionné des moyens de puissance de l'État aux fins de défense de l'intégrité du territoire, et de restauration de la sécurité intérieure.

Dans cette perspective, l'action régulatoire du droit sur le pouvoir met en exergue le juge. Lequel est érigé en régulateur du pouvoir. Deux juges sont particulièrement concernés : il s'agit du juge constitutionnel dont le rôle déjà important[56] est appelé à s'accroître au fur et à mesure que se complexifie la recherche du savant dosage entre exercice du pouvoir et respect des dispositions constitutionnelles. Il s'agit ensuite du juge des droits de l'Homme interne[57] et communautaire[58] désormais régulateur de l'exercice du pouvoir face à l'exercice des libertés publiques avec toutes les complexités y relatives.

(MNLA) en 2012. Cet épisode qui a pris fin le 14 février 2013, rappelle la tension croissante qui prévaut dans le Nord-Mali entre les forces étatiques et les forces locales contestant l'autorité de l'État dans cette partie du pays voir à cet effet : Hawa COULIBALY et Stéphanie LIMA, « Crise de l'État du Mali », Echogéographie ; 2013, https//doi.org//10.4000/echogéo, 13374, consulté le 23 juillet 2020, à 14H 39 ; Voir également : Déclaration de l'indépendance de l'État de l'AZAWAD du 06 avril 2012, faite à Gao par le Secrétaire Général-MNLA, www.afrik.com.consulté le 23 juillet 2020 à 14H57.

[56] Le juge constitutionnel en zone CEMAC et UEMOA est non seulement juge de constitutionnalité mais aussi juge électoral ; ce qui densifie ses pouvoirs. Voir à cet effet : Yaya NIANG, « Les fonctions du juge constitutionnel africain en matière électorale », Revue Afrilex, 2017, www.Afrilex.fr.consulté le 23 juillet 2020 à 15H45, 56 Pages. ACCPUF, Photographie des compétences électorales des cours constitutionnelles francophones, Bulletin n°5, mai 2005, 36 Pages. Palouki MASSINA, « Le juge constitutionnel africain francophone : entre politique et droit », Revue française de droit constitutionnel, 2017/3, n°111, Pp.641-670 ; Mohamadou Moustapha AÏDARA, « Le juge constitutionnel africain et le Contrôle des lois portant révision de la constitution : Contribution à un débat », Afrilex, 2011, www.Afrilex.fr. consulté le 23juillet 2020 à15H48 ;

[57] Il s'agit précisément du juge constitutionnel, garant du contrôle de constitutionalité c'est-à-dire de la soumission des lois et autres conventions aux droits et libertés fondamentaux consacrés par la constitution, et du juge répressif national.

[58] Voir le protocole sur le statut de la Cour africaine de justice et des droits de l'Homme, adopté le 1ier juillet 2008, et signé entièrement en Mai 2020.

2. L'action régulatrice du droit sur la politique

Jusqu'alors, l'action du droit sur la politique était essentiellement normatrice. L'avènement du modèle régulatoire a entraîné une évolution de l'action du droit sur la politique. Cette évolution repose sur la perception régulationniste de la politique, et par conséquent, la façon dont la régulation la saisit : Au lieu d'activité, celle-ci est désormais perçue et saisie non seulement comme un processus d'expression d'un type précis de droits et libertés fondamentaux et de mise en œuvre d'intérêts supérieurs[59] ; mais aussi comme des processus de gestion des affaires publiques[60] et de conquête concurrentielle du pouvoir[61].

Dès lors, le droit n'agit plus seulement par dispositions normatives sur la politique, lesquelles sont constitutives de la régulation juridique-préventive. Il agit aussi par dispositions correctives de dysfonctionnements des différents processus sus évoqués. Dans cette perspective, le droit prévoit des solutions tantôt précises tantôt vagues. Dans le premier cas, il s'agit de l'ensemble des recettes codifiées pour corriger les dysfonctionnements survenus dans le processus de gestion des affaires publiques notamment l'intelligence avec l'étranger contre la sureté de l'État ; ou en cas de détournement des moyens de l'État. Dans le second cas, ce qui pourrait être considéré comme une défaillance du droit[62], est en réalité la reconnaissance du rôle du juge et par conséquent de la jurisprudence. Et pour cause, face à la complexité des dysfonctionnements et à leurs spécificités respectives, le juge apparait comme mieux à même d'apprécier l'application du droit par rapport au législateur ; de telle sorte que la jurisprudence s'avère être un corpus

[59] La notion d'intérêt supérieur a une origine en droit interne où l'intérêt supérieur de l'Etat est non-seulement une notion consacrée, mais en plus il renvoie à des réalités tangibles telles la sûreté de l'état, l'intégrité territoriale de l'état. Il convient cependant de noter que l'intérêt supérieur gagne le cadre communautaire d'où la notion consacrée d'intérêt supérieur de la communauté. Voir à cet effet : le traité instituant la CEMAC, à son article 17. Et le traité révisé de la CEMAC, article 32.

[60] Cf. Supra.

[61] La politique renvoie à l'ensemble d'activités légales de conquête démocratique du pouvoir. Elle est donc réduite aux activités pré-électorales, électorales et post-électorales. Il est toutefois de l'étendre aux activités pré- référendaires, référendaires et post-référendaires. Les unes et les autres faisant appel à la concurrence des idées et idéologies, les risques de dysfonctionnement sont bien réels et [très souvent] se réalisent.

[62] Voir Anne-Marie HO DINH, « le « vide juridique » et le « besoin de loi » pour un recours à l'hypothèse du non-droit », in l'année sociologique, 2007, Pp. 419-453.

normatif constitutif du droit casuel et adapté aux complexités et spécificités sus évoquées. Le droit agit par ailleurs au moyen de dispositions équilibristes. Pour ce faire, il saisit notamment le processus de conquête du pouvoir pour en faire un processus concurrentiel égalitaire entre des concurrents pas toujours logés sous la même enseigne. Sous la perspective d'équilibre des processus, le droit s'attaque aux dysfonctionnements dus à la rupture d'égalité ; et s'attèle à le rétablir. C'est dire que dans la perspective corrective, le droit fait la part belle à l'intervention du juge et aux mesures jurisprudentielles.

Dans l'immédiatement perceptible, la manifestation de l'action régulatrice du droit ~~à~~ sur la politique est la régulation juridique de la politique au sens de *politike*[63]. Les lois portant code électoral, les dispositions constitutionnelles relatives à l'élection du Président de la République et des parlementaires en sont les traductions. Dans cette action, le juge a une place et un rôle déterminants voire essentiels. Et pour cause, il apparaît comme le régulateur de la politique. Il s'agit précisément du juge constitutionnel en ses qualités de juge de l'élection présidentielle et juge des élections parlementaires[64]. Il s'agit aussi du juge administratif en sa qualité de juge d'élections municipales et régionales dans certains États[65].

Face aux actions régulatrices répétées du droit au sein du trinôme, le pouvoir et la politique réagissent, créant par leurs réactions des interactions qui les rendent si dynamiques.

B. RÉACTIONS RÉGULATRICES DU POUVOIR ET DE LA POLITIQUE

A l'observation [d'entités étatiques et supra étatiques d'Afrique centrale et occidentale] des rapports entre le droit, le pouvoir et la politique, un constat est possible : ces derniers ne sont ni passifs ni

---

63 Cf. Supra

64 Le juge constitutionnel [aussi bien en zone CEMAC qu'en zone UEMOA] est le juge principal des élections, parce que compétent pour les élections nationales (présidentielle, sénatoriales et députations). Voir à cet effet : Yaya NIANG, « Les fonctions du juge constitutionnel africain en matière électorale », *Op. Cit.*

65 C'est notamment le cas au Cameroun, au Gabon, en République centrafricaine...en zone CEMAC. Le Sénégal, le Mali, le Bénin, le Niger...en zone UEMOA.

neutres. Leurs réactions régulatrices sont orientées vers le droit (1) mais aussi vers l'un et l'autre (2)

1. Les réactions régulatrices sur le droit

Le pouvoir comme la politique exercent à leurs tours des actions régulatrices sur le droit.

L'action régulatrice du pouvoir sur le droit peut s'analyser à partir de deux importants travaux : Le premier est celui de Raymond CARRE DE MALBERG, tandis que le second est celui de Georges RIPERT. Dans sa confrontation de la théorie de la formation du droit par degré avec les idées et les institutions consacrées par le droit positif français relativement à sa formation[66], l'auteur part de la reconnaissance de l'évidence du socle idéel de la théorie kelsénienne, à la contestation de celle-ci ; pour déboucher sur une conclusion qu'il a jugé non nécessaire de formuler (peut-être parce qu'était-ce une évidence pour lui) : Raymond CARRE DE MALBERG a reconnu la double fonction de génération et de régulation des normes supérieures sur les normes inférieures[67]. Cependant, il a contesté que l'autorité de la règle de droit réside dans la règle de droit supérieure[68]. Démontrant que dans le droit positif, l'autorité de la règle de droit est tributaire de la place de l'autorité édictrice de cette règle dans la pyramide des organes de l'État[69], c'est-à-dire dans la gradation des fonctions étatiques.

La conclusion étant que c'est l'autorité édictrice de la règle de droit supérieure qui régule la production des règles de droit inférieures.

Georges RIPERT quant à lui, analysant les forces créatrices du droit[70], remarque que cette création du droit s'opère au moyen de modifications aux fins de compléter ou de retrancher des règles, d'extinction de textes de droit par leur abrogation, retrait ou annulation ; et enfin au moyen d'adoption de nouveaux textes de droit, de nouvelles règles de droit.

---

[66] Raymond CARRE de MALBERG, *Confrontation de la théorie de la formation du droit par dégré avec les idées et les institutions consacrées par le droit positif français relativement à sa formation*, Paris, SIREY, 5ième éd. 1993, 174 Pages.

[67] Ibid.

[68] Ibid.

[69] Ibid.

[70] Georges RIPERT, *Les forces créatrices du droit*, Paris, 2ième éd. LGDJ, reprint LGDJ, 1998, 431 P.

Il en conclut que « le positivisme juridique présente le droit comme une création du pouvoir politique[71] ».

Mise en corrélation avec la conclusion de Raymond CARRE DE MALBERG, il s'en déduit que le pouvoir politique créé le droit et en assure la régulation.

Ainsi, s'en trouvent combiner dans l'action de régulation du droit, les pouvoirs exécutif et législatif entendus comme pouvoirs politiques ; et désormais le pouvoir judiciaire au regard de ses pouvoirs de création et régulation du droit.

Concrètement, le pouvoir exécutif dans les États des deux zones, par sa compétence à initier les lois et à prendre des mesures règlementaires, le pouvoir législatif par sa compétence à faire les lois, et le pouvoir judiciaire par sa compétence prétorienne régulent le droit en créant, modifiant, ou éteignant certaines règles de droit afin d'adapter le droit à l'évolution de la société ou de l'arrimer aux mutations légères ou profondes [mais somme toutes] décisives.

Les modifications, extinctions et créations sont [pour ainsi dire] autant de modalités régulatoires et notamment de la régulation-corrective[72] par lesquelles le pouvoir agit sur le droit pour en faire un moyen non pas statique, mais dynamique ; afin qu'il s'adapte la société elle-même dynamique : D'où l'aspect instrumental[73] du droit.

L'action régulatoire de la politique sur le droit est fort peu perceptible, notamment au sein d'une communauté de théoriciens, d'Hommes politiques et de citoyens qui préfèrent considérer la politique comme une donnée regulée[74].

Mais, perception générale n'est pas forcément vérité scientifique ! Et pour cause, à l'observation, la politique a une action régulatoire indéniable sur le droit. Elle n'est donc pas [comme souhaité par certains]

---

[71] Ibid.

[72] Cf. Supra.

[73] Cet aspect instrumental est mis en exergue par l'emprise du pouvoir et des droits de l'Homme sur le droiten vigueur. En effet, le droit est au service du pouvoir et au service de la garantie des droits et libertés fondamentaux. Voir Infra.

[74] Cette préférence est fondamentalement marquée par des logiques doctrinales, des considérations politico-politiciennes et par une forte croyance citoyenne ce qui n'est qu'un idéal.

une donnée passive. Elle est agissante et réagissante sur le droit, et par conséquent interagissante avec celui-ci.

Cette perception de la politique en tant que donnée régulatoire du droit, a été mise en exergue par Georges RIPERT[75]. En se situant dans son approche conflictualiste d'analyse du passage de la règle de l'état d'objectivation à l'état positif, il est fort aise de constater comme l'auteur que la formation de la règle de droit donne lieu à une lutte âpre[76]. En approfondissant[77], il apparait que la lutte pour la création du droit repose sur un enjeu essentiel : l'orientation de la régulation de la conduite des Hommes et de la marche des institutions. C'est pour ainsi dire, la lutte pour l'orientation de la politique législative, et par conséquent, l'élaboration et l'adoption de certains textes de droits.

L'action régulatoire de la politique sur le droit est donc perceptible en amont de celui-ci, c'est-à-dire, au niveau de l'orientation de la politique législative et au niveau de l'élaboration et de l'adoption de la règle de droit, les vecteurs de cette action sont l'idéologie politique de ceux qui définissent la politique législative, et les coalitions parlementaires et/ou gouvernementales qui se font et se défont au gré des circonstances justifiant les orientations et réorientations des politique législatives.

A l'analyse, l'action régulatrice de la politique sur le droit repose sur la triptyque construction-déconstruction-reconstruction du droit. Cette triptyque est la même *mutatis mutandis* que la triptyque Équilibre-Déséquilibre-Rééquilibre[78] au cœur de la marche des Hommes et des Institutions traduisant le phénomène le plus naturel et le plus intrinsèque de la régulation. Et pour cause, la phase de construction comme celle d'équilibre est marquée par des mesures de régulation-constructive. La

---

[75] Voir : Georges RIPERT, *Les forces créatrices du droit,* LGDJ, 2ème éd. 1955, Parution 1994, 431 Pages. *Op. Cit.*

[76] Cette lutte oppose logiquement majorité et opposition au sein des assemblées parlementaires ; elle y oppose de plus en plus les lobbies et groupes de pression poursuivant

[77] Cet approfondissement commande d'adosser l'approche conflictualiste à l'approche finaliste pour comprendre le pourquoi de la lutte pour la création du droit.

[78] A l'observation, du mouvement de déplacement de l'Homme d'un point A à un point B, ce mouvement repose sur un système de forces de nature différente conduisant à un équilibre, déséquilibre et rééquilibre. De telle sorte que la régulation consiste à un phénomène de retour permanent à un fonctionnement régulier d'un système dynamique. Voir à cet effet : Claude CHAMPEAU, « Régulation et droit économique », RIDE, 2002, tome XVI, 1, Pp. 23-66.

phase de déconstruction, comme celle de déséquilibre est l'empire des mesures de régulation corrective. La phase de reconstruction, comme celle de rééquilibre, est sous l'égide des mesures nouvelles de régulation-constructive.

La politique agit donc sur le droit aux fins de régulation de celui-ci par des mesures constructives, déconstructives et reconstructives en fonction de l'idéologie politique dominante ou de coalition parlementaire majoritaire à un moment donné.

2. Réactions régulatrices réciproques

Le pouvoir et la politique ont une interconnectivité si forte qu'ensemble ils forment un concept nouveau[79]. L'on oublierait presque qu'il s'agit de deux concepts originellement distincts devenus interagissants au regard de l'évolution des sociétés humaines. Et c'est pourtant à partir de ces conceptions originelles qu'il est possible d'analyser les actions régulatrices réciproques entre l'un et l'autre.

A propos de l'action régulatrice de la politique sur le pouvoir, elle met en exergue un concept important mais plurivoque : l'action politique. Contrairement à Patrice CANIVEZ qui le définit en substance comme l'exercice du pouvoir à la résolution des problèmes par la discussion[80], ce concept est simplement ; mais pertinemment[81] saisi ici comme l'action de la politique et du pouvoir. C'est-à-dire, les activités qui sont l'expression du jeu politique dans une entité étatique, communautaire ou supra communautaire.

Dès lors, la politique agit sur le pouvoir à au moins deux niveaux. Le premier est l'animation du pouvoir. A l'observation du processus par lequel le pouvoir est vivifié, la politique y agit en aval pour réguler sa composition au gré des opinions politiques majoritaires à la suite, de

---

[79] Il s'agit du pouvoir politique entendu comme type précis de pouvoir qu'une personne ou un groupe de personnes exerce dans la société e vertu de la loi fondamentale. S'il est en réalité relativement ancien au regard de l'organisation politique des sociétés humaines. Il reste néanmoins que c'est un concept postérieur aux concepts de pouvoir et de politique.

[80] Voir CANIVEZ Patrice, Qu'est-ce que l'action politique ? VRIN, coll. « Chemins philosophiques », 2013 128 Pages.

[81] Cette définition est la mieux à même de rendre compte et de saisir la politique comme une donnée agissante, réagissante et par et (par conséquent), interagissante avec le pouvoir.

consultations électorales ou référendaires ou à la suite de contestations populaires de grande envergure. Les alternances politiques, les changements de majorité parlementaires ainsi que les gouvernements d'union nationale ou de réconciliation nationale en sont respectivement à l'un ou à l'autre cas, des manifestations visibles de l'action régulatrice de la politique sur la composition du pouvoir. La politique agit également en amont du processus d'animation du pouvoir en régulant l'accès des Hommes à la sphère de celui-ci. Et pour cause, la professionnalisation de la vie politique, conduit la politique à exercer désormais une action sélective des Hommes appelés à incarner le pouvoir. Le renouvellement des dirigeants est la manifestation visible de cette régulation des accès[82] au monde du pouvoir.

Le second niveau d'action régulatrice [et non le moindre] de la politique sur le pouvoir, concerne la gestion par celui-ci des affaires publiques. C'est l'aspect le plus manifeste de l'action régulatrice sur le pouvoir, car il met en exergue la fonction de direction de la politique sur la gestion des affaires publiques par le pouvoir ; laquelle est fondamentalement et intrinsèquement une des compétences de régulation. La politique régule l'orientation de la gestion des affaires publiques au gré de l'opinion politique majoritaire. Et inversement, la gestion des affaires publiques fluctue au gré des changements politiques.

A l'observation des pratiques politiques et du pouvoir au sein des sous-régions UEMOA et CEMAC, l'action de la politique sur le pouvoir est diversement significative d'un État à un autre selon que le jeu politique est ouvert ou fermé[83].

Concernant l'action régulatrice du pouvoir sur la politique, c'est un aspect des interactions au sein du trinôme où se mêlent et s'entremêlent

---

[82] Jadis, la régulation des accès ne s'appliquait qu'en matière économique et était destinée à garantir l'accès des tiers aux infrastructures de réseau. Aujourd'hui, la régulation des accès touche des domaines aussi divers que variés. Aussi, parle-t-on de la régulation des accès aux grandes écoles à la fonction publique…et à la sphère de pouvoir sur son domaine originel, voir : ARLETTAZ Jordane, « L'exigence d'impartialité dans la gestion d'infrastructure de réseau », JCP, A 2009, n° 2307 (1ière partie) et 2010 (2ième partie).

[83] L'ouverture du jeu politique en particulier et de la démocratie en général est un critère important d'appréciation du degré d'impact de l'action de la politique sur le pouvoir. Au regard des alternances politiques et du dynamisme des juges constitutionnel dans la consolidation du processus démocratiques, l'UEMOA a une certaine avance et une avance certaine sur la CEMAC.

pragmatisme et idéalisme, raison et passion. Et pour cause, l'action du pouvoir sur la politique est partout présente mais volontairement objet de négation car elle met la classe politique, les pouvoirs publics et les citoyens devant un cas de conscience : admettre que le pouvoir soit à la fois acteur et arbitre en politique[84]. Aussi, la construction de la démocratie en zone CEMAC comme dans l'UEMOA se fait-elle au prix de réduction de l'action régulatoire du pouvoir dans le jeu démocratique[85]. Ce qui a justifié entre autres, la création de régulateurs indépendants du processus électoral et référendaire dans les États membres de ces communautés.

En démêlant le rationnel et le passionnel, il apparaît que l'action régulatrice du pouvoir sur la politique se traduit par deux types d'action. Le premier est l'action régulatrice du pouvoir sur le jeu politique, il consiste aux actions d'initiation des textes de droit abrogeant, modifiant ou complétant le code électoral, notamment à travers le pouvoir d'initier les lois que la constitution reconnait au pouvoir. A bien, y observer, il s'avère que c'est une action régulatrice médiate du pouvoir sur la politique, car elle s'effectue par l'intermédiaire du droit. C'est-à-dire, un autre élément du trinôme. Le second type, est l'action du pouvoir dans le jeu politique. Il régule le déclenchement du processus électoral[86] avec les données macroéconomiques, de trésorerie publique, ou des urgences humanitaires et/ou sanitaire comme l'atteste, le contexte du Covid-19. Par ailleurs, il encadre le déroulement des manifestations politiques. A l'observation, il s'agit là d'actions régulatoires résiduelles que l'on ne saurait pragmatiquement ni retirer, ni contester au pouvoir sous peine de mettre en péril des exigences [somme toute] vitales et constitutionnellement consacrées telle que l'ordre public, la préservation des droits et libertés fondamentaux des non manifestants…

---

[84] Dans une perspective comparative, il est possible de que le pouvoir à travers le ministre de l'intérieur, organise une élection. Ce qui implique par conséquent que ce cas de conscience résulte objectivement de l'antagonisme entre les termes en présence d'une part ; et d'autre part elle résulte d'une quête sans fin d'un idéal jamais à l'abri de contestations : d'où les nombreux appels à réforme les régulateurs du jeu électoral.

[85] Les différents codes électoraux nigérien, camerounais, béninois… transfèrent les compétences d'organisation des consultations électorales et référendaires aux régulateurs indépendants

[86] Il s'agit notamment du pouvoir de convocation du corps électoral. Cette convocation pouvant se faire à date, de façon anticipée ou même après report de date.

II. Des interactions découvertes

La découverte de la régulation comme donnée inclusive du trinôme droit-pouvoir-politique, conduit à la découverte d'interactions nouvelles faites d'actions de la régulation sur le trinôme (A) et des réactions de celui-ci sur celle-là (B).

A. Les actions de la régulation sur le trinôme

Le modèle d'État régulateur, depuis peu rependu dans les États de la CEMAC et de l'UEMOA, ne fait pas que mettre la régulation au cœur de l'appareillage institutionnel et normatif. Il permet aussi à la régulation de l'équilibrer (1) et d'harmoniser ses externalités (2).

1. L'équilibrage interne du trinôme

Dans ces sous-régions de l'Afrique, l'État de droit est fragile et fragilisé ; l'ordre constitutionnel est régulièrement contesté et même remis en cause. Et pour cause, les atteintes aux droits de l'Homme persistent, les crises politiques et militaires y sont répétitives, et les attaques terroristes, récurrentes[87].

Il s'agit là de faits [somme toute] regrettables, mais qui d'un point de vue phénoménologique révèlent que le trinôme est constamment sous tension. Cette tension ébranle l'équilibre d'ensemble du trinôme. Inversement, ces faits révèlent que si le système droit-pouvoir-politique subsiste [plus de soixante ans après les indépendances des États africains], c'est sous l'action d'équilibre de la régulation au sein du trinôme.

L'équilibre régulatoire est assez difficile et fort complexe. Et pour cause, entre le droit et le pouvoir, entre le droit et la politique et le pouvoir et la politique, l'équilibre régulatoire diffère et par conséquent s'apprécie au cas par cas. Ainsi, le déséquilibre régulatoire entre droit et pouvoir en défaveur du droit conduit à la baisse du degré de coercition de la règle de

---

[87] Les attaques terroristes dans le sahel et dans la zone du lac Tchad du fait de groupes tels que Al Quaïda au Maghreb Islamique, Boko Haram… témoignent d'un cycle de violence dévastatrice jamais égalé depuis les années 80 dans les pays de cette zone.

droit. Et ce, au risque d'en faire une banale règle de conduite sociale[88]. Lorsque ce déséquilibre est en faveur du pouvoir, l'on observe une baisse significative de l'État de droit pouvant conduire [du point de vue de la séparation des pouvoirs] à un régime dictatorial[89]. Le déséquilibre entre droit et politique au profit du droit conduirait soit à la relativité ou à l'exclusion du rôle des politiques comme force créatrice de la règle de droit. Celle-ci devenant pour le coup la *lex dictatoria.* Inversement, un déséquilibre en faveur de la politique conduirait au relâchement de l'encadrement juridique de la conquête et de l'exercice du pouvoir ; ouvrant la voie et justifiant [par la même occasion] la conquête anti constitutionnelle du pouvoir[90]. Le déséquilibre régulatoire entre le pouvoir et la politique conduit à un lent renouvellement des politiques lorsqu'il est en faveur du pouvoir ; et à l'inverse, à une instabilité du pouvoir.

Il en ressort que sans cet équilibre, le droit sans pouvoir est un ensemble de simples règles de conduite. Le pouvoir sans le droit est dictature. La politique sans le droit est la conquête et l'exercice anarchique du pouvoir. Celui-ci sans la politique est une banale autorité personnelle. La politique sans pouvoir est un jeu sans enjeux. Vu la diversité des effets du déséquilibre régulatoire, l'équilibre régulatoire a donc pour ainsi dire plusieurs déclinaisons.

L'équilibre régulatoire global du trinôme est tout aussi complexe. En se basant sur la perspective développée par Laurence BOY, cet équilibre est tel qu'il peut s'accommoder de déséquilibre sectoriel éphémère mais presque immédiatement corrigés. Ces « épi déséquilibres » sont concrètement des crises larvées qui jalonnes l'histoire constitutionnelle

---

88 Cela revient à la règle son élément le plus fondamental à savoir la coercition. Nonobstant la réalité du fait de la diversité d'expression de la coercition que l'on trouve même dans d'autres normes sociales.

89 La dictature n'est point l'expression d'un pouvoir excessif, car tout pouvoir est porté vers des excès. Elle est davantage l'expression du relâchement du droit sensé le contenir dans les limites du juridiquement correct.

90 Les putschs de ces derniers mois au Mali et surtout en Guinée en sont mutatis mutandis des illustrations. Ils posent avant tout des problèmes juridiques profonds y compris relatifs au rapport entre droit et pouvoir. Ils posent par ailleurs un problème d'insécurité aussi bien au niveau étatique que communautaire. Voir à cet effet : Joseph KAZADI MPIANA, « L'union africaine face à la gestion des changements anticonstitutionnels », RQDI, n° 25-2, 2012, Pp. 101-141

et politique des États d'Afrique en général et des zones CEMAC et UEMOA en particulier.

2. L'harmonisation des externalités du trinôme

Si l'harmonisation en droit est fort bien connue[91], en revanche, l'harmonisation du droit l'est moins. Et pour cause, elle suppose la mise en conformité ou en compatibilité du droit avec d'autres éléments en l'occurrence le pouvoir et la politique. A l'observation, la régulation a entre autres actions sur le trinôme de mettre en évidence cet aspect fort peu exploré du rapport entre le Droit et l'harmonie ; et ce, à travers une approche atypique. Elle saisit aux fins d'harmonisation, les effets externes du droit[92], du pouvoir[93] et de la politique[94]. Lesquels sont [pour ainsi dire] leurs effets hors du trinôme, leurs externalités dans la société.

La régulation agit sur ces externalités de façon à les harmoniser. Cette harmonie régulatoire est portée par une approche holiste aussi bien au niveau causal que finaliste. Du point de vue causal, l'harmonie régulatoire se fonde sur le principe d'harmonie que l'entendement humain perçoit par sa déclinaison négative à savoir le rejet du chaos. Il est saisit suivant l'ordre décroissant dans les sociétés juridiquement et politiquement organisées comme étant l'anarchie, la remise en cause de l'ordre constitutionnel ou politique établi, l'atteinte à l'ordre public[95]. Du point de vue finaliste, l'harmonie régulatoire vise à établir la Marche harmonieuse des Hommes, et la conduite paisible des institutions étatiques et/ou interétatiques, sociales et/ou inter sociales, internes et/ou internationales.

---

[91] L'harmonisation des législations est la technique par excellence utilisée sur le continent africain en général et dans ses différentes régions, pour construire un droit supra étatique, un droit communautaire. Les actes OHADA en sont un exemple. Par le mode opératoire de la conformité et / ou de la compatibilité, l'harmonisation en droit est un vecteur d'intégration juridique.

[92] Les externalités du droit dans le corps social ou inter social est la régulation des rapports entre sujets de droit interne, communautaire ou international.

[93] L'externalité du pouvoir à l'égard de la société nationale et internationale est la conduite des institutions par la gestion des affaires publiques

[94] L'externalité de la politique c'est la participation démocratique des populations à la désignation de leurs représentants et à la gestion de leurs affaires locales publiques quel que soit le niveau (local ou national).

[95] Voir : Marie-Caroline VINCENT LEGOUT, *L'ordre public, Etude de droit comparé interne,* Thèse, PUF, 2001, 529 P.

Si d'un point de vue théorique l'harmonisation des externalités du droit, du pouvoir et de la politique s'entend comme la mise en conformité ou en compatibilité des unes avec les autres ; dans la pratique en revanche, l'harmonie régulatoire n'est point un processus tranquille. Elle est faite de pondérations successives, nécessaires et réciproques des externalités produites par des sources contraires : le droit et le pouvoir pondèrent les externalités de la politique ; le droit et la politique pour les externalités du pouvoir ; la politique et le pouvoir pour les externalités du droit.

Il est donc logique de considérer que l'harmonisation des externalités du trinôme s'opère par leurs limitations réciproques. Toutefois, il convient de relever que l'harmonisation régulatoire desdites externalités ne s'opère pas uniquement par limitation d'externalités. Et pour cause, la complexité de la Marche des Hommes et de la Conduite des institutions laisse apparaitre d'autres modes opératoires. Notamment, l'harmonisation par la promotion d'externalités sécrétées ou à sécréter par l'un des éléments du trinôme ; l'harmonisation par la garantie d'externalité par les éléments du trinôme ne l'ayant pas produite.

B. Les réactions du trinôme sur la régulation

Le droit, le pouvoir et la politique ne sont point passifs face aux effets de la régulation soit pour leur équilibre, soit pour harmoniser leurs externalités[96]. Communément, ils agissent sur la régulation en lui conférant deux caractéristiques dans l'univers juridico-politique : la localité (1) et l'anisotropie (2).

1. La localisation de la régulation

La régulation est prise au sein d'un trinôme dont les éléments constitutifs sont certes des construits universels, mais d'expression fondamentalement locale. La localité[97] est donc le caractère le plus communément partagé par le droit, le pouvoir et la politique. Et la

---

[96] Cf. Supra

[97] La localité renvoie au caractère de l'ensemble des normes et organismes juridiques et politiques dont le champ d'application et de compétences est géographiquement et temporellement délimité. Elle s'entend donc par opposition à l'universalité.

souveraineté couplée à la communautarité y sont pour beaucoup[98]. En effet, si le droit est bien universel, en revanche, le système par lequel il se décline s'insère dans un cadre géographique et temporel dont il épouse les spécificités. C'est d'ailleurs l'autre versant du *ubi societas ibi jus*[99]. De même, le pouvoir et la politique quel que soit le régime politique par lequel ils se déclinent, ils sont intimement liés aux mêmes cadres géographique et temporel que le droit en vigueur : tout système juridique se construisant d'abord mais non uniquement[100] au service du pouvoir par jeux politiques, ils se déclinent donc matériellement et institutionnellement au sein de la même localité.

C'est donc logiquement que, saisissant le principe de régulation, le trinôme le rattache à sa localité en lui faisant épouser les spécificités nationales [souveraineté oblige] et communautaires [intégration régionale ou sous-régionale oblige]. Et dans ce dernier cas, à travers les canaux de la conformité et/ou de la compatibilité. Ce rattachement s'opère tout particulièrement par l'action combinée du pouvoir et du droit. D'emblée, l'analyse étymologique de la régulation révèle l'emprise du pouvoir sur elle ; et la filiation de celle-ci à la règle de droit. Et pour cause, non-seulement la régulation vient du latin *regalis* qui signifie « ce qui est au Roi » et par conséquent au pouvoir ; mais en plus, elle partage la racine *rex* avec les notions de règle et de régalien[101]. La conséquence

---

[98] La souveraineté juridique et la souveraineté politique donnent un ancrage national au trinôme, et ce, grâce au triomphe de l'État-nation. Depuis l'ère de construction de blocs de communautaires africains, les processus d'intégration communautaire qui ont actuellement cours aussi bien en Afrique centrale qu'Afrique de l'ouest élargissent l'ancrage du trinôme du cadre national au cadre sous-régional en convoquant le passé commun, la proximité culturelle et cultuelle ainsi que les aspirations communes des Etats considérés.

[99] La maxime « *ubi societas ibi jus* », au-delà d'exprimer le caractère inhérent du droit à toute société, à toute organisation sociale ; elle exprime tout autant qu'elle justifie la localité du droit. Et pour cause, chaque société étant géographiquement située, le droit devient une donnée locale. Il est donc logique de considérer que la localité du droit serait l'origine de la divergence de système juridique et par conséquent des règles de droit.

[100] Il est aujourd'hui avéré que le système juridique, sous l'impulsion de la culture démocratique en construction en Afrique, participe de plus en plus de la garantie des droits de l'Homme (thèse droit de l'hommiste) et de la limitation du pouvoir (thèse de l'État de droit) pour en limiter les abus et corrélativement les préjudices qui en résulteraient.

[101] Cf. Le Robert, Dictionnaire alphabétique et analogique de la langue française, vol.7, dit « Le Grand Robert », éd. Société du nouveau Littré, Paris, 1974.

de ce rattachement est qu'en définitive, la régulation apparait comme une fonction régalienne. Et à ce titre, elle est juridiquement organisée et aménagée par le pouvoir suivant les réalités, les nécessités et les aspirations de chaque société, de chaque communauté.

En rattachant la régulation à sa localité, le trinôme justifie et explique les spécificités de la régulation d'un État à un autre, d'une communauté à une autre ; ainsi que les démarcations qui en résultent. Le cas de la CEMAC est assez illustratif de cette démarcation au sein d'une même communauté. En effet, la régulation du secteur des télécommunications a muté dans certains États (à l'instar du Gabon) vers la régulation des communications électroniques et postales ; tandis que dans d'autres (à l'instar du Cameroun) elle est restée inchangée. Plus fondamentalement encore, le trinôme sécularise le principe de régulation. Et pour cause, il agit tel un convertisseur dans lequel entre le principe de régulation et en ressort la fonction de régulation. Laquelle est a priori de l'hétéro régulation parce qu'agissant sur un système auquel elle « n'appartiendrait pas » ; et pragmatiquement de la régulation publique dont il est avéré qu'elle n'est point l'apanage d'organisme public[102]. Par ailleurs, le trinôme donne au principe de régulation un corpus normatif, procédural et organique, qui finalement font de la régulation une donnée contingente et par conséquent changeante. Ce qui [fort malheureusement] entretient l'illusion [fort persistante] de la régulation-construit, et contribue à son anisotropie

2. L'orientation de la régulation à l'anisotropie

Dans un langage phénoménologique, le trinôme met en évidence le caractère le plus fondamental de la régulation : l'anisotropie[103]. En effet,

[102] Sous l'impulsion du principe de participation, la régulation devenue participative fait intervenir les régulés (qui sont entre autres des personnes privées) dans l'organisme de régulation en tant que membre représenté du conseil de régulation, ainsi que dans le processus normatif de la régulation par la possibilité d'initier les normes régulatoires et dans l'application de celles-ci. Voir à cet effet, Julia BLACK, « Talking about regulation », Public law, 1998, Pp. 77 et Ss.

[103] L'observation de la régulation dans les États de la CEMAC et de l'UEMOA révèle que suivant l'option étatique et/ou communautaire retenue par les autorités compétentes, la régulation présentera alors des caractères changeants. Cette variabilité de caractères à pousser certains à l'instar de Robert BALDWIN, Colin SCOTT et Christopher HOOD, à considérer qu'il n'existe pas une régulation, mais [plutôt] des régulations. Or la diversité de caractères changeants implique soit la pluralité de déclinaisons de la même

par-delà le rattachement à sa localité, l'action du trinôme sur la régulation confère à celle-ci des caractéristiques tributaires des modèles, options et orientations voulues par les autorités compétentes aussi bien au niveau étatique que communautaire. En reprenant l'image d'un système convertisseur de donnée, le trinôme droit-pouvoir-politique permet d'emblée d'avoir une double perception de la régulation, de laquelle elle présente des caractéristiques différentes. La première est la perception *jus naturaliste*. Dans celle-ci, le trinôme révèle la régulation-principe ; laquelle présente des caractères universel, immaculé et transcendantal. La seconde perception est positiviste. Dans celle-ci, le trinôme laisse voir la régulation-construit, où elle apparait comme un construit social présentant des caractères local et objectif.

A l'observation, la perception positiviste de la régulation n'est point homogène. Et pour cause, il existe au moins deux approches : fonctionnaliste et matérialiste. Ainsi, la perception positiviste de la régulation sous l'approche fonctionnaliste, révèle la régulation comme une fonction aussi bien à caractère préventif et correctif de dysfonctionnements, qu'à caractère constructif d'équilibre et d'harmonie dans tout système. Tandis que sous l'approche matérialiste, le trinôme révèle la régulation comme une donnée matérielle à caractère normatif (corpus normatif régulatoire), organique (le régulateur) et formel (corpus procédural). Il est d'ailleurs à préciser que sous l'approche matérialiste, le trinôme laisse voir des « régulations différentes » selon l'angle d'analyse. Ainsi, sous l'angle minimaliste, le trinôme révèle une régulation adossée sur la sectorialité comme l'attestent les travaux de Marie-Anne Frison-Roche[104], et qui par conséquent présente un caractère

---

réalité [d'où l'idée de typologie de régulation comme l'ont montré François CHAZEL et Jacques COMMAILLE], soit la pluralité de perceptions possibles de la même réalité. La pluralité de déclinaisons et la pluralité de perception attestent de ce que : négativement, la régulation n'est ni plurielle (car c'est la même réalité qui est diversement perçue) ni isotrope (car ses caractéristiques ne sont point homogènes quel que soit l'angle d'analyse). Et positivement, elles révèlent la régulation comme une donnée anisotrope.

[104] Voir Marie-Anne FRISON-ROCHE, « Les nouveaux champs de la régulation », RFAP, n° 109, 2004, Pp. 53-63. « Le besoin conjoint d'une régulation analogue des relations sociales et des marchés globalisés », RIDE, 2002, Pp. 70 et Ss. « L'État, le marché et les principes de droit interne et communautaires de la concurrence », in Petites Affiches, n° 59, 1995, Pp. 05 et Ss.

sectoriel et/ou plurisectoriel[105]. Par contre, sous l'angle maximaliste, le trinôme laisse voir une régulation ayant un caractère essentiellement méthodologique.

Ainsi, les pouvoirs publics, en mettant l'accent sur la fonction de régulation, le contenu régulatoire, la sectorialité ou la méthodologie régulatoire, donnent autant de directions d'observation et d'analyse de la régulation, toutes contenues dans les deux principales directions que sont l'approche *jus naturaliste* et positiviste.

Conclusion

Analyser les interactions entre le droit, le pouvoir et la politique, lesquels sont constitutifs du trinôme enrichi d'un élément « nouveau » qu'est la régulation, a commandé d'en préciser de prime à bord la place et le rôle. Elle qui fut jadis soit occultée, soit négligée, est désormais mise en avant avec la vulgarisation du modèle d'État régulateur aussi bien en zone CEMAC qu'en zone UEMOA.

Cette analyse conduit à au moins deux résultats : d'une part, il apparait que la logique régulatoire, s'étant saisie du droit, du pouvoir et de la politique, les travaille tant et si bien que l'équilibre des trois et l'harmonie de leurs externalités sont autant de données régulatoires par lesquelles le trinôme se conserve ; et sans lesquelles il imploserait. Et d'autre part, agissant fondamentalement sur le principe de régulation, ils en font un construit (une fonction) qui intègre les réalités locales relatives à leur cadre spatio-temporel d'application à savoir les spécificités juridiques et politiques, agenda des pouvoirs publics et conjonctures économiques, sociales et culturelles des États membres des communautés respectives.

De ces résultats en ressortent deux enseignements essentiels : le premier est fondamental pour les rapports entre droit, pouvoir et politique, ainsi que leurs externalités sur la Marche des Hommes et la Conduite des Institutions : le droit, le pouvoir et la politique régulent tout autant qu'ils sont régulés. Ce ne sont donc pas des données isolées ni isolables conduisant à des études monographiques ; mais au contraires des données différentes [certes] et [surtout] complémentaires, et qui phénoménologiquement commandent une approche holistique. Le

[105] C'est notamment le cas de toutes les régulations de la concurrence en zone CEMAC et UEMOA. Et pour cause, la concurrence s'opère dans plusieurs secteurs.

second enseignement est structurant pour l'état du savoir sur la régulation des sécularités : c'est-à-dire l'ensemble d'actions et interactions, d'abstentions et omissions par lesquelles se font et se défont les situations quotidiennes qui constituent la trame de la vie en société (d'individus et/ou de personnes morales). En effet, il plairait à plus d'un que la régulation soit une invention de l'ingénierie juridico-politique du 19ème siècle[106] par un pouvoir jadis en quête de solutions socio-économiques d'alors. Hélas ! Toute personne qui s'investit résolument dans l'étude de la régulation et de ses nombreuses applications communautaires et étatiques, constatera alors qu'elle vient d'un ailleurs juridico-politique et socio-économique ; et qu'elle est ontologiquement un principe naturel aux déclinaisons et applications construites [par le pouvoir à travers les canaux juridiques et politiques] agissant au cœur du système-socle d'entités étatiques et communautaires : le droit, le pouvoir et la politique.

Gaëtan EDJANGUE

Docteur en droit, Chargé de cours, Université Yaoundé 2-SOA (Cameroun)

---

[106] La doctrine admet majoritairement que la régulation notamment [économique] est née aux États Unis d'Amérique vers la fin du 19ème siècle dans le secteur du transport ferroviaire. A cet effet, voir entre autres : Elisabeth ZOLLER, « Les agences fédérales américaines, la régulation et la démocratie », RFDA, 2004, Pp. 1757-1771. Jean-Louis AUTIN, « Les autorités de régulation sont-elles des autorités administratives indépendantes ? », Mel. Jean-Philippe COLSON, PUG, 2004, Pp. 439-450.

Oumar TRAORE

PAR-DELÀ LE POLITIQUE : L'IDÉE D'UNE INDÉPENDANCE DU DROIT PAR RAPPORT AU POUVOIR POLITIQUE

INTRODUCTION

La présente communication souhaite mettre un peu d'angélisme dans des discours dominés par le réalisme issu de l'observation de nos « sociétés politiques ». A ce titre, il s'inscrit plus dans la perspective de ce qui aurait dû être et non de ce qui est ! Il semble dès lors procéder d'un positivisme accentué l'idée que le pouvoir tient le droit en l'état. Cette observation résulte pourtant d'un réalisme assez pertinent. Une simple observation de l'interaction entre les acteurs politiques instruit que le droit, en dernière analyse, procède de la volonté du pouvoir politique. Il a même été dit, à cet égard, que la positivité du droit résulte de son objectivité en tant que comportement normé par les pouvoirs publics. Le droit est ainsi un instrument entre les mains de ces derniers. Dans l'édition de 2007 du *Droit sans l'État*, Cohen TANUGI, au chapitre du juridique et du politique, s'est proposé « d'examiner le couple (juridique et politique) sous le seul angle du Pouvoir », c'est-à-dire d'observer les rapports du pouvoir juridique et du pouvoir politique ou encore la rivalité du juridique et du politique pour le Pouvoir[1]. Le triptyque droit, pouvoir et politique est ainsi réduit à un diptyque et renvoie en même temps à la question de l'État. De quoi celui-ci doit-il son maintien ? Dans ses *principes du droit de la nature et des gens* parut en 1749, Christian WOLFF a exposé que la survie de l'État dépend de

[1] Laurent COHEN-TANUGI, *Le droit sans l'Etat,* Presse Universitaire de France, 2007, p. 91.

la vérité et de la justice, mais que son maintien dépend de la force et du droit[2]. L'État a donc besoin du droit et de la force pour se maintenir. Carl SCHMITT a traduit cette conception dans *Les trois types de pensées juridique*, par le normativisme, le décisionnisme et l'ordre concret. SCHMITT confère ainsi au décisionnisme un rôle primordial pour l'avènement de l'ordre concret. Le décisionnisme se présente dès lors comme ce qui donne un sens à la norme[3], dans la mesure où il est fondé sur les principes de « domination et de contrainte[4] ».

Si des exemples de cette considération peuvent être relevés dans tous les domaines du droit, le droit pénal semble achever de convaincre que la pénalisation, en tant qu'activité législative, procède de la volonté du parlement en tant qu'organe politique. La même observation peut être dressée à l'égard du contenu de l'intérêt général, défini discrétionnairement par les pouvoirs publics. La *Théologie politique* de Carl SCHMITT s'inscrit surement dans cette ligne de pensée au travers de la citation désormais célèbre : « est souverain celui qui décide de l'état d'exception ». La dimension horizontale de cette souveraineté schmittienne implique logiquement que le droit n'a de possibilité de s'inscrire dans la réalité qu'à l'aide d'une décision souveraine. Elle rejoint de ce point de vue l'idée que dans les trois types de pensée juridique, le décisionnisme soit la phase intermédiaire entre le normativisme et l'ordre concret[5]. La relation triangulaire qui existe entre droit, politique et pouvoir parait donc pouvoir être réduite à l'idée d'omnipotence du deuxième sur le premier[6]. Tachons donc de nous fier à cette vérité et allons chercher dans cette même vérité ce qui pourrait être ses propres contradictions.

Le pouvoir n'est-il que politique ? Des travaux pertinents sur cette interrogation militent en faveur d'une réponse négative et mettent à

---

[2] Christian WOLF, *Institutions du droit de la nature et des gens*, T 1, 1749, p. 21.

[3] Carl SCHMITT, *Les trois types de pensée juridique*, traduit de l'allemand par Mira KÖLLER et Dominique SEGLARD, PUF, 1995, p. 47.

[4] Hans Albrecht SCHWARZ-LIBERMAN VON WALHENDORF, « *Politique, droit, raison*, Bibliothèque de philosophie du droit, volume XXVII, Paris, LGDJ, 1982, p. 11.

[5] Carl SCHMITT, *Les trois types de pensée juridique*, traduit de l'allemand par Mira Köller et Dominique Séglard, PUF, 1995, pp. 45 et 46.

[6] Alessia MAGLIACANE, *Monstres, fantasmes, dieux, souverains, la contradiction symbolique de l'esprit chez Sade, Dick, Planck et Bene,* Paris, L'Harmattan, 2012, p. 36.

l'épreuve la positivité « absolue » du droit positif. Il semble donc possible d'envisager, dans le sillage de ces travaux, l'idée d'une sorte d'antériorité du droit par rapport au pouvoir, ou à tout le moins, l'idée d'un cheminement qui donne en réalité la primature au droit en tant que pouvoir. Si le pouvoir politique peut utiliser le droit à ses fins, il semble possible de chercher la source de cet usage, non pas, *a priori,* dans les conséquences des fins, mais dans celles d'un pouvoir qui pourrait être considéré comme supérieur au pouvoir politique et qui par conséquent autorise celui-ci à agir.

Dans ce sens, l'idée d'un droit immuable prôné par l'école du droit naturel inscrit sa vision de l'ordre juridique dans le collimateur d'un cheminement non destructeur. Le pouvoir, politique surtout, est tenu d'inscrire son champ d'action, le possible de son pouvoir dans le cadre et les limites conformes à l'ordre naturel. La métaphore de Hémon et Créon dans *Antigone* parait décrire à merveille cette situation[7]. De même, l'influence de la conception philosophique du droit naturel sur des juristes de renom n'a pas tardé à éveiller dans les consciences le lien désormais imparable entre droit, émanation de la volonté étatique et droit résultant d'une interaction des rapports humains fondé sur l'ordre naturel[8].

Il semble même possible de trouver dans le droit positif les règles nécessaires à l'hégémonie du droit en tant que pouvoir sur le pouvoir politique. Ainsi dans l'idée d'imposition par le droit il y a nécessairement un postulat d'imposition contre le droit si la maxime de ce dernier est faussée. L'on peut s'interroger, à cet égard, si le droit positif, par la prise en compte qu'il fait du droit naturel, n'obéit pas à un impératif qui le dépasse et conditionne son action ! L'État est un pouvoir constitué et non un pouvoir en soi. Il agit pour le bienêtre général et les contestations peuvent être admises si ce bien être est sapé.

---

[7] Se révoltant contre ce qu'il a considéré comme une injustice de son père, Hémon rapporta à celui-ci les murmures de la Cité contre le sort réservé à Antigone (condamnée à mort). Et le roi d'avancer : « Et c'est le peuple qui va me dicter les ordres que je dois donner ? ». (…) « Il me faut donc gouverner ce pays pour quelqu'un d'autre que moi ? ». Hémon lui fit valoir alors l'idée qu' « il n'est pas de Cité qui appartienne à un seul homme ». S'il devait passer outre ce point de vue, c'est qu'il est « fait pour gouverner tout seul une cité sans habitants ». Sophocle, *Antigone,* pp. 33 et 34.

[8] Grotius, VATTEL, Samuel Pufendorf, Séraphin de Freitas… .

Il y a donc des objections contre l'État Léviathan qui rendent possible de voir par-delà le politique et de suggérer l'idée d'une relativité de l'emprise du pouvoir politique sur le droit.

Pour y parvenir, une entrée sur le droit, le pouvoir et la politique s'impose. Nous adoptons cependant comme présupposé de ne pas nous rallier, rigoureusement, à la définition commune du droit objectif et décidons par voie de conséquence de considérer le droit comme ce qui rend possible et harmonieuse la vie sociale, sans considération de sa source. Sous cette vision, il importe de ne pas considérer le droit comme synonyme de loi, peu importe le sens qui peut être donné à cette dernière[9]. Car on introduirait une confusion entre *lex* et *ius* et on prendrait pour le genre ce qui n'est que l'espèce.

La politique renferme en elle les germes d'une genèse qui ne peut être occultée. La *polis* qui faisait référence à la cité maintient toute son actualité pour suggérer que la politique est « action destinée à promouvoir les intérêts d'une communauté[10] ». On voit là que la politique est synonyme de bien général, d'intérêt du plus grand nombre et qu'elle nécessite don de soi pour la cause commune[11]. Le pouvoir qui accompagne ce don de soi ne peut rendre possible ce que la *polis* n'admet pas.

Le pouvoir implique une autorité et l'autorité, par définition, si elle s'exerce sur des hommes, n'a de réalités qu'au prisme de l'espace. Le pouvoir est donc nécessairement localisé[12]. Il a cette particularité qu'il est institutionnel, car s'il rime avec la force, on peut trouver ailleurs des forces illégitimes qui confèrent un pouvoir[13]. On peut aussi en trouver d'autres dont la légitimité ne fait pas débats et qui tendent souvent, par leur action, à délégitimer les pouvoirs publics. On a dit, à cet égard, que

---

[9] Hans Albrecht SCHWARZ-LIBERMAN VON WALHENDORF, *Politique, droit, raison*, Bibliothèque de philosophie du droit, volume XXVII, Paris, LGDJ, 1982, p. 101.

[10] Hans Albrecht SCHWARZ-LIBERMAN VON WALHENDORF, *Politique, droit, raison*, Bibliothèque de philosophie du droit, volume XXVII, Paris, LGDJ, 1982, p. 145.

[11] Pierre AVRIL, *Ecrits de théorie constitutionnelle et de droit politique*, Paris, Editions Panthéon-Assas, 2010, p. 17.

[12] John LOCKE, *Traité du Gouvernement civil*, Paris, Callixte VOLLAND libraire, 1802, p. 41, disponible sur www.gallica.bnf, consulté le 17 avril 2020.

[13] Jean-Jacques ROUSSEAU, *Du contrat social ou Principes du droit politique,* disponible sur http://classiques.uqac.ca/, p. 12. L'idée a par ailleurs été reprise par Michel TROPER, *La philosophie du droit,* Paris, PUF, 2003, pp. 3-4.

la puissance n'est pas toujours légitime et que lorsqu'elle a été légitimée par le droit, elle devient ce qu'on appelle communément le pouvoir[14]. Il s'agit d'une approche positiviste, mais pas uniquement, dont la finalité ordonnée est d'inscrire le pouvoir à l'intérieur de l'État.

Le pouvoir est pluriel, par convention, expresse ou tacite, il a émergé et s'est imposé comme agrégats des volontés en vue de la constitution de ce qu'on a appelé l'État. Tout pouvoir est ainsi politique et la somme des agrégats peut faire l'objet d'une dislocation comme le témoigne actuellement le pouvoir politique en Libye, en Palestine, en Afghanistan, en Éthiopie… ou une concurrence comme en témoigne la présence des chefferies traditionnelles dans la plupart des États africains. Il arrive même que le pouvoir politique soit ébranlé dans ses instances par des forces structurelles et non structurelles. Les pays du sahel qui font face au phénomène du terrorisme se prêtent à souhait à cette analyse. De même, le mouvement de force qui émerge dans la fonction publique entre l'État-employeur et les fonctionnaires constitués en syndicat est une autre tendance de l'idée que le pouvoir est pluriel et qu'il peut naitre de façon anodine pour prendre des proportions parfois « démesurées ».

On comprend alors que dans l'idée de prééminence du pouvoir sur le droit, il y a lieu de tenir compte de facteurs tous aussi juridiques qui peuvent ébranler la conception de primauté. La prise en compte des agrégats s'impose dès lors comme perspective de limites et de contraintes. C'est tout le sens du Léviathan hobbesien, du *grand tout*. Parvenir à s'imposer par manipulation du droit. Ce postulat peut-il cependant se réaliser sans que le droit lui-même s'y oppose ? La question ne semble pas avoir d'actualité pour le droit positif, quoique celui-ci n'ait pas exclu une auto-limitation. C'est pourtant à l'aune de ce droit que les autres conceptions du juridisme semblent pouvoir trouver leur rationalité. Les théories philosophiques sur la liberté peuvent alors être invoquées au besoin d'une cause qui passe difficilement pour tout positiviste. Un résumé de ces théories permet de les circonscrire, pour les besoins de l'étude, au déterminisme.

Toutefois, dans l'idée d'invocation du déterminisme, il y a nécessairement des points de ruptures. En l'invoquant contre l'État Léviathan, il ne disparait pas pour l'individu qui nécessairement aussi y fait face. Seulement, le raisonnement doit être limité. Le pouvoir est

---

[14] Olivier BEAUD, *La puissance de l'Etat*, , Paris, PUF, 1994, p. 9.

constitué, le peuple est un mouvement initial à la base qui trouve son essence dans les manifestations de volontés. Par définition, la volonté n'a pas de limites internes *a priori*. Il existe des limites externes qui, dans certains cas, peuvent être relevées. La confrontation de la conscience collective des masses avec celle des pouvoirs constitués se situe dans ces choses externes à la volonté humaine. C'est cette rencontre qui confère au déterminisme le signe extérieur d'une liberté initiale.

Le déterminisme auquel nous faisons référence ici est celui dit compatibiliste en ce qu'il ne s'inscrit pas dans une conception absolue du déterminisme, mais envisage seulement qu'il soit possible et en conséquence que son existence ne remet pas en cause l'existence du libre arbitre[15]. ROUSSEAU a laissé apparaitre l'existence du libre arbitre sous le prisme de la liberté d'indifférence qui peut être celle de l'homme dans les choix politiques et moraux. En subissant l'emprise des lois, c'est par adhésion et non par instinct. Le propre de ce dernier est d'être réfractaire à tout ce qui peut l'obséder. La fable du pigeon qui meurt près d'un saut rempli des meilleures viandes et le chat qui meurt près d'un autre saut rempli des fruits et graines[16] illustrent l'idée que les choix politiques de l'individu ne sont pas anodins. L'individu et partant la société dans laquelle il se trouve conserve sa liberté face aux phénomènes qui peuvent paraitre le dépasser. Car il a le choix entre faire face et resté passif. La liberté ne s'apprécie, dès lors, non pas dans les conséquences de l'acte, mais dans les moyens et énergies déployés avant l'avènement du résultat. Ainsi que l'avance ROUSSEAU « la nature commande à tout animal, et la bête obéit. L'homme éprouve la même impression, mais il se reconnaît libre d'acquiescer, ou de résister ; et c'est surtout dans la conscience de cette liberté que se montre la spiritualité de son âme[17] ».

Ainsi, la loi, lorsqu'elle interdit, elle n'annihile pas la volonté. Elle la maintient, au contraire, par la conséquence de l'idée de responsabilité. Le lien nécessaire entre le pouvoir et la responsabilité apparait donc comme un principe de constitutionnalisme

---

[15] Jean-Marc GOGLIN, « Déterminisme, contrainte et liberté. Contribution à une théorie thomiste de la liberté de choix », disponible sur https://halshs.archives-ouvertes.fr, 2013, p. 4.

[16] Jean-Jacques ROUSSEAU, *Discours sur l'origine et les fondements de l'inégalité parmi les hommes,* disponible sur http://bibliotheque.uqac.uquebec.ca/index.htm, p. 24.

[17] *Ibidem,* p. 24.

démocratique[18] ». La responsabilité implique, insidieusement, que le détenteur du pouvoir politique peut croire que ce qu'il détient est absolu, que le sujet peut ne pas respecter, par exemple, les feux tricolores, qu'il peut prendre la chose d'autrui. Mais la justice, en tant qu'incarnation de la commune volonté de vivre ensemble et rendue au nom du peuple, est là, non pas pour limiter la liberté, mais pour prévenir ses excès. Prévention ne s'applique pas alors au sujet qui agit, mais au sujet contre lequel la loi ou le droit a agi. La loi répressive vise donc à rassurer la victime et non pas à contraindre l'auteur d'un acte décidé répréhensible. Car le sort de ce dernier est déjà scellé, il faut, au contraire, rassurer la victime. John LOCKE a dit, à cet égard, « que le but des lois est de protéger et soutenir l'innocent[19] ».

Le titre de la réflexion semble contenir une variable certaine. Le pouvoir a une emprise sur le droit. C'est le sens général des termes du séminaire. On peut cependant inverser la logique ou la mettre en parallèle avec une idée inverse. Et si c'était plutôt le droit qui avait une emprise sur le pouvoir ! On poserait alors la question de savoir si le droit n'est-il pas en lui-même pouvoir qui ne peut être dompté ? Le pouvoir politique croyant agir, ignorerait, de ce fait, ses véritables motivations. On arrive alors à l'autre conclusion que dans ce qui se présente comme la relativité de l'emprise du pouvoir, ce qu'il faut analyser est soit une relativité « relative » ou une relativité « absolue ». Cette dernière conséquence parait pessimiste. Car il s'agirait alors de conclure, par ce raisonnement, que le pouvoir manque de volonté alors qu'il n'en est rien. C'est pourtant un pessimisme réaliste. Nous épousons l'idée d'une puissance du droit et non celle d'une toute puissance de celui-ci. Car sous ce jour, la conclusion impliquerait que le droit puisse tout résoudre. C'est oublier, comme cela a été dit qu'avec « une baïonnette on peut tout faire sauf s'y asseoir ». Mais à supposer qu'il soit la bonne ou le boy à tout faire n'implique pas qu'il ne puisse être utiliser à des fins contraires à son avènement. L'idée est d'avancer, ici, qu'utiliser en dehors de ses fins, le droit n'est plus du droit. Il a été substitué, à la fois à sa nature, à son être et à son objet. On a seulement utilisé son nom pour commettre des abominations, puisque par

---

[18] Pierre AVRIL, *Ecrits de théorie constitutionnelle et de droit politique*, Paris, Editions Panthéon-Assas, 2010, p. 19.

[19] John LOCKE, *Traité du Gouvernement civil*, Paris, Callixte VOLLAND libraire, 1802, p. 61, disponible sur www.gallica.bnf, consulté le 17 avril 2020.

définition la puissance du droit implique paix et justice. C'est le sens de la maxime pascalienne, savoir, ce qui est fort doit être juste et ce qui est juste doit être fort[20].

Ce point de vue peut aussi se comprendre par une analyse inversée. Il existe, pour ce faire, des « abominations justes », qui en dehors de toute intervention du droit mérite qu'on y appose le sceau de ce dernier. Un clin d'œil sur la rationalité du débat sur la notion de « guerre juste » parait envisageable. Au regard du premier postulat, il ne s'agit donc pas de dire, comme Kelsen, que seule la loi est souveraine. La question des fins implique que seul le droit le soit et la souveraineté de la loi peut indéfiniment être remise en cause toutes les fois que la puissance du droit est méconnue. C'est la conséquence de la société politique, à la fois, chez LOCKE et ROUSSEAU[21].

Nous n'entendons pas démontrer par quels mécanismes, le pouvoir politique a pu prendre l'ascendance sur les autres pouvoirs. Les théories sur la société civile et la société politique ont assis les bases de cette explication. Nous nous intéressons plutôt à une problématique parallèle. Elle consiste à comprendre et à soulever l'idée que le changement de paradigme au sujet du pouvoir politique provient des autres pouvoirs. A ce titre, le pouvoir politique, dans ce qu'il croit être la force de sa détermination est sous-tendu par un déterminisme dont il ne peut se défaire.

Nous n'entendons pas non plus avoir la prétention de dire ce qu'est le droit. Car, comme le disait Hart, la définition qu'on peut donner du droit aujourd'hui ne doit pas sonner comme la *révélation de vérités longtemps masquées par des représentations grossièrement erronées de sa nature essentielle*[22]. Il nous parait tout à fait indiquer de signaler que le mot droit auquel nous faisons allusion dans cette communication est, évidemment, le Droit. L'usage fréquent de la minuscule dans le mot renvoie donc au Droit et non au droit. Le premier est général, le second est catégoriel. Le premier est un pouvoir, le second est une prérogative. Puisque le Droit est un pouvoir qui donne du pouvoir au politique, c'est

---

[20] Blaise PASCAL, *Pensées,* 103-298.

[21] John LOCKE, *Traité du Gouvernement civil*, Paris, Callixte VOLLAND libraire, 1802, p. 149, disponible sur www.gallica.bnf, consulté le 17 avril 2020.

[22] H.L.A. HART, *Le concept de droit*, traduit de l'anglais par Michel Van de KERCHOVE, Bruxelles, publications des facultés universitaires Saint-Louis, 1976, p. 14.

donc en lui que le pouvoir politique trouve, non seulement sa source, mais aussi la limite de son pouvoir.

Suivant une sorte de méthode descendante, nous envisageons donc d'admettre que le pouvoir politique est fondé dès le départ sur l'idée de droit. Il en résultera que cette idée de droit implique et prend aussi en compte la rationalisation des trois pouvoirs et encadre leur interaction. Dès lors, deux axes d'analyse peuvent être dégagés : le droit dans le pouvoir (**I**) et le droit contre le pouvoir (**II**).

I. Le droit dans le pouvoir

Le pouvoir politique est une contingence. Le droit a contribué à son avènement. La répugnance naturelle du mal et le penchant naturel vers la justice montre que le droit est ce qui est immanent chez l'homme. Comment se fait-il que par l'avènement du pouvoir politique cette immanence puisse disparaitre ? Les penseurs de l'état de nature ont fourni des éléments de réponse contradictoires. C'est la méchanceté innée chez Hobbes et la corruption de la société chez Rousseau. Mais la société, elle est l'œuvre des hommes assemblées. Christian Wolf nous enseigne que « l'arrangement de la société civile s'appelle l'État. La société civile est une convention, par l'État on règle les moyens de parvenir aux buts de la société », « une multitude d'hommes associés pour former une société civile s'appelle un peuple ou une nation[23] ». On voit donc que la politique est convention et que le droit est imposition, il provient du *for* intérieur. L'existence de la convention même ne peut s'apprécier sans le droit. Il en résulte que celui-ci est un instrument de mesure du possible du pouvoir (**A**), mais pas seulement, il est un instrument de régulation des pouvoirs (**B**).

A. Un instrument de mesure du possible du pouvoir

Les membres de la société civile s'appellent citoyens, c'est là une déduction non hâtive et majeure de la théorie du contrat social. Le juste milieu dans les rapports interhumains fut fondé sur l'idée de justice.

[23] Christian WOLF, *Institutions du droit de la nature et des gens*, T 2, 1749, pp. 141 et 142.

Cette idée oblige le pouvoir politique à recourir au droit (**1**), duquel il détient son autorité et à circonscrire son acte dans ce droit (**2**), duquel il trouve sa limite.

1. L'obligation de recourir au droit

A la question de savoir si le droit peut être séparée de l'autorité, SCHWARZ-LIBERMANN nous renseigne que « l'idée du droit ne peut être séparée de celle de l'autorité[24] ». On peut toutefois s'interroger si la référence à l'autorité renvoie aux personnes détentrices de celle-ci. En d'autres termes, si l'autorité désigne les dépositaires de l'autorité publique. Une réponse affirmative pourrait être, *a priori,* avancée. Mais elle doit tout de suite être fortement nuancée au regard de la théorie de l'institution. L'idée du droit ne peut être séparée de celle de l'autorité signifie non seulement que le droit se trouve avec l'autorité, mais plus encore que le droit est une autorité. Il y a, dès lors, une obligation pour les détenteurs de l'autorité publique, les dépositaires notamment, d'agir conformément au droit, non en tant que donnée d'une matière brute, mais comme obéissance et commandement à une autorité légitime. Car c'est le droit qui confère à l'autorité sa légitimité. C'est le droit qui détermine la validité de l'autorité. On a dit, à cet égard, que « ce qui est valable appartient à l'ordre du droit, est fondement du droit, est autorité[25] ». La possibilité de légiférer reconnu aux détenteurs de l'autorité publique procède à la fois du signe extérieur du droit en tant que pouvoir et du droit comme idée abstraite de domination.

Dans sa première composante, le droit est un pouvoir. L'idée de pouvoir du droit réside dans sa capacité à faire naitre des situations nouvelles pouvant s'imposer à tous. On a dit juridiquement que le droit est un ordre de contrainte. Le droit est ainsi assujettissement dans sa seconde composante. Cette assertion implique de situer la limitation du pouvoir politique par l'autorité du droit.

Le pouvoir politique doit être fort, mais il doit être fort dans le cadre, à l'intérieur et dans les limites du droit en vue d'assurer l'ordre et la cohésion au sein de la société. Le droit permet et promeut des libertés compatibles. En définissant l'homme par la relation de l'État politique,

---

[24] Hans Albrecht SCHWARZ-LIBERMAN VON WALHENDORF, *Politique, droit, raison*, Bibliothèque de philosophie du droit, volume XXVII, Paris, LGDJ, 1982, p. 116.

[25] Hans Albrecht SCHWARZ-LIBERMAN VON WALHENDORF, « *Politique, droit, raison*, Bibliothèque de philosophie du droit, volume XXVII, Paris, LGDJ, 1982, p. 121.

Marx soutient que les interactions fondées sur la liberté sont définies par la loi[26]. Cette liberté n'est pas seulement celle des citoyens, elle est aussi celle des gouvernants. La relation verticale que le pouvoir crée entre les détenteurs du pouvoir politique et les hommes de la cité se situe dans l'ordre de l'obéissance à la loi. Il y a là l'existence d'un déterminisme sous-jacent. Il n'y a de puissance qu'en référence au droit. Si l'on admet ce postulat, l'autorité du pouvoir politique n'est pas initiale, mais dérivée. La fin du droit implique la justice du pouvoir politique dans la gouvernance et dans la fabrication législative. La référence au droit est ainsi suffisante pour mesurer le degré de subordination des hommes au pacte social dont les gouvernants ne sont que de simples dépositaires. L'office du pouvoir politique n'est donc pas de subjuguer le droit, mais de le réaffirmer en cas de violation par autrui ou par soi-même. Ainsi, le droit peut être imposé par la force, mais la force ne peut créer du droit. Jean Jacques ROUSSEAU résume ce point de vue à merveille. « Le plus fort n'est jamais assez fort pour être toujours le maître, s'il ne transforme sa force en droit et l'obéissance en devoir. (…) Car sitôt que c'est la force qui fait le droit, l'effet change avec la cause ; toute force qui surmonte la première succède à son droit ». On ne saurait pourtant considérer que le droit soit la résultante d'une conception personnelle et patrimonialiste dès lors que cette conception contrevient à la finalité générale de l'institution.

Le droit positif lui-même n'a pas négligé cette conséquence, que dans une société, la référence au droit se présente comme le niveau minimum pour permettre la réalisation de la vie en société. C'est en ce sens qu'il faut inscrire l'idée d'État de droit au sujet duquel, Hans KELSEN, grand juriste positiviste a dit qu'il n'y a pas d'état de droit qui ne soit nécessairement un État de paix[27].

De la sorte, l'obligation de recourir au droit ne pèse pas uniquement sur les individus, membres d'une société. C'est la conséquence majeure de la théorie de l'État de droit dans laquelle de grands positivistes n'ont pas hésité à enfermer l'État dans la création du droit[28]. Georges Ripert a soutenu en ce sens que le droit ne peut pas être créée en dehors de l'État, même si les forces religieuses et économiques peuvent

---

[26] Marx, A propos de la question juive.

[27] Hans KELSEN, Théorie générale du droit et de l'Etat, Traduit de l'anglais par Béatrice Laroche, Paris, LGDJ, 1997, p. 65.

[28] Georges RIPERT, *Les forces créatrices du droit,* Paris, LGDJ, 1955, 431 p.

l'influencer[29]. Étant le fondement du pacte social, cette obligation s'impose d'abord et surtout aux pouvoirs publics. On doit à cette idée la théorie de l'État de droit et la théorie jusnaturaliste des droits de l'homme. L'exigence est donc verticale avant d'être horizontal. La différence entre le droit objectif et les droits subjectifs reçoit cette explication philosophique qu'il revient d'abord à l'État d'organiser les droits et de veiller à leur protection en cas de méconnaissance. La règle s'imposant à l'État lui-même. Le droit administratif d'obédience française y a jeté un regard intéressant depuis 1950, en érigeant pour principe que les excès de l'administration ouvraient droit à la sanction du juge.

Le fondement de l'autorité du droit réside dans la rationalité de la construction de l'ordre social. En filigrane, l'idée de droit appelle l'existence d'un pacte, d'un accord, d'une entente entre membres d'une société. Le droit résulte dès lors d'une acceptation volontaire de la règle. La volonté, dans ce cas, est adhésion, elle est prise en compte, elle est comportement. Le droit est fondé sur la légitimité. Il faut considérer que le droit se manifeste là où il y a légitimité et non pas là où il existe la force. Et qu'en conséquence, le droit appartient à l'emprise de la raison et non à l'inverse[30]. De ce point de vue, le droit n'appartient pas à la raison de l'empire, ou dit autrement en terme contemporain, à la raison de l'État. Cette dernière peut être illégitime, liberticide, source de conflits et de tension. C'est pourquoi il y a l'obligation de circonscrire les actes dans les limites du droit.

2. L'obligation de circonscrire les actes dans les limites du droit

La conséquence logique de l'obligation de recourir au droit est l'obligation de circonscrire les actes du pouvoir politique dans les limites du droit. C'est aussi la conséquence de la théorie de l'État de droit. Le droit n'existe pas que contre ou pour les particuliers, il existe aussi contre et pour le pouvoir politique. Le système de justice établi au sein de l'État ne traduit pas une équivalence entre l'individu et les gouvernants, il trace cependant des limites à tous. En ce sens, la force

[29] *Ibidem,* pp. 413 et 415.

[30] Hans Albrecht SCHWARZ-LIBERMAN VON WALHENDORF, « *Politique, droit, raison,* Bibliothèque de philosophie du droit, volume XXVII, Paris, LGDJ, 1982, pp. 16 et 17.

créatrice du droit par le pouvoir politique est encensée dans les limites prévues par le droit lui-même. Il y a alors la possibilité de soulever une autre interrogation. Quelle autorité est-elle compétente pour déterminer les limites du droit ? Le droit a-t-il une limite abstraite ou métaphysique ?

Pour le positivisme, le droit abstrait n'est pas pur, il contient des substances incapables d'expliquer la connaissance et la science du droit. Le positivisme se met dans une approche pragmatique justifiant que l'on puisse considérer, quoique cette considération aussi soit discutable, que « le positivisme désigne le refus de tout philosopher[31] ».

Dans la démarche à trois temps du raisonnement selon la logique comtienne, la fiction, l'abstraction et l'observation scientifique sont des éléments d'une philosophie dont la rupture est marquée par le détachement aux deux premières étapes. Il y a alors dans le positivisme les éléments pour connaitre la limitation du droit. C'est le droit lui-même. Jusque-là les conclusions sont identiques, savoir que le droit seul peut fixer ses propres limites.

Pourtant, le positivisme épouse une conception institutionnelle qui fait que le droit a une source formelle. Ce sont, selon KELSEN, les autorités publiques. Le respect s'impose dès lors, toutes les fois où l'ordre émane de ces derniers. La seule conditionnalité réside dans le respect procédural de la fabrication législative.

Le courant jusnaturaliste va loin cependant en préconisant de ne pas s'arrêter à la réalité première d'un pouvoir politique souverain. Il propose de prendre en compte la réalité profonde du juste et du convenable. La conséquence de la laïcisation des État a engendré la conception d'un jusnaturalisme laïc qui fait siéger le droit au cœur de la raison. Il y a donc pour cette théorie, la nécessité et l'obligation pour le pouvoir politique de se conformer à cette saine raison qui dicte la conduite à suivre au sein des sociétés.

Il y a aussi, à l'égard de cette conception, des possibilités d'objections. La principale se situe dans la logique de ce que les sociétés peuvent considérer comme bien et de ce qui peut paraitre comme bien pour elles. La catégorie du bien en soi même pourrait être érigée pour certaines valeurs universellement partagées. Les points de divergences

---

[31] R. VERDENAL, « La philosophie positive d'Auguste Comte », in *Histoire de la philosophie,* F. CHATELET (dir.), Paris, Hachette, 1973, p. 231.

appelleront un arbitrage du pouvoir politique et non une prééminence de celui-ci. Et dans l'hypothèse où l'arbitrage tranche en faveur de la volonté du plus grand nombre, le droit lui-même admet que la répression contre ceux qui sont minoritaires se fasse au nom de la paix et de l'intérêt général. Car « le droit, dit-on, répond à une nécessité sociale, mais c'est précisément pour cette raison qu'il ne peut y répondre que dans le cadre et à l'intérieur des limites de la discipline qu'il constitue[32] ». Le droit est ainsi ordonnancement, il est limite, il est repère.

Il s'agit d'un point de vue partagé par le droit positif et le droit naturel. La fonction de complétude, parfois admise entre ces deux, implique l'inexistence d'un vide, d'un *vacuum juris*. La continuité que le droit crée dans les interactions entre hommes a pour conséquence que la souveraineté soit reconnue à ce dernier au nom des principes du vivre ensemble. Il y a alors un abus dans l'idée que les actes des autorités constituent le droit lui-même[33] ou dans celle selon laquelle le pouvoir du souverain est juridiquement illimité[34]. Les actes des autorités devraient constituer l'application du droit et non le droit lui-même. On se place alors dans la considération que les autorités politiques ne détiennent de légitimité qu'au regard d'une règle de droit conventionnellement acceptée et issue de la théorie du contrat social d'où le pouvoir politique tient sa première légitimité. L'acte fondateur du droit est donc d'abord et surtout un acte de volonté. Même dans le droit administratif où la tentative d'apporter un argument contraire pourrait se prêter à une acceptation démontre ce point de vue. L'existence de l'acte unilatéral trouve son fondement dans une convention expresse dont la constitution, expression du peuple souverain, a fondé le champ d'exercice. Il y a donc des règles qui s'imposent aux acteurs au pouvoir. De la sorte, il y a atteinte à l'emprise du droit lorsque le pouvoir politique décide de fouler aux pieds les règles inscrites dans la constitution.

Dès lors, la possibilité d'exercer un recours pour excès de pouvoir directement par rapport à la constitution montre que le champ d'action

---

[32] *Sud-Ouest africain, deuxième phase*, arrêt, du 18 juillet 1966, C.I.J. Recueil 1966, p. 34 § 49.

[33] LLEWELLYN, *The Bramble Bush*, 2e éd., 1951, p. 9.

[34] Hart, *Le concept de droit*, Bruxelles, facultés universitaires de Saint-Louis, 1976, pp. 89 et suivants.

du pouvoir politique contient une limitation primordiale rendue possible par l'autorité du droit. Ainsi, « le droit lui-même, en tant que phénomène et principe, est critère, puisqu'il est l'expression suprême, dans l'ordre pratique des choses, de la conception valorisante » (…) le droit est synonyme de conscience et de responsabilité[35] ». Car « c'est le droit qui ouvre la voie aux choses et le droit qui protège et préserve les choses[36] ». La volonté du pouvoir politique n'est juridiquement une volonté que lorsqu'elle est conforme à l'idée abstraite de droit.

De ce point de vue, il y a lieu d'être réticent à l'idée que le droit a été le résultat d'une résistance à l'emprise de l'État[37]. Ce point de vue peut être critiqué au regard de l'idée que le droit a formé l'État. Il s'ensuit que le droit a été le résultat d'une résistance aux emprises illégitimes du pouvoir politique, à moins de considérer qu'il y a une assimilation parfaite entre État et pouvoir politique.

L'obligation de recourir au droit se situe dans l'optique plus fondamentale de la protection des libertés. Cette protection est à la fois la liberté des citoyens et la liberté de « l'État ». La référence à cette dernière entend prendre en compte la liberté qui perpétue à la fois la permanence de l'État et sa survie. Cette protection se fait au nom de la loi au sens large. Il s'agit de la loi en tant qu'acte normal, rendant possible la gestion de l'État et non de la loi comme souhait et volonté du pouvoir politique, non de la loi comme instrument des autorités, mais de la loi comme autorité. La protection de la liberté n'implique nullement que la volonté de l'État puisse s'accommoder à celle de ses dirigeants. Les abus d'une telle situation, on le sait depuis l'édit de Moulin de 1566, ont nécessité que les droits de l'État ne soient pas ceux des gouvernants. La protection des libertés a pour conséquence l'obligation pour les gouvernants d'avoir le droit comme boussole. En ce sens, ROUSSEAU a dit qu'« il n'y a point de liberté sans lois, ni où quelqu'un est au-dessus des lois ; dans l'état même de nature l'homme

---

[35] Hans Albrecht SCHWARZ-LIBERMAN VON WALHENDORF, « *Politique, droit, raison*, Bibliothèque de philosophie du droit, volume XXVII, Paris, LGDJ, 1982, pp. 140 et 141.

[36] Ibidem, p. 142.

[37] Hans Albrecht SCHWARZ-LIBERMAN VON WALHENDORF, « *Politique, droit, raison*, Bibliothèque de philosophie du droit, volume XXVII, Paris, LGDJ, 1982, p. 22.

n'est libre qu'à la faveur de la loi naturelle qui commande à tous (…)[38] ». Dans une société religieuse, la référence de ce droit est un Dieu omniscient et omnipotent. Jean BODIN illustre bien cette situation par l'exemple qu'il fournit de la désignation du roi des tartares[39]. Dans une société laïque, ce droit est considéré comme celui qui résulte de la saine raison en ce qu'il est inhérent à tout être humain. C'est même la référence à cette saine raison qui permet de considérer le droit comme un instrument de régulation des pouvoirs.

B. UN INSTRUMENT DE RÉGULATION DES POUVOIRS

Il y a une vérité incontestable dans l'esprit des lois, à savoir que tout homme qui a du pouvoir est appelé à en abuser. C'est pour limiter les abus, pour les atténuer et les rendre insignifiants qu'a été conçu, par volonté primaire du droit, la théorie de la séparation des pouvoirs (**1**). Cette théorie induit donc un contrôle réciproque des pouvoirs (**2**).

1. La théorie de la séparation des pouvoirs

Au sein de l'État il y a plusieurs types de pouvoirs dont l'identification a été rendue visible par l'œuvre gigantesque de la philosophie politique. Les schématisations constitutionnelles ont permis de retenir trois pouvoirs sous l'angle du droit, qui, quoique d'inégale force, constituent la trame de la définition de ce qu'il est convenu d'appeler aujourd'hui l'État de droit. Cette distinction est apparue cependant sous le prisme du droit naturel dont Jean BODIN, juriste publiciste et jusnaturaliste, remonte les premiers linéaments à Aristote. Pour celui-ci, il y a « trois parties de la République, l'une à prendre avis et conseil, l'autre à établir officiers, et la charge d'un chacun, et la troisième à faire justice[40]. » BODIN en déduit qu'Aristote « a entendu parler des droits de la majesté », ce que John Locke et Montesquieu ont appelé par la suite la séparation des pouvoirs,

---

[38] Jean-Jacques ROUSSEAU, *Lettres écrites de la montagne -VIII*, bibliothèque numérique romande, 1763-64, p. 333.

[39] Jean BODIN, *Les six livres de la république*, Un abrégé du texte de l'édition de Paris de 1583, Québec, disponible sur http://classiques.uqac.ca/, 1993, pp. 122-129.

[40] *Ibidem*, p. 153.

quoique la distinction faite par John LOCKE ne permette pas d'identifier les trois pouvoirs comme le fit Montesquieu.

Jean BODIN lui-même y fit une observation en érigeant entre les mains du souverain sa conception des vraies marques de la souveraineté qui se situerait dans la possibilité de faire la loi. « La première marque du prince souverain, c'est la puissance de donner loi à tous en général, et à chacun en particulier ». Mais le souverain, lorsqu'il donne loi à tous, n'applique-t-il pas une règle de droit immanente et transcendant sa personne ? Il y a, dans l'acte de donner loi une volonté certes. Elle n'est cependant que le reflet d'une volonté première qui en est fondatrice.

La théorie de la séparation des pouvoirs a été construite sous le prisme de la philosophie politique en vue de conceptualiser un Léviathan dont l'affaiblissement a été pensé au prisme du droit. Cet affaiblissement est la résultante d'une conception dominante fondée sur la nécessité de protéger les droits de l'État et ceux des particuliers face à une prédation dont ils ont été victimes. La question de l'humain au centre des orientations du droit demeure une évidence aujourd'hui, moins que hier et peut-être davantage demain. Il est utile de bien la cerner. Elle justifie la disparition des régimes « autoritaires » au profit des régimes représentatifs. De ce point de vue, cette théorie consacre une sorte de moralisation de la vie publique par le biais du droit.

C'est la conséquence nette de la délimitation des sphères de compétences opérée au moyen du droit et dont la méconnaissance fait, suivant les pays, l'objet d'une sanction du juge. Un clin d'œil à l'article 123 de la constitution du Burkina Faso traduit ce regard que le droit porte sur l'exigence de la séparation des pouvoirs et son caractère d'ordre public[41]. Dans certaines traditions juridiques, on a même manifesté la teneur de la théorie au moyen de texte à portée philosophique dont la reconnaissance de la valeur juridique a été affirmée par la suite[42].

---

[41] Selon cet article 123 de la Constitution, « Les propositions de lois et les amendements qui ne sont pas du domaine de la loi sont irrecevables.

L'irrecevabilité est prononcée par le Président de l'Assemblée nationale.

En cas de contestation, le Conseil constitutionnel, sur saisine du Premier ministre ou du Président de l'Assemblée nationale, statue dans un délai de huit jours ».

[42] Voir en ce sens l'article 16 de la déclaration française des droits de l'homme et du citoyen du 26 août 1789. La reconnaissance de la valeur juridique de ce principe en tant

Ainsi, au cœur de la théorie de la séparation des pouvoirs se situe l'idée et l'exigence d'une prise en compte du droit. En dehors du pouvoir judiciaire et ce de façon exceptionnelle, car il existe bien de traditions juridiques dans lesquelles certains juges sont élus, les interactions entre le pouvoir exécutif et le pouvoir législatif impliquent nécessairement, pour leur bon fonctionnement, l'intervention d'une règle de droit assez bien structurée. Dans ces situations, le droit constitue le centre, l'objet et la limite de l'action.

En donnant naissance à un pouvoir législatif par contrat, il lui a été donné aussi le champ de son intervention qui implique que ce pouvoir doit agir, mais qu'il doit agir dans le champ et dans les limites du droit. Chaque pouvoir se reconnait de la sorte comme pouvoir, mais il ne se reconnait de la sorte qu'au regard du droit qui constitue sa source de légitimité et de légitimation.

Dans cette situation, le pouvoir est relatif et cette relativité provient de sa source première qui est soit consentement, soit acceptation ou adhésion. On consent à une règle au moment de son adoption, et on accepte et adhère à un principe déjà adopté. La règle est bien connue du pouvoir politique qui n'hésite pas à recourir au droit, hard ou soft, pour la permanence de ses idées. L'organisation du chef de file de l'opposition et la rédaction d'une charte des partis politiques sont utiles en ce sens.

On comprend par-là que le pouvoir politique lui-même ne peut se dessaisir du droit. S'il tient le droit, c'est qu'il est tenu par le droit. S'il agit par le droit, c'est qu'il doit agir pour le droit. Toute autre perspective ouvre la voie d'un déni, d'une injustice, d'un non-droit.

Il est acquis depuis les travaux de CARBONNIER que le droit est un acte vivant. Cette opinion philosophique a connu une entrée dans la jurisprudence internationale[43]. Toutefois, le droit est vivant à deux égards. D'abord en lui-même, parce qu'il est force, impulsion, vision, ordre et situation. Le droit est aussi un acte vivant parce qu'il est pensé, construit, vécu et objectif. L'atteinte de cette double vivacité implique

---

que norme à valeur constitutionnelle a été affirmée par le Conseil constitutionnel français dans sa décision du 23 janvier 1987 relative au Conseil de la concurrence.

[43] Opinion individuelle du juge AMMOUN, vice-président, sous l'avis consultatif sur *les conséquences juridiques pour les Etats de la présence continue de l'Afrique du Sud en Namibie,* CIJ Recueil 1971, p. 75.

et commande dans la séparation des pouvoirs qu'il existe, pour l'harmonie des choses, un contrôle réciproque des pouvoirs.

2. Les contrôles réciproques des pouvoirs

La théorie de la séparation des pouvoirs a connu sa fortune entre le XVIIe et le XVIIIe siècle au détour d'une conception qui fondait la légitimité royale sur une approche divine. Cette considération a été dominante pendant la moitié du moyen-âge avec des auteurs comme Saint Augustin, Thomas d'Aquin, Melchior de Cano, et Jean SALISBURY. A la fin du moyen-âge, elle était assez répandue en se fondant sur un principe théologico-philosophique du respect de l'autorité royale par référence à Dieu. On trouve cette conception dominante dans le droit canon et dans le droit musulman et rendue par la doctrine de Thomas HOBBES, et René DESCARTES[44].

La répartition des compétences aurait eu pour conséquence d'ériger le prince souverain en lieutenant de Dieu sur terre. En conséquence, selon Jean BODIN, « il n'y a rien plus grand en terre, après Dieu, que les Princes souverains, et qu'ils sont établis de lui comme ses lieutenants, pour commander aux autres hommes, il est besoin de prendre garde à leur qualité, afin de respecter et révérer leur majesté en toute obéissance, sentir et parler d'eux en tout honneur, car qui méprise son Prince souverain, il méprise Dieu, duquel il est l'image en terre[45]. » Cette approche, commune aux philosophies politiques de l'antiquité a connu une innovation par la sorte d'éveil qu'a connu le monde des hommes en réaction contre la tyrannie. Le vide est souvent source de désarroi, la fin de la tyrannie n'est pas celle du vivre ensemble. Le centre du pouvoir ayant périclité, la sagesse des hommes voulue que le pouvoir soit « divisé », sans être la résultante, forcément, de la volonté de Dieu. Ce phénomène donna naissance à la séparation des pouvoirs.

Il y a bien une vérité assez répandue dans la théorie de la séparation des pouvoirs. C'est qu'en créant une interaction entre les différents pouvoirs, cette théorie entend fonder une rationalisation dans la gestion de la chose publique. En tant que conséquence de la redevabilité, la

---

[44] Ces deux auteurs sont connus par leur théorie sur la finitude de l'homme et la toute-puissance de Dieu dans la gestion des affaires de la cité, reprenant ainsi les thèses de Saint Augustin et Saint Thomas d'Aquin développée au IVe et au XIIIe siècle.

[45] Jean BODIN, *Les six livres de la république*, Un abrégé du texte de l'édition de Paris de 1583, Québec, disponible sur http://classiques.uqac.ca/, 1993, p. 152.

théorie construit un régime de contrôle réciproque des pouvoirs. Mais qu'implique l'idée d'un contrôle réciproque ?

La réponse a été fournie, différemment, par les théoriciens de ce concept. Les développements de Aristote sur la question ont cherché à situer les vraies marques de la souveraineté contestées par BODIN qui a considéré que la caractéristique de cette marque est qu'elle ne doit pas se communiquer aux sujets[46].

Lorsque John LOCKE a abordé la question, il a proposé que le pouvoir exécutif ait un champ d'intervention plus large[47]. Montesquieu proposa qu'il y ait un poids et un contrepoids[48].

On comprend, au regard de ces trois conceptions originelles, que la séparation des pouvoirs n'a pas entendu donner libre court à chaque puissance. Qu'elle a prévu, au nom de l'intérêt général, l'idée sous-jacente d'un contrôle réciproque. L'admission même de ce contrôle implique, ou un consentement ou une adhésion. Or, la première source du droit, au regard de la théorie du contrat social est le consentement. Celui-ci implique volonté, acceptation et approbation des règles pour le vivre ensemble dans une société de paix.

De ce point de vue, « les techniques du droit peuvent essayer de limiter l'usage de la force, en créant des institutions législatives et judiciaires qui offriront des procédures acceptées pour l'élaboration des normes et le règlement des litiges. Mais celles-ci, pour fonctionner sans trop de heurts, pour rétablir, grâce à leur autorité, l'accord dans des domaines controversés, présupposent la reconnaissance de la légitimité de ceux qui doivent prendre des décisions déterminant les cadres de l'ordre social et servant à rétablir la paix devant les prétentions opposées[49] ». La reconnaissance de cette légitimité, en tant que résultante de l'idée de droit n'est donc concevable qu'autant que cette idée puisse être érigée en principe et en règle de conduite[50].

---

[46] *Ibidem,* p. 156.

[47] John LOCKE, *Traité du gouvernement civil,* Paris, Callixte VOLLAND libraire, 1802, p. 250.

[48] Montesquieu, *De l'esprit des lois,* deuxième partie, livre XI, chapitre IV.

[49] Chaïm PERELMAN, *Ethique et droit*, Editions de l'Université de Bruxelles, Bruxelles, 1990, p. 254.

[50] Les contestations électorales se prêtent à cette lecture dès lors que la question de qui a remporté le scrutin se pose et ne devrait se poser que sous l'angle du droit.

La répartition des compétences, telle qu'elle a été transmise aux constitutions de la quasi-totalité des pays africains par la constitution française de 1958 a été de faire la distinction entre le domaine de la loi et le domaine du règlement. La multiplication des juridictions aidant et le souci d'avoir des décisions de justice impartiales a contribué à faire des juridictions un pouvoir.

Il y a cependant une particularité marquée dans les interactions entre le pouvoir législatif et le pouvoir exécutif. Il y a, de ce point de vue, selon le choix du régime politique, des interactions nécessaires entre ces deux pouvoirs. Même dans un régime de type présidentiel, aucun pouvoir n'a un monopole exclusif d'un domaine de compétence. L'exemple assez cité des USA permet de comprendre que le véto présidentiel est un instrument qui peut être brandi contre le parlement et qu'en retour certaines nominations du président doivent faire l'objet d'une acceptation par le congrès.

Dans les régimes politiques dits parlementaires, il y a aussi un droit d'initiative qui est reconnu au chef de l'État qui souvent est obligé de cohabiter avec des acteurs dont il ne partage pas forcément les idéaux. La rationalisation de ce parlementarisme dans certains États a vite fait de démontrer que le contrôle réciproque peut se traduire par des actions en responsabilité.

La possibilité d'un conflit est certaine lorsqu'il y a différents pouvoirs au sein de l'État. L'intervention du droit aura ainsi pour conséquence, selon LOCKE, de laisser « quantité de choses à la discrétion de celui qui a le pouvoir exécutif[51] ». Cet écho du XVIIe siècle a été largement entendu, puisque la répartition des pouvoirs au sein des États a été de donner une compétence de principe au pouvoir exécutif et une compétence d'attribution au pouvoir législatif assortie d'une fonction de contrôle du vaste champ d'intervention du pouvoir exécutif.

L'implication philosophique majeure issue de cette distinction a été de faire voir qu'il n'y a pas utilité juridique à ce que le pouvoir législatif se réunisse à tout moment. Les sessions ordinaires et extraordinaires s'inscrivent dans cette logique de réunion momentanée du pouvoir législatif. Le pouvoir exécutif assure la continuité de la vie publique par la nécessité issue de l'obligation de mettre en œuvre les lois adoptées.

---

[51] John LOCKE, *Traité du Gouvernement civil*, Paris, Callixte VOLLAND libraire, 1802, p. 250.

C'est ce qui justifierait que son mandat soit permanent par rapport au mandat confié au parlement.

Mais que l'on prenne garde à déduire de ce postulat la supériorité d'un organe sur un autre. L'on tomberait dans une restriction philosophique qui ne semble pas avoir été aux collimateurs des inventeurs de la théorie. Il suffit de concevoir que la séparation des pouvoirs, en tant que principe désormais juridico-philosophique a été construit de façon fictive pour embrasser une réalité qui est celle de lutter contre l'arbitraire. Que l'arbitraire appelle, dans son principe, la négation du droit. Que par conséquent, il serait moralement absurde et juridiquement antinomique de chasser l'arbitraire par l'arbitraire. Sans peut être l'avoir forcément envisagé, la part de juridisme dans la séparation des pouvoirs semble avoir été un élément inconscient de directive et de règle de conduite au sein de l'État. C'est ce qui pourrait expliquer en conséquence l'idée de contrôle réciproque, qui, malgré les apparences politiques qu'il peut prendre relève d'une sorte de politisation juridique ou dit plus concrètement une politisation du droit, l'expression devant être prise dans son sens figuré en ce que la politisation du droit admet ce dernier à être contre le pouvoir.

II. LE DROIT CONTRE LE POUVOIR

Le droit est d'abord une idée abstraite et en tant que telle, il se situe d'abord dans l'ordre des idées. Il a cependant vocation et autorité à se traduire dans la réalité et à ordonner et prévoir les cadres nécessaires pour son ascendance. Puisqu'il confère autorité au politique, il a encore la possibilité « d'illégitimer » ce dernier (**B**). Il peut davantage le faire au moyen du peuple comme porte-voix de la légitimité contemporaine du droit (**A**).

A. LE PEUPLE : ABSTRACTION POLITIQUE ET EXPRESSION CONTEMPORAINE DE LA LÉGITIMITÉ DU DROIT

Le pouvoir politique tire sa légitimité de la Loi. Lorsqu'il adopte cette dernière, ses marges de manœuvres sont limitées, son champ d'action est circonscrit en ce que la vocation, la possibilité quasi-absolue de déterminer la matière législative et son contenu est le reflet d'une délégation législative (**1**). Ce postulat est surtout vrai en démocratie et existe aussi en dictature. Les cas d'inertie peuvent être suppléer par le délégataire au moyen d'une législation directe (**2**).

1. La délégation législative

Le roi n'est pas fait pour gouverner un royaume sans habitants. Cette paraphrase de Hémon à Créon dans Antigone traduit l'idée que l'État existe d'abord et avant tout pour les hommes. Le pouvoir politique est un pouvoir exercé par et pour ces derniers. Cette conception sera reprise plusieurs siècles plus tard dans la doctrine juridique par Jean BODIN pour qui la République doit avoir un territoire suffisant, et lieu capable pour les habitants[52]. Le droit est le produit d'une conception humaine dont l'expression et l'exercice sont dévolus au pouvoir politique. Celui-ci ne réalise pas ses propres intérêts, mais ceux du peuple. La légitimité juridique du pouvoir politique est issue d'un mandat qui doit permettre la réalisation du droit voulu par le peuple. En conséquence, le droit produit par ce pouvoir est, dès lors qu'il y a conformité avec l'ordre naturel des choses et la conscience raisonnable qui se trouve dans chaque peuple, la manifestation d'une législation qui dépasse le pouvoir. C'est le sens de la délégation législative dont la double implication entraine une neutralisation abstraite du pouvoir exécutif et un effacement fictif du pouvoir parlementaire.

La délégation législative implique que les lois expriment une volonté qui dépasse celle du pouvoir politique pris en tant qu'entité émancipée. Celui-ci, parce qu'il agit sur mandat ne peut agir conformément à sa propre volonté, mais suivant une volonté qui le dépasse. Il doit agir au nom et pour le compte de l'entité abstraite, dont la volonté transcende toute prétention fondée sur le pouvoir.

Le champ d'action du pouvoir sous le prisme de la directive populaire n'implique pas, cependant, un exercice sans contrôle. L'idée primaire est que le droit poursuit paix et justice. C'est donc conformément à ces exigences que le pouvoir politique doit faire usage du droit. Dès lors, lorsque la volonté populaire n'est pas conforme avec la finalité du droit, (les caprices du peuple peuvent aussi témoigner de sa non-clairvoyance), le pouvoir politique dispose d'une liberté qui ne doit pas cependant déborder le cadre du juste et du raisonnable. Il a

---

[52] Jean BODIN, *Les six livres de la république, Un abrégé du texte de l'édition de Paris de 1583*, Quebec, disponible sur http://classiques.uqac.ca/, 1993, p. 64.

l'obligation d'agir pour réaliser les fins du droit. Thomas HOBBES semble avoir bien résumé la situation et le rôle du législateur au sein de la société. *Le législateur, dit-il, n'est pas celui dont l'autorité est à l'origine des règles de droit, mais celui dont l'autorité permet à celle-ci de continuer à être des règles de droit*[53]. Il se pose cependant la question de savoir jusqu'où on peut apercevoir la clairvoyance dans la volonté du peuple. Un peuple qui décide qu'il faut désormais circuler à gauche et non à droite agit-il toujours conformément à une règle de clairvoyance ?

Les choses, sans être forcément évidentes, invitent à opérer un regard sur le contingent et le nécessaire, entre le superflu et l'absolu. Dans les deux cas cependant, le pouvoir politique est appelé à respecter l'exigence d'une législation salvatrice et promotrice de la paix sociale et de la justice. Il lui est supposé une clairvoyance qui fait qu'il est supposé agir pour le bien et l'intérêt général.

De la sorte, qu'une société décide de vivre dans l'anarchie et que le pouvoir politique décide de laisser faire se présente comme l'absurdité même. A l'inverse, on peut trouver des peuples qui vivent sous un régime tyrannique. La décision de s'y accommoder n'est pas le témoignage d'un droit devenu constant, car il n'y a pas de constance dans le non-droit, mais celui d'un peuple pour qui le droit a cessé de signifier quelque chose et d'avoir un sens.

Le pouvoir politique n'est pas dépourvu d'un droit d'action, c'est même lui qui agit conformément à l'idée de délégation. Son action est cependant un faire faire. Quoique se présentant comme initial, le droit du pouvoir politique est au fond dérivé. Même dans les situations dans lesquelles il agit par instinct pour réaliser un vœu politique, son action demeure toujours dérivée, parce que sous l'impulsion d'un déterminisme philosophique, qui, pour prospérer a besoin du droit comme boussole, comme piédestal, comme appui. L'intention de faire ce qui est conforme à la volonté de l'électorat cache le dessein d'un vouloir être futur.

En cela, Hart a développé, dans le sillage du courant positiviste l'idée qu'il n'y a pas de droit qui puisse subjuguer la volonté du législateur dans son mouvement créateur du droit. En cinq axiomes, il

[53] Thomas HOBBES, *Le Léviathan*, chap. XXVI.

expose les raisons qui prévalent à la considération que le droit est d'abord la volonté du législateur.

Premièrement, il exprime en termes d'incapacités et non plus en termes de limitation juridique, les règles portant atteinte à l'autorité législative. Les incapacités n'étant point des devoirs pour le législateur. Deuxièmement, l'existence du droit en tant que volonté du législateur n'a pas besoin d'être remonté à une volonté tacite ou expresse d'un autre législateur qui serait souverain. Il suffit de montrer que cet acte a été promulgué par un législateur habilité. Troisièmement, la supériorité du pouvoir législatif ne réside pas dans son caractère illimité, mais plutôt dans l'idée qu'il n'a aucune autorité supérieure sur ceux qui détiennent une autorité similaire sur un autre territoire. Quatrièmement, il propose de faire la distinction entre l'autorité législative juridiquement illimitée et les restrictions constitutionnelles dont il peut faire l'objet. Cinquièmement, que l'autorité de ce pouvoir n'est pas subordonnée constitutionnellement ou légalement à celle d'autres personnes[54].

Il y a assurément une vérité quasi-irréfutable dans ces assertions. Par définition, le souverain n'a pas de supérieur. Cette vérité théorique ne se vérifie pas cependant dans tous les domaines du droit. La définition contemporaine de la politique qui implique qu'elle est l'exercice et la gestion de la chose « public » au profit de l'intérêt général suppose une idée immanente de limitation du pouvoir qui peut découler de l'exercice politique. Il n'est pas démontré que les incapacités ne sont pas juridiques ou que le concept de limitation juridique renvoie à une idée faisant fi d'une sorte d'impuissance. Juridiquement, les incapacités sont bien des devoirs et implique, suivant les cas, une obligation de ne pas faire. L'acte de promulgation supposé maintenir l'autonomie du pouvoir législatif peut à son tour être vu comme un acte conditionné et non initial. Il existe aussi bien des actes juridiques qui peuvent s'appliquer sans qu'ils n'aient fait l'objet d'une promulgation par le pouvoir législatif. On peut penser, pour ce fait, aux implications de l'article 149 de la constitution du Burkina Faso[55]. Du reste, on peut trouver la limitation comme la conséquence de la délimitation entre

---

[54] Hart, *Le concept de droit, op.cit.,* pp. 93-94.

[55] Cette disposition prévoit que les traités de paix, les traités de commerce, les traités qui touchent à l'état des personnes, les traités qui touchent les finances de l'Etat ne peuvent être ratifiés que par voie législative.

sphère de compétence et la jurisprudence a décidé à son sujet qu'elle est d'ordre public[56]. Ainsi, la compétence du législateur est moins une compétence voulue et souhaitée qu'une compétence subie. Elle est subie du fait du droit et sonne comme l'implication même de la représentation en ce qu'en agissant pour la nation les parlementaires n'agissent pas pour eux-mêmes. Il y a un ordre de silence qui découle de l'autorité de la loi et qui commande au pouvoir politique d'agir et de réagir au nom et pour le compte du droit. L'existence de la législation directe, faisant intervenir le dépositaire réel du pouvoir politique[57] tend à confirmer donc l'idée que la liberté du pouvoir politique est déterminée et qu'elle est déterminée suivant des principes juridiques, eux-mêmes voulus et rendus possibles par la fin du droit : paix et justice.

2. La législation directe

Il y a la possibilité d'admettre qu'en dépit de l'ambiguïté du concept de peuple en droit, celui-ci semble avoir connu deux époques. Celle durant laquelle le peuple était considérée comme un objet, il s'agit de la conception qui a le plus dominé dans l'histoire de l'humanité et celle au cours de laquelle le peuple est devenu citoyen par l'effet conjugué des révolutions. La théorie philosophique d'abord, puis juridique ensuite du droit des peuples à disposer d'eux-mêmes permet l'explication de l'avènement de l'État au regard de l'idée de nation. On a dit que « la nation, c'est donc l'État organisé en pouvoir politique et tout État a vocation à apparaître comme une nation politiquement organisée, c'est-à-dire un État-nation. Il en résulte logiquement que la nation n'existe pas juridiquement en dehors de l'État. L'État est lui-même *le fruit de la délégation de la souveraineté aux organes du pouvoir politique*[58], y compris la nation, mis en place par la Constitution ». On pourrait dire autrement que l'État lui-même, parce qu'il incarne la vision du peuple est le fruit de la volonté de ce dernier et qu'il devrait être le fruit d'une volonté éclairée du peuple.

La question du centre du pouvoir implique nécessairement la prise en compte du peuple au regard de la prédominance du système de

---

[56] L'hypothèse des articles 101 et 108 de la constitution du Burkina Faso est éloquente à cet égard lorsqu'elle fait la distinction entre le domaine de la loi et celui du règlement.

[57] Francis HAMON, *Le référendum. Etude comparative*, 2e édition, Paris, LGDJ, p. 9.

[58] Italiques ajoutés.

démocratie libérale dans la quasi-totalité des États du monde. C'est la conséquence du régime représentatif qui implique que les citoyens ne sont plus des sujets passifs du droit, mais qu'au contraire, ils puissent en être des sujets actifs[59].

C'est la conséquence liée au néoconstitutionnalisme classique. L'idée philosophique de constitution qui a donné naissance au constitutionnalisme a visé à dire que la constitution régit les règles et fonctionnement de l'État, en d'autres termes du pouvoir politique. La prise en compte du citoyen était négligée dans la mesure où, sujet, il n'avait pas de droits mais des devoirs. La nécessité de la protection de la dignité humaine au prisme des conceptions philosophiques des XVIIIe et XIXe siècle sur l'humain a engendré la nécessité juridique de prise en compte du citoyen. Georges VEDEL dira que la constitution est descendue parmi les hommes[60]. En ce sens, l'article 16 de la déclaration française des droits de l'homme et du citoyen du 26 août 1789 dispose que « toute Société dans laquelle la garantie des Droits n'est pas assurée, ni la séparation des Pouvoirs déterminée, n'a point de Constitution. »

La prise en compte des droits des citoyens ne se fera pas seulement par initiative politique, elle peut aussi intervenir par initiative, soit populaire, soit référendaire.

La seconde modalité démontre le penchant philosophique du contrat social. L'arbitrage du peuple est rendu nécessaire sur des questions qui divisent la société politique. Lorsque les forces centrifuges n'arrivent pas à trouver le criterium de définition de l'intérêt général, le pouvoir politique prend alors conscience d'une vérité éternelle. Il comprend la situation du centre du pouvoir et s'en remet à son titulaire pour déterminer le contenu de cet intérêt général.

Le référendum, en tant que technique juridique de législation par la voie directe du peuple renferme un contenu philosophique assez lourd dans la compréhension juridique de la réalité du pouvoir. Pour Francis Hamon, « l'attribution aux citoyens d'un droit d'initiative fait perdre aux pouvoirs publics le monopôle qu'ils détiennent habituellement sur

---

[59] Francis HAMON, *Le référendum. Etude comparative*, 2e édition, Paris, LGDJ, p. 12.

[60] « La Constitution n'est plus alternativement, comme très souvent dans le passé, un majestueux document philosophique ou un code de la route parlementaire, dans les deux cas, étranger au citoyen et à sa vie personnelle et quotidienne. Elle est descendue parmi les hommes ».

la fonction législative[61] ». Recourir à l'arbitre politique de dernier ressort implique que l'exercice du pouvoir est véritablement un mandat. Le pouvoir politique porte la charge représentative de l'intérêt des masses. Il est limitation au départ et à l'arrivé. Il est représentation, responsabilité, et redevabilité. Par son mécanisme d'action, il n'est pas fréquent, cependant, que les blocages fassent systématiquement l'objet d'une consultation populaire. Le titulaire du pouvoir réel dispose alors d'une autre alternative. Quoique limitée dans ses modalités d'application concrètes, le droit d'initiative populaire à travers les pétitions, constitue un moyen pour le peuple d'exprimer sa volonté dans le sens de l'avènement d'une norme de conduite bien déterminée. En cela, le référendum « définit une ouverture du système politique[62] » qui permet de comprendre que le pouvoir politique n'est pas toujours concentration et monopôle.

Il faut cependant comprendre la nécessité d'intervention du parlement dans cette procédure, non pas comme une voie d'obstruction de l'initiative populaire, mais plutôt comme un censeur des initiatives attentatoires à l'intérêt général. Par simple présomption, le peuple ne dispose pas toujours d'une clairvoyance et le nombre de signature, relativement limité par rapport à la population pris en général pour donner un sens à cette pétition, justifie ce point de vue.

Le droit d'initiative législative et le referendum sont la traduction d'une conception très ancienne confiant le pouvoir au peuple et considérant ce dernier comme la source de ce pouvoir. En théorie, les dérivés ne sont à la base des initiaux que lorsque ces derniers acceptent un effacement au profit des premiers. A moins de démontrer que par le pouvoir représentatif qui lui a été confié les pouvoirs « constitués » ont substitué le pouvoir constituant. Le président de la république et le parlement constitue aujourd'hui la marque d'une certaine volonté du peuple. La recherche du centre du pouvoir, d'un souverain doit donc être recherché en ce dernier. AUSTIN a dit en ce sens, exemple pris du cas anglais, que « les membres de la Chambre des communes ne sont à proprement parlé que des représentants du corps qui les a élus : en conséquence, la souveraineté réside toujours conjointement dans la personne du Roi et des membres de la Chambre des lords ainsi que dans

---

[61] Francis HAMON, *Le référendum. Étude comparative*, 2e édition, Paris, LGDJ, p. 183.

[62] Jean-Daniel DELLEY, *L'initiative populaire en Suisse, mythe et réalité de la démocratie directe,* L'Âge d'homme, 1978, p. 123.

le corps électoral des Communes[63] ». Observation vraie dans les monarchies, mais fortement nuancée dans les démocraties contemporaines au regard du fait que le pouvoir, même lorsqu'il est confié par le peuple, peut être illégitimé par le droit.

B. Le pouvoir illégitimé par le droit

Robert Filmer, dans sa conception et ses directives pour les États dans les périodes dangereuses s'approche mieux de Hobbes que de Locke. La possibilité de faire intervenir la force, on le sait, est une prérogative de l'État, au mieux, de chacun des trois pouvoirs. Le droit a cependant admis la possibilité d'un refus de droit au nom du Droit. Il en va ainsi de la désobéissance civile. La désobéissance civile n'est ainsi pas une exception au droit, c'est le droit même qui postule que l'autorité peut être désavouée quand il agit hors du cadre, du repère et du sentier tracé et voulu par le droit (**1**). A cette force transformatrice s'ajoute la fonction du juge, dont l'office est parfois, mais assez souvent et peut être toujours, de dire au politique, « tu n'iras pas plus loin » (**2**).

1. La désobéissance civile.

Il existe par l'effet même de la loi des injustices aberrantes. Le refus de cette situation sera une idée sous-jacente du droit. La loi allemande et la loi sous Vichy contre les juifs souffrait de cette tare et il était de bon aloi de résister contre. On pourrait ranger dans la même veine la résistance du peuple palestinien.

La philosophie des lumières a inscrit au cœur de ses études la question de la liberté humaine pour aboutir à la conclusion générale que la liberté n'est pas en soi illimitée. C'est la conséquence logique du contrat social que les lois au sein de la société procèdent de la volonté générale. Il s'agit d'une abstraction car la volonté générale n'est pas la volonté commune. C'est celle de la majorité supposée exprimée au nom du principe de la représentation. La loi est dans ce sens une loi donnée et acceptée au sein de la société. La contradiction du principe de majorité s'exprime cependant lorsqu'au sein du corps des hommes une partie arrive à faire voir la contradiction de la loi donnée, non pas au regard de situations ponctuelles et passagères, mais au regard de

---

[63] John AUSTIN, *Province of jurisprudence determined,* Lecture VI, p. 230.

l'injustice contre nature qui en découle. Les contestations contre ce qui est supposé en vigueur et avoir été donné par la majorité constitue au sens général, la portée réelle de la désobéissance civile. Celle-ci implique donc résistance à l'oppression et pas n'importe laquelle, c'est la résistance contre les oppressions codifiées.

En filigrane, la désobéissance civile, pour le positivisme apparait comme la manifestation « injuste » contre un ordre légal. La philosophie de Jurgen Habermas inscrit de même la désobéissance civile sous le chapitre des actes illégaux posés en toute conscience et assumés en toute conséquence[64]. En cela, elle n'a été organisée que comme une exception, le principe général voulant que l'on se soumette à la loi, bonne ou mauvaise, dès lors qu'elle émane de l'autorité compétente et qu'elle a poursuivi la procédure normale.

La question de la résistance à l'oppression en tant que subterfuge des droits de l'homme se conçoit au sein de la société lorsque par la volonté des uns, fusse-t-il sur le fondement d'une loi, peu importe les appellations qu'on puisse donner à cet acte, constitue une entrave à l'épanouissement des autres et non pas seulement et même assez souvent en fonction des circonstances de quelques-uns. C'est là l'expression légitime du droit, et cette réaction contre l'oppression n'a pas toujours besoin d'être codifiée.

Les théories sur l'état de nature, celle de Rousseau surtout, en donne une conception assez significative et révélatrice du lien qui unit le souverain au peuple et en tant que contenu, non pas idéel, mais idéale du contrat social.

Dans la perspective rawlsienne, la *Théorie de la Justice* fait du contrat social, à la différence de Hobbes, Locke et Rousseau, le fondement de la contestation possible d'un ordre injuste. Possible parce qu'il faut prendre en compte la structure même de cet ordre. Selon la définition que donne cet auteur, la désobéissance civile est « un acte public, non violent, décidé en conscience, mais politique, contraire à la loi et accompli le plus souvent pour amener un changement dans la loi

---

[64] Pour ses conditions de validités, Habermas et Rawls se rejoignent à des exceptions près : « la désobéissance civile est consciente et intentionnelle, publique, et s'inscrit dans un mouvement collectif ; elle use de moyens pacifiques, assume le risque d'une sanction, poursuit des fins innovatrices, et fait appel à des principes éthiques ». Voir Consolate BIGIRIMANA, « Essai d'analyse philosophique de la désobéissance civile », *Laval théologique et philosophique*, 61(2), p. 338.

ou bien dans la politique du gouvernement. En agissant ainsi, on s'adresse au sens de la justice de la majorité de la communauté et on déclare que, selon son opinion mûrement réfléchie, les principes de la coopération sociale entre des êtres libres et égaux ne sont pas actuellement respectés[65] ». La désobéissance civile poursuit ainsi l'intérêt du maintien des institutions. Certaines constitutions africaines en font mention pour cantonner cependant la désobéissance civile au maintien des institutions politiques. A ne s'en tenir qu'à cette conception, il apparait, de manière assez évidente que le droit en tant que pouvoir contient des moyens d'action en vue de limiter le politique qui ne tient son pouvoir que de la loi. La question pourrait être analysée au-delà. Puisque ce postulat est acquis en droit positif, il importe de discuter de l'admission de la désobéissance civile en dehors de l'objectif de maintien des institutions politiques.

Au cœur de cette problématique se situe la question de la protection des libertés. La place centrale de l'individu dans la conception contemporaine des droits de l'homme oblige à repenser la question sous le prisme, non plus uniquement d'une liberté collective, mais d'une liberté individuelle ou groupale. André Hauriou a montré que la question de la liberté n'est pas uniquement collective, elle est aussi individuelle. Sous cette dernière vision, il a défini la liberté comme « affirmation et défense du moi[66] ». L'ouvrage de Henry David Thoreau parut en 1849 sur la *Civil desobedience,* le premier, dit-on, a en avoir fait cas, contenait déjà des éléments de magnification de la liberté individuelle. Il y a bien entendu, des risques de débordement en ce que faire de la désobéissance civile un droit individuel, c'est prendre le risque d'instaurer l'anarchie au sein de la société.

La figure tutélaire de Antigone chez Sophocle traduit bien cependant cette dimension individuelle de la désobéissance civile et s'incarne dans l'idée que la vérité juridique n'est pas forcément celle qui a l'assentiment de la Loi ou du nombre. Qu'elle peut parfois être celle de la vision d'un seul être, perdue cependant dans le fatras de l'opinion générale et des attentes des sociétés.

La désobéissance civile n'est pas non plus une exception ou une réaction exceptionnelle, c'est un principe inhérent au droit lui-même

---

[65] John RAWLS, *Théorie de la justice*, Paris, Seuil (coll. « Empreintes »), 1987, p. 405.

[66] André HAURIOU, « Réflexions sur les statuts épistémologiques respectifs du pouvoir et de la liberté », *RDP*, 1974, p. 647.

dès lors que la fin immanente de cette dernière est d'instaurer la paix sociale et la Justice. C'est donc par devoir qu'il faut réagir quand le droit est détourné vers la poursuite d'intérêts partisans. Le premier acteur, dans un État de droit pour veiller sur cette harmonie est naturellement le juge. Dans la mesure où ce dernier n'est pas à l'abri et peut rendre des décisions contre-droit, en dernière instance, il y a le peuple et la censure de ce dernier peut être dirigée aussi bien contre le juge que contre l'exécutif.

On posera la question de savoir jusqu'où le peuple est appelé à intervenir ? Nous répondons que ce cas n'a pas besoin d'être prévu dès lors que l'injustice répugne naturellement et appelle à une réaction naturelle d'opposition. Quand donc au sein du peuple lui-même naitra des contradictions, de la discussion permanente et du chaos temporaire jaillira la lumière[67]. La démocratie postule que le citoyen devrait disposer d'une volonté raisonnable et libre[68]. L'arbitrage du peuple constitue de ce fait un rempart de dernière instance contre tous ceux, juge, exécutif et peuple lui-même, qui font un exercice abusif du pouvoir.

En ce sens Jean Jacques Rousseau nous instruit que « céder à la force est un acte de nécessité, non de volonté ; c'est tout au plus un acte de prudence. En quel sens pourra-ce être un devoir ?[69]. » La désobéissance civile constitue à cet égard un moyen de fuir donc un devoir légalement instauré, mais pas n'importe lequel. Les devoirs visés sont ceux qui sont injustes naturellement et humainement. En conséquence, le pouvoir politique peut être limité à un double égard, par le peuple au nom de la désobéissance civile et par le juge dans son office.

2. La fonction limitative de l'office du juge.

La répartition tripartite du pouvoir n'est pas l'œuvre de la philosophie des lumières, celle du XVIIIe siècle notamment, car en termes de lumières, les lanternes de l'antiquité ont bien servi à éclairer des siècles. Aristote est le premier auteur connu à avoir théorisé sur la

[67] Le chaos est un vide. En cela il effraie et terrifie. Il est peut-être, parfois une solution pour la résolution de certaines situations a-juridiques.

[68] Pierre AVRIL, *Écrits de théorie constitutionnelle et de droit politique*, Paris, Éditions Panthéon-Assas, 2010, p. 27.

[69] Jean-Jacques ROUSSEAU, *Du contrat social ou Principes du droit politique,* disponible sur http://classiques.uqac.ca/, p. 11.

séparation des pouvoirs. Quoique de manière quelque peu vague et imprécis, Jean BODIN nous instruit que selon Aristote, il y a « trois parties de la République, l'une à prendre avis et conseil, l'autre à établir officiers, et la charge d'un chacun, et la troisième à faire justice[70] ». Plus tard, John Locke[71] et proprement Montesquieu[72] vont partir de ce postulat aristotélicien pour élaborer une théorie plus affirmée et plus affinée de la séparation des pouvoirs.

La théorie de la séparation des pouvoirs a ainsi érigé le juge en censeur des actions publiques non susceptibles de réaliser l'intérêt général. Le juge tient ainsi son office pour la réalisation de l'intérêt général. Le pouvoir qu'il détient vise d'abord la détermination de ce dernier. Pour éviter des abus, les interventions dans la chaine judiciaire ont été hiérarchisées et on comprend pourquoi l'absence de cette hiérarchie constitue, selon le droit lui-même, un abus de droit. Le principe du double degré de juridiction assorti d'un contrôle d'une juridiction suprême et parfois de l'arbitrage du peuple démontre que le juge ne détient pas un pouvoir sans bornes[73].

Ce pouvoir dont dispose le juge l'oblige à veiller sur le champ d'application du pouvoir dont dispose l'administration et cela à tous les niveaux. Les tentatives de confiner ce pouvoir et d'affirmer les pleins pouvoirs de l'administration ont failli être révélées par la théorie des actes de gouvernement au XIXe siècle[74].

La limitation du pouvoir politique par le juge au moyen du droit s'est consolidée définitivement par le truchement du recours pour excès de pouvoir. Quoique consubstantiel au contentieux administratif, la

---

[70] Jean BODIN, *Les six livres de la République*, Un abrégé du texte de l'édition de Paris de 1583, Québec, disponible sur http://classiques.uqac.ca, 1993, pp. 122 et suivants.

[71] John LOCKE, *Traité du Gouvernement civil*, Paris, Callixte VOLLAND libraire, 1802, p. 228.

[72] Montesquieu, *De l'esprit des lois,* deuxième partie, Livre XI, chapitre VI.

[73] Les hypothèses sont nombreuses en effet dans lesquelles le juge constitutionnel est intervenue pour rappeler à l'ordre les juridictions nationales, suprêmes même parfois, sur la nécessité de maintenir la cohérence au sein de l'État. Le juge constitutionnel burkinabè a invalidé la procédure entamée contre le gouvernement Luc Adolphe TIAO III en ce qu'elle était contraire au principe du double degré de juridiction, principe prévu par l'article 14 du Pacte international sur les droits civils et politiques.

[74] CE, 1er mai 1822, *Laffite*, Rec. 1821-1825 p. 202 ; CE, 9 mai 1867, Duc d'Aumale et Michel Lévy, Leb. p. 472 ; CE, 19 février 1875, *Napoléon,* n° 46707, Recueil Lebon.

jurisprudence administrative a fixé les racines de ce recours en 1950[75]. L'arrêt Canal et autres du Conseil d'État français de 1962 instruit dans ce sens que le pouvoir de l'administration trouve sa source et sa limite dans le droit qui constitue l'étalon de mesure de l'action administrative. La doctrine, à travers l'imposant article de Jean RIVERO, a démontré, malgré la note de déception du Huron, que l'autorité du juge, jointe à celle du Droit est capable de fléchir l'administration[76]. Il ressort donc, et assez facilement, que l'autorité n'est un critère pour son auteur qu'au regard du droit. Or si le droit est un pouvoir, on doit admettre que le juge en constitue seulement une partie visible[77].

Le droit constitutionnel ne s'est pas écarté de cette position[78] dès lors que l'entrée, dans l'environnement juridictionnel, du Conseil constitutionnel a permis de consacrer, pour les citoyens, deux gardiens des libertés. A l'égard des droits constitutionnels, il s'agit d'abord du juge constitutionnel dont la compétence pour connaitre des excès contre les citoyens a été établie au moyen d'abord de l'exception d'inconstitutionnalité et ensuite du recours direct avant la promulgation de la loi.

Quant au juge judiciaire, son rôle dans l'amoindrissement du pouvoir dont dispose l'administration a permis d'en faire le garant contre les abus de droit et les voies de fait. En ce sens, Jean BODIN nous rappelle que le droit a organisé les compétences de telle sorte qu'un pouvoir ne puisse pas aller au-delà de son exercice. Cette règle est connue par tous les acteurs au sein d'un État de droit. Ainsi, « comment serait souverain celui qui reconnaît la justice d'un plus grand que lui ? D'un qui casse ses jugements, qui corrige ses lois, qui le châtie s'il commet abus ?[79] »

---

[75] CE, 17 février 1950, dame Lamotte.

[76] Jean RIVERO, *Le Huron au Palais-Royal*, Dalloz, Chronique VI, 1962, p. 332.

[77] Philippe JESTAZ, *Le Droit*, 7e édition, Paris, Dalloz, 2012, pp. vi et 7.

[78] Bertrand MATHIEU, « Les rôles du juge et du législateur dans la détermination de l'intérêt général », in colloque sur la jurisprudence, *la création du droit par le juge*, Paris, Dalloz, tome 50, 2007, p. 48.

[79] Jean BODIN, *Les six livres de la République*, Un abrégé du texte de l'édition de Paris de 1583, Québec, disponible sur http://classiques.uqac.ca, 1993, p. 154.

En fin de compte, la relativité constitue, aujourd'hui, le leitmotiv du monde intellectuel. Il y a dans la difficulté d'appréhender le droit le primat que celui-ci devrait être la norme de conduite. Pour autant qu'on veuille tempérer le positivisme, on comprend avec l'artisan de cette école de pensée, Hans Kelsen, que la positivité du droit doit être compris dans une relativité. Il semble assez difficile, et Paul Amselek l'a relevé contre Michel Troper, que le positivisme kelsenien ait voulu établir une théorie pure du droit dénuée de tout jugement de valeur. La part d'incertitude toujours inhérente au droit l'oblige à se conjuguer avec le vécu et à s'adapter au moyen d'une adaptation continuelle à la réalité sociale.

Cette réalité ne peut cependant s'émanciper des girons du droit, car nous avons rappelé qu'il est consolidé en doctrine que le droit ne devrait pas seulement être pris dans la conception kelsénienne[80]. Si celle-ci est à mesure de permettre la compréhension du droit, ses excès ont été soulevés au détour de la réflexion sur le droit naturel fondé essentiellement sur la quête, non pas de l'idée de justice du droit positif, mais de l'idéal de justice. Il apparait donc à cet égard que le droit visant justice et paix sociale, il y a une idée d'immanence de la justice par rapport au droit[81] et c'est cette idée qui milite qu'en dehors du juste, le droit n'existe point.

Ainsi pour Proudhon, « la justice, sous des noms divers, gouverne le monde, nature et humanité, science et conscience, logique et morale (...). La justice est ce qu'il y a de plus primitif dans l'âme humaine, de plus fondamental dans la société (...) l'objet de la foi et le commencement, le milieu et la fin du savoir[82] ». Il en va de même pour

[80] François OST et Michel VAN DE KERCHOVE, *De la pyramide au réseau ? Pour une théorie dialectique du droit*, Bruxelles, Publications des Facultés universitaires Saint-Louis, 2002, 587 p. ; Boris BARRAUD, *Repenser la pyramide des normes à l'ère des réseaux – Pour une conception pragmatique du droit*, L'Harmattan, coll.

Logiques juridiques, 2012, 394 p.

[81] Chaïm PERELMAN, *Éthique et droit*, Éditions de l'Université de Bruxelles, Bruxelles, 1990, p. 191.

[82] *De la Justice dans la Révolution et dans l'Église*. Nouvelle édition, Bruxelles, 1868, p. 44.

le droit dont les vertus ne peuvent être profanées par ceux qui détiennent une parcelle de pouvoir.

Le statut épistémologique du pouvoir est apparu chez André Hauriou comme ce qui conditionne la liberté. A la différence des penseurs de l'état de nature, Hauriou conçoit l'existence de la liberté comme une concession du pouvoir. Or, le pouvoir est une émanation sociale, dès lors que l'anthropologie et l'ethnologie ont démontrées, à la suite de la philosophie politique d'Aristote, le caractère social de l'être humain, l'adhésion à l'idée de l'innéité de la liberté sur le droit devrait aller de soi[83]. Cette conception laisse cependant en suspens, quoique les théoriciens de l'état de nature aient donné assez d'éléments pertinents, l'origine de l'adhésion des masses à l'idée de droit. Malgré le réalisme sous-jacent à la théorie de Hobbes, il n'est pas établi définitivement que l'usage de la force seul ait rendu possible l'acceptation du droit au sein de la société. L'éducation y est forcément pour quelque chose et pour beaucoup. A l'aune de la fable de Gygès de Platon, il peut être possible d'accepter que le pouvoir et le droit vont nécessairement ensemble et que contrairement à Gygès, le premier ne devrait pas primer sur le second. L'observation des sociétés politiques en Afrique semble démontrer cependant que dans le combat fictif et non engagés, *a priori*, entre Émile de Rousseau et Gygès de Platon, c'est ce dernier qui semble avoir dominé et pris le dessus. Cela confirme donc les termes généraux du séminaire et permet de comprendre qu'en théorie, le droit est plus fort, alors que sa force est aussi attendue sur un autre terrain, celui de la pratique. Cependant, la force du droit se fait voir parfois et arrive même à s'affirmer. D'autres fois et assez souvent cependant, c'est la désillusion.

Oumar TRAORE

Docteur en droit, Université Ouaga 2 (Burkina Faso)

[83] André HAURIOU, « Réflexions sur les statuts épistémologiques respectifs du pouvoir et de la liberté », *RDP*, 1974, pp. 644 et suivants.

Simon Pierre BELA NYEBE

LA JUSTICE TRANSITIONNELLE DANS LA CONSTRUCTION, LA CONSOLIDATION DES ÉTATS EN CRISE OU EN SORTIE DE CRISE

Résumé.

La justice transitionnelle représente un élément nécessaire à la construction et la consolidation des États en crise ou en sortie de crise. Les expériences Sud-africaine, rwandaise et ivoirienne permettent de se rendre compte que, cette justice se met en place, s'applique et fonctionne différemment. Elle épouse la réalité du contexte dans lequel elle sera opérationnelle. Mais, ces mêmes expériences permettent également, de dire qu'il est possible de penser une théorie générale de la justice transitionnelle, au regard de son fondement, son objet et sa finalité qui restent communs. Ce cadre théorique permettra d'éviter un plus grand éparpillement des expériences.

Mots clés : justice transitionnelle, pardon, reconstruction, consolidation, réforme, réconciliation.

Abstract

Transitional justice represents an essential element in the construction and consolidation of Stats that are in crisis or fresh from crisis. The lesson that we drow from the South African, rwandan and ivorian examples is thaht, this sort of justice has been institueted and is applicable, althoug it operates a bit differently. It actually reconciles with the realities under which it is meant to operate. However, the examples highlighted above equally permit us to consider the possibility of an general theory of transitional justice which has a common thread in its basis, its object and finality. This theoretical fremwork will enable us to avoid a dispersal of experiences.

Key words : Transitional justice, forgivness, reconstruction, consolidation, reforme, reconciliation.

Introduction

L'accession à l'indépendance des pays africains n'a pas garanti la fin des crises en leur sein. Les violations de masse de même que les changements anticonstitutionnels[1] observés le démontrent à suffisance[2]. Depuis le début des années 1990 :« *L'Afrique a servi en quelque sorte de vaste laboratoire pour des politiques nouvelles axées sur la lutte contre l'impunité, la quête de la vérité et de la justice, et la réussite de la réconciliation dans des sociétés fracturées* »[3] par la crise. Une crise s'entend d'une situation troublée, qui, en raison de sa gravité, justifie la prise des mesures exceptionnelles[4] pour en sortir. Il s'écoule une période durant laquelle des solutions à la crise doivent être trouvées ; cette période est dite de transition. La transition participe de la récusation de l'autoritarisme ou du totalitarisme. Elle désigne un intervalle de temps[5] entre la chute d'une dictature et l'établissement d'un régime

---

[1] Les changements anticonstitutionnels ne sont une conséquence automatique des crises que vivent les États. C'est d'ailleurs à cet effet que F. HOURQUEBIE parle d'elles comme « ces périodes de crise qui ne se traduisent pas toujours par un changement d'ordre constitutionnel ». (Voir, F. HOURQUEBIE, « Les processus de justice transitionnelle dans l'espace francophone : entre principes généraux et singularités », Dalloz *Les Cahiers de la Justice* 2015/3 N° 3, pp. 321 à 331, p., 321.). Dans le même sens, lire également J. D. BOUKONGOU et J. C. TCHEUWA, *De la paix en Afrique au XXIème siècle*, Presses de l'UCAC, 2007, 233 p., repris par C. V. NOUAZI KEMKENG et H.YAMBENE BOMONO, « La justice transitionnelle a l'épreuve de l'institution de l'état de droit dans les pays africains post-conflits », in *Les lignes de Bouaké-la-Neuve*, 2015, N° 6, p.178.

[2] Une des causes se trouve dans l'essoufflement qui conduit à la dérive. (Lire dans ce sens F. HOURQUEBIE, « Les processus de justice transitionnelle dans l'espace francophone : entre principes généraux et singularités », *ibid.*

[3] *Paix, justice et réconciliation en Afrique Opportunités et défis liés à la lutte contre l'impunité, Rapport du groupe des sages de l'UA* décembre, 107 p., p. 30. Dans le même sens lire également C. V. NOUAZI KEMKENG et H.YAMBENE BOMONO, « La justice transitionnelle a l'épreuve de l'institution de l'état de droit dans les pays africains post-conflits », *op. cit.*, p. 178. Les auteurs reprennent HCNUDH, *Les instruments de l'État de droit dans les sociétés sortant d'un conflit. Assainissement : cadre opérationnel*, Nations Unies, New York et Genève 2006.

[4] G. CORNU *Vocabulaire juridique*, association Henri Capitant, Paris, *PUF*, 2011, p. 285.

[5] I. MICHELLE, « Le paradigme de la transition : chronique d'une fin annoncée, le cas de l'Europe centrale et orientale », *Revue d'études politiques et constitutionnelles Est-européennes*, Numéro spécial, 2006, pp. 25-34, p. 30. Il existe quand-même une controverse sur la détermination du terme de la transition. Voir sur ce point : R. GUNTHER, P. N. DIAMANDOUROS et H.J. PUHLE, « O'Donnell's illusions », *Journal of democracy*, n°7 (4), oct. 1996, pp. 151-159.

reconnaissable, au moins en apparences, comme démocratique[6] ou libéral. Il s'agit d'une période de passage d'un régime institutionnel à un autre[7]. Elle se situe à l'issue ou à la sortie de crise c'est-à-dire, la période pendant laquelle, la situation est moins crispée[8]. C'est une entre deux, une période où les processus de réconciliation et de reconstruction sont pensés, posés et exécutés. Un moyen de résolution de la crise à cet effet est la justice qui doit fonctionner pendant cette période. Cette justice est dite transitionnelle[9] ou en transition.

La justice transitionnelle aux multiples finalités[10] est sujette à controverse quant à sa définition[11]. Néanmoins, la justice transitionnelle ou justice en transition, désigne ce mouvement général qui lie la justice à la paix et à la démocratie en s'appuyant sur des procès, la révélation du passé, la restitution et la réforme[12]. Elle est « *une combinaison de mécanismes judiciaires et non judiciaires pour affronter le passé, établir la vérité et mettre fin à l'impunité dans le but de favoriser la réconciliation nationale dans les pays qui sortent d'une période de*

---

6 Isabelle MICHELLE, « Le paradigme de la transition : chronique d'une fin annoncée, le cas de l'Europe centrale et orientale », *op. cit.*, p. 30.

7 I. THUMEREL, *Les périodes de transition constitutionnelle : contribution à l'étude du pouvoir constituant et des actes pré-constituants*, thèse de doctorat de l'Université de Lille 2, 3 octobre 2008, p. 2.

8 Selon M. ONDOA, « *s'il n'est guère aisé de préciser quand elle commence, la transition s'achève à peu près certainement avec l'insertion effective du nouveau régime dans l'ordonnancement juridique. Avant elle, une « phase de consolidation démocratique » au cours de laquelle « l'accomplissement de la mutation (...) se vérifie », existe* » M. ONDOA, « La constitution duale : Recherches sur les dispositions constitutionnelles transitoires au Cameroun », *RASJ*, vol. 2 (2000), pp.20-56, p. 23.

9 La notion de justice transitionnelle est apparue dans le vocabulaire des Nations Unies dans les années 80. Elle est alors utilisée pour justifier un certain nombre d'opérations de terrain dont le but est la reconstruction de l'État. lire dans ce sens F. HOURQUEBIE, « Les processus de justice transitionnelle dans l'espace francophone : entre principes généraux et singularités », *op. cit.*, p.323.

10 X. PHILIPPE, « Les solutions alternatives et complémentaires à la justice pénales internationale : la justice transitionnelle exercée à travers les commissions vérité réconciliation », *op. cit.*, p. 132.

11 Pour une controverse sur la question, voir par exemple HENRY, Nicola (2015), « From Reconciliation to Transitional Justice : The Contours of Redress Politics in Established Democracies », The International Journal of Transitional Justice, vol. 9, p. 199-218.

12 K. ANDRIEU, « La définition de la justice transitionnelle », *in* T. MOUSTAFA-KAMEL (dir.), *La justice transitionnelle*, Actes du colloque, Le Caire, les 17 et 18 mai 2014, pp. 29-53, p. 30.

conflit ou des régimes dictatoriaux marqués par des violations massives des Droits de l'Homme »[13]. Elle « *fait référence aux différentes démarches que les sociétés entreprennent afin de prendre en charge la question de l'héritage des violations massives ou systématiques des droits de l'homme alors qu'elles passent d'une période de conflit violente ou d'oppression à la paix, la démocratie, l'État de droit et le respect des droits individuels et collectifs*»[14]. « *Cette transition d'un état à un autre oblige à affronter le passé afin de parvenir à un sens holistique de la justice pour l'ensemble des citoyens, d'établir ou de rétablir la confiance civique, de réconcilier les individus et la communauté et de prévenir de futures violations* »[15]. Elle se pose comme une réponse différente de celle que constituent déjà les modèles classiques nationaux et internationaux[16] de justice. La paix devrait prévaloir sur la justice en cas de violations massive des droits de l'homme ? Cette interrogation se trouve au cœur du débat sur la justice transitionnelle. A ce niveau, les spécialistes des droits de l'homme doivent identifier un moyen de faire face aux violations des droits de l'homme, en punir les auteurs et obtenir un recours pour les victimes sans miner le processus de paix ou recréer les conditions de l'instabilité[17]. La justice transitionnelle, en établissant la vérité sur les violations massives des droits de l'Homme en contexte post-conflit[18], est l'occasion de rendre provisoirement des décisions définitives, d'assurer la stabilité politique et sociale en légitimant le processus transitionnel[19].

---

[13] L. JOINET, « Justice transitionnelle : principes et standards internationaux », *in* La justice transitionnelle dans le monde francophone : état des lieux, 1ère Conférence internationale de Yaoundé, 4–6 décembre 2006, Mô Bleeker, General Editor, 2007, pp. 3-16.

[14] Voir *Rapport annuel du Centre international de la justice transitionnelle*, 2004-2005, disponible sur : http ://www.ictj.org/static/AR/AR04-05.fre.pdf., consulté le 08 09 2021.

[15] *Ibid.*

[16] Sur ce point, lire X. PHILIPPE, « Les solutions alternatives et complémentaires à la justice pénales internationale : la justice transitionnelle exercée à travers les commissions vérité réconciliation », *op. cit.*, pp. 131-141.

[17] *Paix, justice et réconciliation en Afrique Opportunités et défis liés à la lutte contre l'impunité, op. cit.*, 2013, pp. 11-12.

[18] E. COMLAN « La justice transitionnelle dans la région des grands lacs, Les leçons du Rwanda et du Burundi », *in* T. MOUSTAFA-KAMEL (dir.), *La justice transitionnelle*, Actes du colloque, Le Caire, les 17 et 18 mai 2014, pp. 103-125, p. 120.

[19] C. PARJOUET, « La constitution de transition, un instrument de construction de la démocratie », *op. cit.* p. 127. Elle est fondée sur quatre piliers établis par Louis JOINET

Au Rwanda, la sortie définitive du génocide[20] et la dynamique vers la restauration d'un État de droit, ont amené le premier gouvernement post-génocide, à opter pour un modèle transitionnel de justice. La décision est prise par le gouvernement, de recourir au modèle communautaire de justice. Il s'agit des *Gacaca*[21]. Ceux-ci sont connus pour être des tribunaux communautaires, par conséquent locaux, composés de personnes réputées intègres au sein de ladite communauté. Ceux-ci étaient rejoints par des personnes d'un certain âge qualifiées de sages ou bénéficiant d'une confiance certaine de la communauté. Les *Gacaca* représentent une solution forte de sortie de crise et de pacification de la société. Il en a aussi été ainsi avec la Commission Dialogue Vérité Réconciliation en Côte d'Ivoire (CDVR). En Afrique du Sud, après le régime d'apartheid[22], « *the Truth and Reconciliation Commission is a major milestone in South African history as it was part of vehicle of transition between the past and the futur of the new South Africa* »[23]. La

---

dans un rapport adressé au Haut-commissariat des Nations-Unies pour les Droits de l'Homme en 1997, à savoir : le droit à la justice, le droit à la vérité, le droit à la réparation et la garantie de non répétition (K. ANDRIEU, « La définition de la justice transitionnelle », *op. cit.*, pp. 33-34).

[20] Le Rwanda est composé de trois groupes ethniques à savoir : les Hutu majoritaires, estimés à 84%, les Tutsi, estimés à 14% et une dernière ethnie minoritaire et très souvent oubliée, estimée à 1%.

[21] Cette expression désigne l'herbe, le gazon en langue Kinyarwanda. Le choix était fait en raison du lieu où les populations allaient se rassembler pour la tenue des audiences foraines.

[22] Politique raciale pratiquée par le gouvernement sud-africain de 1948 à 1990 (J. DUGARD, « L'apartheid », *in* H. ASSENCIO, E. DECAUX, A. PELLET (dir.), *Droit international pénal*, 2ème édition révisée, CEDIN, *Pedone*, 2012, Paris, 1280 p., pp. 197-207, p. 197. Ce crime racial a été condamné tous les ans depuis 1952 jusqu'à sa fin en 1990, par les Nations Unies sur le fondement des articles 55 et 56 de sa Charte, comme étant contraire à celle-ci. Pour plus de détails sur l'historique des condamnations des organes des Nations Unies, voir : J. DUGARD, « L'apartheid », *op. cit.*, pp. 197 et 198. La justice transitionnelle en Afrique du Sud est mise en place au lendemain de l'apartheid. Cette dernière a consisté en « *la négation d'une humanité commune. Les personnes noires se sont vues refuser respect et dignité et, en cela, la dignité de tous les Sud-Africains en fut diminuée. La nouvelle Constitution rejette ce passé et affirme la valeur égale de tous les Sud-Africains. Par conséquent, la reconnaissance et la protection de la dignité humaine sont la pierre angulaire du nouvel ordre politique et sont fondamentales pour la nouvelle Constitution* » (*Truth and Reconciliation Commission*, *op. cit*. paragraphe 81).

[23] VERUSHKA JARDINE, *The truth and Reconciliation Commission: succes or failure ?*, mini dissertation submitted in partial fulfilment of the requirements for the degree,University of Pretoria, Faculty of humanities, 2008, 84p, p. 1.

limitation à ces trois États est un choix, mu par la volonté de réunir dans cette réflexion les zones d'Afrique australe, centrale et de l'Ouest et par celle d'y réunir culture anglo-saxon et culture d'héritage français. Aussi, la justice transitionnelle était appelée à jouer un rôle déterminant dans ces État pendant la transition pour la reconstruction, la consolidation et la pacification de la société. Au regard de la place et du rôle déterminant de la justice transitionnelle dans les États en sortie de crise, on peut s'interroger sur le point de savoir : *quel est le statut de la justice transitionnelle dans la construction et la consolidation des États en crise ou en sortie de crise ?*

Au constat, chaque société a sa justice transitionnelle ; tant les contextes et les transitions ne sont pas identiques et ne sont pas transposables en l'état. L'idée qu'«*il n'existe pas de modèle de justice transitionnelle et chercher à en créer un reviendrait à vider de sa substance et de son efficacité le processus* »[24] est compréhensible, mais ne tient qu'en partie. Elle tient en ce qu'effectivement, il n'existe pas de modèle unique de justice transitionnelle à appliquer en toutes situations de crise ou de conflit. Aussi, « *les chemins de l'histoire ne sont pas prédéterminés* »[25] et identiques pour tous les États ; tout comme l'histoire ne se prête pas. Cette justice se contextualise. Par ailleurs, loin de créer ou établir un modèle unique, à l'aune duquel différentes crises seraient appréciées, il s'agit de contribuer à conceptualiser un fond commun, des règles minimales communes, se dégageant de différentes expériences de justices en transition. Sans être d'application absolue ou en l'état, qui ferait l'objet d'appréciation au cas par cas, mais en maintenant l'idée matricielle ; car, il existe « *des principes fondamentaux récurrent sur lesquels les promoteurs des commissions vérité réconciliation doivent se prononcer* »[26].

---

[24] X. PHILIPPE, « Les solutions alternatives et complémentaires à la justice pénales internationale : la justice transitionnelle exercée à travers les commissions vérité réconciliation », *op. cit.*, p. 135.

[25] I. MICHELLE, « Le paradigme de la transition : chronique d'une fin annoncée, le cas de l'Europe centrale et orientale », *Revue d'études politiques et constitutionnelles Est-européennes*, Numéro spécial, 2006, pp. 25-34, p. 28.

[26] X. PHILIPPE, « Les solutions alternatives et complémentaires à la justice pénales internationale : la justice transitionnelle exercée à travers les commissions vérité réconciliation », *op. cit.*, pp. 135-138. L'auteur fait référence aux moyens financiers, à la vérité ou l'écriture de l'histoire, les réparations, la sanction ou l'immunité de poursuites.

L'idée qui peut être rapidement avancée est que la justice transitionnelle dans les cas Sud-africain, rwandais et ivoirien est différenciée. Une différenciation s'appuyant sur les contextes de création et de la mise en place. Toutefois, il se dégage des communs partagés entre ces expériences, permettant de penser à l'existence d'éléments utiles à une conceptualisation du droit de la justice transitionnelle, dans les États en sortie de crise. Comme l'a écrit J. E. PONDI :

> « L'atteinte de l'objectif d'une paix durable par l'instauration d'une justice transitionnelle représente une équation à plusieurs variables dont il faut comprendre la complexité et les ressorts. La concordance, le paternalisme et l'égocentrisme juridique de certains «justiciers» n'a pas toujours aidé à trouver le chemin du succès dans bien des pays en phase post-conflit »[27].

La présente étude permet de mettre en exergue d'une part, les variations du cadre de mise en place de la justice transitionnelle dans les États en crise ou en sortie de crise. Il renvoie à une approche localisée épousant le contexte. D'autre part, elle offre l'occasion de mettre en exergue l'existence des éléments communs aux expériences sud-africaines, rwandaise et ivoirienne et à partir d'elles, ressortir leurs communs pour une contribution à la conceptualisation du droit de la justice transitionnelle. On peut dès lors comprendre la position de F HOURQUEBIE quand il écrit ce qui suit :

> « (…) les mécanismes de la justice transitionnelle s'adaptent toujours au pays dans lequel ils sont déployés (logique de contextualisation) (…) mais ils s'ordonnent toujours généralement autour de quatre grands principes mis en évidence par Louis JOINET dans son rapport sur la lutte contre l'impunité présenté à la Commission des droits de l'homme en 1997 »[28]. « Quelle que soit la manière dont on la nomme, regroupe et recoupe les questions de lutte contre l'impunité, du

---

[27] J.-E. PONDI, « Contexte moderne de la justice transitionnelle », *in La justice transitionnelle : une voie vers la réconciliation et la construction d'une paix durable*, 2ème Conférence internationale de Yaoundé, 17 au 19 novembre 2009, Carol Mottet, Christian Pout Eds, 2011, p. 37.

[28] F. HOURQUEBIE, « Les processus de justice transitionnelle dans l'espace francophone : entre principes généraux et singularités », *op. cit.*, p. 325. En ce qui concerne les quatre principes fondamentaux de la justice transitionnelle mis en évidence et développés par L. JOINET, (L. JOINET, « Un état des lieux des principes et standards internationaux de la justice transitionnelle » in *La justice transitionnelle dans le monde francophone : état des lieux, Conference paper* 2/2007, p. 5).

renforcement des capacités des institutions, de promotion des droits de l'homme, de construction d'une gouvernance apaisée ; bref autant de préoccupations fondamentales pour quiconque s'intéresse à la restauration et la consolidation de l'État de droit »[29].

Elle se propose d'être une perception qui rend compte du stable et du variable de cette justice. Menée suivant la dogmatique juridique puis des méthodes sociologique et historique, elle se nourri des arguments juridiques historiques et sociologiques. Il revient dans les développements à suivre, de ressortir le statut différencié de la justice transitionnelle dans les pays retenus (I) avant de voir leurs communs (II) qui serviraient à une conceptualisation du droit de cette justice.

I. Un statut différencié de la justice transitionnelle

Selon F. HOURQUEBIE, l'« *une des principales caractéristiques de la justice transitionnelle dans les pays francophones est qu'elle repose sur une variété d'institutions* »[30]. Cette différenciation peut être étendue aux pays anglo-saxon car le différencialisme est culturel et considéré selon les communautés[31]. La différence culturelle et civilisationnelle ne devrait pas constituer un obstacle à l'édification de la justice transitionnelle ; au contraire, elle devrait la nourrir de sa richesse variée. Au-delà du socle culturel, la différence entre les expériences de justice transitionnelle tire ce caractère de la différence des contextes qui les justifient. Celle-ci est perceptible à partir des procédés de mise en place de ladite justice (A). Allusion est faite ici à la création, et à la dénomination voire de l'importance accordée à l'institution créée. Aussi,

---

[29] *Ibid.*, *op. cit.*, p. 322.

[30] F. HOURQUEBIE, « Modalités et mécanismes de la justice transitionnelle, Quelques constat tirés des expériences francophones », in T. Moustafa-Kamel (dir.), *La justice transitionnelle*, actes de colloque, VIIème congrès international de l'Association Egyptienne des justices francophones, Le Caire les 17 et 18 mai 2014, 273p, pp. 73-83, p. 80.

[31] A. STROMBOLI, « Mémoire traumatique et mobilisation des victimes, l'enjeu des processus de justice transitionnelle sur le traitement du passé. L'exemple de l'Ouganda», *in* J. P. MASSIA, X. PHILIPPE et P. PLAS (dir.), *Annuaire de justice pénale internationale et transitionnelle*, Institut universitaire Varenne, Collection Transition et justice, 2014, *LGDJ*, 613 p., pp. 139-220, p. 201.

cette différenciation est-elle également visible quand vient le moment du fonctionnement des organes de cette justice (B).

A. Une différenciation affichée dès l'institutionnalisation des organes

Il existe un ensemble de procédés qui participent à donner vie à la justice transitionnelle dans les États en crise. Ils sont fonction de plusieurs paramètres variant d'un endroit à un autre et par conséquent, sont différents. L'institutionnalisation des organes de justice transitionnelle n'est pas fondée sur le même instrument juridique (1) et la mise en place qui suit varie d'un État à l'autre (2).

1. La différenciation instrumentale créatrice et terminologique des organes de justice transitionnelle

Les institutions ne sont pas créées *ex nihilo*. Pour avoir la légitimité nécessaire à leur déploiement, l'une des conditions fondamentales consiste à lui donner une assise juridique. Le fondement légal, participant du respect de l'État de droit, offre à la nouvelle institution la couverture juridique permettant d'exercer au mieux la mission pour laquelle elle a été créée. L'institutionnalisation des organes de justice transitionnelle, en Afrique du Sud, au Rwanda et en Côte d'Ivoire, s'est faite sur un fondement juridique prenant appui sur différents instruments. Dans les cas d'espèces, elle s'est faite soit au moyen d'un texte législatif, soit au moyen d'un texte règlementaire. Dans la première catégorie, on peut citer les cas Sud-africain et rwandais. Ces deux pays ont choisi la loi comme support juridique. C'est dans la seconde catégorie qu'est classée la Côte d'Ivoire dont le président de la République avait choisi d'asseoir le mécanisme de justice transitionnelle sur un texte règlementaire.

En Afrique du Sud, c'est sur le fondement de la loi portant *promotion of national unity and reconciliation act 34 of 1995* que la Truth and Reconciliation Commission (TRC), est créée. On peut lire dans ladite loi ce qui suit: « *There is hereby established a juristic person to be known as the Truth and Reconciliation Commission* »[32]. C'est elle l'organe de justice transitionnelle institué en Afrique du Sud au lendemain de l'apartheid. Au Rwanda, après le génocide qu'a connu ce pays, les

[32] Art. 2 (2) (1) *promotion of national unity and reconciliation act 34 of 1995*.

Gacaca ont été progressivement créés et mis en place sur la base de différentes lois organiques successives[33]. C'est le premier gouvernement post-génocide qui opta pour ce modèle de justice. En août 1996, une loi est votée par le parlement d'alors, autorisant la traduction des génocidaires en justice. En 2001, une autre, portant organisation et fonctionnement des *Gacaca* est promulguée. Trois ans plus tard, la Loi organique n°16/2004 portant organisation, compétence et fonctionnement des juridictions *Gacaca*, chargées des poursuites et du jugement des infractions constitutives du crime de génocide et d'autres crimes contre l'humanité commis entre le 1er octobre 1990 et le 31 décembre 1994, est votée. « *Les tribunaux «Gaçaça », ne constituent pas des juridictions au sens juridique du terme, mais des assemblées de villages qui permettent aux victimes d'innocenter les suspects ou au contraire, de les désigner, de décrire leurs forfaits* »[34]. Il s'agit d'un système hybride mêlant droit coutumier et droit écrit, organisation formelle et informelle de la justice, dont le but est d'établir la vérité sur le passé génocidaire rwandais, d'accélérer le cours de la justice ordinaire, de mettre un terme à la culture de l'impunité et de promouvoir une réconciliation nationale.

Le second fondement juridique à savoir l'acte règlementaire, sied à la Côte d'Ivoire. Conformément à son engagement pris lors de la campagne électorale, le Président de la République, Alassane Ouattara créa la Commission Dialogue, Vérité et Réconciliation (CDVR), par l'(l à postrophe à supprimer) Ordonnance N° 2011-85 du 13 mai 2011. Cette ordonnance ne restera pas longtemps en vigueur. L'Ordonnance N° 2011-167 du 13 juillet 2011 portant création, attributions, organisation et fonctionnement de la Commission Dialogue, Vérité et Réconciliation viendra l'abroger et remplacer[35]. De fait, c'est véritablement cette

---

[33] Il s'agit respectivement des lois organiques de 1996, 2001, 2004 et 2007.

[34] K. KOUDE, « Justice, vérité et réconciliation au Rwanda après le génocide : la question du « Gaçaça », *in Droits de l'Homme en Afrique*, *Cahier de l'Institut des Droits de l'Homme*. Contributions interdisciplinaires, 2001 -2004, p. 111 ; repris ici par C. V. NOUAZI KEMKENG et H.YAMBENE BOMONO, « La justice transitionnelle à l'épreuve de l'institution de l'état de droit dans les pays africains post-conflits », *op. cit.*, p. 186.

[35] Art. 29 de l'Ordonnance N° 2011-167 du 13 juillet 2011 portant création, attributions, organisation et fonctionnement de la Commission Dialogue, Vérité et Réconciliation.

dernière ordonnance qui peut être considérée comme la base légale de la CDVR[36].

La dénomination des différents organes de justice transitionnelle dans ces États, est-elle tout aussi variée, au même titre que lesdits organes eux-mêmes. En ce qui concerne les pays francophone, F. HOURQUEBIE souligne ce qui suit : « *une des principales particularités de la justice transitionnelle dans les pays francophones est qu'elle repose sur une grande variété d'institutions* »[37]. Cette différenciation est aussi perceptible sur les cas servant de cadre de la présente étude ; tant l'auteur classe les expériences ivoirienne et rwandaise dans la catégorie de type vérité réconciliation[38]. En Afrique du Sud, il s'était agi de la Truth and Reconciliation Commission (TRC)[39]; tandis qu'au Rwanda c'était les *Gacaca*[40] ou Commission vérité réconciliation. En Côte d'Ivoire, le nom attribué était Commission Dialogue Vérité et Réconciliation (CDVR)[41]. Il n'existe pas une obligation pour les État, à nommer de telle ou telle manière l'institution en création d'où la variation des dénominations des organes de justice transitionnelle dans ces pays respectifs. Une telle obligation aurait des conséquences profondes au regard de la diversité linguistiques et culturelle. On voit la pénibilité à concilier dans une même dénomination la culture anglo-saxonne et celle d'héritage romano-

---

[36] Art. 1 de l'Ordonnance N° 2011-167 du 13 juillet 2011 portant création, attributions, organisation et fonctionnement de la Commission Dialogue, Vérité et Réconciliation.

[37] F. HOURQUEBIE, « Les processus de justice transitionnelle dans l'espace francophone : entre principes généraux et singularités », *op. cit.*, p. 328.

[38] *Ibid.* pp. 328-329. L'auteur fait un classement en différentes catégories : la première de type vérité et réconciliation (Canada, Côte d'Ivoire, Ghana, Haïti, Madagascar, Mali, Maroc, République démocratique du Congo, Rwanda, Togo, Burundi, Tunisie ; Gabon ; etc.), la deuxième de type commission d'enquête (Roumanie, Tchad, Tunisie), la troisième de type commission d'établissement des faits (Tunisie), une autre regroupant le modèle traditionnel de justice Burkina Faso avec le Conseil des sages ; Burundi avec le Bashingantahe ; Rwanda avec les Gacaca), tandis que d'autre pays préfèrent les modèles de justice internationale *ad hoc* ou internationalisé de justice (Cambodge, Liban, Burundi, Rwanda, République démocratique du Congo).

[39] Art. 2 (1) de la *promotion of national unity and reconciliation act 34 of 1995*.

[40] Art. 3, Titre II de la Loi organique n° 40/2000 du 26/01/2001, portant création des « juridictions gacaca » et organisation des poursuites des infractions constitutives du crime de génocide ou de crimes contre l'humanité, commises entre le 1er octobre 1990 et le 31 décembre 1994.

[41] Art. 1, Ordonnance N° 2011-167 du 13 juillet 2011 portant création, attributions, organisation et fonctionnement de la Commission Dialogue, Vérité et Réconciliation.

germanique sans pour autant oublier les cultures ante-coloniales, pour faire références aux différents cas retenus dans le cadre de la présente réflexion. De fait, les États, en tant que souverains, conservent leur pleine et entière liberté sur cette question. La dénomination est fonction des objectifs assignés à l'organe naissant.

2. La différenciation opérationnelle observée

En Afrique du Sud, c'est en 1992 que KADER ASMAL[42] suggère pour la première fois l'idée d'un Commission vérité afin de résoudre les problèmes nés des divisions causées par le régime d'apartheid. En 1994, le gouvernement de Nelson MANDELA introduit un projet de loi, portant la dénomination de proposition, auprès du parlement et le 19 juillet 1995, après adoption, il va promulguer la *Promotion of national unity and reconciliation act 34 of 1995*. C'est cette loi qui servira de fondement juridique à la mise en place de la *TRC*. Cette dernière comptait pas moins de onze (11) mais pas plus de dix-sept (17) membres[43] dont un président et le Vice-président nommés par le Président de la République[44] en consultation avec le Cabinet[45]. Elle comprenait trois sous-comités d'enquête : le Comité d'amnistie, le Comité des violations de droits de la personne et le Comité de réparation et de réhabilitation[46]. Ceux-ci l'aidaient à exercer ses fonctions dans le but d'atteindre ses objectifs, disposaient des pouvoirs déclinés à l'article 5, Chapitre 2. La Commission devait se réunir et travaille une fois le quorum atteint[47], sur décision de son président également responsable du choix du lieu de l'audience[48].

---

[42] Il a été plus tard, ministre de l'éducation en République Sud-africaine. Qu'il soit compris qu'aucun lien n'est fait entre sa proposition de création d'une Commission vérité et réconciliation et sa nomination comme Ministre.

[43] Art. 7 (1). *promotion of national unity and reconciliation act 34 of 1995*

[44] Art. 7 (4). *ibid.*

[45] Art. 7 (2) (a). *ibid.* Il a des pouvoirs dont celui de révoquer un Commissaire dont le comportement ne cadre plus avec les missions de la Commission (art. 7 (7) et de remplacement d'un poste de Commissaire en cas de vacance par suite de démission, révocation ou encore de décès (art. 7 (8).

[46] Art. 5 (c). *promotion of national unity and reconciliation act 34 of 1995.*

[47] Art. 10 (4) *ibid.*

[48] Art. 10 (1) *ibid.*

La commission détermine la procédure de la tenue de ses séances de travail incluant la manière dont les décisions seront prises[49].

Au Rwanda, lorsque le parlement autorise la poursuite des auteurs du crime de génocide devant les juridictions, un véritable obstacle à surmonter se pose. Il ne reste plus beaucoup de juges en vie ; les acteurs de la justice n'ayant pas échappé au massacre interethnique opposant les Tutsis aux Hutus[50]. Il n'est dès lors plus aisé de poursuivre et juger la masse des accusés de génocide et crime contre l'humanité (entre 120 000 et 125 000 personnes). On peut dès lors comprendre pourquoi selon L. JOINET :

> « Sauf à entériner un déni de justice, il a fallu provisoirement faire appel à des formes spécifiques de l'administration de la justice en recourant à des juridictions coutumières peu conformes, sur un certain nombre de points, aux standards internationaux »[51].

Le recours à la justice transitionnelle s'impose. Ce paradigme s'accompagne de la mise en place de trois formes de justice : le Tribunal pénal international pour le Rwanda (TPIR), les procès nationaux et les procédures fondées sur le système des *Gacaca*[52]. Seuls ces derniers nous intéressent. Les *Gacaca* créés et mis progressivement en place se sont inspirés de la version traditionnelle de justice communautaire rwandaise[53]. Ces organes juridictionnels seront implantés dans chaque communauté[54] ; ce qui rapproche l'administration des administrés. Il sera en effet créé dans chaque cellule, secteur, district et province une juridiction *Gacaca*[55].

---

[49] Art. 10 (2) *ibid.*

[50] Selon WIERZYNSKA en 2004, il ne restait resté au Rwanda que cinq juges et une cinquantaine d'avocats.

[51] L. JOINET, « Justice transitionnelle : principes et standards internationaux », *op. cit.*, p. 9.

[52] J. SANANE CHIKO, « Le système *gacaca* au Rwanda : avantages et limites », *in La justice transitionnelle dans*

le monde francophone : état des lieux, 1ère Conférence internationale de Yaoundé, 4–6 décembre 2006, Mô Bleeker, General Editor, 2007, pp. 29-42.

[53] Il convient toutefois de relever qu'entre les deux versions de tribunaux locaux, une différence existait. Elle portait sur l'objet ou la compétence matérielle. Les *Gacaca* anciens étaient compétents pour juger des fautes de nature civiles mais la compétence des *Gacaca* modernes portait sur le crime de génocide. Certains ont même pensé que les *Gacaca* modernes sont la justice du génocide

[54] Art. 3 de la Loi organique n° 40/2000 du 26/01/2001.

[55] Art. 4 *ibid.*

Environ 255 000 juges de *Gacaca* ont été élus en octobre 2001, avec un taux de participation d'environ 90 %, la majorité des voix se prononçant en faveur du système ; 12 000 tribunaux communautaires et 1 545 cours d'appel[56]. Cette occupation rationnelle du terrain aura un effet positif sur le déroulement des procès forains. Elle participera de la célérité des procédures. La mise en place des *Gacaca* s'est faite en plusieurs étapes. Chacune des différentes lois organiques adoptées, apportait un plus à la consolidation de cette justice. A titre d'illustration, la loi organique n° 08/96 du 30 Août 1996 prévoyait et permettait l'organisation des poursuites des infractions constitutives du crime de génocide ou de crimes contre l'humanité, commises entre le 1er Octobre 1990 et le 31 décembre 1994 ; on peut également citer la loi organique n° 40/2000 du 26 Janvier 2001 portant création des juridictions *Gacaca* et organisation des poursuites des infractions constitutives du crime de génocide ou de crimes contre l'humanité commises entre le 1er octobre 1990 et le 31 Décembre 1994. Mais, c'est en 2002 que le processus de mise en place de ces organes est lancé sans vraiment devenir opérationnel[57]. Ils le deviennent véritablement en 2005 après l'adoption de la Loi organique N°16/2004 portant organisation, compétence et fonctionnement des juridictions *Gacaca* (mette en italique mais, ne pas mettre en gras) chargées des poursuites et du jugement des infractions constitutives du crime de génocide et d'autres crimes contre l'humanité commis entre le 1er octobre 1990 et le 31 décembre 1994. Sur le plan organisationnel, ces juridictions sont composées[58] : d'une Assemblée générale[59], d'un Siège[60] et un Comité de coordination[61]. Si théoriquement, ces organes ont cessé de fonctionner en 2009, dans les faits, ils se sont poursuivis jusqu'en 2012. Selon Dany RONDEAU, le mandat des *Gacaca* relève du modèle de justice centré sur la faute, et relèguent (à supprimer) au second rang les préoccupations

---

[56] Source : *Paix, justice et réconciliation en Afrique Opportunités et défis liés à la lutte contre l'impunité, Rapport du groupe des sages de l'UA, op. cit.*, p. 38.

[57] L'idée d'une telle justice remonte à 1996, quand le problème du jugement de toutes les personnes arrêtées et détenues dans les cachots communautaires et les cellules des commissariats (du moins ceux qui avaient résisté à la destruction des édifices qui accompagnait les exécutions sommaires des personnes).

[58] Art. 5 de la Loi organique n° 40/2000 du 26/01/2001.

[59] Arts. 6-12, *ibid.*

[60] Arts. 13 -16, *ibid.*

[61] Arts. 17-19, *ibid.*

relatives à la victime et à la réconciliation sociale[62]. Toutefois, il peut être fait comme reproche à cette forme de justice le déficit de formation, l'inexpérience dans la conduite de ce type de procédure ; ce qui parfois dérivait sur un exercice autoritaire de la fonction et les abus de pouvoirs[63].

La Commission dialogue vérité et réconciliation (CDVR) est créée par le Président de la République de Côte d'Ivoire par Ordonnance N° 2011-85 du 13 mai 2011. Mais elle ne restera pas longtemps en vigueur. La même année, elle sera rapidement remplacée par une autre Ordonnance du président Alassane OUATTARA. Il s'agit de l'Ordonnance N° 2011-167 du 13 juillet 2011, portant création, attributions, organisation et fonctionnement de la Commission Dialogue, Vérité et Réconciliation. Cette seconde Ordonnance, en abrogeant et remplaçant[64] la première, va servir véritablement de fondement juridique à la mise en place de l'organe de justice transitionnelle. Ce dernier était composé de plusieurs organes internes[65].

La représentativité[66] au sein des organes de justice transitionnelle est un élément très important de la légitimation desdits organes de leur travail et des suites à donner à celui-ci. Le choix des représentants ne peut se faire

---

[62] D. (pas de gras) RONDEAU, « Justice centrée sur la faute ou justice centrée sur les victimes ? Le dilemme des commissions de vérité et de réconciliation », *Revue internationale d'éthique sociale et de gouvernementale* vol. 18, n° 1 | 2016 Controverse et acceptabilité sociale des projets de développement économique, disponible sur https://journals.openedition.org/ethiquepublique/2572?lang=en#ftn2 consulté le 20 08 2021. L'auteur relève que « *si on applique strictement les critères du modèle juridique centré sur la faute, l'analyse des tribunaux Gacaca sous l'angle de la nature du crime, ne lui est pas favorable* ».

[63] K. KOUDE, « Justice, vérité et réconciliation au Rwanda après le génocide : la question du « Gaçaça », in Droits de l'Homme en Afrique, Cahier de l'Institut des Droits de l'Homme. Contributions interdisciplinaires, 2001 -2004, p. 111.

[64] Art. 29 de l'Ordonnance N° 2011-167 du 13 juillet 2011, portant création, attributions, organisation et fonctionnement de la Commission Dialogue, Vérité et Réconciliation.

[65] On peut citer le comité des violations des droits de l'homme (arts. 12-15), le comité d'amnistie (art. 16-22), le comité de réparations et réhabilitation des victimes (arts. 23-27) *Promotion of national unity*.

[66] Sur la représentativité, lire entre autres : G. LO MONACO, S. DELOUVÉE et P. RATEAU, (dir.), *Les représentations sociales Théories, méthodes et applications*, *Deboeck supérieur*, (version numérique, disponible sur http://noto.deboeck superieur.com ; S. PFEUTI, *Les représentations sociales : quelques aspects théoriques et méthodologiques*, Pédagogie N° 42, Université de Neuchatel, mai 1996, pp. 1-27 ; D. JODELET (dir), *Les représentations sociales*, *PUF*, 1997, P. MANNONI, *Les représentations sociales, Que sais-je ?, PUF*, 6ème édition mise à jour.

au moyen des élections pour des raisons de célérité. La stratégie légitimante consiste dès lors, en la représentation des différentes composantes des communautés. Il s'agit de se conformer à l'exigence d'inclusivité[67]. La participation des acteurs en lesquels toutes les composantes de la communauté se reconnaitraient est un facteur d'acceptation du processus général de transition et des décisions qui en découleraient. Il importe de procéder à une répartition équitable des postes de tous les organes transitoires dont les tribunaux transitoires. Dans le cas de la CDVR, le Président est nommé par décret présidentiel[68]. Concrètement, Charles KONAN BANNY[69] a été nommé Président de ladite Commission[70]. Les trois Vice-présidents[71], de trois confession religieuses et chefferie traditionnelles différentes, sont également nommés par décret présidentiel, mais, sur proposition du président tout comme le sont les autres membres de la Commission[72]. Il y avait également sept commissaires centraux représentant les différentes régions du pays et la diaspora. On peut lire à cet effet dans le rapport final ce qui suit :

> « Les commissaires choisis sont représentatifs de la société ivoirienne. Toutes les parties concernées, notamment la société civile, les victimes, les défenseurs des droits humains et les personnes appartenant à des minorités et des groupes vulnérables, participent au processus de réconciliation »[73].

---

[67] Sur l'importance de l'inclusivité, voir par exemple, M. Besse, « L'écriture multilatérale des Constitutions, facteur de réussite des transitions démocratiques », Les Nouveaux Cahiers du Conseil constitutionnel, 2014, n° 45, p. 113-133 ; F. HOURQUEBIE, « Néo-constitutionnalisme et contenu des constitutions de transition : quelle marge de manœuvre pour les constitutions de transition ? », in *Annuaire international de justice constitutionnelle, Juges constitutionnels et doctrine – Constitutions et transitions*, Persée-2014, 2015, pp. 587-602.

[68] Art. 7 de l'Ordonnance N° 2011-167 du 13 juillet 2011.

[69] Ancien Gouverneur de la Banque centrale des États de l'Afrique de l'ouest (BCEAO) et ancien Premier ministre de la Côte d'Ivoire, de décembre 2005 à avril 2007.

[70] Nommé par décret présidentiel N° 2011-96 du 13 mai 2011, portant nomination du Président de la Commission dialogue, vérité et réconciliation. Cette nomination n'est pas le résultat d'une entente entre le pouvoir en place et le parti dont était issu Charles KONAN BANNY. Il s'agit plus d'une volonté unilatérale du président Alassane Ouattara.

[71] Décret N°2011-216 du 5 septembre 2011 portant nomination des Vice-présidents et des membres de la Commission dialogue, vérité et réconciliation.

[72] *Ibid.*

[73] CDVR, *Rapport final*, décembre 2014.

L'idée était de satisfaire l'exigence de représentativité. La Commission avait développé un programme en vue de couvrir rationnellement l'ensemble du territoire national. Elle avait un mandat de deux ans et devait prendre fin en 2013[74].

Structurer une transition demande en effet, de prendre en considération, des impératifs du moment[75]. Il existe des normes juridiques dont la finalité est d'orchestrer la transition politique et juridique et œuvrer à ce que celle-ci se déroule dans de bonnes conditions. Le droit applicable à une période transitoire est lui-même dit transitoire[76]. A l'image des « *petites constitutions* »[77], on peut le qualifier de « petit droit », tant il est appelé à jouer un rôle pendant un temps relativement réduit et appelé à disparaitre, une fois la transition achevée. Il est donc un ordre juridique imbriqué à son temps et à son milieu, pour faire sens. Cet ordre juridique peut se composer de dispositions ayant

---

[74] Une autre structure verra le jour en 2015. En effet, la Commission nationale pour la Réconciliation et l'Indemnisation des Victimes (CONARIV), est créée le 24 mars 2015, avec à sa tête l'archevêque de Bouaké, Paul Siméon AHOUANA. Elle est instituée sur la base d'une ordonnance portant création, attributions, composition et fonctionnement d'une nouvelle Institution : dont, a été nommé Président. Sa mission est de faire le recensement des victimes de la crise ivoirienne qui pourront faire valoir leur droit à une réparation.

[75] C. PARJOUET, « La constitution de transition, un instrument de construction de la démocratie », *Presses Universitaires de France/ Revue française de droit constitutionnel*, 2021/3 N° 127, pp. 123 à 145, p. 124.

[76] Pour une définition du droit transitoire, voir G. CORNU *Vocabulaire juridique*, *op. cit.*, p. 1027. Pour plus de développement, lire à ce sujet : M. ZAKI, « Petites constitutions et droit transitoire en Afrique », *Revue du droit public et de la science politique en France et à l'Étranger*, 01 novembre 2012 n° 6, P. 1667 ; J. Chevallier, « Vers un droit post-moderne ? Les transformations de la régulation juridique », *RDP* n° 3-1998, pp. 659-689.

[77] Les petites constitutions fut d'abord appliqué, aux « *normes formellement constitutionnelles investissant un gouvernement de fait dans le cadre d'un régime semi-constitutionnel* » (M. PRELOT, *Précis de droit constitutionnel*, Paris, *Dalloz*, 1949 ; et du même auteur, *Institutions politiques et droit constitutionnel*, Paris, précis *Dalloz*, 1re éd. 1961, 6e éd. 1975), avant d'être élargi aux normes « *provisoires, parfois même formalisées, souvent uniquement matérielles, intermédiaires entre la Constitution révolue et la nouvelle Constitution encore au stade de projet* » (E. CARTIER, « Les petites Constitutions : Contribution à l'analyse du droit constitutionnel transitoire », *RFDC*, 71, 2007, p. 513.) Voir également : E. CARTIER, « Les petites Constitutions : Contribution à l'analyse du droit constitutionnel transitoire », *RFDC*, 71, 2007 ; M. ZAKI, « Petites constitutions et droit transitoire en Afrique », *Revue du droit public et de la science politique en France et à l'Étranger*, 01 novembre 2012 n° 6, P. 1667.

valeurs constitutionnelles, mais également de la décision constituante[78], des normes nationales et internationales. L'intérêt du droit transitoire va au de-là du simple fait d'encadrer l'ingénierie transitoire ; il aide à poser les jalons de l'ordre à venir, en tant que trait d'union entre celui-ci et l'ordre ancien, appelé à disparaitre ou muer et l'ordre en gestation. Il est important de disposer de normes exceptionnelles qui devraient s'appliquer à un contexte exceptionnel ; des normes vis-à-vis desquelles la conformité et le respect sont exigés. Ces normes doivent « *être suffisamment plastiques et flexibles pour s'adapter à la diversité et à la complexité des situation et circonstances* »[79] de leur déploiement. Dans ce sens, l'Afrique du Sud s'était aménagé un double, voire triple degré de contrôle de constitutionalité. Le premier consistait en la conformité par rapport à la constitution transitoire et le second par rapport à la constitution qui allait entrer en vigueur au terme de la transition ; elle-même devant préalablement être conforme à la première. Le droit transitoire peut combiner certaines normes anciennes et celles nouvelles. La survivance des premières tiens au fait qu'il est de l'intérêt de tous d'éviter un vide juridique[80]. Bien plus, même après l'entrée en vigueur des normes nouvelles, celles anciennes qui demeurent pertinentes et qui sont adaptées à la résolution du conflit et à la sortie de crise restent applicables. Elles peuvent donc être maintenues[81] dans le nouveau corpus normatif.

B. Une différenciation fonctionnelle affichée

Le premier constat à relever est que les procédés se démarquent de ceux en vigueur dans les modèles classiques de justice, qu'il s'agisse de

---

[78] C. PARJOUET, « La constitution de transition, un instrument de construction de la démocratie », *op. cit.* p 125. Dans la présente réflexion, la décision constituante est étendue à la décision, prise par le pouvoir constituant ou non, de recourir à la justice transitionnelle. Elle est à l'origine une volonté qui par la suite prend corps dans un instrument formel.

[79] F. HOURQUEBIE, « Les processus de justice transitionnelle dans l'espace francophone : entre principes généraux et singularités », *op. cit.*, p. 326.

[80] M. ONDOA, « La constitution duale : Recherches sur les dispositions constitutionnelles transitoires au Cameroun », *op. cit.*, p. 25. Cette situation vaut également pour le corpus institutionnel comme il sera démontré plus loin dans la seconde partie.

[81] Sur le maintien(sans le t) dans le nouveau corpus normatif d'anciennes normes, voir par exemple : .M. ONDOA, « La constitution duale : Recherches sur les dispositions constitutionnelles transitoires au Cameroun », *op. cit.*, pp. 33-37.

la justice nationale ou internationale (1). Le second qui mérite d'être mis en exergue est relatif au caractère forain des audiences (2).

1. Des procédures inaccoutumées de la justice classiques

> « La relation de justice judiciaire est (...) dépeinte par les philosophes et les praticiens du droit comme un triangle qui met en relation l'État, la société –laquelle englobe les victimes– et le délinquant. La justice est rendue par l'État, au nom de la société, sur la base de lois positives émanant de leur volonté commune, appliquées au délinquant, sans égard pour la victime (ou si peu). La souffrance de celle-ci est résorbée dans le tort infligé à la société dans son ensemble ; ce sont les normes sociales qui souffrent de n'être pas respectées »[82].

On observe avec la justice transitionnelle, une sorte d'évolution, une mutation traduisant un « *délitement du tiers juridique* »[83] dans les procès. Le choix de la procédure constitue un élément de légitimation de la décision à venir ; car, la justice transitionnelle elle-même est un élément de légitimation du processus post-transition. « *La bonne justice ne vaut que par sa capacité à mettre en scène un tiers justicier, séparé des parties par la « juste distance »* »»[84]. Dans ce sens, une démarcation, voir une césure, entre la procédure ancienne appliquée devant les juridictions classiques et celle en vigueur au moment de la transition est importante. C'est aussi dans cette logique que doit être perçue la participation des populations. Elle fait partie d'une stratégie de légitimation des processus d'une part et des décisions obtenues à l'issue desdites procédures. En fonction des objectifs recherchés, à travers ce modèle de justice, il peut s'agir d'établir la vérité ou les vérités, de rendre justice et rétablir les victimes dans leurs droits (du moins pour ce qui peut encore l'être), de reconstruire ou apaiser. Selon les objectifs visés, les moyens pour y aboutir seront pensés et taillés. Il existe un lien complexe entre la vérité et la justice. Il peut exister une tension entre les deux, suivant le but

[82] S. LEFRANC, « La justice de l'après-conflit politique : justice pour les victimes, justice sans tiers ? », *La justice de l'après-conflit politique*, pp. 101-116, p. 104.

[83] *Ibid.*, p. 105. En effet, le tiers, représentant l'Etat, la société dont les normes sont violées n'occupe plus cette place fondamentale telle que c'est le cas dans les procédures de justice classiques, il est relégué au second plan. L'agresseur est mis en relation directe avec la victime ou ses ayants droit ou cause.

[84] *Ibid.*

recherché à travers ladite vérité[85]. Tout est fonction de l'articulation qui est faite entre la vérité ou les vérités et la justice. Les différents objectifs concourent à la recherche des solutions pérennes.

En Afrique du Sud, la période post-Apartheid constituait un environnement adapté, offrant à la *TRC* l'opportunité à la réalisation de son mandat.

> « Le mandat de la TRC est d'enquêter sur les violations de droits de la personne survenues pendant une partie de l'Apartheid, soit de 1960 à 1994. Il ne porte pas sur le crime d'apartheid, mais sur les crimes commis pendant le régime de l'Apartheid »[86].

Le modèle Sud-africain de justice mettait l'accent, moins sur les infractions commises et plus sur ses conséquences. Axée moins sur la faute et plus sur le tort engendré par elle sur les personnes, le droit et l'État, cette justice visait la guérison de l'ensemble des composante de(pas de s) la société étatique. Ainsi, les victimes, les familles, les communautés intra étatiques, le droit, l'État et même les accusés allaient se trouver soulagés de la douleur née des actes atroces antérieurement commis[87]. Il fallait mener des investigations par un comité[88] à l'effet de rassembler les preuves[89] et tout autre élément susceptible d'être utiles aux procès forains. Même pendant les enquêtes, les plaintes étaient reçues et enregistrées[90].

Pendant les audiences foraines, les parties s'exprimaient, les uns pour dénoncer, les autres, pour se confesser. Il y avait également les témoins pour confirmer ou infirmer les dires des uns et des autres. Les procédures sont dépourvues du formalisme consacré dans le cadre de la justice classique. La question des délais ne s'impose pas et il n'y a pas de plainte écrite déposée encore moins de procédure en appel. Parfois les plaintes orales étaient enregistrées et traitées pendant les audiences.

---

[85] En cas que c'est le jugement et condamnation à une peine privative de liberté par exemple, il sera parfois difficile à un accusé de dire la vérité. Par ailleurs si le but recherché est l'apaisement, alors il sera un peu plus facile à cet accusé de dire la vérité.

[86] D. RONDEAU, « Justice centrée sur la faute ou justice centrée sur les victimes ? Le dilemme des commissions de vérité et de réconciliation », *op cit.*

[87] *Truth and Reconciliation Commission*, 1998, vol.1, ch.5, paragr.82.

[88] Art. 12. La composition de ce comité était établie par les textes (art. 13).

[89] Art. 14.

[90] Art. 14, *ibid.*

Des personnes ont été amnistiées avec les effets que cela induit[91], pour d'autres, cette mesure leurs avait été refusée[92].

En Côte d'Ivoire, bien que les règles de fonctionnement de la CDVR soient contenues dans son règlement intérieur[93], son Ordonnance de création nous renseigne sur le fait qu'elle devait se réunir publiquement[94], sur convocation de son Président[95]. Toutefois, elle pouvait siéger à huis clos pour des raisons de sécurité, d'ordre ou encore liées à la moralité publique[96].

Les organes de justice transitionnelle avaient le pouvoir d'investigation[97]. La procédure ne s'ouvrait pas nécessairement par une enquête. Elle pouvait l'être directement pendant les audiences locales. Dans ce cas de figure, on peut déplorer la faiblesse des éléments, car les investigations préalablement menées auraient permis aux différents organes de justice de récolter d'autres éléments et ainsi lever d'autres vérités cachées par les accusés. Soulignons que ce regret exprimé ne saurait constituer une évaluation de la mission assignée à ces organes ; même s'il eut été préférable que ces procédures s'ouvrissent par des enquêtes préalables, car il ne s'agissait pas là de leur mandat.

2. Des audiences foraines cathartiques

Compte tenu des effectifs très souvent pléthoriques des personnes accusées et poursuivies pour des crimes de masses[98], il est très difficile

---

[91] Art. 20 de la *promotion of national unity and reconciliation act 34 of 1995*. Il s'agissait d'une amnistie conditionnelle. Il eût été dangereux de procéder à une amnistie générale qui aurait sous un certain angle, de mettre en danger les droits de l'homme et la justice. Voir dans ce sens GRAEME SIMPSON, « Amnistie et crime en Afrique du Sud après la Commission « Vérité et réconciliation » », *in Cahiers d'études africaines* (disponible en ligne sur : 173-174| 2004, mis en ligne le 08 mars 2007, URL : http://etudesafricaines.revues.org/4554.

[92] Art. 21, *ibid.*

[93] Art. 19 de l'Ordonnance N° 2011-167 du 13 juillet 2011 portant création, attributions, organisation et fonctionnement de la Commission Dialogue, Vérité et Réconciliation.

[94] Art. 21, *ibid.*

[95] Art. 20 , *ibid.*

[96] Art. 21 *ibid.*

[97] Arts. 12, 13 et 14 pour la *TRC*, art. 5 de l'Ordonnance pour la CDVR,

[98] Généralement les accusés se trouvent dans les différents camps en conflit. Les uns pour avoir attaqué, les autres pour s'être certainement défendus mais sans respecter la proportionnalité par exemple. Ce qui exclu de fait, l'hypothèse de la légitime défense.

d'organiser ces poursuites dans le cadre des tribunaux classiques. Toutefois, il faut reconnaitre et ne pas nier des droits aux victimes[99]. Aussi, comprend-on cette interrogation de Patricia LABIANO : « *qui dit que la procédure engagée devant la tribunal, même lorsque l'on est bien défendu, portera ses fruits ?* »[100]. Bien plus, les crimes pour lesquels ces personnes sont souvent poursuivies, n'épargnent pas les acteurs de cette justice. On assiste dès lors à une sorte de décentralisation de la justice, choisissant de procéder par des audiences foraines[101]. Cette forme de justice, au-delà de rapprocher l'administration de la justice des peuples, « *organise le dialogue entre la victime et le criminel*»[102]. Mais ce dialogue n'a pas les mêmes contenus et contours que celui organisé devant la justice ordinaire. Par cette justice, la responsabilité passe du pouvoir central au niveau des communautés[103] assurant en même temps un maillage territorial nécessaire. Le caractère forain des audiences présente des avantages. Sur le plan de la durée de la procédure, elle était raccourcie et simplifiée. Il en est de même sur le plan économique et financier. Cette option procédurale des aveux oraux ou écrits, était mue par le besoin de faire une double économie. Celle de la longueur des procès et celle du coût que ne pouvait financer le budget du pays[104].

Les crimes étant soit individuellement[105] soit collectivement commis, en conséquence, la mémoire traumatique ne saurait être abordée et traitée

---

[99] C. V. NOUAZI KEMKENG et H.YAMBENE BOMONO, « La justice transitionnelle a l'épreuve de l'institution de l'état de droit dans les pays africains post-conflits », *op. cit.*, p. 183.

[100] P. LABIANO, *La justice de proximité pour résoudre les litiges du quotidien, juges de proximité, médiateurs, conciliateurs : les nouveaux interlocuteurs de justice, Litiges du quotidien, comment se défendre ? comprendre la justice, clés et solutions, Guid'Utile*, 2004, 190 p., p., 9.

[101] Pour une définition d'audience foraine, voir G. CORNU, *Vocabulaire juridique, op. cit.*, p. 467.

[102] S. LEFRANC, « La justice de l'après-conflit politique : justice pour les victimes, justice sans tiers ? », *op. cit.*,p.103.

[103] *Paix, justice et réconciliation en Afrique Opportunités et défis liés à la lutte contre l'impunité, op. cit.*, p. 28.

[104] E. COMLAN « La justice transitionnelle dans la région des grands lacs, Les leçons du Rwanda et du Burundi », *op. cit.*, p. 115.

[105] Il est vrai, comme le souligne Antoine STOMBOLI, qu'« *un traumatisme constitue en premier lieu un phénomène individuel lié à une perception de celui-ci tout aussi individuelle* » (A. STROMBOLI, « Mémoire traumatique et mobilisation des victimes,

exclusivement sous un seul de ces deux aspects. Les témoignages individuels ou collectifs, au cours desquels les victimes révèlent les atrocités subies, servent à compléter, approfondir, éclairer ce que pourrait être l'écrit officiel dans un État post-conflit[106]. La parole donnée pour établir la vérité va au-delà de celle-ci, pour viser la guérison recherchée en mettant en lumière le mal antérieurement commis, en brisant le silence et l'indifférence. Cela est nécessaire à la suite d'un conflit ou d'une crise[107] ; car, la gestion des victimes, des bourreaux et de leurs passés, en plus d'éviter la dépression, le déni, la colère[108], est un élément clé des garanties de non-répétition. Il importe de révéler le passé sombre pour aboutir à un engagement de non-répétition[109] ; car la justice transitionnelle fait de la confrontation au crime passé un élément central de toute transformation politique[110].

L'aspect collectif présente l'avantage de la construction d'une identité collective traitant l'ensemble de la communauté et reconstruire les liens[111]. Celle-ci tient d'avantage compte du discours social ou collectif que du discours individuel[112] d'où la mobilisation des victimes et leur participation, en tant que producteurs[113] historiques de valeur juridiques et sociales. La mémoire des évènements historiques traumatiques, sert de fondement factuel au droit, qui, aux dires d'Antoine STROMBOLI, est « *l'exemple par excellence de l'adaptation des valeurs aux évènements du passés* »[114]. Le droit sécrété post-conflit se nourrit fondamentalement

---

l'enjeu des processus de justice transitionnelle sur le traitement du passé. L'exemple de l'Ouganda », *op. cit.,* p. 116.

106 *Ibid.*, p. 187.

107 Voir dans ce sens, A. STROMBOLI, « Mémoire traumatique et mobilisation des victimes, l'enjeu des processus de justice transitionnelle sur le traitement du passé. L'exemple de l'Ouganda », *op. cit.*, p. 189.

108 *Ibid.*, p. 200. L'auteur rappelle que le déni par exemple entraine de grandes frustrations chez les victimes.

109 *Ibid.* p.197.

110 C. V. NOUAZI KEMKENG et H.YAMBENE BOMONO, « La justice transitionnelle a l'épreuve de l'institution de l'état de droit dans les pays africains post-conflits », *op. cit.*, p. 184. Pour plus de détail sur ce point lire K. ANDRIEU, *La justice transitionnelle. De l'Afrique du Sud au Rwanda, Folio Essais*, 2012.

111 *Ibid.*, pp. 117, 197 et suivantes.

112 *Ibid.*, p. 117.

113 *Ibid.*, p. 183.

114 *Ibid.* p.181.

et inévitablement des évènements passés et dont certains sont à évités. Ce qu'on peut qualifier ici de technique de la prévention juridique, permet aux sociétés soties de crise de se prémunir et anticiper sur d'éventuelles crises.

La *TRC* s'appuyait sur les récits des victimes traitées avec respect et sans discrimination[115] et des agresseurs accusés pour faire son travail. La prise de parole obligatoire[116], élément de la justice participative[117], a permis de s'exprimer, de révéler des victimes dites silencieuses ou inconnues[118] et aboutir au pardon[119] à l'issue des confrontations entre accusés et victimes (pour celles encore en vie) ou leurs ayant droits. La vérité des agresseurs était validée par les victimes ou leurs ayant droits qui, tous étaient antérieurement privés de parole[120]. Il s'agissait donc du droit à la vérité pour tous : agresseurs, victimes, communauté locale et l'État sans oublié l'histoire[121] car la mémoire historique permet de cristalliser les savoirs et les faits pour la postérité. A côté des aveux oraux, la Commission récoltait également des preuves factuelles apportées soit par les agresseurs, soit par les victimes ou tout autre

---

[115] Art. 11 (a) (b) *promotion of national unity and reconciliation act 34 of 1995.*

[116] E. COMLAN « La justice transitionnelle dans la région des grands lacs, Les leçons du Rwanda et du Burundi », in T. MOUSTAFA-KAMEL (dir.), *La justice transitionnelle*, Actes du colloque, Le Caire, les 17 et 18 mai 2014, pp. 103-125, p. 114. V. JARDINE, dans son mémoire relève le fait que « *not all people were willing to come foward and testify at the commission* » (voir, VERUSHKA JARDINE, *The truth and Reconciliation Commission: succes or failure*? *op. cit.* p. 2).

[117] Celle-ci a ses conditions : a-une procédure participative. ; b l'importance accordée à la vérité expérimentale et plurielle ; c-la reconnaissance ; d-la publicité et la médiatisation ; e-l'impartialité. (Voir D. RONDEAU, « Justice centrée sur la faute ou justice centrée sur les victimes ? Le dilemme des commissions de vérité et de réconciliation », *op. cit.*

[118] *Truth and Reconciliation Commission, op. cit.* paragraphe 90.

[119] D. TUTU, « Reflexions on Moral Accountability », *The International journal of Transitonal Justice*, Vol. 1, 2007, pp. 6-7. Selon Xavier philippe, « *la justice transitionnelle ne comporte pas intrinsèquement de processus de pardon mais elle créé les conditions pour que les protagonistes du conflit antérieur puisse accorder (ou non) leur pardon ou une certaine forme d'oubli* ». (X. PHILIPPE, « Les solutions alternatives et complémentaires à la justice pénales internationale : la justice transitionnelle exercée à travers les commissions vérité réconciliation », *op. cit.* p. 139).

[120] Art. 37 de la *promotion of national unity and reconciliation act 34 of 1995.*

[121] Le 21 décembre 2010, l'Assemblée générale de l'ONU a proclamé le 24 mars Journée internationale pour le droit à la vérité en ce qui concerne les violations des droits de l'Homme et pour la dignité des victimes.

témoin. Elle n'était pas fermée à un seul mode d'établissement de preuves. La parole thérapeutique[122], symboliquement ritualisée[123], est un élément important pour l'apaisement et la réconciliation à long terme. On est d'avis avec C. ALBRECHT quand il écrit, comme pour conclure sur le symbolisme, qu'il « *a un poids important au sein de la justice transitionnelle qu'il ne faut pas négliger mais utiliser à bon escient* »[124]. Le droit à la parole, collectivement et individuellement exercé, permet d'exorciser la société afin de mieux penser la reconstruction.

Dans le mode de fonctionnement des *Gacaca*, chacune des parties prenait la parole, s'exprimait devant cette juridiction. En tant que justice de proximité, ou justice décentralisée, ces organes qui couvraient l'ensemble du territoire[125] s'appuyaient sur la participation massive des populations[126] dans la recherche de la réalisation de la justice[127]. Les audiences foraines se déroulaient en langue locale, loin des résidences, chez le Chef de village ou dans la cour des institutions locales selon le consensus des membres de la Commission[128]. Ces audiences se tenaient autant de fois que nécessaire[129], suivant des procédures simplifiées, donnant plus de temps de parole. Ces éléments ont contribué à construire une plus grande légitimité vis-à-vis de ces juridictions par rapport à celles

---

[122] Voir dans ce sens, Kora ANDRIEU, « La définition de la justice transitionnelle », *op. cit.*, pp. 40-41.

[123] *idem.*, p.42.

[124] C. ALBRECHT, « Le pardon dans la justice transitionnelle : utilité et utilisation » *in* J. P. MASSIA, X. PHILIPPE et P. PLAS (dir.), *Annuaire de justice pénale internationale et transitionnelle*, Institut universitaire Varenne, Collection Transition et justice, 2014, LGDJ, 613 p., pp. 83-137, p. 87.

[125] Art. 4 de la Loi organique n° 40/2000 du 26/01/2001, portant création des « juridictions *gacaca* » et organisation des poursuites des infractions constitutives du crime de génocide ou de crimes Contre l'humanité, commises entre le 1er octobre 1990 et le 31 décembre 1994.

[126] À l'opposé de la justice classique ou ordinaire institutionnalisée (TPIR, et les tribunaux internes qui étaient devenus quasi inexistant au lendemain du génocide) qui était figée et parfois lointaine, le modèle transitionnel de justice est une justice de proximité qui donne voix au chapitre à la masse.

[127] D. RONDEAU, « Justice centrée sur la faute ou justice centrée sur les victimes ? Le dilemme des commissions de vérité et de réconciliation », *op. cit.*

[128] Art. 27, de la Loi organique n° 40/2000 du 26/01/2001.

[129] Art. 30 *ibid.*

classiques. Les populations s'y reconnaissant plus, elles y étaient par conséquent, plus ouvertes ; ce qui produit des avantages connus.

Pour que les aveux soient recevables devant les *Gacaca*, l'accusé devait dénoncer ses complices. En véritable plaidoyer de culpabilité[130], il devait dire toute la vérité sur ses actes et dénoncer ses complices. C'est ainsi que, de nouvelles dénonciations intervenant pendant le procès et étaient enregistrées. Le ratissage large, le nombre d'accusées était sans cesse croissant. L'accusé coopérant avait plus de chance de voir sa peine réduite.

> « Ces accommodements auraient incité les génocidaires à confesser leurs crimes, aidé l'établissement des faits et la découverte des corps de victimes, et donc facilité les accusations »[131].

De ce fait, Dany RONDEAU écrit que :

> « Les gacaca ont permis de juger un nombre important de personnes qui n'ont pas toutes eu un rôle prédominant dans le génocide, ce qui a permis de recueillir des informations peut-être de moindre importance à une échelle nationale, mais combien essentielles pour les proches des victimes »[132].

En Afrique du Sud par exemple, la *TRC* promettait l'amnistie aux défenseurs et ennemis de l'apartheid, dans le cas d'une confession complète[133]. Mais comme le souligner C. V. NOUAZI KEMKENG et H.YAMBENE BOMONO :

> « L'amnistie peut certes faire partie d'un plan de réconciliation ultérieure, mais pas à n'importe quel prix. Il est difficile d'admettre que, par exemple, des auteurs de crimes contre l'humanité puissent bénéficier d'une amnistie »[134].

---

130 E. COMLAN « La justice transitionnelle dans la région des grands lacs, Les leçons du Rwanda et du Burundi », *op. cit.*, p. 115.

131 D. RONDEAU, « Justice centrée sur la faute ou justice centrée sur les victimes ? Le dilemme des commissions de vérité et de réconciliation », *op. cit*. Toutefois, cette démarche ne présentait pas seulement des avantages.

132 *Ibid.*

133 V. JARDINE, *The truth and Reconciliation Commission: succes or failure*? *op. cit.*, p.6.

134 C. V. NOUAZI KEMKENG et H.YAMBENE BOMONO, « La justice transitionnelle a l'épreuve de l'institution de l'état de droit dans les pays africains post-conflits », *op. cit.*, p. 193.

Considérée comme contraire au droit international[135], l'amnistie est plus délicate que d'autres mécanismes du fait de sa nature plus politique que juridique[136]. De fait, elle participerait dès lors, de la politisation du processus de transition.

Même si toutes les vérités ne sont pas transposables[137], il convient de relever qu'il existe des vérités communes qui peuvent et devraient être mises en exergue.

II. UN STATUT AUX COMMUNS IRRÉDUCTIBLES DE LA JUSTICE TRANSITIONNELLE

Une transition n'est pas menée sans fondements et sans perspective logique. Il ne sert à rien de sortir d'une crise ou d'un conflit pour faire un retour au point de départ. Des mécanismes de justice transitionnelle aidant une société meurtrie à renaitre existent[138].

> « Les dispositifs de justice transitionnelle doivent être mis en place à l'aune des exigences nationales et internationales en matière de reconstruction de l'État de droit, de promotion des droits de l'homme, de justice et de la paix et de la lutte contre l'impunité »[139].

Cette justice vise « *la réinstauration d'une paix durable et d'une gouvernance apaisée ; et repose sur un moyen essentiel pour y parvenir : celui de l'établissement des faits et des vérités par le dialogue national* »[140]. La variabilité des situations et le fait qu'aucune expérience

---

[135] Lire dans ce sens, HCNUDH, *Les instruments de l'État de droit dans les sociétés sortant d'un conflit.* Amnisties, Nations Unies, New York et Genève 2006 ; T. DAL MASO JARDIM, « Les amnisties », in H. ASCENCIO, E. DECAUX, A. PELLET, *Droit international pénal*, 2e édition révisée CEDIN, édition Pedone, 2012, pp. 565-572.

[136] L. JOINET, « Justice transitionnelle : principes et standards internationaux », *op. cit.*, p. 11.

[137] I. MICHELLE, « Le paradigme de la transition : chronique d'une fin annoncée, le cas de l'Europe centrale et orientale », *Revue d'études politiques et constitutionnelles Est-européennes*, Numéro spécial, 2006, pp. 25-34, p. 28.

[138] Voir *Rapport annuel du Centre international de la justice transitionnelle*, 2004-2005, disponible sur : http ://www.ictj.org/static/AR/AR04-05.fre.pdf.

[139] F. HOURQUEBIE, « Les processus de justice transitionnelle dans l'espace francophone : entre principes généraux et singularités », *op. cit.*, p. 329.

[140] F. HOURQUEBIE, « Les processus de justice transitionnelle dans l'espace francophone : entre principes généraux et singularités », *op. cit.*, p. 322.

de justice transitionnelle ne peut être dupliquée en l'état dans un autre contexte, n'excluent pas le besoin de penser une approche holistique, pouvant servir de référent de base, adaptable au gré des réalités concrètes. Aussi, « *les processus de justice transitionnelle reposent sur une approche reconstructive et réconciliatrice (...)* »[141]. Selon C. ALBERT, la justice transitionnelle poursuit trois objectifs à savoir : l'établissement de la responsabilité des commettants, la justice et la réconciliation[142]. Au regard de ces objectifs rencontrés dans ces expériences, contribuer à conceptualiser un référentiel commun à la justice transitionnelle semble opportun. La présente contribution à la conceptualisation portera sur le fondement et l'objet d'une part (A) et sur la finalité d'autre part (B), de cette justice.

A. UNE NÉCESSITÉ ATTESTÉE PAR LA COMMUNAUTÉ CONSTATÉE DES FONDEMENT ET OBJET

En dépit des variations observées, entourant les différentes expériences de justice transitionnelle appliquées respectivement en Afrique du Sud, au Rwanda et en Côte d'Ivoire, il convient de constater que la base est identique. L'identité porte sur le départ de la transition et sur la justice transitionnelle en particulier d'une part et sur son objet d'autre part. Ainsi, seront abordés à ce niveau de l'analyse, la communauté observée quant au fondement (1) et à l'objet (2) du modèle transitionnel de justice.

1. La communauté trouvée du fondement

Le choix de la justice transitionnelle n'est pas souvent un choix unilatéral imposé, par la suite, au reste de la collectivité. Il s'agit d'un choix commun, tout au moins qui a l'assentiment de la majorité du peuple concerné. La nécessité des compromis[143] est une évidence. Le compromis se positionne comme étant le meilleur moyen de poser et faire

---

141 *Ibid.*, p. 326.

142 C. ALBRECHT, « Le pardon dans la justice transitionnelle : utilité et utilisation » *in* J. P. MASSIA, X. PHILIPPE et P. PLAS (dir.), *Annuaire de justice pénale internationale et transitionnelle*, Institut universitaire Varenne, Collection Transition et justice, 2014, LGDJ, 613 p., pp. 83-137, p. 86.

143 *Paix, justice et réconciliation en Afrique Opportunités et défis liés à la lutte contre l'impunité, op. cit.*, p. 16.

fonctionner la justice transitionnelle. Pour ce faire, des consultations sont menées et les points de vue recueillis. La démarche consensuelle est importante en ce qu'elle privilégie la recherche d'un accorde entre individus ou différentes parties[144]. Dans le cas de l'Afrique du Sud, la *TRC* est le résultat d'un processus de négociation. Verushka JARDINE mentionne à ce sujet que « *the position represented by the TRC was a response to the last minute compromise struck so late in the negociation process that it had included in a « postamble », which wastaked to end of the constitution* »[145]. La TRC, était le fruit de négociations devant fédérer les différents points de vue de la société Sud-africaine du moment.

La justice transitionnelle, pour produire les effets de droit attendus, « *doit demeurer attachée à un cadre juridique assurant l'accès au droit (...)* »[146]. Le compromis entre les parties peut prendre différentes formes et dénominations ; mais il n'en demeure pas moins vrai qu'au fond il en est un. Il peut s'agir par exemple : d'entente, de consensus, d'accord ou de compromis politique[147]. L'idée de consensus reste la matrice servant de socle au processus de transition d'une société dictatoriale ou despote, emprunte de violations massives des droits de l'homme, vers un État de droit instauré, mâtiné de paix et de respect de l'ordre social. Ledit compromis est consigné dans un instrument juridique pour sa sécurité et celle de son contenu. La transcription ou la consignation dans un instrument juridique, quel qu'il soit, constitue un véritable procédé de sécurisation du processus de transition de façon générale et de justice

---

[144] Elle désigne aussi « les théories pensent les conditions d'un consensus sur les valeurs démocratiques » (voir O. DUHAMEL et Y. MENY, (dir.) *Dictionnaire constitutionnel*, *PUF*, 1992 ; 1112 p., p. 207.

[145] VERUSHKA JARDINE, *The truth and Reconciliation Commission : succes or failure*? *op. cit*., p. 7.

[146] C. V. NOUAZI KEMKENG et H.YAMBENE BOMONO, « La justice transitionnelle à l'épreuve de l'institution de l'état de droit dans les pays africains post-conflits », *op. cit*., p. 183.

[147] On peut citer l'exemple, bien qu'il soit hors contexte de cette étude, de l'accord de Lomé en 1999, signé entre le gouvernement et les rebelles du Front Révolutionnaire Uni (RUF), qui a mis fin à près d'une décennie de guerre civile. En RDC, la commission a été instituée par l'Accord global et inclusif, comme l'une des institutions d'appui à la démocratie. Pour plus de sécurité, cet accord sera suivi de la loi n° 04/018/ du 30 juillet 2004 qui régit son fonctionnement et son organisation. Au Libéria, la Commission vérité et réconciliation (CVR) est née de l'Accord global de paix signé à Accra, au Ghana, en août 2003 après plus d'une décennie.

transitionnelle en particulier. Cette transcription se fait dans divers instruments juridiques dont les textes règlementaires[148] et les lois[149]. Certains États vont jusqu'à la constitutionnalisation de ces accords[150]. Il est important de relever à ce niveau que le recours par un État à une forme de mécanisme n'est pas exclusif des autres. En effet, un État peut recourir et implémenter simultanément deux ou plusieurs mécanismes de résolution de crise et de sortie de celle-ci. A titre d'illustration, on peut convoquer les exemples du Rwanda avec le Tribunal pénal pour le Rwanda (TPIR), la Commission unité et réconciliation et les *Gacaca*, du Burundi avec le projet de création de Commission vérité et réconciliation, le projet de création d'un Tribunal spécial pour le Burundi et les juridictions coutumières *Bashingantahe*, de la Tunisie avec la création de la Commission vérité et dignité et la Commission d'établissement des faits sur les affaires de malversations et de corruption, *etc*[151]. Le choix du type de mécanisme est toujours motivé[152].

L'option législative offre une légitimité et une sécurité très importante. En effet, la loi étant votée par le parlement, où se trouve représenté le peuple, elle apparait comme l'instrument indiqué pour limiter et réduire les éventuelles oppositions au projet. Sa force juridique, son opposabilité sur toute l'étendue du territoire confortent dans cette

---

[148] Ici, on peut se référer aux ordonnances (l'Ordonnance N° 2011-85 du 13 mai 2011 ; l'Ordonnance N° 2011-167 du 13 juillet 2011 portant création, attributions, organisation et fonctionnement de la Commission Dialogue) et aux différents décrets du président de la République de Côte d'Ivoire, créant la CDVR et désignant les différents membres. Au Burundi, la Commission nationale pour la vérité et la réconciliation (CNVR) a été instituée par l'Accord d'Arusha pour qualifier les crimes, établir les responsabilités et identifier les coupables et les victimes.

[149] On peut se référer d'une part, en Afrique du Sud, à la loi portant *promotion of national unity and reconciliation act 34 of 1995* qui créait la Truth and Reconciliation Commission (TRC) et aux différentes lois organiques dont s'était progressivement doté le Rwanda en vue de sortir de crise, résoudre les problèmes posés et réconcilier le peuple, d'autre part. On peut trouver des exemples en dehors du cadre retenu pour cette étude : le cas du Burundi avec la Loi n°1/018 du 27 décembre 2004 portant mission, composition, organisation et fonctionnement a été promulguée à cet effet.

[150] Voir Verushka JARDINE, *The truth and Reconciliation Commission: succes or failure*?, *op. cit.* p. 8. G. SIMPSON, *Abrief evaluation of South Africa's Truth and reconciliation Commission: some lessons for societies transition*, xxx, p. 2.

[151] F. HOURQUEBIE, « Les processus de justice transitionnelle dans l'espace francophone : entre principes généraux et singularités », *op. cit.*, p. 329.

[152] *Ibid.*

idée. Elle a été l'option adoptée et adaptée pour faire face au défi du jugement des génocidaires et de réconciliation des rwandais[153] ; tout en reconstruisant l'État. Les lois créant les *Gacaca* prévoyaient une occupation de l'ensemble du territoire national[154]. Au de-là de la légitimité conférée par l'assise de ce processus sur la loi, l'occupation rationnelle du territoire national apportait un plus dans cette opération de légitimation de cette justice et plus largement, de la transition. La loi ici, peut être appréhendée comme étant l'instrument juridique qui portait le compromis obtenu entre toutes les composantes sociales représentées au sein de l'Assemblée nationale rwandaise par des députés issus des différents groupes ethniques.

Dans le cas Sud-africain, des négociations entamées dès 1990 entre le gouvernement d'alors et l'African National Congress (ANC) aboutiront en 1993 à un accord de paix. C'est cet accord qui viendra mettre fin à la politique de l'Apartheid. Une des conséquences fut l'adoption d'une constitution provisoire ou transitoire dont un des points sur lesquels elle insistait était la nécessaire réconciliation du peuple sud-africain en vue d'une unité nationale[155]. Les implications sont connues, car plus d'un an après l'élection de Nelson MANDELA comme Président de la République Sud-africaine en 1994, « *un gouvernement d'union nationale est alors formé et, en juillet 1995, le Parlement sud-africain vote la Loi pour l'unité nationale et la réconciliation qui crée la* Truth and Reconciliation Commission *(TRC)* »[156]. Bien que la *TRC* soit souvent citée comme un exemple de réussite de commission de vérité et de réconciliation, ses choix n'ont pas souvent été unanimes. La démarche qui consistait en l'amnistie contre vérité a été majoritairement perçue par les victimes comme un déni de justice. Peut-être, avaient-elles plus confiance en le modèle classique et institutionnel de justice. Mais, vis-à-vis de cette critique, en cas que les victimes choisissaient le modèle classique de justice, on peut s'interroger sur le point de savoir si les

---

153 D. RONDEAU, « Justice centrée sur la faute ou justice centrée sur les victimes ? Le dilemme des commissions de vérité et de réconciliation », *Revue internationale d'éthique sociale et de gouvernementale* vol. 18, n° 1 | 2016 Controverse et acceptabilité sociale des projets de développement économique, disponible sur https://journals.openedition.org/ethiquepublique/2572?lang=en#ftn2 consulté le 20 08 2021.

154 Art. 4 de la Loi organique de 1996.

155 Sur ce point, lire D. RONDEAU, « Justice centrée sur la faute ou justice centrée sur les victimes ? Le dilemme des commissions de vérité et de réconciliation », *op. cit.*

156 *Ibid.*

condamnations systématiques, à des peines privatives de liberté, auxquelles étaient exposées lesdites victimes, participent à apaiser et estomper la douleur de la perte d'un être cher par exemple.

Dans le cas de la Côte d'Ivoire, il s'était agi d'une Ordonnance, comme instrument juridique sous-tendant la création de la CDVR. A partir de là, on peut en inférer que, l'autorité administrative, auteur de cet instrument juridique a imposé son choix préalablement effectué et ce, unilatéralement. Toutefois, compte tenu du contexte socio politique du moment, il est permis d'en douter. Bien plus, le Président de la République, en signant cette Ordonnance, n'était pas moins dans la posture d'un élu à travers qui le peuple exerce sa souveraineté[157], tout en demeurant le détenteur originaire de celle-ci[158]. S'il est clairement admis qu'en théorie, tout au moins, c'est tout le peuple ivoirien qui a agi à travers la personne du Président Alassane Ouattara, en choisissant de créer la CDVR, par ordonnance, alors, on peut bien conclure qu'il s'était agi d'un compromis. Bien plus, il serait mal venu que le Président de la République, sans consultation aucune, décider de la création d'une institution aussi importante au regard, non seulement du contexte mais aussi de sa composition, de la lourde mission à elle confiée et des attentes, des espoirs placées en elle.

2. Une communauté d'objet préservée

La justice est une valeur dont la protection, est non négociable. Les normes juridiques et les institutions chargées de les animer, sont des instruments dédiés à la satisfaction de cette mission. Dès lors, la lutte contre l'impunité des crimes de masse s'inscrit dans cette optique.

> « La justice transitionnelle est basée sur la conviction que l'exigence de justice n'est pas un tout absolu mais qu'elle doit, au contraire, être équilibrée avec le besoin de paix, de démocratie, de développement économique et d'État de droit »[159].

[157] Art. 51 de la Constitution ivoirienne de 2020.

[158] Art. 50 *ibid.*

[159] C. V. NOUAZI KEMKENG et H.YAMBENE BOMONO, « La justice transitionnelle a l'épreuve de l'institution de l'état de droit dans les pays africains post-conflits », *op. cit.*, p. 182.

Aussi, Même si elle « *peut être envisagée dans divers contextes, l'objectif sous-jacent consiste à trouver des formules capables de renforcer la stabilité et de limiter les possibilités d'impunité* »[160].

Aussi :

> « La recherche de la paix implique alors la reconstruction (politique, sociale, communautaire…) ; et le besoin de justice, dans son sens le plus englobant, devient une nécessité pour le nouveau régime démocratique qui doit montrer sa capacité à affronter le passé, en tirant les leçons des événements, pour reconstruire une société apaisée »[161]. « Le déploiement de la justice transitionnelle doit reposer sur la conciliation des impératifs inhérents à la lutte contre l'impunité en veillant à ce que les besoins de justice ne soient pas un obstacle à la paix ; en évitant de promouvoir les amnisties généralisées (…)[162]», car, « la sentence et la peine, tirent leur noblesse de leur capacité de soulager la souffrance des victimes »[163].

Il n'est pas obligé que la justice et le rétablissement des droits violés, soient suivis par une réconciliation sociale. Mais, lorsqu'elle est transitionnelle, la réconciliation est un objectif à atteindre. Ce dernier aspect est une autre dimension dans la reconstruction. La vérité n'est par conséquent pas automatiquement liée à la réconciliation. La lutte contre l'impunité en établissant ou en rétablissant la vérité peut alors être la mission principale assignée à un organe, tel que c'est le cas dans le cadre de la justice classique. Dans ce cas, la vérité dont il s'agit n'a pas pour objectif d'aboutir à la réconciliation. Elle peut être un but à atteindre tout comme le rétablissement des droits violés. Par contre, dans l'hypothèse où la réconciliation est la finalité, la vérité rétablie, à rétablir ou à révéler devient un moyen pour l'organe de justice, lui permettant d'aboutir à ladite réconciliation. La vérité est, sous cet angle, au service de la (re) construction et de la réconciliation. L'exemple Sud-africain peut être

---

[160] *Paix, justice et réconciliation en Afrique Opportunités et défis liés à la lutte contre l'impunité, op. cit.*, p. 15.

[161] F. HOURQUEBIE, « Les processus de justice transitionnelle dans l'espace francophone : entre principes généraux et singularités », *op. cit.*, p. 322.

[162] *Ibid.*, p. 329. En ce sens voir également : http://www.francophonie.org/IMG/pdf/guide-oif-tjvrbat-web1003.pdf

[163] S. LEFRANC, « La justice de l'après-conflit politique : justice pour les victimes, justice sans tiers ? », *op. cit.*, p.102.

convoqué ici, où la finalité réparatrice ou encore sociale avait été érigée en principe essentiel en vue du rétablissement de la dignité des victimes. Elle se fondait sur la vérité, « *une vérité qui situe les faits et ce qu'ils signifient dans le contexte de relations humaines à la fois entre les citoyens et entre l'État et les citoyens. Cette sorte de vérité était centrale pour la Commission* »[164]. La notion de vérité est carnivalesque[165] variant en fonction des approches et des objectifs recherchés. Au demeurant, il se dégage la nécessité d'indicateurs de légitimation du processus.

Dans les différentes expériences de justice transitionnelle, la paix constitue une valeur fondamentale dont la préservation fait l'objet de diverses mesures. Sans la paix, aucun développement dans un État et aucune protection des droits de l'Homme ne peuvent être aisément envisagés. En Afrique du Sud[166], comme au Rwanda[167] et en Côte d'Ivoire[168], il s'était agi, au sortir des différentes crises vécues dans ces pays, de restaurer la paix brisée et la préserver.

La connaissance et le jugement des crimes de masse et autre violation au droit de l'Homme et la dignité humaine, antérieurement commis sont un objet commun des organes de justice transitionnelle[169].

B. Une unicité confortée par la communauté des finalités.

Une controverse sur la finalité des commissions vérité et réconciliation (CVR) oppose deux approches. L'une se fonde sur la faute

---

[164] Art. 43*promotion of national unity and reconciliation act 34 of 1995.*

[165] La notion de « carnivalesque » développée par Mikhail Bakhtin est reprise par Teresa GODWIN PHELPS (2006) pour être appliquée aux CVR. Elle exprime cette idée de vérité plurielle qui, dans les approches de la justice centrée sur les victimes, permet de renverser l'ordre dominant maintenu par une approche plus légaliste centrée sur la faute. Voir également le débat entre Matt James (2012 et 2015) et Bridget Storrie (2015) sur la contribution de la vérité « carnivalesque » au modèle de justice centré sur les victimes. (Voir D. RONDEAU, « Justice centrée sur la faute ou justice centrée sur les victimes ? Le dilemme des commissions de vérité et de réconciliation », *op. cit.*, note 27).

[166] Lire les dispositions de l'article 4 de la Promotion of national unity *and reconciliation act 34 of 1995.*

[167] Lire à ce sujet l'avant dernier Considérant de la Loi organique de 1996.

[168] Lire à ce sujet les dispositions de l'article 5 de l'Ordonnance créant la CDVR, notamment les attributions de ladite Commission.

[169] Art. 2 (3) (1) (a) de la *promotion of national unity and reconciliation act 34 of 1995.*

et l'autre sur les auteurs de ladite faute[170]. Par ailleurs, en transcendant cette controverse, à travers ces deux approches ce qui est recherché dans le cadre de la justice transitionnelle c'est la réconciliation et la reconstruction. A partir de là, on peut aisément comprendre lorsque Y. OBEKANDON dit que «*les CVR sont des instruments de construction et de reconstruction d'une paix durable en Afrique*»[171]. La justice transitionnelle va au-delà de la justice classique, dont elle se démarque, en ce qu'elle ne vise pas uniquement à trouver les responsables des crimes, établir la vérité et les sanctionner. Elle cherche le pardon, à reconstruire et à réconcilier après la crise[172].

> « Le gouvernement rwandais a justifié le processus de Gacaca comme un moyen de faciliter la manifestation de la vérité sur le génocide, de promouvoir la réconciliation, d'éliminer l'impunité, d'accélérer les procès des suspects de génocide et de prouver la capacité du Rwanda à résoudre ses propres problèmes »[173].

Dès lors, la finalité qui transparait est de (re) construire et consolider l'État d'une part (1) et réconcilier la société d'autre part (2).

---

[170] Pour un aperçu de cette controverse voir D. RONDEAU, « Justice centrée sur la faute ou justice centrée sur les victimes ? Le dilemme des commissions de vérité et de réconciliation », *op. cit.*

[171] Y. OBEKANDON, « La répression des crimes internationaux par les juridictions Ad hoc », *in* J. D.BOUKONGOU et J. C. TCHEUWA, *De la paix en Afrique au XXIème siècle*, Presses de l'UCAC, 2007, p. 222. Une étude réalisée en 2012 par K. ANDRIEU révèle que sur 85 pays en situation de transition dans le monde, 34 ont mis sur pieds des Commission vérité et réconciliation (CVR) et 50 ont initié des procès. (Pour plus d'information sur ce point, lire M. FREEMANN, « What is transitional justice ? », *International Center for transitional justice*, 2003, *inédit*).

[172] Voir dans ce sens, C. ALBRECHT, « Le pardon dans la justice transitionnelle : utilité et utilisation », *op. cit.*, p. 86.

[173] *Paix, justice et réconciliation en Afrique Opportunités et défis liés à la lutte contre l'impunité*, *op. cit.*, p. 38.

1. La nécessité recherchée de (re) construire et consolider l'État

Avec M. HAMOUDA, partons de l'idée que « *la justice transitionnelle est étroitement liée à la démocratie* »[174] dont elle participe de l'instauration ou de la restauration. La transition mène vers un espace « *dans lequel la confiance civique se substitue à la méfiance et à l'exclusion politique* »[175].

Par (re) construction peut être rattachée à l'idée de bâtir ou rebâtir un État au lendemain d'une crise. La consolidation de l'État peut être entendue dans le sens de bâtir un nouvel appareil étatique à partir de ce qui existe, en apportant des modifications à celui existant, mais qui désormais fragilisé du fait des actes antérieurs posés pendant la crise. Reposant sur une entente ou un compromis, quelle que soit sa dénomination, c'est un processus factuel, institutionnel et mental[176] qui vise à ramener ou restaurer l'État de droit[177].

---

[174] M. HAMOUDA, « La justice transitionnelle», *Observateur tunisien de la transition démocratique*, p. 7. Lire dans le même sens, A.-C. KAMBAZA ALFANI, *Démocratisation et gouvernance post-conflictuelle en Afrique. Approche comparée des cas de la République démocratique du Congo et de la Côte d'Ivoire*, Mémoire de Master droits de l'homme et action humanitaire, Université catholique d'Afrique centrale, Facultés des sciences sociales et de gestion, Yaoundé, 2003-2004.

[175] C. V. NOUAZI KEMKENG et H.YAMBENE BOMONO, « La justice transitionnelle a l'épreuve de l'institution de l'état de droit dans les pays africains post-conflits », *op. cit.*, p. 189.

[176] G. LÔ, « Quelques réflexions sur la "démocratisation" en Afrique », *in* P. FRAISSEX (éd.), *Droit constitutionnel. Mélanges en l'honneur de Patrice Gélard*, Paris, *Montchrestien*, 1999, pp. 421-434, pp. 430-431.

[177] X. PHILIPPE, « La justice transitionnelle est-elle compatible avec les principes constitutionnels reconnus dans un nouvel État de droit ? », *Congrès mondial du droit constitutionnel*, Atelier n°16, Droit constitutionnel et transitions démocratiques, Mexico décembre 2010, p. 13. L'État de droit fait l'objet d'une littérature abondante mais on peut simplement dire qu'il désigne « *un État dont l'ensemble des autorités publiques et administratives, centrales ou locales, agit en se conformant effectivement aux règles de droit en vigueur et dans lequel (...) tous les individus bénéficient également de garanties et de libertés fondamentales* ». (GUILLIEN (R.), GUINCHARD (S.) et MONTAGNIER (G.), (dir.), *Lexique des termes juridiques*, 17ème édition, Dalloz, 2010, p. 312.

> « En reflétant un certain consensus social et en appuyant la refonte ou la mise en place d'un nouveau régime, les processus de transition, justice, vérité et réconciliation participent ainsi de la redéfinition d'un nouvel ordre politique et moral »[178].

On peut comprendre dès lors que la justice transitionnelle vise à démanteler tout système despotique et de promouvoir l'État de droit ; formaliser le cadre juridique et politique de la transition vers la restauration de l'État de droit et de la démocratie[179]. Elle intègre des exigences d'ordre éthique d'une part : dans ce sens, on peut citer les exigences de justice, de vérité et de reconnaissance ; qu'elle mélange à ceux de politique et sociaux : on pense ici la démocratie, la pacification et la réconciliation[180]. Elle ambitionne transformer globalement une société traumatisée, stabiliser le nouveau régime et apaiser les victimes[181].

Les faits sont la traduction concrète des idées, d'une politique institutionnelle et d'un état d'esprit. Cette idée peut être inscrite dans un instrument juridique ou non. Dans ce sens, la constitution provisoire de 1993[182] en République Sud-africaine posait déjà les jalons d'un pont entre le passé sombre d'une part et le présent puis le futur voulu rayonnant d'autre part. C'est dans cette optique qu'elle prévoyait la création de la *Truh and Reconciliation Commission* (TRC).

Dans la reconstruction de l'État, il importe de ne pas retomber dans l'idéalisme de la société d'avant conflit, celle-ci avait ses codes de fonctionnement qui, ayant montré des insuffisances, a conduit au conflit ou à la crise. La transition suppose un fonctionnement normal des institutions transitoires dont des juridictions, résolument tournées vers le futur pensé plus sécure. En outre :

---

[178] F. HOURQUEBIE, « Les processus de justice transitionnelle dans l'espace francophone : entre principes généraux et singularités », *op. cit.*, p. 326.

[179] C. V. NOUAZI KEMKENG et H.YAMBENE BOMONO, « La justice transitionnelle a l'épreuve de l'institution de l'état de droit dans les pays africains post-conflits », *op. cit.*, p. 181.

[180] Kora ANDRIEU, « La définition de la justice transitionnelle », *op. cit.*, p. 32.

[181] *Ibid.*

[182] Cette constitution a servi de fondement aux premières élections non-discriminatoires du 27 avril 1994. Elle fut remplacée par la constitution du 04 février 1997.

> « Les mécanismes de justice transitionnelle ont pour rôle de renforcer l'État de droit et de proposer des réformes institutionnelles, en même temps qu'un minimum d'indépendance et de structures institutionnelles nécessaires pour que ces mécanismes puissent fonctionner »[183].

Sans être passéistes, il s'agit d'avoir des repères qui prennent racines dans le passé, sur des fondements traumatiques à éviter. Les organes de justice transitionnelle, en tant que de petites juridictions, sont des instruments se positionnant comme relais entre la période de crise et la période post-transition. Ils sont provisoires et fondateurs d'un État de droit post-transition qui se veut permanant, car la justice transitionnelle « *sert de base à l'édification d'une nation sortie de crise* »[184]. Ils servent parfois à la déconstruction de l'ordre antérieur devenu autoritaire (signe et conséquence de son essoufflement). Ils servent également à l'avènement d'une nouvelle modalité de gestion des affaires publiques. Xavier PHILIPPE dit de cette justice qu'elle « *vise également à établir une cassure entre l'ancien régime lié au conflit et le nouveau fondé sur l'idée d'État de droit et de respect des droits fondamentaux. De ce point de vue, la justice transitionnelle représente une forme de légitimation du nouveau régime et de gouvernants. Elle permet le passage d'une situation de crise ou de conflit à celle de société en reconstruction en reconnaissant la légitimité de celles et ceux qui la dirigent et qui souvent furent considérés comme les ennemis de la société dans le passé* »[185]. De fait, les organes de justice transitionnelle doivent rendre des décisions pour une paix pérenne, préalable à tout État de droit. Ces organes et leur déploiement peuvent donc être appréhendés comme une tendance vers la paix et la stabilité. Les décisions rendues doivent poser les jalons et susciter l'adhésion des futures entités. Elles devraient par exemple envisager leur implémentation et le suivi post-transition par les différents

---

[183] Lire dans ce sens M. SCHOTSMANS, « La justice transitionnelle en période de transition en République démocratique du Congo», *in* L'Afrique des grands lacs, Annuaire 2006-2007 ; repris par C. V. NOUAZI KEMKENG et H.YAMBENE BOMONO, « La justice transitionnelle à l'épreuve de l'institution de l'état de droit dans les pays africains post-conflits », *op. cit.*, pp. 189-190.

[184] R. V. MABIALA, *La justice dans les pays en situation de post-conflit*, L'Harmattant, « Justice transitionnelle », 2009, p. 90.

[185] X. PHILIPPE, « Les solutions alternatives et complémentaires à la justice pénales internationale : la justice transitionnelle exercée à travers les commissions vérité réconciliation », *op. cit.*, p. 140.

acteurs[186]. Aussi, convient-il de souligner que la légitimité des mécanismes de justice transitionnelle est tributaire des éléments sus évoqués et « *se mesure à l'aune de l'opposition ou de l'appuie que portent les victimes et le degré dans lequel ces victimes sont en mesure d'y prendre part ou d'en tire parti* »[187].

Il est claire que les régimes dictatoriaux et despotes s'appuient souvent sur la technostructure institutionnelle étatique, notamment ses bras séculiers tel le système de sécurité pour commettre ses abus. A la sortie d'une crise, la reconstruction de l'architecture institutionnelle et la réconciliation qui s'imposent, ne sauraient se faire durablement, que sous certaines conditions. Il s'agit par exemple, de la réduction concrète et significative des écarts et inégalités sociales et structurelles. Une réforme institutionnelle, allant au-delà des clivages profonds, pour aboutir à de nouvelles institutions publiques, en lesquelles l'entière collectivité pourra se retrouver. D'un point de vue formel, le référent de la réforme institutionnelle peut être une vaste gamme d'initiatives visant à rétablir l'état de droit, une bureaucratie fonctionnelle et des normes démocratiques après la transition[188]. La réforme institutionnelle représente un capital déterminant dans le sens du rétablissement de la confiance entre les citoyens et l'État au détriment de la méfiance et de la défiance antérieure. Parmi les actes concrets, on peut avoir « *la révocation des services publics de personnes ayant commis des abus, la création de nouvelles institutions pour protéger les droits de l'homme, la mise en place de formations en droits de l'homme* »[189]. Ces réformes passent nécessairement également par l'élaboration des *curicula* de formations en droit de l'homme, des politiques publiques et des programmes de capacitation pour une meilleure appropriation des valeurs qui sont à la base de la transition. Il s'agit d'un véritable

---

[186] Sur le suivi on peut lire J.-P. MASSIAS, « Le contrôle des processus constituants et du contenu des constitutions : faut-il un gardien des processus constituants ? », *Annuaire international de justice constitutionnelle 2014, Juges constitutionnels et doctrine, constitutions et transitions, Economica*, 30/ 2014, 2015, p. 603-621, p. 604.

[187] M. FREEMANN, « What is transitional justice? », *International Center for transitional justice*, 2003, *inédit*.

[188] Lire dans ce sens : *Paix, justice et réconciliation en Afrique Opportunités et défis liés à la lutte contre l'impunité, op. cit.*, p. 27.

[189] C. V. NOUAZI KEMKENG et H.YAMBENE BOMONO, « La justice transitionnelle à l'épreuve de l'institution de l'état de droit dans les pays africains post-conflits », *op. cit.*, p. 190.

redimensionnement de l'éducation citoyenne de l'ensemble de la collectivité étatique.

Sur le plans substantiel, il peut s'agir de toiletter es textes en vigueur et leur donner un contenu plus conciliateur dans l'optique d'une meilleure gouvernance. Le toilettage des textes peut aller jusqu'à la révision de la loi fondamentale si les circonstances l'imposent. L'Afrique du Sud en est un exemple où les textes ont été revus. L'organisation des premières élections multiraciales en avril 1994[190], élections remportées par *l'African National Congress* (ANC)[191] nécessitaient des textes adaptés. Pour ce faire, les travaux de la Convention pour une Afrique du Sud démocratique (CODESA) lancés le 21 décembre 1991, aboutirent à un accord de partage des pouvoirs le 6 décembre 1993 (accord pour la démocratisation du pays).

La transition entre la période de crise ou de sortie de crise et la période de paix, nécessite des engagements forts si l'on veut réellement construire un État fort et légitime. De ces engagements, on peut retenir les garanties de non-répétition[192] et la réforme, qui sont des nécessités. En effet, les différentes composantes de la société doivent garantir la non-répétition des évènements qui ont conduit à la crise ou au conflit.

---

[190] « *À travers le choix de la démocratie multiraciale fondée sur un changement contractualisé et global, l'Afrique du Sud démocratique présente aujourd'hui l'exemple d'une conciliation politique réussie* » (T. VIRCOULON, « De la transition à la transformation : comprendre l'Afrique du Sud démocratique », *Journal des africanistes*, disponible sur : URL : http://africanistes.revues.org/869, pp. 155-165. consulté le 21 décembre 2021.

[191] O. KAMBALA WA KAMBALA, « Afrique du Sud », *in La justice transitionnelle dans le monde francophone état des lieux*, 1ère Conférence internationale de Yaoundé, 4–6 décembre 2006, Mô Bleeker, General Editor, 2007, p. 83.

[192] Sa conceptualisation est l'œuvre de la Commission du droit international dans son projet d'article sur la responsabilité de l'Etat pour faits internationalement illicites. La Commission avait écrit dans son rapport ce qui suit : « *article 30 cessation et non-répétition : l'Etat responsable du fait internationalement illicite a l'obligation*

-d'y mettre fin si ce fait continue

-d'offrir des assurances et des garanties de non-répétition appropriées si les circonstances l'exigent ». (Commission de droit international des Nations-Unies, Projet d'articles sur la responsabilité de l'Etat pour fait internationalement illicite, 2001, Document des Nations Unies N° A/56/10 ; voir également la Résolution 56/83 de l'Assemblée générale des Nations Unies).

> « La garantie de non-répétition, dans un sens commun, est le fait de s'engager à ne pas faire la même chose une autre fois, dans le futur. Elle joue essentiellement pour un fait prohibé, pour empêcher le transgresseur de commettre la même faute »[193].

La jurisprudence internationale peut servir de fondement juridique formel à cette obligation. Pour preuve, la Cour internationale de justice, dans un arrêt rendu le 27 juin 2001 dans l'affaire *LaGrand*, l'a consacré[194]. Trois ans plus tard, elle va confirmer l'obligation de non-répétition dans l'affaire *Avena et autre ressortissants mexicains*[195]. Ainsi, les agresseurs d'hier, accusés aujourd'hui, pardonnés après aveux, doivent s'engager à ne plus répéter leurs actes. Dans le même sens, les victimes et les familles de victimes doivent s'engager à ne pas se venger contre leurs anciens bourreaux ou les familles de ceux-ci. De leur côté, les institutions étatiques doivent prendre toutes les mesures jugées nécessaires à éviter la reproduction des crimes de masse. Roland ADJOVI écrit fort à propos que :

> « (…) la garantie de non-répétition offre un bon moyen d'oublier l'État dans lequel des violations massives ont été commises à s'engager dans un processus où il se donnerait les moyens d'éviter cela à l'avenir »[196].

Il s'agit d'une obligation de moyen[197] à la charge de tous, basée sur la volonté, l'engagement et la sincérité de chacun.

La réforme est nécessaire et permet de poser les bases d'une société nouvelle. Elle doit être bien pensée, en incluant les différentes compositions sociologiques et anthropologiques de la société. Ceci permettra d'anticiper et éviter un éventuel sentiment d'exclusion. C'est un gage de légitimité des institutions post-conflit. On peut dès lors, comprendre E. COLMAN qui écrit ce qui suit :

---

193 R. ADJOVI, « Les garanties de l'Etat de droit et les enjeux en matière de non-répétition », in T. Moustafa-Kamel (dir.), *La justice transitionnelle*, actes de colloque, VIIème congrès international de l'Association Egyptienne des justices francophones, Le Caire les 17 et 18 mai 2014, 273p, pp.197-202, p. 198.

194 Aff. *LaGrand (Allemagne c/ Etats-Unis)*, arrêt du 27 juin 2001, Rec. 2001, p. 466.

195 Aff. *Avena et autres ressortissants mexicains (Mexique c/ Etats-Unis),* arrêt du 31 mars 2004, Rec. 2004, p. 12.

196 R. ADJOVI, « Les garanties de l'Etat de droit et les enjeux en matière de non-répétition », *op. cit.*, p. 199.

197 *Ibid.*

> « La légitimité de l'État après un conflit violent, passe par des réformes institutionnelles nécessaires ; elles sont censées éviter la récurrence des violences et des crimes du passé »[198].

Elle devrait prendre assise sur une certaine survivance de l'ancien et procéder à une savante et juste intégration du nouveau. Il s'agit ici, d'une application du principe juridique suivant lequel, les dispositions et institutions anciennes demeurent en vigueur tant que les nouvelles ne sont pas effectivement entrées en vigueur. Cela permet d'éviter le vide juridique[199].

Les réformes engagées doivent respecter l'exigence de la représentativité pour apaiser, équilibrer et légitimer les nouvelles institutions. L'intégration des anciens accusés ou victimes au sein de nouvelles institutions passe par une vérification minutieuse des informations sur les personnes à intégrer. Il s'agit de procéder à un filtrage avant intégration dans la fonction publique[200]. Au Rwanda par exemple, au sortir de la crise et dans le but de mettre en place une société et des institutions inclusives, la Constitution de 2005 prévoyait que les deux postes de Vice-président soient occupés par des personnes issues des partis politiques et des groupes ethniques différents[201]; que le gouvernement soit constitué à 60% des Hutus et au maximum à 40% de Tutsi[202]. Presque la même répartition devait être appliquée à l'Assemblée nationale avec la cooptation de trois (03) Twas[203]. La reconstruction du tissu social passe par le renouvellement de la classe dirigeante. Il n'est pas bienvenue, qu'au lendemain d'une crise et dans la dynamique de sortie, on assiste à la reconduction des figures passées et courir le risque de reproduction des schémas passés ayant conduit ou laissé conduire à ladite crise. Ce qui vaut pour les acteurs sociaux vaut également pour les politiques sociales. En effet, il faut un renouvellement global qui impose

---

[198] E. COMLAN « La justice transitionnelle dans la région des grands lacs, Les leçons du Rwanda et du Burundi », *op. cit.*, pp. 223-224.

[199] M. ONDOA, « La constitution duale : Recherches sur les dispositions constitutionnelles transitoires au Cameroun », *op. cit.*, p. 25.

[200] E. COMLAN « La justice transitionnelle dans la région des grands lacs, Les leçons du Rwanda et du Burundi », *op. cit.* p. 124. L'auteur souligne que le terme couramment utilisé est celui de « *vetting* ».

[201] Art. 124.

[202] Art.129.

[203] Art. 164.

de repenser les canons de fonctionnement de la société nouvelle avec moins de clivages par exemple. Les mutations nécessaires sont la résultante d'une autoévaluation et d'une introspection étendue à tous les domaines de la société.

La réforme emporte également le changement de dénomination. En plus de la réforme humaine, cet aspect permet d'anticiper sur une éventuelle perte rapide de la légitimité, que la reconduction d'anciennes institutions avec d'anciennes dénominations, engendrerait[204]. À côté d'une mutation physiologique s'impose une nominale. Psychologiquement, la société est dans des dispositions d'ouverture au nouveau départ. Mais, c'est sur le long terme qu'on peut évaluer le rétablissement de la confiance en les institutions, la construction de la culture des droits de l'homme et la réconciliation[205] ; cette dernière finalité ne venant qu'en second lieu.

2. La nécessité recherchée : (re) construire le tissu social

Plusieurs auteurs s'accordent sur l'objectif réconciliateur de la justice transitionnelle car la réconciliation «*(...) est l'objectif général de chaque mécanisme* »[206] de cette justice. Cet objectif peut être perceptible à partir de la terminologie utilisée pour désigner l'institution. Dans un contexte de sortie de crise, les mécanismes de justice transitionnelle « *sont déjà des instruments de dialogue national et de réconciliation pour reconstruire des bases solides au nouvel État* »[207]. L'idée de

---

[204] Sur ce point lire M. ONDOA, « La constitution duale : Recherches sur les dispositions constitutionnelles transitoires au Cameroun », *op. cit.*, pp.20-56, pp. 37-39.

[205] Graeme. SIMPSON, *A brief evaluation of South Africa's Truth and reconciliation Commission: some lessons for societies in transition*, 1999, . 1. Disponible sur http://hdl.handle.net/10539/8084 consulté le 27 août 2021

[206] F. HOURQUEBIE, « Modalités et mécanismes de la justice transitionnelle, Quelques constat tirés des expériences francophones », *op. cit.* p. 78. Du même auteur, voir également F. HOURQUEBIE, « Les processus de justice transitionnelle dans l'espace francophone : entre principes généraux et singularités », *op. cit.*, p. 326. Il souligne ici que ce processus de réconciliation peut être direct ou indirect. Dans le même sens lire J. SAADA, « La justice transitionnelle, entre politique de la mémoire et châtiment », *Spirale,* N° 218, 2008, p. 42.

[207] F. HOURQUEBIE, « Les processus de justice transitionnelle dans l'espace francophone : entre principes généraux et singularités », *op. cit.*, p. 328. Pour illustrer ce point de vue, l'auteur prend pour exemple du Maroc avec l'Instance équité et réconciliation ; du Liban avec le Tribunal spécial des Nations unies ; de Madagascar avec le Conseil de réconciliation malgache ou encore au Burkina-Faso avec le Conseil des

réconciliation apparait dans les trois cas retenus pour cette réflexion. Elle « *fait partie intégrante des discussions visant à trouver des solutions durant une transition* »[208]. Les acteurs de la transition ont pour objectifs de « *garantir l'ordre et la paix sociale dans la période transitoire » et « légitimer [...] le nouveau détenteur du pouvoir et la Constitution définitive* »[209]. La justice transitionnelle, élément de pacification du processus de transition outrepasse la simple organisation des relations humaines, puisqu'elle cherche, par ailleurs, à accomplir une régénération[210] morale des individus (guérir, pardonner) et une transformation politique profonde[211]. Le pardon et la réconciliation apparaissent dès lors, comme de « *puissants éléments pour reconstruire une société divisée par un conflit* »[212]. Prenant du temps, la réconciliation repose sur les épaules des générations présentes et futures ayant à charge de construire de nouveaux rapports sociaux en connaissant ceux du passé[213]. En mettant l'accent sur les victimes et en donnant voix aux agresseurs, elle vise la guérison de la société. Il s'agit de préserver le droit à la justice des victimes en tant que pilier de cette justice de transaction, tout en ne mettant pas la priorité sur la punition mais plutôt sur la reconstruction[214].

---

sages. Il est vrai que ces exemples ne se sont pas réalisés dans l'un des trois Etats retenus comme cadre de cette étude, toutefois, il n'est pas exclu que, l'idée développée par l'auteur y soit étendue.

208 R. V. MABIALA, *La justice dans les pays en situation de post-conflit*, *op. cit*., p. 90.

209 N. PERLO, « Les Constitutions provisoires, une catégorie normative au cœur des transitions constitutionnelles », Communication lors du IXe Congrès de l'Association de Droit constitutionnel, Lyon, 26-27-28 juin 2014, en ligne : http://www.droitconstitutionnel.org/congresLyon/CommLF/F-perlo_T2.pdf site consulté le 23 aout 2021

210 Sur ce point, lire C. ALBRECHT, « Le pardon dans la justice transitionnelle : utilité et utilisation », *op. cit*., p. 86.

211 K. ANDRIEU, « La définition de la justice transitionnelle », *op. cit*., p. 32.

212 C. V. NOUAZI KEMKENG et H.YAMBENE BOMONO, « La justice transitionnelle a l'épreuve de l'institution de l'état de droit dans les pays africains post-conflits », *op. cit*., p. 185.

213 X. PHILIPPE, « Les solutions alternatives et complémentaires à la justice pénales internationale : la justice transitionnelle exercée à travers les commissions vérité réconciliation », *op. cit*., p. 139. L'auteur poursuit en disant de la justice transitionnelle qu'elle est un « *par intergénérationnel* ».

214 K. ANDRIEU, « La définition de la justice transitionnelle », *op. cit.* p. 40.

La justice transitionnelle en Afrique du Sud avait une fin réconciliatrice donc de (re) construction sociale[215]. Pour faire progresser la réconciliation nationale et la reconstruction, l'amnistie sera accordée pour les infractions commises dans le passé. Elle est dès lors un instrument important au service de ladite réconciliation. La politique d'amnistie présentée officiellement par Monseigneur Desmond TUTU, Président de la *TRC*, comme une forme religieuse de pardon, était aussi liée à un intérêt concret rapidement perceptible : la construction de la « *nation arc-en-ciel* »[216]. La *TRC* n'était «*pas non plus simplement un outil de transition politique visant à mettre en place des institutions démocratiques et à aider à leur fonctionnement. Son but premier est la réconciliation nationale* »[217]. « *Tout le travail de la Commission [...] insiste sur le besoin de rétablir la dignité de tous les Sud-Africains*»[218].

Dans le cas des *Gacaca*, dès le choix du modèle, l'objectif de réconciliation était connu dans la mesure où ce sont des instances dont la mission principale est de rétablir l'harmonie et l'ordre social, réinsérer la personne source de désordre[219]. Ces organes avaient une double finalité : la promotion de la réconciliation sociale et le jugement des personnes accusées[220].

---

[215] Art. 2 (3) (1) (2). Of *promotion of national unity and reconciliation* act 34 of 1995.

[216] K. ANDRIEU, « La définition de la justice transitionnelle », *op. cit.* p. 40. Cette finalité peut être décelée dans le rapport rendu à l'issue de ses travaux par la TRC. Il y est employé l'expression *restorative justice* qui désigne la réparation. Il s'était donc agit d'une justice réparatrice ou de restauration. (Pour plus de détails, voir *Truth and Reconciliation Commission, op. cit.* paragraphes 80 à 100 du chapitre 5, volume 1. Voir également, X. PHILIPPE, « Les solutions alternatives et complémentaires à la justice pénales internationale : la justice transitionnelle exercée à travers les commissions vérité réconciliation », pp. 131-132.)

[217] D. RONDEAU, « Justice centrée sur la faute ou justice centrée sur les victimes ? Le dilemme des commissions de vérité et de réconciliation », *op. cit.* L'auteur poursuit en reprenant à son compte les propos de Cassin, Cayla et Salazar, l'idée maîtresse de ce processus est bel et bien que c'est le corps social dans son ensemble qu'il s'agit de guérir, tout le monde étant réputé à la fois coupable et victime d'une même passion collective pour la guerre civile ». (Cassin, Cayla et Salazar, 2004 : 19).

[218] *Truth and Reconciliation Commission, op. cit.*, ch. 5, paragr. 80.

[219] E. COMLAN « La justice transitionnelle dans la région des grands lacs, Les leçons du Rwanda et du Burundi », *op. cit.*, p. 113.

[220] Il s'agissait par exemple d'établir la vérité, d'accélérer les procédures légales d'accusation des génocidaires, d'éradiquer la culture d'impunité (Lire dans ce sens D.

En Côte d'Ivoire, la CDVR s'était vu assigner la « *mission d'œuvrer en toute indépendance à la réconciliation et au renforcement de la cohésion sociale entre toutes les communautés vivant en Côte d'Ivoire* »[221]. Ses missions sont listées dans les dispositions de l'article 5 de l'Ordonnance de 2011-167 du 13 juillet 2011. La justice transitionnelle promeut la culture de la responsabilité de tous les membres au sein de la communauté. Ainsi, assumant les actes qu'il a posé, tout autant que les conséquences qui en découlent, l'accusé disait la vérité.

> « La reconnaissance est l'affirmation que la souffrance d'une personne est réelle et vaut qu'on y prête attention. Par conséquent, elle est centrale dans le rétablissement de la dignité des victimes »[222].

Conclusion

La différence des contextes sociopolitiques qui ont justifié le recours à un modèle exceptionnel de justice, a influencé la création, la mise en place, tout comme le fonctionnement des organes de justice transitionnelle différenciés. Les trois cas retenus pour la présente analyse ont donné à le constater. Toutefois, tout il ressort des particularités, observées dans les cas retenus pour cette étude qu'on peut en inférer des communs. Ceux-ci sont perceptibles aux niveaux du fondement consensuel de la justice transitionnelle, de l'objet et de la finalité.

Il convient de relever qu'un double niveau de complémentarité[223] est perceptible. Au premier, elle concerne les différents modèles de justice transitionnelle pour une lutte au-delà des frontières. Au second, elle se situe entre le modèle classique ou ordinaire de justice et celui transitionnelle. Une complémentarité est nécessaire entre ces différents

---

RONDEAU, « Justice centrée sur la faute ou justice centrée sur les victimes ? Le dilemme des commissions de vérité et de réconciliation », *op. cit.*).

[221] Art. 5 de l'Ordonnance N°2011-167 du 13 juillet 2011.

[222] *Truth and Reconciliation Commission, op. cit.* , ch. 5, paragr.45. (La traduction est prise dans D. RONDEAU, « Justice centrée sur la faute ou justice centrée sur les victimes ? Le dilemme des commissions de vérité et de réconciliation », *op. cit.*)

[223] Au départ il y avait une opposition entre les deux mais, le stade de la confrontation est dépassé et celui de la complémentarité intégré. (Sur cette opposition antérieure, voir D. ORENTLICHER, *Settling Accounts : The duty toProsecute human rights of a Prior Regime* (1991) 100, *Yale Law Journal*, 2537).

ordres[224]. Une des préoccupations reste le suivi de l'exécution des décisions, résolutions et recommandations à l'issue de la transition. Quels que soient les choix opérés, ils doivent être fondés sur la sincérité[225]. Mais, limiter cette sincérité aux seuls acteurs de la justice en transition est réducteur et ne saurait garantir un résultat efficace.

Simon Pierre BELA NYEBE

Ph/D en Droit Public, Département de Droit Public Comparé, Université de Yaoundé 2 Soa

[224] F. HOURQUEBIE, « Modalités et mécanismes de la justice transitionnelle, Quelques constat tirés des expériences francophones », *op. cit.*, p. 82.

[225] F. HOURQUEBIE, « Les processus de justice transitionnelle dans l'espace francophone : entre principes généraux et singularités », *op. cit.*, p. 330.

Jeudi 21 octobre 2021

ACTE 1

LES AMBIGUÏTÉS DU RAPPORT DROIT-POLITIQUE

Sous la présidence de Monsieur le Professeur **Francisco DJEDJRO MELEDJE**, ancien Secrétaire Général du Conseil constitutionnel, ancien Doyen de la Faculté de droit de Cocody, Université Felix Houphouët Boigny d'Abidjan (Côte d'Ivoire)

Avec comme modérateur Monsieur le Professeur **Alioune Badara FALL**, ancien Directeur du CERDRADI, Directeur de la Revue Afrilex, Université de Bordeaux (France)

Marcelin NGUELE ABADA

LA JURIDICISATION DE LA VIE POLITIQUE EN AFRIQUE : RÉFLEXION À PARTIR DU DÉVELOPPEMENT POLITIQUE DES ANNÉES 1990

INTRODUCTION

Le développement politique entamé dans les années 1990 à la faveur du vent d'Est a transformé la vie politique dans les États africains jusque-là marqués par une absence de régulation des rapports de pouvoirs. Le regain de vitalité du droit en tant que référentiel des comportements résulte d'une profonde mutation et des perceptions politiques évolutives. La régulation de la politique se développe dans un espace qui a longtemps été dominé par le politique.

Les processus de changement politique posent historiquement trois séries de questions : d'abord celle du passage du parti unique au pluripartisme ; ensuite celle de la transition du constitutionnalisme de figuration vers un constitutionnalisme de confirmation et enfin la question de la participation politique effective des citoyens à la dévolution et au contrôle selon un échéancier, du pouvoir redevenu au service de la dignité de l'homme[1]. La rétention autoritaire de la liberté renforcée par l'infortune des constitutions a contribué à reléguer aux calendes grecques toute idée de légitimité démocratique. L'avènement du multipartisme est une remise en cause du quart de siècle de domination du parti unique[2].

---

[1] Nguele Abada Marcelin, *État de droit et démocratisation : Contribution à l'étude de l'évolution politique et constitutionnelle au Cameroun,* Thèse de doctorat, Université de Paris I Panthéon Sorbonne, 1995.

[2] Ahmed Mahiou, *L'avènement du parti unique en Afrique noire, l'expérience des États d'expression française,* Thèse, Nancy, 1967.

La vie politique se trouve depuis lors saisie par le droit dans le double souci d'asseoir la démocratie et l'État de droit[3]. La généralisation des constitutions rigides et la création des juridictions constitutionnelles contribuent à parachever la construction d'une société politique totalement soumise au droit[4]. Le droit contrôle et encadre la vie politique dans la plupart des États mettant en éveil la société civile.

L'un des traits saillants du renouveau constitutionnel africain[5] réside dans la volonté des constituants du début des années 1990 à encadrer la vie politique. Il ne pouvait en être autrement dès lors que la volonté de changement exprimée par la population était poussée dans presque tous les États d'Afrique noire francophone[6]. Pendant longtemps, le pouvoir politique était exercé en marge du droit, au point où la doctrine s'est interrogée sur l'effectivité[7] ou l'utilité[8] des Constitutions africaines. Dans certains États, le monopartisme avait fini par anéantir les contrepouvoirs au Président de la République en les réduisant en une portion congrue[9].

---

[3] Nguele Abada Marcelin, État de droit et démocratisation : *Contribution à l'étude de l'évolution politique et constitutionnelle au Cameroun*, op.cit. Lire Jacques Chevallier, *L'État de droit*, Clefs, Montchrestien, 5è édition, 2010, 158p.

[4] Rivero Jean, Fin d'un absolutisme, Pouvoirs, n°13, 1988, p. 5

[5] Sur le renouveau constitutionnel en Afrique, lire utilement : Fall (I-M), *Le pouvoir exécutif dans le constitutionnalisme des États d'Afrique*, Paris, L'harmattan, 2008, p. 39 ; Ahadzi Nonou (K.), « Les nouvelles tendances du constitutionnalisme africain : le cas des États d'Afrique noire francophone », *Afrique Juridique et Politique*, 2002, p. 39 ; Sy (D.), « Sur la renaissance du droit constitutionnel en Afrique. Question de méthode », *Politeia*, n°6, 2004, p. 456.

[6] Cabanis (A.) et Martin (M-L), *Les Constitutions d'Afrique francophone. Evolutions récentes*, Paris, Karthala, 1999, P. 15 ; Lire également : Aïvo (F-J), « Les tendances émergentes du nouvel ordre constitutionnel en Afrique », Revue *du Conseil Constitutionnel d'Algérie*, n°4, 2014, p.292 ; Conac (G.), « Les processus de démocratisation en Afrique », in Gérard Conac (dir.), *l'Afrique ne transition vers le pluralisme politique.* Paris, Economica, 1993, p.11 ; Kanté (B.), « Le constitutionnalisme à l'épreuve de la transition démocratique en Afrique », in Carla M. Zoethout et al. (dir.), *constitutionnalism in africa*. Ed. Sander Institut, 1996, p.19 ; Dia (D.), *Les dynamiques de la démocratisation en Afrique noire francophone*, Thèse de doctorat en Science politique. Université Jean Moulin, Lyon III, 2010, p. 64.

[7] Conac (G.), « « Les Constitutions des États d'Afrique et leur effectivité », in *Dynamique et finalité des droits africains.* Paris, Economica, *1979,* pp.385-413

[8] Gonidec (P-F), « A quoi servent les Constitutions africaines ? Réflexion sur le constitutionnalisme africain », *RJPIC*, n°4, 1988, pp.849-866.

[9] Gicquel (J.), « Le présidentialisme négro-africain : l'exemple camerounais ». *In Le pouvoir, Mélanges offerts à Georges BURDEAU. Paris. LGDJ.*1977, pp.701-725.

Dans d'autres, l'émergence des pouvoirs militaires rendait impossible le contrôle juridictionnel des détenteurs du pouvoir[10]. C'est ainsi que depuis les indépendances jusqu'aux années 1990, la juridicisation de la vie politique dont l'une des variantes est sa pénalisation était illusoire et toute réflexion sur la pénalisation de la vie politique restait sans intérêt.

Il faut entendre par pénalisation ici, stricto sensu, comme le processus de création ou de renforcement des incriminations, et, lato sensu, comme l'action qui consiste à réprimer ou infliger des infractions[11]. C'est dire que la pénalisation renvoie à une double réalité. Dans un premier temps, elle désigne une prise en compte d'un comportement par le droit et plus précisément le droit pénal[12]. Dans une seconde assertion, elle fait référence à une réaction sociale face à une attitude ou un comportement. La réaction en question étant la sanction pénale établie et infligée par l'autorité publique[13]. Ces deux dimensions seront prises en compte dans le cadre de la présente étude surtout lorsqu'il s'agit de les analyser dans la vie politique africaine.

Dans une perspective de construction et d'approfondissement de l'État de droit[14], la vie politique se déroule suivant les contraintes juridiques. L'idée d'encadrement juridique de la vie politique prend ainsi tout son sens et conduit à analyser la vie politique en question sous le prisme juridique[15]. Aussi, par définition, elle désigne le fait politique tel qu'il est cerné par le droit ou plus précisément, par la Constitution dans un État donné ou dans une région spécifique[16]. Elle peut avoir une dimension institutionnelle et matérielle. Dans le premier cas, elle est

---

[10] Wodié Vangah (F.), « Régimes militaires et constitutionnalisme en Afrique », *Penant*, n°803, 1990, p.197.

[11] Van De Kerchove (M.), « Réflexions analytiques sur les concepts de dépénalisation et de décriminalisation », *RIEJ*, n°1, Vol. 12, 1984, p. 32.

[12] Minkoa She Adolphe, Droits de l'homme et droit pénal au Cameroun, Paris, Economica, 1999, 321p.

[13] Besse (T.), *La pénalisation de l'expression publique*, Thèse de doctorat en Droit privé, Université de Limoges, 2018, p. 15.

[14] Nguele Abada Marcelin, État de droit et démocratisation : Contribution à l'étude de l'évolution politique et constitutionnelle au Cameroun, op.cit.

[15] Jean Gicquel et Jean-Eric Gicquel, Droit constitutionnel et institutions politiques, 35è édition, Paris, L.G.D.J., 2021-2022.

[16] Sobze (S.), « Constitution et vie politique en Afrique subsaharienne », in Frédéric Joël AÏVO et al. (Dir.) *L'amphithéâtre et le Prétoire, Mélanges en l'honneur de Robert DOSSOU*, Paris, L'Harmattan, 2020, p. 1016.

analysée à partir du fonctionnement des institutions politiques lesquelles participent à l'exercice du pouvoir[17]. Dans la seconde hypothèse, elle est matérialisée par des éléments d'ordre factuel qui ont une incidence sur l'ordre constitutionnel des États d'Afrique noire francophone.

Le choix des États d'Afrique noire francophone peut se justifier par la communauté linguistique et la convergence des modèles ou systèmes politico-juridiques. En effet, il s'agit des États ayant en partage la langue française. La seconde raison est liée au fait qu'il existe une convergence d'option dans les réformes juridiques des différents États. Loin de méconnaître l'autonomisation de la pensée juridique des différents États d'Afrique noire francophone[18], il faut reconnaître qu'en matière de fonction publique, la proximité avec la France est de grande importance[19]. C'est d'ailleurs cette proximité qui explique cette convergence d'option dans la construction de la fonction publique. Pour l'essentiel, on peut dire que le recours à l'expression États d'Afrique noire francophone permet de désigner les États issus de la décolonisation[20] c'est-à-dire ceux ayant fait l'objet de la colonisation française ou belge, laquelle colonisation s'exerçait soit au nom « d'un titre de souveraineté propre dans le cas des territoires annexés à une métropole »[21], soit sur la base d'un mandat international dans le cas des territoires sous tutelle[22].

L'étude de la pénalisation de la vie politique n'est pas sans intérêt. D'un point de vue téléologique, elle conduit à analyser la juridicisation de la vie politique et la manière dont on mobilise les normes pénales pour réprimer les dérives qui sont perceptibles dans la conquête et l'exercice

---

[17] *Idem.*

[18] Ondoa (M.), « Le droit administratif français en Afrique francophone : contribution à l'étude de la réception des droits étrangers en droit interne », *RJPIC*, Sept-Déc., 2002, p. 287.

[19] Timsit (G.), « Essai d'établissement d'un modèle de statut de la fonction publique des pays francophones en voie de développement », *RISA*, n°3, 1968, p. 217.

[20] Conac (G.), « L'évolution constitutionnelle des États francophones d'Afrique noire et de la République démocratique malgache », Gérard Conac (dir.), *Les Institutions constitutionnelles des États d'Afrique francophone et de la République malgache*, Paris, Economica, 1979, p. 1.

[21] On peut citer dans cette logique, des États tels que : le Bénin, le Burkina-Faso, la Centrafrique, le Congo, la Côte-d'Ivoire, le Gabon, la Guinée, la RDC, le Mali, le Niger, le Sénégal ou encore le Tchad.

[22] A l'instar du Cameroun et du Togo.

du pouvoir. Il ne pouvait en être autrement dès lors que la volonté de faire prévaloir le droit se heurte constamment aux reflexes du constitutionnalisme autoritaire. Le printemps juridique et politique[23] du début des années 1990 a certes eu pour conséquence, de revitaliser[24] le constitutionnalisme dans les États en question, mais les cas de violation de la Constitution et du déroulement de la vie politique en marge du droit et en toute impunité sont toujours perceptibles et prennent même une proportion inquiétante[25]. Le caractère révolutionnaire de la renaissance constitutionnelle n'a pas réussi à sonner le glas des violations de la Constitution.

Pourtant, le constitutionnalisme des États africains d'expression française n'ignore pas la prééminence du droit. L'analyse des nouvelles tendances du constitutionnalisme[26] en question permet de faire le constat de la généralisation de l'affirmation de la suprématie juridique de la Constitution et de l'orientation vers la pénalisation de la vie politique. Sur la base de la mobilisation des textes et des pratiques constitutionnelles, on peut affirmer que la pénalisation de la vie politique se décline de manière ambivalente. Elle oscille entre une incrimination révolutionnaire (I) et une répression déficitaire (II).

I. UNE INCRIMINATION RÉVOLUTIONNAIRE DE LA VIE POLITIQUE

La rupture entre l'ancien et le nouveau constitutionnalisme africain s'apprécie fondamentalement à l'aune du règne du droit dans l'encadrement de la vie politique. En effet, dans les États d'Afrique noire

---

[23] Monembou (C.), *La séparation des pouvoirs dans le constitutionnalisme camerounais. Contribution à l'étude de l'évolution constitutionnelle*, Thèse de Doctorat Ph. D université de Yaoundé II, 2011, p255. Lire Nguele Abada Marcelin, État de droit et démocratisation : Contribution à l'étude de l'évolution politique et constitutionnelle au Cameroun, op.cit.

[24] Holo (T.), « Démocratie revitalisée ou démocratie émasculée ? Les Constitutions du renouveau démocratique dans les États de l'espace francophone africain : régimes juridiques et systèmes politiques », *RBSJA*, n°16, 2006, pp.17-41.

[25] Nous assistons de nos jours à un retour aux coups d'état militaire comme en Guinée et au Mali.

[26] Ahadzi Nounou (K.), « Les nouvelles tendances du constitutionnalisme africain : le cas des États d'Afrique noire francophone », *Afrique Juridique et Politique Revue du CERDIP*, n°2, juillet-décembre, 2002, pp.35-86.

francophone, il se dégage le double constat de l'incrimination des moments politiques (A) et des acteurs politiques (B).

A. L'INCRIMINATION DES MOMENTS POLITIQUES

L'incrimination des moments politiques peut être analysée sous le prisme de deux points de vue. Avec la consécration du pluralisme politique, les législations ont prévu dans tous les États, les délits électoraux dans le but d'encadrer les comportements de l'ensemble des membres du corps social en période électoral (1). Bien plus, toutes les lois fondamentales ont démocratisé l'accession au pouvoir en criminalisant les changements anticonstitutionnels de gouvernement (2).

1. La prévision juridique de l'incrimination des délits électoraux

Suivant la terminologie de Philippe Lauvaux :

> « La notion la plus simple, la plus élémentaire de la démocratie suppose non seulement que le pouvoir repose sur le consentement du peuple, ce qui était aussi le cas des régimes traditionnels, mais surtout qu'il ait sa source dans le peuple »[27].

Le principe électif occupe ainsi une place importante dans un système démocratique et constitue l'un des fondements institutionnels de la démocratie. La question de l'origine du pouvoir est une question fondamentale qui revêt une double importance aussi bien au plan juridique qu'au plan politique. Si au plan juridique, elle permet de déterminer la nature du régime politique[28], elle permet aussi au plan politique de mesurer le niveau d'adhésion du peuple au pouvoir en place traduisant par là même leur légitimité.

De manière concrète, à l'époque contemporaine, toutes les grandes démocraties sont des démocraties représentatives[29] parce que combinant les deux théories de la souveraineté[30] à savoir, la souveraineté nationale

---

[27] Lauvaux (P), *Les grandes démocraties contemporaines*, 4e éd. Paris, PUF, 2015, p. 44.

[28] Tcheuwa (J- C), « Droit constitutionnel étranger », *RFDC*, 2011, n°86.p.1.

[29] Lauvaux (P), *Les grandes démocraties contemporaines, op. cit.* p. 90.

[30] *Idem.*

et la souveraineté populaire. L'élection qui sous-tend le régime représentatif[31], emporte comme conséquence, le fait que les pouvoirs publics tiennent leur pouvoir du peuple et agissent de ce point de vue en son nom. Cela confère au peuple le pouvoir de désigner ses représentants.

La problématique de l'élection ou de la temporalité électorale présente un certain intérêt dans les États africains d'expression française. Cet état de chose est lié au fait que le principe électif a souvent été minoré au point où en dehors du Chef de l'État, les candidats à certaines élections faisaient l'objet de poursuites judiciaires[32]. La cause de tout ceci étant le refus d'un pouvoir partagé, fondement du monopartisme et la militarisation des systèmes politiques. Dans le premier cas, il est important de relever que quelques années après les indépendances, le système de parti correspondait à celui d'un parti unique[33], sonnant ainsi le glas du multipartisme et de la compétition électorale. L'irruption de l'armée au pouvoir n'a pas non plus favorisé l'élection et l'alternance démocratique[34]. Si bien que, de la période de l'indépendance jusqu'au début des années 1990, l'alternance au pouvoir s'est faite soit par coup d'État, soit alors par le mécanisme du dauphinat[35].

Avec le renouveau constitutionnel dans les États africains d'expression française, la donne a changé, les élections disputées depuis le début des années 1990 peuvent être considérées comme une « *grande avancée pour la démocratie en Afrique noire francophone* »[36]. Désormais, les élections présidentielles et parlementaires influencent largement la vie politique et institutionnelle dans les États africains, si

---

[31] Tcheuwa (J-C), « Droit constitutionnel étranger », *op.cit,* p. 1.

[32] Eyinga (A), *Mandat d'arrêt pour cause d'élection. De la démocratie au Cameroun (1970-1978).* Paris, Harmattan, 1977, 249p.

[33] Kombila (J-P), *La problématique constitutionnelle dans les régimes politiques des États d'Afrique francophone,* Thèse de doctorat en droit public, Université de droit, d'économie et des Sciences sociales de Paris, Paris 2, Panthéon, 1982, p. 111.

[34] Lavroff (D-G), *Les systèmes constitutionnels en Afrique noire. Les États francophones*, Paris, Editions A. Pedone, 1976, p. 58.

[35] Kamto (M.), « Le dauphin constitutionnel dans les régimes politiques africains. Les cas du Cameroun et du Sénégal », *Penant*, 1983, pp. 256-282. Mbome François, « Les empêchements du Président de la République du Cameroun », R.F.E.P.A. 1978, p 50 et s. Nguele Abada Marcelin, « De l'empêchement du Président de la République au Cameroun », RADIC, n°2, 1995, p. 380 et s.

[36] Kokoroko (D.), « Les élections disputées : réussites et échecs », *Pouvoirs*, n°129, 2009, p.115.

bien qu'un chef d'État ou un parlementaire élu exerce ses fonctions dans l'incertitude d'une possible réélection. De nos jours, on peut parler des élections disputées et de l'alternance dans certains États. Ce qui n'était pas envisageable pendant le constitutionnalisme autoritaire.

Cependant la période électorale est encore très mouvementée dans les États d'Afrique noire francophone[37]. C'est durant cette période qu'on enregistre très souvent des cas de violences, de fraudes et de contestations qui entraînent parfois les États vers le chaos[38]. Les législations des États ont donc tenu à pénaliser les infractions susceptibles d'être commises aussi bien par les gouvernants que par les citoyens pendant les consultations électorales. L'exemple le plus illustratif de la pénalisation des délits électoraux est celui de la prise en compte ou du moins, de l'incrimination des fraudes.

Au Cameroun, la loi portant Code pénal dispose que :

> « Est puni d'un emprisonnement de trois (03) mois à deux (02) ans et d'une amende de cinquante mille (50000) et de cinq cent mille (500000) francs ou de l'une de ces deux peines seulement, celui qui se fait inscrire sur les listes électorales sous une fausse identité ou qui, en se faisant inscrire, dissimule qu'il est condamné pour crime, même par défaut (…) »[39]. La même infraction est prévue pour celui qui « à l'aide de déclarations mensongères ou de faux certificats, se fait inscrire indument sur une liste électorale ou qui, à l'aide des mêmes moyens, inscrit ou raye indument un citoyen »[40].

Dans la même logique, la loi portant Code pénal de Côte-d'Ivoire dispose que :

> « Est puni d'un emprisonnement de un mois à un an, et d'une amende de 30000 à 300000 francs, quiconque en utilisant des faux noms, des fausses qualités, des fausses déclarations des faux certificats ou en dissimulant une incapacité électorale, se fait inscrire sur une liste

---

[37] Du Bois de Gaudusson (J.), « Constitution sans culture constitutionnelle n'est que ruine du constitutionnalisme. Poursuite d'un dialogue sur quinze années de transition en Afrique et en Europe », In, *Démocratie et liberté : tension, dialogue, confrontation, Mélanges en l'honneur de Slobodan Milacic*, Bruxelles, Bruylant, 2008, p. 338.

[38] Donfack Sokeng (L.), « Droit constitutionnel et les crises en Afrique », *Solon*, vol.3, n°5, 2011, p. 74.

[39] Article 122 de la loi portant code électoral du Cameroun.

[40] Ibid

électorale, obtient une inscription sur plusieurs listes ; fais inscrire ou rayer indument un électeur d'une liste électorale »[41].

Dans le même ordre d'idées, on note une pénalisation des violences électorales. La loi portant code pénal du Cameroun dispose que « *est puni d'un emprisonnement de trois mois (03) à deux ans (02) et d'une amende de dix (10000) mille à cent mille (100000) francs ou de l'une de ces deux peines seulement, celui qui : par attroupement, par clameurs ou démonstrations menaçante, trouble les opérations électorales ou porte atteinte à l'exercice du droit ou à la liberté du vote* »[42].

Cette disposition apparaît dans le code pénal de Côte-d'Ivoire[43], du Sénégal[44] et du Gabon[45]. Ce qu'il convient de souligner c'est que, cette pénalisation des moments politiques s'inscrit dans un grand ensemble qui est celui de la juridictionnalisation de la vie politique et par extension, celle de sa juridicisation.

En effet, si l'on s'appuie sur les textes, on peut valablement considérer que le droit constitutionnel africain a fait un pas décisif vers le constitutionnalisme libéral. La question des changements anticonstitutionnels de gouvernement préoccupe au plus haut point l'Union africaine face à la résurgence des coups d'État et des tentatives de coups d'État ainsi que les violences liées aux processus électoraux[46]. Il faut aussi souligner les violences électorales[47] et postélectorales[48].

L'Union Africaine a fait du rejet des changements anticonstitutionnels de gouvernement son cheval de bataille allant jusqu'à instituer le Conseil de Paix et de Sécurité chargé de réagir chaque fois que de tels changements venaient à se produire[49]. Bien plus l'Organisation

---

[41] Article 206 de la loi portant code électoral en Côte d'Ivoire.

[42] Article 123 de la loi portant code électoral au Cameroun.

[43] Article 210 de la loi portant code électoral en Côte d'Ivoire.

[44] Article 103 du code pénal sénégalais

[45] Article 327 du code pénal gabonais

[46] Coup d'État en Mauritanie en août 2008, en Guinée Conakry en décembre 2008 et en 2021, à Madagascar en mars 2009, au Niger en février 2010, au Mali en 2021.

[47] Au Zimbabwe en 2008.

[48] Observées au Kenya en 2008 et en Cote d'Ivoire en 2010.

[49] Un important arsenal juridique encadre tout ceci : d'abord l'Acte Constitutif de Juillet 2000 suivi d'autres instruments notamment :

Internationale de la Francophonie a adopté une déclaration[50] dans ce sens de même que les pays membres du Commonwealth[51] insistent sur le respect des principes démocratiques. C'est bien ce qui justifie la criminalisation des changements anticonstitutionnels de gouvernement repris dans les textes constitutionnels des États même si cela n'est pas toujours respecté.

2. La criminalisation des changements anticonstitutionnels de gouvernement

Dans le cadre des réformes constitutionnelles des années 1990, on a assisté à une généralisation de la négation expresse des coups d'État et par ricochet, des changements anticonstitutionnels de gouvernement. La plupart des textes constitutionnels ont consacré à la fois la séparation des pouvoirs militaires et civils et la subordination du premier au second[52]. Pourtant, malgré cette négation, les coups d'État n'ont pas été neutralisés. Dans les États comme la République Centrafricaine, la RDC, la Côte-d'Ivoire et le Burundi, l'armée se présente toujours comme un facteur d'instabilité[53]. En effet, l'incursion de l'armée dans la vie politique des États en question explique pourquoi jusqu'ici, l'on arrive pas à écarter les changements anticonstitutionnels de gouvernement si bien qu'à côté des

---

- les décisions Assembly/AU/Dec. 220(XII) et 253(XIII) adoptées à Addis-Abeba du 1er au 4 février 2009 et à Syrte du 1er au 4 juillet 2009 ;
- la Déclaration de Tripoli sur l'élimination des conflits en Afriques et la promotion durable de la paix du 31 aout 2009 ;
- la Déclaration de 2002 sur les principes régissant les élections démocratiques en Afrique.

Lire Joseph Kazadi Mpiana, « L'Union Africaine face à la gestion des changements anticonstitutionnels de gouvernement », Revue Québécoise de Droit International, 2012, 25-2, p. 101 et s.

A ces instruments s'ajoutent la Charte Africaine de la Démocratie, des Élections et de la Gouvernance e 2007, la Résolution de 2008 de la Commission Africaine des Droits de l'Homme et des Peuples sur les élections dans les pays africains.

[50] Déclaration de Bamako de 2000 reprise à Ouagadougou plus tard.

[51] Les principes de Harare sur la démocratie, la bonne gouvernance et les droits de l'homme.

[52] Article 28 de la Constitution gabonaise du 21 mars 1991.

[53] Doui Wawaye (A-J), *La sécurité, la fondation de l'État centrafricain. Contribution à la recherche de l'État de droit*, *op. cit*, p. 32.

trois pouvoirs classiques distingués par la doctrine constitutionnelle à savoir l'exécutif, le législatif et le judiciaire, il convient d'ajouter dans ces pays, le pouvoir militaire. Le besoin de restaurer l'organisation constitutionnelle du pouvoir se faisant sentir, les lois fondamentales n'ont pas hésité à déclarer « *hors la loi* », l'usurpation du pouvoir par coup d'État

Les Constitutions africaines issues des mutations des années 1990 procèdent à une double démarche dans la criminalisation des changements anticonstitutionnels de gouvernement. De manière générique, elles prohibent l'oppression d'une fraction du peuple par une autre essentiellement dans le sens de la proscription de l'accaparement de la souveraineté. Ainsi, le texte constitutionnel camerounais, après avoir indiqué que « *la souveraineté nationale appartient au peuple camerounais* »[54] ajoute qu' « *aucune fraction du peuple ni aucun individu ne peut s'en attribuer l'exercice* »[55]. Si cette disposition qui est aussi perceptible dans les autres constitutions[56] consacre principalement la souveraineté du peuple

Il faut souligner qu'elle proscrit la dépossession de la souveraineté d'une portion du peuple par un individu ou un groupe d'individus dans le cadre du changement anticonstitutionnel de gouvernement. On peut considérer la fraction du peuple qui usurpe la souveraineté de l'ensemble des citoyens comme relevant des potentiels oppresseurs en ce sens qu'elle fait usage de la souveraineté du peuple pour renforcer sa position de domination. La pertinence de cette disposition réside dans le caractère composite des États africains[57]. A cet effet, les sociétés africaines sont pour l'essentiel, plurales[58] et dans l'exercice du pouvoir, pour construire et consolider la démocratie consociative[59], il est important que toutes les

---

[54] Article 2 alinéa 1 de la Constitution du 18 janvier 1996 modifiée.

[55] *Idem.*

[56] Sans être exhaustif, on peut se référer à : l'article 3 de la constitution béninoise du 11 décembre 1990 ; l'article 50 de la constitution ivoirienne du 08 novembre 2016 ; l'article 5 de la constitution congolaise du 06 novembre 2015 ; l'article 26 de la constitution malienne du 27 février 1992 ; l'article 4 de la constitution nigérienne du 25 novembre 2010 ou encore, l'article 26 de la constitution centrafricaine du 30 mars 2016.

[57] Ondoua (A.), « La population en Droit Constitutionnel. Le cas des pays d'Afrique noire francophone », *Afrique contemporaine*, n°242, 2012, p. 88.

[58] Gbéou-Kpayile (N-G), « L'idée de constitution en Afrique noire francophone », *Afrilex*, 2017, p. 19.

[59] Sur la démocratie consociative, lire utilement : Lacabanne (J.), *La démocratie consociative : forces et faiblesses du multiculturalisme*, Paris, Editions Persée, 2016, p. 18.

composantes de l'État prennent part à l'exercice du pouvoir. Une ethnie ou une tribu qui monopolise le pouvoir au détriment des autres peut valablement être considéré comme relevant du groupe des oppresseurs. En revanche, le caractère lacunaire de ces textes est qu'ils ne criminalisent pas directement, le recours au coup d'État comme voie d'accès au pouvoir[60].

Ce qui est constant, c'est le fait que les textes constitutionnels qui symbolisent le renouveau constitutionnel africain, affirment quasi unanimement la négation des coups d'État et par extension, des régimes militaires[61]. Deux raisons conduisent à considérer le pouvoir militaire comme un pouvoir oppresseur. La première est relative à l'usurpation de la souveraineté du peuple. En effet, le coup d'État se traduit par la mise à l'écart du mode démocratique d'accession au pouvoir pour faire prévaloir le recours à la force. Dans un tel contexte, le peuple peut valablement considérer qu'il est en situation d'oppression puisqu'il lui est dénié le droit d'exprimer sa volonté et de choisir ses gouvernants. La seconde raison est celle de la négation des droits fondamentaux par le pouvoir militaire. C'est un truisme que d'affirmer que les auteurs du putsch sont peu enclins au respect des exigences de l'État de droit.

En effet, l'une des conséquences directes du coup d'État est l'abrogation de la constitution et par extension des droits qu'elle consacre aux citoyens. Il s'instaure ainsi le règne de l'arbitraire caractérisé par la négation des droits fondamentaux c'est ce qui justifie la formalisation par les textes constitutionnels de la résistance à l'oppression comme rempart contre le coup d'État. Mais, il ne s'agit pas de la seule ressource constitutionnelle prévue par les textes pour barrer la voie à un régime militaire. La criminalisation des coups d'État a aussi été prise en compte par les constituants africains du début des années 1990.

Dans leurs démarches, les constituants des États africains d'expression française ont tenu à criminaliser le recours au coup d'État. C'est ainsi que la Constitution centrafricaine dispose que :

Nguele Abada Marcelin, « Du constitutionnalisme de transition en Afrique : Réflexion sur l'évolution constitutionnelle en République Démocratique du Congo », RRJ-Droit prospectif, 2008, n°1, p. 499 et s.

60 Les exemples du Mali et de la Guinée déjà rappelés.

61 Cabanis (A.) et Martin (M-L), *Le constitutionnalisme de la troisième vague en Afrique francophone*, *op. cit.* p. 121.

> « L'usurpation de la souveraineté par coup d'État, rébellion, mutinerie ou tout autre procédé non démocratique constitue un crime imprescriptible contre le peuple centrafricain »[62].

Elle poursuit en indiquant que : « les auteurs, co-auteurs et complices des actes visés aux alinéas 1 et 2 sont interdits d'exercer toute fonction publique dans les institutions de l'État »[63]. Dans la même logique, le texte constitutionnel de la RDC énonce que :

> « Toute tentative de renversement du régime constitutionnel constitue une infraction imprescriptible contre la Nation et l'État »[64].

C'est dire qu'en cas de tentative de coup d'État ou en cas d'échec du coup d'État, les auteurs d'une telle démarche sont susceptibles d'être jugés devant les juridictions compétentes. La formule retenue par les lois fondamentales est celle d'un crime imprescriptible contre la Nation. Si cette formule semble être originale, son contenu est tout de même incertain. Ce qui est par contre certain, c'est la volonté de réprimer le recours au coup d'État.

Lorsqu'on se réfère à l'histoire constitutionnelle africaine, on peut valablement comprendre l'orientation des nouvelles Constitutions. En effet, depuis les indépendances, le continent africain est constamment secoué par des coups d'État et les régimes militaires font constamment irruption dans l'exercice du pouvoir entraînant ainsi une régression du constitutionnalisme[65]. C'est pour marquer une rupture avec la multiplication des coups d'État des trois premières décennies qui ont suivi l'indépendance des États que les constituants ont tenu à prohiber les régimes militaires et surtout à consacrer l'élection comme seul mode d'accès aux fonctions étatiques[66].

La démarche la plus courante consiste alors à proscrire l'accession à la fonction présidentielle par le mécanisme du coup d'État et surtout à prescrire la résistance des citoyens en cas de putsch. A titre d'illustration,

---

[62] Article 28 de la Constitution du 30 mars 2016

[63] *Idem.*

[64] Cf. Article 64 (2) Constitution de la République Démocratique du Congo du 18 février 2006.

[65] Essono Ovono (A.), « Armée et démocratie en Afrique, une relation ambivalente à normaliser », Afrique Contemporaine, n°242, 2012. p.120

[66] L'article 2 alinéa 2 de la loi constitutionnelle camerounaise du 18 janvier 1996 rappelle que « Les autorités chargées de diriger l'État tiennent leurs pouvoirs du peuple par voie d'élections au suffrage universel direct ou indirect... »

la constitution centrafricaine du 30 mars 2016 prescrit qu'en cas de coup d'État :

> « Tout citoyen ou groupe de citoyens a le droit et le devoir de s'organiser d'une manière pacifique, pour faire échec à l'autorité illégitime »[67].

Loin d'être singulière, on retrouve une disposition analogue dans les constitutions du Bénin[68] et du Burkina-Faso[69]. Il suit de ce qui précède qui précède que le nouveau constitutionnalisme africain en prenant en compte les délits électoraux et en criminalisant les changements anticonstitutionnels des gouvernements a voulu renforcer l'encadrement juridique de la vie politique[70]. C'est d'ailleurs la raison pour laquelle, les législations incriminent aussi les acteurs politiques.

B. L'incrimination des acteurs politiques

A l'analyse des nouvelles Constitutions et leurs normes dérivées, ce qui est perceptible, c'est la volonté de mettre fin à l'impunité des gouvernants et des gouvernés. Ainsi, non seulement on peut relever une identification des incriminés (1) mais également, les législations identifient les juridictions compétentes pour connaitre les infractions commises par chaque catégorie de justiciable (2).

1. L'identification des incriminés

En rapport avec la pénalisation de la vie politique, il est important de faire remarquer que la liste des incriminés est étendue à la fois par les

---

[67] Article 29 de la constitution du 30 mars 2016.

[68] L'article 66 de la constitution béninoise que « En cas de coup d'État, de putsch, d'agression par des mercenaires ou de coup de force quelconque, tout membre d'un organe constitutionnel a le droit et le devoir de faire appel à tous les moyens pour rétablir la légitimité constitutionnelle, y compris le recours aux accords de coopération militaire ou de défense existants. Dans ces circonstances, pour tout Béninois, désobéir et s'organiser pour faire échec à l'autorité illégitime constituent le plus sacré des droits et le plus impératif des devoirs. »

[69] L'article 167 de la constitution burkinabé du 02 juin 1991 modifiée dispose en effet que « La source de toute légitimité découle de la présente constitution. Tout pouvoir qui ne tire pas sa source de cette constitution, notamment celui issu d'un coup d'État ou d'un putsch est illégal. Dans ce cas, le droit à la désobéissance civile est reconnu à tous les citoyens ».

[70] Jean Gicquel et Jean-Eric Gicquel, Droit constitutionnel et institutions politiques, op.cit.

Constitutions et les textes infra constitutionnels. Il ne pouvait d'ailleurs en être autrement car dans la perspective d'enracinement de l'État de droit, il est bon que tous les sujets de droit soient susceptibles d'être jugés et d'être réprimés. Si l'on s'appuie essentiellement sur les textes, on peut considérer que l'époque de l'impunité dans la vie politique est révolue dans les États d'Afrique noire francophone.

En parcourant les lois fondamentales qui symbolisent le renouveau constitutionnel, le constat qui se dégage est que les gouvernants sont identifiés comme les premiers incriminés car, ce sont eux qui assurent l'application du droit en général et de la Constitution en particulier[71]. Cela est surtout consécutif au fait qu'ils exercent l'autorité de l'État. Or, dans le cadre de cet exercice, ils se démarquent par une floraison d'actes arbitraires à l'égard des gouvernés. C'est donc à juste titre qu'on peut considérer les gouvernants comme faisant partie des oppresseurs. Si les textes constitutionnels ont souvent donné l'impression que le pouvoir exécutif était le seul incriminé[72], il convient d'indiquer qu'à l'époque contemporaine, on peut inclure le parlement étant entendu que c'est ce dernier qui édicte les lois et qui peut de ce point de vue, adopter des textes législatifs liberticides[73]. C'est dire que la liste des gouvernants vise à la fois les organes du pouvoir exécutif, ceux du parlement et par extension, les autorités locales.

L'hypothèse de voir les gouvernants incriminés est envisageable en cas de violation de la Constitution car, depuis le début des années 1990, on assiste à une protection pénale de la Constitution. Dans les textes

---

[71] Il n'est pas exagéré d'affirmer que « les gouvernants utilisent le pouvoir pour opprimer le peuple, celui-ci a le droit de s'opposer à leur autorité », in Grobon (S.), « La justiciabilité problématique du droit de résistance à l'oppression : antilogie juridique et oxymore politique », *in* Véronique Champeil-Despalts et Danièle Lochak (Dir.), *A la recherche de l'effectivité des Droits de l'Homme*, Paris, Presses Universitaires de Paris Nanterre, 2008, p. 139.

[72] Charbonneau (F.), « Institutionnaliser le droit à l'insurrection. L'article 35 de la constitution Montagnarde de 1793 », *Tangence*, n°106, 2014, p. 101.

[73] La consécration du contrôle de constitutionnalité par les textes constitutionnels contemporains traduit d'ailleurs la méfiance du constituant à l'égard des lois votées par le parlement. Il est vrai que la théorie constitutionnelle valorise l'idée de la loi, expression de la volonté générale mais, c'est aussi le même acte législatif qui peut être utilisé pour restreindre l'exercice ou la jouissance des droits et libertés. Il est évident que lorsque c'est le parlement qui adopte de tels textes législatifs, on peut valablement le considérer comme un oppresseur. Koubi (G.), « Penser le droit de résistance à l'oppression dans les sociétés démocratiques contemporaines », *op. cit.* p. 1.

constitutionnels africains, le respect de la constitution est clairement prescrit et le citoyen a la possibilité de contester un acte infra constitutionnel édicté par une autorité étatique lorsque celui-ci est arbitraire. La constitution béninoise du 11 décembre 1990 énonce à propos que :

> « Toute loi, tout texte réglementaire et tout acte administratif contraires à ces dispositions sont nuls et non avenus. En conséquence, tout citoyen a le droit de se pourvoir devant la Cour Constitutionnelle contre les lois, textes et actes présumés inconstitutionnels »[74].

Au-delà de cet exemple béninois, on retrouve la prescription du respect de la Constitution et du droit en général dans d'autres lois fondamentales[75] de sorte que, le peuple a le droit et même le devoir de résister à toute violation du droit par les autorités étatiques.

Un détour dans l'histoire constitutionnelle africaine permet de se rendre compte que ce sont les gouvernants qui ont relégué le peuple à une place précaire en matière d'exercice du pouvoir[76]. La crise de la représentation fait qu'en Afrique, le peuple n'occupe la place de souverain que du point de vue théorique. Les réformes constitutionnelles et les actes édictés par les pouvoirs publics sont produits sans et contre sa volonté[77]. La conséquence de cet état de chose est que le peuple subit constamment l'arbitraire des gouvernants.

Il n'est pas exagéré d'affirmer que la « *juridicisation* » de la vie politique se traduit par la volonté de mettre fin à l'impunité des gouvernants. Autant avant le constitutionalisme libéral ceux-ci bénéficiaient d'une grande impunité dans l'exercice de leurs fonctions, autant ils sont susceptibles de répondre de leurs actes. Il y a une sorte de revitalisation de l'obligation de rendre compte à l'époque contemporaine[78]. Cette obligation vise quasiment tous les gouvernants. Du point de vue organique, elle incombe respectivement au Président de

---

[74] Article 3 de la constitution du 11 décembre 1990.

[75] Lire dans ce sens l'article 28 de la constitution ivoirienne du 08 novembre 2016 et l'article 23 de la constitution centrafricaine du 30 mars 2016. On peut aussi se référer à l'article 22 de la constitution guinéenne du 04 mai 2010.

[76] Gonidec (P-F), *Les systèmes politiques africains*, 2e éd., Paris, LGDJ, 1978, p. 183.

[77] Verdier (M-F), « La révision constitutionnelle du 23 juillet 2008 : prélude et fugue d'une révision constitutionnelle gigogne sans le peuple », *Politeia*, n°15, 2009, p. 121.

[78] Bikoro (J-M), *Le temps en Droit constitutionnel africain, op. cit.* p. 71.

la République, aux parlementaires et aux membres du gouvernement[79]. Sur le plan matériel, cette obligation porte sur des domaines assez variés. Nombreuses sont les lois fondamentales qui, dans le but de promouvoir la bonne gouvernance ont consacré, la déclaration des biens avant l'entrée en fonction et après l'exercice des fonctions[80]. Tout au plus, la diversification des infractions des gouvernants est révélatrice de l'option d'annihilation de l'impunité des détenteurs du pouvoir.

Le peuple fait aussi partie des incriminés. Cet état de chose lui donne une double voire une triple dimension dans le nouveau constitutionnalisme africain. Il est la source du pouvoir[81], il est un contre-pouvoir[82] mais, il est aussi soumis au droit qui régit la vie politique et est susceptible d'être incriminé en cas d'infraction par lui commise[83]. Ainsi que cela a été souligné, pendant le processus électoral, de nombreux comportements font l'objet de pénalisation lorsqu'ils sont commis par le peuple. Il en est ainsi de la corruption ou de la violence en matière électorale.

Mais en dehors de la période électorale, on retrouve dans les législations pénales des États d'Afrique noire francophone, de nombreuses infractions susceptibles d'être commises par les citoyens et ayant un lien avec le pouvoir politique. Il en est ainsi de l'outrage au Président de la République, de l'incitation à la haine ou à la rébellion ou encore, de l'atteinte à la sureté de l'État. Tout ceci conduit à considérer que si le peuple est le détenteur du pouvoir, son comportement n'échappe pas au droit. La volonté d'approfondir l'État de droit a conduit les constituants africains à l'inclure dans la liste des potentiels incriminés de la vie politique.

---

[79] Conseil Constitutionnel du Cameroun, Décision 2021 Joachim Tabi Owono.

[80] On peut se référer à l'article 66 de la constitution camerounaise du 18 janvier 1996 modifiée. Il en est de même de l'article 99 de la constitution du 18 février 2006 et Article 41 de la constitution ivoirienne du 08 novembre 2016.

[81] Beaud (Olivier), « Le Souverain », *Pouvoirs,* n°67, 1993, pp. 33-45.

[82] Soma (A.), « Le peuple comme contre-pouvoir en Afrique ». *RDP, n°4, 2014.* p.1021.

[83] Hourquebie (F.), « Le contre-pouvoir, enfin connu. Pour une analyse Pour une analyse de la démocratie en terme de contre-pouvoirs », in *Démocratie et liberté : tension, dialogue et confrontation.* Mélanges en l'honneur de Slobodan Milacic, Bruylant, Bruxelles, 2007, p.113.

2. La diversification des juges

Dans les États d'Afrique noire francophone, le juge qui connaît des infractions des gouvernants est principalement, la Haute Cour de Justice. Il s'agit d'une juridiction qui est souvent présentée comme juridiction politique. La nature politique de la Haute Cour de Justice s'apprécie au regard de l'organe, de la procédure de mise en accusation, et les effets des arrêts. Cependant, Elle n'est pas à proprement parler une juridiction nouvelle dans le paysage institutionnel africain. En effet toutes les Constitutions l'ont prévue et ont aménagé les compétences[84]. Mais cette dernière semble être comme le dit Michel Henri Fabre « une véritable juridiction des parlementaires »[85]. Cette analyse de la Haute Cour de Justice française de 1946 peut être transposé dans les États africains, car malgré une importante participation judiciaire[86], sous des formes et subterfuges divers, l'organe politique qu'est le Parlement est omniprésent dans la procédure de jugement du début jusqu'à la fin.

La nature politique de la Haute Cour de Justice est perceptible dans cette donnée essentielle qu'est l'organe de jugement celle–ci est une pure émanation du Parlement, parce qu'il est composé exclusivement des membres du Parlement et choisis par lui. A titre illustratif, au Cameroun, l'ordonnance du 26 aout 1972 révèle que la Haute Cour de Justice est composée de neuf juges titulaires et de six juges suppléants tous élus par l'Assemblée Nationale.

La nature politique de la Haute Cour de justice s'apprécie aussi à partir de la procédure de « *mise en accusation* »[87] puisqu'elle est de la compétence exclusive des membres du Parlement. Hors mis la mise en accusation, l'ordonnance du 26 aout 1972 dit que la commission d'instruction est composée de 3 membres, un Président élu, par l'Assemblée et deux magistrats de la Cour suprême. La Haute Cour de Justice est saisie par ordonnance de cette commission d'instruction.

---

[84] Voir dans ce sens l'art 44 de la loi constitutionnelle du 4 mars 1960 ; l'art 36 de la constitution du 1er septembre 1961 et l'article 34 de la loi constitutionnelle du 2 juin 1972

[85] Fabre (H M), « Justice politique libérale et justice politique marxiste », op.cit, p.161

[86] Voir ordonnance de 1972 art 11

[87] Telle est l'expression employée par la loi constitutionnelle du 18 janvier 1996, Art 53 al 2

En vérité, masquée par des artifices introduits dans la procédure, l'action du Parlement va au-delà de la mise en accusation, elle s'exerce sur la commission d'instruction et le ministère public parce que la résolution de mise en accusation votée par le Parlement détermine l'intervention de chaque organe. Jean Foyer dit à propos que :

> « La résolution de mise en accusation, votée par le Parlement a un effet plus énergique que le réquisitoire de droit commun [88]».

Au regard d'une telle procédure, il en découle que le ministère public n'est pas compétent de sa propre initiative à mettre en mouvement les poursuites devant la Haute Cour de Justice, mais se contente, selon l'ordonnance de transmettre la résolution de mise en accusation votée par les membres du Parlement. Il se borne aussi à servir de courroie entre le Parlement et la commission d'instruction.

La nature politique de la Haute Cour de Justice se voit enfin, dans la nature de ses arrêts ou décisions qui sont insusceptibles recours[89]. Il en résulte donc que le système d'équilibre entre le politique et le juridique mis en place par les constituants et le système camerounais n'est pas visible ici, la Haute Cour de Justice décide souverainement après le travail effectué par la Commission d'Instruction, donc le dernier mot est réservé aux hommes politiques.

Par ailleurs, les juridictions ordinaires peuvent être rangées dans la catégorie des juges répressifs de la vie politique. Dans les États d'Afrique noire francophone, elles connaissent des infractions pénales de droit commun commises par les parlementaires, les membres du gouvernement et les citoyens en rapport ou non, avec la vie politique. Ces juridictions tirent leur légalité des lois portant organisation judiciaire et fixant organisation et fonctionnement de la Cour Suprême[90]. On peut y inclure, les juridictions spéciales à l'instar du Tribunal Criminel Spécial au Cameroun.

---

[88] Voir Foyer (J), « Haute Cour de Justice », Encyclopédie, *Dalloz*. Répertoire de droit pénal et de procédure pénale, jurisprudence générale 2ème éd, 1968, n°46, tome3, P.6

[89] Effa (JP), La responsabilité pénale des ministres, op .cit, p.69

90Loi n° 2006/015 du 29 décembre 2006, portant organisation judiciaire et celle n° 2006/016 du 29 décembre 2006 fixant l'organisation et le fonctionnement de la Cour Suprême

Cependant, l'originalité du nouveau constitutionnalisme africain réside dans l'attribution de la compétence pénale aux juridictions constitutionnelles. En effet, certaines lois fondamentales désignent expressément la juridiction constitutionnelle comme juge des gouvernants. C'est le cas de la Constitution du 18 février 2006 de RDC qui énonce en son article 163 que :

> « La Cour Constitutionnelle est la juridiction pénale du Chef de l'État et du Premier Ministre dans les cas et conditions prévus par la Constitution »[91].

D'autres textes constitutionnels se contentent par contre d'inclure les membres de la juridiction constitutionnelle au sein de la Haute Cour de Justice. A titre illustratif l'article 135 de la Constitution béninoise du 11 décembre 1990 modifiée dispose que :

> « La Haute Cour de Justice est composée de la Cour Constitutionnelle, à l'exception de son Président, de six députés élus par L'Assemblée Nationale et du Président de la Cour Suprême ».

L'article 239 de la Constitution du Burundi du 07 juin 2018 dispose dans la même logique que :

> « La Haute Cour de Justice est composée de la Cour Suprême et de la Cour Constitutionnelle réunies ».

Les infractions réprimées par les juridictions constitutionnelles africaines sont spécifiques suivant un triple point de vue qui justifient ou légitiment leurs compétences. Le premier élément de spécificité est lié au fait qu'il s'agit des infractions qui sont rattachées aux fonctions des gouvernants. La Constitution de RDC est assez claire à ce sujet car, elle dispose que « pour les infractions commises en dehors de l'exercice de leurs fonctions, les poursuites contre le Président de la République et le Premier Ministre sont suspendues jusqu'à l'expiration de leurs mandats. Pendant ce temps, la prescription est suspendue »[92]. La seconde spécificité des infractions réprimées qui justifie la compétence des juridictions constitutionnelles est liée à leur nature. Jusqu'ici, les textes constitutionnels sont muets sur la nature des infractions en question. A cette indétermination de la nature, Olivier Beaud apporte une réponse

---

[91] Nguele Abada Marcelin, « Du constitutionnalisme de transition en Afrique : Réflexion sur l'évolution constitutionnelle en République Démocratique du Congo », op.cit.

[92]Article 167 de la Constitution du 18 février 2006 modifiée.

satisfaisante en affirmant au sujet de la haute trahison qu'il s'agit : « *d'une notion de droit constitutionnel* »[93]. Enfin, la troisième spécificité des infractions des gouvernants est liée à l'indétermination de la sanction encourue par celui qui les commet[94]. De manière générale, les Constitutions se contentent de prévoir les infractions et d'identifier la juridiction compétente, sans préciser le contenu de la sanction encourue par celui qui les commet. Le rôle du juge constitutionnel est ainsi décisif dans la détermination de la peine quoique jusqu'ici, on puisse se rendre compte du caractère déficitaire de la répression des infractions commises dans la vie politique.

II. Une répression déficitaire de la vie politique

Dans le nouveau constitutionnalisme des États d'Afrique noire francophone, il se dégage un déphasage entre ce qui est prescrit par les textes et la réalité. Cela est perceptible en ce qui concerne la pénalisation de la vie politique dans la mesure ou on note une politisation de la répression (A). Et lorsque la répression des infractions commises ne fait pas l'objet de politisation, un certain nombre d'éléments conduisent à sa neutralisation ce qui pérennise l'impunité (B).

A. La politisation de la répression de la vie politique

L'idée de politisation traduit le phénomène de la vie juridique saisie par la politique. Cela est envisageable dans le cadre de la présente étude dans l'hypothèse où il y a un contrôle politique de l'appareil répressif (1)

---

93 Beaud (O.), « La controverse doctrinale autour de la responsabilité pénale du Président de la République. Pour une autre interprétation de l'article 68 de la Constitution », *RFDA*, 2001, p. 1192.

94 Abeng Messi (F.), « Le statut pénal du Président de la République en droit constitutionnel camerounais », in, Patrick Edgard Abane Engolo et Jean Paul Markus (Dir.), *La fonction présidentielle au Cameroun*, Paris, L'Harmattan, 2019, p. 356 ; Lire également : Begoude (J.P), « Le Président de la république et le droit pénal au regard de la constitution camerounaise du 18 janvier 1996 », *Juridis périodique*, n°33 janvier-mars 1998, p. 58.

et surtout, l'impulsion politique de la répression des infractions commises dans la vie politique (2).

1. Le contrôle politique de l'appareil répressif

Ce contrôle est la conséquence du fait majoritaire ou du moins, du retour en force des anciens partis uniques dans les États d'Afrique noire francophone. A titre de rappel, le fait majoritaire désigne la présence dans une Assemblée, d'une majorité d'élus appartenant aux mêmes partis ou à une coalition de partis et se comportant de manière disciplinée[95]. Elle revient à présenter l'influence négative que pourrait avoir une concordance de majorité à la mise en accusation du Président de la République. Devant la Haute Cour de Justice, la concordance de majorité entraine l'unicité politique des hommes portés à la tête du pouvoir exécutif et du pouvoir législatif. Il s'agit de l'influence de ce que la doctrine appelle la majorité parlementaire[96] et de la majorité présidentielle. La majorité parlementaire[97] qui nous intéresse ici, renvoie aux membres du Parlement au plus grand effectif et ayant la même sensibilité partisane[98]. La majorité parlementaire a pour fonction essentielle de soutenir l'action de l'exécutif[99]. Mais en cas de concordance de majorité ce soutien peut avoir un impact négatif ou positif.

Le soutien négatif se traduit par le refus de la majorité parlementaire de mettre en accusation le Président de la République, devant la Haute Cour de Justice. Pierre Avril appréhende ce type de soutien comme le pouvoir d'empêcher[100] du Parlement. Le pouvoir de ne pas avaliser la résolution de mise en accusation du Président de la République par la majorité parlementaire constitue un sérieux obstacle à la mise en œuvre

---

[95] De Villiers (M) et Le Divellec (A), *Dictionnaire de droit constitutionnel*, op. cit, p.157

[96] De Villiers (M) et Le Divellec (A), *Dictionnaire de droit constitutionnel*, précité. L'expression désigne dans son sens élémentaire : la majoritaire parlementaire qui renvoie à l'ensemble des membres d'une Assemblée politique victorieux lors d'un scrutin particulier au sein de celle- ci à ce compte. Elle est instantanée et fugitive. Elle désigne à l'ère moderne les parlementaires de même sensibilité partisane, p. 212

[97] Avril (P), « La majorité Parlementaire », *Pouvoir* n°68, 1994, p.5

[98] De Villiers (M) et Le Divellec (A), Dictionnaire *de droit constitutionnel,* op. cit, p. 212

[99] Avril (P), « La majorité parlementaire », op.cit, p.5

[100] *Ibid.* p.7.

de la responsabilité pénale du Président de la République. Ce pouvoir du Parlement trouve son fondement juridique dans l'alinéa 2 de l'article 53 qui dispose que :

> « Le Président de la République ne peut être mise en accusation que par l'Assemblée Nationale et le Senat statuant par un vote identique au scrutin public et la majorité des quatre cinquième des membres le composant [101]».

La politisation de la Haute Cour de Justice se traduit également par l'influence du Président de la République sur les membres non parlementaires susceptibles de siéger à la Haute Cour de Justice. Ces membres sont de deux ordres. Les magistrats et les autres responsables de l'administration de l'État susceptibles d'être élus ou désignés dans cette juridiction. Au Cameroun, l'ordonnance du 26 aout 1972 portant organisation de la Haute Cour de Justice dispose que la Haute Cour de Justice est composée de 9 juges titulaires et 6 juges suppléants[102]. 3 juges titulaires et 3 suppléants sont élus hors du Parlement mais par les parlementaires[103]. La loi n'indique pas la catégorie éligible, elle dit seulement que les candidats doivent remplir les conditions prévues par l'éligibilité à l'Assemblée Nationale. Il est possible que les hauts cadres de l'administration civile de l'État, hors mis ceux exerçant les fonctions incompatibles de membre de la Haute Cour de Justice[104] y soient élus.

Au regard de l'article 8 alinéa 10 de la Constitution du 18 janvier 1996. Il ressort de l'analyse de cette disposition que le Président de la République nomme aux emplois civils et militaires de l'État, il est l'autorité suprême de la fonction publique au Cameroun. Il a entre ses mains le pouvoir de nomination et de révocation. Mais cette nomination y est soumise avec une certaine marge de liberté qualifiée de pouvoir discrétionnaire. Ce dernier correspond sensiblement à la zone de l'opportunité[105]. La discrétion de nommer et de révoquer des citoyens

---

[101] Art 53 de la loi constitutionnelle du 18 janvier 1996

[102] Art 1ér de l'ordonnance du 26 aout 1972, op.cit

[103] Article 2 de l'ordonnance du 26 aout 1972, op. cit

[104] Art 12 de l'ordonnance du 26 aout 1972 qui dispose que « les fonctions de membre du gouvernement de la République sont incompatible avec les fonctions de juge titulaire de la Haute Cour de Justice ou de Président de la commission d'instruction, et entrainant la démission d'office de ces dernières fonctions »

[105] Hauriou (A), « Le pouvoir discrétionnaire et sa justification », in Mélanges à R. de Malberg, 1997, *L.E.D*, Paris, pp- 232-240

aux emplois civils et militaires constitue un frein au bon fonctionnement de la Haute Cour de Justice. L'influence du pouvoir de nomination peut amener les membres non parlementaires nommés par le Président à bloquer ou à être partial lors du vote visant la culpabilité du Président de la République pour Haute Trahison. Les magistrats, spécialement ceux de la Cour Suprême qui concourent au fonctionnement de la Haute Cour de Justice[106] peuvent être victimes des pressions de la part du Président de la République. En effet l'ordonnance n° 72 / 8 du 26 aout 1972 fixant organisation et fonctionnement du Conseil Supérieur de la magistrature fait du Président de la République, le président du conseil[107], parce qu'il nomme et sanctionne les magistrats, même conseillers de la Cour Suprême.

L'idée de politisation permet aussi de mettre en exergue l'emprise du politique sur le juge constitutionnel en général, et sur l'exercice par ce dernier de la compétence pénale en particulier. Concrètement, il y a politisation de la fonction consultative à partir du moment où le juge constitutionnel officie non pas pour faire prévaloir l'idée de Constitution, mais plutôt pour préserver les intérêts des organes politiques en l'occurrence, le Président de la République. C'est généralement le cas lorsque le juge est, non pas au service du droit, mais des calculs personnels de l'autorité de nomination. C'est davantage dans les États d'Afrique noire francophone que la politisation des juridictions constitutionnelles est perceptible. Celles-ci se mettent sous la botte du politique aussi bien dans le cadre de leur activité contentieuse que dans l'exercice de la fonction consultative.

> « Le juge constitutionnel africain se retrouve parfois dans le statut d'un outil de réalisation, de validation ou de légitimation d'une certaine méthode de gestion du pouvoir d'État par les autorités politiques »[108].

Ainsi formulée, cette affirmation de Abdoulaye Soma résume clairement l'activité du juge constitutionnel dans les États d'Afrique noire francophone. C'est que, à bien y regarder, le juge constitutionnel est plutôt utilisé par les autorités étatiques pour légitimer leurs initiatives ou pour les faciliter. C'est ce que traduit l'idée de politisation. Dans le

---

[106] Art 1ér de l'ordonnance, op. cit

[107] Ibid

[108] Soma (A.), « Le statut du juge constitutionnel africain », *op. cit.* p. 463.

cadre de l'exercice de la fonction pénale, le juge constitutionnel peut être considéré comme une *« institution technique à la disposition des autorités politiques (...) à cause d'elles, le formel l'emporte sur le fond »*[109]. Des cas de politisation de la juridiction constitutionnelle sont pluriels en Afrique. Au Burkina-Faso, le Conseil Constitutionnel a été instrumentalisé par le Président de la République au point d'opérer un revirement spectaculaire en matière consultative. En l'espèce, la juridiction constitutionnelle a été consultée par le Premier Ministre afin qu'elle donne son avis sur la conformité à la Constitution d'un accord de prêt. Après avoir rappelé que l'accord en question est régi par les principes de la charia islamique[110], elle va indiquer dans son avis que « *l'Accord de prêt (...) est contraire à la Constitution du 02 juin 1992* »[111]. Curieusement, sans être saisie une fois de plus, la juridiction constitutionnelle va se dédire dans un autre avis.

Dans l'un de ses considérants, le juge constitutionnel burkinabé déclare que :

> « Le projet pour le financement duquel il a été conclu présente une utilité certaine ; que l'Accord soumis à contrôle vise à mettre en œuvre les objectifs fixés par la Constitution dans son préambule ; que dès lors, il est conforme à la loi fondamentale »[112]. Aussi, il va émettre l'avis selon lequel « l'Accord de prêt (…) est conforme à la Constitution du 02 juin 1991 »[113].

Il suit de ce qui précède que la pénalisation de la vie politique est plombée par la politisation des juridictions répressives ce qui pérennise l'impunité dans les États africains.

2. La prévalence de l'impulsion politique de la répression

La procédure de mise en œuvre de la responsabilité pénale des gouvernants repose sur deux phases majeures à savoir, le déclenchement de la procédure et le jugement. La première phase qui correspond à la mise en accusation des organes visés par la Constitution a la particularité d'être politisée car, il s'agit d'une initiative exclusive des Assemblées

---

[109] Bikoro (J-M), Thèse *op. cit.* p. 325.

[110] *Avis N°2007-03/CC du 20 avril 2007.*

[111] *Idem.*

[112] *Idem.*

[113] *Idem.*

parlementaires ce qui induit une exclusion des poursuites par les juridictions constitutionnelles.

La Haute Cour de Justice dans la mise en accusation du Président de la République est saisit d'une résolution du Sénat et de l'Assemblée Nationale siégeant en congrès et par un vote à la majorité des 4/5ème des membres le composant[114]. Cette résolution contient les faits qui lui sont reprochés. L'instruction est assurée par la commission d'instruction, elle a la compétence de procéder à tous les actes qu'elle juge utile à la manifestation de la vérité, et selon les règles de la procédure pénale et plus spécialement celles qui assurent la garantie de la défense[115]. Les débats de la Haute Cour de Justice sont publics, sauf exception voulue par l'Assemblée de la Cour[116].

Dans le constitutionnalisme camerounais la procédure de mise en accusation du Président de la République fait intervenir le Parlement. Elle tire son fondement juridique du même article 2 de l'ordonnance de 1972 portant régime des immunités parlementaires, il dispose qu'aucun député ne peut être poursuivi en matière criminelle ou correctionnelle qu'avec l'autorisation de l'Assemblée Nationale pendant la session ou de son Bureau hors session[117]. A l'analyse de cet article 2 de l'ordonnance de 1972, il en ressort que malgré l'initiative de proposition de la levée de l'immunité accordée au Gouvernement, le Parlement reste au centre de l'autorisation des poursuites judiciaires vis-à-vis des parlementaires fautifs, que ce soit en session ou hors session. Pendant la session, c'est-à-dire la période de l'année pendant laquelle le Parlement se réunit[118], l'autorisation de la levée de l'immunité est soumis à l'ordre du jour119, l'adoption et le vote de la levée s'effectue en Assemblée Plénière et selon les modalités fixées par le Règlement intérieur de l'Assemblée Nationale[120] et du Sénat[121].

---

[114] Art 53 de la loi constitutionnelle du 18 janvier 1996

[115] Art 21 de l'ordonnance op.cit

[116] Art 32 de l'ordonnance op.cit

[117] Art 2 de l'ordonnance op.cit

[118] De Villiers (M*), Dictionnaire de droit constitutionnel*, 2ème éd, aout 1999, Armand Collin, p.206

[119] Art 27 du Règlement Intérieur de l'Assemblée Nationale

[120] ART 35 du règlement intérieur de l'Assemblée Nationale, op.cit

[121] Art 10 du règlement intérieur du Sénat

A côté de l'exclusion de la saisine citoyenne, on peut aussi évoquer la minoration du déclenchement de la procédure répressive par le juge en général et le juge constitutionnel en particulier. L'interrogation qui est susceptible d'être formulée est de savoir, le juge peut-il se saisir en l'absence de tout recours, d'un dossier impliquant les gouvernants et constitutif d'infraction ? Malheureusement, l'analyse des textes constitutionnels qui attribuent la compétence pénale aux juridictions constitutionnelles ne permet pas d'envisager une telle éventualité. Le juge constitutionnel n'a pas le pouvoir de s'autosaisir en cas de commission par le Président de la République ou d'un membre du gouvernement d'une infraction prévue par la loi fondamentale. Il est confiné au jugement. Son déploiement est largement tributaire de la volonté parlementaire. Bien plus, il ne peut pas se saisir d'une affaire pendante devant les juridictions ordinaires au motif que celle-ci contient des éléments prévus par la Constitution. C'est dire que le déclenchement juridictionnel des poursuites à l'encontre des gouvernants est à exclure.

En effet, il ressort des textes constitutionnels africains que la mise en accusation et les poursuites engagées contre les gouvernants sont monopolisées par les organes parlementaires. On peut ainsi parler d'une politisation du déclenchement de la procédure répressive[122]. Ce sont donc les parlementaires qui sont jugent de l'opportunité des poursuites, et ce sont également eux seuls qui peuvent saisir la juridiction constitutionnelle, dans l'hypothèse où c'est elle qui est compétente ou encore la Haute Cour de Justice dans les États où un ou plusieurs juges constitutionnels sont membres de la justice politique.

Devant la juridiction constitutionnelle l'impulsion de la mise en accusation des gouvernants est aussi essentiellement politique. Toutefois, il est important de noter une variabilité du traitement de la mise en accusation en fonction des États. En RDC, la Constitution opère une distinction entre le nombre de voix pouvant aboutir au déclenchement de la procédure et les acteurs habilités à déclencher la procédure en fonction des auteurs des infractions. Concernant le Président de la République et le Premier Ministre, elle dispose que :

---

[122] Ardant (P.), « Responsabilité politique et pénale des Chefs d'État, des chefs de gouvernement et de ministres », *op. cit.* p. 473.

> « La décision de poursuite ainsi que la mise en accusation du Président de la République et du Premier Ministre sont votées à la majorité des deux tiers des membres du parlement composant le congrès suivant la procédure prévue par le règlement intérieur »[123].

Deux remarques sont susceptibles d'être faites à la lecture de cette disposition constitutionnelle.

La première concerne la bicamérisation de la procédure de la mise en accusation. L'évocation du Congrès[124] induit une réunion des deux Assemblées parlementaires afin de se prononcer sur le sort à réserver aux deux pôles de pouvoirs au sein du pouvoir exécutif. Bien plus, cette bicamérisation signifie aussi que le consensus doit être trouvé non seulement sur la teneur de l'accusation mais également, sur la volonté non équivoque de placer le Président de la République et le Premier Ministre sur le banc des accusés.

La seconde observation concerne la majorité requise en ce qui concerne le vote de la mise en accusation. Le quota de deux tiers requis par la loi fondamentale est-il réaliste ? C'est par la négative qu'on peut répondre à cette interrogation. De manière schématique, l'Assemblée Nationale étant composée de cinq cent (500) députés et le Sénat de trois cent quarante-huit (348) sénateurs, lorsque les deux Assemblées sont réunies en congrès, la majorité requise est de sept cent trente-deux (732). En d'autres termes, pour que la décision de poursuite et la mise en accusation soient valables, il est indispensable que plus de la moitié des parlementaires se prononcent favorablement. Quand on connait la configuration politique des Assemblées parlementaires en Afrique noire francophone, et l'influence du fait majoritaire[125], on peut émettre des réserves sur l'aboutissement d'une telle procédure.

S'agissant des ministres, le régime de la mise en accusation et des poursuites est totalement différent. Conformément à la loi fondamentale congolaise :

---

[123] Article 166 de la Constitution du 18 février 2006 modifiée.

[124] Gicquel (J.), « Le Congrès du parlement », in *La République, Mélanges en l'honneur de Pierre Avril*, Paris, Montchrestien, 2001, p. 457.

[125] Sur le fait majoritaire, lire utilement : Kerléo (J-F), « Le fait majoritaire, chronique d'une mort annoncée ? », *Jus Politicum*, n°18, 2017, p. 337

> « La décision de poursuite ainsi que la mise en accusation des membres du gouvernement sont votées à la majorité absolue des membres composant l'Assemblée Nationale suivant la procédure prévue par le règlement intérieur (…) »[126].

Cette disposition soulève également deux observations majeures. La première concerne l'exclusion du Sénat dans la procédure de mise en accusation des ministres. La politisation de la mise en accusation des gouvernants est aussi retenue au Bénin. En effet, la Constitution dispose que :

> « La décision de poursuite puis la mise en accusation du Président de la République et des membres du Gouvernement est votée à la majorité des deux tiers des députés composant l'Assemblée Nationale »[127].

L'exclusion des poursuites et de la mie en accusation à l'initiative des organes non parlementaires a une double incidence sur le déploiement du juge constitutionnel dans la mise en œuvre de sa compétence pénale. La première est son immobilisme[128]. Il convient de souligner que le dynamisme d'une instance juridictionnelle est tributaire de la dimension quantitative des recours qui lui sont adressés. Aussi, les textes peuvent attribuer une compétence à une juridiction mais en l'absence de recours, elle reste inactive et la compétence est frappée de désuétude. On peut ainsi se rendre compte que dans les États objets de l'étude, le juge constitutionnel se déploie peu ou pas dans l'exercice de la fonction pénale. Le verrouillage de son prétoire a rendu ce dernier immobile voire, inactif. La seconde incidence qui est liée à la première est celle de l'impunité des gouvernants[129]. Elle n'est que la conséquence de l'absence de recours car, tant que les parlementaires ne saisissent pat la juridiction constitutionnelle, elle ne peut pas connaitre de l'infraction commise par l'autorité étatique.

---

[126] Article 166 de la Constitution du 18 février 2006 modifiée.

[127] Article 137 de la Constitution du 11 décembre 1990 modifiée.

[128] Hamon (F.) et Troper (M.), *Droit constitutionnel, op. cit.* p. 580.

[129] Aïvo (F-J), « La responsabilité pénale des gouvernants dans les régimes politiques africains d'influence française », *op. cit.* 193.

B. LA NEUTRALISATION DE LA RÉPRESSION

Il arrive souvent dans les États d'Afrique noire francophone que des infractions soient commises mais l'appareil répressif reste paralysé ou inactif simplement parce que le processus qui conduit à la répression est neutralisé par les détenteurs du pouvoir. Si cette neutralisation est constatée à l'épreuve des faits (1), il convient de redouter son incidence sur l'enracinement de l'État de droit(2) en espérant que la revanche de l'ordre social international permette l'émergence d'un véritable système de reddition des comptes (3).

1. Le constat

La responsabilité pénale des gouvernants fait partie des éléments qui symbolisent le renouveau constitutionnel dans les États d'Afrique noire francophone. Les lois fondamentales du renouveau constitutionnel ont aménagé la responsabilité du Président de la République dans l'optique de se conformer à l'exigence démocratique qui lie le pouvoir à la responsabilité. Ainsi, au Bénin, l'article 73 de la Constitution de 1990 dispose que :

> « La responsabilité personnelle du président de la République est engagée en cas de haute trahison, d'outrage à l'Assemblée nationale ou d'atteinte à l'honneur et à la probité ».

Des infractions qui sont clairement définies dans les dispositions suivantes[130]. L'aménagement de la responsabilité pénale du président de la République est aussi perceptible dans les lois fondamentales du Cameroun[131], du Congo[132] ou encore du Gabon[133]. Ce qui témoigne de la ferme volonté de mettre fin à l'impunité des gouvernants.

La répression des infractions des gouvernants est neutralisée dans le nouveau constitutionnalisme africain par la généralisation des immunités en faveur des gouvernants. A titre de rappel, l'immunité en droit constitutionnel est une mesure protection dont l'objet est de permettre à un représentant de la Nation d'exercer librement et en toute indépendance

---

[130] Lire les articles 74, 75 et 76 de la Constitution.

[131] Article 53 du texte constitutionnel camerounais modifié.

[132] Article 153 de la constitution congolaise.

[133] Lire les articles 78 et 79 de la Constitution modifiée.

son mandat[134]. Ce qui est gênant dans les États d'Afrique noire francophone, c'est à la fois, la rigidité des mécanismes de levée de l'immunité et surtout, l'extension de leur périmètre temporel.

Le Cameroun offre dans cette logique un bel exemple. En effet, après avoir posé les bases de l'État de droit et de la démocratie, le pays s'est orienté vers une révision qui tend au renforcement de l'exécutif présidentiel[135]. Il en est ainsi de la révision constitutionnelle du 14 avril 2008. Il s'agit d'une révision qui couvre les actes présidentiels d'une immunité quasi absolue[136]. La loi constitutionnelle du 18 janvier 1996 couvrait déjà les actes de la fonction présidentielle de l'immunité juridictionnelle[137], mais, la formulation du texte de 1996 permettait d'envisager la mise en œuvre de la responsabilité présidentielle à l'issu de son mandat ce qui n'est plus le cas depuis 2008. Le nouvel alinéa 3 de l'article 53 dispose désormais que :

> « Les actes accomplis par le président de la République en application des articles 5, 8, 9 et 10 ci-dessus sont couverts par l'immunité et ne sauraient engager (ou engendrer) sa responsabilité à l'issue de son mandat ».

Si on peut déjà formuler un doute sur les implications de la « notion d'actes commis dans l'exercice des fonctions »[138], le principal constat qui se dégage de cette disposition constitutionnelle est l'allongement dans le temps de l'immunité présidentielle. L'article 53 consacre en effet, une immunité qui court désormais même *« à l'issu de son mandat »*. Ce qui revient à dire en d'autres termes qu'après cessation des fonctions, le président de la République reste couvert par l'immunité juridictionnelle. Alain Didier Olinga résume d'ailleurs clairement la question en ces termes, « pendant l'exercice des fonctions, le président de la République

---

[134] De Villiers (M) et Le Divellec (A), Dictionnaire *de droit constitutionnel,* op. cit, p.175

[135] Mouangue Kobila (J.), « Peut-on parler d'un reflux du constitutionnalisme au Cameroun ? ». *Recht in Africa*, 2010, p. 47.

[136] Lire notre mémoire : *Les paradoxes constitutionnels en droit positif du Cameroun, op. cit.* p. 66.

[137] Lire l'ancienne version de l'article 53 de la loi constitutionnelle du 18 janvier 1996.

[138] Badinter (R.), « La responsabilité pénale du président de la République », in *Droit constitutionnel, Mélanges en l'honneur de Patrice Gélard*, paris, Montchrestien, 1999, p.153.

peut être poursuivi pour haute trahison, mais pas après cessation de ses fonctions »[139].

La neutralisation de la répression des gouvernants est aussi amplifiée par la prévalence des solutions a-constitutionnelles. Les solutions sont dites a-constitutionnelles parce qu'elles ne sont pas prévues par les textes constitutionnels, y dérogent ou se démarquent des principes et valeurs constitutionnelles. On dénombre dans le constitutionnalisme africain, une pluralité de solutions a-constitutionnelles notamment en temps de crise. La plus courante qui est susceptible d'être évoquée est le recours au coup d'État[140].

En rapport avec la présente étude, il est important de souligner que dans les États africains, en lieu et place de la saisine du juge aux fins de juger les gouvernants, il se développe des pratiques contraires à la lettre et à l'esprit, et dont l'objectif est d'éloigner les auteurs des infractions du prétoire. Des cas d'assassinats et de tentatives d'assassinats peuvent ainsi être recensés. En Guinée, Moussa Dadis Camara en tant que Président de transition n'a pas répondu des massacres de milliers de citoyens durant son règne. Face à la gravité des faits, il a plutôt échappé à un assassinat[141].

Dans les États d'Afrique noire francophone, on note aussi dans les États africains, un évitement de la juridiction pénale des gouvernants en général, et de la juridiction constitutionnelle en particulier. Deux figures permettent de rendre compte de cet évitement à savoir, le recours au compromis constitutionnel et la mobilisation des commissions d'enquête parlementaire ou des juridictions ordinaires. Le compromis est constamment usité dans le constitutionnalisme africain plus précisément dans les États en crise[142]. Il constitue à la fois une technique de résolution

---

[139] Olinga (A-D), *La révision constitutionnelle du 14 avril 2008*. Edition Saint Paul, Yaoundé, mai, 2008, p. 23.

[140] On peut définir le coup d'État au sens de Issaka SOUARE comme une : « *saisie illégale au plus haut niveau de l'autorité d'un État par un nombre restreint des officiers militaires dans une opération discrète qui ne dépasse pas quelques jours* », in : Souare (I.), *Guerres civiles et coups d'État en Afrique de l'Ouest : comprendre les causes et identifier les solutions possibles*, *op. cit.* p. 55.

[141]Moussa Dadis Camara a fait été victime d'une tentative d'assassinat le 03 décembre 2009.

[142] Engoutou (J-L), « Le compromis constitutionnel dans les États d'Afrique noire francophone », *RFDC*, n°121, 2020, p. 142.

des crises et de réajustement de l'ordre juridique[143]. C'est justement dans le cadre de la résolution apaisée des crises que le compromis invalide le recours au juge constitutionnel. Pour mettre fin à une crise affectant l'État et les institutions, les accords politiques invalident parfois des poursuites contre les auteurs des infractions qu'ils relèvent des institutions étatiques ou des forces rebelles[144].

Tout au plus, l'évitement de la juridiction constitutionnelle peut aussi consister soit à recourir à une commission d'enquête parlementaire soit, à neutraliser la procédure juridictionnelle ou à recourir à la juridiction ordinaire. Dans le premier cas, les résultats d'une enquête peuvent certes déboucher sur le contrôle sanction ou sur le déclenchement de la procédure répressive[145] mais, dans la pratique, les commissions d'enquête permettent plutôt aux gouvernants d'échapper à l'action répressive. Dans certains cas, les résultats des enquêtes ne sont jamais publiés ou du moins l'enquête n'aboutit pas toujours[146] ce qui renforce l'impunité des gouvernants. Dans la deuxième hypothèse bien que possédant des éléments probants, les parlementaires ne mobilisent pas la juridiction constitutionnelle[147]. Il y a donc une neutralisation de la juridiction pénale des gouvernants qui entraîne une impunité des gouvernants.

---

143 *Ibid.* p. 146.

144 L'accord Global et inclusif sur le conflit en RDC du 1er avril 2003, fait de la réconciliation nationale, l'objectif n°2 de la transition. On retrouve un contenu analogie dans l'accord d'Arusha sur le conflit au Burundi.

145 Dosière (R.) : « Le contrôle ordinaire », *Pouvoirs*, n° 134, 2010, p. 40.

146 Lire dans ce sens : Lavroff (D-G), *Les systèmes constitutionnels en Afrique noire. Les États francophones*, Paris, A. Pedone, 1976, p. 65 ; Ondo (T.), « Splendeurs et misères du parlementarisme en Afrique noire francophone », in J. GARRIGUES, Anceau (E.), Attal (F.), Castagnez (N.), Dauphin (N.), Jansen (S.) et Tort (O.) *Actes du 57e Congrès du CIHAE (Commission Internationale pour l'Histoire des Assemblées d'État), Assemblées et parlements dans le monde, du Moyen-âge à nos jours*, Paris, Assemblée nationale, 2010, p. 197.

147 Au Bénin, les députés ont décidé par un vote d'arrêter les poursuites contre l'ancien ministre Alain François ADIHOU le 05 juin 2018 ce qui invalidait toute procédure devant le juge pénal des gouvernants. En RDC, les parlementaires sont restés inactifs dans plusieurs affaires de détournement impliquant le Premier Ministre MATATA MPONGO en l'occurrence, les fonds alloués à la campagne agricole des années 2012-2014.

2. L'incidence : la constance de l'impunité dans la vie politique

Dans le constitutionnalisme africain, l'encadrement du pouvoir a du mal à prospérer simplement parce que jusqu'ici, l'impunité tend à se pérenniser. En effet, durant les trente premières décennies du constitutionnalisme africain, le pouvoir se caractérisait par le refus du contrôle. La suprématie renaissante[148] de l'institution présidentielle dans le nouveau constitutionnalisme ne change pas grand-chose à cette situation, c'est la raison pour laquelle on peut formuler le postulat de l'irresponsabilité des gouvernants. Pour Télesphore Ondo « *l''irresponsabilité (...) est un principe fondamental dans les systèmes politiques des États post coloniaux* »[149] africains ayant en partage la langue française.

A la lecture des Constitutions des États d'Afrique noire francophone, le constat qui se dégage est que celles-ci consacrent simultanément la responsabilité pénale et politique des gouvernants et entravent sa mise en œuvre, en réservant à ce dernier, une irresponsabilité certaine et quasi absolue. On note ainsi la consécration d'un statut pénal confus[150] avec l'ambigüité[151] de l'infraction présidentielle dans certains États à l'instar du Cameroun ajoutée à cela, l'immunité absolue qui couvre les actes de la fonction présidentielle. Tout ceci rend incertaine, la responsabilité pénale des gouvernants en Afrique noire francophone.

La pratique politique n'arrange rien à l'irresponsabilité des gouvernants dans le constitutionalisme des États d'Afrique. Entre l'absence d'une justice des gouvernants[152], sa politisation dans les cas où elle existe ; l'influence du fait majoritaire sur la mise en œuvre de la responsabilité du président de la République et des membres du

---

[148] Aïvo (F-J), *Le président de la République en Afrique francophone. Genèse, mutations et avenir de la fonction*, Paris, L'harmattan, 2007, p. 512.

[149] Ondo (T.), *La responsabilité introuvable du chef d'État africain*, *op. cit.* p. 89.

[150] Aïvo (F-J), « La responsabilité pénale des gouvernants dans les régimes politiques africains d'influence française », *RBDC*, n°23, 2009, p.172.

[151] Tama Ayinda (O-T), *La responsabilité pénale des gouvernants en droit constitutionnel. L'exemple camerounais*, Mémoire de DEA en droit public. Université de Yaoundé II, 2011, p. 58.

[152] Aïvo (F-J), « La responsabilité pénale des gouvernants dans les régimes politiques africains d'influence française », *op. cit.* p.193.

gouvernement, l'impunité reste la règle dans le constitutionnalisme africain. Une irresponsabilité qui contraste avec les pouvoirs dont disposent certains gouvernants à l'instar du chef de l'État.

Pourtant d'un point de vue théorique, il existe un lien entre le pouvoir et la responsabilité, car, « toute personne investie d'un mandat électif lui conférant la qualité d'organes des pouvoirs est tenue de rendre compte de ses actes et d'en assumer les conséquences »[153]. La responsabilité apparait ainsi comme le fondement de la démocratie[154] ou comme l'un des principes du constitutionnalisme contemporain. On peut d'ailleurs comprendre pourquoi à l'époque contemporaine, on assiste à une généralisation de la consécration de la responsabilité des gouvernants dans les textes constitutionnels.

Ce qui est donc palpable, c'est la forte tendance vers l'impunité des gouvernants. A titre illustratif, Au Bénin, les députés ont décidé par un vote d'arrêter les poursuites contre l'ancien ministre Alain François Adihou le 05 juin 2018 ce qui invalidait toute procédure devant le juge pénal des gouvernants. En RDC, les parlementaires sont restés inactifs dans plusieurs affaires de détournement impliquant le Premier Ministre Matata Ponyo Mapon en l'occurrence, les fonds alloués à la campagne agricole des années 2012-2014.

A la fin, il n'est pas exagéré d'affirmer que « *l''irresponsabilité (...) est un principe fondamental dans les systèmes politiques des États post coloniaux* »[155] car, la volonté de pénaliser la vie politique qui est perceptible dans les textes contraste avec la réalité. On comprend dès lors pourquoi l'État de droit a du mal à s'enraciner dans les États d'Afrique noire francophone. On comprend surtout pourquoi dans les États d'Afrique noire francophone, la politique n'est pas encore saisie par le droit.

---

[153] Avril (P.), « Pouvoir et responsabilité », in *Le pouvoir, Mélanges offerts à Georges Burdeau*, Paris, LGDJ, 1977, p.11.

[154] Bidegaray (C.), « Le principe de responsabilité fondement de la démocratie », *Pouvoirs*, n°92, 2000, pp. 5-16.

[155] Ondo (T.), *La responsabilité introuvable de chef de l'État africain : analyse comparée de la contestation du pouvoir présidentiel en Afrique noire francophone*, Thèse de doctorat en droit public, Université Reims Champagne-Ardenne, 2005, p. 89.

3. L'issue : la pénalisation des Gouvernants au plan international

Le développement d'un ordre social international rappelle à la conscience humaine que la dignité humaine ne se marchande pas. L'engagement des Nations Unies envers ce principe doit transcender toute contingence politicienne et doit s'imposer comme une valeur absolue non négociable. Confrontée aux conflits politiques et aux catastrophes humanitaires et identitaires, la Communauté internationale a pris conscience du lien existant entre le développement et la paix, la pauvreté et les conflits armés, entre la protection des minorités et l'État de droit, entre l'exclusion et la qualité de la gouvernance nationale. Le devoir des Gouvernements de protéger les populations sur lesquelles ils exercent leur souveraineté entendue comme le monopole légitime de l'exercice de la violence coercitive, est une responsabilité permanente. Il leur appartient de tout mettre en œuvre pour l'exercice de cette responsabilité conformément aux normes internationales[156].

La justiciabilité des Gouvernants et la responsabilité individuelle des agents de l'État, civils ou militaires, pour les actes qu'ils posent en tant que tels. Bien plus, la Constitution[157] prévoit le devoir de désobéissance civile et l'appel à une intervention militaire extérieure dans le cadre des accords de défense existants en cas de remise en cause non constitutionnelle de l'ordre constitutionnel établi.

Le Statut de Rome souligne dans son préambule « *que la cour pénale internationale dont le présent Statut porte création est complémentaire des juridictions pénales nationales* »[158]. Les juridictions nationales ont donc la compétence principale à l'égard des crimes prévus au statut, la compétence de la Cour Pénale Internationale n'étant que complémentaire de la leur.

---

[156] Cf. Allocution du représentant du Bénin aux Nations Unies.

[157] Cf. article 66 de la Constitution béninoise.

[158] Ce principe de complémentarité est réaffirmé aux articles 1er (« *Elle* (la CPI) *est complémentaire des juridictions pénales nationales* ») et 17 (« *...une affaire est jugée irrecevable par la Cour lorsque : (a)l'affaire fait l'objet d'une enquête ou de poursuites de la part d'un État ayant compétence en l'espèce [...], (b)l'affaire a fait l'objet d'une enquête de la part d'un État ayant compétence en l'espèce et que cet État a décidé de ne pas poursuivre la personne concernée...* ») du Statut.

Les crimes du Statut de Rome sont déjà inscrits, avec des étendues et définitions variées, dans le droit positif indépendamment du Statut de Rome dans certains États dont certains ne sont pas ou pas encore parties au Trait de Rome à l'instar du Burkina Faso[159], du Congo/Brazzaville[160], de Côte d'Ivoire[161] et du Mali[162]. Dans d'autres États il existe actuellement des projets de loi contenant des définitions des crimes du statut de Rome sans que ces textes soient spécifiquement des projets de loi de mise en œuvre du Statut. C'est le cas du Burundi[163] et du Niger[164].

Il serait nécessaire de traduire le caractère particulièrement grave de ces crimes et leur singularité par rapport aux autres crimes et délits du code pénal. Les atrocités résultant des processus électoraux pourraient trouver place dans ce dispositif pour empêcher que les gouvernants utilisent leurs pouvoirs pour s'éterniser ou pour modifier à volonté la Constitution afin de conserver le pouvoir.

---

[159] Les articles 313 et 314 du code pénal burkinabé adopté le 13 novembre 1996 regroupent sous le titre 'Des crimes contre l'humanité' à la fois le génocide (art. 313) et certains aspects du crime contre l'humanité au sens strict (art. 314).

[160] C'est la 'Loi No 8-98 du 31 octobre 1998 portant définition et répression du génocide, des crimes de guerre et des crimes contre l'humanité' qui les a introduits dans le droit congolais. Pour la comparaison de leur définition et de leur étendue par rapport au statut de Rome, voir annexe II 'Définitions, régime des peines et comparaison avec le statut de Rome'.

[161] Des incriminations proches du génocide, du crime de guerre et du crime contre l'humanité sont prévues aux articles 137 à 139 du code pénal ivoirien tel que modifié par la 'Loi No 81-640 du 31 juillet 1981 relative aux infractions contre le droit des gens.' Pour une comparaison avec le Statut de Rome, voir Annexe II 'Définitions, régime des peines et comparaison avec le Statut de Rome'.

[162] Les crimes contre l'humanité, le génocide et le crime de guerre sont prévus et réprimés respectivement aux articles 29, 30 et 31 du nouveau code pénal institué par la loi No 01-079 du 20 août 2001. Ces dispositions définissent les crimes dans les mêmes termes que le Statut de Rome.

[163] Au Burundi, le "projet de loi portant répression du crime de génocide, des crimes contre l'humanité et des crimes de guerre" a été approuvé en Conseil des ministres et est actuellement devant une commission de l'Assemblée nationale de transition. Voir 'Définitions, régime des peines et comparaison avec le statut de Rome', Annexe II.

[164] Voire les articles 212 à 214 du projet de nouveau code pénal du Niger préparé par le Ministère de la Justice.

CONCLUSION

À bien des égards, la Cour Pénale Internationale représente une grande avancée dans la lutte internationale contre l'impunité pour les crimes particulièrement odieux pouvant tout aussi résulter de la conduite des élections ou de la manipulation de la Constitution. Bien qu'il faille reconnaître que la Cour Pénale Internationale et ses États membres sont confrontés à plusieurs défis de taille qui menacent l'efficacité, l'autorité et la crédibilité du système de justice pénale internationale.

La création de la Cour est une grande innovation en raison du caractère permanent et universel de cette juridiction. C'est un gage d'une justice impartiale contrairement à la justice des vainqueurs de la deuxième guerre mondiale[165], une porte de sortie pour mettre fin à l'impunité.

Au-delà de la simple création, il s'agit d'une révolution du droit pénal tendant à rendre justiciable les criminels politiques et faire peser sur chacun d'eux individuellement la menace d'être un jour attraits devant une juridiction pénale internationale. Le statut de Rome réalise la première tentative de création par un traité multilatéral d'une Cour Pénale Internationale chargée de juger les personnes qui portent atteinte à l'ordre social international[166]. La vie politique touche tous les aspects des rapports sociaux. Les atteintes à la dignité et aux droits des personnes

---

[165] Les tribunaux militaires internationaux siégeant à Nuremberg et à Tokyo ont été créés respectivement :

Par l'accord de Londres du 8 août 1945 entre les gouvernements des États-Unis d'Amérique, du Royaume-Uni et de l'union soviétique à l'effet de réduire au silence les principaux criminels de guerre

Dans le même temps, le général Mac Arthur à l'aide d'une proclamation spéciale du 19 janvier conviait les puissances victorieuses à effectuer « le juste et prompt châtiment » des criminels des pays de l'extrême orient.

V. Daniel Mayer : » Leçons à tirer des quelques rares expériences de fonctionnement des tribunaux pénaux internationaux » Rec. Dalloz N°20 du 27 Mai 1999 pp.215-217.

Egalement Anne-Marie Rosa ; Dictionnaire de droit international pénal, Paris, PUF, 1998. p.76 et 101

[166] On rappellera celle de Gustave Moynier en 1872 que l'institut de droit international avait repoussée en 1885 comme totalement prématurée. L'évolution depuis la fin de la deuxième guerre mondiale est le résultat d'une prise de conscience universelle dont l'enracinement à travers le statut de la cour du 18 juillet 1998 est le fait d'une maturité politique importante.

devraient préoccupées la Cour pénale internationale. Les crimes de la compétence de la Cour englobent les comportements politiques. La Cour complèterait harmonieusement l'action des juridictions nationales au besoin s'en substituerait lorsqu'il est établit que le juge national n'est pas en mesure d'assurer la protection des droits des personnes vivant sur le territoire d'un État.

En définitive, il est important de faire remarquer que les États d'Afrique noire francophone ont marqué un pas décisif vers l'enracinement de l'État de droit à travers la pénalisation de la vie politique. Seulement cette orientation n'est restée que formelle parce que à l'épreuve des faits, l'impunité des gouvernants constitue encore la règle. Tout se passe en effet comme si dans le constitutionnalisme africain, pouvoir et responsabilités son dissociables. Tout se passe surtout comme si « pouvoir est synonyme de vouloir ».

Marcelin NGUELE ABADA

Professeur Titulaire des Universités (Université de Yaoundé II - Cameroun).

Ibrahim David SALAMI

LE MODÈLE BÉNINOIS : DÉCLIN OU RECONSTRUCTION ?

INTRODUCTION

L'avènement du renouveau démocratique au Bénin, suite à la Conférence des Forces Vives de la Nation de février 1990, a suscité bien des espoirs en Afrique et dans le monde. Par cette formule de changement pacifique du pouvoir, un précédent heureux a été créé et sera répété par plusieurs autres États africains avec des fortunes diverses[1].

Dès lors, le Bénin s'est imposé comme un modèle d'État de droit et de démocratie pluraliste en Afrique. Son parcours depuis 1990 force l'admiration. Ce modèle est fait d'un ensemble : le triomphe de la Conférence des forces vives de la nation, la Constitution du 11 décembre 1990 (une doyenne presque impossible à réviser), une démocratie libérale des hommes d'affaires, le développement multidimensionnel par la promotion des droits et libertés, le régime présidentiel tropicalisé, un multipartisme intégral, une Assemblée nationale à géométrie variable, une Cour constitutionnelle forte et parfois insolente[2], une opposition insaisissable et bouillonnante, une société civile avec des mouvements

[1] BOURMAUD (D.) et QUANTIN (P.), « Le modèle et ses doubles : les conférences nationales en Afrique noire (1990-1991) », *in* MENY (Y.), *Les politiques du mimétisme institutionnel. La greffe et le rejet*, Paris, L'Harmattan, 1993. EBOUSSI BOULAGA (F.), *Les conférences nationales en Afrique noire. Une affaire à suivre*, Paris, Karthala, 1993, 229 p.

[2] GNAMOU (D.), « La Cour constitutionnelle du Bénin en fait-elle trop ?», *in La Constitution béninoise du 11 décembre 1990, un modèle pour l'Afrique ? Mélanges en l'honneur de Maurice Ahanhanzo-Glèlè*, Paris, L'Harmattan, 2014, pp. 687-715.

associatifs et syndicaux éveillés, des AAI dynamiques[3] et surtout des échéances électorales régulières, soit dix-huit (18) élections sans interruption dont sept (7) présidentielles (1991, 1996, 2001, 2006, 2011, 2016 et 2021), huit législatives (1991, 1995, 1999, 2003, 2007, 2011, 2015 et 2019) et quatre communales (2002-2003, 2008, 2015 et 2020). La grande alternance de 2016 marquée par l'échec du candidat-dauphin-officiel du pouvoir (Lionel ZINSOU) et la brillante élection de l'ennemi public numéro 1 d'alors (Patrice TALON) est une autre manifestation éloquente de la qualité et de la solidité du modèle politique béninois. La Constitution béninoise du 11 décembre 1990 apporte ainsi la preuve de son adaptabilité aux exigences politiques et sociétales, marquant certes au passage une rupture avec les cycles constitutionnels antérieurs, oscillant entre précarité constitutionnelle et soubresauts politiques.

Malgré cette évolution positive, il demeure que l'État de droit est un édifice à consolider en Afrique en raison des limites de son effectivité[4]. Comme le souligne justement Gérard CONAC, *«il ne suffit pas de construire l'État de droit au sommet, il faut l'enraciner à la base»*[5]. Cette exigence nécessite un état perpétuel de veille démocratique.

Après l'élection présidentielle de 2016, le rythme des réformes s'est accéléré. Plusieurs lois ont été adoptées, de toutes sortes (ordinaires, organiques et enfin constitutionnelles) dans toutes matières ou presque (pénales, procédurales, civiles, fiscales, institutionnelles etc.) de sorte qu'une lecture globale autorise à penser que le Bénin a changé de système. Le pouvoir TALON cultive désormais le contre-système : la Conférence nationale et sa démocratie sont perçues comme des obstacles au développement, les recettes du régime présidentiel sont contournées, les lois électorales sont exclusives de la concurrence, un parlement sans opposition, trois élections presque sans opposition, une Cour constitutionnelle conquise, une société civile tenue, un multipartisme restreint, des élections sans alternative, une justice pénale trop répressive (Cour de Répression des Infractions Économiques et du Terrorisme, liquidation des astreintes au profit de l'État), condamnation de l'État

---

[3] CHABI KPANDE (J. O.), *Les autorités administratives indépendantes et l'État de droit au Bénin*, Thèse de doctorat en droit public, Université d'Abomey-Calavi, 2020.

[4] DONFACK SOKENG (L.), « L'État de droit en Afrique », *in La revue du CERDIP*, volume 1, n°2, juillet décembre 2002.

[5] CONAC (G.), « Le juge et la construction de l'État de droit en Afrique francophone », *in Mélanges Guy Braibant*, Dalloz, 1996, p. 115.

béninois par les juridictions internationales sur des questions de droits de l'homme, le plus grand nombre d'exilés politiques depuis le Renouveau démocratique, une révision constitutionnelle non consolidante (une révision non consensuelle, un vice-président sans pouvoirs, une cour des comptes textuellement handicapée, une cour constitutionnelle et une cour suprême perdantes, pas de nouveaux droits, un président de la République plus renforcé etc.). L'ampleur de ces réformes suscitent des interrogations au point de penser que le glas est sonné et qu'il faille chanter le requiem du modèle béninois. Autrement, dit, l'on se demande ce qu'il reste du modèle démocratique béninois.

Des dénonciations ne proviennent pas que de la classe politique : l'ancien président de la Cour suprême en a dressé un bilan sévère : «la démocratie béninoise de 2016 à nos jours est une démocratie dévoyée, défigurée et corrompue»[6].

Quels sont les facteurs de la décote démocratique et comment remonter la pente ?

A l'analyse des réformes entreprises par le pouvoir TALON, l'on est amené à dire que celles-ci sont annonciatrices du requiem du modèle béninois (I). Avec recul, il est possible soit d'espérer une restauration du modèle soit d'admettre un changement de système (II).

I. Le requiem du modèle

Pendant la période des campagnes électorales de l'élection présidentielle de 2016, le candidat Patrice TALON annonçait qu'il engagerait des réformes en vue de garantir plus de droits en réduisant la prégnance du pouvoir présidentiel dans le régime béninois. C'est d'abord la réforme voulue du système partisan qui semble remettre en cause l'édifice consensuel issu des acquis de la Conférence nationale de 1990 (A). De même, la révision de la Constitution du 2 décembre 1990 qui détenait le record de longévité dans la sous-région voire même dans les États francophones subsahariens[7] semble bien conforter l'idée du requiem du modèle béninois (B).

---

[6] BATOKO (O.), propos tenus à l'occasion des 30 ans de la conférence nationale.

[7] SALAMI (I. D.), La Constitution béninoise commentée, 2ème édition, Cotonou, CeDAT, mars 2020, p. 9.

A. Une réforme exclusive du système partisan

«Les partis politiques concourent à l'expression du suffrage. Ils se forment et exercent librement leurs activités dans les conditions déterminées par la Charte des partis politique [...]». Cette disposition originelle de l'article 5 de la Constitution béninoise puise ses racines dans son préambule indique que le peuple béninois «affirme solennellement sa détermination de créer un État de droit et démocratie pluraliste [...]». Ainsi, jusqu'à l'arrivée de Monsieur Patrice TALON au pouvoir, le Bénin a-t-il connu et expérimenté le multipartisme intégral avec des élections ouvertes.

Mais les réformes engagées à partir de 2016 dans le cadre du système partisan semblent à bien d'égards remettre en cause les acquis. En effet, l'on a assisté au vote d'une série de textes[8] constitutionnel et législatifs qui constitue le fondement juridique des réformes du système partisan au Bénin.

De fait, le législateur a procédé à une redéfinition des conditions de création des partis politiques. Ainsi, les dispositions de la loi 2018-31 du 17 septembre 2018 exigent, en dehors des pièces du dossier à déposer au ministère de l'intérieur, au préalable le minimum de quinze (15) membres fondateurs par commune soit mille cent cinquante-cinq membres fondateurs provenant des 77 communes. Cette exigence permet sans aucun doute de répondre à la nécessité pour les partis politiques d'avoir une assise territoriale nationale effective. Cette disposition constitue le point nodal de la réforme du système partisan dans la mesure où elle permet de remédier à la pléthore de partis politiques dont l'effectivité de l'assise territoriale nationale est souvent remise en cause et ce au regard des jeux d'alliance souvent observés la veille des joutes électorales.

---

[8] Loi n° 2018-23 du 17 septembre 2018 portant charte des partis politiques modifiée et complétée par la loi n° 2019-41 du 15 novembre 2019, la loi n° 2018-31 du 03 septembre 2018 portant code électoral en République du Bénin, loi n° 2019-40 du 07 novembre 2019 portant révision de la loi n° 90-32 du 11 décembre portant Constitution de la République du Bénin, loi n° 2019-43 du 15 novembre 2019 portant code électoral en République du Bénin, loi n° 2020-13 du 04 juin 2020 portant interprétation et complétant la loi n° 2019-43 du 15 novembre 2019 portant code électoral en République du Bénin, loi n° 2019-44 du 15 novembre 2019 portant financement public des partis politiques en République du Bénin et la loi n° 2019-45 du 25 novembre 2019 portant statut de l'opposition en République du Bénin.

C'est ce qui résulte des élections législatives ayant précédé celles de 2019. En effet, les dispositions de l'article 8 de la loi 90-23 du 13 août 1990 avaient fixé le nombre de membres fondateurs des partis politiques à trois (03) par département puis, l'on est passé à dix (10) membres fondateurs par département[9]. Cette réforme a permis de mettre fin à l'existence de ce qu'une certaine opinion a appelé les clubs électoraux et ethniques. La réforme induite par l'article 18 de la loi de 2018 combinée à la disparition légale desdits regroupements ou alliances de partis sonne le glas de l'ancien système partisan.

De même, au titre des réformes, le législateur a érigé la CENA en un administrateur partiel des partis politiques. En effet, la CENA est chargée du suivi de l'application des règles de la comptabilité des partis politiques de même que les procédures de contrôle de leurs finances[10]. En outre, c'est la CENA qui est chargée de la répartition du montant du financement public alloué aux partis politiques[11] ainsi que la constatation du chef de file de l'opposition.

Cette disposition a la vertu de confier à un organisme en principe indépendant le suivi administratif l'activité des partis politiques et la mise en œuvre de l'accompagnement financier de l'État. C'est un gage de transparence et de neutralité au regard de la Décision DCC 34-94 du 23 décembre 1994 par laquelle la Cour constitutionnelle a jugé que l'institution de la CENA se fonde sur les exigences de l'État de droit et de la démocratie pluraliste tel qu'affirmé par le préambule de la Constitution du 11 décembre 1990.

Mais en réalité, la composition de la CENA rend sceptique quant à l'effectivité de son indépendance. Au regard de la composition actuelle de cet organisme l'on se rend compte qu'elle est constituée presqu'entièrement des membres d'une même famille politique.

---

[9] art. 15 de la loi 2001-21 du 23 février 2003 portant charte des partis politique en République du Bénin.

[10] Art. 31 de la charte des partis politiques.

[11] Art. 8 de la loi n° 2019-44 du 15 novembre 2019 portant financement des partis politiques en République du Bénin.

B. Une révision constitutionnelle d'envergure

La Constitution béninoise du 11 décembre 1990 a connu un record de longévité. Depuis son entrée en vigueur, elle n'a pas connu de révision formelle pendant une trentaine d'années. C'est un record à un double titre. D'une part, de toutes les constitutions que le pays a eues, elle est la première à avoir connu une aussi longue durée de vie. En effet, le Bénin était connu pour son instabilité constitutionnelle[12]. D'autre part, parmi les constitutions d'Afrique francophone subsaharienne, elle est aussi celle qui détient le record de longévité. Malgré plusieurs tentatives de 2005 à 2018, il a fallu attendre le 1er novembre 2019 pour que ladite révision soit acquise ou conquise. Cette fois-ci, le circuit institutionnel de la révision a été balisé. D'abord, le parlement, identifié comme le bastion de l'impossibilité de la révision de la constitution, a été entièrement conquis par les partis politiques soutenant le chef de l'État. Dès lors que l'Assemblée nationale n'offrait pas la possibilité à l'opposition politique absente de faire obstacle au projet porté par une proposition de révision, la voie était ouverte pour sauter le verrou et obtenir la révision. Ensuite, la Cour constitutionnelle étant elle aussi acquise, le boulevard est ouvert. Enfin, les corps sociaux de résistance (les syndicats, la société civile, les intellectuelles et la presse) affaiblis, se sont résignés à l'observation.

Ainsi, la promesse de la révision annoncée par le candidat Patrice TALON élu président de la République est tenue. En effet, au cours du débat de l'entre deux tours de la présidentielle de 2016, le candidat annonçait la nécessité de réviser la Constitution en raison de la prégnance des prérogatives du président de la République. Mais comme l'on aurait pu s'y attendre, la révision de 2019 n'a pas revu les pouvoirs du président de la République à la baisse.

Il ressort essentiellement de la lecture de la Constitution révisée plusieurs innovations. Elles sont de divers ordres. La première et principale qu'on retient est la création du poste de vice-président de la République[13]. Il est élu dans les mêmes conditions que le président de la République. La justification officielle de cet organe est la pérennité de l'institution présidentielle. Celui-ci est dépourvu de pouvoir propre et ne reçoit aucune délégation de pouvoir du président de la République. Il

---

[12] SALAMI (I. D.), op. cit., pp. 9 et 10.

[13] Art. 41, 42, 43, 44, 54-1 et 50 de la Constitution du 11 décembre 1990 révisée par la loi n°2019-40 du 7 novembre 2019.

n'est pas membre du gouvernement et n'a donc pas vocation à gouverner. Il est le grand chancelier de l'ordre national du Bénin. Il assure également la représentation du chef de l'État à la demande de celui-ci.

Une autre des innovations est la création de la Cour des comptes. Cette institution était attendue depuis que l'UEMOA a pris la directive n° 02/200/CM/UEMOA du 29 juin 2000 portant Code de transparence dans la gestion des finances publiques. Cette réforme n'est intervenue que 19 ans après l'exigence de l'espace d'intégration.

D'autres réformes ont porté sur la HAAC dont le mandat est désormais renouvelable mais limité à un[14]. De même, on note plusieurs autres réformes matérielles. Il s'agit entre autres de l'alignement à cinq ans du mandat des députés mais qui fait l'objet de limitation[15]. Cette réforme s'inscrit dans la logique de l'alignement des mandats sous-tendu par l'organisation des élections générales à partir de 2026[16]. L'on note aussi une modération de l'égalité absolue consacrée par l'article 26 de la Constitution. En effet, le constituant originaire de 1990 avait institué l'égalité en droit entre l'homme et la femme. Gravée dans le marbre de la Constitution, il était devenu difficile de mettre en œuvre des mesures favorisant la condition de la gente féminine par des textes de quelque autre nature. Le constituant dérivé a inscrit le principe de la discrimination positive dans la Constitution[17].

Le point d'orgue de ces réformes matérielles apportées à la Constitution est celle relative aux conditions de candidature à l'élection du président de la République. L'article 44 dispose *in fine* que «nul ne peut être candidat aux fonctions de président de la République ou de vice-président de la République s'il : […] n'est dûment parrainé par des élus dans les conditions et suivant les modalités fixées par la loi ». Cette disposition fait l'objet d'une vive polémique au sein de la classe politique béninoise. En effet, cette disposition était porteuse d'exclusion.

Comme prévu par le constituant, le législateur, par la loi 2019-43 portant code électoral au Bénin en son article 131, a donné les précisions requises pour la mise en œuvre de l'article 44 *in fine* de la Constitution. Tout candidat aux fonctions de président de la République ou de vice-

---

[14] Art. 143 de la Constitution.

[15] Art. 80 de la Constitution.

[16] Art. 157-1 de la Constitution.

[17] Art. 26 de la Constitution.

président de la République doit être «parrainé par un nombre de députés et/ou de maires correspondant à au moins 10% de l'ensemble». Il en ressort qu'il y a au total 160 parrains soit 83 députés et 77 maires. Il s'agit d'un collège de parrainage qui procède de la combinaison des élus nationaux et exécutifs locaux et se décline comme suit : soit seize (16) députés ou soit seize (16) maires ou soit encore une combinaison de seize (16) députés et maires. Un élu ne peut parrainer qu'un candidat à la fois. Ainsi, l'ensemble des élus (cent soixante au total) ne peut parrainer, dans le meilleur des cas que dix candidatures aux fonctions de président de la République et vice-président de la République. Cette disposition aura sans doute la vertu d'éviter les candidatures fantaisistes.

Par son ampleur, son étendue, son champ et son envergure (le tiers de la constitution a été modifié ou créé ou recréé), et tenant compte de la pratique du pouvoir, l'on peut, deux ans après la révision, poser la question de changement de constitution ou de république ou même de système.

II. Un (autre) système en construction

Les différentes réformes engagées par le Président Talon ont induit un changement de système en opérant une rupture avec ce que l'on a pu connaître du régime politique béninois et sa pratique de 1990 à avril 2016. A l'évidence, les réformes engagées sont mues par une quête de bonne gouvernance (A) et une ambition de développement multidimensionnel (B).

A. Une quête de bonne gouvernance ou d'apparence ?

Concept d'origine américaine, la bonne gouvernance est définie comme *«la manière dont le pouvoir est exercé dans la gestion des ressources économiques et sociales d'un pays en vue de son développement»*[18]. Elle revêt trois aspects que sont : le type de régime politique, la manière dont le pouvoir est exercé dans la gestion des ressources économiques et sociales d'un pays et la capacité des pouvoirs

[18] Banque Mondiale, *Gouvernance et développement*, Banque Mondiale, Washington, 1992, p. 1.

publics à concevoir, formuler et mettre en œuvre des politiques et à s'acquitter de leurs fonctions[19]. La première renvoie à la démocratie et à l'État de droit formel[20]. Quant aux deux dernières, elles ont une dimension économique et s'appréhendent à travers quatre composantes majeures que sont :

> « Les performances du management du secteur public ; la promotion de l'imputabilité ; la mise en place d'un environnement juridico-institutionnel propice au développement (sécurité des droits de propriété et des transactions commerciales, appareil judiciaire efficace et impartial, prévisibilité des règles, etc.) ; l'information et la transparence, une façon euphémisée d'exprimer la nécessité de lutter contre la corruption»[21].

Ainsi, le président de la République au cours de la présentation de son programme d'action du gouvernement (PAG) a pu annoncer des réformes dans plusieurs secteurs comme celui de la politique, la justice, la gouvernance administrative et l'administration en général. Pour ce faire, il a actionné deux leviers essentiels.

Le premier est celui de la législation. Il a demandé que les députés puissent «voter les lois les yeux fermés» sans même les discuter pour aller vite dans ses réformes. Il a impulsé la réforme du système partisan qui a conduit à l'avènement d'un parlement sans un seul député de l'opposition. D'ailleurs, ce monopole exclusif au sein du parlement aura la vertu d'impulser de la vitesse au travail parlementaire très efficace et performant sans que l'on puisse préjuger de la qualité. Le vote des lois ne ferait plus l'objet de chantage ou de dilatoire politiquement motivés. Sans opposition ni obstacle politique, le travail législatif connait une célérité inédite. L'examen des lois et leur vote, qu'elles soient portées comme propositions ou projets, se font sans entrave. Ce levier législatif acquis devrait impulser la bonne gouvernance administrative et juridictionnelle.

---

[19] ROUSSEAU (I.), « réforme de l'Etat et gouvernance dans les pays en voie de démocratisation », In HERMET (G.), KAZANCIGIL (A.), PRUD'HOMME (J. F), *La gouvernance, un concept et ses application*, Paris, Karthala, 2005, pp. 144-145.

[20] CHABI KPANDE (J.), Op. cit., p. 93.

[21] LOADA (A.), « Où en est l'administration publique ? » *In* l'Afrique politique, *Réformes des États africains*, Paris, Karthala, CEAN, 2001, pp. 42-43.

En effet, la réforme du système judiciaire déjà annoncée plus haut, s'est matérialisée par l'institutionnalisation d'une juridiction spéciale, la CRIET, qui permet d'engager la responsabilité des personnes exerçant des fonctions publiques et des agents de l'État dans la gestion du bien public. La répression des infractions liées à la mauvaise gestion du bien public par cette juridiction devrait inspirer une prise de conscience générale au sein de l'administration. Les épisodes d'impunités et de promotion de hauts fonctionnaires impliquées dans la mauvaise gestion administrative connaîtraient ainsi un net recul[22] . Même les partisans qui sont promus au sein de l'administration, quel que soit le poste de responsabilité et leur proximité avec le chef de l'État peuvent faire l'objet de poursuite (sans aucun état d'âme) s'il s'avère que leur gestion n'est pas orthodoxe.

La création au Bénin d'une juridiction spéciale pour juger les infractions économiques est un levier essentiel pour la lutte contre la corruption. L'efficacité dont est créditée la CRIET à travers le nombre d'affaires jugées et la célérité dont elle fait preuve montrent qu'elle est susceptible d'être à terme un instrument de bonne gouvernance. C'est ainsi, que l'ancien préfet du Littoral, monsieur Modeste TOBOULA s'est retrouvé devant la CRIET pour répondre de sa gestion du patrimoine foncier public. La même affaire a coûté la révocation du ministre Barnabé DASSIGLI du gouvernement. Une autre affaire de mauvaise gestion des affaires domaniales dans la commune d'Abomey-Calavi impliquant des soutiens politiques du chef de l'État est pendante devant la CRIET. Dans ce dernier dossier, le ministre DASSIGLI, après son audition à la CRIET, est en voie d'être jugé à la Haute Cour de Justice pour abus de fonction.

Autre aspect de la gouvernance administrative impulsée par les réformes législatives est la limitation de l'exercice du droit de grève. Le

---

[22] Sous le régime du président YAYI Boni, certains de ses collaborateurs ont été promus alors que l'audit et le contrôle non juridictionnel établit leur implication dans la mauvaise gestion de l'administration placée sous leur responsabilité. C'est le cas d'un directeur général promu ministre alors que l'autorité de régulation des marchés publics a établi sa responsabilité dans le cadre de la passation de marchés selon une procédure irrégulière. Décision N° 2015-31 /ARMP/PR-CR/ CRD/SP/ DRAJ/SA du 17 juin 2015 par laquelle l'ARMP demande l'engagement d'une procédure disciplinaire contre la directrice générale du Conseil national des chargeurs du Bénin pour violation des dispositions du code des marchés publics et de délégations de services publics. Dans la foulée du remaniement ministériel intervenu au cours de la même période (19 juin), la directrice générale du CNCB est nommée Ministre de l'Emploi des Jeunes, des petites et moyennes Entreprises : Madame Nadine DAKO TAMADAHO (MEJPME).

4 septembre 2018, le parlement a voté la loi 2018-34 modifiant et complétant la loi 2001-09 du 21 juin 2002 portant exercice du droit de grève au Bénin. Par ce vote, la durée du totale de la grève ne peut excéder dix (10) jours au cours d'une même année, sept (07) jours au cours d'un même semestre, deux (02) jours au cours d'un même mois. Mieux, le statut de la magistrature et celui des personnels de la police républicaine ont retiré l'exercice du droit de grève à ces corps. La sixième mandature de la Cour constitutionnelle, qui est entrée en fonction le 06 juin 2018, a, par un revirement jurisprudentiel, confirmé cette limitation d'exercice du droit de grève de même que son interdiction pour certains corps (santé, magistrature et forces de sécurité publique). Elle a considéré :

> «En effet que les fonctions de défense, de sécurité, de justice et de la santé des personnes dévolues à l'État ne sauraient souffrir, dans leur exercice, d'aucune interruption ; qu'il est de l'essence et de l'existence de l'État que leur exercice soit continu ; que l'exclusion à laquelle il est procédé, vise aussi bien à sauvegarder l'intérêt général auquel l'exercice du droit de grève porte atteinte dans les secteurs vitaux énumérés de la vie sociale et de la protection des citoyens, qu'à maintenir l'existence de l'État ainsi que sa capacité à assurer les fonctions stratégiques et essentielles qu'au sein de la Nation, nul corps ni groupe de particuliers ne saurait exercer à titre principal ; qu'il en résulte que la loi qui édicte de telles exclusions ou interdictions n'est pas contraire à la Constitution ; [...] »[23].

Cette restriction de l'exercice du droit de grève a permis de stabiliser les années scolaires et universitaires et de limiter la pression des organisations syndicales sur le gouvernement par des menaces de grèves, parfois à des fins politiques inavouées. Les organisations syndicales ont ainsi perdu une arme de déstabilisation massive.

A regarder de près, la rationalité des réformes engagées porte une ambition officielle : impulser un développement global.

B. Une ambition de développement multidimensionnel

Le changement de système voulu par le gouvernement de la rupture est sous-tendu par une véritable ambition de développement

---

[23] DCC 18-141 du 28 juin 2018.

socioéconomique. A cet égard, on note une modernisation des prestations de l'administration et une croissance infrastructurelle.

S'agissant de la modernisation de l'administration, il y a lieu de souligner le développement des services publics numériques dans l'administration publique. Elle s'est faite à travers l'instauration des e-services tels que : la demande de cartes d'identité, de casiers judiciaires, de passeports et autres services en ligne. Le développement des services publics en ligne, en plus de moderniser l'administration publique, réduit considérablement la distance entre les agents de la fonction publique et les usagers du service public et supprime les contacts physiques qui offrent des occasions de rançonnement.

En dehors de cette modernisation, l'on note une volonté de restructuration de l'administration publique par l'institutionnalisation des agences comme nouveau mode de gestion du service public. Ce mode de gestion se veut axé sur les résultats en rationnalisant les moyens de l'État.

S'agissant de l'inflation infrastructurelle, il est loisible de remarquer une nette différence du rythme d'édification des infrastructures publiques marquant la rupture avec l'ancien système. Ainsi, sur l'ensemble du territoire national, de grands travaux se sont engagés et souvent réalisés dans un délai record. La première phase du projet d'asphaltage des rues de Cotonou, capitale économique du pays, et des principales villes du Bénin en a transformé l'image. L'on observe également, les travaux de rénovation et de construction des immeubles abritant le siège des institutions de la République (le siège de la Cour constitutionnelle entièrement rénové avec l'édification d'un nouveau bâtiment, la construction du nouveau siège du parlement), tandis que les des éléphants blancs, reliques de l'échec de l'ancien système, comme c'est le cas de ce que l'on a baptisé de musée de la corruption, plaident à charge contre la forfaiture de l'ancien système.

Au demeurant, les réalisations infrastructurelles ont été faites en peu de temps mais sur fond d'aggravation de la dette publique.[24] De même, la restriction des droits observée interpelle la conscience démocratique.

Tous ces progrès ont eu un coût surtout politique.

---

[24] Caisse autonome d'amortissement (CAA), Bulletin statistique de la dette publique 2nd trimestre 2021, pp. 9, 11et s., 32 et s. disponible sur le site de la CAA, https://caa.bj/.

D'une part, l'on a observé un déséquilibre des pouvoirs au profit du président de la République[25]. De même, la création de la CRIET comme instrument de lutte contre la mal gouvernance est parfois actée comme une véritable instrument de répression politique contre les opposants au régime[26].

D'autre part, les réformes du système partisan ont révélé une crispation du climat politique. En effet, l'organisation d'élections non inclusives a généré et occasionné des pertes en vies humaines à l'occasion des législatives de 2019 et de la présidentielle de 2021[27].

Dans son rapport sur l'état des droits de l'homme au Bénin pour le compte de l'année 2020-2021 intitulé « Covid-19 : entre restriction et respect des droits de l'homme au Bénin », la Commission Béninoise des droits de l'Homme présente un catalogue de violations de droits de la personne humaine et des règles démocratiques et conclut à une situation

---

[25] Les pouvoirs du président de la République se sont accrus dans des matières qui relevaient autrefois de la compétence parlementaire. A cet égard, le constituant dérivé a confié le pouvoir de ratification des conventions de financement au président de la République (article 145 al. 2 de la Constitution révisée).

A cela, il faut ajouter l'accroissement du pouvoir de nomination du président de la République. En dehors des hauts fonctionnaires et des ambassadeurs qu'il nomme, le président de la République a maintenu son pouvoir de nomination dans le domaine de la magistrature. C'est lui qui nomme le président de la Cour suprême et de la Cour des comptes. Il nomme également les membres de la Cour suprême et ceux de la Cour des comptes. Ce pouvoir de nomination est discrétionnaire dans la mesure où le constituant n'a pas encastré par une compétence liée sur avis conforme du conseil supérieur de la magistrature ou du Conseil supérieur des comptes. Ces organes assistent le président de la République qui détient le dernier mot. Il a donc la faculté de nommer qui il voudra, à la seule condition que ce dernier remplisse les critères définis par la loi organique.

[26] A cet égard, l'on ne saurait ignorer les lourdes condamnations des acteurs politiques se réclamant de l'opposition à l'action du président de la République, Patrice TALON, candidat à sa propre succession. En effet, les poursuites engagées contre madame Réckya MADOUGOU (20 ans) et le Professeur Frédéric Joël AÏVO (10 ans), tous candidats recalés à la candidature de l'élection présidentielle de 2021. Avant eux, Messieurs Sébastien AJAVON et Komi KOUTCHE, respectivement ancien candidat à l'élection de 2016 et ancien ministre des finances avaient déjà été condamnés par la CRIET. Cette juridiction dont les magistrats sont exceptionnellement promus par l'exécutif porte la croix de la présomption de la soumission du pouvoir judiciaire à l'exécutif.

[27] Noé Michalon, En crise post-électorale, le Bénin est à la croisée des chemins disponible sur le lien : https://legrandcontinent.eu/fr/2019/05/06/en-crise-post-electorale-le-benin-est-a-la-croisee-des-chemins/.

préoccupante au regard du nombre de cas de violations et atteintes aux droits de l'homme enregistrés et documentés. Elle recommande à l'Assemblée nationale de «faire nécessairement la relecture de certaines lois adoptées et promulguées qui rendent difficile l'exercice des droits de l'Homme et les libertés publiques notamment : a. la loi n°- 2017-20 du 20 avril 2018 portant Code du numérique en République du Bénin ; b. la loi n°- 2018-16 du 28 décembre 2018 portant Code pénal en République du Bénin à travers certaines dispositions spécifiques ; c. la loi n°- 2017-05 du 29 aout 2017 fixant les conditions et la procédure d'embauche, de placement de la main d'œuvre et de résiliation du contrat en République du Bénin ; d. la loi n°2018-23 du 17 septembre 2018 portant Charte des partis politiques ; e. La loi n°2019-43 du 15 novembre 2019 portant Code électoral en République du Bénin» [28].

Morts pendant des élections non ou peu disputées, parlement sans opposition, suspension du Bénin de la liste des pays d'origine sûrs par l'Office français de protection des réfugiés et apatrides, opposants en prison, en exil, ou qui obtiennent le statut de réfugié politique en France, diminution du débat public, libertés restreintes de presse, opposition sans alternative, partis politiques dominants, peur légitime sans raison, communication sur l'élection du Bénin au Conseil des droits de l'homme, tel est le tableau.

Conclusion

Au terme de la réflexion, l'on est en droit de se demander si le jeu démocratique vaut la chandelle du développement. En effet, il convient de peser les avancées obtenues et les reculs observés pour apprécier si les réformes opérées valent le sacrifice consenti.

La réponse à cette équation avait déjà été trouvée à la Conférence des forces vives de la nation de 1990. A cette occasion, le peuple béninois avait affirmé solennellement sa détermination «de créer un État de droit et de démocratie pluraliste, dans lequel les droits fondamentaux de l'homme, les libertés publiques, la dignité de la personne humaine et la justice sont garantis, protégés et promus comme condition nécessaire au

[28] https://cbdh.bj/cbdh-rapport-2020-2021/

développement véritable et harmonieux de chaque Béninois tant dans sa dimension temporelle, culturelle que spirituelle»[29].

Le mot clé du système TALON semble être la réforme. Il entend réformer le modèle. Si l'on doit reconnaître et confesser l'incapacité des gouvernants post conférence nationale à transformer l'essai démocratique par des réformes structurantes, il semble que la philosophie du système TALON semble être de discipliner ladite classe pour mieux développer le Bénin en évitant que celui-ci devienne l'otage ou la victime du modèle.

La mise à mort ou la suspension du modèle béninois et l'instauration même provisoire du nouveau système sont-elles créer un nouvel ordre exportable ?

Ibrahim David SALAMI

Agrégé des facultés de droit,

Professeur titulaire en droit public

Avocat au Barreau du Bénin

Chevalier de l'Ordre National du Mérite

Université d'Abomey-CALAVI

[29] 3ème tiret de l'alinéa 3 du préambule de la Constitution du Bénin du 11 décembre 1990 révisée par la loi n°2019-40 du 07 novembre 2019.

Isséme Lionel Pierre GUESSELE

LE DIALOGUE POLITIQUE SAISI PAR LE DROIT DANS LES ÉTATS D'AFRIQUE NOIRE FRANCOPHONE

INTRODUCTION

« *La représentation, une des plus parfaites constructions politiques dont puisse s'enorgueillir l'esprit humain* »[1], est en crise à l'ère contemporaine. Les « *Gilets jaunes* » en France, la contestation des pouvoirs en place en Afrique noire francophone cette dernière décennie n'incite plus à entrevoir « *le génie du gouvernement représentatif* »[2]. En effet, la démocratie représentative est contestée de manière récurrente pour n'être pas suffisamment proche des principes dont elle se réclame : le principe d'égalité, celui du gouvernement du peuple par le peuple, le souci du bien-être public, etc. Pour remédier à cette crise de la représentation, les États ont développé une nouvelle forme d'exercice des fonctions étatiques avec l'organisation des dialogues politiques nationales. Par cette modalité de gestion des affaires de l'État, il est question, à côté de la scène électorale, d'organiser une participation du citoyen en dehors des échéances électorales. D'où le rapport *a priori* inéluctable entre le dialogue politique et la participation citoyenne qui fait l'objet de la présente étude.

L'émergence de la pratique des dialogues politiques en Afrique noire francophone vient rompre avec l'application alternée des modalités d'exercice de la souveraineté du peuple distinguées en théorie

---

[1] G. Burdeau, *Traité de science politique,* t. IV, Paris, LGDJ, 2e éd., 1969, p. 245.

[2] A. Esmein « Deux formes de gouvernement », *RDP*, 1894, p. 24

constitutionnelle entre démocratie directe et démocratie indirecte. Dans la première modalité, la puissance souveraine du peuple repose sur la conjonction de souverainetés individuelles dont le référendum est l'expression quintessenciée. Dans la seconde en revanche, celle incarnée par la souveraineté représentative, il s'agit de l'expression médiatisée du pouvoir de suffrage par lequel le peuple agit par la volonté de ses représentants. La doctrine est d'ailleurs divisée sur la question entre partisans[3] de l'exercice direct de la souveraineté et les défenseurs de la théorie de la représentation[4]. Or, le dialogue politique présente la vertu d'associer cumulativement ces deux modalités d'expression de la souveraineté dans l'exécution des compétences étatiques.

Dans cette mouvance, plus le corps électoral coïnciderait avec le corps politique réel, plus on se rapprocherait de la démocratie. Cette certitude de l'aptitude de la représentation élective à réaliser l'idéal démocratique a pourtant laissé place, pour beaucoup d'acteurs politiques africains, au doute : l'élection n'aurait nullement annihilé, pas même réduit, l'écart entre gouvernants et gouvernés, dominants et dominés. La véritable démocratie ne saurait faire l'économie de l'association effective du peuple à la délibération et à la décision, il faudrait la réinventer pour qu'elle cesse de le reléguer au second rôle.

La démocratie participative ne se conçoit donc, depuis les années 1960, que comme une manière de corriger les mécomptes du gouvernement représentatif, sans le rejeter en totalité. Mais, la vogue des dialogues politiques vient dépasser cette conception somme toute désuète. Ces plates-formes de débat national sont de nouveaux procédés qui s'inscrivent dans la panoplie des outils de la démocratie participative. Le dialogue politique national tel que pratiqué dans les États d'Afrique noire francophone tente de réconcilier deux faces de la démocratie participative : d'une part celle qui s'intéresse avant tout à accroître la participation du citoyen au processus démocratique et à la prise de décision, et d'autre part celle qui cherche à faire révéler les citoyens, au travers de la discussion et de la confrontation publique des points de vue, d'une décision publique consensuelle Il s'agit alors d'initier un processus

---

[3] L. Duguit, *Traité de droit constitutionnel*, tome 2, 3e éd., 1928, p. 623. ; A. Esmein « Deux formes de gouvernement », *RDP*, 1894, t. I, p. 24.

[4] R. Carre De Malberg, « Considérations théoriques sur la question de la combinaison du référendum avec le parlementarisme », *RDP*, 1931, p. 230. ; G. Burdeau, *Traité de science politique, op.cit.*, p. 245 et s.

délibératif à travers lequel le public mobilisé contribue à l'élaboration des décisions publiques.

À l'heure où le malentendu entre représentés et représentants atteint son point d'orgue, la démocratie participative promue par le grand débat cherche à la fois à pallier les déficits de la démocratie représentative. C'est dans cette dernière modalité du dialogue politique que la démocratie délibérative prend le pas sur la simple démocratie participative. En effet, le temps y est donné pour que les participants puissent entrer en discussion, s'informer et élaborer un consensus autour de propositions concrètes[5]. Le débat public a des vertus pédagogiques puisqu'il permet d'informer sur un sujet, de clarifier certaines problématiques qui le traversent et de l'enrichir par des solutions ou des questions nouvelles. Il est le temps du dialogue, exigeant des décideurs, une grande capacité d'écoute. Pour leur part, les citoyens doivent accepter qu'être écouté ou entendu ne conduit pas nécessairement à faire prévaloir son point de vue. Même si l'histoire constitutionnelle des participations citoyennes révèle leur influence au point d'aboutir au changement de régime.

Toutefois, il convient de s'interroger sur le fondement constitutionnel du dialogue politique pour canaliser l'analyse dans des considérations principalement juridiques. En effet, la plupart des constitutions d'Afrique confère la prérogative constitutionnelle de convoquer le peuple par référendum au président de la République lorsque les intérêts de la nation sont en cause. Le dialogue politique n'est certes pas un référendum mais semble s'y rapprocher car il s'agit également d'une consultation directe du peuple dont l'initiative ne peut émaner que du Président de la République. Bien plus, en tant qu'institution incarnant l'unité nationale et en vertu de ses prérogatives d'arbitrage pour le fonctionnement régulier des pouvoirs publics[6], il est pratiquement dans l'obligation constitutionnelle de résoudre les crises.

D'ailleurs, la pratique des dialogues politiques en Afrique noire francophone révèle que c'est de la volonté de résoudre la crise politique que les chefs d'État ont décidé d'ouvrir les consultations inclusives. Au Cameroun, c'est l'accentuation de la crise sécuritaire dans les régions du Nord-Ouest et du Sud-Ouest qui a entrainé la décision présidentielle

---

[5]É. Buge, « Le Grand débat national, apports et limites pour la participation citoyenne », *RDP*, n°5, 2019, p. 1205.

[6] Art. 5(2) de la constitution camerounaise révisée du 18 janvier 1996.

d'organiser le Grand Dialogue Nationale. Au Niger, au Bénin et en Côte d'ivoire, le dialogue politique a été organisé pour essayer de désamorcer une crise électorale potentielle, car les acteurs politiques des partis d'opposition revendiquaient la réécriture d'un code électoral consensuel. A tire de droit comparé, la France a expérimenté le dialogue politique dans le cadre du « Grand Débat National » pour répondre favorablement aux préoccupations des « Gilets jaunes »[7]. En filigrane, le dialogue politique constitue donc une réponse ponctuelle aux crises politiques avec comme conviction la consolidation de la participation citoyenne.

La démocratie libérale promeut l'acceptation de l'existence et l'exercice de la libre expression des idées politiques facilitant la participation citoyenne. Dans ce cadre, celle-ci s'exprime avec la reconnaissance des formations politiques concurrentielles, incarnée aussi bien dans la liberté de créer des partis politiques, que dans l'affirmation du multipartisme intégral. « *Une démocratie sans opinion publique est contradictoire en soi* »[8]. Son implication se trouve être le développement d'une multitude d'associations et l'irruption de la société civile dans les affaires publiques. Ces mécanismes ont constitué des armes de pression en faveur des réformes constitutionnelles[9]. La consécration formelle de ces déclinaisons traduit l'idée d'un levier au contre-pouvoir politique, « *obligeant de tenir compte des volontés des individus* »[10].

Dans cette mouvance, l'élection ne suffit plus à résumer la participation citoyenne. Celle-ci doit être également une réalité entre deux mandats politiques. Or, l'actualité constitutionnelle africaine révèle un cercle vicieux de la défiance des dirigeants par le peuple conjugué à un cercle vertueux de la crise de confiance entre les élus et les citoyens. De ce fait, force est de s'interroger de la manière suivante : le développement des dialogues politiques en Afrique noire francophone

---

[7] P. Perrineau « Le grand débat national : la démocratie participative à grande échelle », *Pouvoirs*, 2020/4, n°175, p. 113-129.

[8] H. Kelsen, *Théorie générale du droit et de l'État suivi de la doctrine du droit naturel et le positivisme juridique*, traduit par Béatrice Laroche et Valérie Faure, « La pensée juridique », Bruylant, L.G.D.J, 1997, p.334.

[9] Les conférences nationales souveraines dans les États d'Afrique de l'ouest ; la tripartite au Cameroun constituée des partis politiques d'opposition, de la société civile aux côtés du gouvernement pour impulser la révision constitutionnelle du 18 janvier 1996.

[10] B. Guèye, « La démocratie en Afrique : succès et résistances », *Pouvoirs, revue française d'études constitutionnelles et politiques, « La démocratie en Afrique »* n°129, 2009, p.8.

peut-il contribuer à une meilleure participation citoyenne ? Tel est l'enjeu majeur de notre temps et c'est à son propos que l'on mobilise, en général, l'idée de démocratie participative. Mais en guise d'hypothèse de réflexion, il convient de retenir que la participation citoyenne reste mitigée même dans le dialogue politique. La démonstration de cette conviction ne manque pas d'intérêt.

En effet, la vogue des dialogues politiques ces trois dernières années n'a pas encore suscité un engouement réel dans la doctrine africaine. Pourtant, le Grand Débat National en France a déjà fait l'objet de réflexions[11] qui ont d'ailleurs inspiré ce travail. Ce faisant, il est question de mettre en exergue l'idée selon laquelle l'objectif du débat public est d'informer le public, de veiller à sa participation, d'éclairer les gouvernants et de légitimer la décision. Ce dernier point est central. La légitimité d'une décision dépend autant des conditions de son élaboration que de son contenu intrinsèque. C'est la transparence, la rigueur et la loyauté du processus qui fondent cette légitimité. Selon Jürgen Habermas, « *seule la délibération est susceptible d'entraîner un effet de légitimation* ».[12] En outre, l'étude des rapports entre le dialogue politique et la participation citoyenne a la conviction d'inciter à restaurer la confiance des citoyens à l'endroit de leurs dirigeants. Il faut se garder de suivre les propositions de certains qui considèrent que, pour simplifier les procédures et réduire les délais, il suffirait d'éviter le débat public et la consultation directe des citoyens. C'est exactement le contraire de ce qu'il convient de faire. Une décision plus concertée sera plus légitime, elle sera mieux acceptée aussi ; elle permettra d'éviter les blocages et les conflits, et pourra même être mise en œuvre plus rapidement. La construction d'un nouveau mode d'exercice de la démocratie est le seul moyen de restaurer la confiance, de développer la culture de la décision partagée[13]. Les citoyens attendent et exigent la mise en place d'une

---

[11] P. Perrineau « Le grand débat national : la démocratie participative à grande échelle », *Pouvoirs*, 2020/4, n°175, p. 113-129 ; C. Leyrit « Remettre le citoyen au cœur de la décision publique », *Pouvoirs*, n°4, 2020, p. 111 ; É. Buge, « Le Grand débat national, apports et limites pour la participation citoyenne », *op.cit.*, p. 1205 ; T. Aitamurto, « La production participative dans l'élaboration des politiques publiques », *Pouvoirs*, 2020/4 N° 175, p. 99.

[12] G. Burdeau, *Droit et démocratie*, Paris, Gallimard, 1997, p. 42.

[13] C. Leyrit « Remettre le citoyen au cœur de la décision publique », *Pouvoirs*, n°4, 2020, p. 111.

nouvelle gouvernance publique, fondée non plus sur des rapports de force mais sur une co-construction de l'intérêt général.

Cela dit, l'analyse du dialogue politique et la participation citoyenne nécessite le recours à une méthode spécifique. Aussi, en s'appuyant sur la théorie constitutionnelle qui n'exclut pas la dimension factuelle de la pratique du pouvoir, la présente réflexion fera-t-elle recours au positivisme méthodologique[14] et plus spécialement à sa dimension pragmatique. Cette option est guidée par le fait que malgré la prévalence du droit constitutionnel écrit en Afrique, on assiste depuis pratiquement deux décennies, à l'émergence du droit constitutionnel non écrit. Ce qui rend donc indispensable le recours au droit constitutionnel par-delà le texte et la jurisprudence constitutionnelle pour reprendre Olivier BEAUD[15]. Dans cette perspective, en analysant la place de la participation citoyenne dans le dialogue politique, il convient de démontrer d'une part l'allusion à la consultation citoyenne (I) et d'autre part l'illusion du débat démocratique (II).

I. L'ALLUSION À LA CONSULTATION CITOYENNE DANS LE DIALOGUE POLITIQUE

L'organisation du dialogue politique postule une consultation citoyenne à grande ampleur. En effet, la consultation recouvre l'ensemble des procédures qui permettent à une autorité publique de recueillir des avis préalablement à sa décision, sans que ces derniers aient une valeur contraignante. Ainsi ce procédé utilisé dans la cadre du dialogue politique au caractère protéiforme (A) permet d'insérer la contribution des citoyens à la prise de décision publique (B).

A. LA MULTIPLICATION DES FORMES DÉMOCRATIQUES DE CONSULTATION DU CITOYEN

Par le procédé de la consultation, le dialogue politique vise à capter les revendications du public. Pour ce faire, les pouvoirs publics ont

---

[14] V. Champeil-Desplats, *Méthodologies du droit et des sciences du droit*, Paris, Dalloz, coll. Méthodes du droit, 2014, p. 9.p. 111.

[15] O. Beaud, « Le droit constitutionnel par-delà le texte et la jurisprudence du conseil constitutionnel », Les Cahiers du conseil constitutionnel, n°6, 1996, pp. 97-110.

multiplié plusieurs modalités de participation pour concerner au maximum l'ensemble des citoyens. Il s'agit d'une part de l'organisation d'un dispositif présentiel de réception des revendications citoyennes (1) et d'autre part de l'institution d'un dispositif numérique de soumission des revendications (2).

1. L'organisation d'un dispositif présentiel de réception des revendications citoyennes

La démocratie participative s'entend comme l'élément de diversification des procédés de participation mis en place pour améliorer l'information et l'influence du public[16] dont le dispositif en présentiel est le plus usuel dans la pratique des dialogues politiques en Afrique noire francophone. Son objectif vise principalement à accroître l'implication des citoyens dans le débat public et dans la prise de décision qui s'en suit, afin que les mesures soient prises avec l'accord du plus grand nombre. Par cette modalité, la consultation favorise la production d'un jugement public tant par la discussion collective qu'elle engendre que par la rencontre entre acteurs d'origines différentes qu'elle suscite. Dans cet objectif, les modalités de participation des citoyens à la vie politique doivent être diversifiées. Ceci contribue à conforter l'expression citoyenne et partant le droit de participation aux affaires publiques qui est un droit fondamental. L'organisation du dialogue politique dans les États sous étude permet d'entrevoir la réalité du dispositif présentiel de consultation citoyenne.

Ainsi, au Niger, le dialogue politique décidé par le président de la République avait principalement pour objet d'inviter les acteurs de l'opposition à débattre de la réforme du code électoral dans l'optique d'une prise en compte de leurs préoccupations. Pour ce faire, les leaders de l'opposition ont été réunis au sein du Conseil National du Dialogue politique pour émettre de vive voix leurs propositions. Le même scénario fut observé en Côte d'ivoire lors de l'organisation du dialogue politique en juin 2019 qui a vu la concertation des chefs de file des partis politiques réuni autour du Premier Ministre à l'effet d'adopter un code électoral consensuel. Le cas camerounais est plus instructif dans la mobilisation des procédés en présentiel de consultation citoyenne. En effet, après la

---

[16] Y. Jegouzo, « De la « participation du public » à la « démocratie participative », *RFDA*, 2006, p.2315.

décision d'organiser un Grand Dialogue National pour principalement apaiser les tensions dans les régions du Nord-Ouest et du Sud-Ouest, le président de la République camerounaise a instruit son Premier Ministre de conduire une consultation à grande échelle dans ses services. Dans cette mouvance, le Premier Ministre a reçu tour à tour, les représentants de toutes les administrations publiques, des organes constitutionnels, les hauts cadres des partis politiques, les responsables de la société civile, les représentants du patronat des entreprises et les chefs traditionnels. En bref, toutes les composantes sociologiques de la population de l'État ont été consultées à l'effet de recevoir leur proposition avant l'organisation des délibérations proprement dites. L'exemple camerounais contrairement aux autres États, révèle la fusion État-Nation dans la pratique du dialogue politique *a priori* nécessaire pour le rétablissement de la confiance entre les détenteurs du mandat politique et le peuple souverain.

Cependant, les États africains sous étude dans la pratique du dialogue politique n'épuise pas tout le dispositif en présentiel de consultation citoyenne. Parmi les autres procédés éludés de démocratie consultative, figure le mécanisme de l'enquête publique qui aurait pu occuper une place privilégiée. Cette modalité de participation des citoyens se définit comme « *une procédure consultative préalable à la prise de décision* »[17]. Au cours du processus décisionnel, elle suppose une forme d'intervention directe de ceux qui sont habituellement les représentés. Ainsi, durant une période donnée, généralement fixée à un mois, et après information préalable par voies d'annonces et d'affiches, les citoyens sont invités à exprimer leur avis soit par écrit, soit oralement auprès du commissaire enquêteur. Celui-ci a pour mission de recueillir et d'analyser toutes les informations et objections développées par le public, mais il n'a ni à répondre à chacune des observations qui lui sont soumises, ni à exprimer son point de vue sur les divers projets envisagés par l'administration.

Bien plus, une grande variété de mécanismes consultatifs est ainsi offerte aux élus. De pratique courante puisque facilement organisables, les réunions publiques permettent un débat avec les personnes intéressées et constituent des relais efficaces en matière d'information des citoyens. Sur ce point, le droit français illustre parfaitement cette modalité de

---

[17] M. Duverger, *Institutions politiques et droit constitutionnel, Les grands systèmes politiques,* PUF, Thémis, 1980, p. 23.

consultation citoyenne à l'occasion de l'organisation du Grand Débat National. Le dispositif du grand débat se fonde sur une approche qui combine la participation de citoyens tirés au sort (conférences régionales) et celle de citoyens qui, sous des formes diverses et variées, choisissent de dire leur mot sur quatre grands sujets fixés par le président de la République (la fiscalité et les dépenses publiques, l'organisation de l'État et des services publics, la transition écologique, la démocratie et la citoyenneté). Il s'agit d'une véritable expérimentation démocratique menée en temps réel, sans qu'aucune méthode préétablie puisse vraiment servir de référence à ses organisateurs et à ceux chargés d'en assurer la loyauté. Le caractère inédit du grand débat national en France tient à l'ampleur du champ de la consultation puisque, en plus des quatre thèmes fixés, rien n'empêchait les citoyens de s'emparer d'autres sujets. Selon les intentions du président de la République, le but était de répondre à des questions essentielles ayant émergé avec le mouvement des « gilets jaunes » et d'émettre des propositions susceptibles de bâtir un nouveau contrat pour la nation, de structurer l'action du gouvernement et du Parlement, mais aussi les positions de la France au niveau européen et international.

On pourrait également relever la pratique des « cahiers citoyens » en France, déposés en mairie pour que chacun puisse s'exprimer par écrit sur n'importe quel sujet. Environ sept cent vingt mille citoyens contribueront à remplir plus de seize mille cahiers, qui rappellent les cahiers de doléances de la Révolution française. Mais rappelle également les courriers postaux adoptés dans l'organisation du Grand Dialogue nationale camerounais par lesquels les citoyens pouvaient envoyer leurs propositions. Qu'à cela ne tienne, le Grand débat national a mobilisé le maximum de procédés de consultation citoyenne pour une participation réelle des populations. C'est ainsi que les conférences nationales thématiques, où sur chacun des quatre grands sujets, se sont réunis réunissant les représentants des corps intermédiaires (syndicats, associations, représentants des élus). Il faut également mentionner les conférences citoyennes régionales, qui réunissent des citoyens tirés au sort pour débattre et délibérer sur les quatre axes fixés pendant une journée et demie. C'est dans cette dernière modalité du grand débat national que la démocratie délibérative prend le pas sur la simple démocratie participative. En effet, le temps y est donné pour que les participants puissent entrer en discussion, s'informer et élaborer un consensus autour de propositions concrètes.

En définitive, la pratique, de plus en plus fréquente, de ces techniques de participation rend perceptible la volonté des élus d'associer plus directement leurs concitoyens au processus décisionnel. Ces initiatives permettent à la fois aux citoyens de déterminer des domaines d'action qu'ils estiment importants, et concèdent parallèlement aux élus une caution populaire qui leur permet de ne pas imposer eux-mêmes leur politique. Les États d'Afrique noire francophone sous étude ont le mérite de disposer de mécanismes participatifs quelle que soit l'insatisfaction que l'on peut éprouver à l'analyse. Surtout qu'il convient également d'y relever la mise en place d'un dispositif numérique de soumission des revendications.

2. L'institution d'un dispositif numérique de soumission des revendications

Dans le processus de consultation citoyenne, il faut noter la mobilisation d'un dispositif numérique pour la réception des revendications des populations. En effet, la nouvelle civilisation du numérique a emporté tous les domaines y compris le domaine normatif. Dans cette mouvance le droit constitutionnel a vu son objet « *tourneboulé* »[18]. Les concepts classiques tels que la souveraineté de l'État[19], la puissance publique source de normativité, la hiérarchie des normes, le régime représentatif ou encore la citoyenneté et ses modes d'expression sont affectés par la révolution du numérique[20]. Néanmoins, le droit constitutionnel tente de se saisir du phénomène numérique pour l'encourager, le protéger, l'encadrer et même l'utiliser comme un instrument de promotion et d'expression des droits constitutionnels. À cet égard, le numérique assure le développement généralisé des services de communication au public en ligne ainsi qu'à l'importance prise par ces services pour la participation à la vie démocratique et l'expression des idées et des opinions[21].

---

[18] D. Rousseau, « Le numérique, nouvel objet du droit constitutionnel », *NCCC*, n°57, 2017, p. 9.

[19] Une souveraineté de l'État d'ailleurs fragilisée par la montée en puissance des réseaux sociaux.

[20] J. Bonnet et P. Türk, « Le numérique : un défi pour le droit constitutionnel », *NCCC*, n°57, 2017, p. 13.

[21] D. Rousseau, « Le numérique, nouvel objet du droit constitutionnel », *op.cit.,* p . 9.

Ainsi, l'expansion de la démocratie connectée ouvre de nouvelles perspectives pour l'exercice des droits civils et politiques en l'occurrence la participation citoyenne aux affaires publiques par la consultation. Ce faisant, l'organisation du dialogue politique ne s'est pas départie de cette civilisation du numérique pour assurer la consultation des citoyens. Des États sous étude, le Cameroun est l'exemple topique de l'instrumentalisation des outils du numérique pour consulter les populations à l'occasion du Grand Dialogue national. Dans cette circonstance, une plateforme dédiée à l'événement avec la mise en place d'un site internet[22] a été créée. Cette plateforme a été instituée à l'effet de recueillir les contributions de toutes les personnes désireuses de participer au dialogue. Par ce mécanisme, plusieurs citoyens camerounais ont envoyé leurs propositions pour impacter sur les recommandations finales du dialogue. La digitalisation de la consultation à l'occasion de ce Grand dialogue national s'est également traduite par la création d'un compte twitter officiel pour interagir avec tous les citoyens.

Le grand Débat national en France, à titre de droit comparé, a également intégré les outils du numérique dans la consultation citoyenne. A l'occasion de ce débat public, les collectivités territoriales lançaient parfois aussi de véritables consultations, par le biais de questionnaires ou d'enquêtes téléphoniques, destinées à recueillir l'avis des populations sur des projets importants. Une plateforme en ligne permettant de répondre à des questions fermées ainsi qu'à quelques questions ouvertes sur chacun des quatre grands thèmes, a été ouverte. Ce site internet permet également aux organisateurs de réunions d'initiative locale de trouver des informations sur les grands sujets abordés ainsi que des conseils méthodologiques pour animer les débats et en rendre compte. Cinq cent mille citoyens environ utiliseront la plateforme pour déposer des contributions. Des stands itinérants, principalement installés dans les gares et les bureaux de poste des chefs-lieux de département, permettaient de donner des réponses aux questions posées sur le site ou de remettre une contribution sur papier libre. Cinq mille personnes auront recours à cette possibilité[23].

Cela étant dit, plus qu'un vague gadget technologique qui permettrait d'obtenir plus rapidement un résultat similaire, le numérique génère un

---

[22] www.nationaldialogue.cm

[23] P. Perrineau « Le grand débat national : la démocratie participative à grande échelle », *op.cit.* p. 120.

objet inédit qui renouvelle les registres de légitimité de la norme dans le cadre du dialogue politique. Dans l'absolu, l'usage du numérique renverse les obstacles pratiques et temporels qui rendaient impossible la présence institutionnelle du peuple réel. Sous réserve d'adaptations techniques mineures, l'ensemble des citoyens et des individus vivant sur un territoire donné pourrait demain accéder à des outils de participation politique. Ainsi, les registres de légitimité des normes issues de ce type de processus relèveraient davantage d'une approche procédurale et consensuelle de la démocratie. De même, la possibilité pour le numérique de rapprocher la population locale du pouvoir décisionnel, qu'il soit politique ou administratif, renforcerait la logique de proximité et de la démocratie locale.

Le numérique renforce également, du moins potentiellement, les gages de qualité de la norme surtout dans le contexte où le dialogue politique est un vecteur de déclenchement de la décision du pouvoir politique[24]. En amont, les dispositifs de consultation via le numérique peuvent élargir les consultations ponctuelles effectuées par les commissions parlementaires ou le rapporteur. En aval, le contrôle de l'application des lois et l'évaluation de la législation et des politiques publiques s'enrichiront d'enquêtes à grande échelle auprès des citoyens, d'un public ciblé ou d'un secteur professionnel particulier.

Toutefois, ce dispositif numérique de consultation citoyenne peut néanmoins poser un certain nombre de difficultés dans la prise en compte effective des revendications des citoyens. En effet, les processus de production participative présentent, de leur côté, plusieurs facteurs imprévisibles, tels que le profil et le nombre des participants ou le volume, la nature et la qualité de leurs contributions. Avec la volatilisation du territoire de l'État par le développement du numérique, il est complexe d'établir la nationalité d'une contribution envoyée par les plates-formes en ligne. Ainsi, le lien entre l'État et sa population se trouve difficilement identifiable dans ce contexte de digitalisation. Puisque les données recueillies à travers ces processus sont dispersées et anonymes[25]. Or, l'appareil politique classique n'est pas en mesure de prendre en compte toutes ces opinions. L'absence de souveraineté des États,

---

[24] É. Buge, « Le Grand débat national, apports et limites pour la participation citoyenne », *op.cit.* p. 1213.

[25] T. Aitamurto, « La production participative dans l'élaboration des politiques publiques », *Pouvoirs*, 2020/4 N° 175, p. 99.

notamment ceux d'Afrique noire francophone, dans la manipulation des codes numériques[26] ne rassure pas sur l'efficacité du dispositif digital de consultation citoyenne. En attendant une évolution numérique dans ce sens, il convient d'inférer de ce que la consultation mise en œuvre dans le dialogue politique participe à insérer les contributions citoyennes dans la décision publique.

B. L'INSERTION DES CONTRIBUTIONS CITOYENNES DANS LA DÉCISION PUBLIQUE

Alors que les décisions des représentants sont souvent contestées comme n'étant pas forcément la traduction des volontés et aspirations populaires, la mise en œuvre de certains mécanismes participatifs pourrait favoriser et garantir avantageusement aussi bien la prise de décisions que leur légitimité. Ainsi, dans le cadre du dialogue politique, la démocratie participative apparait donc comme un outil à la fois pour conforter les décisions politiques et pour permettre une implication citoyenne. La juridicisation des recommandations du dialogue participe de cette conviction (2) au-delà de l'association du citoyen aux délibérations du débat public (1)

1. L'association du citoyen aux délibérations du dialogue

Si la gestion quotidienne des affaires publiques nécessite un investissement que le citoyen n'est pas apte à fournir, il peut cependant y contribuer, en prenant part au débat ou en le provoquant. Par la concertation ou la consultation, il fournit aux élus un éclairage différent sur le processus décisionnel. Dans cette perspective, la démocratie participative se présente comme un complément utile à la démocratie représentative et non comme un simple substitut. L'utilisation de procédés participatifs dans les États étudiés présente un intérêt incontestable puisqu'ils permettent de mieux orienter la délibération des élus. Dès lors, en suivant ce processus, cette dernière produit une décision plus légitime et reste, en même temps, l'élément essentiel de l'idéal démocratique représentatif.

---

[26] B. Benhamou, « Les dimensions internationales de la souveraineté numérique », *NCCC*, n°57, 2017, p. 87.

Le dialogue politique organisé dans les États d'Afrique noire francophone est donc un dispositif de participation hybride, intrinsèquement consultatif dans ses formes, mais destiné à se ranger dans un contexte fortement revendicatif qui lui préexistait, afin d'en constituer une réponse institutionnelle. Ce caractère hybride a été assumé par les organisateurs, puisque ces derniers ont fait le choix des formes novatrices de consultation, fondées sur la délibération. Celle-ci peut se définir comme une « *communication mutuelle impliquant le fait de jauger et de réfléchir aux préférences, aux valeurs et aux intérêts sur des sujets de préoccupation commune* »[27]. Il y a donc, comme l'écrit Denis Baranger, « *un pas de l'expression politique à la délibération* »[28], soulignant ainsi que toute revendication ou toute participation à une consultation ne vaut pas délibération. Un processus ne peut être dit délibératif que s'il permet d'échanger des arguments et de se convaincre mutuellement. Bien plus, le lieu (les participants au débat sont sur leur territoire), l'espace de la prise de parole contribuent à vérifier le cadre délibératif du dialogue politique.

C'était justement le rôle du Grand dialogue national au Cameroun, principalement localisé au Palais des Congrès. Les participants y étaient repartis en huit commissions à l'effet d'échanger sur huit thématiques concernant la décentralisation et le développement local, le bilinguisme et la diversité culturelle, le système éducatif, la reconstruction et le développement des régions affectées par la crise, des réfugiés et des personnes déplacées, le désarmement la démobilisation et la réinsertion des ex combattants et le rôle de la diaspora dans le développement du pays. L'objet des échanges était plus restrictif dans les autres États sous étude. Au Niger et au Bénin, les délibérations étaient cantonnées dans la révision consensuelle du code électoral. Précisément au Niger, ces délibérations se sont tenues au sein d Conseil national du dialogue politique réuni au palais des congrès. En Côte d'ivoire, le dialogue politique organisé autour du Premier ministre a retenu comme objet des discussions la définition d'un organe électoral consensuel. En France, le

[27] R. Rambaud, « Le droit d'interpellation citoyenne. Un angle mort de la démocratie participative locale », *AJDA*, n° 1, 2016, p. 22.

[28] D. Baranger, « Le Grand débat national, la Constitution, le régime », *JCP* G n° 16, 22 avril 2019, act. 413

couplage entre tirage au sort[29] d'un échantillon représentatif et logique délibérative assimilait ce procédé au dispositif des sondages délibératifs[30] et visait à constituer des mini-publics.

Ce faisant, dans le cadre du dialogue politique au caractère délibératif, les origines sociales sont différentes, la maîtrise de la parole est inégale, les options politiques sont divergentes, et pourtant ces modes diversifiés s'écoutent et se respectent[31]. Même sur des sujets brûlants et difficiles tels que le parachèvement du processus de décentralisation au Cameroun, la révision du code électoral au Bénin et au Niger, l'aménagement d'un organe électoral indépendant en Côte d'ivoire, ces débats publics ont bien permis à la parole de se libérer. Les interlocuteurs se sont écoutés, à défaut peut-être de se comprendre. Quand elle laisse place à l'échange de la parole, la société est plus tolérante qu'on veut bien le dire.

Cela dit, l'implication citoyenne dans un dialogue de qualité, en amont, favorise un soutien futur accru à la politique qui en résultera. Les élus eux-mêmes, touchés par une crise de défiance et une perte de légitimité, pourront puiser dans ces mécanismes de participation. Pourtant, cet exercice est le plus souvent considéré par les décideurs locaux « *non comme un moyen d'améliorer les décisions à prendre in fine, mais comme une contrainte, source d'une perte de temps et d'argent, et surtout comme une épée de Damoclès destinée à leur faire craindre la prise de pouvoir par les citoyens* »[32]

Par ce biais, les représentants auront à la fois des idées citoyennes sur lesquelles fonder leur action et, au-delà des élections, un soutien et une base pour les projets politiques qu'ils seront amenés à développer. Les assemblées deviendront décisionnelles pour la mise en œuvre et non pour les grandes orientations.

Néanmoins, cette participation des citoyens au processus décisionnel est le signe qu'il n'y a plus de blanc-seing donné aux représentants et que ceux-ci sont peut-être aussi amenés à jouer un rôle nouveau dans le cadre

---

[29] Y. Sintomer, *Le pouvoir au peuple. Jurys citoyens, tirage au sort et démocratie participative*, 2007, Paris, La Découverte, p. 105

[30] S. Hayat, « Démocratie participative et impératif délibératif : enjeux d'une confrontation », *in* M.-H. Bacqué et Y. Sintomer (dir.), *La démocratie participative. Enjeux et généalogie*, 2011, Paris, La Découverte.

[31] P.-H. Tavoillot, « Contre la démocratie participative », *Pouvoirs*, 2020/4 N° 175 | pages 43 à 55.

[32]*Ibid..*, p. 49.

représentatif. Dans ce modèle alliant à la fois la représentation et la participation, les élus sont appelés à devenir ceux à qui les citoyens délèguent et confient la représentation de leurs attentes, de leurs débats, de leur décision de façon plus continue. Ils doivent évoluer vers une autre « professionnalité », celle de « l'organisation et de l'animation de la concertation et de la délibération, devenir les accoucheurs des idées politiques, faire émerger la richesse politique des citoyens[33]. Dans cette mouvance, la délibération dans le dialogue politique contribue à conforter la participation des citoyens dans le processus décisionnel légitime -davantage les choix futurs des élus-, et permet, par conséquent, un approfondissement de qualité de la démocratie représentative notamment dans l'entreprise de juridicisation des recommandations du dialogue.

2. La juridicisation des recommandations du dialogue

Malgré l'expansion des formes de participation citoyenne dans le dialogue politique, les élus ne sont pas dessaisis de leur pouvoir classique et demeurent donc les détenteurs de la décision finale ; la participation des citoyens n'étant que consultative. Même si la consultation n'emporte pas effet décisionnel, il s'agit d'en faire un processus tourné vers l'adoption de décisions publiques dans les dialogues politiques organisés en Afrique noire francophone. À cet égard, les recommandations arrêtées à l'issu des débats publics doivent être formalisées dans les textes juridique pour matérialiser l'insertion des contributions citoyenne dans la décision publique. La juridicisation croissante de la forme consultative de la participation, est à notre sens heureuse dans l'optique du renforcement de la légitimité de l'activité normative des représentants du peuple et du relèvement de la confiance des citoyens envers ces derniers. Servant d'éclairage à l'activité parlementaire et même réglementaire, les recommandations adoptées dans les dialogues politiques ont constitué le socle de la législation subséquente.

Dans cet ordre d'idées, l'analyse des ordres juridiques des États sous étude, après la tenue des dialogues politiques, révèle la formalisation juridique des recommandations qui en ont découlé. Ce faisant, au Cameroun, après la clôture du Grand dialogue national en octobre 2019, le parlement s'est empressé dans la session parlementaire suivante de

---

[33] D. Rousseau (dir.), *La démocratie continue*, L.G.D.J, mars 1995, p. 53.

transformer les recommandations de ce dialogue en loi. A l'issu de la session parlementaire de novembre 2019, la loi portant code général des collectivités territoriales décentralisée a été votée[34], véritable attraction normative de la période post-dialogue. Ce texte juridique a traduit en norme, la majorité des recommandations. Il en est ainsi de la consécration de l'élection des maires de ville qui étaient jadis nommés par décret du président de la République. Il faut également relever l'institution d'un statut spécial pour les régions du Nord-ouest et du Sud-ouest, réponse majeure aux revendications des populations de cette partie du pays[35]. Dans le même sillage, la loi portant promotion du bilinguisme et du multiculturalisme a été promulguée pour valider la recommandation de la garantie de l'égalité entre les deux langues officielles à savoir le français et l'anglais[36].

Dans cette même dynamique, le Burkina Faso a également formalisé les résolutions de son dialogue politique organisée du 15 au 22 juillet 2020. Les parties à ce débat public avaient convenu du maintien du calendrier électoral avec en point d'orgue l'organisation de l'élection présidentielle qui s'est effectivement tenue en novembre 2020. Le cas ivoirien ne doit pas être exclu de ces exemples avec la réforme de la loi sur la commission électorale indépendante dont la composition a été corrigée passant de 17 à 15 membres. Même si l'opposition ne semble pas toujours satisfaite en dénonçant la mainmise de l'exécutif dans la composition de cet organe électoral. Le Bénin est aussi un cas illustratif de la concrétisation de certaines résolutions du dialogue politique avec notamment la réduction de la caution à payer par les candidats à l'élection présidentielle. Cette caution passe de 250 millions à 200 millions de FCFA.

Cela étant, pour répondre au mieux aux attentes et aux nouvelles exigences des citoyens, ce système de gouvernement doit toujours tenter de donner la plus fidèle représentation des citoyens ainsi que des réalités de la vie quotidienne de la population résidente dans le cadre juridique. Pour cela, le concept de citoyenneté, dans sa forme renouvelée dans le contexte du dialogue politique, pourrait ne plus seulement être assimilé à

---

[34] Loi n°2019/024 du 24 décembre 2019 portant code général des collectivités territoriales décentralisés.

[35] *Ibid.* art. 3(1).

[36] Loi n°2019/019 24 décembre 2019 portant promotion des langues officielles du Cameroun.

un statut mais à une fonction et, dès lors, se fonder sur un certain nombre d'éléments nouveaux à l'instar de la conception volontariste de la citoyenneté. Cette conception volontariste de la citoyenneté s'identifie à un citoyen de plus en plus responsabilisé qui exerce le plus souvent possible la plénitude des droits et devoirs découlant de cette qualité. De façon générale, plus progressera cette citoyenneté dense et agissante, plus reculera l'accaparement des pouvoirs normatifs et le risque d'actions illégitimes.

Dès lors, par l'insertion des revendications dans le cadre normatif, cette citoyenneté repose sur plusieurs motivations propres à l'individu : la conscience de former une société, le respect des droits et devoirs liés à celle-ci et un engagement réel au service de cette communauté.

Par cette juridicisation des résolutions du dialogue politique, il est question sans cesse de donner aux citoyens des signes d'appartenance à la société en les invitant le plus fréquemment possible à participer au débat démocratique et à adhérer au respect des droits et devoirs propres à cette société. À présent, le citoyen, dans ses systèmes étatiques d'Afrique noire francophone, « *incarne l'être humain libre de gérer sa vie personnelle, ses relations et ses choix, en tant qu'entité sociale et politique. L'individu citoyen est maître de lui-même ; il est reconnu comme fondamentalement responsable de son existence* »[37]. Dans ces conditions, il ne peut plus être simplement comparé au citoyen de la conception classique, dont le rôle se limitait à voter et à contrôler l'action de ses gouvernants. Un tel idéal reste bien sûr très hypothétique puisque la qualité d'un processus participatif s'évalue en tenant compte du contexte dans lequel il intervient : échelle et circonstances de temps et de lieu, ampleur du projet, enjeux qu'il soulève, contexte politique, moyens à disposition.

D'un autre point de vue, la recherche de la proximité dans cette nouvelle conception de la citoyenneté paraît essentielle par cette formalité de juridicisation des résolutions du dialogue politique. Alexis de Tocqueville avait perçu cet attachement particulier et nécessaire des citoyens à la proximité. L'académicien français expliquait que : c'est en chargeant les citoyens de l'administration des petites affaires, bien plus qu'en leur livrant le gouvernement des grandes, qu'on les intéresse au bien public et qu'on leur fait voir le besoin qu'ils ont sans cesse les uns

---

[37] B. Badie, P. Perrineau (dir.), *Le citoyen*, Presses de Sciences Politiques, février 2000, p.52.

des autres pour le produire[38]. Bien plus, une communauté politique ne se constitue pas seulement par l'ensemble des individus vivant sur un territoire déterminé. Alors qu'Ernest Renan voyait dans la communauté que représentait la Nation « *une âme, un principe spirituel*», la recherche d'un lien de proximité pour l'élaboration d'un nouveau concept de citoyenneté permet d'engendrer, par la résidence des citoyens, une volonté de devenir commun, et non plus seulement une simple identification à un lieu de vie. En effet, parallèlement à l'aspect géographique, cette notion véhicule le sentiment d'appartenance à une communauté de destins ou, de façon peut-être plus large, à une communauté d'intérêts collectifs dans le cadre des lois qui sont édictées sous leur impulsion. La recherche du lien de proximité pour renouveler le concept de citoyenneté pourrait ainsi intégrer le sentiment d'appartenance des individus à une communauté sociale. Grâce à cela, les citoyens se réapproprieraient leur cadre de vie, tout en valorisant leurs compétences et leurs connaissances au service du bien commun dans le processus normatif. Ces espaces de participation citoyenne donneraient l'opportunité aux résidents d'avoir une prise concrète sur le développement et l'amélioration de leur milieu de vie.

Au demeurant, la démocratie participative s'entend comme l'élément de diversification des procédés de participation mis en place pour améliorer l'information et l'influence du public[39]. Son objectif vise principalement à accroître l'implication des citoyens dans le débat public et dans la prise de décision qui s'en suit, afin que les mesures soient prises avec l'accord du plus grand nombre. Par cela, elle favorise la production d'un jugement public tant par la discussion collective qu'elle engendre que par la rencontre entre acteurs d'origines différentes qu'elle suscite. Le véritable gain d'une citoyenneté fondée sur l'idée de rapports de proximité, serait alors de ne plus tenir à l'écart des débats une part importante de la population lorsque les problèmes soulevés concernent la vie quotidienne du territoire de référence. Malheureusement, force est de constater que le débat démocratique dans les dialogues politiques organisés par les États d'Afrique noire francophone reste illusoire.

---

[38] A. De Tocqueville, *op.cit.,* p. 90.

[39] Y. Jegouzo, « De la « participation du public » à la « démocratie participative », *RFDA*, 2006, p.2315.

II. L'ILLUSION DU DÉBAT DÉMOCRATIQUE DANS LE DIALOGUE POLITIQUE

Malgré la vogue des dialogues politiques en Afrique noire francophone qui présuppose une consultation citoyenne à grande échelle, le débat démocratique y demeure illusoire. La survivance des avatars du régime autoritaire a considérablement limité la participation des citoyens notamment dans la définition du cadre du dialogue (A). Bien plus, ils ne sont pas associés dans la fixation des résolutions du dialogue (B).

A. LE DÉLAISSEMENT DES CITOYENS DANS LA DÉFINITION DU CADRE DU DIALOGUE

La décision d'organiser le dialogue politique s'accompagne de la définition de ses modalités d'organisation. Du début à la fin du processus, les citoyens n'influencent pas les décisions des pouvoirs publics. Il en est ainsi non seulement de la constitution unilatérale du cadre institutionnel du dialogue (1), mais aussi de la délimitation autoritaire de son objet par l'ordre gouvernant (2).

1. La constitution unilatérale du cadre institutionnel du dialogue par les pouvoirs publics

Dans la pratique des dialogues politiques en Afrique noire francophone, la définition de son cadre institutionnel est confisquée par les organes de l'État sans consultation citoyenne. Ce monopole de la fixation du régime des institutions devant conduire le dialogue politique détenu par les représentants du peuple est pourtant loin de satisfaire. En effet, la décision d'organiser un dialogue avec toutes les composantes de la nation est la résultante de la contestation constante des gouvernants par les citoyens. Cette crise de confiance à l'endroit des institutions républicaines trouve son origine dans l'inefficacité des actions politiques engagées pour résoudre certaines difficultés contemporaines. L'ordre gouvernant dans les États sous étude a montré les limites de leur action tant dans l'amélioration des conditions de vie des populations que dans la garantie des principes de la démocratie par l'organisation des élections libres et transparentes. Cette situation peut expliquer la défiance actuelle des citoyens à leur égard et, de façon plus générale, la crise de la représentation. À cet égard, la mobilisation de cette représentation à la légitimité contestée dans l'organisation du dialogue politique ne peut rassurer le citoyen dans la conduite d'un débat réellement démocratique.

Ainsi, les États d'Afrique noire francophone ayant expérimenté le dialogue politique ont brillé par le déclassement des citoyens dans la fixation du cadre institutionnel de ce débat public au profit des pouvoirs publics. Au Cameroun, après la décision présidentielle de l'organisation du Grand dialogue national, c'est le Premier Ministre qui a été désigné comme président de ce dialogue. D'ailleurs, ce sont les services du Premier Ministre qui ont été mis à contribution pour organiser la consultation citoyenne. De même, au Niger, le Conseil National du Dialogue politique a été institué comme organe de gestion du dialogue. Ses membres sont désignés par le président de la République parmi lesquels le Premier Ministre qui en assure la présidence. C'est également le Premier ministre qui a conduit le dialogue politique en Côte d'ivoire. Seul le Burkina Faso s'est démarqué avec un dialogue personnellement organisé par le président de la République.

Ceci dit, le dialogue politique pratiqué dans les États sous étude consolide la toute-puissance des pouvoirs publics dans la conduite des débats au détriment des citoyens. Par conséquent, il faut remarquer la consolidation de la démocratie de technocrate totalement aux antipodes de la démocratie participative avec le règne des experts. Tel est la caractéristique des systèmes actuels de gouvernement se matérialisant aussi bien dans l'aspect confus et technocratique des démocraties contemporaines. Montesquieu soutenait que tous les citoyens ne pouvaient pas prétendre diriger le pays. Certaines aptitudes lui paraissant indispensables, il écrivait que « *le peuple est admirable pour choisir ceux à qui il doit confier quelques parties de son autorité. Mais il n'est pas propre à gérer lui-même* »[40]. À vouloir trop bien appliquer cette réflexion de l'auteur de *L'Esprit des Lois*, les hommes au pouvoir dans les États africains sous étude ont rendu la gestion de l'État technocratique et donc confuse même dans la gestion du dialogue politique. Dans cet ordre d'idées, l'idéal démocratique s'en trouve largement atteint puisque la technocratie a pour résultat de provoquer le détournement du principe démocratique en enlevant le pouvoir aux responsables politiques élus.

Dans ce contexte de maîtrise sans partage des organes de gestion du dialogue politique, c'est le régime démagogique, socle de la crise de la représentation, qui est entretenu. La démagogie se définit comme l'art de

---

[40] Montesquieu, *L'Esprit des Lois*, Livre II, Chapitre V.

conduire le peuple, en recherchant à capter sa faveur. Cette attitude revient à flatter, à exciter ou à exploiter les passions populaires dans le but d'obtenir, en retour, le soutien des citoyens pour conquérir ou conserver le pouvoir, sans se préoccuper réellement de leurs intérêts. Pour les gouvernants, la démagogie consiste à prendre des mesures de facilité, le plus souvent à court terme, destinées à engendrer la popularité. Ces méthodes démagogiques sont contestables puisqu'elles ne visent pas, chez les élus du peuple, la satisfaction de l'intérêt général. Le dialogue politique a été agité comme outil de raffermissement de la démocratie par l'accentuation de la participation citoyenne. Pourtant sa pratique n'est pas totalement en phase avec la volonté de consolider la participation politique des citoyens.

Or, il existe bien des solutions à l'effet de conduire avec une neutralité institutionnelle dans la conduite des débats publics. Il en est ainsi de l'institution des fonctions de Médiateur de la République. En effet, comme le suggérait un auteur, les mésententes politiques peuvent être réglées par le Médiateur de la République[41]. Dans cette hypothèse, le néologisme « médiationnel » est le qualificatif le mieux à même de mettre l'accent sur les vertus arbitrales de l'institution du Médiateur de la République dans la résolution de certaines crises. L'intérêt de l'invocation de cette institution tient au fait que sa philosophie participe de la nécessité d'une adaptation des mécanismes de résolution des crises aux spécificités de celles-ci. En effet, au regard de la machinerie administrative qui la factualise, la gouvernance débouche souvent sur des dissensions entre l'Administration et les administrés. D'autant plus que les contestations de la légitimité d'un Chef d'État emportent la remise en cause de son appareil administratif. Les mécontentements créés par ces dysfonctionnements constituent des menaces pour la stabilité de l'État et justifient l'existence du Médiateur de la République notamment dans la conduite du dialogue politique.

Investi d'une logistique pour simplifier les rapports entre l'Administration et les administrés, le Médiateur de la République est chargée d'une mission précise : examiner les réclamations des citoyens qui se plaignent de négligences, d'irrégularité des pouvoirs publics et adresser aux organes compétents, les dispositions nécessaires pour remédier à l'injustice causée. En cela il contribue à la garantie du droit et

---

[41] Y.K. Logo, « Les mésententes politiques et le droit constitutionnel en Afrique noire francophone », *Afrilex*, décembre 2018, p. 12.

à une bonne administration et à sauvegarder les droits qui sont la base de toute démocratie[42]. La démocratie supposant un équilibre des pouvoirs, la réappropriation populaire des pouvoirs qui doit permettre aux citoyens de jouir des dividendes d'un système à l'enracinement duquel il participe « *explique l'intérêt porté sur cette institution. La démocratie suppose une culture de l'imputabilité* »[43] qui exige des organes dotés de pouvoirs extraordinaires face aux actes illégaux de l'État[44] même dans le cadre de la résolution d'une crise politique. Un de ces organes est le Médiateur de la République. Même s'il ne défend que les gouvernés, son rôle est aussi bénéfique pour les institutions : il corrige la mal-administration, renforçant la démocratie politique par celle administrative.

Ce faisant, la fourchette des États africains consacrant le Médiateur de la République dans leur constitution est très réduite. Néanmoins, ils peuvent inspirer d'autres États à la consécration de cette institution. Ainsi, le constituant congolais consacre sans ambages le Médiateur de la République comme organe constitutionnel[45]. Le constituant ivoirien est plus expressif dans la fixation du régime constitutionnel du Médiateur de la République. Il prévoit dans ce sens qu'il est institué un organe de médiation dénommé « Le Médiateur de la République », Autorité administrative indépendante investie d'une mission de service public. A ce titre, le Médiateur de la République ne reçoit d'instruction d'aucun e autorité. Il peut constituer un cadre de concertation et de réflexion pour améliorer les conditions de gouvernance politico administrative.

Pour ce faire, l'indépendance et l'impartialité du Médiateur de la République sont garanties par le constituant ivoirien. Il prévoit dans ce sens que le Médiateur de la République est nommé par le Président de la République pour un mandat de six ans non renouvelable[46]. Ses fonctions sont incompatibles avec l'exercice de toute fonction politique, de tout

---

[42] M. Lyan, « la vitalité de la démocratie », in *Le Médiateur : Universalisme et particularisme de l'institution, p. 14.*

[43]M. Dodson, « Horizontal accountability in transitional democratie » *Latin American Politics and Society 2004*vol. n° 46, pp. 27.

[44]Guillermo O'donnell,
« Horizontal accountability in democratie », *Journal of Democracy, 98,* vol. 9 p. 12.

[45] Art. 200 de la constitution du Congo.

[46] art. 166. De la constitution de Côte d'ivoire de 2016.

autre emploi public et de toute activité professionnelle[47]. De plus, le Médiateur de la République ne peut être poursuivi, recherché, arrêté, détenu ou jugé à l'occasion des opinions ou des actes émis par lui dans l'exercice de ses fonctions[48].

Cette solution d'apparence politique est initialement juridique. L'option du Médiateur de la République permet de concilier les solutions juridiques et les solutions politiques pour juguler définitivement la crise dans le cadre du dialogue politique. Malheureusement l'ordre gouvernant a écarté cette institution dans la conduite du dialogue pour continuer de maitriser les modalités de son organisation avec notamment la délimitation autoritaire de son objet.

2. La délimitation autoritaire de l'objet du dialogue

La pratique du dialogue politique dans les États d'Afrique noire francophone fait observer la latitude dont dispose les autorités organisatrices pour en définir le contenu et les modalités. Dans cette mouvance, le cadre de discussion du dialogue implique une définition autoritaire de ses termes. La conduite de ces débats publics a laissé transparaitre une réelle sélection des sujets devant faire l'objet de discussion et de consultation citoyenne. À cet égard les points sensibles et susceptibles de conduire à l'effritement de la puissance régalienne de l'État ne sont mis à débats. Les questions moins décisives sont ouvertes au débat. Celles-ci ont été redimensionnées et suffisamment canalisées par la puissance publique. Les clauses toutes étant fixées et arrêtées par les gouvernants sont exposées aux citoyens comme susceptibles de débats. Le débat démocratique s'ouvre alors sur les thématiques désapprouvées.

La participation citoyenne à la définition de l'objet des discussions du dialogue est un leurre dans les États sous études. Le Grand dialogue national organisé au Cameroun illustre parfaitement cette exclusion. En effet, le président de la République dans son discours du 10 septembre 2019, a clairement délimité le cadre des discussions du dialogue annoncé à la même occasion. Il indique dans cette circonstance que les discussions qui vont être menées dans le dialogue doivent se faire dans le cadre de la constitution. La première orientation était fixée. Le Grand dialogue

---

[47] *Ibid.*, art. 167.

[48] *Ibid.*, art. 168.

national ne devait pas être une nouvelle tripartite ou une sorte de conférence nationale souveraine devant aboutir à une réforme constitutionnelle. Par cette délimitation, les partisans du changement de la forme de l'État pour le fédéralisme se sont trouvés désillusionnés. Pour le président de la République, la résolution de la crise dite « anglophone » dans les régions du Nord-ouest et du Sud- ouest écartait l'option fédérale. Dans un contexte où le vivre-ensemble se fragilise, une question aussi importante que la forme de l'État devrait faire l'objet d'une consultation à grande échelle plutôt que d'une décision unilatérale du président de la République. Plus grave encore, les huit grandes thématiques du dialogue susmentionnées ont été définies sans consultation préalable.

Le même constat peut être fait au Mali avec l'organisation du Dialogue national inclusif en 2019. Le président de la République Ibrahim Boubakar Keïta a défini le cadre matériel du dialogue en excluant toute discussion sur l'accord de paix d'Alger et ce, contre l'avis des acteurs politiques. Curieusement, parmi les points finalement retenus, la paix en fait partie ; toute chose qui parait contradictoire. Sans être exhaustif, les dialogues politiques organisés au Burkina Faso, au Niger ou en Côte d'ivoire révèle également la maitrise de l'objet des discussions par les pouvoirs publics.

Ce monopole des représentants de l'État dans la fixation de l'objet des discussions est de nature à limiter la portée des dialogues en termes d'apaisement des tensions. Au contraire, cette délimitation non consensuelle des termes de discussion a entrainé des boycotts de la part des partis d'opposition. On a vu la défection des représentants du Mouvement de la Renaissance du Cameroun (MRC) dans le Grand dialogue national. Ce fut également le cas au Niger et au Bénin où les partis d'opposition ont abandonné les débats avant les délibérations finales.

Dans cette mouvance, l'appel au dialogue n'est véritablement pas suivi de la volonté de dialoguer avec les citoyens. La puissance publique propage « *une fausse idée claire* »[49] du débat démocratique. L'administration active a tendance à utiliser des mécanismes diffus pour fustiger l'attitude des citoyens comme si elle entendait véritablement nouer un dialogue. Cette illusion s'illustre par des préoccupations

---

[49] P. Amselek, « Une fausse idée claire : la hiérarchie des normes juridiques », in *Mélanges en l'honneur de* L. Favoreu, *Renouveau du droit constitutionnel*, Paris, Dalloz, 2007, p.983.

différentes du dénouement de la crise amorcée. L'encombrement du cadre organique du dialogue se justifie par l'usage des voies dilatoires par la puissance publique. Perdre le temps sans se décider ou sans prendre de décision finale prolonge la position des pouvoirs publics face aux débats démocratiques. Dans ces circonstances, c'est un leurre d'aboutir « *à la mise en œuvre d'un pacte social consensuel* »[50].

Or, le Grand débat national en France était moins rigide dans la délimitation de l'objet des discussions. Le caractère inédit du grand débat tient à l'ampleur du champ de la consultation puisque, en plus des quatre thèmes fixés[51], rien n'empêchait les citoyens de discuter sur d'autres sujets dans le cadre des réunions locales et des conférences régionales. Selon les intentions mêmes du président de la République, le but était de « répondre à des questions essentielles » ayant émergé avec le mouvement des « gilets jaunes » et d'émettre des propositions susceptibles de bâtir un nouveau contrat pour la nation, de structurer l'action du gouvernement et du Parlement, mais aussi les positions de la France au niveau européen et international.

Certes, les participants étaient invités à intervenir sur les quatre grandes questions fixées dès le début par le président de la République, mais, dans tous les débats, on a pu constater leur propension à échapper à la feuille de route qui leur était fixée. Sur le terrain de la démocratie, une analyse quantitative des contributions déposées sur la plateforme en ligne conclut à une réelle demande de démocratie participative qui ne remet cependant pas en cause la démocratie représentative. L'analyse systématique du corpus des contributions libres recueillies au travers des cahiers citoyens, des courriers et e-mails, ainsi que des réunions d'initiative locale, révèle la façon dont les Français ont ajout aux quatre thèmes initiaux nombre d'autres thèmes économiques et sociaux : l'économie et l'emploi, l'éducation et la formation, le pouvoir d'achat, la santé, la solidarité et l'intégration[52].

---

[50] T. Holo, « Démocratie revitalisée ou démocratie émasculée ? », Les constitutions du renouveau dans les États de l'espace francophone africain : régimes juridiques et systèmes politiques », *in revue béninoise des sciences juridiques et administratives*, n° 6, 2006, p.41.

[51] Ils portaient sur « la fiscalité et les dépenses publiques, l'organisation de l'État et des services publics, la transition écologique, la démocratie et la citoyenneté ».

[52] P. Perrineau « Le grand débat national : la démocratie participative à grande échelle », *op.cit.,* p. 122.

Le contexte africain n'est pas compatible à ce développement poussé de la démocratie participative qui reste une frayeur pour l'ordre gouvernant. Dans cet ordre de considération, le citoyen ne peut qu'être déclassé dans la définition des résolutions du dialogue.

B. Le déclassement des citoyens dans la définition des résolutions du dialogue

Les résolutions prises dans le cadre du dialogue politique ne tiennent pas toujours compte de la participation des citoyens. Dans un contexte où les termes du débat ont été fixés par les pouvoirs publics, les citoyens sont cantonnés à un rôle de simple figurant. Sous cet angle, les pouvoirs publics procèdent à la sélection des représentants du peuple dans la participation aux délibérations (1) et partant, à une exclusion corrélative des citoyens (2).

1. La sélection des représentants du peuple dans la participation aux délibérations

L'organisation du dialogue politique dans les États d'Afrique noire francophone entretient « *l'intervention d'un corps de citoyens modérés et respectables [...] pour suspendre le coup que le peuple médite de se porter à lui-même* »[53]. En d'autres termes, c'est la logique représentative pourtant décriée qui est reconduite dans l'organisation des débats publics avec la sélection des représentants du peuple dans la participation aux délibérations. En effet, par délibération, on peut entendre participation au débat public préalable aux décisions. L'appellation contrôlée pour la désigner est démocratie délibérative. Cette notion s'est imposée dans le milieu des années 1980 sous la plume de trois auteurs : le Français Bernard Manin, l'Allemand Jürgen Habermas et l'Américain Joshua Cohen[54]. Elle est la forme contemporaine la plus expressive de la vitalité de la démocratie de laquelle les citoyens ont été massivement exclus pour arrêter les grandes résolutions du dialogue politique.

Le caractère hypocrite du dialogue impose d'appeler les citoyens lors des pourparlers. Or, il s'agit d'une illusion. L'appel au dialogue nécessite

[53] J. Madison, *Le Fédéraliste (1787-1788),* Paris, Classiques Garnier, 2012, p. 476.

[54] C. Girard et A. Le Goff, *La Démocratie délibérative,* Paris, Anthologie de textes fondamentaux, Hermann, 2010, p. 33.

la délimitation d'un cadre participatif précis. L'on ne saurait parler de dialogue sans partie opposée ou défendant des positions contradictoires. Ne voulant déroger à cette conception érigée en pratique dans les États sous étude, les pouvoirs publics vont contre leur volonté appeler les personnages constitutifs du dialogue. Le Grand Dialogue national organisé au Cameroun conforte cette idée. Avant la tenue de ce débat public, les pouvoirs publics camerounais ont sélectionné discrétionnairement les personnes devant prendre part aux délibérations. De même, en Côte d'ivoire, au Bénin, au Niger, au Burkina Faso et au Mali, les pouvoirs publics ont expressément convié soit les représentants des partis politiques, soit les représentants des syndicats ou de la société civile. De ce fait, de la désignation des candidats à l'encadrement strict des groupes parlementaires, les partis sont devenus des forces contraignantes qui se sont peu à peu imposées face au pouvoir du peuple. Car, les représentants des partis politiques sont des interlocuteurs privilégiés des gouvernants dans le cadre du dialogue.

Pourtant, le dialogue ne peut qu'opposer les représentants de la puissance publique aux citoyens victimes des dérives intolérables de l'administration. L'occasion est alors donnée aux citoyens de traduire la véritable situation de leur participation politique. Les détenteurs de la souveraineté nationale doivent en principe exposer les manquements constatés sur leurs droits fondamentaux. Par l'affirmation de ces manquements, les citoyens vont réclamer des améliorations ou amener les pouvoirs publics à faire des concessions. Ils viennent donc équilibrer et compléter les parties au dialogue car d'un côté on aura l'administration en cause et de l'autre côté les instigateurs de la crise. Mais la pratique des débats publics en Afrique noire francophone incline à admettre que la présence des citoyens n'est qu'un leurre, parce que la puissance publique se défait difficilement de ses prérogatives de droit commun. Les États africains s'essaient à l'ouverture du dialogue et à l'approche concertée en situation de crise. Il n'est pas mal indiqué d'affirmer dans cet ordre de considération, l'idée de « *démocratie à marée basse* »[55]. Ce maquillage n'hésite pas à s'effacer face à la réalité des termes du dialogue. Les termes du dialogue sont canalisés dans le sens voulu par l'administration.

Les pouvoirs publics s'arrangent à constituer des handicaps à l'édiction de la décision finale. Peu enclins à la résolution de la crise

[55] O. Duhamel, « L'histoire extravagante du Conseil constitutionnel », L'express du 27 juin-3 juillet 1986, p.76.

amorcée, les représentants de la puissance publique vont utiliser des moyens dilatoires pour dissuader l'érection d'un arrangement final. Ces derniers vont ligoter les concessions dans les échanges publics et différer toute possibilité d'arrangement à l'amiable. Ils vont avancer l'argument financier et le caractère non inclusif du dialogue en cause. Les pouvoirs publics vont s'arranger à renfermer significativement la négociation, l'entente sur des matières techniques et régaliennes aux pouvoirs régaliens de l'État. Il s'agit alors d'une atteinte « *plus globalement, de notre culture pluraliste* »[56]. C'est dans ce sens que ces derniers établissent le décalage entre la volonté et la capacité de dialoguer. Le résultat des délibérations ne peut faire, dans ces conditions, que l'objet de contestation car ne prenant pas toujours en cause les intérêts des citoyens. À cet égard, faire réduire la caution à payer pour le candidat à l'élection présidentielle de 250 millions à 200 millions au sortir des délibérations du dialogue politique au Bénin entretient la volonté de limiter l'accès à la fonction présidentielle. D'où la contestation des partis d'opposition à l'issue du dialogue. De même en Côte d'ivoire, la composition de la commission électorale nationale arrêtée au terme du dialogue pérennise le sentiment de la domination des représentants du parti au pouvoir. Il s'en est suivi une contestation de la part des partis d'opposition qui s'est prolongée à l'occasion des élections présidentielles du 31 octobre 2020.

Cette restriction du cadre délibératif n'a pas été observé à l'occasion du Grand débat national organisé en France. Dans le recueil de la parole des Français, l'un des moments les plus intéressants du grand débat a été celui des vingt-et-une conférences citoyennes organisées les 15-16 et 22-23 mars 2019 dans l'ensemble des régions françaises. Ces conférences ont mis en œuvre un dispositif délibératif susceptible de déboucher sur des propositions citoyennes. Les mille quatre cent trois citoyens qui participent à cette entreprise ont été tirés au sort et invités à débattre, sous le pilotage de professionnels du débat public[57], pendant une journée et demie. Ces deux cent cinquante-deux heures d'échanges aboutiront à deux cent vingt-deux propositions collectives. Un exercice de démocratie délibérative qui a eu l'immense avantage de toucher des citoyens français dans leur diversité, et pas seulement ceux qui, sur la base du volontariat,

---

[56] S. Milacic, « L'État de droit pourquoi faire ? », in *Mélanges en l'honneur de Jean Gicquel, Constitutions et pouvoirs*, Montchrestien, Paris, 2001, p.375.

[57] La Commission Nationale du débat public.

s'étaient engagés dans le débat public. 61% des personnes rassemblées dans ces conférences n'avaient jamais participé à une réunion publique ou participative[58].

Ceci étant, si les citoyens français ont été des acteurs dans le grand débat national, ceux citoyens des États africains le sont moins dans le jeu démocratique. Les prérogatives de puissance publique, la définition unilatérale des politiques publiques se prolongent dans le dialogue gouvernant-gouverné. Les citoyens deviennent alors une simple figuration, du décor dans le jeu des pourparlers. Ils disposent officiellement « *mais pas toujours en pratique d'un pouvoir statutaire de décision et d'orientation des politiques menées au nom des institutions publiques* »[59]. Toujours est-il que par la sélection des représentants des citoyens dans les délibérations du dialogue, ces derniers s'en trouvent inévitablement exclus.

2. L'exclusion des citoyens des délibérations du dialogue

Les délibérations sont le point culminant de la vitalité du débat démocratique. Cependant, leur emploie dans le cadre du dialogue politique est limité quant à l'association des citoyens aux discussions devant aboutir à la décision publique. En reconduisant la méthode représentative, les pouvoirs publics ont clairement exclu les citoyens des délibérations du débat public. Face à cela, les élus ou les représentants seront confrontés à des problèmes récurrents que soulève la mise en œuvre de ces dispositifs participatifs, telles les questions de représentativité et de légitimité des citoyens qui prennent part à ces débats, ou des moyens de fonctionnement des structures consultatives qui impliquent un financement supplémentaire pour la collectivité.

Sous cet angle, dans le cadre du traitement des crises justifiant l'organisation du dialogue politique, les pouvoirs publics se reposent sur leur personnel pour l'édiction des solutions. À cet égard, la puissance publique se pose clairement comme le point de départ et de résolution des problèmes posés dans le dialogue. C'est dans les décisions et arrangements portés par les gouvernements que doivent être retrouvées les solutions adéquates au cas des citoyens. Dans ce cadre, les

---

[58] P. Perrineau « Le grand débat national : la démocratie participative à grande échelle », *op.cit.,* p. 122.

[59] D. Gaxie, *La démocratie représentative,* Paris, Montchrestien E.J.A, 1993, p.11.

représentants de l'administration publique viennent aux débats avec des résolutions prédéfinies et essaient de les imposer aux parties prenantes du dialogue. Ayant donc défini un cadre d'échange précis, la puissance publique fait un semblant d'ouverture au dialogue. Il en est ainsi parce que les termes du dialogue ont été définis lors de la concertation interne. Cette tendance est appréciée car elle établit la prépondérance de l'ordre constitutionnel et la réduction du temps des débats.

Ce faisant, l'exclusion des citoyens des délibérations définition interne par l'administration publique les érige subséquemment en spectateurs passif du dialogue politique dans les États d'Afrique noire francophone. Le dirigisme de la puissance publique enlève aux parties au dialogue l'initiative de s'affirmer et de peser au cours des échanges politiques. L'orientation des termes du débat par les représentants de l'État tient les citoyens en l'état. Ainsi se justifie l'affirmation selon laquelle « *le chef africain, (s'il) ne cesse de s'entourer de conseillers, (s'il) use et abuse de la palabre* »[60].Or, « *la politique exprime les contradictions sociales en même temps qu'elle les institutionnalise* »[61]. L'appel au dialogue aménage simplement la prépondérance de la vision de l'État sur la résolution des crises sociopolitiques. Dans cette mouvance on n'est pas en présence d'un État qui veut véritablement négocier mais plutôt d'un État qui veut imposer ses dogmes. Les avatars du régime autoritaire se prolongent sur l'action de la puissance publique au cours du dialogue politique. La concertation vise particulièrement la légitimation de la position confortable de la puissance publique dans ses échanges avec les particuliers.

Le déclassement des citoyens dans les délibérations des dialogues politiques rend infructueux ces débats publics. L'analyse l'actualité des États sous étude nous conforte dans cette inférence. En dépit de l'organisation du Grand dialogue nationale au Cameroun, les « ambazoniens » continuent de porter atteinte à la sécurité des biens et des personnes dans les régions du Nord-ouest et du Sud-ouest. Les négociations effectuées par la haute administration publique camerounaise ont été infructueuses face à la crise anglophone. En Côte d'ivoire, la dialogue politique organisé n'a pas apaisé les tensions. La

[60] A. Bourgi, « L'évolution du constitutionnalisme en Afrique : du formalisme à l'effectivité », *Revue Française de Droit Constitutionnel* 2002/4, n° 52, p. 723 ; Beaud (O.), *La puissance de l'État*, PUF, coll. « Léviathan », Paris, 1994, p. 16.

[61] D. Gaxie, *La démocratie représentative op.cit.,* p.13.

contestation des élections présidentielles subséquentes en novembre 2020 confirme la survivance des tensions.

Au regard de ces insatisfactions, il y a donc un intérêt certain à remettre le citoyen au cœur de la décision publique dans la mesure où la démocratie participative est « *un outil à la fois pour conforter les décisions politiques et pour permettre une implication citoyenne* »[62]. Elle prend forme autour de trois valeurs. La force de l'argumentation, tout d'abord, puisque les débats qu'elle produit doivent permettre de dégager les meilleurs arguments. Ensuite, la discussion doit être ouverte au plus grand nombre. Cette recherche d'inclusion de ceux qui sont susceptibles d'être affectés par la décision vise une discussion égalitaire, libre et ouverte. Enfin, la publicité de ces débats favorise le principe de transparence de la décision future. L'implication citoyenne dans un dialogue, en amont, de qualité, favorise un soutien futur accru à la politique qui en résultera. Les élus eux-mêmes, touchés par une crise de défiance et une perte de légitimité, pourront puiser dans ces mécanismes de participation du public de nouvelles sources de confiance. Pour ce faire, ils doivent nécessairement s'impliquer dans la mise en œuvre des processus de participation en mettant en place des procédures indiscutables, des consultations les plus larges possibles et, de façon primordiale, vérifier périodiquement si les engagements pris après consultation ont été tenus. De plus, ils doivent porter toute leur attention à ce que le citoyen sente que son avis est pris en compte, qu'il est entendu et qu'il contribue efficacement à la décision publique.

CONCLUSION

Parvenu au terme de cette réflexion, il convient de retenir que le dialogue politique est la pratique contemporaine avec l'objectif de rétablir le lien entre les citoyens et leur représentant. Replacé dans la pluralisation des mécanismes d'implication citoyenne dans la décision politique, le dialogue politique constitue un jalon indéniable dans la consolidation de la démocratie participative. La crise de la représentation étant générale en Afrique noire francophone, les dirigeants de cette partie du continent ont entrepris de revitaliser la consultation citoyenne pour le renforcement de leur légitimité. Pour ce faire, l'organisation de ces

---

[62] E. Andrieu, « Un nouvel équilibre entre représentation et participation », *Pouvoirs Locaux*, n°62, 2004, p.156.

débats publics a mobilisé les citoyens à l'effet de recueillir leurs revendications pour la résolution de la crise politique. Mieux encore les recommandations qui y ont été arrêtées, ont été intégrées dans l'ordre juridique. Cependant, l'analyse minutieuse de la pratique du dialogue politique révèle son instrumentalisation au détriment du citoyen. Le débat démocratique qui a guidé cette initiative politique ne fut qu'une illusion. Les pouvoirs publics ont entretenu la logique de la représentation des citoyens dans les délibérations devant aboutir aux résolutions finales. En d'autres termes, les citoyens ont été écartés dans la définition des recommandations du dialogue. Dans cette mouvance, l'ordre gouvernant a entrepris de museler leurs citoyens, mais de manière déguisée dans le carcan du régime autoritaire. En outre, les aspirations des citoyens ne sont pas toujours prises en compte par les détenteurs du pouvoir de décision. Cette expérience appelle à la fois à mieux penser le cadre juridique de la participation et à réinventer le rôle du citoyen dans la décision publique.

Guéssélé Isséme Lionel Pierre

Agrégé de droit public
Maitre de Conférences
Université de Yaoundé 2-FSJP (Cameroun)

ACTE 2

LES AMBIGUÏTÉS DU RAPPORT DROIT-POLITIQUE (SUITE)

Sous la présidence de Monsieur le Professeur **Alioune SALL**, ancien juge à la Cour de Justice de la CEDEAO, Université Cheikh Anta Diop de Dakar (Sénégal)

Avec comme modérateur Monsieur le Professeur **Mahaman Sanoussi TIDJANI ALOU**, Ancien Doyen de la FSEJ, Université Abdou Moumouni (Niger)

Patrick Edgard ABANE ENGOLO

LES NORMES PROMOTIONNELLES DANS LES DISPOSITIFS CONSTITUTIONNELS EN AFRIQUE NOIRE FRANCOPHONE

INTRODUCTION

Le droit se distingue de la morale et de la religion. Ceci est un discours que l'on tient comme dogmatique et que l'on s'oblige à prononcer aux étudiants de première année dès le tout premier cours de droit. Ainsi, l'enseignant de droit constitutionnel, celui de droit civil et plus encore celui d'introduction au droit se donne l'impératif catégorique de faire comprendre à l'étudiant de droit, que la prescription normative est socialement organisée, voulue, s'impose et n'est pas de l'ordre de la simple valeur.

Dans ce sens, l'une des figures les plus emblématiques de l'idée du droit comme commandement socialement organisé est, à ne pas se tromper, Hans Kelsen qui indique dans ce sens que : « *le droit est un ordre de contraintes* »[1].

Le maître de Vienne ajoute :

> « Lorsque la sanction est socialement organisée, le mal infligé à l'individu qui viole l'ordre consiste en une privation de la vie, de la santé, de la liberté ou des biens que l'individu possède »[2].

[1]KELSEN (H), *Théorie générale du droit et de l'Etat*, Paris, Bruylant - LDGJ, 1997, p.70.

[2]Ibid., p.69.

D'après sa démonstration, norme juridique et contrainte organisée sont intimement liées et donc le droit est effectivement un ordre de contraintes.

Aujourd'hui, le positivisme kelsenien est certainement obligé de faire sa mue ou simplement de se remettre en question au regard des évolutions pourtant prédictibles de la règle de droit. Que s'est-il passé pour qu'à un certain moment, on commence à parler de droit dur ? Certainement que les juristes eux-mêmes ont conçu ou compris que les *negotiums* qu'ils fécondaient ou interprétaient, étaient gorgés de normes contraignantes entourées d'autres normes qui ne le sont pas. Le droit, devenu dur, avait donc inéluctablement comme voisin le plus proche, un autre droit qui lui, était qualifié de mou.

Le phénomène n'est pourtant pas nouveau. Même dans le droit administratif qui a la réputation d'être un champ disciplinaire où s'exerce la puissance administrative, on avait déjà introduit, et cela sans souvent s'en rendre compte, une dimension discursive dans les actes de l'administration en cherchant à les déchoir de leur normativité. Ainsi, Notre dame de Kreisker, Mme Duvigneres, les circulaires et d'autres directives préparatoires, explicatives ou même descriptives d'actes juridiques, devenaient équivoques. Ces derniers venaient complexifier des catégories juridiques admettant déjà des actes de gouvernement[3] qui

---

[3] C'est le cas de la décision de convoquer le corps électoral qui, au Cameroun est l'expression du *« pouvoir gouvernemental »* du président de la République, qui fait de lui le juge de l'opportunité de la compétition successorale. Au travers de cette décision importante, le chef de l'État mobilise le corps électoral entendu comme le *« collège des électeurs inscrits sur les listes électorales et exerçant leur droit de suffrage »*. Quoique la base constitutionnelle de cette compétence soit imprécise, le Code électoral qui en définit le régime juridique est indissociable du droit constitutionnel, et partant, de la Constitution. Il importe alors de préciser que d'après le Code électoral, *« le corps électoral est convoqué par décret du Président de la République »*. En règle générale, la prérogative de convoquer le corps électoral s'inscrit dans la compétence générale du chef de l'État d'assurer par son arbitrage le fonctionnement régulier des pouvoirs publics. Veiller au fonctionnement régulier des pouvoirs publics implique donc pour le président de la République *« la responsabilité de planifier un calendrier électoral en vue de garantir la continuité desdites institutions constitutionnelles »*, en ce sens qu'il *« demeure toujours l'épicentre des instituions auquel tout se réduit par moment ou en permanence. Il demeure le meneur de jeu qui initie les réformes et imprime sa marque au fonctionnement général des institutions (...) Qui ose contester cet état de fait ? Etant l'élu du peuple, le président de la République est bénéficiaire d'un statut privilégié qui en fait encore le pivot des institutions »*. Lire utilement : MADIOR FALL (I), « Quelques réserves sur l'élection du Président de la République au suffrage universel.

sont certes des actes juridiques, mais alors des actes relativement voués à une injusticiabilité comme c'est le cas au Cameroun.

Revenons à Hans KELSEN. Ce positiviste de la première heure s'est largement appesanti sur l'ordre normatif dans sa généralité, et a magistralement explicité l'acte et le processus constitutionnel. Loin de s'ingérer dans le débat sur la Constitution comme norme hypothétique, il faut d'office admettre qu'elle est transcendantale, qu'elle est effectivement supérieure et surtout qu'elle est normative[4]. Cette dernière qualité classe la Constitution, voire l'ensemble du bloc de constitutionnalité, dans le supposé *ordre de contraintes*. Il viendrait même difficilement à l'esprit des constitutionnalistes de déduire le caractère normatif de la Constitution. En fait, il est plutôt classique de dire que la Constitution est un instrument de limitation du pouvoir[5] et de

---

Les tabous de la désignation démocratique des gouvernants », in *AC*, 2012/2, n°242, p. 112.

[4]La Constitution est aussi bien le miroir du juge constitutionnel que celui des normes qui lui sont inférieures. C'est le principe de constitutionnalité que doit défendre et sauvegarder le juge constitutionnel. En effet, pour Hans KELSEN, *« l'ordre juridique n'est pas un système de normes juridiques placées toutes au même rang, mais un édifice à plusieurs étages superposés, une pyramide ou hiérarchie formée d'un certain nombre d'étages ou couches de normes juridiques »*. Il propose ainsi une théorie de l'ordre juridique qui, non seulement, fonde et légitime en droit le contrôle de constitutionnalité, mais encore, en fait le cœur et même le garant de la validité de l'ensemble du système juridique. Lire dans ce sens : KELSEN (H), « La garantie juridictionnelle de la Constitution », in *RDP*, 1928, pp. 197-257 ; PASQUINO (P), « Gardien de la Constitution ou justice constitutionnelle ? Carl Schmitt et Hans Kelsen », in TROPER (M) et JAUME (L) (Dir.), *1789 et l'invention de la Constitution*, Paris et Bruxelles, LGDJ et Bruylant, 1994, pp. 143-152.

[5]Le constitutionnalisme est employé pour désigner des idéaux et des techniques de limitation juridique du pouvoir. C'est ce qu'il est convenu d'appeler la *« juridisation »* du pouvoir politique. Cette limitation ne s'est réalisée, à l'époque moderne qu'au moyen de la Constitution. C'est pourquoi les termes *« constitutionnalisme »* et *« Constitution »* seront utilisés pour désigner la même réalité. Le constitutionnalisme serait alors permanent et inhérent à toute société qui a une Constitution. C'est dans ce sens que Pierre-François GONIDEC relève que le constitutionnalisme a toujours existé en Afrique, car *« tout regroupement politique si rudimentaire que soit son organisation, a une constitution »*. Selon cet auteur, le constitutionnalisme serait permanent et inhérent aux sociétés politiques même si ses fonctions sont contingentes et variables selon les époques. Francis WODIE abonde dans le même sens lorsqu'il considère le constitutionnalisme dans sa signification immédiate, à savoir l'existence au sens formel d'une Constitution *« qui sert de support à la vie politique »*. V. GONIDEC (P-F), « Constitutionnalisme africain », in *RADIC*, mars-1996, t. 8, n°1, p. 12 ; WODIE (F), «

protection des droits fondamentaux. D'ailleurs et en référence aux juristes allemands, l'État de droit institué par la Constitution *« soumet »* les dirigeants au *« droit »*[6]. Ceci signifie que la Constitution qui est le fondement normatif de l'État est un acte impératif. Bernard CHANTEBOUT relève même que les révolutionnaires du 18e siècle concevaient la Constitution comme utile justement par sa force contraignante : « *Pour eux, la Constitution n'était pas seulement le moyen d'institutionnaliser le pouvoir, mais aussi et surtout le moyen de le limiter* »[7].

Le phénomène constitutionnel est introduit en Afrique sous sa forme moderne à partir des indépendances. Avant ces dates, il ne peut être discuté que des actes constitutionnels traditionnels et coutumiers avaient fait leurs nids dans les sociétés précoloniales africaines. On peut y recenser les pratiques constitutionnelles dans l'accession aux trônes et même des déclarations juridiques visant à régir certains droits fondamentaux à l'exemple de la Charte du Manden de 1222.

Avec la fin de la colonisation, les ordres juridiques africains se sont donc formés en élaborant des textes constitutionnels notamment. Ces documents, aux premières heures, s'apparentaient clairement aux Constitutions des anciennes puissances coloniales, et les Constitutions africaines, tout en se transformant dans le temps se sont très peu différenciées des régimes constitutionnels instituées en Occident où se trouvent les anciennes puissances coloniales.

La Constitution, faut-il encore le dire, est l'acte fondateur de l'État. C'est l'acte juridique suprême qui tient sa force contraignante de lui-même, en vertu de ce que le pouvoir constituant en fait la source de toute vie et de tout commerce juridique dans un État. Il est donc nécessaire de prime abord de classer la Constitution dans la catégorie des actes juridiques. Plus encore, dans cette catégorie même, un surclassement de la Constitution en fait l'acte premier qui est géniteur de tout le(s) droit(s) et des institutions.

Régimes militaires et constitutionnalisme en Afrique », in *Penant*, n°803, juin-septembre, 1990, p. 197

[6] CHANTEBOUT (B), *Droit constitutionnel*, 21e édition, Paris, Armand Colin, 2004, p.23.

[7]Idem.

Bien évidemment, la place et le respect de la Constitution proviennent de son obligatoriété. Dans ce sens, c'est un acte impératif obligatoire, contraignant ou plus simplement encore la Constitution est normative.

En termes de norme, le postulat est qu'il s'agit de la prescription d'une règle de conduite et aussi de l'impossibilité de ne pas si soumettre. La norme, traduit un ordre de sorte que le droit constitutionnel c'est-à-dire le droit émanant du bloc de constitutionnalité ne saurait être qu'un ordre de commandements.

Pourtant, on constate l'érection et la consolidation en dehors et dans le droit constitutionnel des règles qui paraissent dévêtues de normativité. Le droit dur a été influencé par le droit mou. Par la suite, on est passé du droit mou au droit souple ou *soft Law*. Cette dernière catégorie provient de : « *la multiplication d'instruments qui relèvent du droit mais sont dépourvus de force contraignante* »[8]. La Constitution est donc pavée de *soft Law* en Occident et plus encore en Afrique. Elle comporte à titre d'illustration, des normes dites promotionnelles.

Dans la littérature, la promotion renvoie à la nomination, à l'accession à une dignité plus élevée. C'est aussi une opération en vue de faire connaître un produit par exemple pour stimuler la vente[9]. Retenons donc le postulat de l'élévation à la dignité, mais aussi, le besoin de vulgariser pour dire que la promotion dans le sens juridique consiste à faire des normes dans le cadre d'une campagne de reconnaissance, de vulgarisation et de *« dignification »* d'une règle ou d'un principe. La norme promotionnelle devrait donc être prise comme cette disposition qui, normalement est dépourvue de force contraignante, parce que sa véritable finalité est d'indiquer, de relever l'importance et la valeur et d'inciter à une conduite pour ses destinataires. Il est difficile de déclasser la norme promotionnelle de la norme juridique, car la première est créée et constituée par ou dans la seconde et que la nuance ici résidera en l'absence ou quasi absence d'obligatoriété dans la norme promotionnelle. Un catalogue de ce type de normes existe dans les constitutions africaines.

---

[8] Lire les propos de Jacky RICHARD et Laurent CYTERMANN, « Le droit souple, quelle efficacité, quelle légitimité, quelle normativité ? », doc. Électro, consulté le 10/04/2020 à 15h00, le Conseil d'Etat dans son rapport 1991, « de la sécurité juridique » évoque que le droit mou maintient « l'hétérogénéité de l'appareil normatif du droit dur ».

[9]Cf. le petit Larousse illustré, voir : promotion

Il convient alors d'établir un questionnement qui pourrait être formulé de la manière suivante : quelle représentation faut-il se faire de l'existence de normes promotionnelles dans les dispositifs constitutionnels en Afrique noire francophone ?

En termes d'échantillon, on pourrait prendre le Cameroun, la RDC, le Togo, le Benin, le Sénégal et la Côte d'Ivoire dans le cadre d'un *pick and choose* hasardeux, mais en sachant que ces États anciennement sous domination française ont un héritage constitutionnel commun, des niveaux de développement (ou de sous-développement) quasi semblables, ce qui fait que l'échantillon devrait être suffisamment représentatif. L'exploration de leurs textes constitutionnels laisse entrevoir une existence effective de normes promotionnelles. Norberto BOBBIO préférait déjà, plutôt évoquer la fonction promotionnelle du droit plutôt que de parler de norme promotionnelle[10].

En fait, les normes juridiques peuvent être des outils de promotion ; c'est la fonction promotionnelle. En même temps, cette fonction promotionnelle est le fait de certaines dispositions entièrement dépouillées des critères de la normativité d'une règle de droit, et que l'on qualifie ici de normes promotionnelles.

Si les constituants font des normes à caractère promotionnelle, c'est que la Constitution dans les espaces étudiés n'est pas seulement un acte formateur d'obligations. La Constitution est aussi un instrument idéologique parce que c'est un acte politique. De ce fait, l'insertion de normes promotionnelles permet de déclarer dans leur complexité les aspirations fondamentales imposées ou suggérés par le peuple, afin que nos actes constitutionnels revêtent de manière complémentaire à sa finalité normative des fonctions sociologiques, politiques et que la Constitution arbore une stature idéelle. L'addition de toutes ces finalités de l'acte constitutionnel lui confère sa complexité, sa nature instrumentale et surtout sa valeur de symbole. Plus encore, ces normes promotionnelles indiquent pour les ordres africains examinés, en premier lieu une inadéquation socioéconomique de la Constitution (I) et aussi en second lieu une valorisation de la société par la Constitution (II).

---

[10]BOBBIO (N) et SOLDINI (D), *De la structure à la fonction : nouveaux essais de théorie de droit*, Paris, Dalloz-Sirey, 2012, p.36

I. Une inadéquation socioéconomique de la Constitution

La Constitution sociale est l'âme d'un peuple. Elle concerne certainement le gouvernement, mais au premier chef, la Constitution sociale officie comme épée et bouclier pour les citoyens qui s'en trouvent entourés par une armure protectrice faite de droits et libertés essentielles. Les droits dont il est question sont civils, politiques, mais aussi socioéconomiques. Il convient de retenir que ces droits consacrés souffrent en Afrique noire francophone, d'un reflux social (A) d'une part et de ressacs économiques (B) d'autre part.

A. Le reflux social

La notion de reflux est présentée par le dictionnaire de la langue française comme un « *mouvement en arrière (...) qui succède à un mouvement en avant* »[11]. Le reflux social peut se traduire par l'évolution des droits de l'homme et le rapport entre droits fondamentaux et société.

1. L'évolution des droits de l'homme dans la société

Une vue panoramique sur l'histoire nous permet de noter une évolution progressive des droits de l'homme. Chronologiquement, ils sont classés par génération. La première génération est celle de l'affranchissement du sujet pour devenir citoyen. On parle des droits civils et politiques. Ces droits dans la tradition française sont issus de la Déclaration des Droits de l'Homme et du Citoyen[12]. La troisième République est le moment de la consécration juridique des droits dits sociaux ; c'est la deuxième génération.

Par la suite, la Constitution de 1946[13] dans son préambule, impulsée par l'obligation d'interventionnisme de l'État post seconde guerre mondiale, va donner lieu à une troisième génération de ces droits sous le prisme des droits économiques. Enfin, les évolutions de la science et de la technologie autorisent aujourd'hui à revendiquer l'existence d'une quatrième génération de ces droits attachés à l'Homme. De même au fil

---

[11]Cf. Dictionnaire pratique de la langue française, Le Robert, p.1431

[12]Cf. Déclaration des Droits de l'Homme et du Citoyen de 1789

[13]V. La Constitution française du 27 octobre 1946

des années, ces différents droits de l'Homme ont impacté de quelque manière que ce soit la société dans laquelle ils ont évolué.

2. Le rapport entre droits fondamentaux et société

En parlant du reflux social, il ne s'agit pas d'imaginer que par social, l'on mettrait en exergue les droits de deuxième génération seulement et peut-être ceux de première génération. A la vérité, ce qui est mis en avant dans cette réflexion est le rapport entre droits et sociétés. Tous ces droits qui sont passés de droits de l'homme à droits fondamentaux sont-ils en tous lieux les mêmes ? Existe-t-il un homme ou plutôt des hommes ?

Il faut être plus enclin à admettre les divergences culturelles qui font que les besoins, les règles et les aspirations fondamentales d'un peuple à un autre peuvent diverger sur certains points. La vie, ou encore la dignité humaine peuvent être sacrées dans toutes les sociétés. Mais alors, leur expression juridique tout comme les dérogations à leurs règles protectrices vont varier selon les continents, selon les États et parfois même, au sein d'un État fédéral.

Il faut donc confesser un régionalisme évident des droits fondamentaux transporté par une Charte Africaine des Droits de l'Homme et des Peuples de 1981[14]. Ce document institue une possible variation, car les droits consacrés dans les espaces juridiques africains peuvent être différents de ceux déployés en hexagone[15].

Dans le même sens, des droits pareillement consacrés en France et dans les États africains pourront avoir des expressions et conséquences juridiques différentes. Ces constatations proviennent des différences culturelles et sociologiques qui font que certains droits fondamentaux mis en place dans nos Constitutions, et déconnectés de nos contextes de vie seront davantage des discours, des normes à finalité promotionnelle.

Par exemple, dans la Constitution camerounaise[16] en son préambule, il y est déclaré : « *l'État assure à tous les citoyens les conditions nécessaires à leur développement* ». Voilà bien une prescription fondamentale difficile à signifier. Pareillement, il y est disposé que tous

---

[14] Il y est disposé dans le préambule que : « *Tenant compte des vertus de leurs traditions historiques et des valeurs de civilisation africaine qui doivent inspirer et caractériser leurs réflexions sur la conception des droits de l'homme et des peuples* ».

[15]Idem.

[16] Loi constitutionnelle n°96/06 du 18 janvier 1996.

les hommes sont égaux. Le droit à l'égalité est d'ailleurs consacré même implicitement dans l'ensemble des dispositifs constitutionnels examinés. Ce droit qui est une reprise de la déclaration des droits de l'homme et du citoyen permet également de créer une égalité juridique entre l'homme et la femme[17]. Au Togo aussi, l'égalité homme-femme est constitutionnalisée et relève de la loi[18].

Adoptons une perspective réaliste et africaniste pour comprendre que ces énoncés sont de l'ordre du discours et du marketing pour nos États. Effectivement, il s'agit d'un affichage juridique pour plaire, car le droit à l'égalité des sexes est plus chimérique, qu'empirique en Afrique[19]. Le prisme de ce raisonnement est contextuel, on doit dire que l'africain est un être très proche de sa culture et de la religion. En prenant le second pan c'est-à-dire la religion, il apparait que les sociétés animistes prônent la polygamie ou encore sans l'interdire, elles reconnaissent plus de vertu et d'importance aux hommes qui ont pu avoir plusieurs enfants et plus d'une femme. Pire encore, les sociétés musulmanes inspirées du Coran recommandent et pratiquent la polygamie. On est surpris de constater que le mot polygamie est inexistant dans le lexique des termes juridiques. Ses rédacteurs ne sont pas des africains. En fait, la polygamie, reconnue par nos droits est pour les occidentaux une ligne infranchissable. Dans la philosophie *« européenne »* des droits de l'homme, l'égalité en droit entre l'homme et la femme impose que tous étant des êtres humains, l'un d'eux n'est pas admis à jouir de prérogatives qui seraient interdites à l'autre. Aussi, l'interdiction de la polyandrie pour la femme doit conduire inéluctablement à l'interdiction de la polygamie pour l'homme.

A l'évidence, cette question est un point de différence culturelle, le fait étant que les constitutions en Afrique consacrent le droit à l'égalité, le droit à la liberté et laissent les législateurs en fixer les bornes.

Nos législateurs, en dehors de la rare exception béninoise, valident l'option pour la polygamie parce que certainement ce régime est conforme à nos sociétés, à notre démographie et à la place de vice-

---

[17] Loi constitutionnelle du bénin, article 2 : « *l'homme et la femme sont égaux en droit, l'État protège la famille et particulièrement la mère et l'enfant. Il veille sur les handicapés et les personnes âgées* »

[18]Voire article 11 de la Constitution de la République togolaise de 1992 révisé en 2002.

[19]Cet état de chose s'explique par le fait que c'est ce droit qui a du mal à être appliqué parce qu'il est inadapté au contexte africain.

capitaine qu'occupent encore les femmes dans nos sociétés[20]. La démonstration peut aussi s'appuyer sur le déploiement de la liberté comme la liberté de la vie privée dont l'une des déclinaisons est la liberté sexuelle. Au nom de cette liberté fondamentale, l'homosexualité et même le droit de ces derniers d'adopter un enfant devient une règle en Europe. Il en va différemment en Afrique noire francophone, pour la simple raison que la greffe a du mal à prendre parce qu'une telle pratique ne colle pas à la tradition de nos sociétés et est même condamnée dans les cultes animistes, chrétiens et musulmans.

Ces facteurs parmi tant d'autres démontrent qu'en dehors de l'universalisme voulu, un régionalisme évident conduit à constater que dans la Constitution, certains droits fondamentaux clairement consacrés ne sont rien d'autres que des normes promotionnelles, des principes de convenance, pour afficher des règles juridiques pareilles à celle en vigueur ailleurs quoique ces règles soient parfois inadaptées.

B. Les ressacs économiques

La constitution est donc importante, mais nous ne devrons pas oublier que les droits qui y sont consacrés ont un coût économique[21]. La marque de l'aspect économique d'un droit fondamental vient de l'introduction de la notion de droit-créance et aussi par le fait que la jouissance de ces droits est conditionnée par des préalables interventions institutionnelles qui pourraient avoir un prix.

1. La notion de droit créance

L'idée de droits créance trouve ses premières formulations sous la révolution française. Les droits-créances sont une catégorie des droits sociaux. Selon la doctrine, le terme créance implique une prestation positive de l'État dont il est le débiteur. Ils impliquent une intervention

---

[20]Il faut le rappeler que cette quête d'égalité à tout prix a amené le législateur français, dans le code civil à introduire la notion d'*« autorité parentale »* au lieu d'utiliser *« autorité paternelle »* ou *« puissance paternelle »*. Ce glissement sémantique était recherché pour défendre les droits de l'enfant contre la grande puissance des parents ; et afin de ne pas conférer au père (paternel) un droit qui aurait été méconnu à la mère. Les codes civils africains sont quasiment tous restés au stade de puissance paternelle.

[21] Cela se justifie par le fait que la jouissance et la garantie de droits fondamentaux nécessitent une mise sur pied par l'Etat d'une logistique générant des dépenses.

active de l'État et de ses services publics. Ces droits-créances donneraient à leur détenteur la faculté d'exiger ou du moins de réclamer de l'État la fourniture d'une prestation. Ces droits sont également non revendables[22].

Ainsi et à titre d'illustration, nos déclarations des droits et autres préambules formulent le droit à un environnement sain et dans le même texte le droit au développement de nos sociétés. Aujourd'hui, il s'agit de protéger la couche d'ozone, de conserver les forêts, de préserver les animaux et végétaux en voie de disparition ou rares. Ces exigences d'ordre universel s'imposent aux États africains appelés à brider leurs volontés de développement par l'exploitation de leur ressource naturelle, alors même que les occidentaux qui ont fait émettre ces directives environnementales ont pu parvenir à se développer dans le passé grâce à l'exploitation des mêmes ressources naturelles. L'une des conséquences de cette situation est qu'entre le droit à l'environnement et le droit au développement, les États africains vont faire la promotion des deux, mais le privilège sera toujours accordé au droit au développement.

2. Le coût de l'interventionnisme de l'État

Le niveau de développement est porteur de l'effectivité de certains droits, donc ceux les plus récents et provenant d'une hypothétique 4ème génération. Il en est ainsi des droits cybernétiques et du numérique. L'énergie étant volatile dans nos sociétés et le coût de cette énergie demeurant prohibitif, l'internet, les communications électroniques voire même les communications par voies radio-télédiffusées, les médias électroniques ou l'éducation par le numérique[23] sont encore à un stade embryonnaire. Ainsi, quoique la Constitution consacre les libertés et dans ce cas la liberté de la communication, il convient de dire que la liberté de communication par voie électronique est loin de l'ordre du vécu ; puisque l'énergie électrique rare, et le coût pour des communications

---

[22]BLONDIO-MONDOLONI (V), *Finances publiques et droits fondamentaux. Essai sur les relations entre les finances publiques et les droits fondamentaux*, Thèse de doctorat en droit, Université d'Aix-Marseille, École doctorale Sciences juridiques et politiques, 2014, p.15-16.

[23] Encore appelé e-learning, se présente comme : *« l'utilisation des nouvelles technologies multimédias de l'internet pour améliorer la qualité de l'apprentissage en facilitant d'une part l'accès à des ressources et à des services d'autres part les échanges et la collaboration à distance »*, www.wikipedia.org du 17avril 2020à 20h06

électroniques conduisent à la relative disponibilité de cette liberté pour les États africains et les usagers.

On peut aussi prendre l'exemple de la protection de la famille et la liberté de la vie privée qui impliquent un droit à la procréation. Ce droit peut nécessiter pour sa jouissance l'intervention des évolutions technologiques et scientifiques. Ce cas concerne la procréation médicalement assistée. Il doit être observé que son coût ne permet pas à tous les États africains de disposer de toutes les unités médicales susceptibles de concourir à la réalisation de ce droit. Dans les États où cela est rendu possible, seules des couches aisées, ou celles moins aisées au prix de sacrifices inestimables peuvent bénéficier de ce privilège. On pourrait également prendre le cas du droit à la santé qui, du point de vue économique, commande pour sa jouissance une prise en charge budgétaire immense. C'est pourquoi les constituants africains insistent sur la marge d'appréciation laissée au législateur pour la mise en œuvre des politiques sociales et sanitaires. Cette marge d'appréciation implique de fixer des priorités pour ce qui est de l'affectation des ressources limitées de l'État. Au fait des sollicitations dont est l'objet le régime de santé ainsi que des fonds disponibles pour répondre à ces demandes, le législateur est mieux placé pour procéder à cette évaluation. S'il est à l'évidence souhaitable que quiconque ait accès à une gamme complète de traitement médical, dont des techniques médicales et des médicaments, les États comptent malheureusement, faute de ressources, de nombreux individus qui ne peuvent en bénéficier.

A l'évidence, les droits fondamentaux proclamés dans nos Constitutions apparaissent donc comme des Janus pour plusieurs cas. Côté cour, ils expriment des aspirations, mais côté jardin ils peuvent être inadaptés aux sociétés quand ils ne sont pas économiquement couteux, de sorte que leur consécration est davantage faite en considération de ce qu'il s'agit de leur donner une vertu promotionnelle. De même, ces normes sont intégrées dans ce cadre parce qu'elles visent davantage la pure valorisation d'une société.

II. Une valorisation de la société par la Constitution

En Afrique noire francophone, les constitutions sont toutes écrites et il faut remarquer qu'elles sont abondamment bavardes. Il suffit de regarder celle de la RDC qui comporte jusqu'à 229 articles ou encore celle tchadienne rédigée sur 232 articles, préambules exclus. En fait, cette abondance dans les dispositions est aussi une marque des normes promotionnelles dont certaines sont destinées à la valorisation philosophique des peuples (A). Encore que le caractère promotionnel provient aussi de l'exclusion de leur jouissance réelle formulée par le juge (B).

A. La valorisation philosophique des peuples

Au moins en théorie, les déclarations des droits, expressions d'une philosophie politique et exposés de principes se distinguent des règles de droit intégrées dans le corpus de la Constitution et ayant force de droit[24]. Les premières permettent de présenter la constitution non seulement comme un vecteur de l'histoire mais aussi comme un reflet de la société.

1. La constitution comme vecteur de l'histoire de la société

Les Constitutions en Afrique sont très souvent rédigées dans un style ou le lyrisme éblouie et côtoie les prescriptions positives[25]. L'ancestrale tradition griotique a souvent laissé son héritage dans la connotation historique de certains préambules.

Par ces observations, il s'avère que les Constituions examinées et surtout les parties dédiées à la consécration des droits sont les véhicules d'une histoire, d'un processus de l'identité d'un peuple et donc de son âme. On pourrait bien se cacher derrière l'aspect polysémique de la Constitution[26]. Il faut adhérer à l'approche des professeurs De VILLIERS et le DIVELLEC qui indiquent que l'on enseigne la

---

[24]MPUTU (J.P), *L'étude du caractère d'État de droit de la RDC : coquille vide ou réalité ?* Université de Kinshasa, Licence, 2011, in www.memoireonline.com Consulté le 18 avril 2020 à 6h54.

[25] Cet état des choses s'observe bien lorsqu'on compare les constitutions des espaces francophones africains à celles des autres États africains d'inspiration Common Law. Les premières sont moins longues, mais plus bavardes que les secondes. Cela s'illustre bien à travers l'article 7 de la Constitution du Togo qui oblige les partis politiques à respecter la Constitution comme s'il pouvait en être autrement.

[26] De VILLIERS(M) et Le DIVELLEC (A), *Dictionnaire de droit constitutionnel*, 7[e]édition, Paris, Sirey, 2009, p.71

constitution normative en oubliant trop souvent que c'est aussi un acte qui fait la description d'un *« état de fait »*[27].

2. La constitution comme reflet de la société

La Constitution doit et ne peut être que le reflet d'une organisation sociale. Il n'est pas vain de rappeler qu'elle est la représentation supérieure des aspirations des peuples.

Concernant les énoncés philosophiques, On pourrait regarder la totalité du préambule de la Constitution de la RDC qui évoque :

- le destin est l'histoire noble de la nation ;
- la commune volonté de bâtir un État est une nation puissante et prospère ;
- le combat contre l'impunité et le népotisme ;
- la volonté « *de voir tous les États africains s'unir* » ;
- l'attachement à la promotion de la coopération internationale.

Ces énoncés font état d'un valoir qui ne saurait être revendiqué devant quelques juges et qui constitue l'envie d'émancipation de cette nation et de collaboration avec les autres États.

Prenons la Constitution béninoise qui fait siennes les données historiques. Son préambule affiche à ce sujet :

- Son appellation primitive : le Dahomey ;
- la proclamation de la République et l'avènement de la souveraineté ;
- les dates de modification des dénominations de l'État de même que les changements des régimes politiques ;
- la conférence des forces vives de la nation.

Plusieurs de ces constitutions contiennent ainsi au sein des préambules des allusions à l'histoire ou des référentielles philosophiques qui n'ont pas grand-chose à voir avec l'énonciation juridique. On pourrait citer ce bout de phrase de la Constitution béninoise «*....la détermination du peuple béninois à rechercher dans son génie propre les valeurs des civilisations culturelle, philosophique et spirituelle qui animent les formes de son patrimoine* ». Il est donc bien facile, mais inexact d'affirmer et de confirmer la normativité exclusive du texte constitutionnel, dans la mesure où on y retrouve des petites histoires, des

---

[27]Idem.

formes de récits et narrations ; et une formulation idéologique et idéelle de ce que les constituants ont voulu établir comme fonts baptismaux de l'État.

Il faut dire que la Constitution qui fonde l'État a elle-même des bases philosophiques qui sont les véritables fondements de l'État. Les bases philosophiques de l'État s'obtiennent implicitement à l'interprétation du mécanisme et de l'armature juridique fécondée par la Constitution et vouant un État au libéralisme, au communisme, ou au socialisme. Ces bases philosophiques sont ou peuvent aussi ressortir d'énoncés et de bouts de phrases qui, lâchés ci et là, en particulier dans les préambules, annoncent les aspirations, les inspirations, le possible rattachement au passé mais aussi une vision.

Ces marques d'une philosophie en partage et données par le constituant, conduiront l'office de rédaction de la Constitution normative, œuvre du même constituant. Plus encore, ces normes de valorisation fondent un discours promotionnel par l'exclusion de leur jouissance réelle.

B. L'EXCLUSION DE LEUR JOUISSANCE RÉELLE

La perspective idéelle de certaines dispositions énoncées dans la Constitution amène à les qualifier de normes promotionnelles[28], raison étant que ce sont des normes qui affichent des options fondamentales, sans pour autant constituer des créances au bénéfice de leurs destinataires. Plusieurs arguments sont souvent avancés pour dénier aux normes promotionnelles toute *invocabilité*.

L'un de ces arguments est tiré de la nature de ces normes, il consiste à prétendre que celles-ci sont dépourvues de valeur contraignante. Ces normes seraient donc dénuées de toute créance. Il ne s'agirait donc pas des droits-créances mais plutôt de normes philosophiques, ayant la même portée que les déclarations et résolutions. Leur objet reste pratiquement indéfini jusqu'à ce que le législateur ait procédé aux choix nécessaires, ce qui accuse encore le caractère virtuel et relatif de ces normes.

---

[28] On pourrait renchérit cette allégation en critiquant l'article 2 de la Constitution du Bénin qui dans son alinéa 1 évoque que le Bénin est une république démocratique alors que l'alinéa 2 dispose que : « *son principe est le gouvernement du peuple par le peuple et pour le peuple* ». Il en va de même du Togo. On constate une inutile redite et redondance, car ces différents alinéas ne viennent que dire ce qui a déjà été prescrits.

Il est bien de signaler qu'une certaine doctrine a abordé cette question sous l'angle exclusif des droits fondamentaux dont l'avenir serait la *soft Law*[29]. Cette dernière serait dénuée de toute créance.

1. Les normes promotionnelles comme relevant de la soft Law

La *soft Law* ou *droit souple* est appréhendé comme étant « *l'ensemble des instruments normatifs dont la juridicité est incertaine et discutée, parce qu'ils ne sont ni juridiquement obligatoires (ils ne créent pas de droits et obligations, on parle de « droit mou »), ni juridiquement contraignants (ils ne sont pas assortis de sanctions juridiques, on parle de « droit doux »), mais qui influent quand même sur le comportement de leurs destinataires* »[30] . La démonstration est de dire que la *soft Law* est un mode d'expression de la fondamentalité des droits, et que la *soft Law* permet la sauvegarde, le développement et le soutien des droits fondamentaux.

2. Les normes promotionnelles comme normes dénuées de toute créance

Les droits fondamentaux ne sont pas tous de l'ordre du réalisable ou plutôt du quérable. Il en est qui sont consacrés mais qui ne peuvent être réclamés devant le juge, raison étant que ce sont des normes promotionnelles qui affichent des options fondamentales, sans pour autant constituer des créances au bénéfice de leurs destinataires. Cela peut être illustré par le droit au travail qui prend souvent la forme de droit à un emploi. Le juge constitutionnel français classe cette catégorie parmi les mesures d'ordre social[31]

---

[29]AILINCAI (M), « La soft law est-elle l'avenir des droits fondamentaux ? », Communication faite à l'occasion du colloque sur *Le droit des libertés en question(s)*, *RDLF*, 2017, Chron., n°20, pp. :1-26.

[30]Ibid., p.2

[31]BARBE (V), *L'essentiel du droit des libertés fondamentales*, 6^eédition, Paris, Gualino, 2015, p.98

> « Il s'agit d'un objectif, non d'une obligation de résultat, mais d'une obligation de moyen, qui impose au législateur d'adopter des politiques générales en faveur de l'emploi »[32].

Le droit à un environnement sain, le droit à la santé parmi tant d'autres ont tous un caractère promotionnel dans nos États aux moyens modiques. Un État qui n'est pas encore développé ne peut matériellement pas donner un emploi ou loger tout le monde, alors même que les besoins primaires et élémentaires des populations cherchent encore solution. Dans cet ordre d'idées, ces droits consacrés seront plus des déclarations que des prescriptions normatives dont se revendiqueraient impérativement les différents destinataires.

Le droit au logement (décent) est également formulé dans nos déclarations des droits sous les apparences de droit fondamental. Le juge constitutionnel français qui en a été saisi quant à l'obligation qui en découle pour les autorités publiques a clairement fait valoir qu'il s'agit d'un objectif de valeur constitutionnelle[33].

Toutefois, il convient de signaler que la Commission africaine des droits de l'homme a rappelé « *qu'il n'y a pas de droit dans la Charte africaine que l'on ne puisse mettre en œuvre* ». Ainsi, saisie d'une réclamation concernant le Nigeria, la Commission a affirmé que *le caractère unique de la situation africaine et les qualités spéciales de la Charte africaine imposent une importante tâche à la Commission africaine.* Le droit international et les droits de l'homme doivent répondre aux circonstances africaines. En clair, les droits collectifs, environnementaux, économiques et sociaux sont des éléments essentiels des droits en Afrique. La Commission saisit cette occasion pour relever la violation de la Charte africaine commise par l'État nigérian.

L'exemple le mieux connu est offert par la jurisprudence sud-africaine, et notamment la désormais célèbre décision GROOTBOOM[34]. Cette affaire, relative à des habitants d'un township de la banlieue du Cap expulsés, a permis à la Cour constitutionnelle *« de concrétiser le droit au*

---

[32] Décision n°81, 134 DC du 5 janvier 1982

[33] Décision du Conseil Constitutionnel n°94-359-DC du 19 janvier 1995 loi relative à la diversité de l'habitat. Il est à noter que la loi du 5 mars 2007 constitue un droit au logement opposable, du moment qu'une Commission de Médiation a émis un avis favorable. Cf. BARBE (V), op.cit., p.97.

[34] Cour Constitutionnelle/ Afrique du Sud, *Government of the Republic of South Africa and Others v Grootboom and others*, 2001 (1) SA 46 [CC].

logement et le droit de l'enfant à un développement harmonieux, tous deux énoncés dans la Constitution arc-en-ciel, en imposant aux pouvoirs publics une obligation d'agir dans des situations graves»[35] .

La revendication de leur jouissance par les citoyens devant quelques juridictions que ce soit ne peut alors prospérer parce que les juges, connectés à leur milieu, sauf à être aveugles sont conscients de l'inaptitude de nos États à satisfaire les revendications des populations, à ce stade.

CONCLUSION

L'analyse des différentes Constitutions choisies comme échantillon de cette démonstration nous permet de faire le constat selon lequel, ces dernières sont bavardes et inflationnistes de leurs dispositions. On y retrouve des normes d'affichage et incitatives qui contribuent d'une certaine façon, et de manière significative à la sauvegarde et au développement des droits humains[36] grâce à leur visée promotionnelle. Même si elles sont descriptives, incitatives et non contraignantes, elles ont le mérite de participer à une meilleure compréhension, application et garantie du droit dur de par leur vertu pédagogique[37]. Mais aussi, ce sont des normes qui promeuvent certaines valeurs des sociétés humaines.

Patrick Edgard ABANE ENGOLO

Agrégé des Facultés de droit,
Directeur du Centre d'Études et de Recherches Constitutionnelles, Administratives et Financières (CERCAF),
Université de Yaoundé II- Cameroun

---

[35] ROMAN (D), « Les droits sociaux, entre « injusticiabilité » et « conditionnalité » : éléments pour une comparaison », op.cit., p. 301.

[36] AILINCAI (M), *Soft Law et droits fondamentaux*, op.cit., p.20

[37] Idem.

Zakara GANDOU

LE CONTRÔLE JURIDIQUE DU POUVOIR POLITIQUE À TRAVERS LES MÉCANISMES CONSTITUTIONNELS DU MALI ET DU NIGER

INTRODUCTION

L'expression justice constitutionnelle désigne l'ensemble des institutions et techniques grâce auxquelles est assurée, sans restriction, la suprématie de la constitution[1]. S'il est difficile de déterminer exactement quand apparaît la notion, Hans Kelsen et Charles Eisenmann l'utilisent dès 1928 avec le sens qu'on lui connaît aujourd'hui[2]. Pour H. Kelsen, la justice constitutionnelle c'est « la garantie juridictionnelle de la constitution »[3](RD publ. 1928).

Selon Eisenmann, « la justice constitutionnelle est cette sorte de justice ou mieux de juridiction qui porte sur les lois constitutionnelles ». Il complètera cette définition en distinguant « justice constitutionnelle » et « juridiction constitutionnelle », la seconde étant l'organe par lequel s'exerce la première[4]. Il se fera encore plus précis en disant que le sens juridique de la justice constitutionnelle est donc, en dernière analyse, de garantir la répartition de la compétence entre législation ordinaire et législation constitutionnelle, d'assurer le respect de la compétence du système des règles ou de l'organe suprême de l'ordre étatique. C'est l'élément déterminant en dernière analyse de la justice constitutionnelle : s'il ne rentre pas dans les attributions d'une juridiction de « garantir la répartition de la compétence entre législation ordinaire et législation

[1] L. Favoreu et al, *Droit constitutionnel*, Dalloz, 16 édition, P. 233.

[2] L. Favoreu et al, *Droit constitutionnel*, op cit, P. 233.

[3] H. Kelsen, *La garantie juridictionnelle de la constitution*, RDP, 1928.

[4] C. Eisenmann, *La justice constitutionnelle et la cour constitutionnelle d'Autriche*

constitutionnelle », cette juridiction n'exerce pas la justice constitutionnelle, et n'est donc pas une juridiction constitutionnelle[5].

Ce vocabulaire moderne de justice constitutionnelle ne sera pas utilisé pendant longtemps par la doctrine française et dans son sillage, par les Etats africains qui s'en inspirent. Ils préféreront parler de « contrôle de constitutionnalité des lois », alors qu'en fait, le contrôle de constitutionnalité des lois n'est qu'une des techniques à la disposition de la justice constitutionnelle[6]. C'est sans doute la plus importante, mais elle ne représente que l'un des éléments de la théorie de la justice constitutionnelle et ne s'identifie pas à celle-ci[7].

Divers systèmes de justice constitutionnelle existent dans le monde. Mais option sera prise de retenir la classification faite par le doyen Favoreu en 1984 et 1986 dans le sillage de Mauro Cappelletti (1982), en distinguant deux grands modèles de justice constitutionnelle que seraient les modèles américain et européen[8].

S'agissant du modèle américain, ses origines lointaines remontent à l'arrêt Bonhan[9] et au travail du comité judiciaire du conseil privé du roi[10] aussi paradoxal que cela puisse paraître aujourd'hui[11]. Pour le reste, alors même que la constitution n'a pas consacré expressément le contrôle de constitutionnalité, c'est le contexte constitutionnel américain qui a conforté l'installation de la justice constitutionnelle. C'est le Chief justice

---

[5] L. Favoreu, op cit.

[6] L. Favoreu, op cit

[7] L. Favoreu, op cit

[8] L. Favoreu, op cit

[9] L'arrêt Bonham : C'est paradoxalement en Angleterre, où aujourd'hui encore la démocratie majoritaire et la souveraineté parlementaire freinent l'avènement d'une véritable démocratie constitutionnelle, qu'est peut-être née la première idée moderne de contrôle de constitutionnalité. On l'a doit au célèbre juge anglais, Sir Edward Coke, qui au début du 17ème siècle appliqua la notion de « loi supérieure » dans un arrêt rendu par le tribunal de « common Pleas » en 1610, pour refuser la sanction du sieur Boham par le « collège de médecins » pour exercice de la médecine sans autorisation, car la loi à lui appliquée pour le sanctionner, paraissait déraisonnable et contraire au droit de common law, (loi fondamentale et incarnation de la raison pour les tenants de cette thèse), selon le juge.

[10] Il faut aussi ajouter l'existence du « comité judiciaire du conseil privé du roi », en Angleterre, qui exerce une forme de contrôle de constitutionnalité des lois qui s'est diffusée dans les colonies d'Amérique, et qui permettait d'invalider les lois des assemblées coloniales contraires au droit de la mère-patrie.

[11] L. Favoreu et al, op cit.

John Marshall qui l'a revendiqué et l'a finalement établi à travers le célèbre arrêt Marbury V. Madison de 1803[12].

Néanmoins, il faut rappeler que Alexander Hamilton, avait déjà posé les fondements d'un tel contrôle, en notant clairement que le parlement peut mal faire comme l'illustre notamment la législation coloniale britannique et qu'une majorité peut être oppressive. La constitution, loi suprême devant assurer entre autres la sauvegarde des droits, il est indiqué qu'un juge veille à la suprématie de la constitution, pour qu'elle ne soit pas mise en échec par des majorités[13].

En Europe l'avènement de la justice constitutionnelle se présente comme l'aboutissement historique d'une lente évolution des idées et du concept de démocratie[14] et notamment de la démocratie libérale[15]. Le contrôle de constitutionnalité découlant du principe de la hiérarchie des normes et de suprématie de la constitution, comme nous l'avons vu dans le modèle américain, il n'a pu se diffuser en Europe que dans le sillage de l'école du droit naturel avec l'idée d'un droit supérieur de Saint-Thomas à Grotius ou Puffendorf[16].

Mais cette idée de droit supérieur se heurte au 18ème siècle à l'absolutisme de la loi, expression de la souveraineté. C'est ce qui explique pour une part l'échec des projets comme celui du « jurie constitutionnaire » de Sièyes influencé en cela par l'argumentation d'Alexander Hamilton en 1795[17] ; l'échec des idées similaires dans un

---

[12] Cet arrêt est présenté comme constitutif d'une grande habilité stratégique dont le chef d'orchestre était le juge Marshall. C'est cette habilité du Juge Marshall qui permet à la cour d'affirmer son autorité sans mécontenter les adversaires politiques d'un juge, dont les sympathies avec le Parti fédéraliste étaient connues nous apprend L. favoreu. Pour cela, il va présenter un raisonnement étonnant qui l'amène paradoxalement à se prononcer sur le fond de l'affaire tout en déclinant la compétence de la cour ; Voir F. Mélin-Soucramanien & P. Pactet, *Droit constitutionnel*, Sirey, 36ème édition, p.274.

[13] L. Favoreu et al, op cit. ; Voir également A. Hamilton, *« Le fédéraliste »* : commentaire de la constitution des Etats-Unis, Recueil d'Articles écrits en faveur de la nouvelle constitution telle qu'elle a été adoptée par la Convention fédérale le 17 septembre 1787, nouvelle édition française, avec une introduction bibliographique et historique de G. Jèze et A. Esmein, 1902, P.647-651.

[14] L. Favoreu, op cit.

[15] C. Schmitt, *Théorie de la Constitution*, PUF,1993,

[16] L. Favoreu et al., op cit.

[17] L. Favoreu et al., op cit.

projet de constitution en 1848[18] en Allemagne. En définitive, le principe de suprématie de la constitution ne trouvera sa formulation définitive qu'après la 1ère guerre mondiale dans le cadre de « l'école de Vienne » sous la direction de Hans Kelsen. Selon H. Kelsen, le contrôle de constitutionnalité ne peut être que « centralisé » c'est-à-dire exercé par une juridiction constitutionnelle spécifique. Il ne saurait être confié à l'ensemble des juges ordinaires, comme aux USA. L'absence de règle du « précédent » dans les systèmes romano-germaniques, multipliant les risques de contrariété de jurisprudence, empêcherait en effet de parvenir à une interprétation constitutionnelle commune à l'ensemble des juridictions[19]. Seule une cour constitutionnelle unique, compétente pour prononcer l'annulation d'une norme contraire à la constitution, peut dès lors garantir la cohérence de l'ordonnancement juridique à travers le respect, par l'ensemble des tribunaux, de l'interprétation constitutionnelle[20]. Ce modèle kelsénien qui deviendra par extension le modèle européen de justice constitutionnelle aura sa traduction concrète dès 1920 en Autriche, suivie de la Tchécoslovaquie toujours en 1920 et de l'Espagne en 1931.

Cette juridiction constitutionnelle spécialisée est, en effet notamment chargée de contrôler la constitutionnalité des lois votées par les Assemblées provinciales. Sur recours du gouvernement fédéral, elle pouvait aussi prononcer l'annulation des textes contraires à la constitution, sa décision étant revêtue d'une autorité absolue de chose jugée.

L'histoire de cette cour autrichienne qui compta H. Kelsen parmi ses premiers membres fut agitée. Une révision constitutionnelle en 1929, entama son indépendance, entraînant le départ de H. Kelsen. Puis après diverses altérations, elle fut supprimée en 1938, victime du nazisme[21].

Dans un continent européen à la recherche de la paix où les parlements, leçon de l'histoire immédiate, ont montré qu'ils pouvaient se révéler, aussi, dangereux pour les libertés, l'implantation du système kelsénien de justice constitutionnelle devient l'une des premières

---

[18] L. Favoreu et al., op cit.

[19] L. Favoreu et al., op cit

[20] L. Favoreu et al., op cit.

[21] L. Favoreu et al., op cit.

caractéristiques de ces démocraties européennes[22]. Les expériences portugaise, espagnole, italienne et allemande montrent à suffisance l'imbrication entre justice constitutionnelle et démocratie, car ces pays ont basculé dans ce système de justice constitutionnelle au sortir de dictatures.

Le lien entre justice constitutionnelle et démocratie induit par le basculement post dictature a fait école en Afrique surtout à la fin de la décennie 1990.[23] C'est ainsi qu'en Afrique aussi la notion émerge progressivement (T. Holo, 2009[24]) ; Luc Sindjoun (2009[25]) ; B. Kanté(2008[26])

Théodore Holo décrit bien ce lien quand il écrit :

> « La justice constitutionnelle est consubstantielle au constitutionnalisme triomphant à nouveau sur le continent africain depuis l'effondrement dans la dernière décennie du 20ème siècle des différents régimes autoritaires qui avaient fleuri au lendemain de la décolonisation.
>
> Le constitutionnalisme étant historiquement un mouvement issu du siècle des lumières qui visait, en réaction contre le despotisme et l'absolutisme royal d'alors, à doter les États d'une constitution écrite pour d'une part, encadrer, voir limiter le pouvoir des gouvernants, d'autre part, garantir les droits et libertés des gouvernés, il fallait une juridiction pour assurer le respect de la norme fondamentale. Ainsi la justice constitutionnelle s'entend de toute fonction juridictionnelle ayant pour but d'assurer la primauté et le respect des règles constitutionnelles essentiellement, mais non exclusivement, par les pouvoirs publics. Comme le souligne André Hauriou, constitutionnaliser le pouvoir, c'est le soumettre à des règles précises, et plus particulièrement mettre au point des mécanismes de

---

[22] C'est le cas en Italie en 1947 ; en RFA en 1949 ; en France en 1958, au Portugal en 1976 ; en Espagne en 1978 ; en Belgique en 1980 etc.

[23] T. Holo, *Emergence de la justice constitutionnelle*, pouvoirs n°129, 2009. L'auteur démontre de juin 1993 à décembre 2008, la Cour Constitutionnelle du Benin a rendu 2400 décisions dont 1728 en contrôle de constitutionnalité. En 2008, à la date du 11 décembre 117 décisions relatives à la violation des droits fondamentaux et des libertés publiques ont été rendues.

[24] T. Holo, *Emergence de la justice constitutionnelle*, op cit.

[25] L. Sindjoun, *Les grandes décisions de la justice constitutionnelle africaine*, Bruylant, Bruxelles, 2009

[26] B. Kanté, *Les juridictions constitutionnelles et la régulation des systèmes politiques*, in mélanges Jean Gicquel, Montchrestien, 2008.

représentation politique, établir auprès des gouvernements des censeurs qui seront qualifiés pour dialoguer avec ceux-là.

En d'autres termes, il faut bien reconnaître avec Yves Mény que le constitutionnalisme ne se réduit pas à l'adhésion diffuse au texte constitutionnel, encore faut-il que la suprématie de la constitution soit juridiquement garantie »[27]

Le phénomène des conférences nationales souveraines et les tactiques adoptées par certains gouvernants dans certains pays pour les éviter en allant sans grande conviction, au-devant des revendications pro démocratie, en sont l'illustration en Afrique.[28]

Mais si l'idée de justice constitutionnelle a pris une nouvelle dimension à partir des années 1990, celle-ci était déjà présente dans les premières constitutions octroyées aux États francophones noirs au moment de leur indépendance[29]. En effet, la plupart des constitutions avaient prévu au sein des cours suprêmes une chambre constitutionnelle[30]. Le Professeur Holo, rappelle à juste titre que cet embryon de justice constitutionnelle fruit de la doctrine libérale française, ne survivra guère à la pandémie du présidentialisme négro africain.

Le professeur Conac se fait plus précis en rappelant :

« Qu'au moment où les États francophones d'Afrique furent constitués, il fut jugé raisonnable d'adopter contrairement à l'exemple français, le principe de l'unité de juridiction. C'est ainsi qu'une Cour Suprême fut appelée à coiffer l'ensemble des juridictions. Mais pour tenir compte de la spécificité du contentieux administratif, les Cours furent fractionnées en plusieurs chambres spécialisées. Une chambre administrative(...) était appelée à cohabiter au sein de la Cour avec une chambre constitutionnelle, une chambre judiciaire et quelque fois une chambre des comptes »[31].

---

[27] T. Holo, *Emergence de la justice constitutionnelle*, op cit, pp.101-102.

[28] B. Gueye, *La démocratie en Afrique : succès et résistances*, Pouvoirs n°129, P.5. Sur ce registre, on peut noter au Niger la révision massive (en termes d'articles touchés et de vision politique) de la constitution du 24 septembre 1989 par la loi constitutionnelle n°91-002 du 24 avril 1991, pour réaliser des ouvertures afin d'éviter (mais en vain), la tenue d'une conférence nationale.

[29] T. Holo, op cit.

[30] T. Holo, op cit.

[31] Pr Conac, cité par L. Favoreu et al., op cit.

Mais le Mali et le Niger ont la particularité de ne pas épouser totalement ce schéma général. Ils dérogent quelque peu au modèle décrit par le professeur Conac. Ainsi s'agissant du Mali, c'est seulement par la loi constitutionnelle du 13 mars 1965 que la section constitutionnelle de la Cour d'État (Cour indépendante du pouvoir judiciaire) a été transférée au niveau de la Cour suprême, sans modification de ses missions définies par la Constitution du 22 septembre 1960, rejoignant ainsi le principe de l'unité de juridiction[32]. De même, au Niger, la première Constitution sous mandat communautaire, prévoyait une section constitutionnelle au sein de la Cour d'État, aux côtés d'une section du contentieux et d'une section des comptes[33]. Ce n'est que la Constitution du 8 novembre 1960 en créant une Cour suprême comprenant quatre chambres dont une chambre constitutionnelle, qui ramène le Niger dans le schéma classique généralement décrit[34].

Avec l'intervention croissante des militaires sur la scène politique de ces pays, remplaçant des partis uniques ou en en créant eux-mêmes, la dépendance des pouvoirs judiciaires était devenue un lieu commun, et rendant conséquemment chimérique l'accès à une quelconque justice constitutionnelle. Il a fallu, le renouveau démocratique des années 1990 pour que la justice constitutionnelle prenne un nouvel élan au Mali et au Niger.

Par conséquent, ces deux pays ont en commun le fait que leurs Constitutions actuelles[35], soient les héritières de transitions démocratiques post Moussa Traoré pour l'un, Seyni Kountché pour l'autre. Ces deux figures étaient au temps de leurs splendeurs, les sources exclusives du pouvoir et du droit dans ces pays. Il y a là un intérêt évident à faire le point sur l'avènement et l'expression de cette nouvelle donne

---

[32] P.E Spitz, *La cour constitutionnelle du Mali et le droit électoral*, cahiers du conseil constitutionnel, n°2, Dossier Mali, mai, 1997.

[33] Article 48, constitution du 12 mars 1959.

[34] Article 57. Ce schéma a perduré jusqu'à l'adoption de la constitution du 9 août 1999 fondant la 5ème république. Les articles 98 et 103 de cette constitution instituent une cour constitutionnelle authentique avec des attributions et un statut qui n'ont jamais été démentis depuis lors, y compris par la constitution de la 6ème république (article 104) née pourtant au prix d'une violence inouïe contre la cour constitutionnelle de la 5ème république.

[35] Constitution promulguée le 27 février 1992 pour le Mali et constitution du 25 Novembre 2010 pour le Niger.

politique et juridique qu'est la justice constitutionnelle dans ces deux pays.

En outre, le Mali et le Niger dont la justice constitutionnelle comparée est l'objet de cet article, ont en commun également, leur projection au-devant de l'actualité diplomatique pour des questions terroristes qui ne sont pas sans incidence sur la vitalité de la justice constitutionnelle dans son versant protection des droits de l'homme. Il est donc important pour cela aussi, d'analyser un mécanisme qui aura certainement à être mis à rude épreuve dans des contextes sécuritaires agités.

Mais avant tout, c'est l'héritage dictatorial commun qui a pesé dans la balance pour faire du juge constitutionnel non seulement la clé de voûte de leurs architectures démocratiques, mais encore, l'instrument privilégié de l'édification de l'État de droit auquel aspirent très officiellement ces pays[36].

Cette reconversion s'est traduite d'un coup au Mali en 1992 par la création d'une juridiction constitutionnelle authentique indépendante du pouvoir judiciaire et du pouvoir exécutif[37]. La volonté de pousser loin l'indépendance de cette juridiction explique qu'elle n'ait quasiment pas d'attribution consultative et que ses décisions soient revêtues de la plus grande force exécutoire possible vis-à-vis des autres pouvoirs publics. Au Niger cette reconversion a été amorcée en 1999 et s'est confirmée et renforcée depuis, à travers les deux constitutions qui ont suivi, notamment celles des 6ème[38] et 7ème[39] républiques

Dans le processus de cette reconversion, les deux pays ont eu les mêmes sources d'inspiration qui ont secrété des éléments convergents pour leur justice constitutionnelle (I). A ces inspirations communes correspondent cependant, une réception et une évolution différenciées, voire altérées, du modèle de justice constitutionnelle adopté (II).

---

[36] Cf préambule de la Constitution du 25 novembre 2010 du Niger et préambule de la constitution du 27 février 1992 du Mali

[37] P.E Spitz, *La cour constitutionnelle du Mali et le droit électoral*, cahiers du conseil constitutionnel, n°2, Dossier mali, mai, 1997

[38] Article 104, constitution du 4 août 2009.

[39] Articles 116 et 120, constitution du 25 novembre 2010.

I. Des inspirations communes sécrétant des éléments de convergence

Les justices constitutionnelles telles qu'organisées par les constitutions malienne et nigérienne, ont des éléments communs qui sont la résultante d'inspirations communes. Ces inspirations qui irriguent les mécanismes de justice constitutionnelle de ces deux pays, ont trait à leur conversion commune aux exigences de l'État de droit libéral (A) d'une part ; et à l'adoption du modèle institutionnel européen de justice constitutionnelle destiné à assurer les idéaux de cet État de droit (B) d'autre part.

A. La conversion commune aux exigences de l'État de droit libéral

La suprématie constitutionnelle et donc la justice constitutionnelle s'inscrira à partir de la fin du 19ème siècle dans la perspective plus large de l'État de droit. Ce concept d'État de droit est apparu au 19ème siècle dans la doctrine juridique allemande[40] (Rechtsstaat) avant d'être transposée en France puis dans les autres pays européens au prix d'une série d'adaptations[41].

Le système de l'État de droit implique en tout premier lieu que l'État soit soumis à un « régime de droit »[42], c'est-à-dire que ses divers organes ne puissent agir qu'en vertu d'une habilitation juridique : tout recours à la contrainte doit être fondé sur une norme juridique ; l'exercice de la puissance se transforme en une compétence instituée et encadrée par le droit. L'État de droit suppose ainsi l'existence d'un ordre juridique hiérarchisé avec une soumission des pouvoirs à la loi[43], soumission qui doit être garantie par l'institution d'un contrôle juridictionnel du pouvoir, soit par le juge ordinaire (justizstaat), soit par des tribunaux spéciaux (sondergerichte). Ce contrôle juridictionnel du pouvoir s'étend du contrôle des conditions de sa dévolution, à celles de son exercice (1), toutes choses qu'organisent les constitutions des deux pays et qu'elles confient à des juges constitutionnels.

---

[40] C. Schmitt, *Théorie de la Constitution*, PUF, 1993.

[41] J. Chevallier, *L'État,* Dalloz, 2ème édition, pp.36-37.

[42] J. Chevallier, op cit. Pour lui l'État de droit n'est pas seulement un État régi par le droit, mais encore un État soumis au droit.

[43] J. Chevallier, op cit, pp.36-37.

Le système de l'État de droit postule aussi la subordination de la loi à la constitution, norme suprême sur laquelle repose l'ordre juridique. Appelée contrôle de constitutionnalité, cette pièce maîtresse de la justice constitutionnelle est tournée vers la protection des droits dès lors que l'on a compris et admis que la loi peut être liberticide (2). Là également, les deux pays s'inscrivent moyennant quelques nuances dans cette tradition.

1. Le contrôle des mécanismes d'authentification de la dévolution du pouvoir, des décisions du peuple et du pouvoir

En démocratie la source du pouvoir reste le peuple. Dès lors s'assurer que l'expression du peuple est authentique est devenu une des missions essentielles de la justice constitutionnelle[44]. Les deux pays ont épousé cette vision, en donnant des attributions à leurs cours constitutionnelles qui ont pour but d'assurer cette authenticité de l'expression du peuple comme source de pouvoir ou de décision souveraine, et ce, qu'il s'agisse du choix des gouvernants, ou de l'usage du référendum.

C'est ainsi que s'agissant du Mali, la cour constitutionnelle est saisie, en cas de contestation sur la validité d'une élection, par tout candidat, tout parti politique ou le délégué du gouvernement, dans les conditions prévues par une loi organique[45]. Elle donne des avis au Président de la République s'agissant du référendum législatif[46].

Au Niger, la Cour constitutionnelle, est la juridiction compétente en matière constitutionnelle et électorale. Elle est juge du contentieux électoral et proclame les résultats définitifs des élections[47].

Au titre des élections, la cour constitutionnelle contrôle la régularité des élections présidentielles et législatives. Elle examine les réclamations,

---

[44] Il est classique de dire que la compétence électorale mue le juge constitutionnel en juge ordinaire. Lorsqu'ils veillent à la régularité des élections nationales, les membres des juridictions constitutionnelles ne contrôlent pas la conformité d'un acte à la constitution. Ils ne se dénaturent pas pour autant, mais exercent une mission différente, une dualité de fonctions contentieuses en quelque sorte.cf F. Hourquebie & W. Mastor, *Les cours constitutionnelles et suprêmes étrangères et les élections présidentielles,* nouveaux cahiers de droit constitutionnel, n°34. Il s'agit là d'une vision très restrictive de la justice constitutionnelle, que relève à juste titre le Doyen Favoreu, op cit.

[45] Article 87 de la constitution de la 3ème république au Mali.

[46] Article 41 de la constitution

[47] Article 120 de la constitution.

statue sur le contentieux des élections présidentielles et législatives et proclame les résultats des scrutins[48]. Elle est compétente pour statuer sur le recours pour excès de pouvoir en matière électorale, sans recours administratif préalable. Elle doit statuer dans un délai de cinq(5) jours, à compter du dépôt du recours au greffe[49]. Concernant le référendum, elle statue sur sa régularité[50] et en proclame les résultats[51]. Elle donne aussi son

---

[48] Article 127

[49] Article 128

[50] Cette disposition existait à l'identique dans la constitution de la 5ème république et c'est sur cette base que la cour constitutionnelle de l'époque avait annulé le décret convoquant le corps électoral à un référendum ayant pour objet de changer de constitution pour permettre au président de briguer un troisième mandat et faire sauter ainsi le verrou constitutionnel de deux mandats seulement. Les motifs de l'arrêt n° 04/CC/ME du 12 juin 2009 prononçant cette annulation étaient :

Considérant qu'aux termes de l'article 49 alinéa 1 de la Constitution : « Le Président de la République peut, après avis de l'Assemblée Nationale et du Président de la Cour constitutionnelle, soumettre au référendum tout texte qui lui paraît devoir exiger la consultation directe du peuple à l'exception de toute révision de la présente Constitution qui reste régie par la procédure prévue au titre XII » ;

Considérant qu'en l'état actuel des dispositions constitutionnelles, l'opération projetée par le décret attaqué s'analyse en une révision intégrale de la Constitution en vigueur ;

Considérant que toute révision de la Constitution doit obéir aux dispositions du titre XII de la Constitution, notamment celles des articles 135 et 136 ainsi formulés :

Article 135 - Pour être pris en considération, le projet ou la proposition de révision doit être voté à la majorité des trois quarts (3/4) des membres composant l'Assemblée Nationale.

Si le projet ou la proposition en cause a été approuvé à la majorité des quatre cinquième (4/5) des membres composant l'Assemblée Nationale, la révision est acquise. A défaut, le projet ou la proposition est soumis à référendum.

Article 136 - Aucune procédure de révision ne peut être engagée ou poursuivie lorsqu'il est porté atteinte à l'intégrité du territoire national.

La forme républicaine de l'État, le multipartisme, le principe de la séparation de l'État et de la religion et les dispositions des articles 36 et 141 de la présente Constitution ne peuvent faire l'objet d'aucune révision.

Considérant dès lors que toute révision de la Constitution ne peut s'envisager hors la procédure prévue à l'article 135 précité ;

Que le décret convoquant le corps électoral pour le référendum sur la Constitution de la VIe République a donc été pris en violation des dispositions des articles 49 et 135 de la Constitution ;

Qu'il encourt annulation de ce chef ;

Sans qu'il ne soit besoin d'examiner les autres moyens.

[51] Article 127 in fine.

avis au Président de la République sur la tenue d'un référendum législatif[52].

Ce décor normatif et institutionnel est important pour assurer l'authenticité de la volonté populaire quand elle désigne les gouvernants ou quand elle participe au processus d'édiction des normes, qu'elles soient législatives ou constitutionnelles. Le coup d'éclat de la Cour constitutionnelle du Niger à travers l'arrêt n° 04/CC/ME du 12 juin 2009 prononçant une annulation du décret présidentiel convoquant le corps électoral à un référendum irrégulier, lui a valu certes d'être suspendue, mais l'audace a eu le mérite de poser une jurisprudence importante et à double détentes. D'abord, elle montre le rôle particulier du juge constitutionnel nigérien dans le contrôle du volet administratif des élections. Ensuite, elle fixe la différence des procédures pour les référendums législatif et constitutionnel, en veillant à ce qu'il n'y ait pas en la matière de détournement de procédure[53].

Mais comme nous sommes en Afrique, ce décor ne doit cependant pas masquer une réalité électorale faite de ruine secrète que voile la majesté apparente des textes et des institutions dans beaucoup de cas.[54]

S'agissant du contrôle des pouvoirs, il est inscrit dans la logique même du système de justice constitutionnelle en cours dans ces pays par le truchement des cours constitutionnelles qui en sont les véhicules[55]. Au

---

[52] Article 60

[53] Le précédent gaullien qui permettait l'utilisation de l'article 11 à la place de l'article 89 pour modifier la constitution française a été stoppé net au Niger par le juge constitutionnel.

[54] D. Kokoroko, *Les Elections disputées : Réussites et Echecs*, pouvoirs n°129, p.118. Le Pr Kokoroko précise du reste, que les dysfonctionnements sont visibles à diverses étapes du processus électoral. Au niveau pré-électoral, l'examen des modes de désignation des membres des juridictions constitutionnelles, acteurs en amont et en aval du processus électoral, révèle des dosages savants où la volonté d'assurer une composition diversifiée et indépendante cède souvent au souci de garantir une certaines prééminence au chef de l'État, d'abord par la forte proportion des membres choisis directement par lui, ensuite par le droit de nomination accordé à des hauts magistrats souvent proches du pouvoir en place. Cf également, D.F. MELEDGE, *fraudes électorales et constitutionnalisme en Afrique,* in démocratie et élections dans l'espace francophone ; Z. Gandou, *Etude critique des processus électoraux en Afrique noire francophone : Réflexion sur la crise des États nouveaux*, Thèse de doctorat, Toulouse1, 2001 ; D. Kokoroko, *Contribution à l'étude de l'observation internationale des élections, thèse de droit public* ; P.M. Mukondi, *Démocratie électorale en Afrique subsaharienne* (entre Droit, pouvoir et Argent), Globethics.net african law, n°4, 2016.

[55] Comme le remarque fort opportunément le doyen Favoreu, les gouvernés n'acceptent plus de ne se prononcer qu'au moment des élections et de laisser les gouvernants libres de

Mali et au Niger, des dispositions constitutionnelles circonstanciées y concourent en plus du contrôle indirect à travers les effets des contrôles des lois[56].

Il en est ainsi au Niger des dispositions qui attribuent compétence à la Cour Constitutionnelle de régler les conflits d'attribution entre les institutions de l'État et qui la rendent compétente pour statuer sur toute question d'interprétation et d'application de la Constitution[57]. Dans ce cadre, l'arrêt n°007/CC/MC de la cour constitutionnelle du Niger est illustratif. Dans le cas d'espèce, le Premier Ministre demandait à la cour de déclarer non conforme à la constitution, l'article 167 de la loi organique portant statut autonome du cadre des douanes en tant que cet article traite d'une matière réglementaire, et donc méconnaît la frontière loi-règlement, et, conséquemment, la séparation des attributions entre le parlement et l'exécutif. La requête du Premier Ministre souligne aussi que cet article « méconnaît la frontière constitutionnelle établie entre la loi et le règlement d'une part ; et la distribution constitutionnelle des pouvoirs entre le législatif et l'exécutif d'autre part ; la requête soutient que par cet amendement que constitue l'article 167, « le législateur a procédé lui-même et directement au reclassement de fonctionnaires du cadre des douanes bien ciblés, alors que le reclassement des fonctionnaires est un acte de gestion des carrières qui relève et qui a toujours relevé du pouvoir réglementaire et en l'espèce du Ministre concerné, ou de toute autorité à qui cette attribution est déléguée ».

Le juge constitutionnel en réponse à cette requête conclut aux termes de l'arrêt n°007/CC/MC, que cet article relève du domaine réglementaire. Cette décision règle certes des conflits d'attributions, mais en même temps, elle est un contrôle du pouvoir ou des pouvoirs qui ne peuvent pas

---

décider entre deux élections : ils veulent pouvoir contrôler ceux-ci dans l'intervalle et le meilleur moyen de la faire est de confier cette tâche à la justice constitutionnelle. Cette idée s'est facilement acclimatée aux États-Unis parce que, le plus souvent, ce n'était pas, comme en Europe, la volonté nationale qui était soumise au contrôle de la justice constitutionnelle mais celle des législatures d'États. Il a fallu, en Europe, les traumatismes de la seconde guerre mondiale pour que la plupart des États se résolvent à accepter le contrôle de la législature nationale. Ceci a bien inspiré les constitutions de ces deux pays, sans oublié les longues périodes de deuil des libertés sous les régimes de Moussa Traoré au Mali et Seyni Kountché au Niger.

[56] L. Favoreu, op cit.

[57] Article 126, constitution du Niger

tout faire, encadrés qu'ils sont par la Constitution et conséquemment, les exigences des règles de compétence.

L'Article 133 qui dispose que *« La Cour constitutionnelle émet des avis sur l'interprétation de la Constitution lorsqu'elle est saisie par le président de la république, le président de l'assemblée nationale, le premier ministre ou un dixième (1/10è) des députés »* est aussi symptomatique de cette volonté de contrôle des pouvoirs. L'attribution de la cour constitutionnelle consistant à trancher sous huitaine, les conflits d'irrecevabilité des propositions, projets et amendements qui portent atteinte aux bonnes mœurs sur saisine du Premier Ministre, du Président de l'Assemblée Nationale ou un 1/10è des députés, s'analyse comme un mécanisme de contrôle des pouvoirs, supplémentaire[58]; tout comme celle consistant à donner un avis au gouvernement avant toute délégalisation d'un texte de forme législative intervenu après l'adoption de la constitution de la 7ème République[59].

Au Mali, aux termes du tiret3 de l'article 85 de la constitution, la cour constitutionnelle *« régule le fonctionnement des institutions et l'activité des pouvoirs publics »*. Elle constate aussi le caractère réglementaire des textes de forme législative adoptés après l'adoption de la constitution de la 3ème République, afin de permettre leur délégalisation, dispose l'article 73 al3.

Au total, ces dispositions organisent les conditions d'un contentieux de la division horizontale des pouvoirs, c'est-à-dire, une justice constitutionnelle des pouvoirs au sens où l'entend le doyen Favoreu[60].

L'exception d'inconstitutionnalité[61] prévue à l'article 132 de la constitution nigérienne sur laquelle nous reviendrons quand il s'agira de traiter des éléments de divergence entre les deux systèmes, contribue aussi à ce processus de contrôle des pouvoirs qui s'installe.

---

[58] Article 110 al2, constitution du Niger

[59] Article 103, constitution du Niger

[60] L. Favoreu, droit constitutionnel, op cit.

[61] Article 132 : « Toute personne partie à un procès peut soulever l'inconstitutionnalité d'une loi devant toute juridiction, par voie d'exception. Celle-ci doit surseoir à statuer jusqu'à la décision de la Cour constitutionnelle, qui doit intervenir dans un délai de trente (30) jours.

Une disposition déclarée inconstitutionnelle sur le fondement de l'alinéa ci-dessus est caduque de plein droit. L'arrêt de la Cour constitutionnelle établissant cette inconstitutionnalité est publié au journal officiel suivant la procédure d'urgence ».

2. La protection des droits

La protection des droits est en passe de devenir la fonction-phare de la justice constitutionnelle, tellement elle est associée à cette institution. En effet depuis que la Cour suprême des États-Unis est apparue comme un défenseur des droits et libertés au cours des décennies d'après-guerre[62], l'on a tendance à faire de cette activité, la fonction essentielle, sinon exclusive de cette institution[63], alors même que la justice constitutionnelle peut exister sans cette fonction[64].

Cependant, force est de constater que la justice constitutionnelle quand elle s'exprime à travers le contrôle de constitutionnalité des lois tel que prévu au Mali[65] et au Niger[66] a des vertus protectrices indirectes des droits individuels. En effet, les deux États marquent formellement à travers leurs constitutions leurs convictions à faire de celles-ci des outils de protection des droits humains. En cela, ils acceptent que la question du rapport de l'individu au pouvoir est centrale dans le processus d'institutionnalisation de l'État. Autrement dit, ils signent leur conversion formelle à la conviction selon laquelle l'État est censé, non seulement avoir pour origine la volonté collective des citoyens, mais encore avoir pour finalité ultime la défense et la protection de leurs droits

---

[62] Avant cette période, la Cour suprême américaine était surtout présentée comme l'archétype du juge conservateur empêchant tout progrès social et la figure même du « gouvernement des juges », perturbateur de la démocratie. Voir à cet égard, Edouard Lambert sur « *Le Gouvernement des juges* », Paris, 1921, p.12 et ss, où l'auteur développe à partir de la jurisprudence de la Cour de cette époque, la thèse selon laquelle les juges américains exerceraient en fait, une sorte de super-gouvernement ; et ajoutait-il, un gouvernement conservateur puisqu'ils ont annulé presque toutes les lois sociales comme contraires à la prospérité et la liberté.

[63] L. Favoreu, op cit, pp.268-269.

[64] Il en était ainsi au Canada avant 1982, en France avant 1971 et en Belgique avant la réforme constitutionnelle 1989. Dans ces trois cas, la justice constitutionnelle a eu essentiellement pour tâche pendant plusieurs années, soit de faire respecter la division verticale des pouvoirs (cour suprême canadienne, Cour d'Arbitrage de Belgique) soit d'assurer d'autres fonctions (Conseil constitutionnel français). Cf L. Favoreu, op cit p.269. Il est d'ailleurs important à cet égard de rappeler que H. keksen lui-même n'avait pas au départ envisagé cette fonction de la justice constitutionnelle, comme le fait L. Favoreu, citant en l'espèce, Micher Troper.

[65] Art. 85, constitution du Mali.

[66] Art. 126, constitution du Niger.

et libertés ; et ces droits et libertés constituent par là-même une limite à la puissance étatique[67].

La vertu protectrice indirecte des droits individuels que comporte le contrôle de constitutionnalité des lois, a été mise en lumière de manière magistrale par Alexander Hamilton quand il écrit :

> « Il n'est pas de proposition plus évidemment vraie que tout acte d'une autorité déléguée, contraire aux termes de la commission en vertu de laquelle elle est exercée, est nul. Donc, nul acte législatif, contraire à la constitution, ne peut être valable. Nier cela, ce serait affirmé que le délégué est supérieur à son commettant, que le serviteur est au-dessus de son maître ; que les représentants du peuple sont supérieurs au peuple lui-même ; que des hommes qui agissent en vertu des pouvoirs peuvent faire ce que ces pouvoirs ne les autorisent pas à faire, mais encore ce qu'ils défendent.
>
> (…) Il est plus rationnel de supposer que les tribunaux ont été désignés pour être un corps intermédiaire entre le peuple et la législature, à l'effet, entre autres choses, de maintenir la dernière dans les bornes à son autorité »[68].

Le même auteur, ajoute dans un style quasi lyrique :

> « Ce n'est pas seulement relativement aux infractions à la constitution, que l'indépendance des juges peut être un remède essentiel contre les effets des dispositions fâcheuses qui peuvent naître de la société. Quelquefois, ces dispositions ne tendent qu'à violer les droits privés d'une classe particulière de citoyens par des lois injustes et partiales. La fermeté des juges est alors de grande importance pour adoucir la sévérité et restreindre l'effet de pareilles lois. Cela non seulement servira à atténuer les inconvénients immédiats des lois qui peuvent avoir été votées, mais encore cela servira de freins au corps législatif pour l'empêcher d'en voter de semblables ; voyant que les scrupules des juges mettront toujours obstacle à l'exécution de ses injustes

---

[67] J. Chevallier, op cit, P.64 ; Voir également R.C. de Malberg qui n'en dit pas moins quand il définit l'Etat de droit *« comme un Etat qui dans ses rapports avec ses sujets et pour la garantie de leur statut individuel, se soumet lui-même à un régime de droit, et cela en tant qu'il enchaîne son action sur eux par des règles, dont les unes déterminent les droits réservés aux citoyens, dont les autres fixant par avance les voies et les moyens qui pourront être employés en vue de réaliser les buts étatiques »,* in « contribution à la théorie générale de l'Etat, Tome 1, paris, sirey, 1920-1922, P. 490.

[68] A. Hamilton, *le fédéraliste*, éditions internationales, 1963, pp.164-165.

projets, il sera en quelque sorte forcé, par le désir même d'assurer le succès de l'injustice qu'il médite, de modérer ses tentatives »[69]

Cette vision de la justice constitutionnelle montre tout le potentiel protecteur des droits humains fondamentaux[70] de ce système, surtout que les constitutions modernes dont celles du Mali et du Niger, contiennent des déclarations des droits[71] et consacrent même un nombre important de leurs articles[72] à la protection desdits droits. Il est évident que dans ces

---

[69] A. Hamilton, *le fédéraliste*, op cit, pp. 167-168.

[70] Nous retenons la notion dans le sens que lui donne le Professeur L. Favoreu, c'est-à-dire que « constituent des droits et libertés fondamentaux tous ces droits et libertés protégés par des normes constitutionnelles et ou européennes, et internationales », cf L. Favoreu, droit constitutionnel, op cit P.878.

[71] Le préambule de la constitution du Mali entre autres, réaffirme l'engagement du peuple malien à rester fidèle aux idéaux des victimes de la répression et des martyrs tombés sur le champ d'honneur pour l'avènement d'un État de droit et de démocratie pluraliste ; proclame sa détermination à défendre les droits de la femme et de l'Enfant ; souscrit à la déclaration universelle des droits de l'homme du 10 décembre 1948 et à la charte africaine des droits de l'homme et des peuples du 27 juin 1981.

Le préambule de la constitution nigérienne proclame entre autres, l'attachement du peuple nigérien aux principes de démocratie pluraliste et aux droits humains tels que définis par la déclaration universelle des droits de l'homme de 1948, le pacte international relatif aux droits civils et politiques de 1966, le pacte international relatif aux droits économiques, sociaux et culturels de 1966 et la charte africaine des droits de l'homme et des peuples de 1981 ; aux instruments juridiques régionaux et internationaux de protection et de promotion des droits humains tels que signés et ratifiés par le Niger.

[72] Au Mali tout le titre1 de la constitution est dédié aux droits et devoirs de la personne humaine, soit un total de 24 articles. Sont ainsi garantis entre autres : le caractère sacré et inviolable de la personne humaine, le droit à la vie, à la liberté, à la sécurité et à l'intégrité(art1) ; la liberté et l'égalité droits et devoirs des maliens(article2) ; l'interdiction de la torture, des sévices, des traitements inhumains, cruels, dégradants, humiliants(article 3) ; liberté de pensée, de conscience, de religion, de culte, d'opinion, d'expression et de création (article4) ; la liberté d'aller et venir, le libre choix de la résidence, la liberté d'association, de réunion, de cortège, de manifestation(article5) ; le droit à la vie privée et de famille, le secret de la correspondance et des communications(article6) ; la liberté de presse(article7) ; la légalité et la non rétroactivité des procédures pénales, la présomption d'innocence, le droit à la défense(article9) ; le droit de propriété(article13) ; la liberté d'entreprendre(article 14), le droit à l'éducation, à l'instruction, à la formation, au travail, au logement, aux loisirs, à la santé et à la protection sociale(article 17) ; la liberté syndicale(article20) ; le droit de grève(article21).

Quant au Niger c'est le titre II de la constitution qui est consacré aux droits et devoirs de la personne humaine soit un total de 36 articles. Dans ce titre sont garantis pratiquement tous les droits qui le sont par la constitution malienne tels que listés ci-haut. On notera donc seulement les droits qui paraissent innovants : comme la discrimination positive pour

conditions, le contrôle de constitutionnalité des lois aux fins de vérification de leur respect des droits fondamentaux reconnus par la constitution, est un levier considérable au service du respect desdits droits[73]. Le fait qu'aucune des constitutions n'affirme expressément que tous les droits qu'elles proclament, lient les pouvoirs publics à titre de droits directement applicables, peut faire penser que ces droits sont plus virtuels que réels. Cette réserve est de moins en moins fondée dès lors que la constitution commence à être considérée dans ces pays aussi comme une norme directement applicable et dont le juge constitutionnel active les dispositions[74]. Il devient évident alors, que l'acclimatation de ce concept des droits de l'homme est incompatible avec le maintien et le développement d'un État absolutiste, c'est-à-dire reposant sur l'affirmation que le pouvoir doit pouvoir se diffuser sans entraves dans la société toute entière, sans rencontrer de limites objectives.[75]

---

les femmes et les personnes handicapées ; le droit d'être informé et d'accéder à l'information détenue par les services publics. En outre, au Niger, il est affirmé que le préambule fait partie intégrante de la constitution, constitutionnalisant ainsi une avancée jurisprudentielle héritée de la pratique du juge constitutionnel français à partir de 1971.

[73] Arrêt n°001/CCT/MC du 6 jan 2011 du juge constitutionnel du Niger, déclarant conforme à la constitution l'art 141 de l'ordonnance n°2010-16 portant organisation, attributions et fonctionnement de la Cour d'État. Dans cette affaire, l'ancien Premier Ministre, Hama Amadou renvoyé par la Cour d'État, devant une Cour d'assises pour être jugé pour détournement portant sur une somme de 39 000 000f, saisissait par voie d'exception, la Cour constitutionnelle aux fins de la voir déclarer contraire à la constitution l'article 141 de cette ordonnance qui a servi de fondement à ce renvoi devant les assises, au motif que son dossier devait être connu par une Haute Cour de Justice ; voir aussi Arrêt n°008/CC/MC du 10 sept 2013 sur le quota des femmes ; voir également l'arrêt n°12/CC/MC du 24 décembre 2013 sanctionnant le principe de l'Etat de droit, et l'égalité devant la loi. Cet arrêt estime que ce droit a été méconnu par la loi contrôlée dans le considérant qui suit : *« considérant qu'en ne soumettant pas la prestation de serment du président, des vice –présidents et des rapporteurs de la CENI au niveau national, des présidents et des vice-présidents de la CENI au niveau régional et communal, des présidents et des vice-présidents de la CENI au niveau des représentations diplomatiques et consulaires du Niger, à la présentation du livre saint de leur confession comme il l'a prévu pour les présidents et les secrétaires des bureaux de vote, l'article 16(nouveau) de la loi soumise à l'examen viole, en ses alinéas 1,2,3, le principe constitutionnel d'égalité des citoyens devant la loi, qui découle de l'article 8 précitée de la constitution »*. Pour rappel l'article 8 de la constitution dispose : « La république du Niger est un État de droit. Elle assure à tous l'égalité devant la loi (…) ».

[74] L. Favoreu, op cit

[75] J. Chevallier, op cit, p. 64.

L'autre inspiration commune à la justice constitutionnelle, que ce soit au Mali ou au Niger, c'est son calage pour l'essentiel, sur le modèle européen en la matière, via l'héritage français.

B. L'ADOPTION DU MODÈLE INSTITUTIONNEL EUROPÉEN DE JUSTICE CONSTITUTIONNELLE

Les mécanismes de justice constitutionnelle mis en place au Mali et au Niger épousent pour l'essentiel les éléments d'identification du modèle européen en la matière. Il s'agit d'une part de l'exercice concentré, abstrait et par voie d'action des mécanismes de contrôle[76] (1) et de l'autorité absolue des décisions rendues par le juge constitutionnel (2).

1. Un contrôle concentré, abstrait et à priori

La concentration du contrôle renvoie au fait qu'une juridiction constitutionnelle unique est dédiée à l'ensemble de la problématique constitutionnelle. Cette juridiction dispose d'un monopole d'appréciation de la constitutionnalité des lois. C'est en cela que le contrôle est concentré et non diffus.

Ainsi, au Mali, existe une cour constitutionnelle qui a le monopole d'appréciation de la constitutionnalité des lois, mais aussi de tout contentieux à dimension constitutionnelle affirmée. Ceci transparaît clairement des termes de l'article 85 de la constitution qui disposent que la cour :

- Juge de la constitutionnalité des lois ;
- Garantit les droits fondamentaux de la personne humaine et les libertés publiques

[76] A la différence cependant du modèle américain, la diversité des systèmes nationaux ayant adopté le modèle européen explique la coexistence, souvent d'un contrôle abstrait et d'un contrôle concret, même si ce dernier reste très spécifique, d'une part et d'un contrôle par voie d'action, de question préjudicielle de constitutionnalité ou encore d'exception d'autre part. Donc les éléments caractéristiques du modèle européen convenus, n'épuisent pas la matière. Ils constituent seulement une sorte de fonds commun des systèmes rattachés au modèle européen, permettant de mieux les distinguer du modèle américain. Cf L Favoreu, op cit.

- Régule le fonctionnement des institutions et l'activité des pouvoirs publics.

L'Article 86 précise que la cour constitutionnelle statue obligatoirement sur la constitutionnalité des lois organiques et des lois avant leur promulgation ; les règlements intérieurs de l'assemblée nationale, du haut conseil des collectivités territoriales, et du conseil économique social et culturel avant leur mise en application quant à leur conformité à la constitution ; les conflits d'attribution entre les institutions de l'État ; la régularité des élections présidentielles, législatives et des opérations de référendum dont elle proclame les résultats.

Si la formulation de l'article 86 pouvait laisser penser que le contrôle de constitutionnalité des lois était obligatoire et systématique au Mali, l'article 88 lève ce doute. Cet article dispose :

> « Les lois organiques sont soumises par le Premier Ministre à la Cour Constitutionnelle avant leur promulgation.
>
> Les autres catégories de lois, avant leur promulgation, peuvent être déférées à la Cour Constitutionnelle soit par le Président de la République, soit par le Premier Ministre, soit par le Président de l'Assemblée Nationale ou un dixième des députés, soit par le Président du Haut Conseil des Collectivités ou un dixième des Conseillers nationaux, soit par le président de la Cour Suprême ».

Dans ce cadre de contrôle de constitutionnalité, la Cour constitutionnelle statue dans un délai d'un mois selon une procédure dont les modalités sont fixées par une loi organique. Toutefois, à la demande du Gouvernement et en cas d'urgence, ce délai est ramené à huit jours. Le recours suspend le délai de promulgation de la loi. Une disposition déclarée inconstitutionnelle ne peut être promulguée ou appliquée[77].

Le Niger a opté également pour l'institution d'une cour constitutionnelle ayant le monopole de l'administration de la justice constitutionnelle, même si celle-ci est clairement (mais maladroitement) inscrite dans le système judiciaire global du pays par la constitution[78].

Ainsi, la Cour constitutionnelle est la juridiction compétente en matière constitutionnelle et électorale. Elle est chargée de statuer sur la

---

[77] Article 89 constitution du Mali

[78] Article 116 (al2) : *« (...) le pouvoir judiciaire est exercé par la cour Constitutionnelle, la Cour de cassation, le Conseil d'État, la Cour des comptes, les cours et tribunaux »*

constitutionnalité des lois, des ordonnances ainsi que de la conformité des traités et accords internationaux à la constitution. Elle interprète les dispositions de la constitution. Elle contrôle la régularité, la transparence et la sincérité du référendum, des élections présidentielles et législatives. Elle est juge du contentieux électoral et proclame les résultats définitifs des élections[79]. En outre, la cour constitutionnelle se prononce par Arrêt, sur la constitutionnalité des lois ; le règlement intérieur de l'assemblée nationale avant sa mise en application et ses modifications ; les conflits d'attribution entre les institutions de l'État. La cour constitutionnelle est compétente pour statuer sur toute question d'interprétation et d'application de la Constitution[80]. Les lois organiques, avant leur promulgation, et le règlement intérieur de l'Assemblée nationale, avant sa mise en application ainsi que leurs modifications, doivent être soumis à la Cour constitutionnelle qui se prononce sur leur conformité à la constitution.

Aux mêmes fins, avant leur promulgation, les lois peuvent être déférées à la cour constitutionnelle par le président de la république, le Premier Ministre, le Président de l'Assemblée Nationale ou un dixième (1/10è) des députés.

Dans les cas prévus aux alinéas précédents, la cour constitutionnelle doit statuer dans un délai de quinze (15) jours. En cas d'urgence et à la demande du gouvernement, ce délai est ramené à cinq (5) jours. Dans tous les cas, la saisine de la Cour constitutionnelle suspend le délai de la promulgation[81].

De ces mécanismes découle aussi le caractère abstrait et à priori du contrôle de constitutionnalité au Mali et au Niger[82]. Ces contrôles interviennent sans qu'il n'y ai un contentieux précis, des parties précises. Il s'agit de contrôles enclenchés par des autorités publiques, d'ailleurs assez nombreuses au Mali comparativement au Niger. Ainsi pour le contrôle de constitutionnalité des lois, il y a au moins sept catégories

---

[79] Article 120 constitution du Niger

[80] Article 126 de la constitution du Niger

[81] Article 131 constitution du Niger

[82] Même si le Niger a introduit à l'article 132 de sa constitution, une exception d'inconstitutionnalité, le système reste fondamentalement celui du contrôle abstrait et à priori.

d'acteurs qui peuvent l'enclencher[83] ; et six pour les engagements internationaux[84]. Le contrôle est pour l'essentiel à priori, car s'effectuant en ce qui concerne le contrôle de constitutionnalité des lois, avant leur promulgation.

S'agissant des engagements internationaux prévus aux articles 114 à 116 de la Constitution malienne, ils doivent être déférés avant leur ratification à la Cour Constitutionnelle, soit par le Président de la République, soit par le Premier Ministre, soit par le Président de l'Assemblée Nationale ou un dixième des députés, soit par le Président du Haut Conseil des Collectivités ou un dixième des Conseillers nationaux.

La Cour Constitutionnelle vérifie, dans un délai d'un mois, si ces engagements comportent une clause contraire à la Constitution.

Toutefois, à la demande du Gouvernement, s'il y'a urgence, ce délai est ramené à huit jours.

Dans l'affirmative ces engagements ne peuvent être ratifiés[85].

Sur ce registre des engagements internationaux, la cour constitutionnelle du Niger est chargée de statuer sur la conformité des traités et accords internationaux à la constitution.[86]

L'autre élément caractéristique du modèle européen de justice constitutionnelle qui transparaît dans les mécanismes de justice constitutionnelle des deux pays, est l'autorité absolue conférée aux décisions rendues par leurs juges constitutionnels (2).

2. Une autorité absolue des décisions rendues

Conformément au schéma kelsénien, chaque fois que la cour statue sur une loi de manière abstraite, la logique du système veut que sa décision soit revêtue de l'autorité absolue de chose jugée. La décision prise vaut à l'égard de tous (effet erga omnes), même si elle intervenait

---

[83] Il s'agit du Président de la République, du Premier Ministre, du Président de l'Assemblée Nationale ou d'un dixième des députés, du Président du Haut Conseil des Collectivités ou d'un dixième des Conseillers nationaux, du Président de la Cour Suprême.

[84] Il s'agit du Président de la République, du Premier Ministre, du Président de l'Assemblée Nationale ou d'un dixième des députés, du Président du Haut Conseil des Collectivités ou d'un dixième des Conseillers nationaux.

[85] Article 90 constitution du Mali

[86] Article 120al2 constitution du Niger

sur renvoi du juge ordinaire où des intérêts individuels sont en jeu[87]. Les deux pays s'inscrivent parfaitement dans cette logique.

Ainsi au Mali aux termes de l'article 94 de la constitution :

> « Les décisions de la Cour Constitutionnelle ne sont susceptibles d'aucun recours. Elles s'imposent aux pouvoirs publics, à toutes les autorités administratives et juridictionnelles et à les toutes personnes physiques et morales.
>
> Les règles d'organisation et de fonctionnement de la Cour constitutionnelle, ainsi que la procédure suivie devant elle, sont déterminées par une loi organique ».

S'agissant du Niger, l'Article 134 dispose :

> « Les arrêts de la Cour constitutionnelle ne sont susceptibles d'aucun recours. Ils liens les pouvoirs publics et toutes les autorités administratives, civiles, militaires et juridictionnelles.
>
> Tout jet de discrédit sur les arrêts de la cour est sanctionné conformément aux lois en vigueur ».

Au total, l'importance attachée à l'autorité absolue de chose jugée des décisions rendues, inscrit donc bien la justice constitutionnelle de ces pays dans le modèle européen dont l'effet erga omnes des décisions rendues par le juge constitutionnel, constitue une composante essentielle dudit modèle.

A ces inspirations communes qui fondent l'avènement institutionnel de la justice constitutionnelle au Mali et au Niger, correspondent une réception différenciée et des réalités contrastées des systèmes de justice constitutionnelle concrètement en vigueur (II).

---

[87] Les rares exceptions à ce principe se rencontrent au Portugal, en cas de contrôle concret, ou en Belgique, dans l'hypothèse de renvoi d'une question préjudicielle, où l'arrêt rendu disposera d'une autorité relative de chose jugée.

Mais dans l'intérêt de la sécurité juridique et du respect de l'égalité devant la loi, des mécanismes permettent toutefois de faire valoir la solution dans des litiges similaires (ce qu'on appelle « autorité relative renforcée » en Belgique), voire de déclencher une procédure de contrôle abstrait au Portugal. Cf L. Favoreu, op cit.

II. Une réception différenciée et des réalités contrastées du modèle de justice constitutionnel adopté

Si les deux pays se sont abreuvés aux mêmes sources d'inspiration et ont opté ensemble plutôt pour le modèle européen de justice constitutionnelle, il reste, que celui-ci est transposé de manière plus ou moins différente (A). Il en ressort des réalités contrastées de la justice constitutionnelle dans ces pays(B).

A. La réception différenciée : traduction d'une adaptation à des réalités nationales

Cette différence de réception est lisible dans la composition de l'organe de justice constitutionnelle, le statut de l'institution et de ses membres d'une part (1), et dans certaines attributions spécifiques, qui sont autant de mécanismes d'acclimatation du modèle reçu de justice constitutionnelle (2), d'autre part.

1. La Composition de la Cour constitutionnelle, statut de l'institution et de ses membres

La composition des juridictions constitutionnelles est le thème qui, en France du moins a suscité le plus d'idées reçues. Il était dit un moment que la désignation des membres du Conseil Constitutionnel par les autorités politiques était rédhibitoire à sa qualité de juridiction constitutionnelle, par opposition à la cour suprême américaine où prélaverait le critère professionnel exclusivement.

Ce débat qui cachait une certaine ignorance de la composition et du mode de fonctionnement des juridictions constitutionnelles de par le monde s'est aujourd'hui estompé en France[88], mais il reste d'actualité en Afrique, en général et singulièrement dans les deux pays qui nous occupent. C'est du reste cette problématique d'indépendance de

---

[88] L. Favoreu, op cit ; voir également F. Hourquebie & W. Mastor, op cit. Notons que le père du modèle de justice constitutionnelle européen, H. Kelsen lui-même concédait à ce propos « qu'il était préférable d'accepter plutôt qu'une influence occulte et par suite incontrôlable des partis, leur participation légitime à la formation du Tribunal », cf H. Kelsen, la garantie juridictionnelle de la constitution, op cit, p.227.

l'institution constitutionnelle et de ses membres qui plombent pour une part[89] leur capacité à être l'outil permanent de pacification des rapports politiques et sociaux dans les pays concernés (voir les limites de la judiciarisation des débats politiques au B).

En termes de composition, la Cour Constitutionnelle du Mali comprend neuf membres alors, que celle du Niger en compte sept. Les autorités de nominations au Mali sont le Président de la République, le Président de l'Assemblée nationale, le Président de la Cour suprême. Chacune de ces personnalités nomment trois membres avec obligation pour les deux premiers, de désigner au moins deux juristes[90].

Au Niger, les autorités ou les provenances des sept conseillers de la Cour sont plus diversifiées. En effet, le Président de la République et le Bureau de l'Assemblée nationale proposent deux (2) personnalités ayant une grande expérience professionnelle en matière juridique ou administrative en raison de(1) une personnalité chacun ; les magistrats élisent deux membres dont forcément un du premier grade et un du second grade ; les avocats élisent un membre ayant au moins dix années d'exercice ; les enseignants-chercheurs juristes élisent un de leurs collègues, titulaire d'un doctorat en droit public ; les associations de défense des droits humains et de promotion de la démocratie à travers le ou les collectifs de ces associations, élisent un membre titulaire au moins d'un diplôme de 3ème cycle en droit[91].

Les membres de la cour constitutionnelle du Niger doivent être âgés de quarante ans au moins ; alors que cette condition ne figure pas dans la constitution malienne.

En termes de statut de l'organe de justice constitutionnelle, la cour constitutionnelle du Niger ne peut être dissoute et aucune disposition de la constitution relative à la cour ne peut être suspendue[92]. Cette disposition qui constitue une garantie constitutionnelle importante d'indépendance pour la Cour constitutionnelle du Niger est sans équivalent au Mali. Pour cause, elle constitue une réaction du constituant

---

[89] Pour une part seulement, car l'absence de maturité de la classe politique, sa conversion insuffisante aux vertus et aux exigences de l'État de droit constitutionnel, sont autant d'éléments à prendre en compte pour analyser ou lire la justice constitutionnelle dans ces pays.

[90] Article 91 de la constitution du Mali.

[91] Article 121 constitution du Niger

[92] Article 135, constitution du Niger.

nigérien à la pratique du Président Tandja, qui avait suspendu l'application des articles relatives à la cour constitutionnelle de la 5ème république[93]. Cette mesure de suspension de l'application des articles relatifs à la cour, était prise en représailles contre une cour qui avait annulé[94] le décret présidentiel convoquant le corps électoral à un référendum destiné à lui créer les bases d'un troisième mandat. Cet exercice a été rendu possible par l'usage inconstitutionnel des pouvoirs exceptionnels de l'article 53 de la constitution d'alors[95].

S'agissant du statut des membres, les dispositions devant assurer leur indépendance sont marquées aussi du sceau d'une certaine différence. Au

---

[93] Décision n°02/PRN du 29 juin 2009, portant suspension de l'application de certains articles de la constitution (JO spécial n°12 du 8juillet 2009, p. 146) ; décision n°03/PRN du 29 juin 2009, portant abrogation des décrets portant nomination des membres de la cour Constitutionnelle (JO spécial n°12 du 8juillet 2009, p. 146)

[94] Arrêt n° 04/CC/ME du 12 juin 2009

[95] Dans ce cadre, il prit une série de décisions par lesquelles il détruisit méthodiquement les institutions de la 5ème république sur la base desquelles il a effectué deux mandats à la tête du pays sans aucune instabilité particulière. Il s'agit des décisions suivantes : décision n°01/PRN du 26 juin 2009, portant mise en œuvre de l'article 53 de la constitution(JO spécial n°12 du 8 juillet 2009, p.146), ; décision n°02/PRN du 29 juin 2009, portant suspension de l'application de certains articles de la constitution(JO spécial n°12 du 8juillet 2009, p. 146) ; décision n°03/PRN du 29 juin 2009, portant abrogation des décrets portant nomination des membres de la cour Constitutionnelle(JO spécial n°12 du 8juillet 2009, p. 146) ; décision n°05/PRN du 2 juillet 2009, portant nomination des membres de la Cour Constitutionnelle(JO spécial n°12 du 8juillet 2009, p. 147) ; décision n°06/PRN du 03 juillet 2009, modifiant et complétant l'ordonnance N°99-37 du 4 septembre 1999, portant code électoral(JO spécial n°12 du 8juillet 2009, p. 147) ; décision n°7/PRN du 03 juillet 2009, portant convocation du corps électoral pour le référendum sur la constitution de la 6ème république(JO spécial n°12 du 8juillet 2009, p. 150) ; décision n°08/PRN du 07 juillet 2009, portant modification de la loi N°2006-24 du 24 juillet 2006, portant composition, organisation, attributions et fonctionnement du conseil supérieur de la communication(CSC)(JO spécial n°17 du 15 septembre 2009, p. 770). Aux termes de cette dernière décision, « lorsque l'organe de presse publie ou diffuse un article ou une émission de nature à porter atteinte à la sécurité de l'État ou à l'ordre public, le président du CSC peut prendre toute mesure conservatoire sans mise en demeure préalable. Il en informe les membres du conseil » dit l'article 1er de cette décision ; décision n°09/PRN du 8 juillet 2009, modifiant et complétant l'ordonnance n°99-37 du 4 septembre 1999, portant code électoral(JO spécial n°17 du 18 septembre 2009, p. 210) ; décision n°10/PRN du 23 juillet 2009, modifiant et complétant l'ordonnance n°99-37 du 4 septembre 1999, portant code électoral(JO spécial n°17 du 15 septembre 2009, p. 212) ; décision n°12/PRN du 18 Août 2009, mettant fin à la mise en œuvre de l'article 53 de la constitution. Cette date correspond à celle de la mise en vigueur de la nouvelle constitution fondant la 6ème république.

Mali par exemple, les fonctions de membre de la Cour Constitutionnelle sont incompatibles avec toute fonction publique politique, administrative ou toute activité privée professionnelle[96] ; alors qu'au Niger une exception est faite pour la profession d'enseignant aux termes de l'article 125 qui dispose : « Les fonctions de membre de la Cour constitutionnelle sont incompatibles avec l'exercice de tout mandat électif, de tout emploi public, civil ou militaire, de toute fonction de représentation nationale et de toute activité professionnelle à l'exclusion de l'Enseignement ».

La garantie constitutionnelle d'indépendance des membres de la cour constitutionnelle du Niger est renforcée par les dispositions de l'article 122 de la constitution en ces termes *:*

> « Les membres de la Cour constitutionnelle sont inamovibles pendant la durée de leur mandat. Ils ne peuvent être poursuivis ou arrêtés sans l'autorisation de la cour constitutionnelle, sauf cas de flagrant délit. Dans ce cas, le président de la cour constitutionnelle est saisi au plus tard dans les quarante-huit (48) heures ».

Ce dispositif n'a pas d'équivalent dans la constitution malienne. Par contre des garanties sont données aux membres de la cour malienne dans une loi organique[97], en son article 7 qui dispose *« sauf en cas de flagrant délit, les membres de la cour constitutionnelle ne peuvent être poursuivis, arrêtés, détenus, ou jugés en matière pénale qu'après avis de la cour constitutionnelle ».*

En outre, la durée du mandat des membres de la cour constitutionnelle diffère au Mali et au Niger. Si elle est de sept ans renouvelable une fois au Mali[98] ; au Niger cette durée est de six ans non renouvelable[99]. Notons, que le caractère non renouvelable du mandat est théoriquement un moyen qui permet d'assurer une plus grande indépendance aux membres de la Cour constitutionnelle. En cela le dispositif nigérien est théoriquement mieux à même de protéger l'indépendance des juges constitutionnels. A l'inverse, si les présidents des cours constitutionnels sont élus par leurs pairs dans les deux pays, au Niger cette élection est faite pour trois ans

---

[96] Article 93, constitution du Mali

[97] Loi n°97-010 du 11 février 1997, portant loi organique déterminant les règles d'organisation et de fonctionnement de la cour constitutionnelle.

[98] Article 91 al1, constitution du Mali

[99] Article 121 in fine, constitution du Niger

seulement. Ceci peut mettre le président, candidat à sa succession, dans une posture qui ne garantit pas son indépendance.

Au surplus, la loi organique malienne relative à la cour constitutionnelle, contient une disposition propre à fragiliser l'indépendance des juges constitutionnels maliens. En effet, en son article 13, cette loi dispose :

> « Avant l'expiration du mandat, il ne peut être mis fin à titre temporaire ou définitif aux fonctions de membres de la cour constitutionnelle, que dans les formes prévues pour leur nomination et après avis conforme de la cour statuant à la majorité des 2/3 de ses membres (…) ».

En effet, au regard des mécanismes de nomination des membres, la majorité des 2/3 est facilement surmontable, si chaque autorité de nomination maîtrise ceux qu'elle a nommés[100].

Les membres de la Cour constitutionnelle malienne, prêtent serment au cours d'une cérémonie solennelle présidée par le Président de la République devant l'Assemblée Nationale et la Cour Suprême réunies. Ils prêtent le serment suivant :

> « Je jure de remplir consciencieusement les devoirs de ma charge, dans le strict respect des obligations de neutralité et de réserve, et de me conduire en digne et loyal magistrat ».

Ce serment n'est pas confessionnel, alors que celui de la cour constitutionnelle du Niger l'est, sans oublier la différence du protocole légitimant. En effet, selon l'article 124, avant leur entrée en fonction, les membres de la Cour constitutionnelle du Niger prêtent serment sur le livre saint de leur confession devant le Président de la République en ces termes :

> « Je jure de bien et fidèlement remplir mes fonctions, de les exercer en toute impartialité dans le respect de la Constitution et en toute indépendance, de garder le secret des délibérations et des votes, de ne

---

[100] Du reste, en regardant de près les mécanismes de nomination des juges malien, il est facile pour le président de mobiliser une majorité pour faire débarquer un juge gênant. Ceci est facilement envisageable si le président de l'assemblée est du bord du président de la république. Étant entendu qu'il est aussi président du conseil supérieur de la magistrature, cette hypothèse de la réunion de la majorité des 2/3 n'est pas impossible, portant virtuellement un coup à l'indépendance des membres de la cour.

prendre aucune position publique et de ne donner aucune consultation sur les questions relevant de la compétence de la Cour.

Puisse Dieu nous venir en aide ».

Sur le plan disciplinaire, les membres de la cour constitutionnelle du Niger sont astreints de s'abstenir de tout ce qui pourrait compromettre leur indépendance, leur impartialité et la dignité de leurs fonctions. A ce titre, il leur est interdit de prendre une position publique ou de donner une consultation sur des questions relevant de la compétence de la cour ; d'accepter au sein d'un parti politique, d'un syndicat ou de tout groupement à caractère politique ou syndical, tout poste de responsabilité ou de direction incompatible avec la qualité de membre de la cour constitutionnelle ; de laisser mentionner leur qualité de membre de la cour constitutionnelle dans tout document n'ayant pas un lien avec leur activité à la cour[101]. Tout manquement à ces obligations disciplinaires visant à renforcer l'indépendance de la cour, est sanctionné selon sa gravité par une remontrance verbale ; un avertissement avec ou sans inscription au dossier, ou la démission d'office entraînant de plein droit la perte de la qualité de membre de la cour constitutionnelle[102]. Dans ce domaine disciplinaire, les conseillers maliens sont astreints également à des dispositions semblables pour l'essentiel à celles de leurs collègues nigériens[103]

Le besoin d'acclimatation du modèle de justice constitutionnelle qui a inspiré les deux pays et qui est lisible dans la composition de la cour constitutionnelle, son statut et celui de ses membres, se prolonge dans certaines attributions spécifiques du juge constitutionnel (2).

2. Les autres attributions spécifiques des cours constitutionnelles

Une lecture même sommaire des textes constitutionnels du Mali et du Niger, relativement aux attributions complémentaires de leurs cours constitutionnelles donne une impression contrastée. En effet, autant les attributions complémentaires de la cour malienne sont sobres, autant celles de son homologue du Niger sont nombreuses et diversifiées. Ce

---

[101] Article 60, loi organique n°2012-35 du 19 juin 2012 déterminant l'organisation, le fonctionnement de la cour constitutionnelle et la procédure suivie devant elle.

[102] Article 60, in fine, loi organique n°2012-35 du 19 juin 2012, op cit.

[103] Article 8 de la loi organique, op cit.

contraste n'est pourtant pas rédhibitoire à une classification de ces attributions. Ainsi trouve-ton des attributions consistant pour la cour constitutionnelle à constater des situations exceptionnelles, celles qui consistent à assumer des attributions protocolaires, et consultatives. Il apparaît même une attribution assez spécifique de la cour constitutionnelle du Niger à l'aune du droit comparé[104].

Concernant la constatation des situations exceptionnelles, la cour constitutionnelle du Mali a vocation à constater seulement l'empêchement absolu ou définitif du Président de la République sur saisine du Président de l'Assemblée Nationale et le Premier Ministre[105] de par la constitution. Par contre la loi organique relative à la cour, lui reconnaît compétence pour constater la démission d'office[106] d'un de ses membres, le décès ou l'incapacité[107] d'un d'entre eux. Comparativement, celle du Niger a des attributions nombreuses inscrites directement dans la constitution, dans ce domaine.

Ainsi est-elle compétente pour constater, l'empêchement absolu du Président de la République sur saisine de l'assemblée nationale statuant à la majorité des 2/3 de ses membres[108] ; le refus d'obtempérer du Président de la République à un arrêt de la Cour constitutionnelle constatant une violation de la constitution par celui-ci [109] ; la vacance de la présidence de la république en cas de décès du Président de la République sur saisine du Premier Ministre ou d'un membre du gouvernement[110] ; la vacance de la présidence de la république en cas de démission du Président de la République sur saisine du Président de la République démissionnaire[111]; l'empêchement absolu du Président de la République sur saisine des 2/3 des membres de l'Assemblée Nationale en cas de maladie grave constatée par un collège de trois médecins

---

[104] Le président de la cour constitutionnelle assurant l'intérim du président est assez rare pour être souligner, même si on peut noter le cas du Bénin dont le Président de la Cour constitutionnelle peut aussi être amené à assumer les fonctions de Président de la République par intérim

[105] Article 36 al2.

[106] Article 10, loi organique, op cit

[107] Artilce 11, loi organique, op cit.

[108] article 53 al 5

[109] art 53al 4

[110] art 53 al6

[111] Article 53 al7

désignés par le bureau de l'Assemblée National sur proposition de l'ordre des médecins[112] .

Toujours sur le registre des situations exceptionnelles, il faut noter la constatation de la déchéance d'un député. Cette constatation se fait à la requête du bureau de l'assemblée nationale, ou de tout candidat, parti ou groupement de partis ayant présenté un candidat ou une liste de candidats dans la circonscription électorale concernée, lorsque l'inéligibilité du député est établie en cours de mandat ou lorsqu'il est frappé d'une condamnation emportant déchéance de son mandat[113]

Pour les attributions protocolaires, alors que la Cour malienne n'en a aucune, celle du Niger est chargée de recevoir le serment[114] du président de la république d'une part ; et la déclaration de ses biens[115], d'autre part. Elle dresse sur Procès-verbal, la carence du Président de la république en cas de défaut de déclaration des biens[116].

Relativement aux attributions consultatives, la cour constitutionnelle du Mali est chargée de donner un avis au Président de la République s'agissant du référendum législatif[117], mais aussi en cas de velléités d'application des pouvoirs constitutionnels de crise[118] . Il s'agit des deux seules attributions consultatives de la cour malienne qui du reste recoupent celles de la cour du Niger, avec là aussi des différences essentielles. En effet, si c'est la cour constitutionnelle dans son ensemble qui donne l'avis au Président de la république du Mali lorsqu'il entend faire usage de ses pouvoirs constitutionnels de crise, au Niger, cet avis relève du Président de la Cour[119].

---

[112] Article 54

[113] Article 52 loi organique n°2012-35 du 19 juin 2012 déterminant l'organisation, le fonctionnement de la cour constitutionnelle et la procédure suivie devant elle.

[114] Articles 50, 130

[115] Article 51. Cette déclaration des biens reçue est suivie de la transmission d'une copie à la cour des comptes et aux services fiscaux ; la cour contrôle aussi les écarts entre la déclaration initiale et les mises à jour annuelles qui doivent être dûment justifiées.

[116] Article 57 al3, loi organique n°2012-35, op cit.

[117] Article 41, constitution du Mali

[118] Article 50, constitution du Mali

[119] Art 67, constitution du Niger. Cet avis doit être motivé aux termes de l'article 22 de la loi organique précitée.

En outre, la cour constitutionnelle du Niger donne un avis préalable au gouvernement avant l'adoption des ordonnances par le Conseil des Ministres sur leur constitutionnalité[120].

Au surplus, la Cour constitutionnelle est aussi chargée d'émettre des avis sur l'interprétation de la Constitution lorsqu'elle est saisie par le Président de la République, le Président de l'Assemblée Nationale, le Premier Ministre ou un dixième (1/10è) des députés.[121] De cette compétence est née une abondante production consultative du juge constitutionnel nigérien.[122]

Enfin, chose rare même en droit constitutionnel comparé, la cour constitutionnelle du Niger, via son Président, assure l'intérim du Président de la République lorsque celui-ci est mis en accusation devant la Haute Cour de Justice[123].

La réception différenciée de la justice constitutionnelle au Mali et au Niger pour des raisons liées à des contextes locaux propres et au génie des constituants, se double d'une réalité contrastée (B).

B. LA RÉALITÉ CONTRASTÉE DE LA JUSTICE CONSTITUTIONNELLE

La justice constitutionnelle au Mali et au Niger présente une figure contrastée. Ce contraste est lisible dans l'altération du modèle d'inspiration (1) et la convergence au niveau de certains effets de l'exercice de la justice constitutionnelle (2).

1. L'altération du modèle d'inspiration : vers la mixité du système nigérien

Il est connu que la diversité des transpositions, liée aux adaptations nécessaires dans différents cadres nationaux conduit à compléter aujourd'hui la présentation des modèles américain et européen, en

---

[120] Article 106 al3, constitution du Niger

[121] Article 133 de la constitution nigérienne

[122] On recense 15 avis en 2011 ; 16 en 2012 ; 33 en 2013 ; 25 en 2014 ; 33 en 2015 ; 9 en mi- 2016. Ces avis laissent entrevoir une confirmation de la judiciarisation des débats et enjeux politiques déjà visible à travers plusieurs saisines contentieuses de la cour constitutionnelle par des acteurs politiques (opposition et majorité).

[123] Art 53al 11, constitution du Niger

soulignant l'apparition de systèmes hybrides de justice constitutionnelle[124]. On est donc en droit comparé dans une perspective réelle de remise en cause des formes pures des modèles de justice constitutionnelle[125].

La constituant nigérien s'inscrit dans cette perspective en prévoyant que : « Toute personne partie à un procès peut soulever l'inconstitutionnalité d'une loi devant toute juridiction, par voie d'exception. Celle-ci doit surseoir à statuer jusqu'à la décision de la Cour constitutionnelle, qui doit intervenir dans un délai de trente (30) jours.

Une disposition déclarée inconstitutionnelle sur le fondement de l'alinéa ci-dessus est caduque de plein droit. L'arrêt de la Cour constitutionnelle établissant cette inconstitutionnalité est publié au journal officiel suivant la procédure d'urgence[126] ». Appelée de manière impropre l'exception d'inconstitutionnalité alors qu'il s'agit manifestement d'une question préjudicielle de constitutionnalité, cette règle inscrit la justice constitutionnelle au Niger sur le registre de la mixité, altérant ainsi le modèle qui l'avait inspirée.

Ce mécanisme est définitivement entré dans le droit positif nigérien comme moyen de protection des droits fondamentaux. Les arrêts qui suivent en sont l'illustration :

D'abord l'arrêt n°004/CC/MC du 12 juillet 2016. En l'espèce, les compagnies de téléphonie mobile dont Celtel Niger, Atlantique télécom, et Orange Niger près avoir introduit un recours pour excès de pouvoir devant la Chambre du Contentieux du Conseil d'État, soulèvent l'exception d'inconstitutionnalité des articles 1 et 2 de la loi n°2014-78 du 31 décembre 2014 modifiant l'ordonnance n°99-045 du 26 octobre 1999 portant réglementation des télécommunications modifiée et complétée par l'ordonnance n°2010-089 du 16 décembre 2010. La requête a été rejetée parce que déposée hors délais constitutionnels de recours, par le biais de l'exception d'inconstitutionnalité.

Ensuite l'arrêt n°007/CC/MC du 20 octobre 2016. Dans cette affaire, Issoufou Issaka et autres, tous membres de l'opposition poursuivis pour

---

[124] L. Favoreu, op cit.

[125] Dans cette perspective, certains auteurs ont ainsi proposé de nouvelles classifications distinguant entre Procédures concrètes et procédures abstraites de justice constitutionnelle (cf Michel Fromont, 1996) ; Modèle centré sur la loi et modèle centré sur la protection des droits ,(cf F. Rubio Llorente, 1997).

[126] Article 132, constitution du Niger

tentative de coup d'État, ont soulevé devant le tribunal militaire l'exception d'inconstitutionnalité de l'article 116 al3 du code de justice militaire et ont fait en même temps un recours en contrôle de constitutionnalité de la loi contenant ledit article 116.

Dans cette affaire, la Cour Constitutionnelle a remarqué à juste titre que les requérants n'avaient pas qualité pour actionner un contrôle de constitutionnalité de la loi. Quant à l'exception d'inconstitutionnalité, elle a été rejetée, parce que estime la cour, il n'y a pas de trace dans le dossier qui montre que cette exception a été soulevée d'abord, devant le tribunal militaire.

2. La convergence au niveau des effets de la justice constitutionnelle : de la judiciarisation à éclipses du débat politique à la constitutionnalisation insuffisante du droit

Les justices constitutionnelles au Mali et au Niger convergent sur ce qu'il est convenu d'appeler la judiciarisation du politique[127] et la constitutionnalisation de l'ordre juridique.[128]

S'agissant de la judiciarisation de la politique traduite par la formule « la politique saisie par le droit » lancée il y a quelques années à propos de la situation française (L. favoreu, 1988), elle s'applique encore davantage à des pays étrangers dotés d'une justice constitutionnelle qu'il s'agisse de l'Allemagne, de l'Italie ou de l'Espagne par exemple[129]. Cela s'explique par le fait que la justice constitutionnelle intervient dans le jeu des pouvoirs et cela aboutit à la soumission du jeu politique au respect de la règle de droit, ce qui en soit, est un phénomène relativement récent en Europe où il apparaît après la seconde guerre mondiale (en même temps évidemment que la justice constitutionnelle) et se développe très rapidement dans les États qui mettent en place cette nouvelle institution. Les forces politiques acceptent cet encadrement juridique car le juge constitutionnel est là pour sanctionner éventuellement toute méconnaissance de la règle de droit supérieure, qu'est la constitution. Il en découle toute une série de conséquences dont la pacification de la vie

---

[127] L. Favoreu et al., op cit

[128] L. Favoreu et al., op cit

[129] L. Favoreu et al., op cit

politique, la régulation et l'authentification des changements politiques ou alternances, le renforcement de la cohésion de la société politique.[130]

Au Niger et au Mali, si cette judiciarisation des débats politiques est en cours, via la justice constitutionnelle, le phénomène est loin d'être aussi vertueux que la théorie l'annonçait ci-haut. Le phénomène est plutôt à éclipses, laissant voir tantôt une figure vertueuse, tantôt moins vertueuse de la justice constitutionnelle.

Sur le premier registre, le phénomène de la saisine de la politique par le droit se présente dans une large mesure à front renversé dans les deux pays. En effet, cette saisine de la politique par le droit, cette traduction des débats et conflits politiques en termes juridiques se fait essentiellement sur le terrain de l'instrumentalisation du droit, aux fins d'atteindre des objectifs politiques. C'est même de tentatives d'instrumentalisation du juge constitutionnel qu'il s'agit souvent.

Au Niger, ce phénomène a été vécu de manière très éloquente au temps fort de la crise entre la majorité au pouvoir et l'opposition ; crise consécutive au départ du parti de président de l'assemblée nationale de la majorité.[131] Pour surmonter les difficultés politiques découlant du fait que certains députés élus sous la bannière de l'opposition nouvelle, refusent justement de suivre les décisions politiques de leurs partis, celle-ci introduit une requête à la cour constitutionnelle :

> « Afin qu'elle se prononce par arrêt, en application des principes de la démocratie pluraliste et de l'alternance démocratique tels qu'énoncés dans le bloc constitutionnel notamment dans le préambule et le corps de la constitution du 25 novembre 2010(article 9 et 84) sur la conformité à l'esprit et à la lettre de la constitution, du soutien manifeste à la majorité parlementaire et au pouvoir affiché par des députés de l'opposition ».

Les requérants ajoutent :

> « L'opposition est une institution républicaine distincte du pouvoir ; qu'elle ne participe pas au gouvernement ; et ne se confond pas avec la majorité parlementaire qui soutient ce gouvernement ; qu'au contraire elle s'en détache en marquant sa différence notamment à travers l'indépendance de ses structures organisationnelles, ses prises de position, ses votes et ses critiques qui participent de l'alternance

---

[130] L. Favoreu et al., op cit

[131] Il s'agit du retrait du parti MODEM Lumana Africa , de l'ex président de l'assemblée nationale, Monsieur Hama Amadou

démocratique… ; et de s'insurger devant la cour, qu'en dépit des concepts ainsi définis et clairement formulés, des députés membres des partis de l'opposition, tout en se réclamant toujours d'appartenir auxdits partis, soutiennent son action à travers une inféodation manifeste à la majorité parlementaire ».

L'arrêt n°005/CC/MC du 14 mai 2014 répond à cette requête de l'opposition en mettant l'accent sur deux points essentiels entre autres :

- En reconnaissant l'opposition comme institution politique constitutionnelle, légitime et distincte du pouvoir et de la majorité qui le soutient ;
- En disant qu'une fois élu, le député cesse d'être le représentant de son parti, mais de la nation, posant ainsi les bases de la liberté du député par rapport au parti sous la bannière duquel il a été élu.

Toujours dans cette volonté d'utiliser la Cour pour régler des problèmes politiques, le juge constitutionnel a été amené à rendre l'arrêt n°004/CC/MC du 2 mai 2014 qui réaffirme le droit de chaque député, membre d'un groupe parlementaire à faire librement acte de candidature pour être au bureau de l'assemblée nationale. L'opposition craignant que cette liberté de candidature permette à des députés de son camp (mais proches de la majorité), de se présenter et de se faire élire avec les voix de ladite majorité, refuse de respecter les dispositions de l'arrêt précité.

Devant le refus d'appliquer l'arrêt n°004/CC/MC du 2 mai 2014, la majorité introduit une requête aux fins de constatation de la violation de la constitution par le Président de l'Assemblée Nationale et demande la constatation subséquente de sa déchéance.

Il y a là manifestement un blocage politique que les différents acteurs traduisent en termes juridiques devant la cour. L'arrêt n°006/CC/MC du 15 mai 2014 qui en découle dispose :

- « Dit que les articles 120 alinéa1 et 126 al 1 et 2 de la constitution confèrent à la cour constitutionnelle un rôle de régulation du fonctionnement des institutions et des pouvoirs publics ; qu'à ce titre, elle est fondée à prendre toute décision tendant à prévenir toute paralysie du fonctionnement des institutions de la république
- Dit que le président de l'Assemblée Nationale est tenu de convoquer l'assemblée nationale pour la reprise des travaux et poursuivre sans discontinuer l'élection des deux membres du bureau dès notification du présent arrêt ;

- Dit qu'en cas de refus d'obtempérer immédiatement à l'arrêt de la cour constatant la violation de la constitution et de poursuite du blocage dans le fonctionnement de l'assemblée nationale, il sera procédé à la mise en œuvre des dispositions de l'article 89 al6 de la constitution, relatif à la vacance de la présidence de l'assemblée nationale ; que dans ce cas, les membres du bureau élus continuent l'élection des membres manquants en vertu du principe de continuité du service public ;
- Dit que tout refus persistant de la part des présidents de groupes parlementaires concernés de déposer des candidatures aux postes vacants est considéré comme une renonciation temporaire à leur droit d'occuper les postes qui leur reviennent conformément à l'article 89 al1 de la constitution ; que par conséquent, les autres membres du bureau élus doivent assurer le fonctionnement régulier de l'assemblée ».

Échaudés par cet arrêt qui les oblige à lever la paralysie du fonctionnement de l'Assemblée nationale, les membres de l'opposition contre attaquent devant la cour constitutionnelle afin *« qu'elle se prononce sur des questions d'application de la constitution notamment son préambule faisant partie intégrante de celle-ci ainsi que les articles proprement dits de cette constitution que le président de la république a violé à plusieurs reprises et qui se trouvent être à la base de la situation politique et institutionnelle tendue que vit aujourd'hui le Niger »* ; l'opposition ajoute et demande à la cour de *« dire et juger que le président de la république a violé le préambule et les articles 4,8,10,11,12,46,50,52,62,69,117,142,148,149,150,151,169 de la constitution ; de dire et juger que le président de la république est coupable de parjure et de dire et juger que le président de la république a violé son serment et qu'il peut être mis en accusation pour haute trahison par l'assemblée nationale et jugé par la haute cour de justice »*

A cette nième requête, la cour répond par l'arrêt n°007/CC/MC du 22 mai 2014, que le Président n'a pas violé la constitution ; et que la cour constitutionnelle ne constate la déchéance du Président qu'au terme de la procédure devant la haute cour de justice qui aura condamné le Président. Elle n'est pas compétente pour le faire derechef.

La Cour constitutionnelle du Mali a eu aussi son heure de gloire comme outil véritable de régulation des pouvoirs publics et surtout de pacification de la vie politique. L'arrêt n°003 du 25 octobre 1996 en est une bonne illustration. En effet, en prélude à la tenue des élections générales de 1997(présidentielle, législatives, locales), il a été question d'adopter une loi électorale commune à toutes ces élections. La majorité au pouvoir profita pour changer certaines règles des modes de scrutins, malgré le refus de l'opposition et le boycott subséquent des discussions autour de cette loi. Le contrôle de constitutionnalité inévitable de la loi qui s'en suivi abouti à la remise en cause de plusieurs dispositions de la loi pour essentiellement méconnaissance du principe d'égalité entre les électeurs, mais aussi, entre les candidats.

Cet arrêt eu un retentissement dans tout le pays au sein de la classe politique et dans les pays africains. Pierre-Eric SPITZ, estime même qu'on *« peut dire sans hésiter que cette décision de la cour a eu un impact aussi important que la décision du 16 juillet 1971 du conseil constitutionnel français »*[132] . Les titres élogieux des journaux maliens montrent l'importance de cet arrêt[133]. Ces réactions étaient à la mesure de l'évènement. En effet, avant la survenance de cet arrêt, la classe politique malienne ne croyait pas qu'une décision de la cour constitutionnelle puisse être autre chose qu'un rouage lié au pouvoir politique en place, et n'imaginait pas non plus que les arrêts rendus puissent en quelque façon être défavorables à la majorité[134]. Il faut dire que les députés de l'opposition pouvaient avoir un tel sentiment après l'arrêt n°002 du 23-25 juillet qui rejetait pour incompétence une demande d'avis sur les poursuites diligentées à l'encontre de l'un de leurs collègues et sur la constitutionnalité de la levée de son immunité parlementaire. Cet arrêt pourtant conforme au droit ne pouvait évidemment pas signifier que la cour était dépendante du pouvoir politique, mais il pouvait être perçu comme tel par une opposition qui jouait son propre jeu[135]. Un député de l'opposition déclarait au journal le Tambour qu'« *à l'annonce du verdict, il avait été envahi par un sentiment de joie et de fierté de se trouver aujourd'hui dans un Mali réellement démocratique, car personne n'a le droit de croire que la souveraineté du peuple lui appartient* ». Le journal le soir de Bamako soulignait dans le même ordre d'idée que la démocratie ne se résumait

---

132 P.E. Spitz, cahiers du Conseil Constitutionnel, N°2, Dossier Mali, Mai 1997.

133 Le journal le malien titrait : *« Coup de tonnerre, la cour constitutionnelle désavoue la loi électorale »* ; le journal le Scorpion renchérissait : *« la cour constitutionnelle s'affranchit de toute dépendance »*.

134 P.E. SPITZ, op cit.

135 P.E. SPITZ, op cit.

pas à « une prise de décision majoritaire, mais quelle que soit la puissance du parti majoritaire, au respect des limites qu'imposent les principes fondamentaux de la liberté et de la démocratie défendus par la constitution ». En somme la classe malienne, estime E.P. SPITZ, par cet arrêt découvrait que « la loi n'exprime la volonté générale que dans le respect de la constitution », comme nous l'apprenait le Doyen Vedel au milieu des années 80 déjà.

On pouvait penser à juste titre que cet arrêt n°003 a définitivement assis l'autorité de la cour constitutionnelle malienne dans le paysage politique. Pour cause, elle a imposé et fait accepter en l'espèce l'idée que le texte de la loi électorale devait être repris par l'Assemblée nationale en tenant compte de l'autorité qui s'attache non seulement au dispositif de l'arrêt (qui déclare inséparables du texte les annulations prononcées), mais aussi aux motifs qui en sont le soutien nécessaire. En conséquence de tout cela, la classe politique s'est retrouvée autour du barreau malien, et a trouvé très rapidement un texte consensuel qui a permis d'organiser les élections de 1997. Donc, cette décision, malgré quelques remous suscités a eu le mérite d'améliorer le climat politique, de participer à sa pacification. Certains optimistes ajoutent que la décision de la cour a précipité une prise de conscience de ce qu'est un État de droit constitutionnel[136] . Tout au plus l'espérait-on.

Mais très vite la logique pacificatrice par éclipse de la vie politique et sociale a repris son cours. Les élections de 2018 en sont une preuve suffisante, sans multiplier les exemples. A cette occasion la cour a été présentée comme l'artisane de la crispation politique, parce qu'inféodée au pouvoir en place, d'où les tentatives de sa récusation. Quelle est la part de vérité dans ce débat mettant sur sellette le juge constitutionnel ? Bien imprudent sera celui qui voudra y répondre, tant les postures politiques des uns et des autres brouillent les pistes d'une analyse objective.

CONCLUSION

Au total, même lorsque les débats politiques ont une consistance juridique objective[137], il reste que la justice constitutionnelle n'est pas encore parvenue à produire de manière continue les effets vertueux

[136] P.E. SPITZ, op cit.

[137] Notamment les questions électorales, le contrôle de constitutionnalité des lois.

qu'elle a produits ailleurs sur le champ politique et social[138]. Pour cause, la question de son indépendance et de sa légitimité[139] reste encore à parfaire sinon à inventer. Cette critique ne peut pas être écartée d'un revers de la main, au motif que le droit comparé laisse entrevoir une composition des cours constitutionnelles plus ou moins identique au regard des détenteurs du pouvoir de nomination des membres[140]. Pour cause l'environnement politique, économique et social africain est assez permissif à l'instrumentalisation des juges constitutionnels quel que soit par ailleurs l'ingénierie constitutionnelle dans ce domaine. Ceux qui sont à mêmes ou prêts à revendiquer leur droit à « l'ingratitude » cher à Robert Badinter, vis-à-vis de ceux qui les ont nommés ne sont pas encore légion[141]. C'est pourquoi, entre autres, la justice constitutionnelle dans ces pays peine encore à être un élément de pacification efficace et durable de la vie politique et sociale. A défaut elle se retrouve souvent à être une amplificatrice des troubles politiques et sociaux.

En outre, le déficit de culture démocratique des acteurs politiques ne rend pas les choses faciles pour une justice constitutionnelle même armée d'une bonne foi. Luc Sindjoun relève à juste titre à propos des élections (car elles comportent la charge confligène la plus explosive) ceci :

---

[138] En droit comparé un éminent comparatiste (E. Garcia de Enterria, 1981) voit dans la justice constitutionnelle « un formidable instrument d'intégration politique et sociale de la société dans laquelle elle fonctionne, en relevant que cela s'est d'abord produit aux États-Unis, puis en Allemagne où chacun s'accorde à reconnaître les effets bénéfiques du système pour l'intégration politique et sociale ». On fait ressortir également les vertus pédagogiques de contrôle exercé par la justice constitutionnelle qui a provoqué un exposé publié et contradictoire des problèmes constitutionnels. On a pu dire de la cour suprême des États-Unis qu'elle est un « organisme éducatif » et que les juges constitutionnels sont des animateurs d'un « séminaire de vie ». cf L. Favoreu., op cit.

[139] Du reste, en droit comparé Louis Favoreu fait remarquer que dans la pratique pour que le système fonctionne bien (au-delà des textes qui peuvent favoriser son établissement), il faut que la composition de l'organe de justice constitutionnelle donne le sentiment aux principales forces politiques et parfois, aux composantes de la population, que l'on peut lui faire confiance parce qu'il y a une représentation équilibrée de ces principales forces ou composantes. Donc pour que le système marche, les contrôlés doivent avoir confiance aux contrôleurs. C'est cette exigence que traduisent les multiples tractations qui peuvent entourer la désignation des membres surtout si des majorités qualifiées sont exigées. Parfois ce sont les alternances qui pourvoient à cet équilibre nécessaire.

[140] Voir F.Mélin-soucramanien &P. Pacter, op cit, p.79 ; voir L. Favoreu, op cit.

[141] Il n'est pas facile d'être Robert Badinter qui est celui qui a revendiqué cette posture vis-à-vis de F. Mitterrand qui l'avait nommé au conseil constitutionnel français.

« Exclure une partie des décideurs ou de la classe politique à travers des élections libres et honnêtes est une idée qui, pour l'heure, ne passe pas »[142].

Dès lors, force est de reconnaître avec S. Bolle, que la mission du juge constitutionnel s'avère particulièrement ingrate. Trancher un litige électoral, c'est s'exposer souvent à l'accusation de partialité et d'inféodation aux autorités ; c'est souvent cristalliser les maux de tout un processus électoral (…) ; c'est toujours déplaire aux détenteurs du pouvoir, aux candidats au pouvoir et ou à une frange de l'électorat[143].

L'équation est rendue encore plus périlleuse s'il s'agit d'une élection présidentielle[144], c'est-à-dire celle-là qui captive le plus la classe politique et la nation entière. Généralement c'est d'elle que partent la plupart des crises politiques, à travers la contestation[145] des décisions du juge constitutionnel qui s'y rapportent.

S'agissant de la constitutionnalisation de l'ordre juridique, pour Louis Favoreu, c'est un mouvement irrésistible. La constatation est aisée à faire

---

[142] L. Sindjoun, *Le Gouvernement de transition : éléments pour une théorie constitutionnelle de l'Etat en crise ou en reconstruction,* mélanges Slobodan Milacic. Démocratie et liberté : Tension, dialogue, confrontation, Bruxelles, 2008, pp.967-1011 ; voir également D. Kokoroko op cit quand il note : *« mais au-delà, il importe de prendre le recul nécessaire par rapport au déroulement de ces élections parce qu'elles posent le problème de la réception de la démocratie. D'où l'idée peut être que ce ne sont pas tant les manipulations électorales qui sont au cœur des problèmes de la dynamique électorale en Afrique, que l'acclimatation ou la « tropicalisation » du nouveau constitutionnalisme lui-même avec son cortège de limites constitutionnelles et institutionnelles.*

Dans un pareil contexte, le juge constitutionnel ne peut qu'avoir le mauvais rôle et subir des procès d'intention perpétuels même lorsqu'il est de bonne foi ».

[143] S. Bolle, vices et vertus du contentieux des élections en Afrique, in Démocratie et élections dans l'espace francophone, p.534.

[144] Dernière décision de la cour constitutionnelle du Mali contestée comme étant l'expression de l'inféodation de celle-ci au pouvoir en place du Président Ibrahim Boubacar Keita , sans oublier que le fait que la cour ait invalidé l'élection de certains candidats de l'opposition aux dernières élections législatives a été l'ultime ferment ayant abouti au coup d'Etat au Mali et au « dé tricotage » de la Cour d'abord et le changement complet de sa composition, ensuite ; cf décision cour constitutionnelle du Niger validant l'élection du Président Mahamadou Issoufou que l'opposition a durablement contesté. Il est de même des décisions de 2020 et 2021 de la cour nigérienne sur l'élection de Monsieur Bazoum Mohamed que l'opposition ne reconnaît pas et qu'elle a attaquée de manière indirecte à la Cour de justice de la CEDEAO après avoir épuisé ses voies de recours au Niger.

[145] D.F. Meledge, *Le contentieux électoral en Afrique,* in pouvoirs n°129, op cit.

en droit comparé. En effet, à partir du moment où est installée une justice constitutionnelle susceptible de mettre en œuvre et d'activer une constitution de type moderne, c'est-à-dire contenant un énoncé de droits fondamentaux et l'organisation d'un système de production de droit, le mouvement de constitutionnalisation de l'ordre juridique se produit de manière irrésistible, même s'il rencontre parfois des résistances et même si son développement peut connaître des progressions différentes selon les pays.

Ainsi en France il a fallu attendre 1971 pour que ce mouvement démarre véritablement et sa progression reste lente[146]. Au Niger et au Mali, même si les prémisses de cette évolution existent, le mouvement est loin d'être une réalité incontestable, ne serait-ce que parce que tous les juges n'ont pas encore intériorisé le fait que la constitution soit une norme directement applicable. Ils restent encore pour l'essentiel dans une logique de « mendiants » des textes d'application de la Constitution, de « serviteurs » de la loi au prix de la méconnaissance de la constitution. Heureux encore peut s'estimer l'État de droit, si ce n'est que cela le problème. Encore faudrait-t-il que les juges soient au service du droit et non du pouvoir. Or là également rien n'est moins sûr.

N'empêche, on peut entrevoir que la défense directe des droits fondamentaux par le juge constitutionnel malien et indirecte (à travers l'exception d'inconstitutionnalité) par le juge nigérien commencent à peine à faire bouger les lignes.

Zakara GANDOU,

Docteur en droit, membre de la Cour constitutionnelle du Niger,
Faculté des sciences juridiques et politiques,
Université Abdou Moumouni de Niamey (Niger)

---

[146] L. Favoreu, op cit.

ACTE 3

LES AMBIGUÏTÉS DU RAPPORT DROIT-POLITIQUE (FIN)

Sous la présidence de Monsieur le Professeur **Mamoudou GAZIBO**, Université de Montréal (Canada)

Avec comme modérateur Monsieur le Professeur **Fabrice HOURQUEBIE**, Directeur du Centre d'Études et de Recherches Comparatives sur les Constitutions, les Libertés et l'État (CERCCLE), Université de Bordeaux (France), Secrétaire général de l'Association Française de Droit Constitutionnel (AFDC)

Yda Alexis NAGALO

POUVOIR POLITIQUE ET DROITS FONDAMENTAUX : ANALYSE À PARTIR DE LA PENSÉE DE M. FOUCAULT

INTRODUCTION

> « Nous sommes donc entrés (…) depuis des siècles maintenant dans un type de société où le juridique peut de moins en moins coder le pouvoir ou lui servir de système de représentation. Notre ligne de pente, nous éloigne de plus en plus du règne du droit »[1].

Cette affirmation de Foucault montre que le fonctionnement des institutions politiques de l'État moderne suit une logique de rapport de force où le droit semble ne pas véritablement structurer la vie des citoyens et des acteurs politiques. C'est en même temps une critique de la trop grande présence de ce pouvoir politique dans la vie du sujet de droit.

La naissance de l'État moderne avec la revalorisation du système démocratique par les contractualistes (Rousseau, Montesquieu, Kant) a suscité aujourd'hui un regain d'intérêt pour ce système politique. En effet, c'est un système qui met en avant les droits fondamentaux des sujets de droit et fait d'eux les acteurs premiers de l'animation de la vie politique de l'État. Pour Spinoza par exemple, la démocratie est « *le plus naturel, le plus susceptible de respecter la liberté des individus* »[2] (TTP XVI). Toutefois, force est de constater que la réalité de l'État moderne semble montrer un échec de ce système politique. On est alors passé de la tyrannie du Léviathan[3] à la tyrannie du grand groupe. C'est cette tyrannie des institutions politiques nées de la démocratie que dénonce Foucault.

---

[1] M. Foucault, *Dis et écrits V*, Paris, Gallimard, 1904, p.188.

[2] B. Spinoza, *Traité théologico-politique*, livre XVI.

[3] Il faut préciser que Hobbes ne donne pas un visage à son Léviathan. Ainsi le Léviathan peut être un individu ou un groupe d'individu.

Philosophe, et aussi historien de fait et de goût, Michel Foucault fut, à partir des années soixante, l'une des figures les plus influentes du paysage culturel français. Cependant, Michel Foucault ne veut être expressément ni un historien des idées, ni un historien des sciences, au sens classique de ces termes. Seule l'intéresse la discontinuité anonyme du savoir. Il veut encore moins être philosophe selon l'acception habituelle : la recherche des conditions de possibilité du savoir n'a, chez lui, qu'un rapport d'homonymie avec l'entreprise kantienne. Les seuls maîtres dont se réclame Foucault sont Nietzsche, Marx, et Bachelard. La seule dénomination qu'il admette pour lui-même est celle d'archéologue, d'un archéologue voué à la reconstitution de ce qui *est en profondeur.*

Avant d'aller plus loin dans notre réflexion, il sied de clarifier certains concepts. Ainsi, le lexique des termes juridiques définit le pouvoir politique comme un « *pouvoir qui s'exerce dans le cadre d'une société politique* »[4]. Quant aux droits fondamentaux, ils s'entendent des droits garantissant la dignité et la liberté du sujet de droit. Cela fait écho à l'article 1 de la déclaration universelle des droits de l'homme qui dispose que « *Tous les êtres humains naissent libres et égaux en droit et dignité* »[5] L'encadrement normatif de notre réflexion est celui de la constitution qui est l'instrument qui caractérise les États démocratiques modernes. Le pouvoir politique est censé être la résultante de la manifestation de la volonté générale. Toutefois, la réalité de nos États modernes montre qu'ils sont aux antipodes de cet idéal déjà pensé par les contractualistes (Rousseau, Kant, Spinoza). Par conséquent, se pose le problème du rapport du pouvoir politique au sujet de droit. L'idéal du pouvoir politique tel que pensé par les contractualistes fait de celui-ci un pouvoir au service du sujet de droit. Néanmoins, La réalité de la pratique de nos États semble faire écho d'un échec du pouvoir politique comme pouvoir de service. Alors, le pouvoir politique serait-il devenu un instrument de remise en cause des droits fondamentaux ? Quelles sont les manifestations de l'exercice du pouvoir politique sur les droits fondamentaux dans une approche foucaldienne ? Comment appréhender la pensée foucaldienne en se situant dans le contexte des États d'Afrique ?

---

[4] J. Vincent, R. Guillien, *Lexique des termes juridiques*, Paris, Dalloz, 10è édition, 1995, p. 423.

[5] Déclaration universelle des droits de l'homme, 10 décembre 1948.

Pour répondre à toutes ces questions, il nous paraît utile, dès lors que nous avons choisi d'examiner ce rapport pouvoir politique et droits fondamentaux à partir de la pensée de Foucault, d'emprunter une méthodologie de philosophie du droit. Cette méthodologie nous éloigne plus ou moins d'une réflexion sur le contenu des règles de manière dogmatique, mais à rechercher les valeurs, les références extérieures ayant par exemple des rapports à la justice.

Sur cette base et pour fournir les résultats de notre investigation, notre propos sera organisé en deux idées. D'un côté, il s'agit d'examiner la biopolitique, une approche sectorielle des rapports pouvoir politique / droits fondamentaux (I), et de l'autre, d'analyser dans une seconde partie la gouvernementalité, une approche systémique des rapports pouvoir politique / droits fondamentaux (II).

I. La biopolitique, une approche sectorielle des rapports pouvoir politique/droits fondamentaux

La biopolitique s'observe par l'exercice d'une discipline stricte dans un esprit de de « normation » en définissant les seuils en deçà desquels un individu n'est plus adapté à exister dans un appareil donné et qui impose un appareil disciplinaire. Elle se manifeste, d'une part, par des manifestations actuelles (A) et, d'autre part, par des enjeux de ces manifestations (B).

A. Les manifestations actuelles de la biopolitique

La biopolitique vise au contrôle de la vie et des corps des hommes. Il s'agit d'un « moment de transformation profonde du pouvoir politique. Ce dernier a longtemps eu pour objet le contrôle des comportements des citoyens, conçus comme sujets de droits. Depuis le début du XIXème siècle, cet objet change de nature. Le pouvoir se concentre désormais sur la vie biologique : la vie des individus comme entités singulières (…) »[6]. Dans les rapports de pouvoir entre les détenteurs du pouvoir et la revendication des droits du citoyen, il existe en permanence des objectifs de domination. La domination fait allusion ici à la volonté de diriger et

[6] M. Foucault, *Il faut défendre la société*, p. 216.

contrôler efficacement les actions de corps en réduisant les résistances. Dans cette perspective, Foucault soutient que

> « Le rapport d'affrontement rencontre son terme, son moment final (et la victoire d'un des deux adversaires) lorsqu'au jeu des réactions antagonistes viennent se substituer des mécanismes stables par lesquels l'un peut conduire de manière assez constante et avec suffisamment de certitude la conduite des autres »[7].

Dans le contexte des relations directes entre les détenteurs du pouvoir politique et les sujets de droits, le rapport est unilatéral et dissymétrique, avec un état de domination caractérisé par un pouvoir disciplinaire, à savoir le *bio-pouvoir*. Ces différentes formes de contraintes exercées par le pouvoir politique visent à contrôler la conduite des sujets de droits de manière constante et avec une certitude raisonnable. Ces différentes formes de pouvoir s'illustrent, par exemple, dans le *Panopticon* de Bentham avec l'utilisation du pouvoir disciplinaire pour exercer la domination sur les sujets de droits[8].

Ce système du *Panopticon* fait référence à une tour centrale percée de larges fenêtres qui s'ouvre sur des cellules individuelles permanemment sous sur la surveillance de gardiens. Ainsi, le prisonnier enfermé dans une cellule sera toujours visible de part et d'autre quand il est observé ou non. Cette présomption de la surveillance entraine chez le prisonnier une conduite normalisée. Les gardiens des cellules sont aussi surveillés par le mécanisme du *Panopticon* et par le contrôle administratif. Le panoptisme entraine une culture d'un pouvoir politique « dépersonnalisé, diffus, relationnel et anonyme, mais constitue également une force ou une puissance totalisatrice »[9]. Cette puissance totalisatrice s'illustre notamment par deux exemples majeurs.

La première dérive des évènements tragiques de l'attaque des tours jumelles du *World Trade Center* et la montée subséquente d'une culpabilité du pouvoir politique qui porte la critique de n'avoir pas pris

---

[7] M. Foucault, *le sujet et le pouvoir*, in Dits et écrits, Paris, Gallimard, 1994, p. 242.

[8] C'est cette domination qui caractérise la légitimité du pouvoir politique selon Hobbes. Son acquisition se fait par « la force naturelle », « c'est le cas lorsqu'un homme oblige ses enfants à se soumettre, avec leurs propres à son gouvernement, parce qu'il peut les détruire s'ils refusent », T. Hobbes, *Léviathan*, Chp XII, trad. De F. Tricaud, éd. Sirey, 1971, pp. 175-176.

[9] M. I. Dore, « La force normative du pouvoir étatique dans la philosophie de Michel Foucault », In, C. Thibierge, *la force normative*, Paris, LGDJ-Bruylant, 2009, p. 63.

suffisamment de mesures de contrôle et de surveillance pour anticiper la surveillance des sujets de droits ayant un comportement clivant et circulant au sein et en dehors des États-Unis. Faisant suite à cet affront, les autorités américaines déploiement une politique de panoptisme visant à la surveillance constante des citoyens. Le scandale révélé par Edward Snowden sur la surveillance systémique[10] par les autorités de renseignements marquera une réaction de désapprobation d'une politique d'immixtion inacceptable dans la sphère privée du citoyen et une violation flagrante des droits fondamentaux sur la base du *Usa Patriot Act*[11]. La montée en puissance du terrorisme dans les pays du Sahel et la mise en place de mécanismes stratégiques et opérationnels visant à identifier et anticiper les risques d'attaques terroristes en est d'ailleurs un corollaire direct[12]. Pour faire face à l'hydre terroriste, la plupart des États du Sahel ont renforcé la sécurité dans les aéroports et dans d'autres lieux de transit, par exemple en collectant des données biométriques auprès des passagers (scanners des yeux et empreintes digitales, par exemple), des photographies, des données de passeport, etc. Les États ont doté leurs services de renseignement de pouvoirs de surveillance, notamment grâce aux écoutes téléphoniques et à l'utilisation de dispositifs de localisation[13]. Certains ont considérablement étendu, au cours de ces dernières années, ces pouvoirs de surveillance. Toutes ces pratiques impliquent la collecte d'informations sur les personnes. Elles limitent donc la vie privée des intéressés, tout en soulevant des questions sur la manière dont les données sont protégées[14]. Les immixtions dans la vie privée découlent aussi des contrôles de sécurité et des fouilles de personnes[15].

---

[10] S.R. Shapiro, « Surveillance de la NSA : pourquoi le système des freins et contre-poids a été court-circuité », *Politique Américaine*, 2014/2, pp. 11-27.

[11] W. Mastor, « L'état d'exception aux États-Unis : le Usa Patriot Act et autres violations « en règle » de la Constitution », *Cahiers de la recherche sur les droits fondamentaux* [En ligne], 6, 2008.

[12] Y. Hamdaoui, « La sécuritisation de la guerre contre le terrorisme au sahel », *Afrique (s) en mouvement*, Décembre 2020, p. 34.

[13] T. Ricci, « crise sécuritaire sahélienne : dynamiques régionales », *Revue de la Défense Nationale*, 2021-2, pp. 115-122.

[14] R. Sigsworth, « Lutte contre le terrorisme, droits de l'homme et État de droit en Afrique de l'Ouest », Rapport sur l'Afrique de l'Ouest, Institut d'Études de Sécurité, Avril 2019, p. 7 et ss.

[15] Haut-Commissariat des Nations Unies pour les Droits de l'Homme, *Droits de l'homme, terrorisme et lutte anti-terrorisme*, Fiche d'informations n°32.

La seconde situation fait référence à l'apparition de la pandémie mondiale liée à la Covid-19 et les conséquences qui s'en sont suivies sur le respect des droits fondamentaux. Le moins qu'on puisse dire, c'est que dans l'espace CEDEAO, la fermeture des frontières internationales entre les pays membres a entrainé une remise en cause de la libre circulation des personnes. A cela, il faut ajouter les outils technologiques de surveillance des personnes (traçage, scans thermiques, certificat médical, etc) qui fournissent une quantité importante de données sur la vie privée des personnes. Par ailleurs, les campagnes de vaccination contre la Covid-19 ont soulevé dans certains pays des situations rocambolesques visant soit à interdire la fréquentation de certains lieux à des personnes non vaccinées ou l'accomplissement de certaines formalités administratives aux usagers de la fonction publique dans certains pays[16].

Ces deux exemples montrent que le pouvoir politique est caractérisé par « l'individualisation et la totalisation simultanés »[17] en provoquant une force disciplinaire qui surveille les vies des citoyens en vue de voir leur conformité à ce qui est entendu comme étant la norme. La normalisation devient un instrument de pouvoir et elle s'opère même dans une situation médiate ou immédiate. Dans le contexte de la double crise sécuritaire et sanitaire, la biopolitique présente des enjeux essentiels.

B. Les enjeux de ces manifestations

Les réactions du pouvoir politique à la pandémie de la Covid-19 et à la lutte contre le terrorisme illustre sans doute le pouvoir symptomatique de la modernité de nos sociétés. Il s'agit du contrôle des comportements politiques et sociaux des individus, au travers d'un double contrôle de la vie et de la santé des populations. Cette situation est présentée par Foucault comme l'expression d'une modification des techniques de contrôle horizontal de la population, et donc de la rationalité gouvernementale elle-même[18].

---

[16] Au Togo, le *Pass vaccinal* est désormais exigé pour entrer dans certaines administrations publiques, les hôpitaux, les banques ou les universités. Au Burkina Faso, le Ministère de la Santé exige un *pass vaccinal* pour toute personne devant participer à une réunion organisée par ses services.

[17] M. Foucault, *le sujet et le pouvoir*, *op.cit.*, p. 219.

[18] A. Cot, « Quand Michel Foucault décrivait « l'étatisation du biologique » », Le Monde, Avril 2020, [En ligne].

Par suite, il paraît utile d'indiquer que les crises sanitaires et sécuritaires a mis en avant l'émergence de savoirs techniques et scientifiques et donc établit une sorte de gouvernance des experts des épidémies et de la sécurité, avec en toile de fond une remise en cause de l'État de droit, sur la base de grandes recommandations suggérées pour motiver et justifier des décisions visant à résorber la crise[19].

Il faudrait encore ajouter à ce schéma la présence des GAFAM avec la manière et le pouvoir dont ils ont d'agir sur le cours d'une élection par l'achat de mots clefs publicitaires. Les géants de l'internet sont parvenus à modifier les comportements des acteurs sociaux et à exercer un pouvoir sociétal sur nos corps en l'occurrence par leur interventionnisme au cours de la crise sanitaire[20]. Cette présence signale incidemment une influence considérable sur l'exercice des pouvoirs politiques au sein des États et la manière dont ceux-ci sont capables d'assurer la garantie des droits fondamentaux de leurs citoyens.

En effet, la présence des GAFAM illustre l'idée selon laquelle, on est passé d'une société de discipline, suivant la pensée de Foucault, à une société de « contrôle »[21], dans la pensée de l'écrivain W. Burroughs, pour enfin « laisser place à la société de repérage et d'autocontrôle qui présenterait avec la précédente cette autre différence décisive de n'être pas gouvernée par les États, mais par des grandes entreprises privées »[22].

Cette présence des GAFAM souligne à cette effet une approche systémique du pouvoir que l'on retrouve sous le concept de dispositifs de sécurité ou de gouvernementalité.

---

[19] Y. Aziki, « Experts et gouvernance. Quelles expertises pour quelle autorité ? », *Cahier Sirice*, 2017-1, [En ligne].

[20] J. Fontanel, N. Sushcheva, « La puissance des GAFAM : réalités, apports et dangers », *Annuaire français de relations internationales,* 2019, [En ligne].

[21] G. Deleuze, *Pourparlers*, Paris, Ed. de Minuit, 2003, p. 130 cité par C. GODIN, « La biopolitique à l'épreuve du confinement », *Cités*, 2020-4, n°84, p. 22.

[22] Idem.

II. La gouvernementalité, une approche systémique des rapports pouvoir politique/droits fondamentaux

La gouvernementalité s'entend de « l'ensemble constitué par les institutions, les procédures, analyses et réflexions, les calculs et les tactiques qui permettent d'exercer cette forme bien spécifique, quoique très complexe, de pouvoir, qui a pour *cible principale* la population, pour forme majeure de savoir *l'économie politique*, pour *instrument technique* essentiel les dispositifs de sécurité »[23]. Dans le contexte de l'interface pouvoir politique/droits fondamentaux, la gouvernementalité présente des manifestations singulières (A). Ces manifestations sont susceptibles de l'objet de perspectives singulières dans le contexte des pays d'Afrique noire francophone (B).

A. Les manifestations singulières de la gouvernementalité

La gouvernementalité chez Foucault se réalise par l'utilisation d'un dispositif de sécurité en vue de faire fonctionner les disciplines sur le corps et dans la société. Ce dispositif s'exerce sur la population comme cible, au travers de son milieu et suivant une variable de risque. Elle s'articule autour de trois éléments. D'abord, la gouvernementalité s'adresse à une population ou une masse organique au plan macro-physique. Selon Foucault, « cette nouvelle technique de pouvoir ne s'adresse pas à l'homme-corps, mais à l'homme-vivant (…) à la limite : l'homme-espèce (…). Après une première prise sur le corps qui s'est faite sur le mode de l'individualisation, on a une seconde prise de pouvoir qui, elle, n'est pas individualisante mais qui est massifiante (…). Une biopolitique de l'espèce humaine »[24]. Ensuite, l'instrument sécuritaire de la gouvernementalité prend en compte le milieu de vie de la population en s'attachant aux variables environnementales (géographie, climatologie, urbanisme, morale, juridique, etc.) en définissant des probabilités dans le but d'optimiser les utilités globales. Enfin, la

---

[23] P. Laborier, « La gouvernementalité », Paris, Ed. du CNRS, 2014, p. 170.

[24] M. Foucault, *Il faut défendre la société*, op.cit., p. 216 cité par B. Mazabraud, « Foucault, le droit et les dispositifs de pouvoir », *op.cit.*, p. 170.

gouvernementalité implique une rationalité assurancielle en précisant « (…) la sécurité de l'ensemble par rapport à des dangers internes (…). Une technologie assurancielle et régulatrice »[25]. Il s'agit en toile de fond de cette rationalité d'intégrer une approche d'économie politique à la population sur la base du rapport coût/avantage.

La mise en perspective de la gouvernementalité dans ses rapports entre le pouvoir politique et les droits fondamentaux permet d'orienter l'analyse sous des illustrations complémentaires que l'historien et philosophe camerounais A. Mbembé nomme *la gestion des multitudes*.

La première illustration met en lumière une « nouvelle géographique de l'extraction des ressources naturelles (…) »[26], en définissant sur la base du droit des régimes d'exploitation qui favorisent une spoliation des populations, une restriction de terres utilitaires pour la vie, l'alimentation et la santé. Par suite, les régimes des codes miniers et fiscaux relatifs à l'extraction des ressources minières promeuvent une fuite des capitaux et une perte considérable des devises pour les États susceptible de servir à la providence des besoins élémentaires des populations[27].

Cette géographie de l'extraction a un effet multiplicateur sur la formation de machines de guerre ayant vocation à « immobiliser et neutraliser spatialement des catégories entières de personnes »[28], à entrainer des déplacements importants de population à l'intérieur et à l'extérieur des frontières. Il parait fondamental de souligner à ce propos que les choix de dispositifs sécuritaires dans la perspective foucaldienne dans l'approche de politique économique des ressources minières participent immanquablement à accroître la crise sécuritaire et humanitaire dans le Sahel. La stricte finalité de la population portée sur une approche productiviste, utilitariste, est susceptible de porter des risques pour les droits fondamentaux.

Toutefois, il faut bien avouer que la conception du biopouvoir et de gouvernementalité est construite chez Foucault dans un contexte occidental. D'ailleurs, ce dernier affirme que le concept de gouvernementalité s'entend de la « tendance, la ligne de force qui, dans

---

[25] M. Foucault, *Sécurité, territoire, population*, cité par B. Mazabraud, « Foucault, le droit et les dispositifs de pouvoir », *Idem.*

[26] A. Mbembe, « Nécropolitique », *Raisons politiques*, 2006-1, n°21, p. 52.

[27] CNUCED, *Les flux financiers illicites et le développement durable en Afrique, Rapport 2020 sur le développement durable en Afrique*, [En ligne].

[28] *Idem.*

tout l'occident, n'a pas cessé de conduire, et depuis fort longtemps, vers la prééminence de ce type de pouvoir qu'on peut appeler le gouvernement sur tous les autres : souveraineté, discipline, et qui a amené, d'une part, le développement de toute une série d'appareils spécifiques de gouvernement, et d'autre part, le développement de toute une série de savoirs »[29]. Même si la gouvernementalité trouve des illustrations évidentes dans le contexte africain, il parait utile d'envisager une perspective singulière de la gouvernementalité dans le contexte des pays d'Afrique noire francophone.

B. Perspectives singulières de la gouvernementalité dans le contexte des pays d'Afrique noire francophone

La mise en perspective de la gouvernementalité part de l'idée que le concept de biopouvoir place l'État unitaire, fort et totalisant au cœur de la réflexion de Foucault. Ce dernier conçoit, d'ailleurs, le « biopouvoir » comme celui exercé par l'État. La réflexion qui se situe dans le courant des années 70 prend en compte le contexte socio-politique particulier de l'Europe[30]. Cette période correspond, par exemple en France, à l'apogée de l'État fort, de l'État providence généreux dans les prestations publiques mais en même temps intransigeant sur son autorité[31].

Dans tous les cas, l'hyperpuissance du pouvoir politique en Afrique et l'incidence dramatique sur les droits de l'homme est presque un leurre dans le contexte africain. En effet, l'État dans la perspective foucaldienne est non seulement dépassé par le haut avec l'omnipotence d'autres formes de pouvoir, comme celui du capital financier[32] qui s'exerce sur les choix gouvernementaux d'une part, mais il est aussi dépassé d'autre part par les grandes firmes internationales qui assurent des activités socio-économiques desquels nos États ne peuvent se soustraire. Sur le plan interne, la conception de la gouvernementalité est fragilisée par la contestation de l'autorité de l'État, y compris du pouvoir politique, en

---

[29] P. Laborier, « La gouvernementalité », *Op.cit.*, p. 170.

[30] M. Hardt, A. Negri, « La production de la biopolitique », *Multitudes*, 2000-1, pp. 16-28.

[31] P. Guillaume, « L'État providence en question », *Vingtième siècle*, 2001-1, n°69, pp. 43-50.

[32] J. G. Hülsmann, « Pourquoi le FMI nuit-il aux africains ? », *Labyrinthe* [En ligne], 16 | 2003.

raison d'une plus grande paupérisation résultant d'une crise économique consécutive de dizaines d'années de politiques néolibérales[33].

Enfin, d'un point de vue des rapports entre le constitutionnalisme et les droits fondamentaux, la mise en perspective de la pensée de foucault soulève un argumentaire en deux temps. D'un côté, il nous semble que le présupposé fondamental du constitutionalisme et du pouvoir politique au sein de l'État réside dans l'existence d'un État-nation fort et contrôlant tout ou presque sur son territoire. C'est d'ailleurs pour cela qu'il est le garant de l'unité nationale. L'histoire du constitutionnalisme et celle de l'achèvement de la construction de l'État-nation coïncide en Europe. Ce présupposé reste encore un défi dans la situation de nos États, sauf quelques allusions faites au temps révolu des dictatures foudroyantes des partis uniques et des grands timoniers[34].

D'un autre côté, il nous semble que le pouvoir de l'État sur les corps s'exerce d'une autre manière que celle qui préoccupent Foucault. Il s'agit d'un pouvoir du dernier mot sur la décision d'affamer, de paupériser et de mettre à mort. Contrairement à ce que décrit Foucault, ce pouvoir ne s'exerce pas par action, il s'exerce par omission, principalement. Il s'agit de défaut étatique, matérialisé par le déficit de gouvernance, absence de services publics élémentaires, absence de sécurité, ce qui livre les corps au pouvoir des personnes sans scrupules[35]. Ce pouvoir sur les corps que l'on voue à la faim et à la mort s'exerce à travers une mauvaise gouvernance endémique et une corruption qui dépasse tout entendement[36]. Il s'agit donc d'une action indirecte dont les conséquences sont celles d'un pouvoir sur les corps et sur comment on décide de refuser leur épanouissement. Et en dernier ressort, c'est toute cette misère que Achille Mbembé dénonce, en ses propres mots, dans son célèbre article « necropolitique ».

---

[33] V. Magnani, T. Vircoulon, « Vers un retour de l'autoritarisme en Afrique ? », Politique Étrangère, 2019-2, pp. 11-23 ; T. Drame, « La crise de l'État », *L'Afrique Maintenant*, 1995, pp. 331-346 ; B. GUEYE, « La démocratie en Afrique : succès et résistances », *Pouvoirs*, 2009, pp. 5-26.

[34] P. Kipre, « La crise de l'État-nation en Afrique de l'Ouest », *Outre-Terre*, 2005-2, pp. 19-32.

[35] S. Le Gouriellec, « Crise de l'État ou dans l'État ? Réflexions sur la prolongation des conflits dans la corne de l'Afrique », *Revue Défense Nationale*, 2016-7, pp. 139-144.

[36] P. Hugon, « conflits armés, insécurité et trappe à pauvreté en Afrique », *Afrique Contemporaine*, 2006-2, p. 33 et ss.

CONCLUSION

Aux termes de notre réflexion, il nous paraît utile d'indiquer que l'interface pouvoir politique / droits fondamentaux dans la pensée foucaldienne met l'accent sur la biopolitique, avec un dispositif disciplinaire visant à imposer une « normation » dans la conduite humaine, ce qui fait dire à Foucault que ce « dispositif disciplinaire fonctionne non pas sur le droit mais à la technique, non pas à la loi mais à la normalisation, non pas au châtiment mais au contrôle, et s'exerce à des niveaux et des formes qui débordent l'État et ses appareils »[37]. Par ailleurs, dans la gouvernementalité, sous le dispositif sécuritaire, le droit est assujetti à l'économie, dont les pratiques peuvent parfois entraver la garantie des droits fondamentaux. Il s'ensuit que le droit peut avoir une fonction instrumentale, voir précaire dès lors que les jeux de rôles des acteurs en présence participent à réduire son effectivité. Cette réflexion nous enseigne aussi que l'affirmation des droits fondamentaux dans la Constitution ne constitue pas une garantie suffisante. Elle doit faire l'objet d'actions stratégiques et opérationnelles pour donner effet à sa consécration. A cet égard, chaque droit fondamental suit une trajectoire particulière.

Enfin, il parait important de souligner que cette réflexion générale présente des contingences tenant à toute réflexion partant sur la pensée d'un auteur. Il est probable que la vie, les combats, les victoires et les échecs de Michel Foucault ont, d'une manière ou d'une autre, déteint sur sa philosophie du pouvoir dans ses rapports avec le droit. Il s'ensuit que l'exercice d'une discipline scientifique peut revêtir en filigrane l'expression d'un combat pour soi-même ou pour les autres.

Yda Alexis NAGALO

Docteur en droit, Centre National de la Recherche Scientifique et Technologique, Institut des Sciences et des Sociétés (Burkina Faso)

---

[37] B. Mazabraud, « Foucault, le droit et les dispositifs de pouvoir », *op.cit.*, p. 150.

Ngnia-Ngama NZAOU-MOYEN

LE DROIT PÉNAL INTERNATIONAL À L'ÉPREUVE DE LA POLITIQUE

INTRODUCTION

Si l'on admet que « ce *sont des hommes et non des entités abstraites qui commettent les crimes dont la répression s'impose comme sanction du droit international* »[1], la régulation des rapports entre la politique et la justice pénale internationale laisse paraître des ambigüités entre le politique et le juridique. Aussi, la politisation de cette justice met en lumière une collaboration ambivalente qui suscite d'énormes réflexions. En effet, au-delà de la recherche d'un équilibre entre le politique et le juridique, subsiste celle de la répression des crimes internationaux dont les politiques sont en grande partie les cerveaux penseurs. Force est de constater que l'initiative amorcée depuis Nuremberg, excluant toute exonération de la responsabilité pénale individuelle des hauts responsables politiques pour crimes internationaux, est désormais admise afin de lever tout équivoque sur une prétendue totale immunité. C'est ainsi que, d'un continent à un autre, ce désir est présent. Dans le contexte africain, ce continent a su jouer sa partition en intégrant un système atypique qui a permis *« la mise sur pied des Chambres extraordinaires africaines au sein du système judiciaire sénégalais, chargées de poursuivre et de juger les auteurs présumés des crimes internationaux commis au Tchad entre le 7 juin 1982 et le 1er décembre 1990, période correspondant au régime de l'ancien président Hissène Habré et, d'autre part, l'institution récente d'une Section de droit international pénal (SDIP) au sein de la future Cour*

[1] Extrait du jugement de Nuremberg, P. 235.

africaine de Justice et des droits de l'homme et des peuples »[2]. Toutefois, la présence continue de la politique dans la justice pénale internationale dénature cette justice et l'affaiblit. Si par essence la justice pénale internationale est politique, aucune ambigüité ne peut donc être observée entre les deux. Seulement, l'on constate qu'en s'exprimant, ces faux jumeaux ont des rapports de moins en moins loyaux. Ce tumulte remet en cause la légitimité de cette nouvelle forme de justice qui serait, selon les circonstances, vainqueur ou vaincue. Il convient donc, à ce state, de procéder à la définition au préalable des concepts de base à savoir : la justice pénale internationale et la politique.

Appréhendée sous deux angles philosophique et politique, la justice est *« un principe qui relève de la morale et qui est supposé inspirer, conduire les dirigeants d'un pays [...]. Elle apparaît comme une aspiration universelle des hommes, quels que soient les temps et les sociétés »*[3]. En tant que principe d'organisation de la société, elle répond aux exigences du droit international lorsqu'on le transpose à ce niveau. Ainsi, dans le cadre de la répression des crimes de droit international, la justice pénale internationale coopère avec les États qui adhèrent à cette idée. La justice pénale internationale permet de recadrer la tyrannie des institutions qui met à mal la démocratie. Ainsi, les relations du triptyque droit, pouvoir et politique doivent être modérées. La corrélation justice pénale internationale et politique n'est pas sans risque. En effet, *« la politique peut « polluer » le droit et en faire un instrument de domination, d'oppression »*[4]. Du latin *politicus,* la politique renvoie au gouvernement de la cité[5]. La vision que l'on se fait de la politique est fonction de la culture et de l'environnement de son déploiement. Si dans la conception francophone, la politique est une notion polysémique et variante, les anglophones la résument à l'organisation du pouvoir et son exercice. Il faut, toutefois, distinguer la politique du politique. Il apparaît ainsi, dans cette distinction, que le politique, quant à lui, est une *« dimension*

---

[2] Mutoy Mubiala, « L'Afrique et la Justice Pénale Internationale », *Revue internationale de droit pénal,* janvier 2014, pp.1-16, disponible sur http://www.institutafriquemonde.org, consulté le 1er décembre 2021.

[3] J. M. PONTIER, Préface des Actes du Colloque de Brazzaville du 10 décembre 2018 sur *Les Vingt ans du Traité de Rome portant Statut de la Cour Pénale Internationale, (dir), EMMANUEL (D),* organisé par la Société Congolaise pour le Droit International (SCDI), *Institut Universitaire Varenne, Paris, 2019, 270 pages, P.1.*

[4] *Ibidem, P.13.*

[5] G. COURNU *Vocabulaire Juridique, 10e édition, Puf, Paris 2014, 722.*

potentielle de tout phénomène social, car tout n'est pas politique, mais tout fait social est polissable ».[6] Par conséquent, le politique, dans l'acceptation de Pierre Favre, assure la coordination des activités de résolutions des conflits tout en hiérarchisant la vie sociale. On ne peut nullement penser la politique en dehors du droit et la justice pénale internationale sans la politique. Car, les deux sont, à la base, fusionnelles. Pourtant, en évoluant, cette osmose peut être nocive pour la société.

Cependant, à bien des égards, les juges internationaux ont été amenés à se prononcer sur les pressions que cette cohabitation engendre. Bien évidemment, si l'on remonte aux premières aspirations de la justice pénale internationale, notamment le rendez-vous avorté du jugement de l'empereur Guillaume II, le devenir du droit et de la politique[7] serait incertain. Un nouveau rendez-vous a finalement été honoré, celui de Nuremberg qui sert désormais de soubassement à ce maillage. Les juridictions pénales internationales et la politique vont, au fil du temps, faire du chemin. Aussi, la répression des atrocités nées de la seconde guerre mondiale avec la commission des crimes contre la paix, balise la voie de la justice pénale internationale et s'affirme par le jugement des hauts responsables politiques nazis devant le Tribunal de Nuremberg. Les lueurs du triomphe de la justice pénale internationale sur la politique sont apparues avec l'ouverture, le 20 novembre 1945, à Nuremberg, du procès dit des vainqueurs ou celui « des grands criminels de guerre ». Cette convocation à la barre des hauts dignitaires du Troisième du Reich et du parti nazi, était le rendez-vous du droit face à la politique afin que justice fût rendue[8]. Selon les propos du juge Robert Jackson :

> « Le Droit international ne vise que les actes des États souverains et ne prévoit pas de sanctions à l'égard des délinquants individuels. (Il affirme ainsi que), ce sont des hommes et non des entités abstraites qui commettent les crimes dont la répression s'impose comme sanction du droit international. (…).

---

[6] Voir extrait de Cours sur le politique, la politique, les politiques publiques, la Science politique, disponible sur https://www.editions-ellipses.fr, consulté le 17 septembre 2021.

[7] D. EMMANUEL « La Cour Pénale Internationale : entre Droit et Politique », Actes du Colloque de Brazzaville, op.cit, p. 17-63.

[8] H.-D. BOSLY et VANDERMEERSCH (D.), *Génocide, crimes contre l'humanité et crimes de guerre face à la justice – Les juridictions internationales et les tribunaux nationaux,* 2e éd., Bruxelles, Bruylant, 2012, p. 49.

Il propose un jeu d'équilibre sociétal. Dès lors, le crime est, à la base, individuel et doit être assumé. La responsabilité pénale individuelle des criminels se détache des actes de l'État. Mais, ce rendez-vous de l'histoire n'avait pas révélé tous les contours d'une justice pénale hors sol. De Nuremberg à La Haye, *« le Droit s'est mis au service des fins humaines »*[9]. Aussi, le choc émotionnel[10] engendré par les atrocités de l'Ex-Yougoslavie et du Rwanda a permis de repenser la justice internationale en l'associant dans le contexte rwandais à une justice réconciliatrice, celle des *Gacaca*. Par ailleurs, l'avènement de la Cour Pénale Internationale dans le processus évolutif des juridictions pénales internationales n'est plus l'idée d'une seule partie telle que cela a été le cas à Nuremberg et devant le TPIY et le TPIR, mais un jeu de compromis entre la juridiction pénale internationale permanente et les États. Ce qui, par conséquent, permet de constater que la justice a besoin du politique pour s'épanouir. Très vite, un nouveau vent souffle dans le continent. L'on assiste à une régionalisation[11] de cette justice le 11 Juillet 2000, avec l'adoption, par l'Union africaine, de l'Acte Constitutif de l'Organisation Régionale d'Intégration, afin de rendre une justice régionale pour les hauts responsables politiques africains. Cette initiative sonne le signal d'alarme du malaise entre justice et politique. Par conséquent, le bras de fer entre l'Afrique et la CPI, né de la vague d'interpellations des hauts responsables politiques en l'occurrence, au Soudan, au Kenya et en Libye se résume, à tort ou à raison, à l'instrumentalisation punitive de la justice internationale[12]. L'U.A. n'a pas hésité d'initier des décisions[13] auprès du Procureur de la CPI en vue de sursoir ces poursuites à l'encontre de certains hauts responsables africains. Dans ses balbutiements en vue de la création d'une Cour de justice de l'Union Africaine, désormais adossée à la Cour Africaine des

---

[9] El Hadji Omar DIOP, « L'Afrique à l'épreuve de la Justice Pénale Internationale », disponible *sur* http://afrilex.u-bordeaux.fr, consulté le 03 décembre 2021.

[10] Emmanuel (D), *ibidem,* p.18.

[11] G. F. EYENGA SEKE « La régionalisation du Droit International Pénal : ''une résistance à la Justice Internationale Pénale '', in Actes colloque de LILLE, organisé par la S.F.D.I sur « La souveraineté Pénale de l'État au XXIe siècle, Paris, Pedone, Mai 2018, P.411-432.

[12] M. GILBERT, « La Cour Pénale Internationale et l'Afrique, ou l'instrumentalisation punitive de la justice internationale », *Revue Internationale et Stratégique,* 2015/1 (n°97), pp.111 à 118, disponible sur https://www.cairn.info/revue-internationale-et-strategique-2015-1-page-111.htm , consulté le 03 décembre 2021.

[13] Voir Communiqué du Conseil de paix et sécurité de l'U.A. du 21 juillet 2009.

Droits de l'Homme[14], l'U.A. a ouvert un climat de méfiance envers la CPI. L'éclairage que nous voulons apporter, quant à la mise à l'épreuve de la justice pénale internationale par la politique, relève d'une part des difficultés auxquelles une justice hors sol est confrontée ; d'autre part, ce refus est confronté au manque de coopération entre les États et les juridictions pénales internationales.

Il est certain qu'au-delà de toutes considérations politiques, l'on est en droit de se poser la question de savoir : quelle est l'étendue des rapports entre la politique et la justice pénale internationale ?

En effet, la présente communication a pour but de démontrer, à travers la jurisprudence des juridictions pénales internationales, les rapports qu'entretient cette justice avec la politique ; rapports qui, de tout temps, souffrent de la recherche d'un possible équilibre que l'on doit observer entre *l'immunité de l'acte de fonction et la responsabilité pénale pour crimes internationaux des gouvernants*[15].

Il est donc difficile d'apporter une réponse absolue sur une frontière exacte entre ces deux concepts tout en reconnaissant qu'ils ne peuvent s'exprimer indépendamment l'un de l'autre. Car, l'on remarque qu'ils sont indispensables et doivent faire route ensemble. En s'exprimant, il est évident que la justice pénale internationale est, dans certaines mesures, vainqueur de la politique d'une part (I), d'autre part, cette victoire est ébranlée (II).

I. LA JUSTICE PÉNALE INTERNATIONALE VAINQUEUR DE LA POLITIQUE

De Nuremberg à la CPI, le triomphe de la justice pénale internationale dans le processus international de criminalisation s'est affirmé d'une part, du fait de la mise en cause des hauts responsables politiques (A), et d'autre part, cette justice internationalisée n'outrepasse pas le respect des

---

[14] Voir *Décisions Assembly/UA : Dec. 45(III), Assembly/UA/dec. (V) prises lors de la Troisième Conférence tenue à Addis-Abeba du 6 au 8 juillet 2004 et la cinquième conférence du 4 au 5 juillet 2005, en Lybie.*

[15] A-G, TACHOU-SIPOWO « L'immunité de l'acte de fonction et la responsabilité pénale pour crimes internationaux des gouvernants en exercice », *Revue de Droit de McGill, Volume 56, Numéro 3, April 2011*, p. 629–672.

droits de défense, en l'occurrence la présomption d'innocence reconnue à ces derniers (B).

A. LA MISE EN CAUSE DE HAUTS RESPONSABLES POLITIQUES

La mise en cause de hauts responsables politiques par les juridictions pénales internationales permet de tirer les leçons de l'histoire née de cette audace juridique depuis Nuremberg ou bien avant, pour ne pas remonter en 1870 avec la proposition de Gustave Moynier en vue de la *création d'une institution judiciaire propre à prévenir et à réprimer les infractions à la Convention de Genève*. L'analyse des jurisprudences des juridictions pénales internationales nous permet d'étayer notre raisonnement. Expression d'une conscience mondiale outragée[16] par l'empire du crime[17], le jugement de Nuremberg est certes un procès de circonstance, mais il incarne l'ouverture d'une certaine victoire de la justice pénale internationale sur la politique. Cet effort amorcé en 1945, affirmé dans les années 1990 par les juridictions *ad hoc,* se concrétise avec la Cour Pénale Internationale en 1998[18]. En effet, les atrocités des conflits armés non internationaux des années 1990 ont accéléré le désir de la répression dans le sens de l'égalité de tous devant une juridiction pénale internationale. Celles-ci ont, en effet, élevé le niveau de coopération loyale entre la justice pénale et la politique de chaque État. Car l'on constate que dans certains États, elle est la pacification des sociétés déchirées[19] par la politique. C'est le cas des juridictions *Gacaca* au Rwanda. Ces juridictions ont modernisé la justice traditionnelle, faisant ainsi de la justice africaine une justice réconciliatrice. On constate que dans ce contexte, la justice pénale internationale, au moyen de ses juridictions, replace le débat en faveur

---

[16] Réquisitoire introductif du Procureur général américain devant le tribunal de Nuremberg J. Jackson, cité par J.GRAVEN « Pour la défense de la justice internationale de la paix et de la civilisation par le droit pénal », Revue Internationale de Droit Pénal, n°1 et 2, 1964, p. 15.

[17] M. L. HEBERT-DOLBEC « La justice pénale internationale comme projet politique et sélectif : une exploration de plusieurs zones d'ombre de la pénalité internationale », *Revue québécoise de droit internationale,* 2015, H.S. 3, pp.1-13, disponible sur HTTPS://WWW..PERSEE.FR, consulté le 06 décembre 2021.

[18] Le Statut de Rome instituant la Cour Pénale Internationale, signé le 17 juillet 1998 est entré en vigueur le 1er juillet 2002.

[19]S. LIWERANT « Quand la justice pénale internationale s'empare de la réconciliation nationale », Revue juridique interdisciplinaire, droit et culture, 56/2008-2, PP 147-175, disponible sur https://journals.openedition.org, *consulté le 24 octobre 2021.*

d'une justice équitable. Ainsi, de Charles Taylor à Laurent Gbagbo[20], en passant par Hissène Habré[21] et Jean-Pierre Bemba[22], le droit a eu du mal à s'affranchir[23] de la politique. Le sort du droit et de la politique réside dans le bien-fondé d'une justice pénale internationale à la hauteur des attentes de tous justiciables même lorsque la raison politique se pose en bouclier. Il faut donc marquer une frontière entre le volet national et international. Aussi, dans le cadre de la protection des droits de l'homme devant la CEDAO, l'environnement conflictuel de la sous-région fait appel à une justice qui s'accommode aux réalités du continent. La doctrine l'atteste en affirmant *« Abuja plutôt qu'Arusha »*[24]. Ce tracé de frontière permet de se soustraire de l'idée d'une justice des faibles face aux forts. Bien au contraire, la justice exercée au niveau international s'impose même aux hommes détenteurs de l'immunité. Il est certain que les crimes internationaux ont désormais des auteurs identifiables et localisables. Dans le souci de préserver l'humanité des horreurs causées par les crimes, le maillage, droit, justice, réconciliation et paix est au cœur de la politique répressive. On a cru dire que :

> « Fragilisée par la résistance des grands États comme la Chine, les États-Unis ou l'Inde, l'apparition [de la CPI] ne s'inscrira durablement dans l'histoire qu'à condition de surmonter les difficultés que porte en elle l'idée même de justice pénale internationale, en ce qu'elle implique tout à la fois la mise en place d'institutions à caractère supranational et l'expression d'interdits à vocation universelle »[25].

---

[20] CPI, affaire Gbagbo 28 janvier 2016, de l'acquittement (CPI, 15 janvier 2019 assignation à résidence, CPI, 1er février 2019 la Chambre d'Appel fixe les conditions de mise en liberté).

[21] Chambres africaines extraordinaires, verdict du 30 mai 2016, un tournant pour la justice en Afrique.

[22] *CPI, situation en République centrafricaine, Affaire, le Procureur c. Jean-Pierre Bemba Gombo, ICC-/05-01/08- 424 –tFRA, Chambre préliminaire II, relativement aux charges portées par le Procureur contre ce dernier, 15 juin 2009.*

[23] F. MEGRET, La Cour Pénale Internationale et politique internationale : essai de conceptualisation, *in Le Statut de Rome de la Cour Pénale Internationale. Commentaire article par article, 2e éd, A. Pedone, Tome I, Paris, 2019, P.69.*

[24] S. NOUROU TALL, *Droit des organisations internationales africaines, Théorie Générale Droit Communautaire comparé Droit de l'homme, paix et sécurité,* L'Harmattan, Paris, 2015, P. 397.

[25] A. CASSESSE et M. DELMAS-MARTY, Crimes Internationaux et Juridictions Internationales, Paris, PUF, 2002, p.7.

En effet, quels que soient la qualité de l'auteur de l'acte et son lieu de commission, aucune limitation n'est désormais admise en droit international pour les crimes odieux. C'est à juste titre que les procès qui se sont déroulés devant les juridictions *Ad Hoc* mises en place par le Conseil de Sécurité de l'ONU, en l'occurrence le TPIY[26] et le TPIR[27], ont tenu compte de cette vision. C'est ainsi que les articles, respectivement 7(2) et 6(2) des Statuts du Tribunal Pénal International pour l'Ex-Yougoslavie (TPIY) et du Tribunal Pénal International pour le Rwanda (TPIR) reconnaissent la non-pertinence de la qualité officielle devant une juridiction pénale internationale au profit de la responsabilité pénale individuelle. Aussi, le juge international[28] n'est pas resté en marge de ce privilège politique face aux sollicitations de la justice. L'avènement de la justice pénale internationale *« vise à dissuader et à prévenir d'éventuels crimes futurs»*[29]. La responsabilité pénale internationale de tout individu doit être examinée. Nuremberg et la CPI se présentent désormais comme les facettes opposées d'une médaille, celle de la répression. Aussi, l'article 27 du Statut de Rome en est désormais l'affirmation. L'application de l'article 27 dans l'affaire *Omar al Bachir*[30], alors président en exercice du Soudan n'a pas manqué de susciter des velléités de retrait de la Cour par certains États africains. Celles-ci se sont accentuées au lendemain de l'interpellation du président Kenyatta. On remarque que, dans son jugement du 2 septembre 1998, la Chambre de première instance I du TPIR s'est déclarée convaincue, au-delà de tout doute raisonnable, que la responsabilité pénale individuelle du sieur *Akayesu* est engagée dans l'assassinat de membres de groupes, à savoir le groupe Tutsi ainsi que l'atteinte grave à leur intégrité physique

---

[26] Créé par la *Résolution du Conseil de Sécurité du 827 (1993) du 25 mai 1993, Statut pour le Tribunal pénal international pour l'ex-Yougoslavie, Rés. CS 827, Doc. off. CS NU, Doc NU S/RES/827 (1993).*

[27] *Voir résolution 955 (1994) du Conseil de Sécurité du 8 novembre 1994, Statut du Tribunal pénal international pour le Rwanda, Rés. 955, Doc. off. CS NU, Doc. NU.S/RES/955 (1994). 5*

[28] TPIY, *Le Procureur c. AntoFurundzija*, Chambre de première instance I, 10 décembre 1998, § 140.

[29] J. SAADA « La justice pénale internationale, entre idéaux et justification », *Revue Tiers Monde*, 2011/1(n°205), pp.47 à 64, disponible sur https://www.cairn.info/revue-tiers-monde-2011-1-page-47.htm, consulté le 06 décembre 2021.

[30] *CPI, Chambre de première instance I, Al Bachir, ICC602/05/09, mandat d'Arrêt du 04 mars 2009.*

ou mentale[31]. Le juge international réaffirme sa position sur la responsabilité individuelle dans le génocide de Tutsis dans l'affaire *Semanza.* S'appuyant sur les dispositions de l'article 6 1) du Statut du TPIR, il affirme que *« quiconque a [...] aidé ou encouragé à planifier, préparer ou exécuter un crime visé aux articles 2 à 4 du présent Statut est individuellement responsable dudit crime ».* L'acte d'accusation reprochait à *Semanza,* au premier chef, sa culpabilité dans le génocide au titre de sa responsabilité individuelle[32]. Le caractère international de ces juridictions fait le lien entre deux actions distinctes ; d'une part, celle de la justice qui doit dire le droit face aux crimes perpétrés ou encouragés par des chefs politiques[33]et, d'autre part, le respect des engagements pris envers la communauté des États. La recherche de la justice pénale internationale face à une situation de crimes internationaux quelle qu'elle soit, est l'acceptation de la priorité faite à des valeurs reconnues de tous telles qu'elle devrait être[34]. La doctrine observe ainsi des convergences et des tensions entre le respect des droits de l'homme et les juridictions pénales internationales[35]. Ainsi, l'option d'une justice pénale pour les hauts responsables politiques n'échappe pas à une nouvelle catégorie de juridictions, en l'occurrence les juridictions spéciales. La force de ces juridictions face à la politique réside dans les négociations entreprises entre le gouvernement, les États et les Nations Unies en vue d'un ordre répressif universel[36]. C'est dans cette recherche d'équilibre que la

---

[31]*Le Procureur c. Akayesu, 2 septembre 1998, ICTR-96-4-T.*

[32] *Le Procureur c. Semanza, 15 mai 2003, ICTR-97-20-T, paragraphe 376.*

[33] A. GARAPON, O. MONGIN « De Phnom Penh à Pristina, métamorphose du pouvoir et de la guerre *», in Denis Salas (dir), La justice, une révolution démocratique, Paris, Desclée de Brouwer, 2001, 235 pages, p.103,* cité par Anne-Laure CHAUMETTE, in *le Statut de Rome commentaire article par article, op.cit. p199.*

[34] O. QUIRICO « Réflexion sur le système du droit international pénal : La responsabilité « pénale » des Etats et des autres personnes morales par rapport à celle des personnes physiques en droit international », Thèse pour le Doctorat en Droit, soutenue publiquement le 13 décembre 2005 à l'Université des Sciences Sociales de Toulouse 1, 880 pages, p.4. Disponible sur http://www.tel.archives-ouvertes.fr, consulté le 13 septembre 2021.

[35] G. ABI-SAAB Droits de l'homme et juridictions pénales internationales : convergences et tensions, in R.-J. DUPUY (dir.), L.-A. SICILIANOS (coord), Droit et justice, Mélanges en l'honneur de Nicolas VALTICOS, Paris, Pedone, 1999, p. 245-251.

[36] J. VERHOEVEN, Vers un ordre répressif universel ? : Quelques observations, *in A.F.D.I., 1999, XLV, p. 55. 5*

Résolution 1315 (2000) du 14 août 2000 prise par le Conseil de Sécurité de l'ONU et confirmée le 16 janvier 2002 par l'Accord à Freetown, a été conclue entre les Nations-Unies et le Gouvernement de Sierra-Leone en vue de la création du Tribunal Spécial pour la Sierra-Léone (TSSL). La procédure employée pour ce tribunal spécial a facilité la mise en place du Tribunal Spécial pour le Liban (TSL)[37] afin de juger les responsables de l'attentat terroriste du 14 février 2005 à l'égard du premier ministre Libanais Rafiq Hariri et vingt-deux autres. La gravité des crimes en cause qui souvent laissent apparaître deux catégories de personnes à poursuivre à savoir d'une part, les exécutants et de l'autre, les dirigeants, favorise des tensions politico-juridiques. La démarche employée avec la Sierra-Leone a fait ses preuves au Cambodge avec la Résolution 57/228/A du 18 décembre 2002 de l'Assemblée Générale de l'ONU pour le jugement des Khmers Rouges pour les crimes de droit international commis sur le territoire de cet État pendant la période comprise entre le 17 avril 1975 et le 6 janvier 1979. De même, la justice n'a pas hésité de mêler ce premier principe à celui de l'imprescriptibilité des crimes internationaux dans le procès des responsables du Kampuchéa démocratique[38]. S'appuyant sur l'article 2 § 2, ainsi que des articles 26 et 27 de la Convention de Vienne sur le Droit des Traités du 23 mai 1969, l'Accord entre l'ONU et le Cambodge doit s'exécuter de bonne foi par le Cambodge *(PactaSuntServanda).* Ainsi, la concrétisation de cet Accord au niveau national fait l'objet de la Loi Cambodgienne du 10 Août 2001, portant création des Chambres extraordinaires dont l'article 1er insiste sur les hauts responsables. L'examen du rapport du Conseil de Sécurité des Nations Unies au Darfour[39]fait constater qu'il est difficile d'engager des poursuites contre les hauts responsables de l'État mis en cause par la justice. Pourtant, dans une décision du 2 mai 2007, la Chambre

---

[37] Voir les résolutions 1595 (2005) du 07 avril 2005 ; 1636 (2005) du 31 octobre 2005, pour la mise en place d'une commission spéciale afin d'identifier les auteurs des actes terroristes en cause et la résolution 1664) du 29 mars 2006 sur l'Accord entre le Secrétariat Général de l'ONU et le Gouvernement Libanais ; Résolution 1757 (2007) du Conseil de Sécurité du 30 mai 2007, sur le projet du Statut du TSL ; A. AZAR, Le Tribunal Spécial pour le Liban : une expérience origine ? RGDIP Tome 111/2007/3, Pedone, Paris, 2007, pp 643-658.

[38] I. THOMAS « Le procès des hauts responsables du Kampuchéa démocratique : entre droit interne et Droit International », RGDIP, Tome 110/2006/4, Paris ; Pedone, pp. 901-911.

[39]Voir *Rapport sur la mission du Conseil de Sécurité de l'ONU au Darfour du 25 janvier 2005.*

préliminaire de la CPI[40] confirme l'existence de motifs raisonnables de croire que l'ex-ministre d'État soudanais chargé de l'intérieur Ahmad Harun ainsi qu'Ali Kushayd chef des miliciens Janjawds avaient connaissance des crimes mis en cause. La mixité organique de ces tribunaux *« hybrides »* dits spécialisés affirme la suprématie de la justice pénale internationale sur la politique. Fort de ses 128 articles, le Statut de Rome instituant la CPI, a fait cette institution une juridiction permanente accomplie. Ce traité multilatéral a pour mission de *« défendre [...] et mettre en œuvre les exigences profondes de l'humanité »*[41]. Mais, dans certains cas, la justice pénale internationale est taxée d'accomplir une mission politique, tel qu'en Afrique. Elle doit donc, pour se défaire de cette caricature, se conformer au respect des droits de la défense.

B. Le respect de la présomption d'innocence

Dans le cadre du respect de l'égalité de tous devant la justice et de la préservation de la paix internationale, la CPI respecte l'engagement des États ainsi que le mode de saisine reconnu par le Statut de Rome. Le principe *in dubio pro reo* qui est inclus dans la présomption d'innocence s'applique à tout prévenu dans le procès. Selon ce principe, la personne poursuivie n'est pas encore définitivement condamnée[42]. Celle-ci jouit de son innocence tant que la preuve de sa culpabilité n'a pas été établie de manière irréfutable. Ce principe a été repris par plusieurs textes internationaux, notamment l'article 9 de la Déclaration des Droits de l'Homme et du Citoyen de 1789 qui dispose que : *« Tout homme étant présumé innocent jusqu'à ce qu'il ait été déclaré coupable... »*. La prépondérance des droits de la défense pour tout justiciable intègre les garanties fondamentales auxquelles on ne peut déroger dans le procès pénal. Tout un corpus juridique a été initié afin de garantir à tout individu des mesures de protection judiciaire durant toute la procédure. Les juridictions *ad hoc* qui ont succédé au tribunal de Nuremberg, reprennent ce principe sacré reconnu à tous les individus dans leurs Statuts

---

[40] Voir *CPI, décision de la Chambre préliminaire du 2 mai 2007, (ICC-02/05-01/07).*

[41] P. TAVERNIER et J. M. HENCKAERTS Droit International Coutumier : enjeux et défis contemporains, Bruxelle Bruylant, coll. « Centre de Recherche et d'Études sur les Droits de l'Homme et le Droit Humanitaire », 1ère édition, 2008, p.27.

[42] CEDH, 25 mars 1983, *Minelli c. / Suisse.*

respectifs. Aussi, l'article 21.3 du Statut du Tribunal pénal international pour l'Ex-Yougoslavie dispose que :

> « Toute personne accusée est présumée innocente jusqu'à ce que sa culpabilité ait été établie conformément aux dispositions du présent statut ».

On retrouve une formulation identique dans le Statut du Tribunal pénal international pour le Rwanda (article 20 (3)). On constate que le contenu de l'article 21 (3) du Statut de Rome présente le respect des droits de l'homme internationalement reconnus comme étant une norme supranationale. Aux termes de l'article 66 du Statut de Rome, et au regard de la spécificité de la Cour, la force de la présomption d'innocence ne peut être ignorée. C'est dans ce sens que s'est prononcée la Chambre de Première instance II de la CPI, lorsqu'elle a disjoint les crimes reprochés à Mathieu Ngudjolo Chui et ceux de Katanga. Mathieu Ngudjolo, en sa qualité d'ancien dirigeant présumé du Front des nationalistes et intégrationnistes en RDC, devait répondre devant la Cour pour crimes contre l'humanité et crimes de guerre. Mais, après examen de son dossier il a été acquitté le 12 décembre 2012 et libéré le 21 décembre 2012. Son acquittement est confirmé par la Chambre d'appel, le 27 février 2015. Règle d'or en droit pénal, la présomption d'innocence permet à la justice pénale internationale de faire valoir sa neutralité politique dans la poursuite de toute personne qui comparaît devant une juridiction pénale internationale. C'est ainsi que la procédure devant la CPI prend toutes les mesures sécuritaires avant le procès. On remarquera que dans les affaires *Kenyatta*[43] et *Bemba*[44], la chambre préliminaire II s'est assurée de la compétence de la Cour pour la recevabilité des affaires, conformément aux dispositions du Statut de la Cour. Aussi, la règle 50-4 du règlement de procédure et de preuve (RPP) autorise la Chambre préliminaire à demander de amples renseignements[45] au Procureur afin de confirmer ou non les charges. Cette sécurité est un garde-fou, même dans le cadre d'un

---

[43]Chambre préliminaire II, Décision relative à la requête du Procureur aux fins de délivrance de citations à comparaître à Francis Kirimi Muthaura, Uhuru Muigai Kenyatta et Mohammed Hussein Ali, ICC-01/09-02/11-1-tFRA, par. 9.

[44]Chambre préliminaire II, Décision rendue en application des alinéas a) et b) de l'article 61-7 du Statut de Rome, relativement aux charges portées par le Procureur à l'encontre de Jean-Pierre Bemba Gombo, ICC-01/05-01/08-424-tFRA, par. 24.

[45]N.-N. N'ZAOU-MOYEN « La saisine de la Cour Pénale Internationale par les États », in Colloque de Brazzaville, *op.cit., p.95.*

contentieux interétatique classique, notamment quand la saisine émane de l'État. Dans les conditions où l'État requérant[46] est partie au contentieux, la procédure préliminaire peut être certes utilisée comme moyen de pression[47] de la Cour sur les États, elle ne demeure pas moins soumise au respect des dispositions de l'article 15-4. Aux termes de cet article, l'ouverture d'une enquête par le procureur ne peut être possible que lorsque la Chambre préliminaire, après examen, reconnaît la compétence de la Cour pour les crimes mis en cause. Cette sécurité a été prise par la Cour dans les situations du Kenya et de la Lybie. Dans le cadre des poursuites engagées au Kenya, la Cour a fait une analyse approfondie du dossier. Il faut d'abord remarquer que la majorité des affaires portées devant la CPI est le fait des États et non l'initiative du procureur ou du Conseil de Sécurité des Nations Unies. Exception est faite, en effet, avec l'affaire *Uhuru Muigai Kenyatta* qui relève de la saisine *proprio motu.* En effet, une citation à comparaître a été émise à son encontre, ainsi que *Francis Kirimi Muthaura,* et *Mohammed Hussein Ali* pour crimes contre l'humanité, pour le recrutement des *Mungiki,* une organisation criminelle, afin de mener des attaques dans les villes de Nakuru et de *Naivasha* en janvier 2008. La procédure prévue à l'article 58 du Statut de Rome a été appliquée dans le respect des droits de l'accusé et de la justice. Les charges retenues contre ce dernier étaient sa responsabilité pénale en qualité de coauteur indirect conformément à l'article 25-3 du Statut de Rome. Le 31 mars 2011, le gouvernement kenyan demande à la Cour de se dessaisir du dossier en raison d'irrecevabilité en vertu de l'article 19 du Statut. Mais, ne cédant pas à la pression politique, la Cour décide de dire le droit. Ainsi, par une décision du 30 mai 2011, contrairement à l'attente du Kenya, l'affaire est recevable par la Chambre de première instance. Cette décision fut confirmée par la Chambre d'appel, le 30 août 2011, en application de l'article 19- 2-b. Au-delà de tout privilège, le présumé coupable s'est rendu à la Cour pour être entendu comme tout contribuable par la citation à comparaître du 8 mars 2011. Il faut signaler que la citation à comparaître n'oblige guère une personne recherchée à se présenter. Seulement, le refus de cette dernière peut conduire la chambre

---

[46] J. FERNANDEZ, X. PACREAU et M. UBEDA-SAILLARD *Statut de Rome de la Cour Pénale Internationale, Commentaire article par article,* 2e édition, Tome I, Pedone, Paris, 2019, p.799.

[47] D. EMMANUEL *op.cit, p.23.*

préliminaire à délivrer un mandat d'arrêt. Ainsi, après une procédure qui a duré quatre ans, les charges ont été abandonnées par l'accusation, le 05 décembre 2014. Par conséquent, la Chambre de première instance a retiré les charges, le 13 mars 2015. Durant toute la procédure devant la Cour, le Procureur peut émettre une réticence dans le traitement de certaines situations. Ainsi, dans le cadre de la saisine initiée par les Comores, le Procureur s'est résigné d'ouvrir une enquête en 2014, estimant que le nombre de victimes ne présente pas l'urgence de l'ouverture d'une enquête. Mais, toutefois, à la demande de la Chambre préliminaire en application de l'Article 53-3 du Statut, le Procureur est revenu sur sa décision. C'est finalement par une décision du 16 juillet 2015[48] que le Procureur revient sur sa position estimant que les faits avérés méritent l'attention de la Cour en raison de la gravité des faits. Ce tumulte entre les pouvoirs du Procureur et de la Chambre préliminaire, va être tranché par la Chambre d'appel dans sa décision du 18 janvier 2019 sur la compétence de la Chambre préliminaire, quant à l'ouverture d'une enquête par le Procureur. Lorsque la procédure balbutie, le verdict peut être entaché d'irrégularités. En effet, la précaution du Procureur dans le cas des Comores s'inscrit dans le cadre du respect des droits de la défense. En ce sens, si les faits reprochés peuvent être jugés au niveau interne, la complémentarité de la Cour ne s'impose donc pas.

Le respect de la présomption d'innocence devant la justice pénale internationale a été également valorisé par la CPI dans les affaires Laurent Gbagbo et son épouse Simone Gbagbo ainsi que Charles Blé Goudé. Que ce soit dans un procès civil ou pénal, ce principe directeur[49], universellement reconnu[50], est considéré comme soubassement des droits de la défense et s'applique à tout système judiciaire. Le caractère

---

48 CH. Pré. I, *Decision on the request of the Union of Comores to review the Prosecutor's decision not to initiate an investigation, 16 juillet 2015, ICC-01/13-34.*

49 CHR. VIGOUROUX, *Présomption d'innocence, la conscience des droits*. Mélanges en l'honneur de Jean-Paul COSTA, 2011, p. 657; MARCHAL, P., Principes généraux du droit, RPDB, n° 145, p. 173.

50 F. TULKENS, « La présomption d'innocence. Les développements récents de la jurisprudence de la Cour européenne des droits de l'homme », Feestbundel voir H.VANDENBERGHE, p. 305; Livre vert de la Commission européenne du 26 avril 2006 sur la présomption d'innocence, COM(2006) 174 def, http://euro-lex.europa.eu, visité le 10 janvier 2020.

coutumier[51] de cette règle est confirmé par le Comité des droits de l'Homme des Nations Unies. La Règle 100 prévoit que nul ne peut être condamné ou puni que sur la base d'un procès équitable offrant toutes les garanties juridiques essentielles. Les juges de la Chambre extraordinaire au sein des juridictions Sénégalaises[52] se sont assurés de toutes les garanties d'offrir à *Hissène Habré* un procès équitable en acceptant de juger ce dernier. De même, dans l'affaire Gbagbo, la première audience de confirmation des charges du 19 au 28 février 2013 avait été ajournée par la Chambre préliminaire I, afin que des éléments supplémentaires soient ajoutés au dossier pour le respect des droits de l'accusé et d'un procès équitable. Après confirmation des charges à son encontre lors de l'audience du 12 juin 2014, notamment pour crimes contre l'humanité, la procédure a été diligentée. Mais, après une longue procédure et des années de prison, la présomption d'innocence a prévalu et elle a été confortée par l'acquittement de *Laurent Gbagbo,* le 15 janvier 2019. Toutefois, les acquittements et libérations accordés devant le TPIR à *Jean Bosco Barayagwisa*[53] *et Protais Zigiranyrazo,* beau-frère du défunt président *Habyarimana,* sonnent comme des acquittements embarrassants[54]. La pression politique du gouvernement rwandais sur le Tribunal remet en cause ses acquittements ; ce qui réconforte l'idée d'une justice pénale internationale sous emprise de la politique.

II. La justice pénale internationale vaincue par la politique

La mise sur pied des juridictions pénales internationales en général et de la Cour Pénale Internationale en particulier est souvent sujette à de vives controverses et résistances. Le protectionnisme judiciaire des États

---

[51]N.U, Comité DH, Observation générale 24, § 8 ; CICR (Comité International de la Croix Rouge), Study on Customary International Law, Vol. 1, Rule 100, p. 357.

[52]Voir CAE, Accord signé le 22 août 2012 entre l'Union Africaine et le gouvernement de la République du Sénégal, portant création des Chambres africaines extraordinaires au sein des juridictions sénégalaises.

[53] *Jean-Bosco Barayagwisa c. Le Procureur, ICTC-97-19- AR72, Arrêt du 3 novembre 1999.*

[54] Henry (B), « Des acquittés embarrassants », Revue québécoise de Droit International, octobre 2010, pp. 287-295, disponible sur https://www.erudit.org, Consulté le 20 septembre 2021.

constitue un frein à l'action de la justice pénale internationale et un déséquilibre entre cette justice et la politique. Quelquefois saisie par le droit, la politique[55](A) exerce de plus en plus une oppression sur la justice pénale internationale qui, de toute évidence, est soumise au respect de la souveraineté des États et par conséquent, au respect du principe de complémentarité dont les effets sont parfois néfastes (B).

A. LA JUSTICE PÉNALE INTERNATIONALE VICTIME DE L'EMPRISE POLITIQUE

Le rendez-vous avorté de la poursuite de l'empereur allemand Guillaume II qui a abdiqué, le 9 novembre 1918, contraint par les alliés qui le considèrent comme responsable de la grande guerre, est une des références de la faiblesse de la justice pénale internationale face à la machine politique. C'est la victoire de la politique sur le principe de l'extradition de hauts responsables de l'État. La clémence de l'État envers les responsables politiques, auteurs de crimes, a également été expérimentée en 1923, à Leipzig, devant la juridiction allemande[56] en raison de la légèreté de la sanction infligée. L'emprise de la politique devant la justice pénale internationale, en évoluant, a été constatée dans certaines affaires devant le TPIR. En effet, de hautes personnalités tels que *André Ntagerura*, ancien ministre des Transports et des télécommunications ainsi que l'ancien préfet *Emmanuel Bagambiki,* tous en fonction avant le génocide de 1994, ont fait l'objet de poursuites. Suite à un acte d'accusation émis par Kigali, le 26 décembre 1997, afin de faire comparaître ces hautes personnalités de l'État devant le TPIR pour complicité dans le génocide, ainsi que de crime contre l'humanité et crime de guerre, a démontré la prise de position de la politique interne dans le processus judiciaire. Déclaré *« non coupable de génocide, non coupable d'entente en vue de commettre le génocide, non coupable de complicité dans le génocide, non coupable de crimes contre l'humanité (extermination), non coupable de violations graves de l'article 3 commun aux Conventions de Genève (Article 4(a) du Statut) et non*

---

[55] L. FAVOREU (*La politique saisie par le Droit : Alternances, cohabitation et Conseil Constitutionnel*, Economica, 1988, 153 pages.

[56] R. CRYER , H. FRIMAN, D. ROBINSON et E.WILMSHURST , *Introduction to International Criminal Law and Procedure,* 3e éd., Cambridge, Cambridge University Press, 2014, p. 116.

coupable de complicité dans le génocide »[57] après 160 jours d'audience pour un procès ouvert, le 18 septembre 2000, cet acquittement n'était pas attendu par Kigali. Cette décision a été confirmée devant la Chambre d'appel[58]. Mais, ces acquittements ne font pas l'assentiment des autorités rwandaises qui les considèrent comme politiquement incorrects[59]. Après avoir reconnu que le poste occupé par *Bagambiki* lui conférait une autorité de fait et de droit en 1994, la chambre a, toutefois, conclu que *« sa responsabilité pénale ne saurait être engagée en raison des actes des militaires, des gendarmes ou de la population »*[60]. En effet, des crimes perpétrés par des hommes armés de haine ne pouvaient être maîtrisés par une seule autorité, en l'occurrence un préfet dont la compétence est celle de veiller à la sécurité de la population. Lorsque les causes et circonstances du conflit armé sont politiques, la responsabilité pénale du haut responsable politique est mitigée. Dans l'affaire Bemba, lorsque la Chambre préliminaire III a retenu deux chefs d'accusations de crimes contre l'humanité par viol (article 7-1-g) et meurtre (article 7-1-a), et trois chefs de crimes de guerre par viol (article 8-2-e-vi), meurtre (article 8-2-c-i) et pillage d'une localité (article 8-2-e-v), elle a tenu compte de sa position politique et militaire. En effet, monsieur Jean-Pierre Bemba Gombo, ressortissant de la République Démocratique du Congo et président du *« Mouvement de libération du Congo »* (MLC), avait un contrôle effectif sur une branche armée dénommée l'*« Armée de libération du Congo »* (ALC). Suite à la situation complexe de la République centrafricaine, en 2002, le Général François Bozizé fit défection des Forces armées de la République centrafricaine et crée une rébellion qui finit par assiéger la capitale Bangui. Pour affermir son pouvoir et faire face à la rébellion naissante, Ange-Félix Patassé, alors président de la République en exercice, sollicite du renfort auprès de Jean-Pierre Bemba, notamment l'acheminement des forces rebelles

---

[57] *TPIR, chambre de première instance, Le Procureur c/ André Ntagerura, Emmanuel Bagambiki et Samuel Imanishimwe, jugement et sentence du 25 février 2004, affaire ICTR-99-46-T.*

[58]*TPIR, chambre d'appel, Le Procureur c/ André Ntagerura, Emmanuel Bagambiki et Samuel Imanishimwe, arrêt du 7 juillet 2006, affaire ICTR-99-46-T.*

[59] F. MOUZER, « L'acquittement d'un présumé génocidaire par le Tribunal Pénal International pour le Rwanda : un verdict politiquement incorrect ? Le cas de l'ancien ministre des Transports », *Jurisdoctoria n° 12, 2015, disponible sur* https://old.juridoctoria.net, consulté le 20 septembre 2021.

[60]Disponible sur https://www.justiceinfo.net/fr. consulté le 10décembre 2021.

évoluant sous son autorité. C'est ainsi que trois bataillons, composés d'environ 1 500 hommes, se joignent aux hostilités entre le 26 octobre 2002 et le 15 mars 2003, soit environ cinq mois. Cette ingérence de ces troupes dans le conflit a conduit la Cour de reconnaître monsieur Jean-Pierre Bemba Gombo comme *« pénalement responsable, au sens de l'article 28-a du Statut »,* mettant ainsi en lumière la responsabilité du chef militaire et du chef hiérarchique pour son pouvoir de contrôle sur les troupes. Mais, l'appréciation des critères[61] de la sentence de monsieur Jean-Pierre Bemba Gombo lance le débat entre la politique et la justice pénale internationale. Car son interpellation intervient au moment où il est une grande figure politique en République Démocratique du Congo (RDC). Il faut admettre qu'avant son arrestation, Jean-Pierre Bemba a été vice-président du gouvernement de transition de la RDC (2003-2006), candidat au second tour des élections présidentielles de 2006 et élu sénateur en 2007. Le 22 mai 2007, le Procureur ouvre une enquête à son encontre ; il est arrêté le 24 mai 2008 en Belgique et remis à la Cour, le 3 juillet 2009, en vertu d'un mandat d'arrêt délivré par la Cour à la demande du Procureur. Les charges à son encontre ont été confirmées le 15 juin 2009. La recevabilité de l'affaire devant la CPI a été confirmée par la Chambre Préliminaire, le 24 juin 2010. Après avoir été condamné à 18 ans de prison par la Chambre de première instance qui a fondé sa décision sur des faits et circonstances retenus lors de la confirmation des charges conformément à l'article 74 § 2 du Statut, ses avocats ont fait appel de la décision. Réexaminant l'affaire en Appel, « la *majorité des juges estima, entre autres, que certains actes ayant sous-tendu le verdict de culpabilité rendu par la Chambre de première instance dépassaient le cadre des charges confirmées par la Chambre préliminaire »*[62]. La Chambre d'appel accueillit ainsi le moyen d'appel de la défense ». Finalement, c'est le 8 juin 2018 que la Chambre d'appel de la Cour Pénale Internationale l'a acquitté à la majorité des juges, annulant ainsi la décision de la Chambre de première instance III du 21 mars 2016. Cet acquittement replace monsieur Jean Pierre Bemba sur la scène politique ; mais, la politique a très vite eu raison de la justice. Ainsi, sa candidature à l'élection présidentielle est invalidée par la Commission Électorale

[61] G. MABANGA, « Affaire Bemba : La CPI fixe les critères d'appréciation de la responsabilité pénale du chef militaire et du supérieur hiérarchique », *La Revue des droits de l'homme[*En ligne], Actualités Droits-Libertés, disponible sur http://journals.openedition.org. Consulté le 11 décembre 2021.

[62] Disponible sur https://www.justice-en-ligne.be. Consulté le 10 décembre 2021.

Nationale Indépendante (CENI) suite à sa condamnation par la CPI pour subornation des témoins, par un communiqué rendu public, le 29 août 2018. L'Affaire Bemba dévoila cet amalgame qui perdure dans les relations tumultueuses qu'entretiennent le pouvoir, la politique et la justice. En effet, le premier obstacle de la justice pénale internationale c'est l'État ou la sous-région dans lesquels les actes criminels ont été perpétrés. On retiendra, en guise d'exemple, le refus du Rwanda en vue du prolongement du mandat du TPIR, au motif que les fonds pouvaient servir au relèvement du système judiciaire de cet État. Du prolongement du mandat du Tribunal débouche la question du jugement de certaines personnalités dont le transfert vers Kigali n'offrait aucune garantie juridique, mais des proies politiques[63].

Au niveau sous régional, l'Union africaine a fait bloc en vue de protéger des hauts responsables politiques recherchés par la CPI. Ces actions ont été entre autres le refus d'extradition du président Omar Hassan Ahmad Al-Bachir par le Malawi[64], le défaut de coopération du Tchad et de l'Afrique du Sud et la non-exécution d'arrestation par le Djibouti[65]. Cette intervention de l'Union africaine dans l'affaire Al-Bachir est prise pour une justice pénale internationale sur mesure[66]. Les États tels que les USA vont quelquefois plus loin en s'opposant aux poursuites engagées par la Cour. On retiendra ici la décision du 15 mars 2019 du Secrétaire d'État américain Michael Pompéo qui s'oppose à l'action de la Cour, notamment sur la poursuite des forces d'intervention

---

[63]*Le Procureur c. Yussuf Munyakazi, ICTR-97-36-R11bis, TPIR, Chambre de première instance, décision du 28 mai 2008 ; Le Procureur c. Gaspard Kanyarukiga, ICTR-2002-78-R11bis, TPIR Chambre de première instance, 30 octobre 2008 ; Le Procureur c. Fulgence Kayishema, TPIR-2001-67- R11bis, TPIR Chambre de première instance, 16 décembre 2008 ; Le Procureur c. Jean-Baptiste Gatete, ICTR-2000-61-R11bis, TPIR Chambre de première instance, 17 novembre 2008.*

[64]*CPI, Le Procureur c/ Omar Hassan Ahmad Al-Bachir, Chambre préliminaire I, 13 décembre 2011, décision relative au manquement par le Malawi à son obligation de coopération avec la Cour, article 87§7.*

[65] *CPI, Le Procureur c/ Omar Hassan Ahmad Al-Bachir, Chambre préliminaire II, 11 juillet 2016. Dans la présente décision, le Procureur constate la non-exécution de ses obligations envers la Cour et transfère la situation devant le Conseil de Sécurité des Nations Unies.*

[66] H. A. DJIGA, « L'Union africaine, la Cour Pénale Internationale et le cas Omar El-Béchir : Vers une justice pénale internationale sur mesure ? », Institut québécois des hautes études internationales, Université de Laval, N° 43, janvier-février 2010, *disponible sur* https://collections.baq.cq.ca , *consulté le 21 septembre 2021.*

américaine en Afghanistan. Toutes ces tractations qui s'imposent à la Cour sont à rechercher dans les effets néfastes de la complémentarité.

B. Les effets néfastes de la complémentarité

Le principe de complémentarité entre la CPI et les juridictions nationales, énoncé par l'article 1er du Statut de Rome instituant la Cour Pénale, est la suite logique du respect de la souveraineté de l'État[67]. Comme le dirait la doctrine, « Monsieur *Charbonier* est maître chez soi ! »[68]. En principe, l'État est seul compétent pour juger ses ressortissants. La Cour ne peut donc pas ignorer le respect du partage de compétente entre les deux ordres juridiques. Le manquement à cette règle expose la Cour à une irrecevabilité de son action. La coopération pénale internationale est donc nécessaire pour l'accomplissement de cet équilibre. La poursuite des hommes qui commettent des infractions internationales portant atteinte à la communauté des États doit s'en tenir au respect du droit pénal naturel ou national et la répression internationale de ces infractions pénales par les juridictions pénales internationales. Ces infractions ne sont plus à rechercher comme le souligne le juge international dans l'affaire *Furunduzija*[69]. Ils sont consignés dans le droit international des droits de l'homme, dans le droit international humanitaire ou mieux dans le droit international coutumier. Mais, de tout temps, il a été démontré que les crimes universels qui sont perpétrés dans les États, ont une implication politique. De ce fait, les États, au nom de la souveraineté, coopèrent difficilement avec la justice pénale internationale. On remarque, dès lors, que le principe de complémentarité de la Cour n'est pas absolu parce qu'il se heurte à l'immunité des hauts responsables politiques. Cette volonté de préserver les intérêts des États par assimilation aux hommes politiques qui s'identifient à ceux-ci, n'est pas récente. Ces hommes ont cessé d'être des hommes ordinaires par leurs fonctions. Ils ont souvent été préservés par la théorie de l'individu-organe. En développant cette théorie, Hans Kelsen, rejoint plus tard par

---

[67] *Cpi, Ch pré II, Mthaura, ICC-01/09-02/11, décision relative à l'exception d'irrecevabilité sur la situation du Kenya, 30 mai 2011.*

[68] S. ZAPPALA, La *Justice Pénale Internationale,* Paris, Montchrestien, 227, p.31, cité par S. ADOUA- MBONGO, in « La compétence de la Cour Pénale Internationale », in Colloque de Brazzaville, *op.cit*, p.153.

[69] *TPIY, Furunduzija, Chambre de première instance, Jugement, 10 déc. 1998, § 177 et s*

le juge international[70], assimile l'individu, détenteur de l'immunité, à l'État. Cette théorie ne se justifie en principe que pour les missions d'État accomplies par ces derniers[71]. Aussi, dans l'affaire du mandat d'arrêt, la politique s'est affirmée sur le droit. La compétence universelle de la Belgique a été surplombée par l'immunité diplomatique. C'est à juste titre que le juge international, dans son arrêt de principe devant la Cour Internationale de Justice, affirme *« qu'il est clairement établi en droit international que, de même que les agents diplomatiques et consulaires, certaines personnes occupant un rang élevé dans l'État, tels que le chef de l'État, le chef du gouvernement ou le ministre des affaires étrangères, jouissent dans les autres États d'immunités de juridiction, tant civiles que pénales»*[72]. Il est donc permis d'affirmer que l'immunité *ratione personae* est fonctionnelle ; ce qui la différencie de l'immunité *ratione materiae*. En effet, la première se rattache à la fonction et non à l'individu, comme c'est le cas pour la deuxième. L'affirmation du juge international dans l'affaire du mandat d'arrêt est justifiée par la juridiction de saisine. Cependant, il faut reconnaître que l'aboutissement de cette affaire a connu les réfutations des dirigeants politiques de la République Démocratique du Congo (RDC). On constate que la RDC, pour ne pas céder au mandat d'arrêt international du 11 avril 2000, émis par le juge d'instruction du Royaume de Belgique, a soulevé la question de l'immunité diplomatique. Pourtant, au moment des faits reprochés à *Yerodia* lorsqu'il incitait la population à « désinfecter », à « débroussailler » les rwandais par voie de presse, il était Directeur de cabinet du Président Kabila. Il avait donc un contrôle effectif sur les exécutants. Déjà en 1927, devant la CPJI, la question de la compétence extraterritoriale avait été soulevée dans l'affaire du *Lotus*[73]. En principe, l'immunité fonctionnelle dont plaide la RDC devant la CIJ, ne peut être soutenue face à des violations des droits de l'homme et une incitation à la commission de crimes de masses. Le TPIR, dans l'affaire du jugement des médias, affirmait que :

[70]CIJ, Affaire relative à certaines questions concernant l'entraide judiciaire en matière pénale, *(Djibouti c France), CIJ ,04 juin 2008.*

[71] Article 1er de la Convention de Vienne sur les missions spéciales.

[72]*L'affaire République Démocratique du Congo contre Belgique, arrêt CIJ du 14 février 2002, §.51.*

[73] CPIJ, affaire du *Lotus*, 7 septembre 1927, série A, N°10.

> « Si la chute de l'avion du président fut l'élément qui appuya sur la gâchette, alors la RTLM, Kangura et le CDR furent les balles dans le barillet. Si cette détonation eut un tel effet criminel, c'est que les balles étaient déjà engagées »[74].

La position de juge Van Den Wyngaert dans l'affaire du mandat est claire. Selon lui, il n'est nullement question de reconnaître une certaine pratique coutumière internationale de l'immunité, mais simplement affirmer la courtoisie internationale. Pourtant, l'article IV de la Convention pour la prévention et la répression du crime de génocide présente quatre conditions de la levée de l'immunité, dont la quatrième est la poursuite par une juridiction pénale internationale d'un diplomate mis en cause pour crimes graves. Un chef d'État en exercice, un ministre des affaires étrangères ou tout individu recherché, détenteur de l'immunité diplomatique, doit, en principe, s'en dessaisir, afin de favoriser l'équilibre entre la politique et la justice. L'affirmation de la totale immunité d'un ministre des affaires étrangères freine l'action de la justice. L'affaire du mandat d'arrêt[75] confirme le protectionnisme des États à l'égard de ces individus détenteurs d'une immunité nationalement reconnue et internationalement déterminée.

CONCLUSION

La préoccupation constante de la justice pénale internationale dans la lutte contre l'impunité incite les États à réprimer des auteurs des crimes internationaux. Cette initiative n'est pas toujours facile. Prise entre les échecs et compromis[76], la justice pénale internationale souffre désormais d'une remise en cause de son efficacité[77] face à la politique. Ainsi, la victoire de l'un sur l'autre est donc révélatrice des imperfections d'hier,

---

[74] *Le Procureur c. Nahimana, Barayagwiza, et Ngeze, 3 décembre 2003, ICTR-99-52-T, Jugement, (procès des Médias).*

[75]*CIJ, 14 février 2002, affaire du mandat d'arrêt c/ Rep. Dem. Congo, op .cit.*

[76] L, Néel « Échecs et compromis de la justice pénale internationale », Études internationales, 29(1), pp. 85 à 106, disponible sur https://www.erudit.org, consulté le 11 décembre 2021. Voir également, PH.KIRSCH, « La Cour Pénale Internationale : de Rome à Kampala », in J. FERNANDEZ, X. PACREAU (dir), et L. MAZE (coord. éditoriale), *Statut de Rome de la Cour Pénale Internationale. Commentaire article par article,* Paris, édition A. Pedone, 2012, Tome 1, p.37.

[77] F. MEGRET « A quoi sert la Justice Pénale Internationale ? », disponible sur https://www.afri-ct.org, consulté le 11 décembre 2021.

d'aujourd'hui et de demain[78] qu'il faille corriger dans la répression des crimes de droit international. Cette justice apparaît comme un projet politique sélectif, une exploration de plusieurs zones d'ombre de la pénalité internationale[79]. Prise entre les mailles d'une régionalisation, son africanisation est teintée de motivations politiques et juridiques[80]. En effet, c'est une lutte qui met à rude épreuve la souveraineté des États et elle est loin d'être gagnée.

Nzaou-Moyen NGNIA-NGAMA

Docteur en droit, Université Marien Ngouabi de Brazzaville (Congo)

[78]A. SCHROBILTGEN, « La justice internationale pénale : hier, aujourd'hui, demain », Mémoire pour l'obtention du mémoire de Master en Droit, 2014-2015, 112 pages, disponible sur https://dial.uclouvain.be/memoire/ucl/fr, consulté le 11 décembre 2021.

[79] J. PIERET et M-L HEBERT-DOLBEC, « La justice pénale internationale comme projet politique et sélectif : une exploration de plusieurs zones d'ombre de la pénalité internationale », *Revue québécoise de Droit International,* 2015, H.S .3, pp.1-13, disponible sur https://www.persee.fr , Consulté le 11 décembre 2021.

[80]A. KADER BITIE, « L'africanisation de la justice pénale internationale : entre motivations politiques et juridiques », *Revue québécoise de droit international, pp.143 à 165,* disponible sur https://www.erudit.org/fr , consulté le 11 décembre 2021.

Vendredi 22 octobre 2021

ACTE 1

LES DÉFIS DE LA RÉGULATION DU POUVOIR ET DU POLITIQUE PAR LA JUSTICE (JUSTICE ORDINAIRE ET COURS CONSTITUTIONNELLES)

Sous la présidence de Monsieur le Professeur **Amadou TANKOANO**, ancien Doyen de la Faculté des Sciences Économiques et Juridiques de l'Université Abdou Moumouni de Niamey (Niger)

Avec comme modérateur Monsieur le Professeur **Francisco DJEDJRO MELEDJE**, ancien Secrétaire Général du Conseil constitutionnel, ancien Doyen de la Faculté de droit de Cocody, Université Felix Houphouët Boigny d'Abidjan (Côte d'Ivoire)

André MBATA MANGU

LES COURS CONSTITUTIONNELLES AFRICAINES : ENTRE DROIT ET POLITIQUE

INTRODUCTION

À n'en point douter, droit et politique entretiennent des relations synchrones dans toute société humaine. Le droit se réfère aux règles d'organisation et de fonctionnement tandis que la politique relève de la manière dont les institutions politiques fonctionnent. Qu'il s'agisse du droit ou de la politique, c'est le pouvoir qui s'exprime.

Les relations entre droit et politique ont parfois été amicales, amoureuses, mais souvent conflictuelles ou orageuses avec la tendance du droit à saisir, à réguler, et à orienter d'une part et celle du politique à briser le carcan juridique, à domestiquer et à imposer sa loi à ceux qui sont appelés à rendre justice comme c'est le cas des cours et tribunaux. Les concepts de juridicisation du politique et de la politisation du droit traduisent cette réalité du tango que dansent depuis toujours les deux partenaires d'un mariage sous un régime de séparation de biens et qui connaît parfois la séparation des corps, mais un mariage sans divorce dans la mesure où le droit ne peut plus être totalement détaché du politique ni le politique du droit dans la gouvernance des sociétés. C'est ce mariage plus ou moins incestueux ou putatif qui a fini par dicter les enseignements de droit public dans les facultés des sciences politiques et celui des sciences politiques dans les facultés de droit, l'association de l'enseignement du droit constitutionnel à celui d'institutions politiques et celle des méthodes juridiques aux méthodes sociologiques dans les travaux des juristes autrefois attachés au fétichisme du droit. Le droit est ainsi devenu un enseignement obligatoire dans les facultés des sciences sociales en général et celles des sciences politiques en particulier même si l'on ne peut pas attendre ou exiger des politologues et des sociologues une plus grande maîtrise des questions de droit constitutionnel que les constitutionnalistes eux-mêmes.

Sur le continent africain, les trois premières décennies des indépendances étaient marquées par l'impérialisme du politique qui prenait régulièrement le droit en otage, le mettait en quarantaine ou le réduisait au silence sous les régimes militaires ou à partis uniques. Le vent de la démocratisation qui avait soufflé sur l'Afrique vers la fin des années 1980 et au début de la dernière décennie du 20e siècle avait tant soit peu permis au droit de s'émanciper ou de se libérer des griffes du Léviathan politique pour affirmer son indépendance et se présenter en partenaire égal dans le gouvernement de la cité. La consécration de l'État de droit tend à y contribuer davantage grâce aux juridictions constitutionnelles instituées comme gardiennes des constitutions, du constitutionnalisme et de la démocratie.

La présente étude porte sur les cours constitutionnelles africaines et leurs rapports avec le droit et la politique. Ces rapports suscitent plusieurs questions de recherche intéressantes en droit constitutionnel et en science politique. Les cours constitutionnelles africaines sont-elles des institutions de droit, des institutions politiques ou les deux à la fois ? En droit ou en fait, vis-à-vis du pouvoir législatif et spécialement de l'exécutif que dirige le Président de la République, est-il scientifiquement correct de parler de l'indépendance du pouvoir judiciaire en général et en particulier celles de hautes juridictions telles que les cours constitutionnelles ? Quel serait le degré d'une telle indépendance ? S'il faut en juger par leur jurisprudence, surtout lorsqu'elles ont eu à interpréter la constitution et à se prononcer sur des questions aussi importantes que la contrôle de la constitutionnalité des lois, le contentieux des élections présidentielles ou législatives, le référendum, la révision constitutionnelle, la fin ou la prolongation du mandat présidentiel et le report des élections, les cours constitutionnelles africaines sont-elles valablement acquittées de leur mission constitutionnelle ? Les cours constitutionnelles se sont-elles plutôt laissées dicter par le politique ou se sont-elles contentées de danser le tango entre le droit et la politique ?

L'hypothèse de départ est que partant de leur création, de leur statut constitutionnel, de leur composition et de leur mandat ainsi qu'au regard de leurs jurisprudences, les cours constitutionnelles africaines ont toujours été partagées entre le droit (constitutionnel) et la politique. Le juge constitutionnel apparaît comme l'Hydre de Lerne ou le dieu Janus avec ses deux faces, l'une penchée vers le droit et l'autre vers le politique, un monstre capable de souffler le chaud et le froid par intermittence ou à la fois, un politique sous la peau du juge ou un juge politique. Il est ainsi parfois difficile de distinguer entre le magistrat indépendant chargé de dire le droit et le politique sous la peau des membres de la Cour constitutionnelle. Les cours constitutionnelles ou leurs juges ont ainsi une double face ou casquette.

Avant de nous pencher sur les cours constitutionnelles africaines et leur ambivalente position entre le droit et la politique, il sera question de revisiter brièvement les concepts de constitutionnalisme et de constitution. Bien entendu, l'accent sera mis sur quelques cours constitutionnelles du continent, l'étude menée dans le cadre tracé et limité par l'Association nigérienne de droit constitutionnel (ANDC) qui avait organisé le séminaire au cours duquel elle avait été présenté ne pouvant porter sur l'ensemble des cours constitutionnelles africaines.

I. Constitutionnalisme, constitutions et mission des Cours constitutionnelles en Afrique

Il existe un rapport étroit entre constitutionnalisme et constitutions dont la protection est au cœur de la mission des cours constitutionnelles.

A. Constitutionnalisme

Chandler, Enslen et Renstrom notent que le développement historique du constitutionnalisme dans un sens technique avait pris son envol lorsque le terme « constitution » avait été utilisé pour la première fois dans son sens actuel vers la fin du 17e siècle.[1] Le constitutionnalisme fait partie de la théorie constitutionnelle et démocratique.[2] Pour Schochet, la "vénération" du constitutionnalisme est au cœur de cette théorie.[3] Il s'agit d'un principe ou d'une doctrine juridique et politique.

---

[1] Chandler, R.C., Enslen, R.A. & Renstrom, P.G., *The Constitutional Law Dictionary*, Vol 1, ABC-CLIO, Oxford, England, 1985, 16.

[2] Lire Vile, M.J.C., *Constitutionalism and the Separation of Powers*, Oxford: Clarendon Press, 1967,8; Schochet, G.J., "Introduction: Constitutionalism, Liberalism and the Study of Politics", in Pennock, J.R. & Chapman, J.W. (eds). *Constitutionalism*, New York: New York University Press, 1979, 1-15.

[3] Schochet op.cit. 1.

Selon Zoethout et Boon, le constitutionnalisme se réfère à l'idéal politique concernant l'organisation de l'État.[4] Rosenfeld note que dans son acception générale, le constitutionnalisme moderne exige que le gouvernement soit limité, que l'État de droit soit établi et les droits humains protégés.[5]

1. Limitation des pouvoirs

D'après Mc Ilwain, l'élément le plus ancien et essentiel du vrai constitutionnalisme demeure ce qu'il a toujours été depuis l'origine, la limitation du gouvernement par la loi. [6] Pour Andrew, si on devait définir ce concept complexe en deux mots, ce serait « un gouvernement limité ». [7] Le constitutionnalisme tend à limiter l'arbitraire du pouvoir.[8]

Pour Zoethout et Boon, il ne devrait jamais être permis à un gouvernement de faire ce qu'il veut parce que tout système politique peut tomber dans l'arbitraire si les précautions ne sont pas prises.[9]

Le constitutionnalisme a une qualité essentielle. Il est une limitation du gouvernement, l'antithèse du pouvoir arbitraire et son opposé est le gouvernement despotique, le gouvernement du vouloir au lieu de la loi.[10]

Relevant de la conception traditionnelle et né pendant l'âge d'or du libéralisme en Occident, le constitutionnalisme partage son idéologie. Le constitutionnalisme négatif est procédural, formel et se réfère à la "normative *Verfassung*" ou à la politique normative. Il tend à créer un

---

[4] Zoethout, C.M.& Boon, P.J., "Defining Constitutionalism and Democracy: An Introduction", in Zoethout, C.M. *et al* . (eds), *Constitutionalism in Africa, A quest for autochthonous principles*, Gouda Quint-Deventer, 1996, 4.

[5] Rosenfeld, M., "Modern Constitutionalism as Interplay Between Identity and Diversity", in Rosenfeld, M. (ed), *Constitutionalism, Identity, Difference, and Legitimacy. Theoretical Perspectives*, Durham & London: Duke University Press, 1994, 3.

[6] McIlwain, C.H., *Constitutionalism: Ancient and Modern*, Ithaca, New York: Cornell University Press, 1947,22.

[7] Andrews, W.G., *Constitutions and Constitutionalism*, 3rd Ed. D. Van Nostrand Company, Princeton: New Jersey, 1968, Lire aussi Vile, op.cit. 11.

[8] Mojekwu, C.C., "Nigerian Constitutionalism", in Pennock & Chapman, op.cit. 184.

[9] Zoethout & Boon op.cit. 1,11.

[10]Lire McIlwain op.cit. 21-22; also quoted by Grey, T.C., "Constitutionalism: An Analytic Framework", in Pennock & Chapman, op.cit.189; Schochet op.cit.5.

“État minimal”, un État qui laisse plus d’espace à la liberté et aux activités individuelles.

Ainsi, contrairement au constitutionnalisme traditionnel avec sa préférence pour la procédure et les limitations, le constitutionnalisme moderne est tourné vers les valeurs. Il s’agit d’un constitutionnalisme téléologique ou par objectifs. Cette approche moderne du constitutionnalisme va au-delà des formes et des procédures pour embrasser les valeurs. Le constitutionnalisme moderne comme doctrine est ainsi à la fois formel et substantif.

Sur le respect des valeurs, par exemple, la Constitution sud-africaine de 1996 est un peu plus claire lorsqu’elle prescrit que l’Afrique du Sud est et devrait être une République fondée sur les valeurs. Au terme de son article 1er, ces valeurs fondamentales de la République incluent la dignité humaine, l’égalité, les droits et les libertés humaines, le rejet du racisme et du sexisme, la suprématie de la Constitution et l’État de droit, le suffrage universel, les élections régulières et un système de gouvernement démocratique avec la reconnaissance de plusieurs partis politiques.

2. État de droit

L’on ne saurait pas non plus parler de constitutionnalisme sans parler de l’État de droit. Si le nom du français Montesquieu est étroitement associé à la théorie de la séparation des pouvoirs, c’est par contre celui de l’anglais AV Dicey qui vient en premier lieu lorsqu’il est question de l’État de droit. L’État de droit comme la séparation des pouvoirs ont été également associés au système du gouvernement britannique, le Westminster system.

Selon Carpenter, dans son sens original, tel que défini par Dicey, l’État de droit – *Rule of Law* en anglais, *Rechtsstaat* en allemand, *Regstaat* en Afrikaans – signifie trois choses. Premièrement, tout le monde est soumis à la loi et tout le monde a droit à une égale protection de la loi. Deuxièmement, toute personne est égale devant la loi. Troisièmement, les droits individuels sont protégés par les cours et tribunaux ordinaires et pas dans la Constitution.[11]

[11] Carpenter, G., “Public Law: Constitutional Law”, in Hosten, W.J. *et al.* (eds). *Introduction to South African Law and Legal Theory*, Durban: Butterworths, 1997, 959.

Dans son sens moderne, la doctrine de l'État de droit inclue les principes tels que l'indépendance du pouvoir judiciaire, le contrôle de légalité, la limitation des pouvoirs du gouvernement par des poids et des contrepoids, le respect de standards procéduraux minimaux tels que le principe de la présomption d'innocence, l'égalité devant la loi, et l'effectivité des remèdes judiciaires de protection des droits humains.[12]

Selon Conac, l'*État de droit* était conçu en Prusse à la fin du 19e siècle par opposition à l'*État de police* pour mettre un terme à l'arbitraire et au pouvoir discrétionnaire de l'Administration en vue de protéger les citoyens. Il postule que les autorités exécutives doivent se conformer à la loi. Au départ, il s'agissait essentiellement d'un État de droit administratif avec une Administration soumise à la loi.[13] Les chercheurs font la distinction entre le *Rechtsstaat* formel et le *Rechtsstaat* matériel qui est ignorée dans la littérature française.

Par contre, la distinction qui a émergé récemment chez les francophones est celle entre l'État de droit tout court et l'État de droit démocratique.

A l'origine, aucun rapport n'était établi entre l'État de droit et la démocratie. D'aucuns pouvaient considérer les deux notions comme étant synonymes. Pour Conac, la démocratie est la transposition politique de l'*État de dro*it et celui-ci une transposition légale de la démocratie.[14] Selon lui, un *État de droit* est nécessairement un État démocratique.

Pourtant, et l'expérience de la colonisation, du parti unique et de l'Apartheid sud-africain l'a démontré, un État de droit n'est pas toujours démocratique. Robert Badinter est de cet avis lorsqu'il insiste sur l'État

---

[12] Carpenter op.cit. 959-960.

[13] Conac, G., "État de droit et démocratie", in Conac, G. (ed). *L'Afrique en transition vers le pluralisme politique*, Paris : Economica, 1993, 483.

[14] Lire Conac op.cit.485. Sur l'État de droit, lire également Amor, Abdelfattah, "L'émergence démocratique dans les pays du Tiers-Monde : le cas des Etats africains", in Conac, op.cit. 55-68; Chevallier, J., *L'État de droit*, Paris: Montchrestien, 1992; Conac, G., (ed.); Dynamiques et finalités des droits africains, Paris: Economica, 1980; Dieng, A., "Démocratie et Primauté du droit", in Conac, op.cit. 467-469; Dumont, R., *Démocratie pour l'Afrique. La longue marche de l'Afrique noire vers la liberté*, Paris : Le Seuil, 1991; Fares, Z., *Afrique et Démocratie. Espoir et illusions*, Paris: L'Harmattan, 1993; Hamon, L., *L'État de droit et son essence*, Paris: RDP, 1991; Mpongo, Bokako, B.E., *Institutions politiques et droit constitutionnel*, Tome 1, Kinshasa : Editions Universitaires Africaines, 2002.

de droit démocratique, insinuant par là que l'État de droit peut aussi être autoritaire. Selon lui, le qualificatif est important.[15]

Sans être synonymes, l'État de droit est proche du constitutionnalisme et de la démocratie. Ils se complètent et s'enrichissent mutuellement. Les Africains ne s'intéressent plus à l'État de droit tout simplement, mais cet État de droit doit être démocratique. L'Acte constitutif de l'Union africaine et la Charte africaine de la démocratie, des élections et de la gouvernance (CADEG) sont explicites à ce sujet. De même, au niveau des États, une Constitution telle que celle de la RDC du 18 février 2006 prévoit à son article 1er que la République Démocratique du Congo est un État de droit démocratique

3. Les droits humains

Les droits humains sont les prérogatives qui sont reconnues à toute personne humaine et sans lesquels il n'est point d'humanité. Comme la limitation des pouvoirs et l'État de droit, les droits humains sont étroitement liés au constitutionnalisme.[16] Le constitutionnalisme concerne avant tout la limitation des pouvoirs du gouvernement et la principale raison d'être de cette limitation est la protection des droits humains et des libertés fondamentales.

Selon Rosenfeld, la protection des droits humains est le troisième pilier du constitutionnalisme.[17] Pour Sigmund,[18] Carl Friedrich,[19] et Ivison,[20] la garantie de la protection de la liberté individuelle est un élément essentiel du constitutionnalisme authentique, l'objectif ultime du constitutionnalisme.

Le constitutionnalisme libéral insiste sur les droits individuels, surtout les droits civiques et politiques, mais il est aussi négatif car il limite le gouvernement en ce qu'il peut faire ou ne pas faire. Telle est la logique

---

[15] Badinter, R., "Quelques réflexions sur l'État de droit en Afrique", in Conac, op.cit. 9.

[16] Lire, par example, les chapitres 1 et de de la Constitution sud-africaine de 1996.

[17] Rosenfeld, M., op. cit.13, 3-4.

[18] Sigmund, P., "Carl Friedrich's Contribution to the Theory of Constitutionalism – Comparative Government", in Pennock & Chapman, op.cit39.

[19] Cité par Chandler, Enslen & Renstrom, op.cit. 35.

[20] Ivison, D., Pluralism and the Hobbesian Logic of Negative Constitutionalism", *Political Studies* (1999), XLVII, 85.

de ce que Ivison a appelé "constitutionnalisme négatif" ou "constitutionnalisme Hobbésien ".[21]

Pour Ivison, le constitutionnalisme négatif est une formulation incomplète de ce qu'est le constitutionnalisme.[22] Zoethout et Boon affirment qu'à cause de sa nature qui est principalement procédurale, le constitutionnalisme libéral est incapable de répondre adéquatement aux problèmes contemporains de la société parce qu'il vise principalement la protection des droits et libertés individuels.

En conséquence, il devrait être "redéfini"[23] de manière à transcender ce négativisme en vue de contribuer à la protection non seulement des droits et libertés individuels, mais aussi celle des droits socio-économiques et collectifs.[24]

Ainsi, le constitutionnalisme moderne n'est pas seulement négatif. Il est aussi positif dans ce sens qu'il oblige l'État à user de ses ressources pour garantir non seulement les droits civils et politiques ou les droits de la première génération, mais aussi les droits socio-économiques ou de la seconde génération et les droits des groupes ou de la troisième génération.

Toutefois, la division des droits en trois générations est actuellement dépassée car tous les droits humains sont importants. Ils sont indivisibles et interdépendants. Inspirés par la Charte africaine des droits de l'homme et des peuples qui constitue une contribution africaine majeure au discours sur les droits de l'homme, les constitutions africaines consacrent et protègent toutes les « générations » des droits. Ces droits ne doivent pas rester sur papier, mais ils doivent être protégés par les cours et tribunaux dont les cours constitutionnelles.

Dans ce domaine, une cour constitutionnelle comme la Cour constitutionnelle sud-africaine avait déjà marqué l'histoire par l'arrêt rendu dans l'affaire *Makwanyane contre l'Afrique du Sud* (*S v Makwanyane and Another*)[25] lorsqu'elle avait jugé que la peine de mort constituait une violation intolérable des droits à la vie et à la dignité de la personne humaine consacrés par la Constitution et l'avait par conséquent

---

[21]Idem, 83-89.

[22] Idem 83.

[23] Zoethout & Boon, op.cit. 1,15.

[24] Idem 2.

[25] *S v Makwanyane and Another* 1995 (6) BCLR 665 (CC).

abolie. La Cour était revenue à la charge dans l'affaire *Gouvernement de la RSA et les autres contre Grootbom* (*Government of RSA and Others v Grootboom and Others.*[26]

Saisie de la question controversée du respect des droits socio-économiques, la Cour constitutionnelle sud-africaine avait fait une importante contribution à la jurisprudence des droits de l'homme en obligeant l'État de garantir les droits d'accès des personnes démunies au logement,[27] aux soins de santé, à une nourriture suffisante, à l'eau et à la sécurité sociale.[28] Elle avait conclu que civils, politiques ou autres, tous les droits consacrés dans la constitution sont liés entre-deux, qu'ils sont indivisibles, interdépendants et s'enrichissement mutuellement.

B. La Constitution

L'on ne sait pas dire avec certitude quand le concept de Constitution a été utilisé pour la première fois. Il est généralement rattaché au terme grec « *politeia* » utilisé par Aristote et au Latin « *Constitutio*».

1. Le concept de « Constitution »

Les constitutionnalistes francophones peuvent en dire plus. Toutefois, il est souvent dit que ce sont les chercheurs anglais ou anglophones qui ont été les premiers à utiliser le concept « Constitution » dans son sens moderne vers la fin du 16e et le début du 17e siècle.

En 1653, Samuel Gardiner définissait la Constitution comme l'« instrument du gouvernement ».[29]C'est ce qui ressort de l'article intitulé « Constitution – Evolution des significations du terme depuis le début du 17e siècle jusqu'à la fin du 18e siècle » publié par Stourzh dans la *Revue Française de Théorie, de Philosophie et de Cultures Juridiques*.

En 1758, Emmerich Vattel entendait la constitution comme étant « la loi fondamentale qui détermine la manière dont l'autorité publique est exercée dans un État ». Stourzh signale que c'est seulement entre 1787

---

[26]2001 (1) SA 46.

[27] Article (Section 26) de la Constitution de la République sud-africaine, 1996.

[28] Section 27.

[29] Gardiner, S.K., cité par Stourzh, G. « Constitution – Evolution des significations du terme depuis le début du 17e siècle jusqu'à la fin du 18e siècle », *Droits*, *Revue Française de Théorie, de Philosophie et de Cultures Juridiques,* No. 29, 1999, 18.

et 1788, lors du débat sur la Constitution fédérale américaine ayant précédé la Révolution française de 1789, que la Constitution a rejoint sa conception moderne.[30] Mc Ilwain qui a consacré plusieurs études au constitutionnalisme cite l'auteur anglais James White Locke comme étant le premier à avoir utilisé le mot dans son sens sen moderne et Bolingbroke comme celui qui a le premier recouru à l'adjectif « inconstitutionnel ».[31]

La Constitution est considérée de nos jours comme étant l'acte constitutif de l'État, la loi suprême qui définit l'organisation et le fonctionnement des institutions de l'État et leurs rapports avec les citoyens. Elle « constitue » l'État au point que chaque État moderne a une Constitution. La Constitution est la loi des lois.

Plusieurs constitutions des pays anglophones dont les États-Unis contiennent une clause expresse sur la suprématie de la Constitution. Ainsi, par exemple, l'article 2 de la Constitution sud-africaine de 1996 dispose que « La Constitution est la loi suprême du pays, toute autre loi ou conduite contraire est invalide et les obligations qu'elle impose doivent être respectées ». L'article 1 de la Constitution fédérale du Nigeria de 1999 stipule également que la Constitution est suprême et ses dispositions s'imposent à toutes les autorités et à toute personne à travers la République Fédérale du Nigeria. Aucun pouvoir ne peut s'exercer en dehors de la Constitution. Elle s'impose à toute loi de la République.

Il est ironique que la clause de suprématie de la constitution ait été insérée dans les constitutions des anciennes colonies anglaises alors même que la Grande Bretagne est régie par une Constitution non-écrite ou coutumière. C'est l'influence du constitutionnalisme américain alors que les États-Unis ne sont pas une ancienne puissance coloniale. Une telle disposition expresse sur la suprématie constitutionnelle est inconnue dans la plupart des constituions des pays francophones.

Le Bénin constitue l'une des exceptions à la règle. L'article 3 de la Constitution béninoise qui dispose que la Constitution est la Loi Suprême de l'État et que toute loi, tout texte réglementaire et tout acte administratif contraires à ses dispositions sont nuls et non avenus.

Les Constitutions ne se limitent pas à poser des règles d'organisation et de fonctionnement des institutions de l'État et de régir les relations

---

[30] Stourzh, op.cit.op.cit.157.

[31] Lire McIlwain op.cit.25; Stourzh, op.cit.166.

entre-elles. Elles régissent également les relations entre elles et les citoyens dont elles garantissent et protègent les droits. Elles contiennent ainsi des chartes de droit ou des *Bills of Rights* dans les chapitres ou les titres consacrés aux droits fondamentaux et aux libertés publiques. La Loi no loi n° 0-32 du 11 décembre 1990 portant Constitution de la République du Bénin va jusqu'à intégrer la Charte africaine des Droits de l'Homme et des Peuples comme une annexe à la Constitution.

2. Sortes de Constitutions

La première classification des constitutions, sans doute la plus ancienne, est celle qui distingue les constitutions écrites des constitutions non-écrites ou coutumières selon que ses règles sont consignées dans un document écrit ou non. La plupart des constitutions sont écrites. La Constitution britannique est souvent donnée comme l'exemple classique des constitutions non-écrites ou coutumières.

Selon Rautenback et Malherbe,[32] la distinction généralement faite dans les cours de droit constitutionnel entre « constitutions écrites et non-écrites » a perdu son importance. Grey cite Lord Bryce qui la considère comme dépassée et superficielle, lui préférant la distinction entre les Constitutions rigides et les Constitutions souples. [33]

Les constitutions sont dites rigides lorsque des procédures rigoureuses ont été prévues qui rendent leur révision difficile. Par contre, elles sont dites souples lorsqu'elles sont facilement révisables ou peuvent être amendées comme les lois ordinaires. Les constitutions actuelles sont généralement rigides.

Dans certains pays, la rigidité a été poussée plus loin avec des dispositions constitutionnelles qui ne peuvent pas du tout être révisées ou amendées. Déjà, dans la tradition constitutionnelle francophone, le constituant français avait posé le principe que la forme républicaine de gouvernement ne peut pas faire l'objet d'un amendement.

La Constitution de la République Démocratique du Congo va plus loin. Conformément à son article 220, la forme républicaine de l'État, le principe du suffrage universel, la forme représentative du gouvernement, le nombre et la durée des mandats du Président de la République,

---

[32] Rautenbach, I.M. & Malherbe, E.F.J., *Constitutional Law*, Revised 2nd Edition, Butterworths. 1997.

[33] Grey, op.cit.189.

l'indépendance du pouvoir judiciaire, le pluralisme politique et syndical ne peuvent faire l'objet d'aucune révision constitutionnelle. Est également formellement interdite toute révision constitutionnelle ayant pour objet ou pour effet de réduire les droits et libertés de la personne, ou de réduire les prérogatives des provinces et des entités territoriales décentralisées.

Contrairement à ce qui s'est passé dans les pays comme le Niger, le Congo, le Gabon, le Sénégal ou le Rwanda, toutes les tentatives du Président Joseph Kabila pour réviser l'article 220 de la Constitution en vue d'obtenir un troisième mandat présidentiel se sont avérées vaines et c'est cette constitution qui a permis l'alternance politique avec l'élection du Président Félix-Antoine Tshisekedi Tshilombo.

La troisième classification des constitutions concerne les constitutions suprêmes et les constitutions non-suprêmes. Les constitutions sont suprêmes lorsqu'elles prévalent sur toutes les autres lois qui doivent s'y soumettre pour être valides. Les constitutions non-suprêmes ont la même valeur que les lois ordinaires et peuvent être amendées dans les mêmes conditions. C'est le cas des constitutions sud-africaines du temps de l'Apartheid. L'on a ainsi parlé de la suprématie parlementaire dans le sens que c'est le parlement qui était suprême par opposition à la suprématie constitutionnelle.

Les constitutions suprêmes sont écrites et rigides. La garantie de la suprématie de la constitution est assurée par les juridictions constitutionnelles, les Cours constitutionnelles, les Conseils constitutionnels ou dans certains cas par les Cours suprêmes. L'une de principales questions qui devrait préoccuper les constitutionnalistes africains n'est pas celle de savoir si un pays africain a une constitution écrite, rigide et suprême, mais plutôt si cette constitution est respectée et obéit au sacro-saint principe du constitutionnalisme.

3. Constitutions et constitutionnalisme en Afrique

Selon Rosenfeld, "la relation entre constitution et constitutionnalisme est particulièrement importante parce que les constitutions sont des véhicules pour la constitutionnalisation des éléments essentiels du constitutionnalisme.[34] Selon les mots de Schochet, il existe un tel rapprochement entre le constitutionnalisme et le fait d'avoir une

[34]Rosenfeld op.cit. 14.

constitution que l'un est parfois pris pour l'autre. Un tel rapprochement est à la fois conceptuel et politique. [35] D'après Grey[36] et Olukoshi[37], il y a beaucoup de "confusion" entre constitutionnalisme et constitutions. Les constitutions écrites ont été assimilées au constitutionnalisme.[38] Pourtant, les concepts ne sont pas synonymes.

La constitution peut donc aller de pair avec le constitutionnalisme. Cependant, comme l'a démontré Okoth-Ogendo dans le cas de l'Afrique, il peut exister des « *Constitutions sans constitutionnalisme*".[39]

D'après Nwabueze, trois grands tests devraient être passés par une constitution pour se conformer au constitutionnalisme. Le premier test, le test fondamental est de savoir si la constitution limite les pouvoirs du gouvernement.[40] Bien que nous ne puissions pas avoir des constitutions écrites en Afrique traditionnelle, le test reste le même: comment le système limite-t-il les pouvoirs arbitraires de ceux qui gouvernent?[41] Le second test est celui de légitimité non seulement externe, mais aussi et surtout interne.

La constitution doit être légitime et émaner du people. Elle doit d'abord servir les intérêts du peuple et non pas ceux des gouvernants qui cherchent à se cramponner au pouvoir. Elle doit traduire la volonté du peuple et non celle du gouvernement. Le peuple doit être impliqué dans le processus de son élaboration et de son adoption au lieu d'être surpris par un document qui lui est étranger qu'on lui demande simplement d'adopter par un oui. Le troisième important critère est la protection, la promotion et le respect des droits de l'homme et des peuples. A défaut de passer les tests ci-dessus, une constitution ou un système légal risque d'exister sans constitutionnalisme.

---

[35] Schochet op.cit. 11.

[36] Grey, op.cit.189.

[37] Olukoshi, A., "State, Conflict and Democracy in Africa: The Complex Process of Renewal", in Joseph, R. (ed), *State, Conflict and Democracy in Africa*, Boulder & London: Lynne Rienner Publishers, 1999, 453.

[38] Andrews, W.G., *Constitutions and Constitutionalism* …22.

[39] Okoth-Ogendo, H.W.O., "Constitutions without Constitutionalism: Reflections on an African Political Phenomenon", in Shivji, I.G. (ed), *State and Constitutionalism: An African Debate on Democracy*, Harare: SAPES, 1st Ed., 1991, 3-25.

[40] Nwabueze, B.O., *Constitutionalism in the Emergent States*, London: C.Hurt & C), 1973, 2.

[41]Idem.

Toutes les constitutions africaines ne se conforment pas aux exigences de constitutionnalisme.[42] C'est ce que Okoth-Ogendo considère comme un "paradoxe africain".[43] Selon lui, les premiers éléments de ce paradoxe sont l'engagement à l'idée de la constitution et en même temps le rejet de la notion classique du constitutionnalisme.[44] Certaines constitutions africaines manifestent simplement le constitutionnalisme en apparence. Une constitution écrite peut proclamer les idéaux comme étant ses objectifs mais finalement conduire à la dictature.[45]

II. Les deux faces Janus des Cours constitutionnelles africaines : Institutions judiciaires et politiques

Chaque pays africain dispose actuellement d'une cour constitutionnelle ou d'une institution faisant office de juridiction constitutionnelle. Les statuts des Cours constitutionnelles africaines et de leurs membres, leur composition, compétence et saisine ainsi que leur jurisprudence révèlent clairement leur double visage comme institutions à la fois judicaires et politiques, naviguant constamment entre le droit et la politique, ce qui les expose souvent aux critiques les plus acerbes.

A. Statuts des cours constitutionnelles

La cour constitutionnelle est l'une des institutions de la République. Au regard de leur statut constitutionnel, les Constitutions africaines peuvent être classées en deux groupes. Certaines constitutions considèrent la cour constitutionnelle comme un organe relevant du pouvoir judiciaire tandis que d'autres la placent en dehors du pouvoir judiciaire.

---

[42] Rosenfeld op.cit. 3. Shivji, I.G., "Contradictory Class Perspectives in the Debate on Democracy", in Shivji, op.cit. 254

[43] Okoth-Ogendo op.cit.3-25.

[44] Lire Okoth-Ogendo op.cit. 6; Zoethout & Boon, op.cit.1-2.

[45] Mojekwu op.cit. 164.

1. La Cour constitutionnelle comme un organe du pouvoir judiciaire

Après avoir affirmé le principe de son indépendance, les constitutions des pays africains comme la République Démocratique du Congo (Article 149), le Niger (Article 116) et la République sud-africaine (Article 166) qui placent la Cour constitutionnelle comme organes du pouvoir judiciaire.

L'article 149 de la Constitution de la RDC du 18 février 2006 telle que révisée à ce jour place la Cour constitutionnelle en tête des cours et tribunaux et en fait donc des magistrats. L'article 157 institue la Cour constitutionnelle. Conformément à l'article 152, le Président de la Cour constitutionnelle est le président du Conseil supérieur de la magistrature qui est l'organe de gestion du pouvoir judiciaire. Elle rend des Arrêts qui ne sont susceptibles d'aucun recours, qui sont immédiatement exécutoires, obligatoires et qui s'imposent à tous (Article 168). La Constitution de la VIIème République du Niger (Article 117) traite également de la Cour constitutionnelle sous la section réservée au pouvoir judicaire.

Il en est de même de la Constitution sud-africaine de 1996 qui fait de la Cour constitutionnelle la plus haute cour de la République (Section 166 (a), 176(3)) et du Président de la Cour le Chef du pouvoir judiciaire (Chief Justice) (Section 167 (1)).

2. La Cour constitutionnelle comme institution politique

D'autres constitutions africaines placent la Cour constitutionnelle en dehors du pouvoir judiciaire comme une institution politique à part entière. C'est le cas de la Constitution de la République du Bénin (Titre V : Articles 114-124), de la Constitution de la République du Congo (Titre VIII), de la Constitution togolaise de la IV République (Titre VI), de la Constitution du Gabon (Titre VI) et de la République centrafricaine (Titre VI).

B. Composition et durée du mandat des membres des Cours constitutionnelles

Les Cours constitutionnelles sont composées des membres dont le nombre, le mode de désignation et le mandat varient suivant les pays.

Le nombre des membres de la Cour constitutionnelle varie de sept (7) à onze (11). Il est de sept (7) au Bénin (Article 115) et au Niger (Art 121), neuf (9) en RDC (Article 158), au Congo (Article 182), au Gabon (Article 89 nouveau), en République centrafricaine (Article 99), au Togo (Article 100) et onze (11) en Afrique du Sud (Section 167(1)).

S'agissant de la durée du mandat des membres de la Cour constitutionnelle, elle varie également. Le mandat est de cinq (5) ans au Bénin (Article 115), six (6) ans au Niger (Article 121) et au Togo (Article 100), sept (ans) en République centrafricaine (Article 99), neuf (9) ans au Gabon (Article 89 nouveau), en RDC (Article 158), au Congo (Article 144) et au Gabon (Article 89 nouveau), 12 ans en Afrique du Sud (Article 176). En RDC, au Gabon, en République centrafricaine, au Niger. En général, le mandat est non-renouvelable. Cependant, il est renouvelable au Congo (Article 144) et au Togo (une seule fois, Article 100).

C'est surtout le mode de désignation de ses membres qui place la Cour constitutionnelle entre le droit et la politique. Dans les pays comme le Congo, la plupart des membres de la Cour constitutionnelle sont nommés parmi les politiques. Au Gabon (article 89 nouveau), les anciens Présidents de la République sont de droit membres de la Cour constitutionnelle.

Au Congo, sur les neuf membres de la Cour, trois sont désignés par le Président de la République, deux par le Président de l'Assemblée nationale et deux par le Président du Sénat. Le bureau de la Cour suprême ne désigne que deux membres (Article 144). Le Président de la Cour constitutionnelle lui-même est nommé par le Président de la République et non élu en RSA (Article 174(3) et au Togo (Article 101). Il est par contre élu en République centrafricaine (Article 99), au Niger (Article 123) et en RDC (Article 158).

Il n'existe pas de réelle différence car qu'il soit élu par ses pairs ou non et même si par la suite il revendique son indépendance comme en Afrique du Sud, le Président de la Cour est un homme ou une femme proche du Président de la République ou du parti au pouvoir.

En RDC (Article 158), par exemple, seulement un tiers des neuf membres de la Cour est désigné parmi les magistrats par le Conseil supérieur de la magistrature, un tiers par le Parlement et un tiers par le Président de la République. Il en est de même au Gabon (Article 89 nouveau) où un tiers des neuf membres est désigné par le Président de la République, un tiers par le Parlement et un autre par le Conseil supérieur de la magistrature. Au Togo, sur les neuf (9) membres qui composent la Cour constitutionnelle, deux (2) sont désignés par le Président de la République, deux (2) sont élus par l'Assemblée nationale, en dehors des députés, deux (2) par le Sénat, en dehors des sénateurs, un (1) magistrat élu par le Conseil supérieur de la magistrature, un (1) avocat élu par ses pairs et un (1) enseignant-chercheur en droit de rang A des universités publiques du Togo, élu également par ses pairs (Article 100). Au total, six (6) membres sur neuf (9) soit les deux-tiers sont désignés par les politiques, ce qui contribue à faire pencher la Cour constitutionnelle plus du côté de la politique que du droit. La situation est encore plus grave au Congo. Sur les neuf (9) membres de la Cour, le bureau de la Cour suprême ne désigne que deux membres (Article 144) alors que trois sont désignés par le Président de la République et deux par le Président de l'Assemblée nationale et deux par le Président du Sénat, ce qui fait sept (7) membres sur neuf (9) désignés par les politiques et rend cette Cour largement dépendante, une dépendance d'autant plus grande que c'est le Président de la République lui-même qui nomme le Président de la Cour constitutionnelle au Congo comme c'est aussi le cas en République sud-africaine (Article 174(3) et au Togo (Article 101).

En République centrafricaine (Article 99), par contre, les politiques ne désignent que le tiers (trois sur neuf) des membres de la Cour alors que les magistrats, les avocats, et les enseignants-chercheurs désignent six membres à raison de deux par groupe. Bien plus, un membre sur deux désignés par chaque groupe doit être une femme.

Au Niger (Article 121), les organes politiques ne désignent deux (2) membres sur les sept (7) qui composent la Cour constitutionnelle à raison d'un membre pour le Président de la République et un autre pour le Bureau de l'Assemblée nationale.

Les cinq (5) autres membres de la Cour sont désignés par leurs pairs : deux magistrats, un avocat, un enseignant-chercheur et un membre d'une association de défense des droits de l'homme.

C. Compétences des Cours constitutionnelles africaines

La Constitution détermine les compétences de la Cour constitutionnelle dans plusieurs domaines. Ces compétences varient selon les pays. Cependant, d'une façon générale, La Cour constitutionnelle est la plus haute juridiction de l'État en matière constitutionnelle.

La première compétence de la Cour constitutionnelle est le contrôle de la constitutionnalité des lois et actes ayant force de loi. La Cour est juge de la constitutionnalité des règlements intérieurs de l'Assemblée nationale, du Sénat, de la CENI, du Conseil Supérieur de la Communications et des Médias, la Haute Autorité de l'Audiovisuel et de la Communication et du conseil économique et social avant leur mise en application. La compétence de la Cour constitutionnelle en matière de constitutionnalité et des actes ayant force de lois est exclusive dans les pays francophones d'Afrique où le contentieux constitutionnel est centralisé. Dans les pays anglophones comme la République sud-africaine, le contentieux est par contre décentralisé. Les autres cours peuvent être saisies et se prononcer, mais leurs décisions doivent être déférées pour confirmation devant la Cour constitutionnelle qui a le dernier mot.

La Cour constitutionnelle est également compétente en matière d'interprétation de la Constitution Sa compétence s'étend aux questions électorales. La Cour constitutionnelle est le juge des élections du Président de la République, des Députés nationaux ainsi que celui de la régularité du référendum. Elle en proclame les résultats. Elle statue, en cas de contestation, sur la régularité des élections présidentielles et législatives. Dans certains cas, lorsqu'une Haute Cour de Justice n'a pas été établie, la Cour constitutionnelle est aussi un juge pénal. Elle est la juridiction pénale du Chef de l'État et du Premier Ministre. Dans d'autres cas, elle fait partie de la Haute Cour de Justice qui juge le Président de la République.

Elle reçoit le serment du Président de la République élu. Alors que les Constitutions des pays comme la RDC (Article 69) stipulent que le Président de la République « assure par son arbitrage le fonctionnement régulier des pouvoirs publics et des institutions ainsi que la continuité de l'État », les constitutions du Bénin (Article 114) et du Togo (Article 99) reconnaissent plutôt la Cour constitutionnelle comme « l'organe l'organe régulateur du fonctionnement des institutions et de l'activité des pouvoirs publics ».

D. Jurisprudence arc-en-ciel des cours constitutionnelles africaines : entre droit et politique

Évaluant les premiers arrêts rendus par la Cour constitutionnelle après la fin de l'Apartheid au regard de la notion des valeurs considérées comme l'un des fondements de l'Afrique du Sud démocratique, Alfred Cockrell avait conclu à un manque de constance et de cohérence dans l'interprétation et l'application de cette notion qu'il avait traduite par l'expression « jurisprudence arc-en-ciel »[46]. Cette expression s'applique bien à la jurisprudence multicolore des cours constitutionnelles africaines ballotées entre le droit et la politique. Une telle jurisprudence est elle-même tributaire des règles qui régissent leur organisation et leur fonctionnement, de leur composition et du mode de désignation de membres de la Cour constitutionnelle.

Des cours constitutionnelles et des juges constitutionnels « Janus » ne peuvent produire qu'une jurisprudence arc-en-ciel en matière de contentieux constitutionnel, de contentieux électoral ou de contentieux des droits humains qui sont les principaux contentieux devant les cours. Intervenant comme juges des élections présidentielles et législatives, les Cours constitutionnelles africaines se sont souvent laissées faire par la politique que le droit.

A part quelques exceptions intervenues essentiellement dans les pays anglophones comme le Malawi, la Zambie, le Ghana, le Nigeria, et Botswana où l'alternance au pouvoir a été appuyée par les juridictions constitutionnelles, le règlement du contentieux électoral ou référendaire est resté politique. Les cours constitutionnelles sont restées plus politiques que juridiques avec cette tendance à décider pour conforter les gouvernants ou le parti au pouvoir en validant les résultats des élections ou du référendum qui les arrange. Au Gabon, au Congo, au Tchad, au Burundi, au Cameroun, en Côte d'Ivoire, au Rwanda et en Ouganda, par exemple, les juridictions constitutionnelles s'étaient rendues complices des politiques en validant les changements constitutionnels autorisant les

[46] Cockrell A, "Rainbow Jurisprudence", *SAJHR*, No.1, 1-38.

présidents en fonction à s'offrir un troisième mandat ou une présidence illimitée en violation de la Constitution et en appuyant des procédures qui s'apparentaient à un changement inconstitutionnel de gouvernement.

Plusieurs Cours constitutionnelles africaines ont adopté la même attitude dans l'interprétation constitutionnelle ou dans le règlement de certains contentieux des droits humains lorsqu'elles ont choisi de faire la politique au détriment du droit. Toutefois, certaines Cours constitutionnelles ont à un moment donné choisi le camp du droit au lieu de celui de la politique.

L'un des exemples les plus éloquents a été donné par la Cour constitutionnelle du Niger sous la présidence de Mamadou Tanja. En 2009, les juges constitutionnels nigériens décidaient de se ranger du côté du droit plutôt que celui de la politique en refusant de valider un projet de changement de constitution par référendum qui pouvait permettre au Président de la République de se maintenir au pouvoir trois ans après la fin de son mandat constitutionnel. Une telle désobéissance ne pouvait que se payer cash et cher. La Cour constitutionnelle était dissoute. Cependant, la victoire de la politique sur le droit ne s'inscrit jamais dans la longue durée et un coup d'État constitutionnel appelle souvent un autre coup d'État. Mamadou Tanja sera lui-même renversé par un coup d'État militaire quelques mois après et le peuple nigérien se relançait sur la voie du constitutionnalisme et de la démocratie en adoptant une nouvelle Constitutionnelle du 25 novembre 2011, celle qui inaugurait la VIIe République.

La tendance par la Cour constitutionnelle du Niger à faire prévaloir le droit sur la politique et promouvoir ainsi le constitutionnalisme dans ce pays découle ainsi d'une tradition née du refus des juges constitutionnels de se soumettre au diktat des gouvernants.

Un exemple plus ancien et encore plus frappant d'une tradition plus longue d'affirmation de la primauté du droit sur la politique vient de la Cour constitutionnelle sud-africaine. Dans *l'Affaire Makwanyane* citée plus haut où la Cour devait interpréter la Constitution avant de prononcer l'abolition de la peine de mort pourtant soutenue par la majorité du peuple et son abolition, Arthur Chaskalson qui en était alors le juge président avait donné une leçon qui devrait être suivie par tous les autres juges constitutionnels d'Afrique ou d'ailleurs.

Pour Chaskalson, la Cour constitutionnelle devrait en toutes circonstances être un juge indépendant de la Constitution. Elle ne devrait pas agir sous pression de l'opinion publique. Elle devrait faire prévaloir le droit (la Constitution) sur la politique sans succomber au diktat de l'opinion publique :

> …la majorité des Sud-africains est d'avis que la peine de mort devrait être imposée dans les cas extrêmes de meurtre. Cependant, la question qui nous préoccupe n'est pas ce que la majorité des Sud-africains pensent constituer la peine appropriée en cas de meurtre, mais plutôt si la constitution autorise une telle peine…
>
> L'opinion publique peut avoir une certaine influence sur les décisions de la Cour, mais en elle-même, elle ne saurait remplacer le devoir des cours d'interpréter la Constitution et de défendre ses dispositions sans peur ni favoritisme. Si l'opinion publique était si décisive, le contentieux constitutionnel n'aurait plus aucune importance. La protection des droits serait alors laissée au Parlement qui a reçu un mandat populaire et doit rendre compte au peuple sur la manière dont il exerce son mandat, mais ce serait un retour à la souveraineté parlementaire et un recul vis-à-vis du nouvel ordre légal établi par la Constitution de 1993.[47]

Rendu le 6 juin 1995, l'Arrêt de la Cour constitutionnelle sud-africaine dans l'*Affaire Makwanyane* était le début d'une tradition de promotion de l'État de droit. Depuis lors, la Cour constitutionnelle a fait prévaloir le droit sur la politique dans plusieurs décisions dont l'une de plus récentes est son arrêt historique du 29 juin 2021 par lequel elle avait reconnu l'ancien Président Jacob Zuma coupable et ordonné son emprisonnement pendant 15 mois pour outrage à la justice.[48] Se situant

---

[47] Chaskalson:

> …the majority of South Africans agree that the death sentence should be imposed in extreme cases of murder. The question before us, however, is not what the majority of South Africans believe a proper sentence for murder should be. It is whether the Constitution allows the sentence…
>
> Public opinion may have some relevance to the enquiry, but in itself, it is no substitute for the duty vested in the Courts to interpret the Constitution and to uphold its provisions without fear or favour. If public opinion were to be decisive there would be no need for constitutional adjudication. The protection of rights could then be left to Parliament, which has a mandate from the public, and is answerable to the public for the way its mandate is exercised, but this would be a return to parliamentary sovereignty, and a retreat from the new legal order established by the 1993 Constitution. (*S v Makwanyane*, op.cit. paragraphes 87 et 88).

[48] *Secretary of the Judicial Commission of Inquiry into Allegations of State Capture, Corruption and Fraud in the Public Sector including Organs of State v Zuma and Others*

dans la suite de l'*Affaire Makwanyane* et de plusieurs autres affaires dans lesquelles elle a dit le droit au lieu de faire la politique, cet arrêt de la Cour constitutionnelle sud-africaine révèle une autre face, la face flamboyante des cours constitutionnelles africaines.

Conclusion

La présente étude sur les cours constitutionnelles africaines et leurs rapports avec le droit et la politique aura permis de comprendre qu'en Afrique, peut-être plus qu'ailleurs, les cours constitutionnelles sont tiraillées entre le droit et la politique. Chaque cour ou juridiction constitutionnelle africaine ressemble à un mari polygame couchant chaque jour dans le même lit avec ses deux épouses, le droit et la politique. Dans ce lit, chaque épouse cherche par tous les moyens à imposer sa loi à l'époux et à la coépouse. C'est le plus souvent la politique qui l'a emporté compte tenu de nombreuses ressources dont elle dispose.

Marquée par ce tiraillement entre la politique et le droit, chaque cour constitutionnelle africaine apparait ainsi comme un monstre avec une seule tête, mais deux faces et deux bouches comme Janus dans la mythologie grecque. Qu'elles soient ou non classées comme institutions du pouvoir judiciaire, les cours constitutionnelles africaines sont capables de dire le droit et la politique. Malheureusement, la grande majorité a fini par succomber au diktat de la politique et des politiciens. Il en est par contre d'autres qui ont résisté et réussi par moment à imposer leur loi aux politiques.

Toutefois, la promotion du constitutionnalisme entendu comme reposant sur les piliers que sont la limitation des pouvoirs, l'État de droit et les droits humains requiert que des cours constitutionnelles africaines assument leur indépendance et s'émancipent des politiques. Les membres des cours constitutionnelles devraient comprendre qu'ils sont des juges et non pas des politiques. Ils ne font pas et ne sont pas censés faire la politique. Leur mission est de dire le droit et de rendre justice sans peur ni favoritisme comme le juge constitutionnel sud-africain l'affirmait dans l'*Affaire Makwanyane.*

(CCT 52/21) [2021] ZACC 18; 2021 (9) BCLR 992 (CC); 2021 (5) SA 327 (CC) (29 June 2021).

Les cours et les juges constitutionnels sont des instruments ou des agents de l'État de droit démocratique qui n'est pas seulement un État « qui agit par le droit et au moyen du droit », mais aussi celui qui vit et fonctionne dans l'intérêt du plus grand nombre.

Malheureusement, la plupart des cours et juges constitutionnels semble avoir renoncé à leur indépendance et a failli à leur mission de dire le droit.

Pour emprunter les mots des titres d'ouvrages du philosophe congolais Valentin-Yves Mudimbe, les cours constitutionnelles africaines n'ont jamais cessé de naviguer « entre les eaux »[49] - du droit et de la politique – et leurs décisions sentent l'« odeur de la politique »[50] qui tend à s'imposer comme le « Père du droit ».

Au lieu d'une « hyper-judiciarisation » qui s'expliquerait par le nombre impressionnant des plaintes, il serait peut-être approprié de dénoncer une « politisation outrancière » ou une « hyper-politisation » de la justice constitutionnelle.

S'agissant des rapports entre le droit et la politique, il convient de conclure cette étude en reprenant l'interpellation de Oumarou Narey, le président de l'Association nigérienne de droit constitutionnel (ANDC) à l'endroit des acteurs politiques et des juges, particulièrement des juges constitutionnels :

> La justice est au-dessus de la politique. La justice ne fait pas de politique. Il ne faut pas la rabaisser au niveau de la politique, parce qu'elle n'a jamais d'objet si elle ne jouit pas de la plus totale indépendance…le pouvoir judiciaire n'a jamais été et ne peut être un pouvoir politique ; il est le type essentiel d'un pouvoir purement juridique….[51]

André Mbata Mangu
Professeur de recherche, Collège de Droit, Université d'Afrique du Sud
Professeur Ordinaire, Faculté de Droit, Université de Kinshasa

---

[49] Mudimbe, V.Y. *Entre les eaux*, Présence africaine, 1973.

[50] Idem, *L'odeur du Père. Essai sur des limites de la science et de la vie en Afrique noire*, Présence africaine, 2000.

[51] Oumarou Narey, "L'Hyper-Judiciarisation du Contentieux Électoral au Niger : Le Cas de L'Élection Présidentielle de 2020-2021" IACL-AIDC Blog (15 Novembre 2021) https://blog-iacl-aidc.org/spotlight-on-africa/2021/11/15/lhyper-judiciarisation-du-contentieux-lectoral-au-niger-le-cas-de-llection-prsidentielle-de-2020-2021.

Joël Arsène ADELOUI

LE JUGE, LE DROIT ET LA POLITIQUE AU BÉNIN

INTRODUCTION

Il peut paraître surprenant voire provocateur d'entreprendre une réflexion sur un lien probable entre « le juge, le droit et la politique » dans la mesure où à première vue est désigné « juge » celui qui est chargé de dire le droit, tout le droit et rien que le droit. En ce sens, le juge ne se préoccuperait pas des affaires politiques et ne ferait pas la politique. Cette manière d'appréhender les choses est sans doute la mission attendue de tout juge, d'un bon juge. Mais dans la réalité, il n'en est pas toujours ainsi. En effet, le juge dans la quasi-totalité des États de démocraties modernes, est confronté à une double réalité. Il est animé à la fois par le souci d'accomplir avec exemplarité sa mission de « *bouche de la loi* » mais aussi par l'obligation de tenir compte des réalités politiques de son environnement qui le façonnent, le modulent et orientent sa perception du droit. Ce constat, bien que classique, reste toujours d'actualité.

Le juge des États africains sortis de la nuit des dictatures bien que réhabilité par des mutations démocratiques des années 1990 reste toujours un personnage soumis, dominé plus par la politique que le droit. Pourtant, on avait cru que naissait un renouveau de la justice, fruit d'un juridisme naissant au détriment du politisme[1]. La doctrine notamment africaine avait déjà fustigé cette situation dont l'issue paraît toujours

[1] Le juridisme s'entend de la force absolue du droit alors que le « politisme » nie cette force du droit. Ces deux termes ont été empruntés à Dominique Rousseau analysant la controverse doctrinale née avec la crise du droit constitutionnel et le triomphe de la science politique. Lire au besoin D.Rousseau, Droit du contentieux constitutionnel, 7ème édit., Paris, Montchrestien, 2006, pp.481-486

incertaine, voire infructueuse. Le sentiment pessimiste qui s'en dégage est notamment partagé par Alioune Badara FAll qui observe que :

> « Quelle que soit la manière dont on envisage le problème du juge en Afrique, on ne peut éviter de partir d'un constat malheureusement bien amer : le juge africain, et par là même la justice en Afrique, est en « panne ». Ce constat n'est pas nouveau et a déjà été établi par de nombreux observateurs qui ont cherché, par de remarquables études, à découvrir les causes et à tenter de trouver des remèdes à ce phénomène…Le constat d'un juge et d'une justice qui ne « fonctionnent » pas constitue un phénomène qui persiste et qui ne semble pas trouver une issue proche ».

Le constat est bien celui d'une justice en procès, en perte de vitesse qui méconnaît la thèse de la séparation des pouvoirs développée par Montesquieu dans son ouvrage « De l'Esprit des lois »[2]. Bien que tranchée en théorie, la séparation des pouvoirs ne l'est pas encore avec grande satisfaction en pratique. Des trois pouvoirs exécutif, législatif et judiciaire, il semble que c'est le pouvoir judiciaire qui continue de subir plus de pressions que les deux premiers[3]. Or, l'importance du pouvoir judiciaire n'est plus à démontrer dans les États. La raison est bien simple : le juge est le baromètre de l'État de droit et de la démocratie. La place qu'il occupe est non négligeable au sein des institutions de l'État. Pour le professeur Philippe Ardant :

> « Le juge ne doit avoir d'ordres à recevoir ni du parlement ni du gouvernement (…).Son indépendance est une garantie fondamentale pour les citoyens. Pour eux, dans leur vie quotidienne, c'est le plus important des trois pouvoirs, ils sont les premiers intéressés à ce qu'il ne soit pas soumis aux deux autres. Son indépendance et son autorité sont plus essentielles encore dans les périodes où (…) le législatif et l'exécutif sont contrôlés par la même majorité(le « fait majoritaire ») »[4].

---

[2] Montesquieu, *De l'esprit des lois*, Folio, Essais, Gallimard, 1995

[3] Montesquieu lui-même aurait pu affirmer la nullité du pouvoir judiciaire dans sa thèse de la séparation des pouvoirs avant de reconnaitre plus tard sa distinction de l'exécutif et du législatif. Il affirme : *« Des trois puissances, celle de juger est nulle* », in De l'esprit des lois, op.cit., t.1, p.133

[4] Ph. ARDANT, Institutions politiques et droit constitutionnel, Paris, LGDJ, 12ème édition, 2000, p.52

On en déduit que l'indépendance de la justice ne se discute pas. C'est la garantie offerte pour dire le droit dans toute sa plénitude. L'indépendance de la justice, selon Dominique Rousseau, est *« la garantie pour les citoyens que ceux qui font profession de les juger, de les informer, de les soigner ou de les former sont en situation d'exercer leur métier à l'abri de toutes pressions, il est la garantie pour les citoyens de leur propre liberté et, partant, il est le principe sans lequel les citoyens ne pourraient accorder leur confiance aux institutions judiciaires…* »[5].

Cette indépendance s'apprécie selon quatre éléments cumulatifs. Elle se mesure à l'existence d'une formation propre à la fonction de juger ; à la qualité des procédures de nomination des magistrats ; aux conditions d'exercice des fonctions juridictionnelles et à la qualité du régime disciplinaire des magistrats[6].

Selon la doctrine, l'indépendance de la justice a fait l'objet de deux conceptions opposant les auteurs anglophones à ceux francophones.

Pour les partisans de la conception anglophone revendiquée par les États-Unis, l'indépendance est organique. Ce qui sous-entend une distinction du pouvoir judiciaire des pouvoirs exécutif et législatif selon le principe de la séparation des pouvoirs développé par Montesquieu. En ce sens, le mode d'élection des juges s'apparente à celui du chef de l'État ou des parlementaires. Pour les auteurs francophones, l'indépendance est fonctionnelle. Ce qui veut dire que la fonction des juges est appréhendée comme un service public rattaché au pouvoir exécutif sauf qu'il existe un statut des magistrats qui accorde des garanties exceptionnelles d'indépendance à l'égard du gouvernement. Ce statut renseigne à la fois sur la nomination, la gestion de la carrière et le régime disciplinaire des magistrats. C'est le système pratiqué surtout en France qui a d'ailleurs refusé l'appellation de pouvoir judiciaire au profit « *d'autorité judiciaire* »[7].

Entre ces deux systèmes, les États africains se sont alignés. En effet, il est à observer que si la préférence va vers le système fonctionnel où est

---

[5]D.ROUSSEAU, « Indépendance de la justice », in J. ANDRIANTSIMBAZOVINA (dir.), *Dictionnaire des Droits de l'homme*, 1ère édit., Paris, PUF, 2008, p.515.

[6] D.ROUSSEAU, « Indépendance de la justice », op.cit., pp.515-519

[7] L'expression « *autorité judiciaire* » est issue du droit Français. Pour une partie de la doctrine, c'est sous la Présidence Roger Latournerie que cette appellation a été préférée au pouvoir judiciaire pour montrer qu'il s'agit d'une autorité publique. Voir F.HOURQUEBIE, Le pouvoir juridictionnel en France, Paris, LGDJ, 2010, p.17

instituée « *une Cour suprême quelque peu, organiquement autonome. Ainsi, partout, et sous réserve de quelques États qui ne distinguent pas les magistrats des autres fonctionnaires, s'est manifestée la volonté du législateur africain d' assurer aux juridictions, un minimum d'indépendance du moins celui qui semblait compatible avec l'efficacité de la politique gouvernementale* »[8].

Le cas du Bénin est illustratif à ce sujet. En effet, depuis le renouveau démocratique des années 1990, l'indépendance de la justice est considérée comme chose acquise. A cet effet, l'article 125 de la constitution béninoise du 11 décembre 1990 modifiée par la loi n° 2019-40 du 07 novembre 2019 dispose que *« le pouvoir judiciaire est indépendant du pouvoir législatif et du pouvoir exécutif »*. Cette disposition est renforcée par la loi n°2001-35 du 21 février 2003 portant statut de la magistrature. La volonté du constituant est donc de détacher l'indépendance de la justice de l'appendice des autres pouvoirs. Cette indépendance est au sens large incarnée par les cours et tribunaux prévus à cet effet[9]. Mais de façon stricte, il s'agit ici prioritairement des magistrats de la Cour suprême qui sont tous des hommes du métier à la différence des membres de la Cour constitutionnelle et de la Haute cour de justice qui au regard de la provenance de leurs membres ne sont pas tous des magistrats de profession[10]. Il s'ensuit que c'est sur ces magistrats professionnels qu'il convient d'axer prioritairement cette étude.

La question qui préoccupe porte sur l'interaction entre le droit et la politique comme déterminant la mission du juge. En réalité, le juge peut-il servir le droit en ignorant les réalités politiques ou doit-il le faire en

---

[8] A.CHABI, L'indépendance du pouvoir judiciaire dans la constitution béninoise du 11 décembre 1990, Mémoire de Diplôme d'Études Approfondies en droits de la personne et la démocratie, Université Nationale de Bénin, Faculté de droit et de sciences politiques, 1999-2000, pp.3-4

[9] Voir article 125.2 de la constitution béninoise du 11 décembre 1990 révisée : *« Il est exercé par la Cour suprême, les Cours et les tribunaux créés conformément à la présente constitution »*.

[10] Aux termes de l'article 115 de la constitution béninoise du 11 décembre 1990 révisée, *« la cour constitutionnelle est composée de 7 membres dont ...trois magistrats ayant une expérience de quinze années au moins dont deux sont nommés par le Bureau de l'Assemblée Nationale et un par le Président de la république...* » et aux termes de l'article 135 de ladite constitution, *« la haute cour de justice est composée des membres de la Cour constitutionnelle, à l'exception de son Président, de six députés élus par l'Assemblée nationale et du président de la cour Suprême »*.

prenant en compte ces dernières ? Le dilemme dans lequel se situe sa mission constitue la trame de cette réflexion.

A vrai dire, l'indépendance de la justice n'échappe pas complètement au contrôle de l'exécutif puisque de façon constitutionnelle le « *Président de la République est garant de l'indépendance de la justice* »[11]. Cette obligation constitutionnelle peut donner lieu à deux séries d'interprétation. D'une part, le Président de la République veille au strict respect des garanties offertes aux magistrats pour le bon accomplissement de leur mission ; d'autre part, le Président de la République peut aussi arrimer cette indépendance sur ses attentes personnelles surtout que c'est lui qui préside le Conseil supérieur de la magistrature[12] et nomme les magistrats de la République[13]. Ce qui constituerait une immixtion dans les fonctions judiciaires. Cette double façon d'appréhender l'indépendance du juge montre bien les deux facettes de la justice au Bénin. L'indépendance ainsi consacrée peut souffrir d'une crise d'effectivité. Selon que le juge sert le droit, rend la justice aux justiciables, sa posture est celle d'un juge fidèle (I). En revanche, dans l'hypothèse d'une absence, d'une insuffisance voire d'un sacrifice de service public de la justice, le juge se retrouve dans la posture de l'infidèle (II).

I. UN JUGE FIDÈLE

La fidélité d'un juge s'apprécie dans le respect des textes qui président à sa nomination. Il est un serviteur du droit et un protecteur des droits et libertés.

A. UN SERVITEUR DU DROIT

Le service demandé au juge est de dire le droit dans toute sa plénitude. Ce service ne peut être atteint qu'à deux conditions lorsque l'indépendance de la justice est avérée et des garanties sont offertes.

---

[11] Art.127.1 de la constitution béninoise du 11 décembre 1990 révisée

[12] Art.1er de la loi organique n°94-027 du 15 juin 1999 relative au Conseil Supérieur de la Magistrature.

[13] Art.129 de la constitution béninoise du 11 décembre 1990 révisée.

1. Une indépendance avérée

L'indépendance de la justice est un principe constitutionnel prévu à l'article 125 précité de la constitution béninoise révisée. Cette indépendance est renforcée par l'article 126.2 de la même constitution qui dispose que *« les juges ne sont soumis dans l'exercice de leurs fonctions qu'à l'autorité de la loi »*. Ce qui insinue que les juges n'ont d'obligation qu'à l'égard de la loi. L'indépendance de la justice peut être comprise de deux manières : l'indépendance des juridictions et l'indépendance des juges.

S'agissant de l'indépendance des juridictions, elle est une expression du principe déjà contenu dans la constitution et que mentionne par ailleurs la Charte africaine des droits de l'homme et des peuples de 1981 en son article 26 : *« Les États ont le devoir de garantir l'indépendance des tribunaux »*. Si l'indépendance de la justice est incarnée par le pouvoir judiciaire, il existe un certain nombre de textes qui participent à la concrétisation de cette indépendance en droit positif béninois. Parmi ces textes, on peut citer entre autres, la loi n°2001-37 du 27 août 2002 portant organisation judiciaire en République du Bénin modifiée par les lois n° 2016-15 du 28 juillet 2016 ; n° 2018-13 du 02 juillet 2018 ; n° 2020-07 du 17 février 2020 et n° 2020-08 du 23 avril 2020, la loi 2001-35 du 21 février 2003 portant statut de la magistrature en République du Bénin (il convient de signaler que cette loi a été abrogée par la loi n° 2018-01 du 04 janvier 2018 puis rétablie par la loi n° 2018 -33 du 05 octobre 2018 qui est venue abroger la loi n° 2018-01 du 04 janvier 2018) ; la loi organique n°94-027 du 15 juin 1999 relative au Conseil supérieur de la magistrature modifiée par la loi n° 2018-02 du 02 juillet 2018; la loi n°2004-07 du 23 octobre 2007 portant composition, organisation, fonctionnement et attributions de la Cour suprême ; la loi n°2004-20 du 17 aout 2007 portant règles de procédures applicables devant les formations juridictionnelles de la Cour suprême, etc.

Au Bénin, il est confié au pouvoir judiciaire de s'occuper par excellence de l'indépendance de la justice. Et aux termes de l'article 2.2 de la loi portant organisation judiciaire, le pouvoir judiciaire est « *exercé par la Cour suprême, les cours et tribunaux conformément à la constitution* ». On en déduit que l'indépendance de la justice est le fait de ces juridictions avec au sommet la Cour suprême. Cela étant, il ne faut pas perdre de vue que l'indépendance dont il est question est le fait uniquement de ces juridictions puisqu'il existe en dehors d'elles, trois autres juridictions dont les activités participent également au respect de l'indépendance de la justice : il s'agit de la Cour constitutionnelle, de la Haute cour de justice et de la Cour des comptes qui ne sont pas dans l'organigramme du pouvoir judiciaire à quelque niveau que ce soit aux termes des dispositions de la Constitution béninoise révisée en vigueur[14]

En définitive, on peut retenir qu'au Bénin, il y a quatre juridictions suprêmes qui incarnent chacune à sa manière l'indépendance de la justice : la Cour suprême, la Haute cour de justice, la Cour constitutionnelle et la Cour des comptes. L'indépendance des juridictions suppose celle des juges. Ce qui sous-entend que les textes qui affirment l'indépendance des juridictions sont également ceux qui consacrent l'indépendance des juges. A ce titre, la loi organique du 15 janvier 1999 portant Conseil supérieur de la magistrature modifiée et celle relative au statut des magistrats de 21 février 2003 retiendront plus l'attention.

Le Conseil supérieur de la magistrature(CSM) peut être défini comme un organe de surveillance, de veille de l'indépendance des magistrats dominé de bout en bout par le pouvoir exécutif. En effet, dans sa composition comme dans son fonctionnement, l'œil du président de la République plane sur cet organe. Cette omniprésence montre bien que l'indépendance des juges dépend de la volonté de l'exécutif. Il n'est pas exagéré de tenir un tel propos au regard de la disposition de l'article 127 de la constitution du 11 décembre 1990 révisée qui énonce que le *« Président de la République est garant de l'indépendance de la justice. Il est assisté par le conseil supérieur de magistrature »* qui statue comme « *conseil de discipline des magistrats »*[15].

La composition, les attributions, l'organisation et le fonctionnement du CSM sont prévus par la loi organique[16] n°94-027 du 15 juin 1999 modifiée. Le CSM assiste, conseille et consulte le Président de la République. En effet, aux termes de l'article 11 de la loi de CSM modifiée, le Conseil supérieur de la magistrature a pour attribution d'assister le président de la République dans sa mission de garant de l'indépendance de la justice ; celui-ci le consulte sur toutes les questions concernant l'indépendance et la sécurité des juges. Il statue comme conseil de discipline des magistrats, donne son avis pour la nomination des magistrats et étudie les dossiers de grâce avant de les transmettre avec son avis motivé au président de la République. C'est encore lui qui donne

---

[14] Voir Titre VI de la constitution béninoise du 11 décembre 1990 révisée

[15] Art.128.1de la constitution béninoise du 11 décembre 1990 révisée.

[16] Voir art.128.2 de la constitution béninoise du 11 décembre 1990 révisée.

son avis pour la nomination des présidents de chambre et des conseillers de la Cour suprême[17].

Le CSM est composé de 16 membres dont 10 membres de droit et 6 membres nommés[18]. Mais le législateur insiste sur leur indépendance en mentionnant d'une part, que leur fonction est *« incompatible avec l'exercice d'un mandat parlementaire, les professions d'avocat ou d'officiers publics ou ministériels »*[19] ; et d'autre part, que *« le droit à l'avancement et à la promotion de tout magistrat membre du Conseil supérieur de la magistrature ne doit subir aucune restriction ni retard du fait de cette appartenance, et qu'il ne peut sans son accord exprès et préalable faire l'objet d'une mutation »*[20].

Au regard de la provenance de certains membres dont plusieurs sont nommés par le Président de la République, du fait que les crédits nécessaires au fonctionnement du Conseil Supérieur de la Magistrature sont fixés par la loi de finances et inscrits au budget de la Cour suprême[21], du fonctionnement de l'administration qui n'échappe pas au contrôle de l'exécutif[22], de la convocation des réunions et de la fixation de l'ordre du jour par le Président de la République[23], la question se pose de savoir si l'indépendance des magistrats n'est pas un trompe-l'œil. Sur cette inquiétude, la Cour constitutionnelle semble apaiser les esprits en se réfugiant derrière l'esprit de l'article 127 de la constitution béninoise du 11 décembre 1990 révisée. En effet, pour la Haute juridiction, l'indépendance du pouvoir judiciaire ne *« saurait s'analyser comme un isolement dudit pouvoir…chacun des trois pouvoirs dans sa sphère de*

---

[17] Voir art.15 de la loi sur le CSM modifiée.

[18] Art.1er nouveau de la loi sur le CSM. Sont désignés comme membres de droit le Président de la République, qui assure la présidence de l'institution ; le Président de la Cour Suprême, premier Vice-Président du CSM ; le garde des sceaux, ministre de la justice, deuxième vice-président ; les présidents de chambre de la Cour suprême ; le procureur général près la Cour suprême ; un Président de Cour d'Appel ; un procureur général près une Cour d'appel ; le ministre chargé de la fonction publique et le ministre chargé des finances (membres). Au titre des membres nommés, nous avons (04) personnalités extérieures à la magistrature connues pour leurs qualités intellectuelles et morales et (02) magistrats dont (01) du parquet.

[19] Art.4 de la loi du 15 juin 1999 portant CSM modifiée

[20] Art.5 de la loi du 15 juin 1999 portant CSM modifiée

[21] Art.9 nouveau de la loi du 15 juin 1999 portant CSM modifiée

[22] Art.7 de la loi du 15 juin 1999 portant CSM modifiée

[23] Art.10.2 de la loi du 15 juin 199 portant CSM modifiée

compétence, tout en exerçant de façon indépendante ses attributions, établit des relations fonctions fonctionnelles avec les autres »[24].

En outre, c'est dans la loi portant statut de la magistrature qu'est réaffirmée cette indépendance. L'article 4 de ladite loi est formel lorsqu'il dispose :

> « Les magistrats du siège sont indépendants. A cet égard, ils règlent les affaires dont ils sont saisis conformément à la loi. Ils ne doivent être l'objet d'aucune influence, incitation, pression, menace ou intervention indue, directe ou indirecte, de la part de qui que ce soit ou pour quelque raison que ce soit ».

Les magistrats sont ainsi invités à exercer leur fonction en toute liberté et quiétude sans immixtion ou pression pouvant venir de partout. Les interférences éventuelles dans les dossiers pendants ou en instruction sont ainsi visées. Ce qui suppose que le non-respect de ces obligations professionnelles expose des contrevenants à des sanctions pénales[25]. La question se pose de savoir si la quiétude recherchée est toujours garantie

2. Des garanties offertes

Les garanties offertes à la fonction de juger sont de deux sortes. Les unes concernent la personne du juge et les autres portent sur le fonctionnement des juridictions.

Les garanties liées à la personne du juge portent sur les principes des incompatibilités, de l'inamovibilité et de l'impartialité.

S'agissant des incompatibilités, c'est un principe qui s'applique d'abord au Président de la Cour suprême conformément à l'article 133.3 de la Constitution du 11 décembre 1990 révisée. En effet :

> « Les fonctions du Président de la Cour suprême sont incompatibles avec la qualité de membre de gouvernement, l'exercice de tout mandat électif, de tout emploi public, civil ou militaire, et toute autre activité professionnelle ainsi que de toute fonction de représentation nationale ».

---

[24] Cour Constitutionnelle du Bénin, DCC 97-015 du 10 mars 1995

[25] L'article 3.4 de la loi portant organisation judiciaire en république du Bénin énumère ces sanctions qui varient d'un emprisonnement de six(6) à douze(12) mois et d'une amende de cinquante mille(50.000) à cinq cent mille(500.000)F ou e l'une de ces deux peines seulement.

Ensuite, de façon large, cette incompatibilité concerne tous les magistrats qui ne doivent pas cumuler à la fois une fonction judiciaire et toute autre fonction au regard du statut de la magistrature. L'objectif ici recherché est de rendre impartiale l'activité dont les magistrats ont la charge. L'inamovibilité et l'impartialité constituent deux autres principes liés à la personne du juge.

Tout d'abord, l'inamovibilité est un principe constitutionnel[26] défini comme la « *situation juridique de celui qui, investi d'une fonction publique, ne peut être révoqué, suspendu, déplacé ou mis à la retraite prématurément sauf faute disciplinaire ou raison de santé et, en pareil cas dans les conditions et les formes prévues par la loi* »[27]. Ce sont les articles 23 et 24 du statut de la magistrature qui se rapportent à l'inamovibilité des magistrats du siège. En effet, ces magistrats ne peuvent recevoir d'affectation nouvelle, même en avancement sans leur consentement préalable. L'idée de rendre inamovible la fonction de magistrat de siège est d'éviter les atteintes à leur indépendance et les risques de pression du fait de l'éloignement éventuel de leur lieu de travail. La Cour constitutionnelle béninoise confirme cette compréhension de l'indépendance des magistrats du siège en ces termes :

> « Le respect du principe de l'inamovibilité exige que le magistrat ait été individuellement consulté à la fois sur les nouvelles fonctions qui lui sont proposées et les lieux précis où il est appelé à les exercer…les éléments de cette consultation constituent les conditions de la procédure minimale exigée pour la garantie de l'indépendance des magistrats du siège »[28].

L'inamovibilité des magistrats est renforcée par l'obligation d'impartialité qui pèse sur eux. L'impartialité est définie comme « *l'absence de parti pris, de préjugé, de préférence, d'idées préconçues, exigence consubstantielle à la fonction juridictionnelle dont le propre est de départager des adversaires et toute justice et équité* »[29]. L'impartialité d'un juge se comprend lorsqu'il se montre neutre à l'égard des parties en procès. A leur entrée en fonction, les magistrats font le serment ci-après :

---

[26] Art.126.2 de la constitution béninoise du 11 décembre 1990 révisée : « *Les magistrats du siège sont inamovibles* ».

[27] CORNU, G., Vocabulaire juridique, Paris, PUF, 2011, p.525.

[28] Cour constitutionnelle du Bénin, DCC n°97-033 du 10 juin 1997

[29] G.CORNU, op.cit., p.519

« Je jure de bien et fidèlement remplir mes fonctions, de les exercer en toute impartialité dans le respect de la constitution et des lois, de garder le secret des délibérations et des votes, de ne donner aucune consultation à titre privé, de ne prendre aucune position publique sur les questions relevant de la compétence de la cour ou du tribunal, et de me conduire en tout en digne et loyal magistrat ».

Ce serment loin d'être une simple formalité contraint plutôt les magistrats à exécuter leur fonction avec professionnalisme, loyauté et sans parti pris.

Hormis ces garanties, il y en a d'autres qui gouvernent l'organisation des juridictions. Ces principes qui concernent notamment le fonctionnement et la composition des juridictions sont prévus notamment dans la loi n°2001-37 du 27 août 2002 portant organisation judiciaire en République du Bénin modifiée, laquelle est complétée à la fois par la loi n°2004-20 du 17 août 2007 portant règles de procédures applicables devant les formations juridictionnelles de la Cour suprême du Bénin et la loi n°2004-07 du 23 octobre 2007 portant composition, organisation, fonctionnement et attributions de la cour suprême.

Le fonctionnement des juridictions de droit commun est calqué sur le principe de double degré de juridiction. Par cette expression, on entend l'existence d'une juridiction de premier degré et d'une autre de deuxième degré qui peut être saisie successivement par un plaignant qui n'a pas obtenu satisfaction devant la première. Ce sont les tribunaux d'instance qui font office de juridiction de premier degré qui statuent en fait et en droit en rendant des décisions appelées jugements. Alors que la Cour d'appel fait office de juridiction de deuxième degré dont les décisions s'appellent arrêts. L'architecture de l'organisation judiciaire au Bénin est différente du modèle français qui comporte les tribunaux de première instance, de grande instance, les Cours d'appel et la Cour de cassation. Au Bénin, la Cour suprême, qui apparaît en quelque sorte comme l'équivalente de la Cour de cassation en France, est la plus haute juridiction de l'État qui statue en dernier ressort en matière administrative et judiciaire et dont les décisions sont insusceptibles de recours[30]. Bien que consacré par les textes, ce principe de double degré de juridiction

[30] Art.131 de la Constitution béninoise du 11 décembre 1990 révisée.

admet des assouplissements liés à la volonté du législateur et des parties au procès[31].

Le législateur fait échec au principe de double degré de juridiction aux termes de l'article 51 de la loi portant organisation judiciaire au Bénin qui dispose qu'en matière civile et commerciale, les tribunaux de première instance connaissent en dernier ressort des actions personnelles et mobilières jusqu'à la valeur de deux cent mille(200.000) francs en principal et cinquante mille(50.000) en revenus annuels calculés en rente. Ils statuent en premier ressort dans tous les autres cas, à charge d'appel devant la cour d'appel.

Mieux, le même législateur donne la possibilité aux parties de renoncer à utiliser ce principe d'appel même si la décision offrait cette voie. Cette possibilité est prévue à l'article 13.4 du code de procédure civile, commerciale, sociale, administrative et des comptes du Bénin modifié par les lois n° 2016-16 du 28 juillet 2016 ; n° 2017-15 du 10 août 2017 et n° 2020-08 du 23 avril 2020, lequel invite le juge à agir en amiable compositeur, c'est-à-dire à statuer en équité. En substance, l'article dispose :

> « Le litige né, les parties peuvent aussi, dans les mêmes et sous la même condition, conférer au juge la mission de statuer amiable compositeur, sous réserve d'appel si elles n'y ont pas spécialement renoncé ».

En ce qui concerne la composition des juridictions, le principe retenu est celui de la collégialité conformément à l'article 42 de la loi portant organisation judiciaire au Bénin modifiée. Ce qui permet de considérer que les décisions doivent être l'émanation de plusieurs juges. Ce principe, qui admet la règle du collège des juges et la confrontation des idées avant la prise de toute décision, favorise un enrichissement mutuel des idées et participe à une bonne administration de la justice. Mais il est loin d'être un principe rigide puisque sa mise en œuvre dépend de l'effectif numérique des magistrats qui reste un sujet à caution. C'est ce que précise d'ailleurs l'article 42 précité qui mentionne :

> « ...Toutefois, si l'effectif numérique des magistrats de la juridiction ne le permet pas, ce tribunal peut siéger en formation unique ».

---

[31] G.K.ARAWO, La gouvernance de la justice au Bénin, Mémoire présenté en vue de l'obtention du diplôme d'études supérieures spécialisées (DESS) en Démocratie et Gouvernance, Université d'Abomey-Calavi, Chaire Unesco, 2008-2009, pp.32 et ss.

C'est pour cette raison que la tendance aujourd'hui milite en faveur du jugement en formation unique ou le recours au juge spécialisé[32].

Toutes ces garanties offertes contribuent à faire du juge un meilleur protecteur des droits et libertés.

B. UN PROTECTEUR DES DROITS ET LIBERTÉS

Il est classique de constater que la protection des droits et libertés est de la compétence du juge constitutionnel habilité par la constitution du 11 décembre 1990 révisée en ses articles 114 et 117. Mais il ne s'agit pas d'une compétence exclusive. Puisque les autres juges administratif et judiciaire l'accompagnent dans ce processus à l'occasion de leur office. Mais de façon singulière, la protection du juge administratif retiendra plus l'attention du fait du rôle croissant que joue désormais le juge administratif en matière de protection des droits fondamentaux. En effet, l'intervention du juge administratif se manifeste principalement à deux niveaux : l'accès des plaignants au juge et l'assistance du juge au cours de l'instruction.

1. L'accès au juge des plaignants

La Constitution béninoise du 11 décembre 1990 révisée fait de l'accès à la justice un droit fondamental du justiciable[33]. Le droit à la justice est ainsi défini comme le droit reconnu à tout citoyen de s'adresser librement à la justice pour la défense de ses intérêts, même si sa demande doit être déclarée irrecevable ou mal fondée[34].

> « L'accès à la justice est comme un moyen d'accès au droit...Il permet à toute personne qui y a un intérêt légitime et qui présente la qualité éventuellement requise, d'accéder à une juridiction pour qu'elle statue sur une prétention »[35].

---

[32]Se référer notamment à la loi n°2012-15 du 17 décembre 2012 portant code de procédure pénale en République du Bénin modifiée par la loi n° 2020-23 du 29 septembre 2020 et à la loi n°2008-07 du 28 février 2011 portant code de procédure civile, commerciale, sociale, administrative et des comptes modifiés.

[33] L'article 26 dispose : « L'État assure à tous l'égalité devant la loi sans distinction d'origine, de race, de sexe, de religion, d'opinion politique ou de position sociale ».

[34] G.CORNU, Vocabulaire juridique, …p.10

[35] J-M.COULON, « Le droit d'accès à la justice », in R.CABRILLAC,M-A FRISON-ROCHE et Th. REVET(dir.), *Libertés et droit fondamentaux*, 7ème édition., Paris, Dalloz, 2001, p.441

C'est comme l'affirme Pierre Couvrat, *« le droit au juge et le droit au droit »*[36]. Ce dédoublement se ramène à l'accès au juge qui se justifie dans l'institution judiciaire par le fait que le juge y joue un rôle central[37]. En effet, c'est le juge qui applique le droit et sans lui ou son service, le justiciable ne peut accéder au droit. Le fait de savoir que le juge dit le droit est un signe de satisfaction car il permet à toute personne intéressée d'*«obtenir une décision juridictionnelle qui lui assure la garantie de ses droits, le respect et la sécurité de sa personne et de ses biens »*[38]. Mieux, le droit au juge doit *« permettre une accessibilité constante dans le temps à l'obtention de la justice ; c'est aussi lui conférer une accessibilité générale dans l'espace quel que soit l'endroit où elle est sollicitée ; c'est enfin garantir une égalité de traitement pour tous par elle »*[39]. Les principes que dégage l'accès à la justice sont entre autres le droit pour tous de saisir le juge, ce qui sous-entend que toute personne en situation identique peut saisir le juge compétent. La justice suppose le respect du principe de l'égalité entre les citoyens d'un même pays. L'accès au juge s'entend aussi de l'accès au juge impartial et indépendant, ce qui participe à la recherche de l'objectivité de la décision à rendre. C'est aussi le droit à la défense pour tout justiciable qui a intérêt dans une affaire, ce qui participe au respect du principe de la contradiction. L'accès au juge doit être générale, ce qui suppose que la justice doit être de proximité, proche des justiciables et qu'il n'y aura pas de zone privilégiée par rapport à d'autres[40].

La mise en œuvre de ces principes peut s'opérer de deux manières lorsque le juge administratif concerné tient compte à la fois des règles de forme et de fond[41].

---

[36] COUVRAT, P., L'accès à la justice et ses obstacles, in *L'effectivité des droits fondamentaux dans les pays de la communauté francophone*,…p.258

[37] ADIGBLI, V., L'accès à la justice, mémoire de DEA, option Droits de l'homme et démocratie, FASJEP/ Chaire Unesco, 1998-1999, p.13

[38] RENOUX, T.S., et SENATORE, A., « Droit au juge », in GAUDIN, H(dir.), *Dictionnaire des droits de l'homme*…p.305.

[39] COUVRAT, P, p.258

[40] Il importe toutefois de noter que le contenu du droit d'accès à la justice fait l'objet d'appréciations différenciées. Pour J.M.Coulon, sont privilégiés le droit au recours, le droit au jugement et le droit à l'exécution. (Voir l'article précité, pp.446-448)

[41] Il importe de souligner que l'accès au juge est parfois taillé sur mesure. Il est très étroit, difficile lorsqu'on est en face du juge de l'excès de pouvoir. Les conditions de recevabilité sont draconiennes, nombreuses, complexes et difficiles à remplir. Les

Dans l'hypothèse des règles de forme, le juge administratif assouplit les conditions de saisine qui peuvent porter par exemple sur le recours administratif préalable, le respect du délai contentieux et l'aide juridictionnelle

La règle du recours préalable est une exigence légale qui fait obligation à tout plaignant de tenter de régler son affaire au préalable en se retournant vers l'auteur de l'acte ou vers son supérieur hiérarchique. Bien que cette exigence soit réaffirmée dans le code de procédure civile, commerciale, sociale, administrative et des comptes[42], elle connaît aujourd'hui beaucoup d'assouplissements[43] par souci de protéger le requérant. Dans plusieurs affaires[44], le juge administratif a fait échec à l'obligation de ce recours en déclarant recevables les recours portés à sa connaissance. Il en est particulièrement ainsi dans l'affaire qui a opposé le Collectif des Enseignants au Ministère de l'Enseignement Supérieur et de la Recherche scientifique(MESRS). Alors que le MESRS n'est ni l'auteur de l'acte ni le supérieur hiérarchique, le juge a déclaré recevable le recours adressé contre lui en argumentant que :

> « ...l'autorité la mieux informée est bien celle de qui émane la proposition de nomination et qui, par surcroît est chargée de l'exécution de la décision...ce qu'atteste son contreseing ;...que c'est à bon droit que le requérant a adressé son recours administratif

---

conditions de recevabilité sont nombreuses parce qu'elles sont au moins au nombre de sept et sont relatives à la nature administrative de l'acte, à la qualité du requérant pour ester en justice et son intérêts pour agir, aux formes et formalités de la requête, à l'exigence de recours administratifs préalables, au respect des délais, à l'absence de recours parallèles. Ces conditions sont complexes parce que les notions qu'elles comportent le sont. Voir notamment R. DEGNI-SEGUI, *Les droits de l'homme en Afrique noire francophone (Théories et réalités)*, Abidjan, 1998, p.84

[42] Voir art. 837.2 du Code : *« avant de se pourvoir contre une décision individuelle, le demandeur doit présenter un recours hiérarchique ou gracieux tendant à faire rapporter ladite décision... »*

[43] SALAMI, I.D., « Le recours pour excès de pouvoir : contribution à l'efficacité du procès administratif au Bénin (1990-2010 », Revue Togolaise des Sciences juridiques, n°000, 2011, p.110

[44] On peut lire avec intérêt les arrêts n°08/CA du 01er février 2001, Atta Boniface c/Ministre de l'intérieur, de la sécurité et de l'Administration territoriale ; n°32/CA du 19 juillet 2001, Toze Jean et autres c/Ministre de l'intérieur, de la sécurité et de l'administration territoriale ; n°69/CA du 7 juillet 1999, Institut de formation et de gestion sociale et École Loyale c/ Ministère de l'Education nationale et de la recherche scientifique, etc.

préalable au ministre de l'éducation supérieure et de la recherche scientifique, autorité la mieux informée »[45].

Le recours administratif préalable n'est non plus exigé en cours d'instance, à l'encontre d'un permis d'habiter lorsque l'autorité administrative a déjà délivré un autre permis d'habiter sur la même parcelle d'habiter[46]. Dans ces différents cas, on constate que le juge saisi vient à la rescousse du citoyen pour lui éviter un massacre de son droit d'accès au juge. Il est également attentionné lorsqu'il s'agit de vérifier le délai contentieux.

Alors que le délai pour excès de pouvoir ne doit pas excéder deux mois à compter de la publicité ou de la notification, le juge fait une interprétation souple de ce délai qu'il apprécie souverainement, et n'est plus automatiquement frappé de forclusion[47]. Cette souplesse du juge est très remarquable lorsqu'il déclare recevable un recours qui date de plus de vingt-huit années dans une affaire d'expropriation de parcelle qui a porté préjudice au sieur Karim da Silva[48]. D'autres décisions analogues de non-respect du délai contentieux[49] montrent que la largesse du juge administratif vise à protéger au mieux les droits des requérants dans un litige.

En ce qui concerne l'aide juridictionnelle, elle est prévue dans les articles 8, 9 et 10 de la loi 2004-20 et l'article 931 de la loi n° 2008-07 portant code de procédure civile, commerciale, sociale, administrative et des comptes modifiée. Cette aide est indispensable pour toute « *personne dépourvue de ressources suffisantes d'exercer ses droits en justice en la laissant bénéficier d'une remise des frais dus au trésor, d'une dispense de certains frais et d'une prise en charge totale ou partielle, par l'Etat, des honoraires des auxiliaires de justice* »[50]. L'octroi de cette aide relève

---

45 Arrêt n°97-07 du 15 mai 1998, collectif des Enseignants de l'ENA c/MESRS.

46 Arrêt n°35/CA du 06 juillet 2000, Hoirs Hounkpevi Blaise c/Préfet de l'Atlantique et Autres.

47 Voir notamment art.31.2 et art.32.6 de la loi n°2004-20 du 17 août 2004 portant règles de procédure applicables devant les juridictions de la Cour suprême.

48 Arrêt n°48/CA du 18 décembre 1998, da Silva urbain Karim c/Etat béninois

49 Voir notamment Arrêt n°58/CA du 13 décembre 2001, Mounier Jean c/ Etat béninois Samuel Zodéhougan ; Arrêt n°37/CA du 17 mars 2005, Kouletio Sèvi Sedoga Sédufio c/MJS ; Arrêt n°40/CA du 20 septembre 2001, Nagnonhou Lucien c/ Etat béninois

50 G.CORNU, Vocabulaire juridique, op.,pp.50-51

de la discrétion de la commission chargée de l'attribuer et a pour finalité de réaliser un procès équitable et un accès effectif de tous à la justice.

Dans le fond, l'accompagnement du juge administratif se fait par un double contrôle de la légalité externe et de la légalité interne. La légalité externe consiste pour le juge à vérifier si l'autorité qui a pris l'acte litigieux est compétente et si son acte est respectueux de la légalité. Ce faisant, le juge sanctionne les irrégularités qu'il serait amené à constater et qui pourraient léser les droits des administrés. A titre illustratif, le juge administratif a annulé un décret pris en conseil des ministres pour vice de procédure parce que ledit décret n'a pas requis son avis obligatoire[51].

La légalité interne poursuit quant à elle deux objectifs, c'est-à-dire qu'elle vérifie si l'acte querellé ne viole pas la loi et s'il n'y a pas un détournement de pouvoir. La violation de la loi se fait le plus souvent en méconnaissance du principe de la hiérarchie des normes. C'est le cas de l'annulation d'un arrêté du ministre de la fonction publique qui a été pris en ignorant l'existence d'une ordonnance[52]. Pour ce qui est du détournement de pouvoir, l'auteur de l'acte litigieux l'a fait en poursuivant d'autres objectifs que ceux prévus par la loi. Le juge n'a pas hésité à annuler un tel acte dans l'affaire Yahouedeou Agnès épouse Leke pour ne pas léser la requérante[53].

Le constat qui se dégage de toutes ces décisions c'est que le juge se porte garant des droits des requérants, ce qui participe du respect de leur droit d'accès à la justice. Aussi, est-il important de voir comment il est accompagné au cours de l'instruction.

2. L'assistance du juge au cours de l'instruction

L'instance, est selon G. Cornu, « *la suite des actes et délais d'une procédure engagée devant une juridiction à partir de la demande introductive jusqu'au jugement ou aux autres modes d'extinction de l'instance* »[54]. L'instance est une étape très importante dans la procédure

---

[51] Arrêt n°76/CA du 4 novembre 199, Abissinti Raphaël et Somissou Léopold Antoine c/ Etat béninois

[52] Arrêt n°4/CA du 05 mai 1994, Agnikpe Nicolas c/Ministre du travail et des affaires sociales

[53] Arrêt n°005/CA du 1er février 2001, Agnès Yahouédéhou épouse Leke c/ Préfet de l'Atlantique et une autre

[54] G.CORNU, op.cit., p.552

au cours de laquelle les droits du requérant peuvent être brimés. La conduite de l'instruction en contentieux administratif apparaît ainsi particulière puisqu'il s'agit d'une procédure dirigée de bout en bout par le juge et non les parties. La procédure administrative est spécifique en raison de son caractère à la fois inquisitorial[55], contradictoire[56], écrit[57], semi-secret et dépourvu d'effet suspensif de la décision incriminée.

C'est dans la recherche de l'établissement de la preuve que l'assistance du juge se fait le plus remarquée. Bien entendu, le principe est connu : la charge de la preuve incombe au demandeur selon la formule *actori incumbit probatio*. Tout en reconnaissant au demandeur d'apporter la preuve de ses allégations, il n'est pas évident pour lui d'apporter toujours toute la preuve. Le juge administratif béninois emboîte le pas au Conseil d'État français pour suppléer le requérant dans l'insuffisance des moyens de preuve à apporter face à l'administration. Dans une affaire en date du 15 février 1974, le juge déclare :

> « Considérant que, malgré toutes les investigations (demandes au Ministère de la santé, consultation du dossier administratif du requérant), il n'a pas été possible de connaître la date à laquelle Maouignon a reçu notification de la décision et du titre d'affectation attaqués ; qu'il appartient à l'administration de prouver la date de notification de l'acte querellé, faute de quoi le délai prescrit par la loi ne court pas contre le requérant »[58].

L'intervention du juge apparaît ici judicieuse puisqu'il cherche à accompagner le requérant dans la recherche de moyens de preuve supplémentaires sans lesquels son procès pourrait souffrir. C'est en quelque sorte une manière de freiner la toute-puissance de l'administration face à l'administré qui se trouve dans une posture de faiblesse. Si le juge est présent dans la recherche des moyens de preuve, il l'est aussi en ce qui concerne la maîtrise de la durée de l'instruction. L'instruction ne doit pas être anormalement longue. Selon l'article 830 de la loi n°2008-07 du 28 février 2011 portant code de procédure civile, commerciale, sociale, administrative et de comptes modifiée, il est fixé un délai de deux (02) mois aux parties pour produire leurs mémoires.

---

[55] Art.12 de la loi n°2004-20 du 17 août 2004

[56] Art.18 de la loi n°2004-20 du 17 août 2004

[57] Art.2 de la loi n°2004-20 du 17 août 2004

[58] Arrêt du 15 février 1974, Docteur Gilbert Maouignon c/ Ministre de la Santé publique, Ministre de l'Economie et des Finances.

Mais ce délai peut être abrégé et apprécié souverainement par le juge[59]. Dans l'affaire Monteiro célestin c/État béninois[60], le juge a assisté le plaignant dans la maitrise de la durée de l'instruction. Lorsque le non-respect du délai est le fait du requérant ou de l'administration, le juge dispose de la latitude d'apprécier les cas qui lui sont soumis pour ne pas léser les droits des justiciables[61]. Toute instruction finit par un jugement de l'affaire et le juge est encore au chevet des justiciables. Il leur doit de rendre des décisions justes et équitables.

Il est à remarquer que la prise en compte de tous ces éléments fait du juge administratif un serviteur loyal du droit. Mais il lui arrive de s'écarter de cette mission parce que éprouvé par les faits. Il devient ainsi un juge infidèle.

II. Un juge infidèle

On ne devrait pas être surpris lorsque l'on parle des infidélités du juge puisqu'en tant qu'être humain, il est vulnérable, susceptible d'erreurs et de maladresses. Ce qui est intéressant à savoir c'est que le juge du fait de la fonction qu'il exerce est exposé. Il subit des contraintes de toutes sortes, des pressions qui dénaturent sa personne et sa fonction. Si les unes sont dépendantes de lui, les autres lui sont extérieures.

A. Les infidélités liées à la personne du juge

Lorsque Montesquieu affirmait que le juge est la bouche de la loi, rien ne pouvait présager qu'il ne resterait pas fidèle à sa mission de dire le droit dans toute sa plénitude. Hier comme aujourd'hui, le juge continue de subir les attraits du pouvoir et l'influence de l'argent ce qui l'enchaîne et l'oblige à rendre des décisions superficielles, biaisées et orientées. La figure du juge béninois semble plus apparaître dans la politique et la corruption.

---

[59] Voir art. 12 .5 de la loi n°2004-20 du 17 août 2007

[60] Arrêt n°33/CA du 04 juin 2010, Monteiro Célestin c. État béninois

[61] Voir à titre illustratif arrêt n°26/CA du 15 avril 1999, Tchedjou Agbessi A. Houessoumin c/ Le maire de la commune de Houénoussou et Préfet de l'Atlantique, arrêt n°63/CA du 17 mars 2005, Yacouba Abdoulaye c/Préfet de l'Atlantique et Arrêt n°29/CA du 19 juillet 2001, Goussanou Salomon c/Préfet de l'Atlantique.

1. Un juge politique

Il n'est pas nouveau de s'intéresser aux relations entre le juge et la politique. Les juges, qu'ils soient internes (constitutionnel, administratif ou judiciaire), régionaux ou internationaux sont tous dans le viseur du pouvoir. La doctrine est abondante sur les inflexions du juge dans la politique[62]. Le cas qui intéresse est celui des magistrats du pouvoir judiciaire lesquels sont saisis par la politique en raison de certains éléments.

Tout d'abord, la situation des juges vis-à-vis du pouvoir reste tributaire de leur statut[63]. En effet, dans la quasi-totalité des États africains, les magistrats sont sous l'emprise directe ou indirecte des autorités politiques[64]. Au Bénin, le Conseil supérieur de la magistrature[65], créé par la loi organique n°94-027 du 15 juin 1999 modifiée, est l'organe qui lie les magistrats au pouvoir politique. Ce lien s'explique aisément par la composition de cet organe dominée par les membres nommés et présidés par le Président de la République. La provenance de certains membres n'est pas un gage suffisant d'indépendance et d'impartialité pour la prise des décisions qui seront qu'on le veuille ou non influencée par la volonté du Président de la République ou de celle du Président de la Cour suprême ou du garde des sceaux, Ministre de la justice qui sont d'ailleurs d'importantes personnalités nommées par le Président de la République. Tous les

---

[62] F. BASTIEN , le juge, le droit et la politique, Revue Française de droit Constitutionnel, 1990, 1, pp.49-69 ; C. CASTANO, « L'exception d'inconstitutionnalité : la contrainte du droit, la force du politique », Revue Française de Droit constitutionnel, 1990, 4, pp.631-649 ; A. BADARA FALL, « Le juge, le justiciable et les pouvoirs publics : pour une appréciation concrète de la place du juge dans les systèmes politiques en Afrique », in J-Y MORIN, *Les défis des droits fondamentaux,* Actes des 2ème journées scientifiques du Réseau Droits fondamentaux de l'AUF, 29 septembre – 02 octobre 1999, pp.309-346 ; J-M. BRETON, « L'égalité et État de droit : statut et perception du juge de l'administration en Afrique noire francophone. Contribution à une réflexion transversale », in J-Y., MORIN, les défis des droits fondamentaux, op.cit., 389-421 ;

[63] J-M BRETON, op.cit., p.399

[64] A. BADARA FALL, op.cit., p.329

[65] Cet organe est un héritage de la France qui n'a jamais voulu qu'il y ait un pouvoir judiciaire séparé totalement de pouvoir exécutif. C'est pour cette raison que l'autorité judiciaire a été préférée. Voir à ce sujet G. MASSON, *Les juges et le pouvoir*, Paris, ed. MOREAU/Syros, 1977, pp.258 et s.

membres qui siègent dans cet organe sont considérés comme des alliés du Président de la République qui peuvent être pour lui des acteurs politiques à manipuler à son goût. Analysant les cas africains de l'indépendance des juges et voyant la position dominante qu'occupe habituellement le président de la République au sein du Conseil Supérieur de la Magistrature, André Cabanis et Michel Louis Martin ont affirmé qu' *« ... il convient d'observer la présence dans nombre de textes d'une disposition ambiguë consistant à présenter le chef de l'État comme garant de l'indépendance de la magistrature. L'on ne sait trop comment interpréter cette formule dans la mesure où le Président la République est susceptible dans certains cas d'apparaître moins comme un protecteur naturel que comme un adversaire potentiel, peut-être même parmi les plus dangereux, de l'indépendance de la magistrature »*[66].

Ensuite, la nomination des magistrats qui relève en dernier ressort de la compétence du Président de la République[67] peut être exploitée par ce dernier pour positionner les magistrats qui lui sont favorables ou approuvent sa politique. Il n'est pas surprenant de constater que les juges qui désapprouvent ou gênent les actions du gouvernement soient le plus souvent neutralisés par des affectations non respectueuses des textes en vigueur. Sous le gouvernement du Président Yayi Boni, la nomination de certains juges a été parfois interprétée de punitive. A plusieurs reprises, le syndicat des magistrats a contesté des nominations de certains magistrats pour non-respect des textes en vigueur et a menacé d'entrer en grève pour manifester son mécontentement[68]. En effet, le pouvoir politique cherche par tous les moyens à s'immiscer dans l'exercice de la justice[69]. La situation qui a conduit l'Union Nationale des Magistrats du Bénin à entrer effectivement en grève est celle de la suspension des décisions de justice sur les litiges domaniaux décidée en conseil des Ministres du 12 octobre 2007. En réponse aux plaintes des victimes, le Président de la République a cru devoir bien faire en interdisant provisoirement l'exécution des décisions de justice qui conduisent à des

---

[66] A. CABANIS et M. L. MARTIN, Le constitutionnalisme de la troisième vague en Afrique francophone, Bruylant-Academia, PUR, 2010, p.151.

[67] Voir l'article 15 de la loi sur le Conseil Supérieur de la Magistrature modifiée.

[68] L'Union Nationale des Magistrats du Bénin(UNAMAB) a réagi notamment contre les nominations intervenues en conseil des ministres le 18 décembre 2013. Elle considère ces nominations non respectueuses des textes applicables et ont déclenché une série de mouvements de grève.

[69] A.BADARA FALL, op.cit., p.332

démolitions de maisons. Mais les magistrats ont considéré cette décision comme étant une immixtion de l'exécutif dans le judiciaire et demandé son retrait pur et simple au risque d'entrer en grève[70]. Saisie sur la constitutionnalité de cette décision gouvernementale, la Haute juridiction a déclaré que le relevé n°35 des décisions prises en conseil des Ministres le 12 octobre 2007 est contraire à la Constitution du 11 décembre 1990 en ce qui concerne l'exécution des décisions de justice[71]. En tout état de cause, il n'est pas exclu qu'un gouvernement décide de surseoir d'une décision de justice dans des conditions bien déterminées[72] ou principalement en cas de trouble à l'ordre public

Enfin, la politisation de la justice peut se fait remarquer au niveau des décisions rendues ou à rendre qui doivent refléter une certaine volonté du pouvoir. Deux affaires sont illustratives à ce sujet. L'affaire de l'empoisonnement du Président Yayi Boni, et l'affaire Sébastien Ajavon dans Cocaïne pure.

Dans l'affaire dénommée « tentative d'empoisonnement » du Président de la République et de coup d'État, le juge d'instruction Angelo Houssou, qui a rendu une ordonnance de non-lieu le vendredi 17 mai 2013 confirmée par la suite par la Cour d'appel de Cotonou, a subi des menaces ouvertes du pouvoir exécutif. Les menaces qui ont conduit notamment à restreindre sa liberté de mouvement et le placer en résidence surveillée, ont fini par contraindre l'intéressé à fuir du territoire pour se réfugier aux États-Unis d'où il a écrit un mémorandum retraçant les péripéties de sa persécution et de son départ de Cotonou[73]. Dans ce dossier, le pouvoir du Président Yayi Boni en voulait ouvertement à ce juge qui a osé rendre une décision en sa défaveur annulant les poursuites judiciaires à l'encontre du richissime homme d'affaires Patrice Talon le

---

[70]Voir Journal Le Matinal du 25 octobre 2007 in http://www.sonangnon.net/actualités/2007/octobre/intlematinal2510_3.php.

[71] Cour constitutionnelle du Bénin, DCC 07-175 du 27 décembre 2007 relative à l'exécution des décisions de justice

[72] Voir dans la jurisprudence française l'affaire Couitéas, CE, 30 novembre 2003

[73] A. HOUSSOU, Bref mémorandum sur ma persécution et mon départ du Bénin, in Le quotidien La Nouvelle Tribune, double n°2702 et 2703 du vendredi 23 décembre 2013, pp.11 et ss.

premier suspect dans ce dossier et l'actuel Président de la République du Bénin[74].

Cette décision courageuse nous enseigne que les juges qui tiennent tête au pouvoir sont poursuivis et neutralisés.

Dans une autre affaire qu'il convient de dénommer «Cocaïne pure » impliquant l'homme d'affaires Sébastien AJAVON, la position du pouvoir exécutif dans ce dossier a été ambiguë et fait l'objet de commentaires suspectant une immixtion subtile qui serait de nature à freiner les ambitions présidentielles du richissime homme d'affaires venu en troisième position au premier tour de l'élection présidentielle de 2016 et ayant soutenu le Président Talon au second tour des élections contre le candidat Lionel ZINSOU. En effet, Monsieur Sébastien AJAVON a été interpellé le Vendredi 28 octobre 2016 par la gendarmerie Maritime de Wxlacodji à Cotonou pour affaire de 18 kilogrammes de cocaïne pure qui auraient été retrouvés dans l'un des conteneurs de la société Cajaf Common SA dont il est le Président Directeur Général. Après 8 jours de garde à vue, il a été entendu, jugé et libéré au profit du doute[75]. En réalité, l'arrestation et la détention de Monsieur AJAVON ont donné lieu à beaucoup de supputations. La première lecture que soutiennent les magistrats du parquet défendant les intérêts du pouvoir, c'est que Monsieur AJAVON serait réellement impliqué et encourrait une peine de 10 ans d'emprisonnement ferme. La Conférence de presse donnée par le Procureur de la République sur cette affaire[76] ainsi que la position du gouvernement dans la conduite de ce dossier apparaissaient cacher quelque chose. En effet, au détour d'une conférence de presse le mardi 08 novembre 2016, le Garde des sceaux, Ministre de la justice de l'époque a fini par livrer de façon caricaturale la position du gouvernement en ces termes :

---

[74] Le Président Patrice Athanase Guillaume TALON est investi Président de la République depuis le 06 avril 2016 pour un mandat de cinq (5) ans renouvelable une seule fois.

[75]Lire au besoin « Bénin : Sébastien Ajavon interpellé par la gendarmerie pour affaire de drogue », p.06 ; « Benin/justice : un vendredi décisif pour Sébastien Ajavon », pp14-16 in Tout sur l'affaire Ajavon, Les éditions Hounto-Ada, nov.déc 2016

[76] « Affaire Sébastien Ajavon : le procureur se prononce enfin sur l'enquête », in Tout sur l'affaire Ajavon, Les éditions Hounto-Ada, nov. décembre 2016, pp.32-33

« …Sur les priorités en matière de justice pénale, les parquets seront sans état d'âme lorsqu'il s'agira de réprimer les crimes de sang, lorsqu'il s'agira de réprimer les atteintes contre les personnes vulnérables, les femmes, les enfants, lorsqu'il s'agira de réprimer la criminalité économique et lorsqu'il s'agira de réprimer le trafic du stupéfiant. Je veux vous dire très clairement que les instructions ont été données et je confirmerai ces instructions dans le sens de l'absence de tolérance sur ces instructions. Cela est la politique pénale du gouvernement. Chaque gouvernement a sa politique pénale et nous allons davantage asseoir cela et davantage mettre en place cette politique pénale ».

Cette déclaration du garde des sceaux, qui est d'ailleurs diversement interprétée, est perçue comme une manière voilée de ternir l'image de Monsieur AJAVON qui aurait tenu lui-même des propos quelque peu désobligeants à l'égard du gouvernement[77]. La deuxième lecture que l'on fait de cette arrestation, c'est que l'objectif poursuivi par le pouvoir de sanctionner un allié politique qui devient gênant pour le pouvoir n'a pas immédiatement abouti puisque AJAVON n'avait pas été condamné. Évidemment qu'il le sera par Coutumace en 2018 devant la CRIET à 20 ans de prison pour trafic de drogue. Probablement aussi que cette condamnation aurait inspiré le Tribunal correctionnel d'Abidjan qui a condamné à son tour par contumace en 2020 le sieur Guillaume SORO pour recel de détournement de deniers publics et blanchiment de capitaux à 20 ans de prison.

Ces différents cas montrent bien que la politisation de la justice est avérée et très subtile. A. Badara Fall le confirme en ces termes :

« La politisation de la justice est plus insidieuse et s'organise de façon beaucoup plus subtile, car elle devient alors protéiforme ce qui a pour effet de renforcer son caractère néfaste. Ainsi, elle apparaît soit à travers la crainte éprouvée par certains magistrats, de se voir infliger

---

[77] Dans un entretien qu'il a accordé au journal « Le Monde » du lundi 15 novembre 2016, Monsieur Sébastien AJAVON, l'une des forces principales de la coalition de la « Rupture » a accusé TALON de mauvaise foi. En substance, il affirme : *« Nous avons un accord formel et bien écrit qui n'a pas été respecté : nous devions obtenir le tiers des postes ministériels. Nous n'avons eu que trois petits ministères (agriculture, enseignement secondaire, économie numérique), qui sont gérés depuis la présidence. Pour moi, ce n'est pas une bonne collaboration...Je m'éloigne de la gestion du pouvoir. Je ne sais pas s'il faut l'appeler cela de l'opposition. Je me mets à l'écart. Cela ne veut pas dire que je vais critiquer systématiquement tout ce que ce que Patrice Talon fera. Si ce sont de bonnes choses, je le dirai, sinon, je le dénoncerai »*

des sanctions de toutes natures, soit à travers l'intime et indéfectible conviction d'autres magistrats, selon laquelle les décisions de justice ne devraient pas entraver des décisions administratives ou gouvernementales qui iraient dans un sens prétendument favorablement au développement politique et économique »[78].

La politisation est d'ailleurs le propre de tous les juges quels qu'ils soient. Le juge constitutionnel se retrouve plus dans cette posture et confirme la thèse selon laquelle le juge est assis entre le droit et la politique. Pour Bastien dont l'étude a porté sur la trilogie le juge, le droit et la politique :

> « … le rôle du Conseil constitutionnel sera défini comme politique du fait de la position qu'il occupe, par nécessité plus que par volonté, car « contrôlant les pouvoirs publics et même si son activité et ses méthodes sont de nature juridique, la portée de ses décisions a souvent et inévitablement un caractère politique. Plus largement, si l'on considère que « par la nature même des choses, la justice constitutionnelle est comme un miroir où se reflète-fragmentaire sans doute mais fidèle- l'image des luttes politiques suprêmes d'un pays- qu'elle a précisément pour effet de transformer en dernière analyse en litiges de droit », le rôle du Conseil sera politique parce qu'il est le « reflet des luttes politiques ». Mais s'il peut avoir un rôle politique, ce n'est pas pour autant un organe politique »[79].

À l'évidence, le juge est politique sinon politisé ; mais aussi il est un juge corrompu

2. Un juge corrompu

Dans l'opinion publique, le secteur de la justice est souvent présenté comme un *« couvent où seuls les initiés peuvent s'y retrouver »*[80]. Cette image négative de la justice déteint sur la qualité du service public de la justice où l'argent dicte pratiquement sa loi. La justice est si gangrénée que le discours officiel n'hésite pas à parler que d'un corps de

---

[78] A. BADARA FALL, op.cit., p.335

[79] F. BASTIEN, « Le juge, le droit et la politique », Revue Française de Droit Constitutionnel, 1990, 1, pp.61-62

[80] N. BAKO ARIFARI, La corruption quotidienne au Bénin, Études et travaux n°43, LASDEL, janvier 2006, p.24

corrompus[81]. La corruption dont il s'agit n'épargne aucun secteur de la justice qu'il s'agisse d'agent, de juge, de greffier, d'avocat, de notaire, d'huissier etc. Or, l'article 35 de la Constitution béninoise du 11 décembre 1990 révisée prohibe la corruption de tout fonctionnaire sous toutes ses formes[82]. Malgré cette obligation constitutionnelle, la corruption de la justice est un mal endémique au Bénin. Les juges en raison de la délicatesse de leur mission et de la loyauté qu'on attend d'eux sont néanmoins les plus exposés puisque ce sont eux qui disent le droit en rendant des décisions applicables aux justiciables. Ce constat n'est pas démenti par ceux là-même qui sont de la corporation. Dans une interview accordée à Monsieur Joseph H. Gnonlonfoun, Magistrat à la retraite et ancien garde des sceaux du Président Mathieu Kerekou, il est à retenir que :

> « Le reproche qu'on accroche au cou des magistrats est qu'ils sont aux ordres des puissances d'argent. Oui, il y a eu et il y a encore des cas. C'est vraisemblable que ce reproche soit mérité si l'on tient compte des victimes que l'argent occasionne ces temps-ci. Quand vous lisez certains jugements vous êtes étonné par ce qui est écrit. Qu'est-ce qui provoque une telle méconnaissance du droit ? L'ignorance du droit ?la mauvaise formulation ?ou l'intéressement ? Savez-vous, qu'il n'y a pas si longtemps des juges ont été révoqués ?... »[83].

La corruption des magistrats est indiscutable. Cette corruption se manifeste de plusieurs manières.

Tout d'abord, le principe de l'inamovibilité reconnu au juge peut être exploité pour entretenir des réseaux. Ce qui peut permettre d'avoir une mainmise sur un dossier sur une longue durée avec pour conséquence d'obliger les justiciables à rechercher les blocages éventuels. Pour éviter que les dossiers parfois en instruction ne soient classés sans suite, le

---

[81] Cf. Discours du chef de l'Etat à l'occasion des 40 ans de la cour suprême (1960-2000) cité par N. BAKO ARIFARI, p.25

[82] L'article 35 dispose : *« Les citoyens chargés d'une fonction publique ou élus à une fonction politique ont le devoir de l'accomplir avec conscience, compétence, probité, dévouement et loyauté dans l'intérêt et le respect du bien commun ».*

[83] Voir « Corruption et dysfonctionnements en milieux judiciaires au Bénin : Témoignage de l'ancien garde des sceaux joseph H. Gnonlonfoun », in Quotidien Nouvelle expression du 27 janvier 2010 cité par J. DJOGBENOU, Bénin : le secteur de la justice et l'Etat de droit, Une étude d'Afrimap et de l'Open Society Initiative for West Africa, 2010, p.64.

justiciable est parfois dans la triste obligation de soudoyer le juge d'instruction responsable du dossier.

Ensuite, c'est la crainte de voir certains dossiers ne jamais aboutir qui amène les justiciables à anticiper en négociant avec le juge. Les cas d'anticipation sont mieux décrits par Monsieur Arifari Bako qui fait observer que :

> « Comme dans le secteur du transport et de la douane, la prise en otage du temps du justiciable par la lenteur procédurière (les ajournements successifs d'audience dont le juge est le seul maître) est un moyen sûr et efficace pour obliger les justiciables à négocier. Cela devient très vite fonctionnel puisque les acteurs s'attendent déjà à cela. Ils anticipent même souvent : c'est la corruption par anticipation »[84].

Il arrive aussi que la corruption se manifeste par des procès arrangés entre les juges et les avocats qui connaissent du dossier. Cette forme de corruption ne laisse aucune marge de manœuvre aux justiciables qui doivent subir. Monsieur Bako Arifari, parle des *« collusions juges-avocats (qui) sont des formes de corruption les plus efficaces, puisque là les justiciables n'ont alors pas de recours. Les procès « arrangés » se manifestent souvent par des absences répétées des avocats à la barre, à travers des plaidoiries déficientes lorsqu'ils complotent contre leurs propres clients, ou bien par la lenteur excessive ou l'absence d'appel dans les délais »*[85].

Enfin, la corruption des juges peut venir des autorités politiques au plus haut niveau de l'État qui harcèlent les magistrats du parquet pour que le dossier à traiter le soit avec diligence et célérité sans contrevenir les intérêts du pouvoir.

A titre illustratif, l'affaire qui a beaucoup secoué le secteur de la justice est celui « *des frais de justice criminelle* ». Elle est l'expression du niveau très élevé de la corruption des juges au Bénin. Cette situation qui a fait perdre à l'État béninois plus de huit milliards de francs CFA[86] n'a pas laissé indifférent le Conseil supérieur de la magistrature qui a été obligé de révoquer plus d'une vingtaine de magistrats impliqués dans cette affaire[87]. Bien que cette révocation des magistrats constitue un

---

[84] N. BAKO ARIFARI, op.cit., p.28

[85] N. BAKO ARIFARI, idem., p.28

[86] Informations tirées du Quotidien L'œil du peuple, n°758 du 11 février 2004, p.3

[87] K. G. ARAWO, mémoire précité, p.58.

exemple pour prévenir d'éventuels cas, la corruption de la justice n'a pas reculé au Bénin en dépit de la situation salariale des magistrats qui s'est considérablement améliorée[88]. Parfois, ce sont les justiciables eux-mêmes qui entraînent les juges dans cette situation. Certains le font pour éviter de purger une peine : la corruption expiatoire ; d'autres pour échapper à une condamnation (corruption anticipatoire ou propitiatoire) et d'autres encore pour récompenser un agent judiciaire *a posteriori* pour service rendu (corruption compensatoire)[89]. Les tentatives de résistance des magistrats approchés existent mais ne sont pas jusque-là l'objet de plaintes contre les justiciables corrupteurs. La situation est si pourrie que l'on arrive plus à distinguer le bon grain de l'ivraie. Car, affirme un magistrat : « *Dès que vous voulez appliquer la loi à un contrevenant, ce sont les pressions, les coups de fils, les visites de parents et amis qui vous acculent* »[90].

Les infidélités qui s'attachent à la personne du juge sont renforcées par celles liées à sa fonction de juger qui méritent d'être aussi examinées.

B. Les infidélités liées à la fonction de juger

Ces infidélités concernent l'emprise de l'exécutif sur le judiciaire et le dysfonctionnement du système judiciaire.

1. L'emprise de l'exécutif sur le judiciaire

Le pouvoir judiciaire est-il devenu un appendice de l'exécutif ? Telle est la question fondamentale qui se pose face à la tutelle qu'exerce notamment le Ministère de la justice sur le judiciaire. Au regard de la Constitution béninoise du 11 décembre 1990 révisée, il ne saurait y avoir de tutelle qui irait dans le sens d'une immixtion de l'exécutif sur le judiciaire dans la mesure où l'indépendance du judiciaire par rapport aux pouvoirs exécutif et législatif est chose avérée.

---

[88] Le salaire du magistrat serait passé de 50.000f avant 1990 à 300.000 aujourd'hui pour un débutant.

[89] BAKO ARIFARI, op.cit., p.29

[90] Propos d'un magistrat rapportés par W.H.ADOUN et FK.AWOUDO, Bénin : une démocratie prisonnière de la corruption, Investigations sur des faits et scandales de 1990 à 2006, Tome 1, Fondation Friedrich Ebert Stiftung, Editions COPEF, 2006, p.292.

Dans sa décision en date du 07 mai 1997, la Haute juridiction a réaffirmé cette tendance de distinction des fonctions entre le pouvoir judiciaire et l'administration de la justice de façon claire :

> « Il existe au niveau du pouvoir judiciaire deux activités bien distinctes par leur fondement : celle relative au fonctionnement du service judiciaire et celle relative à la réalisation de sa mission de dire le droit avec force de vérité légale dans laquelle aucune autorité ne saurait s'immiscer »[91].

Pourtant, il existe une volonté manifeste de l'exécutif à travers le Ministère de la justice de contrôler régulièrement la fonction judiciaire au point de l'entraver. Cette influence qu'exerce le Ministère de la justice sur la fonction judiciaire se perçoit aussi bien au niveau de la magistrature du siège qu'au niveau du parquet.

Les magistrats du siège bénéficient d'une protection fonctionnelle qui les rend inamovibles. L'objectif visé par le législateur est *« d'éviter ... que le gouvernement puisse sanctionner par une mutation désagréable un excès d'indépendance, et préparer par des changements opportuns, en vue du jugement d'un litige qui l'intéresse, une juridiction docile »*[92]. La conséquence de cette inamovibilité est que les magistrats en aucun cas ne peuvent faire l'objet d'affectation nouvelle, d'avancement sans leur consentement préalable[93]. Cette volonté du législateur est souvent travestie par des affectations de circonstances non respectueuses des textes en vigueur. Sont illustratifs ici les cas d'affectations sous le régime du président Yayi Boni dénoncées par l'UNAMAB[94]. A cela, s'ajoutent les jeux de couloirs auxquels s'adonnent parfois des autorités gouvernementales à l'occasion d'un dossier jugé important. Ce qui est

---

[91] Cour constitutionnelle du Bénin, DCC 97-024 du 7 mai 1997

[92] J. RIVERO, Les Libertés publiques, 1. Les Droits de l'Homme, Presses Universitaires de France, 1973, p.130

[93] Voir articles 23 et 24 de la loi n°2001-35 du 21 février 2003 portant statut de la magistrature

[94] Le Président de l'UNAMAB, Michel ADJAKA dans un communiqué radio-diffusé et publié sur le net a critiqué la nomination des 131 magistrats faite par le gouvernement en conseil des ministres le jeudi 11 août 2016 pour non –respect des textes qui confortent et renforcent l'indépendance de la justice.

Pour lui, « *ces nominations sont illégales, opaques et peu rationnelles du personnel magistrat* », voir http://www.beninwebtv.com/2016/08/Benin consulté le 1er septembre 2016.

contraire à l'esprit de l'article 4 de la loi portant statut de la magistrature qui dispose que :

> « Les magistrats du siège sont indépendants. À cet égard, ils règlent les affaires dont ils sont saisis conformément à la loi. Ils ne doivent être l'objet d'aucune influence, incitation, pression, menace ou intervention indue, directe ou indirecte, de la part de qui que ce soit ou pour quelque raison que ce soit ».

Le fait de vouloir donner des instructions aux magistrats de siège pour orienter leurs décisions ainsi que les mutations, révocations ou suspensions dont ils peuvent être l'objet constituent des dérives nuisant à leur mission.

Pour ce qui est des magistrats du parquet, même si leur appartenance au corps judicaire n'est pas contestée, ils ne jouissent pas cependant des mêmes prérogatives que les magistrats du siège. En effet, les magistrats du parquet, en dépit de leur obligation d'impartialité contenue dans leur serment, ne sont pas libres d'initiatives. L'article 6 du statut de la magistrature souligne clairement leur dépendance vis-à-vis du Ministère de la justice :

> « Les magistrats du parquet et de l'administration centrale du ministère chargé de la justice sont placés sous la direction et le contrôle de leurs chefs hiérarchiques et sous l'autorité du garde des Sceaux, ministre chargé de la justice. Ils peuvent être affectés sans avancement par décret pris en conseil des ministres, d'un poste à un autre s'ils en font la demande ou d'office dans l'intérêt du service après avis conforme du Conseil Supérieur de la magistrature »

La conséquence de cette dépendance est que les magistrats du parquet sont des juges sous ordres. Ils sont sous l'autorité du Ministre de la justice qui peut leur demander d'agir ou de ne pas agir. Il est à craindre qu'ils deviennent de simples agents d'exécution du pouvoir exécutif et ne parviennent plus à se préoccuper effectivement de la défense de l'intérêt général qui justifie leur raison d'être. La proportion de dépendance que prend le ministère public en matière d'administration de la justice conduit certains à les considérer comme *« des agents gouvernementaux, chargés comme tel de requérir la justice, de veiller à l'exécution des lois et au respect de la légalité ; le garde des sceaux peut leur ordonner d'agir ou de ne pas agir ; ils sont sous sa complète dépendance* »[95]. C'est à travers les règles relatives à la nomination, à l'avancement et à la discipline des magistrats que la subordination du parquet se fait plus remarquer.

La nomination du magistrat, qu'il soit du parquet ou du siège, relève de la compétence du chef de l'État après avis conforme du Conseil supérieur de la magistrature[96]. Étant donné la composition du CSM, la nomination d'un magistrat peut viser à récompenser les proches de l'exécutif, ce qui nuirait au principe de loyauté et d'indépendance.

Pour ce qui est de l'avancement des magistrats, les conditions de sa mise en œuvre sont définies au chapitre IV de la loi portant statut de la magistrature. Il existe une commission d'avancement présidée par le Ministre de la justice ou son représentant pour étudier les dossiers inscrits au tableau d'avancement[97]. Cette présidence qui incombe au Ministre n'est pas anodine. Elle vise en dernier ressort à promouvoir les magistrats « hommes de main ». Étant donné que tous les dossiers doivent lui parvenir, il n'est pas exclu que les tris soient opérés encore que lui-même peut directement noter les magistrats de l'administration centrale[98]. L'avancement est donc perçu comme un moyen pour le gouvernement de tenir le juge à sa merci[99].

S'agissant du pouvoir disciplinaire des magistrats, il relève de la compétence du Conseil supérieur de la magistrature qui statue conformément à l'article 128 de la constitution révisée[100]. C'est le Conseil Supérieur de Magistrature qui détermine les sanctions à infliger à tout manquement des magistrats[101]. Mais il arrive que ce canal soit instrumentalisé à des fins inavouées au mépris des règles légales voire constitutionnelles. La Cour constitutionnelle du Bénin qualifie d'arbitraire la suspension de certains magistrats. En effet, elle a jugé qu' *« aux termes des dispositions de l'article 7 de la charte africaine des droits de l'homme et des peuples, « toute personne a droit à ce que sa*

---

[95] P. CUCHE et J. VINCENT, Procédure civile et commerciale, 12éd. Paris, Dalloz, 1960, p.153.

[96] Art.15 de la loi relative au Conseil supérieur de la Magistrature modifiée.

[97] Art.56 de la loi relative au Conseil supérieur de la magistrature modifiée.

[98] Art.52 de la loi relative au Conseil supérieur de la magistrature modifiée.

[99] A. CHABI, « L'indépendance du pouvoir judiciaire dans la constitution béninoise du 11 décembre 1990 », mémoire précité, p.74

[100] Art.17 de la loi organique relative au Conseil Supérieur de la Magistrature modifiée.

[101] Voir notamment Titre IV de la loi portant statut de la magistrature

cause soit entendue. Ce droit comprend...b) le droit à la défense, y compris celui de se faire assister par un défenseur de son choix... ». Dès lors qu'un magistrat n'a pas été mis en mesure d'exercer son droit de défense comme le prescrit la constitution, la décision de suspension le concernant est inconstitutionnelle »[102].

Enfin, l'emprise du gouvernement se fait remarquer dans les dossiers en cours d'instruction et dans l'exécution des décisions de justice.

Dans une affaire en date du 1er septembre 1999[103], le gouvernement a infiltré la décision de la Cour d'appel. En effet, la Cour d'Appel de Cotonou a procédé à l'annulation de l'exécution provisoire du jugement n°32 du 7 juin 1999 de la 4ème chambre civile, de tribunal de première instance de Cotonou, et pendant que l'une des parties attendant la délivrance, de la grosse de l'arrêt en vue de sa mise en exécution, il a reçu une lettre du parquet général près la Cour d'Appel faisant référence, à une séance de travail présidée par le garde des sceaux, demandant à chaque partie de formuler une demande en interprétation, en raison de l'ambiguïté de l'arrêt. Cette lettre précise qu'en attendant l'arrêt interprétatif, le statut qui devra être maintenu.

Cette interférence du garde des sceaux dans la fonction du juge a été portée à la connaissance de la Cour constitutionnelle béninoise qui a jugé « *qu'il découle de cette correspondance qu'il y a immixtion manifeste du garde des sceaux dans le déroulement de la procédure civile en cours ; que ce faisant, il a méconnu le principe de l'indépendance et celui de la séparation des pouvoirs ; qu'en conséquence, la lettre querellée qui contient des décisions de nature judiciaire , viole la constitution* »[104]. Un autre exemple peut être évoqué : celui du juge Essowè BATAMOUSSI qui avait officié à la Chambre des Libertés et de la détention de la Cour de répression des infractions économiques et du terrorisme (CRIET) dans l'affaire Reckya MADOUGOU qui est encore pendante[105].

Dans l'affaire Hamani Tidjani, qui a opposé le Nigéria au Bénin, les personnes impliquées dans ce dossier détenues dans des prisons civiles de Cotonou et de Porto-Novo ont été transférées au Nigéria sans

---

[102] Cour constitutionnelle du Bénin, DCC 96-021 du 26 avril 1996

[103] Voir Arrêt n°85/2ème CCMS/99 du 1er septembre 1999. Cette affaire a été citée par A.CHABI, Mémoire précité, p.76

[104] Cour constitutionnelle du bénin, DCC 00-5 du 26 janvier 2000.

[105] Affaire encore pendante à la date de ce colloque qui s'est déroulée du 20 au 22 octobre 2021

autorisation préalable des autorités judiciaires compétentes au mépris du respect du principe de l'indépendance du pouvoir judiciaire que prône l'article 125 de la Constitution béninoise précitée[106].

En somme, l'immixtion de l'exécutif entrave le bon fonctionnement du système judiciaire qui n'était pas au beau fixe.

2. Le dysfonctionnement du système judiciaire

Les États généraux de la justice organisés en novembre 1996 ont fait apparaître l'existence de nombreuses pesanteurs qui entravent la bonne administration de la justice au Bénin. En effet, le service public de la justice est hypothéqué par la négligence de certains paramètres relatifs au statut lacunaire des magistrats, au déficit du personnel, à l'insuffisance des ressources matérielles, etc. Ces insuffisances sont relevées aussi bien par les professionnels de la justice que par les usagers qui sont les bénéficiaires immédiats des prestations de la justice.

Pour les professionnels de la justice, les textes applicables aux magistrats constituent le fond du problème et doivent être actualisés. Bien que la loi organique de 1999 relative au Conseil supérieur de la magistrature soit quelque peu actualisée, celle portant statut des magistrats de 2003 ne l'est pas encore. Ces textes qui donnent une marge de manœuvre à l'exécutif ont besoin d'être dépolitisés. Ce qui permettrait de faire du CSM un organe pivot du système judiciaire indépendant de l'exécutif. La politisation à outrance constatée jusque-là dans le processus de nomination des magistrats, l'instruction des dossiers et le prononcé des décisions constituent des entraves sérieuses pour la bonne marche de la justice. A ces incohérences textuelles, s'ajoutent des insuffisances des ressources humaines, financières et matérielles allouées au secteur de la justice.

Les ressources humaines de la justice regroupent à la fois le personnel de l'administration publique et celui des professions libérales[107]. Les magistrats font partie intégrante de l'administration publique. Leur cas est saisissant en ce sens que leur faible nombre ne suit pas le rythme de

---

[106] F.A.AWO, La corruption dans l'administration publique béninoise : État des lieux et perspectives, Mémoire en vue de l'obtention du Diplôme d'Études supérieures spécialisées en Démocratie et gouvernance, Chaire Unesco des droits de la personne et de la démocratie, 2007-2008, p.37

[107] K.G.ARAWO, mémoire précité, p.39

la croissance démographique de la population alors que des départs à la retraite sont régulièrement enregistrés. Selon des études réalisées, le Bénin comptait 194 magistrats en service dans les tribunaux, Cours d'Appel et à la Cour suprême pour une population de 9.983.884 habitants en 2013, ce qui fait un ratio d'un magistrat pour 51.463 habitants. Ce faible ratio est loin d'évoluer puisqu'en 1997, il était de 1 magistrat pour 35.000 habitants avec un effectif total de 152 pour une population estimée à plus de cinq millions d'habitants[108]. Cependant, en 2020, on dénombrait 273 magistrats. Un concours de recrutement de 100 auditeurs de justice vient d'être relancé pour novembre 2021[109]

Comme on pourrait le constater, l'absence de magistrats en nombre suffisant induit la finalité recherchée : la qualité et la célérité du procès en prendront forcément un coup.

En ce qui concerne, les ressources financières, il est important de rappeler que le secteur de la justice est central dans la construction de la démocratie et de l'État de droit. En tant que tel, il aurait été nécessaire que ce secteur dispose également d'un budget autonome à l'instar de l'exécutif et du législatif qui lui permette de mener à bien ses activités. Le fait de calquer son budget sur celui de l'exécutif le rend toujours dépendant. Ses priorités sont banalisées car les prévisions budgétaires annuelles exprimées ne suivent pas toujours mais tiennent compte de la seule volonté du gouvernement. Dans l'étude réalisée sur « l'état de la justice au Bénin »[110], il est question par exemple de l'impossibilité pour la Cour d'appel d'organiser effectivement les deux sessions d'assises prévues par la loi[111] faute de moyens[112]. De telles situations de non-

---

108 Voir F. R. KPENOU et S. AFATON, La justice au service du développement du Bénin, CIPB, Cotonou, 2013, p.8 et « le statut particulier des magistrats et le régime de la magistrature au bénin », Juriscope, 1997, p.2. Ces sources ont été citées par K. G. ARAWO, op.cit, pp.41.

109 Cette relance est consécutive à l'annulation de celui de décembre 2020 annulé pour tricherie et fraude.

110 Voir Centre Africa Obota, CREDIJ et Open Society Initiative for West Africa (OSIWA), Rapport sur l'état de la justice au bénin et perception des justiciables, novembre 2013

111 C'est ce qui résulte de l'article 251 du code de procédure pénale : *« La tenue des assises a lieu tous les six (6) mois. Le président de la cour d'Appel peut, après avis du procureur général, ordonner qu'il soit tenu une ou plusieurs sessions supplémentaires »*

112 Les frais à prévoir sont destinés à couvrir les charges du transfèrement des accusés détenus, indemnités des magistrats, greffiers et personnel judiciaire, frais d'avocat

organisation des sessions d'assises prévues sont fréquentes dans les juridictions[113]. C'est dans le souci d'amener l'autorité à s'exécuter que les mouvements de grève organisés à l'occasion de non-octroi ou de l'insuffisance des moyens ont permis la mise en application du décret n°2012-143 du 07 juin 2012 portant règlementation des frais de justice criminelle, correctionnelle et de police modifié par le décret n°2012-435 du 19 novembre 2012.

L'insuffisance des ressources financières emporte celle des ressources matérielles. Celles-ci portent notamment sur l'insuffisance des infrastructures adéquates à l'objectif poursuivi. Les magistrats partagent par exemple des bureaux et sont à l'étroit. Ceci n'est pas une garantie suffisante pour la sérénité et la célérité de l'instruction, des interrogatoires, des audiences. La confidentialité recherchée pour le traitement des dossiers parfois sensibles est ainsi vouée à l'échec.

La situation ainsi décrite par les professionnels de la justice est partagée par les usagers de la justice. Pour ces derniers, il n'y a pas un service public à proprement parler de la justice. La justice est très éloignée des justiciables[114]. Leur perception de la justice est l'expression de la désaffection, voire du mépris qu'expriment au quotidien ces justiciables qui sont déçus des prestations qu'on leur donne. La lenteur dans le traitement des dossiers ou encore le déroulement de la procédure marqués par des renvois interminables de procès ou des actes de corruption subtiles sont autant de tares qui fragilisent le système judiciaire béninois. Face à tous ces dysfonctionnements, des solutions idoines, voire urgentes doivent être recherchées. Ces réformes doivent nécessairement tenir compte de l'actualisation des textes, de la dépolitisation du Conseil Supérieur de la Magistrature, du recrutement d'un grand nombre de magistrats, de l'autonomisation des ressources

---

(assistance obligatoire), indemnités des témoins et jurés, mobilisation de la force publique, etc.

[113] A titre illustratif, en 2013, la Cour d'appel de Cotonou comme celle de Parakou n'ont tenu aucune session d'assises alors que La cour d'Appel d'Abomey a tenu une seule session (avril-mai 2013). Voir K.G. ARAWO, op.cit., p.45.

[114] Le professeur Fabrice Hourquebie pense la même chose : *« La justice en Afrique n'est-elle pas toujours et aujourd'hui ce qui avait été constaté à l'époque : un service public sans services, sans juges et sans justiciables »* ? in F. HOURQUEBIE (dir.), Quel service public de la justice en Afrique noire francophone, Bruylant, 2013, p.8

budgétaires allouées au secteur de la justice, de l'élargissement de la carte judiciaire au Bénin, etc.

CONCLUSION

Au terme de cette réflexion, il apparaît que la justice au Bénin est loin d'être *« une institution politiquement neutre, structurellement indépendante et moralement intègre »*[115]. La justice est saisie à la fois par le droit et la politique.

La justice est saisie par le droit puisque le juge chargé d'appliquer le droit est tenu de le faire conformément au respect des textes en vigueur. Cette obligation lui est rappelée à sa prestation de serment. Le droit à la justice est pour ainsi dire un droit fondamental reconnu à tout citoyen béninois. Grâce à la reconnaissance de ce droit, tout citoyen peut avoir accès à la justice et défendre sa cause. La réalisation de l'accès à la justice, voire au droit passe nécessairement par l'indépendance et l'impartialité du juge. C'est la prise en compte de ces deux principes qui rend difficile la mission du juge. En effet, le juge peut être saisi par la politique. Deux raisons peuvent le justifier. La première est que le pouvoir judiciaire n'est pas toujours perçu comme un pouvoir autonome, indépendant du pouvoir exécutif. La deuxième raison, est que le juge est une autorité nommée par le Président de la République. A ce dernier, il pense qu'il doit une certaine allégeance, voire gratitude. Ce qui ne devrait pas être le cas. La situation de dépendance notoire dans laquelle se situe aujourd'hui la justice vis-à-vis de l'exécutif conduit à penser que le juge sert plus la politique que le droit. La conclusion fatale à laquelle avait abouti en 1966 J.P. Passeron est loin d'être démentie :

> « En définitive, la justice en Afrique Noire reste et restera marquée par le régime d'unité de pouvoir qui confie le rôle essentiel au chef de l'État, érigé en véritable guide de la nation, animant un parti unique ou dominant, majoritaire à l'Assemblée, et pouvant éliminer sans rencontrer d'obstacles, toute opposition susceptible de nuire à la cohésion nationale, au développement du pays »[116].

---

115 A. BADARA FALL, op.cit., p.312

116 J. P. PASSERON, Le pouvoir et la justice en Afrique noire francophone et Madagascar, Paris, Pédone, 1966, pp.157 et ss.

On aurait souhaité que la justice soit maintenant dépolitisée pour une meilleure défense des droits des justiciables au Bénin. A quand cette réforme ? Wait and see.

Joël Arsène ADELOUI

Agrégé des Facultés de droit

Maître de Conférences Agrégé, Directeur de l'École doctorale,

Université d'Abomey Calavi (Bénin)

Delphine Edith ADOUKI EMMANUEL

LA JUSTICE CONSTITUTIONNELLE À L'ÉPREUVE DE LA POLITIQUE

Monsieur le président de l'Association nigérienne de droit constitutionnel,
Mes très chers collègues,
Chers participants,

J'aurais tant souhaité partager ces moments privilégiés d'échanges avec vous, malheureusement, certaines contraintes m'empêchent de faire le déplacement de Niamey. Permettez-moi de remercier le président de l'ANDC de m'avoir offert la possibilité de présenter dans les conditions présentes ma contribution.

INTRODUCTION

L'invention récente de la justice constitutionnelle répond à la volonté de régler au moyen du droit diverses questions. Il s'agit, initialement, des conflits de compétence entre les autorités fédérales et les entités fédérales, ou entre l'exécutif et le législatif puis, ensuite, de garantir la protection des droits de l'homme. La garantie juridictionnelle de questions éminemment politiques influence, dès le départ, la nature de l'organe, au point de susciter de multiples interrogations. Certains observateurs se demandent si la juridiction constitutionnelle est une véritable juridiction, une institution politique ou politico-juridictionnelle. Ils n'hésitent pas, pour cela, à se fonder, en premier lieu, sur le mode de désignation des membres des juridictions constitutionnelles afin de conforter leur thèse. Et, de leur point de vue la nomination des membres des juridictions constitutionnelles constitue, à n'en point douter, un signe tangible de la politisation de l'organe, au service du politique et dont les membres ne sauraient faire preuve d'ingratitude à l'égard des autorités de nomination. Deuxièmement, ils ne manquent pas de se référer à la jurisprudence desdites juridictions qui serait révélatrice de leur soumission au pouvoir politique.

Cette tare originelle influence l'office de l'organe chargé d'effectuer le contrôle de constitutionnalité, que par commodité de langage nous appellerons juge constitutionnel, en dépit de la diversité qui le caractérise. La pratique révèle, en effet, l'existence des Conseils et des Cours constitutionnels, voire des Cours suprêmes, dotés d'attributions variées marquées, cependant, par un dénominateur commun.

Confronté à la politique, le juge constitutionnel se mue en un acteur déterminant qui se prononce sur les choix majeurs opérés dans le cadre de la société politique. Il en résulte indéniablement une certaine politisation de son office susceptible d'être perçue de façon ambivalente. La politisation des juridictions constitutionnelles est une antienne des États qui établissent un système de justice constitutionnelle de type kelsénien. Ceux-ci ne sont pas, malgré les affirmations souvent soutenues, exclusivement des États africains. Le Président du Conseil constitutionnel français, Gaston Palewski, n'avait pas hésité, en son temps, à admettre qu'avec le Général de Gaulle, le Conseil constitutionnel n'était à l'origine qu'un béni oui oui. Il précise que le Conseil constitutionnel français n'a pu prendre réellement son envol qu'après la mort du Général.

L'argument relatif à la politisation signifie que les juges constitutionnels seraient aux ordres du pouvoir politique et que les décisions rendues ne feraient que refléter sa volonté. Cette perception négative de la politisation est généralement répandue dans la doctrine et dans l'opinion publique. Elle est perçue comme une mauvaise pratique qui remet en cause les fondamentaux de l'État constitutionnel. Nous nous proposons dans la présente réflexion une approche positive de la politisation des juridictions constitutionnelles, dans le contexte de la transition politique.

Les transitions politiques observées dans les États africains révèlent un juge constitutionnel sous tension qui a pour mission de « faire respecter le droit, un droit instable, déconstruit, reconstruit et en devenir »[1]. Dans ce contexte de résistances et de reflux démocratique, la politisation des juridictions constitutionnelles qui est observée paraît nécessaire au fonctionnement des régimes politiques. Indéniablement,

---

[1] J. Du Bois De Gaudusson « Jurisprudences constitutionnelles et transitions politiques en Afrique : arrêt sur quelques cas concrets », Machel. Book, p. 95.

c'est l'audace dont elles font preuve qui leur permet de participer au règlement de la crise politique aux conséquences juridiques avérées. La politisation perçue de manière positive revient donc à soutenir la capacité juge constitutionnel à s'impliquer dans le maintien de l'ordre constitutionnel de transition et à contribuer à l'installation d'un ordre constitutionnel définitif.

Soumis à l'épreuve de la transition démocratique[2], et loin d'être en panne ou isolé[3], le juge constitutionnel devient l'artisan actif de l'« interrègne constitutionnel »[4]. Comme Janus, le Dieu des portes, il présente effectivement deux visages. D'une part, il est le gardien juridictionnel du corpus de la transition (1) et d'autre part, il est le garant de l'ordre constitutionnel de transition (2).

I. Le gardien juridictionnel du corpus de la transition

La politisation consiste pour les gardiens de la constitution à intervenir dans le débat politique en cours au sein de l'ordre juridique de référence. Il s'agit pour ces institutions de ne plus se contenter d'être la bouche de la constitution mais d'apporter des solutions, des réponses aux questions politiques qui divisent les acteurs politiques de la majorité, de l'opposition, de l'exécutif ou du législatif. Cette intervention du juge est capitale car elle permet de sortir de la crise ou du conflit pendant. Il devient alors « l'arbitre du jeu politique, l'intervenant extérieur qui en garantit le bon déroulement »[5]. Ce *guardianus* assure le respect des textes (A) qui organisent la transition selon des modalités particulières (B).

---

[2] B. Kante, « Leçon inaugurale. La justice constitutionnelle face à l'épreuve de la transition démocratique en Afrique, paris, L'harmattan, 2016, pp21-40.

[3] A. Badara Fall, « Le juge constitutionnel, artisan de la démocratie en Afrique ?

[4] N. Perlo, « Les Constitutions provisoire. Une catégorie normative atypique au cœur des transitions constitutionnelles en méditerranée », RMDP III, 21 septembre 2015, p. 497.

[5] J. Meunier, « Les décisions du Conseil constitutionnel et le jeu politique », *Pouvoirs,* n°105, 2003, pp. 29-30.

A. L'OBJET DE LA GARDE

En période de transition, le juge constitutionnel réalise méthodiquement, au moyen d'une interprétation réaliste, et sous l'influence de facteurs politiques, le droit objectif. Il intervient dans un environnement particulièrement instable et provisoire caractérisé par des sources déterminées et indéterminées.

En premier lieu, le juge constitutionnel garantit le respect de sources déterminées. Il s'agit des textes nationaux et des textes internationaux.

Parmi les textes nationaux qui forment le bloc de constitutionnalité de la transition (Décision n° 2015-026/CC du Conseil constitutionnel du Burkina Faso), l'on retrouve des textes disparates. Ce sont : la Constitution survivante, les petites constitutions ou autres Chartes de la transition, les accords de paix ou de sortie de crise conclus par les acteurs politiques et dont la juridicité et la primauté est affirmée par le juge constitutionnel (Décision 15-HCC/D 3 du 26 décembre 2011 et Avis n° 02-HCC/AV du 31 juillet 2009 de la haute Cour constitutionnelle malgache).

Parmi les instruments internationaux applicables dans l'ordre juridique interne suite à l'internationalisation du droit constitutionnel figurent : des résolutions du Conseil de sécurité de l'ONU (pour la Cote d'Ivoire, résolution 1633 (2005) du 21 octobre 2005 et 1721 (2006) du 1 octobre 2006), des communiqués ou des déclarations adoptés par la CEEAC et des actes des médiateurs internationaux. Parfois, les juridictions constitutionnelles refusent de donner effet à la primauté du droit international.

En second lieu, le juge constitutionnel, en période de crise, assure la garantie de sources indéterminées comme la tradition constitutionnelle, les principes généraux du droit, et l'esprit de la constitution. La référence à ces sources non écrites du droit constitutionnel, marquées du sceau de l'incertitude rend plus complexe et transforme l'office du juge constitutionnel congolais, malgache et béninois. Il contrôle et sanctionne les omissions constitutionnelles et législatives. Chargé de l'application du droit, il devient créateur de droit.

B. Les modalités diversifiées de la garde

La garde du *corpus* de transition est entreprise de façon orthodoxe et hétérodoxe par le juge constitutionnel.

D'une part, c'est de façon orthodoxe que le juge procède, en premier lieu, au contrôle de conformité des loi organiques, des règlements des institutions constitutionnelles, des lois avant promulgation, des traités et accords internationaux. En second lieu, il veille à la régularité des élections organisées durant la transition.

D'autre part, c'est de façon hétérodoxe que le juge constitutionnel apprécie la conformité des instruments internationaux au corpus de transition. Il opère parfois le contrôle de conventionnalité (décision n°004-CCT/17 du 1 février 2017 de la Cour constitutionnelle de Transition de la RCA).

II. Le garant de l'ordre constitutionnel

Confronté à la crise de l'État, le juge constitutionnel de transition devient un ingénieur social et, dans certains cas extrêmes, un pompier face à des pyromanes. Face à la déconstitutionnalisation momentanée du droit, il participe laborieusement à sa constitutionnalisation du droit en devenant le garant de l'ordre constitutionnel transitoire et le garant du futur ordre constitutionnel définitif.

A. Le garant de l'ordre constitutionnel transitoire

Le juge constitutionnel est mué en garant de l'organisation transitoire des pouvoirs publics. A ce titre, il s'assure que le processus que le processus de désignation, d'installation, de révocation et de remplacement des organes de la transition s'opère dans le respect des textes de la transition. (Décision n° 2014-002/CC/transition du 16 novembre 2014 du juge constitutionnel du Burkina faso et décision n°2014-003/CC/transition du 17 novembre 2014 relatives à la désignation du président du Burkina faso, décision n° 001/14/CCT du 12 janvier 2014 sur la vacance du pouvoir en RCA et Avis n°01-HCC/AV du 15 juillet 2011 de la HCC de Madagascar relative à l'immunité des parlementaires).

Le juge constitutionnel veille aussi au déroulement pacifique de la transition. C'est ainsi qu'il participe à la prévention, à la résolution des conflits politiques grâce à la magie du droit. Et parfois, il régule le temps transitionnel en prorogeant, en cas de besoin la durée de la transition. (Décision n° 003/CCT/14 du 10 février 2014 de la Cour constitutionnelle de transition de la RCA sur la préséance entre le président du CNT et le Premier ministre et l'avis n°02-HCC/AV du 10 mai 2012 sur les prérogatives du président de la République).

B. Le garant du futur ordre constitutionnel

Maître des horloges, le juge constitutionnel se trouve écartelé entre l'ordre constitutionnel transitoire et le futur ordre constitutionnel. En exerçant cet office extraordinaire, il assure la garantie des normes du futur ordre constitutionnel ainsi que la garantie des institutions du futur ordre constitutionnel.

La garantie des normes du futur ordre constitutionnel permet au juge constitutionnel d'agir sur le présent et le futur normatif de la transition. Devenu bâtisseur, il participe à fondation du futur ordre constitutionnel au moyen du contrôle de conformité des textes organiques des futures institutions. Il ne manque pas parfois, ainsi que cela a été observé en République sud-africaine, à officier en qualité de juge de la supra-constitutionnalité et à sanctionner l'inobservation des 34 principes constitutionnels.

La garantie des institutions du futur ordre constitutionnel

Le juge constitutionnel, dans ses multiples rôles, participe au contrôle de la lustration c'est-à-dire de l'exclusion des anciens responsables politiques ou des gestionnaires de la transition des postes de responsabilité. Il apprécie la validité et la portée des lois et des décisions de lustration (décision n° 2015-021/CC/EL du 24 août 2015 du Conseil constitutionnel du Burkina Faso).

Conclusion

L'office du juge constitutionnel en période de crise est d'autant plus malaisé qu'il se trouve confronté à la fébrilité du contexte et à la mutabilité de la norme. Juge multifonction, il doit assurément être guidé par les sages préceptes de Aristote, c'est-à-dire, il doit faire preuve de prudence, sous peine de se voir reprocher son excès de pouvoir.

Très chers collègues, Je vous remercie de la possibilité que vous m'avez offerte de partager avec vous, malgré mon absence, ces quelques réflexions.

Delphine Edith ADOUKI EMMANUEL

Maître de conférences Agrégée, Université Marien Ngouabli de Brazzaville (Congo)

Hilaire AKEREKORO

L'EFFECTIVITÉ DU CONTRÔLE JURIDICTIONNEL DES POUVOIRS LOCAUX EN AFRIQUE : ESSAI D'ANALYSE COMPARÉE

Résumé

En Afrique en général, en Afrique francophone en particulier, il existe une effectivité du contrôle juridictionnel des pouvoirs locaux. Cette effectivité se traduit par le double travail de contrôle de ces pouvoirs par les juridictions constitutionnelles et celles administratives. Dans l'ensemble, les pouvoirs locaux qui sont le plus visés par ces actions juridictionnelles de contrôle sont constituées des collectivités territoriales décentralisées. Cependant, de nombreux handicaps existent et bloquent, en partie cette effectivité du contrôle, de sorte qu'elle est réduite dans le sens de l'hypo renforcement de l'État de droit local.

Mots clés de l'étude : Effectivité, contrôle, juridictionnel, pouvoirs locaux, Afrique et analyse comparée.

Abstract

In Africa in general, in French-speaking Africa in particular, there is effective judicial control of local authorities. This effectiveness is reflected in the dual work of controlling these powers by the constitutional and administrative courts. Overall, the local authorities that are most affected by these jurisdictional control actions are made up of decentralized local authorities. However, many handicaps exist and partially block this effectiveness of control, so that it is reduced in the sense of hypo strengthening the local rule of law.

Key Words

Effectiveness, control, jurisdictional, local authorities, Africa and comparative analysis.

Introduction

Dans les États contemporains, le pouvoir peut être appréhendé sous plusieurs aspects dont celui des pouvoirs locaux. Ces derniers disposent d'organes de décision, de commandement et de sanction[1] et sont institués à des échelons moindres par rapport au pouvoir central[2], lequel conserve, sauf exception, le monopole de l'exercice des fonctions régaliennes de l'État : les finances (par la double souveraineté monétaire et budgétaire, notamment le pouvoir de battre monnaie), la diplomatie ou les relations extérieures (sous réserve de l'exercice par les Organisations Internationales de relations extérieures), la sécurité et la défense, la justice, etc.

D'une manière générale, les Constitutions des États contemporains ne comportent pas de définitions des pouvoirs locaux. De façon laconique, la Constitution de la République tunisienne promulguée au Palais de Bardo le 27 janvier 2014 énonce :

> « Le pouvoir local est fondé sur la décentralisation. La décentralisation est concrétisée par des collectivités locales comprenant des communes, des régions et des districts. Chacune de ces catégories couvre l'ensemble du territoire de la République conformément à un découpage déterminé par la loi. Des catégories particulières de collectivités locales peuvent être créées par loi »[3].

---

[1] Chambre Administrative de la Cour Suprême du Bénin, Arrêt n° 28/CA du 14 mars 2012, *Prosper S. HOUETO, Aristide Y. HOUETO c/ Maire de la Commune de Porto-Novo*, *in* AKEREKORO (H.), *Les grands arrêts de la jurisprudence administrative béninoise*, Abomey-Calavi, Les Editions de la Miséricorde, 2018, p. 660. - Conseil d'Etat de la République du Sénégal, Arrêt n° 0006 du 27 janvier 2000, *Le Maire de la Commune de Dangana c/ Etat du Sénégal*. - Chambre Administrative de la Cour Suprême de la République du Sénégal, Arrêt n° 25 du 26 avril 2012, *Hamady Dieng c/ Conseil municipal de Kanel*. - Cour Suprême de la République du Sénégal, Arrêt n° 12 du 28 février 2013, *YX & BA c/ Maire de la ville de Dakar*. - Chambre Administrative de la Cour Suprême de la République du Sénégal, Arrêt n° 43 du 10 juillet 2014, *Mbaye Jacques DIOP c/ Le Maire de la Commune de Rufisque et Etat du Sénégal*.

[2] ASSOUMOU NDONG (F.), *Les pouvoirs régionaux et locaux en question : l'Etat centralisateur et le rôle des pouvoirs locaux traditionnels dans les dynamiques de pouvoir en Afrique. Le cas du Gabon*, Programme de conjoint de doctorat (Ph.D) en développement régional de l'Université du Québec à Rimouski et de l'Université du Québec à Chicoutimi, 2001, 33 p.

[3] Art. 131 de la la Constitution de la République tunisienne promulguée au Palais de Bardo le 27 janvier 2014.

De même, la Charte européenne de l'autonomie locale adoptée à Strasbourg (France) le 15 octobre 1985 ne définit pas le pouvoir local. Quant à la Charte africaine des valeurs et des principes de la décentralisation, de la gouvernance locale et du développement local, adoptée le 27 juin 2014, à la vingt-troisième session ordinaire de la Conférence des Chefs d'État et de Gouvernement de l'Union Africaine (UA) tenue à Malabo (Guinée Équatoriale), elle se contente de définir le responsable public local comme « *un représentant d'un gouvernement local ou d'une autorité locale, élu au niveau local* »[4]. Une telle définition n'est qu'un maillon de ce que recouvre la notion de pouvoirs locaux.

Pour notre part, nous pensons que par pouvoirs locaux, il faut entendre des institutions qui se situent sur le territoire de l'État, mais qui en même temps disposent de leurs territorialités propres, d'une autonomie administrative et financière et qui sont juridiquement habilitées à exercer des compétences bien définies pour le bonheur de communautés de personnes ou de groupements humains déterminés. Une telle définition s'inscrit dans l'un des deux courants de pensée qui ont tenté d'expliquer l'origine du pouvoir local en tant que « *pouvoir localisé* »[5]. En effet, comme le souligne un auteur, deux courants s'affrontent à ce sujet : celui sociologique et celui positiviste. Le premier met l'accent sur le fait que le pouvoir local « *trouve ses racines dans la population de la collectivité* »[6], alors que le second s'attèle à soutenir que ce pouvoir « *est un pouvoir exprimé localement, c'est-à-dire à travers un prisme territorial* »[7]. De ce point de vue et s'alignant sur la logique du second courant, il n'est pas possible de séparer le pouvoir local de l'espace territorial ou d'un territoire. Bien plus, le pouvoir local relève d'une construction théorique et juridique. En tant que construction théorique, il est construit par l'État et vu sous l'angle juridique, il fait l'objet d'une

---

[4] Art. 1er de la Charte africaine des valeurs et des principes de la décentralisation, de la gouvernance locale et du développement local, adoptée le 27 juin 2014, à la vingt-troisième session ordinaire de la Conférence des Chefs d'Etat et de Gouvernement de l'Union Africaine (UA) tenue à Malabo (Guinée Equatoriale).

[5] PROTIERE (G.), « Le pouvoir local, expression de la puissance de l'Etat ? », *in Le pouvoir local*, Lyon, décembre 2008, sur https://hal.archives-ouvertes.fr/hal-00590636, consulté le 1er mars 2021.

[6] *Id.*, « Le pouvoir local, expression de la puissance de l'Etat ? », *ibid.*, consulté le 1er mars 2021.

[7] *Ibidem.*

constitutionnalisation comme d'une juridictionnalisation/judiciarisation tant en Afrique que dans les droits étrangers.

Cependant, à l'exception notable de la Constitution tunisienne sus citée, ce n'est pas tant le pouvoir local lui-même qui est constitutionnalisé, mais plutôt ses composantes. Celles-ci varient d'un État à un autre. Dans certains États, les pouvoirs locaux comprennent uniquement les collectivités territoriales décentralisées[8]. C'est le cas des régions et des communes au Cameroun ; des départements et des communes au Sénégal, etc. Dans d'autres États, la Constitution a ajouté à ces collectivités[9] des entités juridiques comme les chefferies traditionnelles à l'instar du Bénin[10] et du Niger dont la Constitution du 25 novembre 2010 modifiée proclame avec netteté :

> « L'État reconnaît la chefferie traditionnelle comme dépositaire de l'autorité coutumière. A ce titre, elle participe à l'administration du territoire de la République dans les conditions déterminées par la loi. La chefferie traditionnelle est tenue à une stricte obligation de neutralité et de réserve. Elle est protégée contre tout abus de pouvoir tendant à la détourner du rôle que lui confère la loi »[11].

Si le Bénin et le Niger ont retenu la qualification juridique de chefferies traditionnelles, tel n'est pas le cas ailleurs en Afrique, les qualifications juridiques étant différentes pour désigner la même réalité

---

[8] Art. 55 à 62 de la Constitution de la République du Cameroun du 02 juin 1972 modifiée. - Art. 164 de la Constitution de la République du Niger du 25 novembre 2010 modifiée : « *L'administration territoriale repose sur les principes de la décentralisation et de la déconcentration. Les collectivités territoriales sont créées par une loi organique. Elles s'administrent librement par des conseils élus* ». - Art. 102 de la Constitution de la République du Sénégal du 22 janvier 2001 révisée : « *Les collectivités territoriales constituent le cadre institutionnel de la participation des citoyens à la gestion des affaires publiques ...* ».

[9] Au Bénin, les collectivités territoriales décentralisées ne comprennent que la commune de sorte qu'il n'existe qu'une échelle, un pallier ou un échelon de décentralisation administrative ; en République du Congo (Brazzaville), elles sont composées du département et de la commune comme au Sénégal ; au Tchad, il s'agit des provinces et des communes, etc. Il est à observer qu'il y a un invariant dans la liste de ces collectivités, à savoir la commune.

[10] Art. 151-1 de la Constitution de la République du Bénin du 11 décembre 1990 révisée par la Loi n° 2019-40 du 07 novembre 2019 : « *L'Etat reconnaît la chefferie traditionnelle gardienne des us et coutumes dans les conditions fixées par la loi* ».

[11] Art. 167 de la Constitution de la République du Niger modifiée précitée.

juridique. Il en est ainsi en République Démocratique du Congo (RDC) où la Constitution retient la notion d'autorité coutumière et dispose :

> « L'autorité coutumière est reconnue. Elle est dévolue conformément à la coutume locale, pour autant que celle-ci ne soit pas contraire à la Constitution, à la loi, à l'ordre public et aux bonnes mœurs. Tout chef coutumier désireux d'exercer un mandat public électif doit se soumettre à l'élection, sauf application des dispositions de l'article 197 alinéa 3 de la présente Constitution. L'autorité coutumière a le devoir de promouvoir l'unité et la cohésion nationales. Une loi fixe le statut des chefs coutumiers »[12].

Au Tchad, la Constitution associe les deux qualificatifs de traditionnel et de coutumier pour retenir l'expression d'autorités traditionnelles et coutumières, garantes des us et coutumes et chargées de participer à leur valorisation, à la promotion des idéaux de paix, de développement et de cohésion sociale, au règlement non juridictionnel des différends dans leur ressort territorial et elles sont habilitées à concourir à l'encadrement des populations et à appuyer l'action des collectivités autonomes[13].

Les collectivités territoriales décentralisées, entendues comme « *des entités décentralisées qui s'administrent librement par des conseils élus* »[14] et qui « *sont dotées de la personnalité juridique et de l'autonomie financière* »[15], se caractérisent par deux invariants : l'autonomie administrative ou la libre administration et la capacité de gestion financière des affaires locales[16], tandis que les chefferies traditionnelles désignent des institutions situées sur le territoire de l'État et dont les membres sont placés sous l'autorité d'un chef traditionnel dont la légitimité n'est pas contestée. Ces chefferies traditionnelles ne sont pas à confondre avec l'existence de royaumes à l'intérieur de certains États,

---

[12] Art. 207 de la Constitution de la République Démocratique du Congo (RDC) du 18 février 2006 modifiée par la Loi n° 11/002 du 20 janvier 2011.

[13] Art. 217 à 219 combinés de la Constitution de la République du Tchad du 04 mai 2018, modifiée par la loi constitutionnelle n° 017/PR/2020 du 14 décembre 2020.

[14] Art. premier de la Directive n° 01/2011/CM/UEMOA du 24 juin 2011 portant régime financier des collectivités territoriales au sein de l'Union Economique et Monétaire Ouest Africaine (UEMOA).

[15] Art. premier de la directive du 24 juin 2011 portant régime financier des collectivités territoriales au sein de l'UEMOA précitée. - Art. 24 al. 2 de la Loi n° 2021-14 du 20 décembre 2021 portant Code de l'administration territoriale en République du Bénin.

[16] AKEREKORO (H.), *Droit et finance des collectivités territoriales décentralisées*, Abomey-Calavi, Les Editions de la Miséricorde, 2020, p. 63.

indépendamment des États qui constituent en eux-mêmes des royaumes (des monarchies constitutionnelles) comme l'Eswatini, le Lesotho et le Maroc en Afrique ou encore, la Belgique, la Grande-Bretagne, les Pays-Bas et la Suède en Europe. Dans ce sens, il n'y a pas de confusion possible à faire entre une chefferie traditionnelle et un royaume ou encore entre un chef traditionnel et un roi. En Afrique et comme l'ont montré des études, les chefferies traditionnelles se rencontrent aussi bien en Afrique francophone[17] comme par exemple, au Bénin[18], au Cameroun[19], en Côte d'Ivoire[20], au Niger[21] et en RDC[22] qu'en Afrique anglophone à l'instar des cas du Botswana, du Ghana et du Nigéria[23].

En dehors de ces deux composantes des pouvoirs locaux ci-dessus cités, d'autres États encore y joignent les peuples autochtones dont les droits originaires à la terre et à la culture relèvent de traditions séculaires comme c'est le cas en Afrique centrale, en Amérique latine[24] et en

---

[17] PERROT (Cl.-H.), « Les autorités traditionnelles et l'État moderne en Afrique subsaharienne au début du XXIème siècle », sur https://doi.org/10.4000/cea.179, consulté le 18 mars 2021.

[18] de SOUZA (W.), *La place des élites religieuses et traditionnelles au Bénin : l'impact de leurs relations avec les élites politiques sur le maintien de l'État démocratique,* Thèse de Science politique, Université de Bordeaux, 2014, 564 p.

[19] NELEM (Ch. B.), « Le pouvoir traditionnel en contexte pluraliste au Cameroun : la déconstruction des liens familiaux entre « frères » Bamoun à partir des clivages politiques », sur http://journals.openedition.org/sociologies/8023, consulté le 18 mars 2021.

[20] PERROT (Cl.-H.), « Les chefs traditionnels : le cas du Sud-Est de la Côte d'Ivoire », *Afrique contemporaine*, n° 217, 2006/1, p. 173 à 184.

[21] ALOU (M. T.), « La chefferie et ses transformations : de la chefferie coloniale à la chefferie postcoloniale », *in* OLIVIER DE SARDAN (J.-P.), ALOU (M. T.) (dir.), *Les pouvoirs locaux au Niger. Tome 1 : A la veille de la décentralisation,* Paris, Karthala, 2009, p. 37 à 62.

[22] TUNGA-BAU (H. M.), *Pouvoir traditionnel et pouvoir d'Etat en République Démocratique du Congo. Esquisse d'une théorie d'hybridation des pouvoirs politiques*, Kinshasa, Imprimerie MEDIASPAUL, 2010, 240 p.

[23] VAUGHN (O.), « Les chefs traditionnels face au pouvoir politique », sur www.politique-africaine.com « numeros » pdf, consulté le 18 mars 2021. - Division de l'Information, de la Documentation et des Recherches de l'OFPRA, *Les chefferies traditionnelles au Nigeria*, 6 février 2015, 19 p.

[24] RIVIERE d'ARC (H.) et WOLF DE ALBUQUERQUE (L.), « Pouvoir local et participation. Nouvelles pratiques de la démocratie ? », *in* REVEL-MOUROZ (J.), *Pouvoir local, régionalismes, décentralisation. Enjeux territoriaux et territorialité en Amérique latine*, Paris, CREDAL, Éditions de l'IHEAL, 1989, p. 255 à 262.

Océanie. Sur le plan européen, il existe un Congrès des pouvoirs locaux et régionaux du Conseil de l'Europe, lequel constitue une assemblée politique composée de six cent quarante-huit élus (conseillers régionaux ou municipaux, maires ou présidents de région) représentant plus de deux cent mille collectivités de quarante-sept États européens.

La constitutionnalisation des composantes des pouvoirs locaux n'est pas anodine. Elle a sans doute une incidence sur leur contrôle juridictionnel dont il convient de préciser d'emblée le sens et la portée. Ce contrôle juridictionnel, c'est-à-dire, la soumission des pouvoirs locaux et celle de l'exercice de leurs compétences, à la règle de droit et à l'activité des juridictions[25], vise à assurer le respect de la légalité entendue *lato sensu* et donc élargie à la Constitution, norme suprême de l'ordre juridique. Le contrôle, étant saisi sous l'angle juridictionnel, le chercheur en science juridique ne peut s'empêcher de relever l'angle jurisprudentiel, lequel permet le mieux d'apprécier l'effectivité du contrôle étudié, puisque d'une part, une simple analyse sociologique se serait penchée, entre autres, sur les acteurs de la décentralisation et du développement local[26], d'autre part, une réflexion de science politique ne saurait poursuivre le même intérêt scientifique[27]. Le choix de l'angle juridictionnel exclut les aspects non juridictionnels, sauf le recours aux contributions doctrinales pour apprécier leur apport à cet angle

---

[25] DOUENCE (M.) et AZAVANT (M.), *Institutions juridictionnelles*, Paris, Dalloz, 2ème édition, 2014, p. 105 et 273.

[26] OLIVIER DE SARDAN (J.-P.), « Des pouvoirs locaux dans l'attente de la décentralisation au Niger », *in* FAY (Cl.), KONE (Y. F.), QUIMINAL (C.), *Décentralisation et pouvoirs en Afrique. En contrepoint, modèles territoriaux français*, Paris, IRD Editions, 2006, p. 407 à 426. - OLIVIER DE SARDAN (J.-P.), ALOU (M. T.) (dir.), *Les pouvoirs locaux au Niger. Tome 1 : A la veille de la décentralisation, op. cit.*, 392 p. - SIBERTIN-BLANC (M.) et *alii*, « Pouvoirs locaux en Europe et à l'international. Construire la relation transfrontalière et interrégionale par la culture ou pour la culture ? », *L'Observatoire*, 2011/3 (Hors-série 4), p. 33 à 35. - OLIVIER DE SARDAN (J.-P.), *Les pouvoirs locaux au Niger. Tome 2 : Élections au village - Une ethnographie de la culture électorale au Niger*, Paris, Karthala, 2015, 340 p. - MOHAMADOU (A.), « État, pouvoirs locaux et insécurités au Sahel. L'intégration différenciée des communautés locales dans la construction de l'État-nation au Niger et au Mali », *Afrique contemporaine*, n° 265, 2018/1, p. 77 à 97.

[27] DANDA (M.), *Politique de décentralisation, développement régional et identités locales au Niger : le cas du Damagaram*, Thèse de doctorat de science politique, Université Montesquieu - Bordeaux IV, Institut d'études politiques de Bordeaux, 2004, 420 p.

juridictionnel s'il en existe[28]. Les difficultés d'une telle démarche scientifique sont évidentes. Elles ont, par exemple, trait, à la sécheresse jurisprudentielle qui peut être observée dans certains États africains. A l'heure de la dématérialisation des procédures administratives et de la croissance de la numérisation du droit et de la justice, certaines décisions citées dans cette étude proviennent de sources numériques[29].

Si la constitutionnalisation des pouvoirs locaux leur confère une valeur supérieure dans l'État, leur contrôle juridictionnel permet d'asseoir en leur sein le règne et la primauté du droit afin que leurs actions soient édictées et mises en œuvre selon les règles juridiques pertinentes établies. La portée du contrôle est donc de vérifier si les pouvoirs locaux respectent des principes juridiques comme ceux de constitutionnalité, de légalité[30] et de la hiérarchie des normes, voire de la transparence administrative et de la qualité du droit, l'étude de la jurisprudence permettant de faire ressortir les principes auxquels les juges font recours dans leur office[31]. Il apparaît ainsi une relation étroite entre le pouvoir

---

[28] FALL (I. M.), « Le contrôle de légalité des actes des collectivités locales au Sénégal », sur Revue électronique Afrilex, www.afrilex.u-bordeaux4.fr, consulté le 16 janvier 2021. - BARELLA (X.), « Le contrôle de légalité des actes des collectivités territoriales : entre nécessité et controverses », *in* REGOURD (S.), CARLES (J.), GUIGNARD (D.), *La décentralisation 30 ans après*, Toulouse, Presses de l'Université Toulouse 1 Capitole, 2013, p. 107 à 118.

[29] http://www.juricaf.org, consulté le 02 mars 2021.

[30] FAVOREU (L.), « Légalité et constitutionnalité », *in Cahiers du Conseil constitutionnel*, n° 3 - novembre 1997.

[31] Chambre Administrative de la Cour Suprême de Côte d'Ivoire, Arrêt n° 37 du 21 mars 2012, *C Tio c/ KKA* : « Considérant *qu'il est de principe que la chose jugée doit être tenue pour la vérité ; que ce qui a été jugé ne peut l'être de nouveau ; que ce qui a été jugé ne peut être contredit ; que ce qui a été jugé doit être exécuté ; que l'autorité de chose jugée est opposable aux juges comme aux personnes publiques et privées* ». Sur l'office du juge en droit comparé, cf. notamment : FRISON ROCHE (M.-A.), « Les offices du juge », *in Leges Tulit, Jura Docut, Ecrits en l'honneur de Jean Foyer*, Paris, Puf, 1997, p. 460 à 476. - PIASECKI (J.), *L'office du juge administratif des référés : entre mutations et continuité jurisprudentielle*, Thèse pour le doctorat en droit public, Université du Sud Toulon Var, 2008, 542 p. - STIRN (B.), « L'évolution de l'office du juge, regards sur la dernière décennie », sur http://www.conseil-etat.fr/actualités/Discours-Interventions/Levolution-de-l-office-du-juge-regards-sur-la-derniere-decennie, consulté le 08 mars 2021. - STRICKER (Y.), « L'office du juge et les principes », sur http://www.hal.archives-ouvertes.fr, consulté le 02 mars 2021. - DONNAT (F.), et CASAS (D.), « L'office du juge administratif dans la jurisprudence récente du Conseil d'Etat », sur http://www.lexisnexis.fr/droit/ document/article/droit-adm./, consulté le 02 mars 2021. - DARCY (G.), « Regard elliptique sur l'office du juge

local et le droit, celui-ci devant régir et garantir, par des règles juridiques, le respect de celui-là.

Avant d'être mis en œuvre, le contrôle juridictionnel des pouvoirs locaux doit être prévu. Et s'il l'est, il faut s'intéresser à son effectivité, c'est-à-dire, à sa capacité à produire l'effet voulu par le droit. L'objectif de l'effectivité de la règle de droit est de constater la réalité de sa mise en œuvre[32]. Autrement dit, il s'agit de mettre en lumière la véracité entre le droit applicable et l'application du droit, la concordance entre le droit posé, prévu ou reçu et le droit appliqué ou mis en pratique.

Toutefois, la bonne appréhension de l'effectivité du contrôle juridictionnel des pouvoirs locaux commande de lever les inquiétudes relativement au champ matériel de l'étude : d'un côté, l'analyse qui est privilégiée est celle des pouvoirs locaux constitués des collectivités territoriales décentralisées et des chefferies traditionnelles et ce, depuis le renouveau du droit administratif à partir des années 1990 en Afrique, en exclusion de tout autre pouvoir local dont l'étude alourdirait l'analyse et rendrait le présent travail sans utilité ; de l'autre, le contrôle juridictionnel qui est étudié inclut les contrôles des juridictions constitutionnelles et administratives sur les pouvoirs locaux, mais exclut le contrôle des juridictions financières sur les collectivités territoriales décentralisées, lequel est suffisamment traité tant dans les textes juridiques[33] que dans la doctrine juridique[34] et qui peut faire l'objet d'une étude juridique à part

---

», *in Confluences, Mélanges en l'honneur de Jacqueline MORAND-DEVILLER*, Paris, Montchrestien, 2007, p. 277 à 287. - HACHEM (B.), *L'office du juge des référés en droit de l'urbanisme*, Paris, LGDJ, 2014, 460 p. - LECLERC (C.), *Le renouvellement de l'office du juge administratif français*, Paris, Logiques juridiques, 2015, 944 p. - CHAINAIS (C.), SALETTI (A.), HESS (B.), *L'office du juge*, Bruxelles, Bruylant, 2018, 430 p.

[32] LEROY (Y.), « La notion d'effectivité du droit », *Droit et Société*, n° 2, 1986, p. 715 à 732.

[33] Art. 134-6 de la Constitution de la République du Bénin du 11 décembre 1990 révisée précitée : « *Les Cours régionales des comptes contrôlent les finances des collectivités territoriales* ». - Art. 175 de la directive du 24 juin 2011 portant régime financier des collectivités territoriales au sein de l'UEMOA précitée : « *Le contrôle juridictionnel des comptes des collectivités territoriales est exercé par la juridiction financière selon les règles de compétence et de procédure propres à chaque pays* ».

[34] MEDE (N.), *Finances publiques. Espace UEMOA/UMOA*, Dakar, L'Harmattan-Sénégal, 2016, p. 388 à 389. - AKEREKORO (H.), *Droit et finance des collectivités territoriales décentralisées, op. cit.*, p. 260. V. en droit comparé : DOUENCE (M.) et AZAVANT (M.), *Institutions juridictionnelles, op. cit.*, p. 273.

entière. Il s'agit aussi de dépasser le schéma d'une étude monographique et d'essayer une analyse comparée et ce, sur le champ africain. Aussi, une incursion dans le droit comparé d'ailleurs[35] est-elle possible tant les enjeux du contrôle visé sont nombreux et ses perspectives intéressantes pour l'avenir même de ces pouvoirs et de leur capacité à s'affirmer comme des entités autonomes face à l'État, aux Autorités Administratives Indépendantes (AAI), aux Agences et aux Organisations de la Société Civile (OSC). C'est pourquoi, l'interrogation suivante va servir de fil conducteur à l'analyse : est-il possible de considérer que l'effectivité du contrôle juridictionnel des pouvoirs locaux en Afrique est complète et renforce-t-elle l'État de droit local ? A l'évidence, rien n'est sûr. En bonne logique juridique, il faut étudier les jurisprudences constitutionnelle et administrative en Afrique comme celles de droit comparé pour apprécier le degré d'effectivité du contrôle juridictionnel envisagé. A la faveur d'un tel effort intellectuel, il peut être établi l'existence d'une effectivité incomplète (**I**), mais le désespoir d'un État de droit local hypo renforcé (**II**).

I. Une effectivité incomplète

L'étude du droit dit en Afrique[36] comme en droit comparé permet de dégager quelques tendances de l'effectivité du contrôle juridictionnel des pouvoirs locaux. Pour prendre la mesure de cette effectivité, il est nécessaire de s'intéresser à la fois aux décisions et arrêts rendus par les juridictions constitutionnelles comme aux jugements et arrêts de celles administratives. De cette lecture, il se dégage un double constat d'incomplétude qui affecte tant le contrôle de constitutionnalité qu'opère le juge constitutionnel (A) que celui de légalité et d'engagement de la responsabilité administrative qui revient au juge administratif (B).

---

[35] République française, *Note sur le contrôle de la légalité des actes des collectivités territoriales (Allemagne-Espagne-Italie-Pays-Bas-Portugal-Royaume-Uni (Écosse et Angleterre)*, Rapport disponible sur http://www.senat.fr/notice-rapport/2011/r11-300-notice.html, consulté le 16 mars 2021.

[36] *Droit Sénégalais*, n° 11-*Dire le droit en Afrique francophone*, 2013, 318 p.

A. L'INCOMPLÉTUDE DU CONTRÔLE DU JUGE CONSTITUTIONNEL

Institué pour garantir la suprématie de la Constitution sur les normes qui lui sont inférieures, le contrôle de constitutionnalité présente l'avantage de prévenir les dangers de la souveraineté légale et de purifier l'ordre constitutionnel des textes liberticides. Relativement aux pouvoirs locaux, leur contrôle de constitutionnalité a pour vocation, non seulement, de les soumettre au respect de la Constitution, mais aussi d'ouvrir les arcanes de la justice constitutionnelle à leurs représentants et aux recours des citoyens contre leurs actes.

D'une part, dans les États où l'accès aux juridictions constitutionnelles est ouvert aux représentants des pouvoirs locaux, la saisine de ces juridictions par ces représentants montre leur attachement à la démocratie constitutionnelle et souligne, par là-même, les rapports très étroits entre le droit, le pouvoir local et la politique. Cependant, les mêmes tendances ne sont pas observables partout et il existe de fortes différences s'agissant du contrôle de constitutionnalité effectué sur la base des requêtes des représentants des pouvoirs locaux. Par exemple, au Cameroun, la Constitution énonce : « *Les Présidents des exécutifs régionaux peuvent saisir le Conseil constitutionnel lorsque les intérêts de leur région sont en cause* »[37]. Pour le démontrer, un cas, qui concerne le Bénin, est choisi.

En effet, au Bénin, l'une des tendances marquantes de l'effectivité du contrôle juridictionnel des pouvoirs locaux et des actions exercées par leurs représentants a trait au contrôle de la constitutionnalité des lois. Ainsi, dans sa Décision DCC 13-045 du 18 avril 2013, la Cour Constitutionnelle déclare irrecevable[38] la requête de Monsieur Salami Saliou OSSENI, Maire de la Commune de Kétou, dirigée contre la délibération de l'Assemblée Nationale sur les unités administratives et locales dans la Commune de Kétou. Cette irrecevabilité tient au fait qu'il s'agit d'une requête introduite dans le cadre d'un contrôle *a priori* où seuls le Président de la République et tout membre de l'Assemblée Nationale ont qualité pour saisir la Cour Constitutionnelle du Bénin. L'incomplétude d'un tel contrôle de constitutionnalité est le caractère

---

[37] Art. 47 (2) al. 2 de la Constitution de la République du Cameroun précitée.

[38] Cour Constitutionnelle du Bénin, Décision DCC 13-045 du 18 avril 2013, *Affaire Monsieur Salami Saliou OSSENI, Maire de la Commune de Kétou*, inédit.

fermé de la saisine de la Haute juridiction constitutionnelle en cas de contrôle de constitutionnalité *a priori* des lois.

Sans relever des cas de saisine directe de la juridiction constitutionnelle par les représentants des pouvoirs locaux, certains États ont fait le choix d'ouvrir le prétoire de cette juridiction au Président du Haut Conseil des Collectivités Territoriales ou Locales. Il en est ainsi au Mali où la Constitution de 1992 prévoit :

> « Les lois organiques sont soumises par le Premier Ministre à la Cour Constitutionnelle avant leur promulgation. Les autres catégories de lois, avant leur promulgation, peuvent être déférées à la Cour Constitutionnelle soit par le Président de l'Assemblée Nationale ou un dixième des députés, soit par le Président du Haut Conseil des Collectivités ou un dixième des Conseillers Nationaux, soit par le Président de la Cour Suprême »[39].

En vertu de cette disposition, la Cour Constitutionnelle du Mali peut être saisie par le Président du Haut Conseil des Collectivités[40] dans le cadre du contrôle de constitutionnalité *a priori* des lois ordinaires, notamment celles qui concernent les collectivités territoriales décentralisées. Il s'agit là d'un aspect positif de l'évolution du droit dans les sociétés politiques africaines, les mêmes tendances n'étant pas observables partout, à l'instar du Conseil consultatif des sages et des notabilités traditionnelles créé en République du Congo (Brazzaville)[41] mais dont la Constitution ne reconnaît pas à son Président le droit de saisir la Cour Constitutionnelle du Congo.

D'autre part, les citoyens ordinaires sont aussi habilités à saisir les juridictions constitutionnelles contre les actes des pouvoirs locaux ; ce qui est la preuve que la justice constitutionnelle est effectivement une justice du citoyen. Toutefois, le prétoire de ces juridictions n'est pas ouvert aux citoyens dans tous les États pour leur permettre de discuter et de contester, au contentieux constitutionnel, la constitutionnalité des actes des pouvoirs locaux, notamment ceux qui émanent des collectivités territoriales décentralisées. Ici aussi, l'exemple du Bénin doit être

---

[39] Art. 88 de la Constitution du Mali de 1992.

[40] Cour Constitutionnelle du Mali, Affaire n° 2015-03/CCM, *Saisine du Président du Haut Conseil des Collectivités du Mali*.

[41] Art. 230 de la Constitution de la République du Congo (Brazzaville) du 25 octobre 2015.

convoqué à l'analyse en raison de la dynamique de sa justice constitutionnelle.

Sous ce rapport, sur saisine de Monsieur Basile Dadjo T. ATENOUKON, la Cour Constitutionnelle du Bénin a pu juger que le maire de la commune de Covè a violé la Constitution[42] en méconnaissance de l'article 22 de la Constitution béninoise du 11 décembre 1990, révisée par la Loi n° 2019-40 du 07 novembre 2019 qui dispose :

> « Toute personne a droit à la propriété. Nul ne peut être privé de sa propriété que pour cause d'utilité publique et contre juste et préalable dédommagement ».

En outre, cette Haute juridiction s'est déclarée incompétente pour connaître d'une requête de Monsieur Isidore OKPEICHA contre l'Institut Géographique National (IGN) et la Mairie de Cotonou pour « *menaces* » et « *pour vol de parcelle* » au motif que « *la requête de Monsieur Isidore OKPEICHA tend, en réalité, à solliciter l'intervention de la haute juridiction dans un litige domanial qui l'oppose à Monsieur Placide Adéhou OKRY* »[43]. Ici encore, il apparaît l'incomplétude du contrôle de constitutionnalité opéré par la Cour Constitutionnelle qui voit porter devant elle une affaire domaniale impliquant des personnes privées entre elles, alors que l'existence d'un système de filtre aurait pu permettre d'éviter ce travers.

Par ailleurs, pour voir les juridictions constitutionnelles contrôler les actes des pouvoirs locaux, les justiciables peuvent passer par la procédure de l'exception d'inconstitutionnalité qui, elle, est plus ou moins retenue par de nombreux États en Afrique[44], contrairement à la voie d'action directe qui n'est consacrée que dans une minorité d'États, notamment au

---

[42] Cour Constitutionnelle du Bénin, Décision DCC 16-066 du 26 mai 2016, *Affaire Monsieur Basile Dadjo T. ATENOUKON contre la mairie de Covè*, inédit.

[43] Cour Constitutionnelle du Bénin, Décision DCC 17-261 du 12 décembre 2017, *Affaire Isidore OKPEICHA contre l'Institut Géographique National (IGN) et la Mairie de Cotonou*, inédit.

[44] Art. 162 de la Constitution de la RDC modifiée précitée. - Art. 122 de la Constitution de la République du Bénin révisée précitée. - Art. 86 nouveau de la Constitution de la République gabonaise du 26 mars 1991 révisée. - Art. 180 de la Constitution de la République du Congo (Brazzaville) précitée.

Bénin, au Gabon et en République du Congo[45]. Pour être recevable par le juge constitutionnel, et sous réserve des énonciations constitutionnelles dans certains États, l'exception doit être dirigée contre une loi et non contre une décision de justice ou une ordonnance du juge ordinaire.

Enfin, en droit béninois du contentieux constitutionnel appliqué aux pouvoirs locaux en général, aux collectivités territoriales décentralisées en particulier, l'utilisation de la voie de droit ou de la technique constitutionnelle de la saisine d'office par la Cour Constitutionnelle du Bénin peut lui permettre de garantir les droits humains fondamentaux et les libertés publiques et de mieux protéger les citoyens locaux. Aux termes de l'article 121 alinéa 2 de la Constitution béninoise précitée :

> « Elle [la Cour Constitutionnelle] se prononce d'office sur la constitutionnalité des lois et tout texte réglementaire censés porter atteinte aux droits fondamentaux de la personne humaine et aux libertés publiques. Elle statue plus généralement sur les violations des droits de la personne humaine et sa décision doit intervenir dans un délai de huit jours ».

Cette saisine d'office, différente de l'autosaisine, est un ferment et un avantage du droit béninois du contentieux constitutionnel, car sa mise en pratique permet à la Haute juridiction constitutionnelle de statuer d'office sur les questions touchant aux droits de l'homme[46], même lorsque les requérants ne les ont pas soulevées et de préciser si sa décision peut leur être favorable ou non. C'est d'ailleurs ce qu'elle a abondamment fait dans le cadre des recours introduits en matière d'expropriation pour cause d'utilité publique, la Cour Constitutionnelle s'étant prononcée d'office sur la protection du droit de (à la) propriété ou encore sur la garantie constitutionnelle du principe d'égalité[47].

De cette analyse, il apparaît l'existence de techniques variées et diversifiées pouvant permettre aux juridictions constitutionnelles de contrôler les pouvoirs locaux. Toutefois, les autorités locales ne maîtrisent pas toujours les rouages de ce contrôle et des recours sont

---

[45] Art. 122 de la Constitution de la République du Bénin révisée précitée. - Art. 85 nouveau al. 2 de la Constitution de la République gabonaise révisée précitée. - Art. 180 de la Constitution de la République du Congo (Brazzaville) précitée.

[46] Cour Constitutionnelle du Bénin, Décision DCC 15-095 du 23 avril 2015, Affaire *Maître Joseph DJOGBENOU, Conseil de Monsieur Gérald SOSSOUHOUNTO.*

[47] Cour Constitutionnelle du Bénin, Décision DCC 15-253 du 02 décembre 2015, Affaire *Monsieur Mohamed A. DEKI.*

déclarés non fondés (mal fondés), irrecevables ou rejetés. Il y a donc un air d'insatisfaction ou un goût d'inachevé dans cette dimension de l'effectivité du contrôle juridictionnel des pouvoirs locaux. De son côté, le contrôle du juge de la légalité des actes desdits pouvoirs et du juge de la responsabilité administrative, qui est aussi incomplet et donc insuffisant, obéit à des logiques différentes. D'où, l'idée de l'insuffisance du contrôle du juge administratif.

B. L'INSUFFISANCE DU CONTRÔLE DU JUGE ADMINISTRATIF

Le contrôle de légalité des actes administratifs en général, des actes des pouvoirs locaux en particulier, tend à apprécier leur conformité à la loi. Son objectif est de soumettre l'exercice du pouvoir réglementaire[48] et l'action des autorités locales au respect de la légalité.

Si comme en droit des finances publiques, le contrôle signifie aussi en droit administratif « *une vérification* » et plus précisément « *une vérification de conformité* » selon l'expression de Charles EISENMANN[49], il va sans dire que le rôle du juge de la légalité est de vérifier si les pouvoirs locaux ne violent pas la loi dans l'édiction de leur réglementation, dans la passation des contrats administratifs, y compris les contrats de la commande publique ou encore dans les aides qu'ils peuvent être amenés à accorder aux entreprises publiques ou privées locales, sans oublier la nécessaire réparation des conséquences dommageables de leur actes, c'est-à-dire, l'engagement de la responsabilité administrative des pouvoirs locaux et des autorités locales.

Dans cet ordre d'idées, il faut souligner que l'activité des juridictions administratives dans les États africains comporte des cas, plus ou moins édifiants du contrôle juridictionnel de légalité des pouvoirs locaux, même si l'effectivité de ce contrôle est incomplet et donc à relativiser. Les cas les plus en vue concernent la matière électorale, la matière foncière et domaniale, la fonction publique locale, l'exercice du pouvoir réglementaire local, l'exercice des pouvoirs de police par les représentants des pouvoirs locaux, ainsi que l'engagement de la responsabilité administrative des collectivités territoriales décentralisées.

---

48 AKEREKORO (H.), « L'encadrement juridique du pouvoir réglementaire de l'Administration en Afrique francophone », *Revue Béninoise des Sciences Juridiques et Administratives (RBSJA)*, n° 32, Année 2014, p. 43 à 98.

49 EISENMANN (Ch.), *Centralisation et décentralisation*, Paris, LGDJ, 1948, p. 167.

Sans prétendre à l'exhaustivité, quelques cas symboliques méritent d'être cités en Afrique francophone subsaharienne. Ils concernent des exemples portant respectivement sur le Sénégal, la Côte d'Ivoire et le Bénin.

Au Sénégal, dans le domaine de l'exercice du pouvoir réglementaire local, la Chambre Administrative de la Cour Suprême est saisie, le 31 janvier 2013, d'une requête par laquelle Monsieur Mbaye Jacques DIOP, sollicite l'annulation de la délibération du Conseil municipal de la ville de Rufisque du 25 mai 2013 attribuant le titre de Maire Honoraire à Monsieur Mamadou Cora FALL. Mais, le requérant est déchu de son action pour n'avoir pas respecté l'une des règles de la procédure administrative contentieuse. En effet, comme le juge la Cour de Céans :

> « Considérant que selon les dispositions de l'article 38 de la loi organique sur la Cour suprême, le demandeur est tenu, à peine de déchéance, de signifier sa requête accompagnée d'une copie de la décision administrative attaquée à la partie adverse, par exploit d'huissier, dans le délai de deux mois suivant la saisine de la Cour ;
> Considérant que le requérant n'ayant pas signifié sa requête au Maire de la ville de Rufisque, partie adverse, dans les délai et forme prévus par la loi, il échet de le déclarer déchu de son recours »[50].

La déchéance ainsi prononcée par le juge administratif sénégalais ne peut faire aboutir la requête introduite par Monsieur Mbaye Jacques DIOP. Il en découle une incomplétude du contrôle de légalité de la délibération du Conseil municipal de la ville de Rufisque, car la Haute juridiction administrative sénégalaise ne peut statuer sur le fond de l'affaire, limitée qu'elle est aux considérations de forme et de délai. Ce son de cloche, mais cette fois-ci du désistement d'instance, avait déjà résonné au Bénin dans une espèce où la Chambre administrative de la Cour Suprême du Bénin a jugé qu'une société requérante est déchue de son action, suite à l'introduction d'un recours de plein contentieux exercé par cette société, pour non-respect de la loi, notamment la consignation légale[51].

En matière domaniale, un arrêté du Maire de la ville de Dakar (Sénégal) ordonnant l'évacuation d'un immeuble en visant des

---

[50] Chambre Administrative de la Cour Suprême du Sénégal, Arrêt n° 43 du 10 juillet 2014, *Mbaye Jacques Diop (Me Ousmane Séye) contre Maire de la commune de Rufisque, État du Sénégal (Agent judiciaire de l'État)*.

[51] Chambre Administrative de la Cour Suprême du Bénin, *Société TMB de Michel BAMENOU TOKO c/ Mairie de Cotonou*, n° 08/CA, 17 février 2005.

dispositions non spécifiées du Code de l'urbanisme a encouru l'annulation, pour défaut d'avoir établi l'existence d'un péril grave et imminent comme le prévoit la loi[52]. Par contre, la Haute juridiction administrative sénégalaise a favorablement reçu la requête de Monsieur *Hamidou DIENG contre le Maire de Kanel* et a procédé à l'annulation de la Décision n° 073/MA/CKL/2011 du 21 juillet 2011 du Maire de Kanel, déclarant Hamidou DIENG démissionnaire[53]. Pour parvenir à cette décision d'annulation, la Chambre Administrative de la Cour Suprême du Sénégal a décelé et sanctionné une fraude dans les allégations et les pièces produites par le Maire de Kanel. Cet arrêt est la preuve que le pouvoir local peut bien se comporter en dehors du respect de la légalité et c'est logiquement que son acte, qui est contraire à la loi, notamment le Code des collectivités locales, est sanctionné par le juge de la légalité.

De ces cas sénégalais, il ressort que le haut juge administratif statuant au contentieux énonce très peu de principes juridiques applicables au procès administratif ; ce qui n'est pas très exactement le cas en Côte d'Ivoire comme il ressort de l'étude de la jurisprudence administrative ivoirienne concernant le contentieux administratif des actes des pouvoirs locaux.

En effet, en Côte d'Ivoire, alors que la Chambre Administrative de la Cour Suprême est saisie d'un recours en annulation, pour excès de pouvoir, du certificat foncier individuel n° 09/2012/000084 délivré le 12 octobre 2012 par le Préfet de la région de l'Agnéby, Préfet du département d'Agboville, cette haute juridiction considère :

> « S'il est de principe qu'un second recours d'excès de pouvoir contre la même décision, émanant du même requérant, alors que le premier recours d'excès de pouvoir est toujours pendant devant la même juridiction, est irrecevable, celle-ci devient, cependant, recevable si la première est radiée »[54].

Après analyse du recours, elle le déclare mal fondé et le rejette au motif que contrairement aux affirmations du requérant, il ressort des

---

[52] Cour Suprême de la République du Sénégal, Arrêt n° 12 du 28 février 2013 précité.

[53] Chambre Administrative de la Cour Suprême de la République du Sénégal, Arrêt n° 25 du 26 avril 2012 précité.

[54] Chambre Administrative de la Cour Suprême de Côte d'Ivoire, Arrêt n° 52 du 22 mars 2017, *Y Ad AG c/ EZ T et Préfet de la région de l'Agnéby, Préfet du département d'Agboville.*

pièces du dossier, notamment, « *des procès-verbaux d'ouverture et de clôture de publicité* » de l'enquête officielle du 07 octobre 2009, que l'enquête de constat de droits sur la parcelle litigieuse avant la délivrance d'un certificat foncier individuel au défendeur a eu lieu ; que dès lors, le moyen tiré du défaut d'enquête de constat de droits n'est pas fondé[55].

En matière contractuelle, l'office du juge du plein contentieux contractuel permet d'apprécier la validité des contrats administratifs ainsi que le respect des principes contractuels par les pouvoirs locaux et de s'assurer qu'ils font preuve de loyauté dans les relations contractuelles. Le droit comparé français offre un beau cadre d'analyse dans ce sens, en témoignent les arrêts sous Conseil d'État français, *Commune de Béziers I*[56], *II*[57] et *III*[58]. En cas de faute commise dans l'exécution d'un contrat administratif local par un pouvoir local, la responsabilité administrative contractuelle de ce dernier peut bien être engagée. Dans la même veine, les recours dirigés par les tiers contre un contrat administratif local signé par un pouvoir local devant le juge du contrat rentrent logiquement dans l'effectivité du contrôle juridictionnel dudit pouvoir[59].

Tout aussi protecteur et révélateur, en matière de procédure d'urgence de contrôle des pouvoirs locaux est le référé-liberté. En connaissant de ce référé dirigé « *non seulement contre des actes administratifs, mais encore contre des comportements, intentions, ou absences de réaction de l'Administration* »[60], y compris celle locale, les juridictions administratives peuvent aussi contrôler les pouvoirs locaux, notamment les collectivités territoriales décentralisées comme c'est le cas en France[61].

En somme, que ce soit par l'office des juridictions constitutionnelles ou par celui de celles administratives, l'effectivité du contrôle juridictionnel des pouvoirs locaux, notamment des collectivités

---

[55] *Ibidem.*

[56] Conseil d'État français, 28 décembre 2009, *Commune de Béziers.*

[57] Conseil d'État français, 21 mars 2011, *Commune de Béziers.*

[58] Conseil d'État français, 27 février 2015, *Commune de Béziers.*

[59] Conseil d'État français, 4 avril 2014, *Département de Tarn-et-Garonne.*

[60] BONICHOT (J.-Cl.), CASSIA (P.), POUJADE (B.), *Les grands arrêts du contentieux administratif*, Paris, Dalloz, Coll. « *Grands arrêts* », 5ème édition, 2016, p. 341.

[61] Telle est l'hypothèse de l'arrêt sous Conseil d'Etat français, réf., *Cne de Chirongui* du 23 janvier 2013 qui rend opérant le référé même si l'acte ou le comportement litigieux de l'Administration relève d'une voie de fait.

territoriales décentralisées, ne fait pas de doute en Afrique comme ailleurs. En raison de la pandémie du Covid-19 qui a sévi au cours des années 2020, 2021 et 2022 (au XXIème siècle) dans le monde et en Afrique, le déroulement de certaines instances a sans doute subi des modifications, voire des reports d'audience. Avec le recours au numérique qui est accentué à cause de cette pandémie et ce, au titre de ses conséquences positives, certains procès impliquant des pouvoirs locaux auraient pu se dérouler par visioconférence dans le but de limiter des cas de contamination. Toutefois, l'imposition presque généralisée du respect des gestes barrières, notamment le port du masque ou du cache-nez, par les Gouvernements dans divers États, dont les États africains, a aussi, dans certains cas, permis de ne pas arrêter le fonctionnement de l'appareil judiciaire et, partant, de ne pas bloquer celui du service public de la justice. Seulement, l'œuvre accomplie tant grâce au contrôle de constitutionnalité qu'au moyen de celui de légalité est incomplète et cette incomplétude est amplifiée par l'hypo renforcement de l'État de droit local.

II. UN ÉTAT DE DROIT LOCAL HYPO RENFORCE

Si l'État de droit est perçu sur le plan national et oblige tous ceux qui habitent le territoire de l'État, l'État de droit local est plus perceptible à l'échelon des pouvoirs locaux et sa convergence avec l'État de droit réside dans la soumission des gouvernants locaux comme des citoyens locaux à la règle de droit. Dans la droite ligne de l'effectivité du contrôle juridictionnel desdits pouvoirs, l'État de droit local est atténué et hypo renforcé par deux facteurs : les influences du politique (A) et les errements des citoyens (B).

A. LES INFLUENCES DU POLITIQUE

Les influences du politique constituent le premier élément caractéristique de l'hypo renforcement de l'État de droit local. Dans la pratique, elles se traduisent par la politisation de la justice avec pour conséquence l'intervention de décisions de justice plus politiques que juridiques. Ainsi, face à l'arbitraire administratif, les juridictions administratives ne se montrent pas toujours plus protectrices des libertés publiques.

Cette politisation de la justice se manifeste de plusieurs façons. D'un côté, il peut s'agir d'immixtions du politique dans le judiciaire, c'est-à-dire d'intervention des pouvoirs locaux dans le fonctionnement de la justice portant ainsi un coup aux principes cardinaux de la bonne administration de la justice, notamment les principes d'indépendance de la justice et d'impartialité des juges, du droit d'être jugé dans un délai raisonnable, du respect des droits de la défense, du principe du contradictoire et du procès équitable, même si le délai raisonnable peut être considéré comme un élément du procès équitable. Âme du juge, l'impartialité est pour la justice ce qu'est la liberté pour les citoyens ou les partis politiques pour la démocratie : un ingrédient nécessaire. Quant au délai raisonnable, il rime avec la sécurité juridique, le haut juge, constitutionnel ou administratif, devant sanctionner les cas de décisions rendues par des juridictions étatiques inférieures dans des délais anormalement long, en l'occurrence, lorsqu'il s'agit de protéger les droits et libertés fondamentaux ou ceux que la Constitution garantit. Le procès équitable a pour vocation l'évitement de procès iniques et l'occurrence des erreurs judiciaires.

De l'autre, la justice, étant un élément du droit, et plus précisément du droit appliqué, sa corruption par les politiques salit les rapports entre le droit et la politique et nuit à l'effectivité du contrôle juridictionnel des pouvoirs locaux. Lorsqu'il est pris en considération les méfaits de la corruption qui gangrène presque l'ensemble des secteurs de la vie sociale et juridique de l'État, la véracité de cette hypothèse est indéniable. Il n'est pas possible de nier l'existence de cas de corruption de la justice par les pouvoirs locaux, surtout dans les États africains et même non africains où ce fléau fait l'objet d'une assise sociale solide en dépit de l'existence d'un cadre juridique de lutte contre la corruption dans certains États comme au Bénin[62], au Burkina Faso[63], au Niger[64], au Sénégal[65] et au Togo[66]. Dans les États africains anglophones marqués par une forte présence des chefferies traditionnelles dans les rouages du pouvoir politique et de l'appareil d'État, à l'instar de l'Afrique du Sud, du Botswana, du Ghana, du Kenya, du

---

[62] Loi n° 2020-09 du 23 avril 2020 portant création, mission, organisation et fonctionnement du Haut-Commissariat à la Prévention de la Corruption au Bénin.

[63] Décret n° 2001-773 du 31 décembre 2001 créant la Haute Autorité de Coordination de la Lutte contre la Corruption au Burkina-Faso.

[64] Loi n° 2016-44 du 06 décembre 2016 portant création, missions, attributions, composition, organisation et fonctionnement de la Haute Autorité de Lutte contre la Corruption et les infractions assimilées au Niger.

[65] Loi n° 2012-30 du 28 décembre 2012 portant création de l'Office national de lutte contre la fraude et la corruption (OFNAC) au Sénégal.

[66] Loi Anti-Corruption du Togo du 14 juillet 2015.

Lesotho, du Malawi et du Nigeria, il y a de fortes chances que des cas de corruption de la justice par les chefs traditionnels ou indigènes aient lieu.

D'un autre côté encore, le contrôle juridictionnel des pouvoirs locaux ne peut être effectif si le représentant de l'État assurant la tutelle sur les collectivités territoriales décentralisées ne joue pas pleinement le rôle qui est le sien dans le cadre de l'exercice du déféré préfectoral. Ce dernier est une technique juridique permettant aux représentants de l'État, selon le cas, de saisir les juridictions administratives compétentes pour les voir censurer les actes des pouvoirs locaux pris en violation de la légalité. Au titre des influences du politique, un représentant de l'État, qui entend protéger les intérêts d'un pouvoir local qui lui est favorable, ne jugera pas opportun d'exercer le déféré préfectoral aux fins de censure juridictionnelle des actes administratifs émanant d'un tel pouvoir.

Cependant, la réussite du déféré préfectoral dépend de la transmission des actes locaux par les autorités locales à l'autorité de tutelle. Si celle-ci n'entend pas déférer un acte administratif local au juge administratif, elle doit tout au moins exercer les pouvoirs qui rentrent dans la tutelle administrative comme le prévoit la loi. Et tout manquement aux procédures prescrites par la loi doit être vérifié et sanctionné par la juridiction administrative lorsqu'elle est saisie. C'est ce qu'a jugé le Conseil d'État du Sénégal dans une espèce :

> « Le Maire qui exerce des compétences en matière d'urbanisme et d'habitat anciennement dévolues aux autorités administratives déconcentrées, doit se conformer aux procédures d'instruction définies par le Code de l'urbanisme ; et la décision prise à cet égard doit être approuvée par le représentant de l'État pour être exécutoire. Le non-respect de ces formalités entraîne l'annulation de la décision attaquée »[67].

---

[67] Conseil d'État de la République du Sénégal, Arrêt 0006 du 27 mai 1998, *Société Mobil Oil Sénégal c/ Maire de la Commune de Kaolack* : « *Annule l'Arrêté n° 038/CK du 1er juillet 1997 du Maire de la Commune de Kaolack et la Lettre n° 422/CK du 1er juillet 1997 ordonnant l'interruption des travaux de construction de la Station de service de la Société Mobil Oil Sénégal. Ordonne la restitution de l'amende consignée* ». Cf. aussi : - Conseil d'État de la République du Sénégal, Arrêt 0006 du 27 janvier 2000, *Le Maire de la Commune de Dagana c/ État du Sénégal* : « *Le Conseil municipal n'a pas le pouvoir de modifier la répartition du fonds de dotation, lequel constitue une compensation des charges transférées aux collectivités locales. C'est à bon droit que le Préfet a refusé d'approuver une délibération qui méconnaît ce principe. D'où il suit que le recours doit être rejeté* ». - Conseil d'État de la République du Sénégal, Arrêt 0015 du 29 juin 2000, *Djiby BASSE et autres c/ État du Sénégal* : « *Le recours pour excès de pouvoir est*

Enfin, en matière d'élections locales, les influences du politique vont se faire plus sentir lorsque le pouvoir central n'est pas en phase avec la victoire des partis politiques et des candidats de l'opposition politique pour contrôler une collectivité territoriale décentralisée. En influençant la justice, notamment le juge électoral local, celui-ci peut être amené à annuler les résultats des élections locales dans une circonscription électorale avantageuse pour les formations et les candidats de l'opposition politique et désavantageuse pour le pouvoir en place. Il en va de même des cas d'annulation non justifiée d'élections des maires à la tête de collectivités territoriales décentralisées, d'invalidation de leurs sièges ou de leur destitution dont la contestation en justice ne saurait aboutir en raison du verrouillage de l'appareil judiciaire par le système d'État[68].

De ces analyses, il apparaît ainsi, en pleine lumière, que dans le contexte du contrôle juridictionnel des pouvoirs locaux, les influences du politique constituent un gros handicap pour le renforcement de l'État de droit local. En intervenant dans le fonctionnement de la justice, les gouvernants nationaux comme locaux ne se soumettent guère à la règle de droit. Et pourtant, dans le constitutionnalisme africain contemporain, la construction ou la réalisation de l'État de droit figure dans le Préambule de certaines Constitutions, à l'instar de celle du Bénin, promulguée le 11 décembre 1990 et révisée par la Loi n° 2019-40 du 07 novembre 2019. Cette construction ou réalisation de l'État de droit constitue même l'un des éléments fondamentaux de l'idée de droit contenue dans ces Constitutions. Un tel comportement a comme conséquence une violation de la Constitution et un non-respect des prescriptions constitutionnelles, les principes constitutionnels, comme celui de l'État de droit, étant sacrifiés sur l'autel d'autres principes, cette fois-ci, administratifs comme l'intérêt général ou l'ordre public que les juridictions étatiques, notamment celles administratives, manipulent alors au gré des intérêts des gouvernants et non pour le bien des gouvernés et donc des citoyens dont il faut relever qu'ils font des

---

recevable dès lors que la preuve de la publication de la délibération n'a pas été rapportée. Ainsi, la délibération du Conseil municipal qui a créé de nouveaux quartiers n'est exécutoire qu'après son approbation par l'autorité administrative compétente. Il s'ensuit que le recours doit être rejeté ».

[68] AKEREKORO (H.), *Droit et finance des collectivités territoriales décentralisées*, *op. cit.*, p. 91 à 94.

errements attentatoires à l'effectivité du contrôle juridictionnel des pouvoirs locaux.

B. LES ERREMENTS DES CITOYENS

La création du droit par le législateur et son application-interprétation par les juges ne simplifient pas toujours la tâche aux citoyens dont certains comportements ne participent pas au bon renforcement de l'État de droit local. Les données et les manifestations de ce phénomène du droit sont nombreuses. Cependant, sans prétendre à l'exhaustivité, quelques-unes sont développées ici. Elles ont trait à la problématique de la gratuité de la justice, à la méconnaissance des délais de prescription par les recourants et les requérants et aux difficultés qu'ils rencontrent à soulever des moyens d'ordre public.

D'abord, la problématique de la gratuité de la justice et son corollaire l'aide juridictionnelle ne reçoivent pas le même traitement dans tous les États africains pas plus qu'en droit comparé non africain. Aussi, faut-il distinguer selon qu'il s'agisse de la justice constitutionnelle ou de celle administrative ou alors la saisine des juridictions est-elle gratuite pour les pouvoirs locaux devant les deux types de juridictions ? Il ne semble pas sûr et il convient de distinguer au cas par cas, c'est-à-dire, selon le type de juridiction considéré.

Devant les juridictions constitutionnelles, le principe de la gratuité de la procédure dans le procès constitutionnel est affirmé dans certaines législations ouest africaines. L'étude de ces législations permet d'identifier des éléments de convergence entre plusieurs États. Il en est ainsi au Bénin et au Mali. Au Bénin, conformément au Règlement intérieur de la Cour Constitutionnelle tel que modifié le 11 juin 2018, « *la procédure devant la Cour constitutionnelle est écrite, gratuite et contradictoire. Elle est publique, sauf décision contraire de la Cour* »[69]. De même, au Mali, le législateur organique édicte :

> « La procédure devant la Cour constitutionnelle est écrite et gratuite. Les débats ne sont pas publics. Les parties intéressées peuvent demander à être entendues. Elles peuvent se faire assister par un Conseil de leur choix au cours de l'instruction de l'affaire. En matière de contentieux électoral, les arrêts de la Cour sont prononcés en

---

[69] Art. 28 du Règlement intérieur de la Cour Constitutionnelle du Bénin tel que modifié le 11 juin 2018.

audience publique. Ils doivent constater cette publicité. Ils sont motivés »[70].

Ce qui signifie que dans le cadre de la saisine des juridictions constitutionnelles par les pouvoirs locaux, que ce soit par voie d'action et par voie d'exception au Bénin ou par voie d'exception au Mali, le principe de la gratuité s'applique à cette saisine. Cette gratuité affirmée de la saisine de la juridiction constitutionnelle au Bénin et au Mali ne transparaît pas dans certaines législations africaines comme au Cameroun, au Niger, au Sénégal et au Togo. Est-il possible d'en dire autant de la justice administrative ?

En matière de justice administrative, la gratuité de la procédure administrative contentieuse est loin de constituer le principe dans les États africains francophones subsahariens. En vérité, cette justice est plutôt coûteuse, non gratuite et donc payante. Dans la plupart des législations africaines francophones, les requérants doivent déposer, au greffe de la juridiction qu'ils saisissent, une consignation légale, à moins qu'ils ne sollicitent une aide juridictionnelle. Le montant de cette consignation varie d'un État à un autre. A titre illustratif, au Sénégal, la loi sur la Cour Suprême prévoit :

> « Toutes les difficultés relatives au montant des provisions sont tranchées en dernier ressort par ordonnance du premier président ou de son délégué, ... Les sommes consignées sont versées au receveur de l'enregistrement, ... Hors les cas prévus par d'autres textes, les personnes morales de droit public, les personnes admises au bénéfice de l'aide juridictionnelle et les personnes intentant des actions en justice en matière de droit de la famille, de droit du travail et de la sécurité sociale et en matière administrative sont dispensées de la consignation. ... . Il est institué un bureau de l'aide juridictionnelle auprès de la Cour suprême. Peuvent bénéficier de l'aide juridictionnelle, les personnes physiques de nationalité sénégalaise ainsi que les étrangers ayant leur résidence habituelle au Sénégal et dont les ressources sont insuffisantes pour faire valoir leurs droits. L'aide peut être totale ou partielle »[71].

---

[70] Art. 25 de la Loi n° 97-010 du 11 février 1997 portant loi organique déterminant les règles d'organisation et de fonctionnement de la Cour constitutionnelle ainsi que la procédure suivie devant elle au Mali.

[71] Art. 34 et 35 combinés de la Loi organique n° 2017-09 du 17 janvier 2017 abrogeant et remplaçant la organique n° 2008-35 du 08 août 2008 sur la Cour suprême du Senegal.

Ensuite, la méconnaissance des délais de prescription par les recourants et les requérants constituent aussi un élément caractéristique de l'hypo renforcement de l'État de droit local dans le cadre de l'effectivité du contrôle juridictionnel des pouvoirs locaux. Les recourants et les requérants ignorent, le plus souvent, les délais dans lesquels ils doivent agir, notamment en matière de procédure administrative contentieuse[72]. Par voie de conséquence, leurs recours ou leurs requêtes sont rejetés ou déclarés irrecevables sans aucun examen au fond. Une telle situation n'est pas spécifique à un seul domaine ou à une seule matière couverte par le contentieux administratif et est observable dans plusieurs domaines, qu'il s'agisse du contentieux foncier et domanial, du contentieux de la fonction publique locale ou du contentieux électoral local, etc.

Bien entendu, le respect de l'État de droit, c'est aussi le respect des délais de recours devant le juge étatique compétent. Même lorsqu'ils sont assistés d'un conseil ou d'avocat-défenseur, il est des hypothèses dans lesquelles ce dernier ne respecte pas les délais de recours contentieux et est forclos ; ce qui réduit la marge de manœuvres des pouvoirs locaux et par conséquent, leur contribution au renforcement de l'État de droit local.

Enfin, il faut mentionner les difficultés que rencontrent les recourants et les requérants à soulever des moyens d'ordre public. Ceux-ci constituent des aspects très techniques de l'étude et de l'application des contentieux en droit public en général, en droit du contentieux administratif en particulier. Pour développer de tels moyens, il faut d'abord comprendre leur contenu ; ce qui ne constitue pas une œuvre facile et aisée pour celui qui n'est pas initié aux rouages et aux aspects techniques du contentieux administratif. Il ne semble pas sûr que, dans le cadre de l'effectivité du contrôle juridictionnel des pouvoirs locaux, de tels moyens soient compris et assimilés par les recourants et les requérants, même s'ils peuvent être soulevés d'office par le juge compétent saisi. Par voie de conséquence, il y a un travail de communicabilité du droit administratif et du contentieux administratif à effectuer par les juges, les experts, les universitaires, ce travail devant être appuyé par les actions de relais des OSC afin que les pouvoirs locaux puissent bien assimiler les règles de droit et que l'effectivité de leur contrôle tienne réellement la promesse des fleurs et porte de bons fruits.

---

[72] V. en droit comparé français, Association Française pour la Recherche en Droit Administratif (AFDA), *Le temps en droit administratif*, Paris, Dalloz, 2022, 258 p.

Conclusion

Au total, en Afrique en général, en Afrique francophone en particulier, il existe une effectivité du contrôle juridictionnel des pouvoirs locaux. Cette effectivité se traduit par le double travail de contrôle de ces pouvoirs par les juridictions constitutionnelles et celles administratives. Dans l'ensemble, les pouvoirs locaux qui sont le plus visés par ces actions juridictionnelles de contrôle sont constituées des collectivités territoriales décentralisées. Cependant, de nombreux handicaps existent et bloquent, en partie cette effectivité du contrôle, de sorte qu'elle est réduite dans le sens de l'hypo renforcement de l'État de droit local.

Comme le développement local, cet État de droit local est à construire et demande à être respecté aussi bien par les gouvernants d'une manière générale que par les gouvernés, notamment les citoyens locaux. Si, de par leurs recours et leurs requêtes, ceux-ci participent à cette effectivité du contrôle juridictionnel des pouvoirs locaux, il faut gager sur un travail important d'éducation et de formation à faire par les techniciens du droit pour que triomphe dans la République les valeurs de l'État de droit, y compris ceux de l'État de droit local.

Bibliographie

I. Ouvrages

1- AKEREKORO (H.), *Droit et finance des collectivités territoriales décentralisées*, Abomey-Calavi, Les Editions de la Miséricorde, 2020.

2- AKEREKORO (H.), *Les grands arrêts de la jurisprudence administrative béninoise*, Abomey-Calavi, Les Editions de la Miséricorde, 2018.

3- Association Française pour la Recherche en Droit Administratif (AFDA), *Le temps en droit administratif*, Paris, Dalloz, 2022.

4- BONICHOT (J.-Cl.), CASSIA (P.), POUJADE (B.), *Les grands arrêts du contentieux administratif*, Paris, Dalloz, Coll. « *Grands arrêts* », 5ème édition, 2016.

5- CHAINAIS (C.), SALETTI (A.), HESS (B.), *L'office du juge*, Bruxelles, Bruylant, 2018.

6- DOUENCE (M.) et AZAVANT (M.), *Institutions juridictionnelles*, Paris, Dalloz, 2ème édition, 2014.

7- EISENMANN (Ch.), *Centralisation et décentralisation*, Paris, LGDJ, 1948.

8- HACHEM (B.), *L'office du juge des référés en droit de l'urbanisme*, Paris, LGDJ, 2014.

9- LECLERC (C.), *Le renouvellement de l'office du juge administratif français*, Paris, Logiques juridiques, 2015.

10- MEDE (N.), *Finances publiques. Espace UEMOA/UMOA*, Dakar, L'Harmattan-Sénégal, 2016.

11- OLIVIER DE SARDAN (J.-P.), *Les pouvoirs locaux au Niger. Tome 2 : Elections au village - Une ethnographie de la culture électorale au Niger*, Paris, Karthala, 2015.

12- OLIVIER DE SARDAN (J.-P.), ALOU (M. T.) (dir.), *Les pouvoirs locaux au Niger. Tome 1 : A la veille de la décentralisation,* Paris, Karthala, 2009.

13- TUNGA-BAU (H. M.), *Pouvoir traditionnel et pouvoir d'État en République Démocratique du Congo. Esquisse d'une théorie d'hybridation des pouvoirs politiques*, Kinshasa, Imprimerie MEDIASPAUL, 2010.

II. Articles

1- AKEREKORO (H.), « L'encadrement juridique du pouvoir réglementaire de l'Administration en Afrique francophone », *Revue Béninoise des Sciences Juridiques et Administratives (RBSJA)*, n° 32, Année 2014, p. 43 à 98.

2- BARELLA (X.), « Le contrôle de légalité des actes des collectivités territoriales : entre nécessité et controverses », *in* REGOURD (S.), CARLES (J.), GUIGNARD (D.), *La décentralisation 30 ans après*, Toulouse, Presses de l'Université Toulouse 1 Capitole, 2013, p. 107 à 118.

3- DARCY (G.), « Regard elliptique sur l'office du juge », *in Confluences, Mélanges en l'honneur de Jacqueline MORAND-DEVILLER*, Paris, Montchrestien, 2007, p. 277 à 287.

4- FAVOREU (L.), « Légalité et constitutionnalité », *Cahiers du Conseil constitutionnel*, n° 3 - novembre 1997.

5- FRISON ROCHE (M.-A.), « Les offices du juge », *in Leges Tulit, Jura Docut, Ecrits en l'honneur de Jean Foyer*, Paris, Puf, 1997, p. 460 à 476.

6- LEROY (Y.), « La notion d'effectivité du droit », *Droit et Société*, n° 2, 1986, p. 715 à 732.

7- MOHAMADOU (A.), « État, pouvoirs locaux et insécurités au Sahel. L'intégration différenciée des communautés locales dans la construction de l'État-nation au Niger et au Mali », *Afrique contemporaine*, n° 265, 2018/1, p. 77 à 97.

8- OLIVIER DE SARDAN (J.-P.), « Des pouvoirs locaux dans l'attente de la décentralisation au Niger », *in* FAY (Cl.), KONE (Y. F.), QUIMINAL (C.), *Décentralisation et pouvoirs en Afrique. En contrepoint, modèles territoriaux français*, Paris, IRD Editions, 2006, p. 407 à 426.

9- PERROT (Cl.-H.), « Les chefs traditionnels : le cas du Sud-Est de la Côte d'Ivoire », *in Afrique contemporaine*, n° 217, 2006/1, p. 173-184.

10- RIVIERE d'ARC (H.) et WOLF DE ALBUQUERQUE (L.), « Pouvoir local et participation. Nouvelles pratiques de la démocratie ? », *in* REVEL-MOUROZ (J.), *Pouvoir local, régionalismes, décentralisation. Enjeux territoriaux et territorialité en Amérique latine*, Paris, CREDAL, Editions de l'IHEAL, 1989, p. 255 à 262.

11- SIBERTIN-BLANC (M.) et *alii*, « Pouvoirs locaux en Europe et à l'international. Construire la relation transfrontalière et interrégionale par la culture ou pour la culture ? », *in L'Observatoire*, 2011/3 (Hors-série 4), p. 33-35.

III. Thèses

1- ASSOUMOU NDONG (F.), *Les pouvoirs régionaux et locaux en question : l'Etat centralisateur et le rôle des pouvoirs locaux traditionnels dans les dynamiques de pouvoir en Afrique. Le cas du Gabon*, Programme de conjoint de doctorat (Ph.D) en développement régional de l'Université du Québec à Rimouski et de l'Université du Québec à Chicoutimi, 2001.

2- DANDA (M.), *Politique de décentralisation, développement régional et identités locales au Niger: le cas du Damagaram*, Thèse de doctorat de science politique, Université Montesquieu - Bordeaux IV, Institut d'études politiques de Bordeaux, 2004, 420 p.

3- de SOUZA (W.), *La place des élites religieuses et traditionnelles au Bénin : l'impact de leurs relations avec les élites politiques sur le maintien de l'État démocratique, Thèse de* Science politique, Université de Bordeaux, 2014.

4- PIASECKI (J.), *L'office du juge administratif des référés : entre mutations et continuité jurisprudentielle*, Thèse pour le doctorat en droit public, Université du Sud Toulon Var, 2008, 542 p.

IV. Textes juridiques

1- Constitution de la République Démocratique du Congo (RDC) du 18 février 2006 modifiée par la Loi n° 11/002 du 20 janvier 2011.

2- Constitution de la République du Bénin du 11 décembre 1990 révisée par la Loi n° 2019-40 du 07 novembre 2019.

3- Constitution de la République du Cameroun du 02 juin 1972 modifiée.

4- Constitution du Mali de 1992.

5- Constitution de la République du Congo (Brazzaville) du 25 octobre 2015.

6- Constitution de la République du Niger du 25 novembre 2010 modifiée.

7- Constitution de la République du Sénégal du 22 janvier 2001 révisée.

8- Constitution de la République du Tchad du 04 mai 2018, modifiée par la par la loi constitutionnelle n° 017/PR/2020 du 14 décembre 2020.

9- Constitution de la République gabonaise du 26 mars 1991.

10- Constitution de la République tunisienne promulguée au Palais de Bardo le 27 janvier 2014.

11- Charte africaine des valeurs et des principes de la décentralisation, de la gouvernance locale et du développement local, adoptée le 27 juin 2014, à la vingt-troisième session ordinaire de la Conférence des Chefs d'État et de Gouvernement de l'Union Africaine (UA) tenue à Malabo (Guinée Equatoriale).

12- Directive n° 01/2011/CM/UEMOA du 24 juin 2011 portant régime financier des collectivités territoriales au sein de l'Union Economique et Monétaire Ouest Africaine (UEMOA).

13-Loi organique n° 2017-09 du 17 janvier 2017 abrogeant et remplaçant la organique n° 2008-35 du 08 août 2008 sur la Cour suprême du Sénégal.

14-Loi n° 97-010 du 11 février 1997 portant loi organique déterminant les règles d'organisation et de fonctionnement de la Cour constitutionnelle ainsi que la procédure suivie devant elle au Mali.

15-Loi n° 2021-14 du 20 décembre 2021 portant Code de l'administration territoriale en République du Bénin.

16- Loi n° 2020-09 du 23 avril 2020 portant création, mission, organisation et fonctionnement du Haut-Commissariat à la Prévention de la Corruption au Bénin.

17-Loi n° 2016-44 du 06 décembre 2016 portant création, missions, attributions, composition, organisation et fonctionnement de la Haute Autorité de Lutte contre la Corruption et les infractions assimilées au Niger.

18-Loi n° 2012-30 du 28 décembre 2012 portant création de l'Office national de lutte contre la fraude et la corruption (OFNAC) au Sénégal.

19-Décret n° 2001-773 du 31 décembre 2001 créant la Haute Autorité de Coordination de la Lutte contre la Corruption au Burkina-Faso.

20-Règlement intérieur de la Cour Constitutionnelle du Bénin tel que modifié le 11 juin 2018.

V. JURISPRUDENCE

1- Chambre Administrative de la Cour Suprême de Côte d'Ivoire, Arrêt n° 52 du 22 mars 2017, *Y Ad AG c/ EZ T et Préfet de la région de l'Agnéby, Préfet du département d'Agboville*.

2- Chambre Administrative de la Cour Suprême de Côte d'Ivoire, Arrêt n° 37 du 21 mars 2012, *C Tio c/ KKA*.

3- Chambre Administrative de la Cour Suprême de la République du Sénégal, Arrêt n° 43 du 10 juillet 2014, *Mbaye Jacques DIOP c/ Le Maire de la Commune de Rufisque et Etat du Sénégal*.

4- Chambre Administrative de la Cour Suprême du Bénin, *Société TMB de Michel BAMENOU TOKO c/ Mairie de Cotonou*, n° 08/CA, 17 février 2005.

5- Chambre Administrative de la Cour Suprême du Sénégal, Arrêt n° 43 du 10 juillet 2014, *Mbaye Jacques Diop (Me Ousmane Séye) contre Maire de la commune de Rufisque, État du Sénégal (Agent judiciaire de l'État)*.

6- Conseil d'Etat de la République du Sénégal, Arrêt 0015 du 29 juin 2000, *Djiby BASSE et autres c/ Etat du Sénégal*

7- Conseil d'Etat de la République du Sénégal, Arrêt n° 0006 du 27 janvier 2000, *Le Maire de la Commune de Dangana c/ Etat du Sénégal.*

8- Conseil d'Etat de la République du Sénégal, Arrêt 0006 du 27 mai 1998, *Société Mobil Oil Sénégal c/ Maire de la Commune de Kaolack.*

9- Conseil d'Etat français, 27 février 2015, *Commune de Béziers III.*

10- Conseil d'Etat français, 4 avril 2014, *Département de Tarn-et-Garonne.*

11- Conseil d'Etat français, réf., 23 janvier 2013, *Cne de Chirongui.*

12- Conseil d'Etat français, 21 mars 2011, *Commune de Béziers II.*

13- Conseil d'Etat français, 28 décembre 2009, *Commune de Béziers I.*

14- Cour Constitutionnelle du Bénin, Décision DCC 17-261 du 12 décembre 2017, *Affaire Isidore OKPEICHA contre l'Institut Géographique National (IGN) et la Mairie de Cotonou.*

15- Cour Constitutionnelle du Bénin, Décision DCC 16-066 du 26 mai 2016, *Affaire Monsieur Basile Dadjo T. ATENOUKON contre la mairie de Covè.*

16- Cour Constitutionnelle du Bénin, Décision DCC 15-253 du 02 décembre 2015, Affaire *Monsieur Mohamed A. DEKI.*

17- Cour Constitutionnelle du Bénin, Décision DCC 15-095 du 23 avril 2015, Affaire *Maître Joseph DJOGBENOU, Conseil de Monsieur Gérald SOSSOUHOUNTO.*

18- Cour Constitutionnelle du Bénin, Décision DCC 13-045 du 18 avril 2013, *Affaire Monsieur Salami Saliou OSSENI, Maire de la Commune de Kétou.*

19- Cour Constitutionnelle du Mali, Affaire n° 2015-03/CCM, *Saisine du Président du Haut Conseil des Collectivités du Mali.*

20- Cour Suprême de la République du Sénégal, Arrêt n° 12 du 28 février 2013, *YX & BA c/ Maire de la ville de Dakar.*

21- Cour Suprême de la République du Sénégal, Arrêt n° 25 du 26 avril 2012, *Hamady Dieng c/ Conseil municipal de Kanel.*

VI. Documents et webographie

1- Division de l'Information, de la Documentation et des Recherches de l'OFPRA, *Les chefferies traditionnelles au Nigeria*, 6 février 2015, 19 p.

2- DONNAT (F.), et CASAS (D.), « L'office du juge administratif dans la jurisprudence récente du Conseil d'Etat », sur http://www.lexisnexis.fr/droit/document/article/droit-adm./.

3- FALL (I. M.), « Le contrôle de légalité des actes des collectivités locales au Sénégal », sur Revue électronique Afrilex, www.afrilex.u-bordeaux4.fr.

4- NELEM (Ch. B.), « Le pouvoir traditionnel en contexte pluraliste au Cameroun : la déconstruction des liens familiaux entre« frères » Bamoun à partir des clivages politiques », sur http://journals.openedition.org/sociologies/8023.

5- PERROT (Cl.-H.), « Les autorités traditionnelles et l'Etat moderne en Afrique subsaharienne au début du XXIème siècle », sur https://doi.org/10.4000/cea.179.

6- PROTIERE (G.), « Le pouvoir local, expression de la puissance de l'État ? », *in Le pouvoir local*, Lyon, décembre 2008, sur https://hal.archives-ouvertes.fr/hal-00590636.

7- République française, *Note sur le contrôle de la légalité des actes des collectivités territoriales (Allemagne-Espagne-Italie-Pays-Bas-Portugal-Royaume-Uni (Écosse et Angleterre)*, Rapport disponible sur http://www.senat.fr/notice-rapport/2011/r11-300-notice.html.

8- STIRN (B.), « L'évolution de l'office du juge, regards sur la dernière décennie », sur http://www.conseil-etat.fr/actualités/Discours-Interventions/Levolution-de-l-office-du-juge-regards-sur-la-derniere-decennie.

9- STRICKER (Y.), « L'office du juge et les principes », sur http://www.hal.archives-ouvertes.fr.

10- VAUGHN (O.), « Les chefs traditionnels face au pouvoir politique », sur www.politique-africaine.com « numeros » pdf.

Hilaire AKEREKORO

Maître de conférences.

Agrégé de droit public (CAMES).

Directeur du Centre du Droit de l'Etat et des Droits des Personnes en Afrique (CeDEP).

Université d'Abomey-Calavi (UAC) (Bénin).

ACTE 2

PRÉSENTATION DU RAPPORT GÉNÉRAL ET CÉRÉMONIE DE CLÔTURE

Alioune Badara FALL

PRÉSENTATION DU RAPPORT GÉNÉRAL

INTRODUCTION

Lorsqu'on nous a confié la redoutable tâche de présenter le rapport général du séminaire organisé par l'Association Nigérienne de Droit Constitutionnel (ANDC) sur le thème *« Droit, pouvoir et politique »*, nous n'avons pas pu nous empêcher de penser à un collègue qui a eu la même responsabilité à l'issue d'un colloque que nous avions organisé à Bordeaux il y a quelques années. Il soulignait à cette occasion, que celui qui a la charge de présenter la synthèse des travaux à l'issue d'une rencontre comme celle qui nous réunit aujourd'hui à Niamey encourt deux risques. Le premier écueil consiste à déformer la pensée véritable des intervenants, en voulant trop la simplifier ; et le second, à prêter à ces mêmes contributeurs des opinions ou idées qui ne seraient pas les leurs. Une tâche, on le voit, bien difficile et délicate.

Cette difficulté aurait pu nous conduire à décliner, dès le départ, l'honneur qui nous est ainsi fait par l'Association Nigérienne de Droit Constitutionnel et par son Président - à qui nous adressons nos sincères félicitations pour leur dynamisme dans la promotion et la diffusion dans le monde du droit constitutionnel produit en Afrique - de restituer les travaux présentés durant ces trois jours et les riches débats qu'ils ont suscités. Nous n'avons pas succombé à cette tentation de nous y dérober, car nous savions aussi, à travers le thème de ce séminaire et les intitulés des contributions annoncées, que cette rencontre allait être d'un grand niveau, et que nous aurions alors commis une grande erreur, si nous avions refusé d'accomplir cette tâche, fut-elle, nous le disions, redoutable.

Finalement, c'est avec un grand enthousiasme et autant d'empressement que nous avons accepté de nous plier à l'exercice, et inutile de vous dire que nous ne le regrettons point. Reconnaissons qu'à chaque fois que l'ANDC organise un colloque ou un séminaire ici à Niamey, les thèmes proposés sont toujours d'une pertinence difficilement contestable, en rapport avec les problématiques que soulève le constitutionnalisme en Afrique. La qualité des contributions et les débats, toujours d'une haute facture scientifique, font de ces « Rencontres de Niamey » (c'est ainsi qu'il faut dorénavant les appeler car uniques sur le continent africain) un grand succès.

La problématique qui nous a réunis dans ce séminaire, *« Droit, pouvoir et politique »* est sans nul doute aussi intéressante et pertinente que celles des années précédentes. Elle se singularise toutefois par son originalité et, surtout, par sa grande complexité résultant de la juxtaposition de ces trois notions clefs du droit public et du droit constitutionnel qui nous concerne plus particulièrement aujourd'hui. Un choix délibéré. Les organisateurs de ce séminaire ont donc vu juste. Autant à travers les contributions qu'au cours des débats, la rencontre fut – tous les participants en conviendront - d'un niveau scientifique élevé, comme on aimerait en connaître plus fréquemment dans nos pays.

Le thème proposé apparait complexe. Le ton a été donné par le Président de l'Association Nigérienne de Droit Constitutionnel, dans son allocution lors de l'ouverture du séminaire, qui n'a pas manqué de souligner et d'insister sur la nature et la portée, mais aussi la complexité, qui caractérisent de tels liens. Ainsi, soulignait-il, *« Pouvoir, droit et politique* sont consubstantiels à toute société humaine organisée autour de valeurs qui constituent les outils nécessaires de sa gestion ou de sa régulation, dans l'objectif de l'atteinte du bien commun de ses composantes ». Il n'en relevait pas moins la particularité de ces notions qui « divergent », mais qui « s'entremêlent » également, montrant ainsi toute la difficulté qu'il y a d'appréhender, avec précision, la nature des liens existants entre ces concepts. Une complexité que relève également, en d'autres termes, le Représentant régional de la Fondation allemande Hanns Seidel, qui fait fort justement remarquer l'opposition qui existe entre ces notions, mais aussi leur indépendance et leur complémentarité. Enfin, le Recteur de l'Université Abdou Mounoumi de Niamey a parlé de « tension congénitale » entre les trois concepts, partageant ainsi l'idée de complexité de ces rapports déjà relevée par les précédents intervenants. Cette complexité du thème n'a pas rendu la tâche aisée au rapporteur que je suis, et ceci pour trois raisons essentielles.

La première tient à la diversité des conceptions ou perceptions que chaque intervenant a eues du thème : tantôt les trois concepts sont pris dans leur ensemble – donc pas distingués les uns des autres – et conçus dans des relations « inextricables » (Bela Nyebe Simon Pierre) ou « étroites », voire « conflictuelles » (André Mbata Mangou) ou « sous tension» (Fabrice Hourquebie). Il s'agira alors d'un « trinôme » (Gaïtan Edjangue E.) réunissant les trois concepts envisagés dans leur ensemble et dans la seule interaction entre eux. Tantôt, le plus souvent, les trois concepts se ramènent à deux parce qu'il n'existe pas un triptyque, mais un diptyque : pouvoir politique et pouvoir du droit (Oumar Traore). Parfois, la présentation est la suivante : d'un côté le « droit » et de l'autre, les deux concepts conçus en une seule expression : « pouvoir politique » face au « droit ». Dans cette dernière hypothèse, la problématique est alors de savoir laquelle de ces deux réalités a ou devrait avoir la prééminence sur l'autre au sein de l'État. Ainsi et dans l'ensemble, *Droit* et *pouvoir politique* sont ainsi envisagés dans un rapport dialectique autour du *pouvoir* qu'ils auraient institutionnalisé. On aboutit alors à une situation qui se présente ainsi : d'un côté le droit, qui constitue la norme sur laquelle repose la politique qu'il encadre de même que le pouvoir ; et, de l'autre, la politique qui s'incruste dans le droit et, quand elle tient ce dernier, l'utilise, l'instrumentalise ou le manipule au bon vouloir des gouvernants.

La deuxième raison, certainement induite par la particularité du thème, tient aux nombreuses disciplines mobilisées ou jugées utiles d'être invoquées par les intervenants, à des degrés variables, pour mener les analyses. Il s'agit évidemment et d'abord du droit constitutionnel dans ses aspects historiques (Dominique Breillat) et contemporains, du droit administratif (Hilaire Akerekoro) de la science politique même si elle apparait généralement de manière implicite, du droit public international du droit pénal interne et international (Nzaou-Moyen Ngnia-Ngama), des droits et libertés fondamentaux ou de la philosophie (Yda Alexis Nagalo), et du droit fiscal (François Abeng Messi).

Une troisième raison, enfin, tient à la diversité des théories doctrinales souvent divergentes sur la définition, comme sur la portée juridique ou politique des trois concepts, dont la nature des relations varie également selon l'acception que les intervenants ont de l'un ou de l'autre.

On comprendra alors la difficulté que peut rencontrer le rapporteur pour trouver un fil conducteur qui permette de présenter une synthèse concise et conforme aux propos tenus ici. Alors nous vous prions dès à présent d'excuser les limites et les imperfections qui ne manqueront pas d'apparaitre ici et là dans ce rapport.

Dans cette tentative de restituer les travaux de ces journées de la manière la plus complète et fidèle possible, nous avons adopté une démarche qui repose sur l'idée suivante, en accord avec celle d'une partie de la doctrine qui la résume ainsi : le présupposé du thème du séminaire nous semble être le « Pouvoir » entendu dans ses dimensions politiques et juridiques. Dans cette perspective, le « Droit » et la « Politique » apparaitront comme des moyens, soit pour fonder le pouvoir, pour l'encadrer et en décrire l'organisation, le fonctionnement ; soit pour se l'accaparer et le transformer, parfois par la force ou par la contrainte, à des fins autres que leur finalité première, c'est-à-dire politiques (Carl Schmitt). Si l'État est la personnification juridique de la nation (Adhémar Esmein), le concept d'État présuppose, quant à lui, le concept de politique (Carl Schmitt). Le politique est au fondement de tout ordre juridique concret, le droit procédant, en dernière instance, d'une décision politique. La notion de pouvoir a son siège dans la notion de souveraineté, le souverain étant celui qui décide de/dans la situation d'exception (situation de crise, circonstance exceptionnelle). L'exception « justifie » tout, à savoir la réalité du souverain qui, lorsque les nécessités l'exigent, peut suspendre la constitution à titre temporaire (dictature commissariale de l'ancien droit romain : *salus populi, suprema lex est*). L'ordre normal ne prouve rien, c'est-à-dire ne désigne pas qui est réellement le souverain (sauf d'un point de vue formel, dans la constitution). Schmitt écrivait que « *le cas extrême révèle avec la plus grande clarté l'essence de l'autorité de l'État* ». Les ordres juridiques seraient éminemment fragiles s'ils ne devaient compter uniquement que sur leurs propres normes préétablies. Adossés à une décision de nature politique, ils font du souverain le gardien premier et ultime de la constitution. Dans une conception hobbesienne, ce n'est pas la règle qui fonde le pouvoir, mais l'acte politique de souveraineté (*auctoritas, non veritas, facit legem*). Une constitution peut bien tout prévoir, y compris son propre état de crise, rien ne la sauvera, *in fine et ultima ratio*, sans une décision politique qui garantira à la fois l'intégrité de la constitution et la promesse de son exécution, une fois la stabilité (ou normalité) rétablie (Cédric Millat).

Cette perception des relations entre les trois éléments qui composent le thème du séminaire est proche de celle des tenants d'une approche doctrinale retenant le couple « droit et politique » sous le seul angle du pouvoir avec lequel, ils sont fondamentalement liés (Oumar Traore), que ce dernier utilise ou instrumentalise, alors même qu'il est sensé reposer, organiser et encadrer par le premier.

Le thème présente des ambigüités. En premier lieu, le concept de pouvoir par exemple, autour duquel nous présentons le « droit » et la « politique », fait l'objet d'une multitude d'acceptions. On serait tenté de dire que sa définition, sa portée et son champ varient en fonction de chaque auteur. Autant dire, dès à présent, que nous ne nous hasarderons pas à en faire la liste, ni à présenter les controverses dont il fait l'objet, notamment dans la doctrine africaine fort bien représentée dans ce séminaire. La synthèse n'a d'ailleurs pas cette vocation. On tentera alors, de restituer les présentations et les débats que celles-ci ont suscités, à travers une démarche qui nous a paru la plus pertinente. Vous remarquerez que celle-ci met en avant une conception du pouvoir qui pourrait ne pas être partagée par tout un chacun. Qu'à cela ne tienne. Elle nous parait cependant justifiée - au moins dans le cadre de cette synthèse - pour des travaux dont la définition des concepts de droit, de pouvoir et de politique n'est pas la préoccupation de la majorité des intervenants. A juste titre, car la problématique du thème porte moins sur l'analyse théorique de ces trois concepts pris séparément que sur leurs rapports. Le concept de pouvoir a été par exemple défini de diverses manières, selon l'idée que chacun des intervenants s'en est faite, ce qui n'est guère surprenant. Un tel concept a fait l'objet de tant de définitions – comme les deux autres par ailleurs - qu'il est presqu'impossible d'en retenir une seule. On rappelle que les termes de « pouvoir politique » - lui-même ambivalent et assez difficile à définir car assimilé à un moment donné à l'État du XVème au XXème siècle, avant de se dissocier de ce dernier et s'autonomiser par la suite grâce la démarche sociologique jusqu'à la distinction gouvernants-gouvernés… - et de « pouvoir normatif », ont été utilisés dans ce séminaire, de même que le concept de « pouvoir » ou de « droit politique », toujours de manière presque distincte ou juxtaposée, avec chaque fois la préoccupation d'en démêler les relations réciproques.

La pertinence du sujet et l'importance de son champ sont à la mesure de cette complexité. Il est utile de rappeler enfin que Carl Schmitt avait précisé dans sa théologie politique qu'est souverain celui qui décide en cas de conflit, et que les développements qu'il faisait sur ce souverain renvoyaient au pouvoir exécutif. Schmitt, opposé à Kelsen, nous a appris que le droit ou la norme est un instrument au service de l'autorité, c'est-à-dire au service du pouvoir politique. Dans le rapport introductif, on nous rappelle qu'en sortant du droit politique, le « pouvoir » accompagne un double mouvement de *déjuridicisation* du politique et de *repolitisation* du droit. Il est alors central (Fabrice Hourquebie).

Aussi, suivant l'approche de Cohen Tanugi, on étudiera le couple (juridique et politique) sous le seul angle du « Pouvoir », c'est-à-dire que nous examinerons les rapports du pouvoir juridique et du pouvoir politique ou encore la rivalité du juridique et du politique pour le « Pouvoir ». Ce dernier est ainsi central, les deux autres éléments – droit et politique – lui étant liés et utilisés en fonction de la réalité que l'on veut donner à ce pouvoir. Elle a été retenue par un des intervenants dont la réflexion porte sur les interactions du triptyque entre le droit, le pouvoir et la politique, alors que d'autres estiment qu'il s'agit d'un diptyque : pouvoir politique et pouvoir du droit (Oumar Traoré). Il en résulte une problématique : déterminer lequel des deux concepts, a – ou devrait avoir - une prééminence au sein de l'État, qui est lui-même un pouvoir. L'auteur en conclut que c'est le pouvoir du droit qui confère au pouvoir politique sa légitimité ; il en constitue également la limite ou le moyen de limiter le pouvoir politique. « Droit, pouvoir et politique » sont dans un rapport dialectique avec le pouvoir.

Si le premier apparait prééminent sur la politique dans beaucoup de domaines (I) ; dans plusieurs autres cas de figure il est envahi et pénétré par la seconde, qui l'oriente ou l'instrumentalise à des fins autres que juridiques (II). Ces deux traits, peut-être plus qu'ailleurs, caractérisent le constitutionnalisme en Afrique.

I. PRIMAT DU DROIT SUR LA POLITIQUE

A. UN PRIMAT JUSTIFIE

Les relations entre les trois notions autour desquelles s'articule le thème du séminaire sont diversement appréciées. Certains estiment que le droit est soumis au pouvoir et dominé par celui-ci (*infra*) ; d'autres adoptent une position contraire : le droit encadrerait à la fois le pouvoir et la politique. Plusieurs intervenants ont ainsi retenu le principe de la prééminence du droit sur les deux autres concepts, même si cette idée apparait à des degrés variables selon les domaines étudiés.

C'est de manière explicite que Dominique Breillat reprend le titre déjà rappelé par plusieurs contributeurs, du livre du doyen Louis Favoreu sur *La politique saisie par le droit*. Il y ajoute la mention du pouvoir pour se conformer au thème de notre séminaire. Il débute son analyse avec l'image des constitutions léguées par Napoléon 1er : des textes brefs et adaptables, et constate que l'on est passé de lois fondamentales d'une taille limitée, de l'ordre d'une centaine d'articles, à de véritables « codes constitutionnels ». Une formule imagée le conduit à parler d'« embonpoint constitutionnel », d'abord imputable à des apports internes, du fait de la multiplication des droits de la personne, mais également du fait des révisions ainsi que d'un certain nombre de textes complémentaires, tels les lois organiques, les lois ordinaires et les règlements des assemblées. Les apports internationaux tiennent au rôle des organisations internationales avec juridiction, ainsi qu'au principe de primauté du droit international qui revêt des formes très diverses en fonctions des systèmes juridiques propres aux divers pays composant la communauté internationale. La seconde partie de cette communication, où le droit est valorisé face à la politique sur « L'action politique saisie par le droit », traite successivement du rôle du législateur, de celui des commentateurs, ainsi que de la *juridicisation* de l'action politique. La conclusion est prudente : il faut faire entrer le droit dans le domaine du pouvoir et de la politique, « mais avec modération ».

La contribution sur le contrôle juridique du pouvoir politique au Mali et au Niger se rattache à ce courant, qui fait prévaloir le droit sur tout le reste. Dans ces pays, au regard de la jurisprudence constitutionnelle, c'est le droit qui encadre la politique, autrement dit, c'est encore le droit qui y

« saisit » la politique (Zakara Gandou). Même si l'intervenant admet que cette position n'est pas universellement admise, l'observation des faits et leur évolution montrent aujourd'hui que la dévolution du pouvoir et son organisation sont largement encadrées par la Constitution

Le droit est également valorisé dans le cadre des rapports verticaux du pouvoir, où se manifestent les traits unissant le droit et la politique au niveau local dans les collectivités territoriales décentralisées « (Hilaire Akerekoro). Les actes de ces dernières sont soumis au contrôle de légalité assuré par les juridictions compétentes. A l'appui d'une démarche comparative, une étude a été présentée sur l'effectivité de ce contrôle, en l'occurrence dans une démarche juridictionnelle, que propose cette contribution, dans le but de vérifier si cette effectivité renforce ou non l'État de droit et simplifie le droit dans ses rapports avec le pouvoir et la politique en Afrique.

La prééminence du droit sur les autres éléments du thème ressort également de l'analyse qui nous a été présentée sur un sujet déjà souvent questionné : le statut des forces armées par rapport au pouvoir politique ; et de leur soumission à la régulation du droit dans les États africains (André Cabanis). La question des rapports entre l'armée, le droit et la politique est une réalité récurrente sur le continent africain, alors qu'on la croyait rentrer dans la normalité républicaine. Leur intrusion dans la politique par des coups d'État pose, encore une fois aujourd'hui, l'épineux problème de la confrontation entre « légalité » et « légitimité » de l'exercice du pouvoir, lorsque l'armée met en place un gouvernement de *fait* après avoir renversé un pouvoir de *droit* installé suivant les procédures juridiques prévues pour l'accession démocratique au pouvoir, et tout particulièrement par l'élection.

A l'issue d'une analyse comparative de lois fondamentales d'une dizaine de pays de l'Afrique subsaharienne de succession coloniale française, André Cabanis aboutit au constat suivant : les institutions y prennent une large place, et on y note tout particulièrement une convergence de dispositions de traditions républicaines, tel le titre de Chef des armées attribué au Chef de l'État, de même que la suprématie du président de la République sur le Premier ministre. L'importance de telles institutions dans ces pays, et la suprématie du droit sur tout autre aspect de la vie de l'État, se manifestent par une condamnation sévère par les constitutions les plus récentes de toutes les velléités de sortie des forces armées de leurs casernes pour exercer une fonction et un rôle politique. Pour autant, certains politologues et quelques juristes, aux États-Unis mais aussi en France et en Afrique, soutiennent qu'il peut exister des coups d'État démocratiques, légitimes, voire salutaires lorsque la situation politique est bloquée, et que les militaires qui écartent celui qui est au pouvoir jugé insupportable, promettent des élections rapides auxquelles ils ne se présenteront pas. Revient ici, une fois encore, la complexe et classique problématique sur le fondement du pouvoir et la qualification des régimes en Afrique lorsque survient un coup d'État, phénomène qu'on croyait pourtant disparu de nos jours dans les États africains.

L'idée que le droit est prééminent est également retenue dans une analyse où la notion de « régulation », prise dans le cadre d'un trinôme, « est non seulement le produit séculier du droit et du pouvoir, mais aussi le lien nécessaire du droit au pouvoir et à la politique, c'est-à-dire la donnée à partir de laquelle le droit rencontre le pouvoir et la politique ». (Gaïtan Edjangue). Il faudra alors, pour connaitre la nature exacte du lien qui unit le droit et les deux autres concepts, analyser les propriétés ou les fonctionnalités de la régulation que le droit utilise pour le pouvoir et la politique : « A l'observation des interactions, conclut-il, entre le pouvoir politique et le droit d'une part ; et entre celui-ci et les partis, mouvements et groupes de pression politiques d'autre part, la régulation par le droit des autres constituants du trinôme apparaît comme une notion anisotropes », c'est-à-dire comme un concept qui se manifeste différemment selon l'orientation qui en est donnée ou la direction adoptée.

Sur un autre plan, on aurait pensé que la valorisation du droit ne peut être envisagée qu'à travers les dispositions expresses de la Constitution. L'étude sur les « normes promotionnelles » présentée par Patrick Edgard Abane Engolo montre qu'il peut en aller autrement. En effet, la valorisation du droit par la seule référence au texte de la constitution comme valeur suprême située au sommet de la hiérarchie des normes, n'est pas le seul moyen qui placerait le droit au-dessus de tout. Il en existe d'autres, pour peu qu'on s'intéresse à d'autres règles qui ne sont pas nécessairement celles auxquelles on se réfère habituellement. Au-delà de cette réalité bien connue et maintes fois rappelée, avec à l'appui la référence à Hans Kelsen, l'idée de « normes promotionnelles » invite à dépasser le seul aspect normatif de la constitution (droit positif) pour intégrer d'autres éléments qui y sont contenus, mais moins contraignants que les dispositions du texte constitutionnel lui-même Le constat du décalage entre les dispositions constitutionnelles et les traditions qui sont les marques des sociétés africaines, justifie que l'on sorte de ce cadre constitutionnel plutôt fictif, pour davantage prendre en compte des normes plus conformes à ces « valeurs sociales » africaines, grâce à ces « normes promotionnelles ». Il s'agit d'« intentions », de « discours politiques » et de mesures destinées à atténuer l'aspect contraignant des dispositions juridiques. Il s'agit là d'une idée originale dans la perspective d'un développement du constitutionnalisme en Afrique. Ces dispositions se traduiraient par des « discours constitutionnels indicatifs », présentant la particularité de devenir « normatifs » une fois qu'ils sont reconnus en adéquation avec les valeurs sociales. L'intérêt de telles normes est de permettre aux États africains, à l'exemple du Cameroun, du Bénin, du Gabon, du Niger, voire des États anglophones, de permettre au texte constitutionnel de véhiculer des valeurs sociales et des orientations politiques fondamentales pour le pays.

B. UN PRIMAT NUANCE

Cette prééminence du droit n'est toutefois pas reconnue par tous. Une telle place dans le domaine du pouvoir n'est-elle pas survalorisée ? Certains le pensent. Par ailleurs, tout en adhérant à l'idée de cette valorisation du droit, Dominique Breillat nous a invités à la prudence : cette importance qu'on lui donne volontiers, devrait faire l'objet de « modération ». On s'est même posé la question de savoir si le pouvoir du droit peut conférer au pouvoir sa légitimité (Oumar Traore). A partir de là, des positions nuancées sur la prééminence du droit ont été retenues.

La première réserve ou nuance procède d'une réflexion sur les interactions entre le droit, le pouvoir et la politique ; elle soutient qu'il n'existe pas un triptyque, mais un diptyque : pouvoir politique et pouvoir du droit. La question a alors été de savoir entre ces deux concepts, lequel à une prééminence ou devrait avoir une prééminence sur l'autre au sein de l'État (Oumar Traore). La question n'est pas fortuite compte tenu de la relation plus qu'ambigüe entre le droit et la politique. L'analyse montre toute la complexité qui caractérise les rapports entre les trois concepts étudiés, et tout particulièrement ceux existant entre pouvoir et droit. Son intérêt est de nuancer la prétendue prééminence du premier sur le second, pour ensuite définir ou proposer les conditions qui pourraient faire de celle-ci une réalité, si elle devait exister. Il est ressorti de cette étude qu'à tout point de vue, c'est le pouvoir du droit qui confère au pouvoir politique sa légitimité et, de là, constitue aussi la limite ou le moyen de limiter le pouvoir politique. Le droit serait certes utilisé par le pouvoir politique, mais l'usage que ce dernier en fait proviendrait d'un pouvoir supérieur au pouvoir politique lui-même. On en déduit que le pouvoir politique, confiné à son strict domaine, pourrait être distingué du droit, lequel garderait ainsi son indépendance.

La nature des rapports entre le pouvoir, droit et politique est encore plus complexe à déterminer lorsqu'elle est envisagée au plan philosophique. L'analyse de la pensée de Foucault sur le pouvoir politique en constitue une bonne illustration (Yda Alexis Nagalo). La réflexion sur les relations *pouvoir politique/droits fondamentaux* dans la pensée foucaldienne met l'accent sur la *biopolitique*, avec un dispositif disciplinaire visant à imposer une normalisation dans la conduite humaine par le pouvoir politique. *Ceci* signifie notamment que le dispositif disciplinaire ne fonctionne pas sur le droit, mais à la technique ; non pas à la loi, (mettre une virgule) mais à la normalisation. Ce dispositif peut notamment contribuer à la remise en cause des droits fondamentaux du citoyen. Par ailleurs, dans la *gouvernementalité* qui renvoie à un dispositif sécuritaire ; le droit est assujetti à l'économie, (virgule à éliminer) dont les pratiques peuvent parfois entraver la garantie des droits fondamentaux dès lors que les politiques économiques ne sont pas construites sur des idées de justice et d'égalité. Il s'ensuit que le droit peut avoir une fonction instrumentale, voir précaire dès lors que les jeux de rôles des acteurs en présence participent à réduire son effectivité. Les institutions politiques (sous l'angle du droit) auraient ainsi tendance à dominer les individus qu'elles contrôlent dans leur vie privée à l'aide de ce que l'auteur appelle des « dispositifs de pouvoir ». Le vocable « biologique » utilisé à ce sujet par Foucault est alors le moyen par lequel, le pouvoir politique s'approprie la vie des citoyens, notamment par le contrôle des naissances, de la sexualité, etc. Apparait ainsi la notion de « *gouvernementalité* », qui se manifeste par un régime disciplinaire dans lequel les institutions politiques agissent sur le choix et goûts personnels des citoyens qu'elles annihilent lorsqu'ils sont assujettis à son pouvoir. Foucault met ainsi l'accent sur « la tendance des institutions politiques à assujettir et contrôler le sujet de droit. ». Le droit constitutionnel est alors ce corps de règles qui renforcent ces institutions politiques. La relation entre les droits de l'individu et la politique se traduit par la volonté de celle-ci de faire disparaitre les premiers, d'où la nécessité pour l'espace public, de se débarrasser de telles institutions, notamment du droit constitutionnel. Dans la société, les droits fondamentaux des individus devraient alors prendre le pas sur la politique dans la société.

La place du droit est encore plus nuancée lorsque les normes inscrites dans la constitution sont en contradiction avec leur mise en pratique. S'il existe un personnage en prise directe et en permanence avec le droit, le pouvoir et la politique, c'est bien le chef de l'État. Cela est encore plus visible dans les pays africains où *le politique* occupe une place privilégiée au sein de l'État, et tend à « effacer » le droit. Cette intrusion de la politique dans la sphère du droit est manifeste en effet, dans les cas où l'omnipotence du Chef de l'État résulte d'une combinaison des dispositions constitutionnelles des État africains, et génère l'accroissement de pouvoirs exorbitants non prévus par les textes ; ceci aboutit à une violation de plus en plus accentuée du droit, à « une certaine sublimation du droit par la politique », pratique devenue récurrente dans les Etats africains. Tel n'est pourtant pas le scénario prévu depuis le début du processus de démocratisation des systèmes politiques en Afrique de l'Ouest dans les années 1990 (Louis Esambo Kanghase). Le constitutionnalisme en Afrique Noire francophone, malgré les espoirs et quelques succès relevés ici ou là, reste fortement marqué par la nette domination du chef de l'État au sein de l'exécutif dans le système politique. Si les textes prévoient un chef de l'État « normal », avec les prérogatives classiques – reprises de la Constitution de 1958 - attribuées au Président de la République, la pratique en a fait presque un « monarque ».

Les chefs d'État ne se sont pas limités au mimétisme textuel. Ils sont allés au-delà des institutions françaises de la Vème République et de la pratique gaullienne, en définissant et en redéfinissant eux-mêmes « la fonction présidentielle, lui donnant un contenu souvent éloigné de celui fixé par la constitution », allant jusqu'à l'élection à vie du président de la République. On est loin du serment que leur impose le texte fondamental de ne « se laisser guider que par l'intérêt général… » ; les manipulations de la constitution les conduisent à des situations qui sont loin de ce que les constituants avaient prévu (Ibrahim David Salami), allant ainsi jusqu'à l'élection à vie du chef de l'État.

Une facette originale et spécifique du thème selon laquelle le droit prend toute sa place par rapport au pouvoir et à la politique a été traitée sous le prisme de l'impôt. Mais l'autorité de celui-ci est contestée par les citoyens eux-mêmes (François Abeng Messi). Dans l'analyse concernée, l'impôt est à la fois un pouvoir régalien et un pouvoir du peuple souverain. Dans le premier cas, il est un moyen pour l'État de prélever les moyens qui lui permettent de supporter les charges d'intérêt général ; dans le second, il est un instrument du pouvoir entre les mains du peuple. La contestation de cette prééminence résulte d'une opposition entre l'impôt, prérogative de l'État, et le droit sur ce même impôt qui revient au peuple, en tant que détenteur de la souveraineté. L'équilibre caractéristique des rapports entre ce « droit » et ce « pouvoir » est toutefois rompu, l'impôt, devenant de plus en plus contesté par les citoyens qui estiment son montant trop élevé. Cet affrontement – ou encore cette dialectique entre les deux pouvoirs portant sur un même objet, l'impôt - montre encore une fois toute la difficulté à distinguer les sphères appartenant à chacune des deux approches juridiques et à connaitre l'issue de cette confrontation. Celle-ci, précise François Abeng Messi, devrait passer par un rapprochement des deux options - celle où l'impôt, droit régalien, est « répugné », et celle où l'impôt populaire est « abandonné » - par la mise en place d'un système fiscal plus juste, à travers le référendum et prenant davantage en compte les préoccupations du contributeur. Nous sommes donc dans une démarche prospective, la réussite de l'entreprise dépendant vraisemblablement des circonstances. Le référendum fiscal peut-être une voie pertinente dans une telle perspective, même si, on le sait, il comporte des risques de distorsions, tel le plébiscite.

La valorisation du juge constitutionnel dans le constitutionnalisme en Afrique, ne s'est pas limitée à une fonction pacificatrice des conflits déjà traitée devant nous, mais en dehors du champ strictement juridique (Delphine Edith Emmmanuel-Adouki). Elle a été reprise et prolongée dans le cadre même de domaine constitutionnel, à travers son pouvoir d'interprétation par le droit, lorsque telle ou telle disposition crée une crise car différemment interprétée par des protagonistes politiques (Raphaël Ateba Eyong A.). Nous sommes alors dans le cas de figure où la politique reste « saisie » par le « droit », à condition toutefois que celui-ci réglemente lui-même ce pouvoir d'interprétation. Encore une nuance qui relativise le primat du droit sur la politique. Même si, d'emblée, l'intervenant reconnait le caractère incertain de cette fonction interprétative du juge, il n'en admet pas moins son importance et son intérêt dans l'office du juge constitutionnel. Les exemples sont nombreux, en Afrique, où les acteurs politiques, plus souvent ceux de l'opposition, saisissent le juge constitutionnel pour contester, à tort ou à raison, certaines dispositions de la constitution, ou leur attribuer le sens qui leur convient. Il arrive alors que le processus d'interprétation de la disposition en cause soit le préalable à toute décision du juge. C'est ainsi, par exemple, qu'on fait appel assez régulièrement à lui, depuis quelques années, pour apprécier les dispositions concernant, encore une fois, le nombre de mandats présidentiels tel qu'il est prévu dans les dispositions constitutionnelles. L'analyse reconnait alors l'utilité d'accorder cette fonction d'interprétation du juge, mais en montre les limites ou les ambiguïtés, car ses décisions de ce dernier peuvent être controversées : tantôt est remise en cause sa légitimité à déterminer et à adopter lui-même ses techniques d'interprétation ; tantôt c'est la politisation de l'interprétation qu'il fait de la disposition en question qui est sujette à caution. Dès lors, il s'avère intéressant de savoir, comme le suggère l'intervenant, *« si au-delà des déterminants politiques, l'on peut penser une régulation juridique du pouvoir d'interprétation des juridictions constitutionnelles ».* Outre la pertinence d'une telle interrogation, l'intérêt de l'analyse réside dans la réponse fournie quant à la nature des relations entre droit et politique, qui retient la primauté du droit sur la politique.

II. LE DROIT ASSERVI PAR LA POLITIQUE

Comme nous l'avons évoqué, la prééminence du droit reconnue dans plusieurs études présentées lors de ce séminaire, a été relativisée dans d'autres contributions. Elle n'est donc pas absolue, ce qui apparait lorsque le « droit » est confronté à certains faits ou circonstances qui lui donnent une autre tournure. D'autres intervenants sont allés plus loin, en montrant que le droit, dans certaines hypothèses, est « maitrisé » et « instrumentalisé » par la politique. Cette réalité apparait là où l'on s'y attend le moins : au niveau des juridictions constitutionnelles, en principe gardiennes de la constitution, où le phénomène est parfois plus manifeste. L'analyse de la jurisprudence de quelques juridictions constitutionnelles montre à cet égard que le droit est parfois relégué au second plan. On le constate également, mais de manière moins apparente, au niveau des juridictions nationales ou de la Cour pénale internationale.

A. JUSTICE CONSTITUTIONNELLE : RÉSURRECTION OU RÉGRESSION DU DROIT

Depuis le début des années 1990, les juridictions constitutionnelles suscitaient en Afrique francophone espoir et optimisme sur l'effectivité du droit, contrairement à la manière dont elles assuraient la protection de la constitution et la garantie du respect des droits et libertés durant la période précédente (Marcelin Nguele Abada). Les communications présentées à ce sujet restent toutefois critiques quant à la contribution du juge constitutionnel au renouveau du constitutionnalisme en Afrique. On ne peut ignorer qu'au niveau des cours constitutionnelles s'expriment inévitablement des rapports de force entre le droit et la politique, comme le rappelle André Mbata Mangu dans son analyse sur les cours constitutionnelles africaines tiraillées « entre droit et politique ». Les développements qui y sont consacrés insistent sur l'affrontement de ces concepts au niveau du juge constitutionnel : d'un côté, le droit a tendance à saisir, enfermer et orienter la politique, alors que, de l'autre, celle-ci cherche à maitriser, à briser, domestiquer et à dicter le droit dans la société. Existe ainsi, là encore, une dialectique entre deux éléments d'un couple pourtant inséparable, l'un ayant besoin de l'autre pour exister : « le droit ne peut plus être totalement détaché de la politique, ni la politique du droit, dans la gouvernance des sociétés ». L'intérêt de réfléchir, à partir des jurisprudences de ces cours constitutionnelles, sur les rapports entre ces deux courants, réside dans la manière dont le juge constitutionnel réagit lorsqu'il est confronté aux domaines du droit et de la politique, notamment aux questions politiquement sensibles telles que les révisons constitutionnelles, la limitation du mandat présidentiel, ou le référendum. Autrement dit, « (...) comment peut-on, au regard de leurs jurisprudences, juger leurs positions entre droit et politique ? Sont-elles des institutions du droit ou des institutions politiques, au service du droit ou de la politique ? ». Ces interrogations révèlent les ambigüités dans les relations entre *droit, pouvoir et politique*, annoncées dans certains intitulés du programme, et apparues et traitées dans les études sur le juge constitutionnel.

C'est donc en premier – et ce n'est guère étonnant compte tenu de la place et du rôle confiés à cet organe essentiel au fonctionnement des régimes démocratiques dont se réclament les États africains – le juge constitutionnel qui apparait bien ambivalent- pour ne pas dire ambigu dans la nature politique ou juridictionnelle de beaucoup de ses décisions. En tant que gardien de la constitution, érigé en « garde-fou », il a occupé une place privilégiée dans les communications, comme dans les débats. Ainsi, au-delà de la querelle - bien classique et certes importante, évoquée un moment, mais secondaire par rapport aux problématiques majeures que suscite le thème de ce séminaire – entre les dénominations de « Cour constitutionnelle » et « Conseil constitutionnel », ou entre « pouvoir judiciaire » et « organe politique » (André Mbata Mangu), le juge constitutionnel apparaît dans l'ensemble largement « politique ». Pour cette raison, il a fait l'objet de vives critiques, soit en référence à la composition de la juridiction constitutionnelle, qui reste un privilège presqu'intouchable du Président de la République ; soit quant à la durée du mandat de ses membres, ou aux conditions de leur saisine.

Mais ce sont surtout les décisions rendues qui ont été le plus contestées. Les cours constitutionnelles navigueraient ainsi entre « les eaux du droit et de la politique » (Joël Adeloui) d'où, encore une fois, cette ambivalence qui caractérise aujourd'hui le juge constitutionnel en Afrique francophone. Aussi, la problématique de la justice constitutionnelle a-t-elle été souvent soulevée et discutée dans la majorité des contributions, directement lorsque le sujet traité porte sur elle, indirectement lorsque l'analyse traite du régime politique (Ibrahim David Salami), ou d'un thème qui lui est lié. Son intervention est utile lors d'élections disputées parfois avec beaucoup de tensions et de violences, ou dans l'interprétation des dispositions constitutionnelles (Raphaël Ateba Eyong A.), notamment celles relatives à la limitation et à la durée du mandat présidentiel, à la régulation des pouvoirs entre les organes constitutionnels, plus précisément entre l'exécutif et le parlement, ou entre ce dernier et le chef de l'État.

Il résulte de la majorité des interventions sur le juge constitutionnel, que celui-ci n'a pas toujours pour préoccupation, une application objective du droit. La politique semble lui dicter, dans nombre de cas, la voie à suivre, et prend ainsi le dessus sur le droit qu'il est censé dire ; Il se transforme pratiquement en acteur politique, et devient l'arme de l'exécutif, plus précisément celle du Président de la République, qui s'en sert pour satisfaire des objectifs autres que ceux que lui attribue le texte suprême. La nouvelle jurisprudence de la Cour constitutionnelle du Bénin semble s'orienter dans cette direction. Le juge constitutionnel est confronté, nous dit-on, à un dilemme : lorsqu'il statue, doit-il appliquer à l'affaire qui est soumise à son appréciation le droit *stricto sensu*, ou est-il contraint de tenir compte des réalités politiques du moment ? La question est posée au regard des récentes décisions rendues par le juge béninois, confronté dans ces espèces à un choix entre le « droit » et la « politique ». Une attitude que regrettent les intervenants selon lesquels, le juge béninois est « plus dans la politique que dans le droit (...). Ses décisions sont « non seulement biaisées, partiales mais aussi orientées en faveur du pouvoir exécutif » (Joël Adeloui), d'où les interrogations sur ce qu'est devenue son indépendance et son autorité si souvent auréolées ou applaudies depuis les années 1990, période à partir de laquelle, le pays était érigé en modèle et donné en exemple d'État de droit (Ibrahim David Salami). Rien d'étonnant à cela. Cette politisation des décisions du juge constitutionnel serait favorisée par un obstacle - ou un handicap - majeur à une correcte application du droit dans cet État, jadis considéré comme un véritable rempart aux dérives de l'exécutif en matière constitutionnelle : l'existence du Conseil Supérieur de la Magistrature dans le système judiciaire béninois. Cet organe créé en France - dont la présidence par le Président de la République a aujourd'hui disparu dans ce dernier pays, mais est maintenue dans certains États africains – a été transposé dans le système judiciaire de plusieurs pays d'Afrique francophones, malgré les très fortes critiques adressées à son encontre par la majorité de la doctrine africaine. Il est alors difficile pour le juge constitutionnel béninois de s'affranchir des pesanteurs ou d'autres contraintes politiques.

Cette incursion de la politique dans la récente jurisprudence d'une Cour constitutionnelle béninoise jadis, mais jusqu'à une période récente, « forte et parfois insolente », apparaît regrettable. « Le requiem sur le modèle béninois » est une interrogation suscitée par l'adoption (suspecte quant à leur constitutionnalité et au plan démocratique) de lois constitutionnelles, organiques, ordinaires, ainsi que dans les domaines fiscal, pénal, procédural et civil (Ibrahim David Salami). A l'analyse de ces récentes décisions de la Cour, ajoutées aux autres transformations et révisions intervenues depuis quelques années dans la vie politique et institutionnelle du pays, le modèle béninois en ressort transformé. Les propos d'un de ses anciens présidents, rapportés ici par l'auteur sur la question du « Requiem du modèle béninois » (Ibrahim David Salami) sont assez éloquents : « La démocratie béninoise de 2016 à nos jours est une démocratie dévoyée, défigurée et corrompue ».

Après la Cour constitutionnelle du Bénin dont les décisions ont été fortement critiquées à cause de leur connotation politique, l'optimisme demeure ailleurs, même si la situation n'y est pas nécessairement meilleure. La création de Cour constitutionnelle camerounaise, intervenue ces dernières années, donne l'espoir que le pays va vivre une autre ère que celle où l'arbitraire, l'autoritarisme, les méthodes du parti unique, les multiples atteintes des droits et libertés régnaient (Marcelin Nguele Abada). C'est l'espoir que cette évolution du constitutionnalisme en Afrique, à l'exemple du Cameroun, va remettre en place, sous l'action du juge constitutionnel, les principes et structures d'un État de droit démocratique. Si un tel processus devient classique dans les États africains depuis les années 1990, il présente la particularité et le mérite, au Cameroun, d'instaurer ou de renforcer la pénalisation de la vie politique dans le pays. Des dispositions constitutionnelles sont prévues pour sanctionner les actes pénalement répréhensibles, de même que les troubles et autres actes de violence occasionnés par les acteurs politiques et les populations, notamment lors des élections. Toutefois, l'objectif recherché n'est pas atteint pour l'heure : la politique – ou la pénalisation de la vie politique - échappe encore au droit, alors qu'ailleurs elle est « saisie par le droit » ; l'incrimination de la vie politique est certes révolutionnaire, mais la répression reste encore très déficitaire.

Le pessimisme n'est pas allé jusqu'à nier l'impact des juridictions constitutionnelles sur la construction de la démocratie et de l'État de droit dans les États francophones. En plus de décisions encourageantes, tant dans le contrôle des lois, dans le domaine de la régulation des pouvoirs publics, qu'en matière électorale ou dans la protection des droits et libertés, qui n'ont pas été évoquées ici, on a fait valoir leur rôle dans la résolution des crises dans le champ politique. Leur action est si importante lors de graves crises qu'il est regrettable que peu d'études y soient aujourd'hui consacrées. Une communication a toutefois tout particulièrement insisté sur l'intervention du juge constitutionnel dans ce domaine, pour résoudre de tels conflits lorsqu'ils surviennent dans la vie politique d'un pays (Delphine Edith Emmanuel-Adouki). Originale sur le rôle de ce juge, l'analyse proposée ne retient pas uniquement - comme c'est habituellement le cas - une action ou une immixtion décriée du juge constitutionnel dans la sphère politique, plutôt une intervention plutôt positive en dehors du domaine strictement constitutionnel, mais – et c'est en cela que l'analyse est archétypale, donc spécifique et significative - dans un objectif de pacification du jeu politique. Son rôle dépasserait ainsi les fonctions classiques qui lui sont confiées, notamment l'important contrôle de la constitutionnalité des lois, pour déboucher sur une « juridictionnalisation de la politique ». Toutefois, tout en admettant sans équivoque le principe de la primauté du droit, et l'idée que l'État constitutionnel exprime le triomphe du droit sur la politique, l'auteure nuance cette réalité et pose la question de savoir, « dans quelle mesure la politique (peut-elle) influencer l'office du juge constitutionnel ? ». Elle y répond sans détour : « La politique influence de façon décisive les juges constitutionnels, qui ne sont pas des dieux ». Cette juridictionnalisation de la politique résulte ainsi, nous dit-elle, de « la question posée au juge, qui peut être politique, à laquelle il apporte une réponse juridique ». On n'en reconnait pas moins que, dans certaines hypothèses, on ne peut que déplorer la politisation de la justice constitutionnelle : celle-ci est alors ou voulue par le juge lui-même ou imposée (*Ibid.*)

B. Le droit, entre le « judiciaire » et la politique

Dans le cadre de la justice, les trois termes du sujet s'illustrent dans divers domaines, allant de la justice « ordinaire » à celle exercée « hors les juges ».

La justice n'intervient pas qu'en matière constitutionnelle. A un niveau inférieur, dans les États, de manière classique, et au plan international, le juge officie dans d'autres domaines où des actes ne relevant pas du champ de compétence des cours constitutionnelles lui sont soumis. La question du caractère « politique » ou non des décisions rendues par ces juridictions ordinaires peut aussi être posée à ce niveau. Elle l'a été au sujet de la décision du gouvernement nigérien de poursuivre des opérateurs économiques et des fonctionnaires impliqués dans des opérations douteuses d'achats d'armes par le Ministère de la Défense Nationale (Mamadou Dagra). On s'est interrogé sur la régularité des procédures envisagées : « L'observance du principe d'égalité devant la loi a-t-elle été effective ? Le droit a-t-il été instrumentalisé et la justice assujettie ? La position de pouvoir et la politique (politicienne) ont-elles influencé certaines décisions ? ». Autant de questions qui ont nécessité l'exploitation des dispositions constitutionnelles et de plusieurs codes, dont celui des marchés publics, pour tenter de distinguer dans cette affaire ce qui relève du « droit » ou de la « politique ».

Au niveau international, la création de la justice pénale internationale pour juger les auteurs d'actes réprimandés par le droit humanitaire concerne bien évidemment le continent africain dont les États, conscients du rôle qu'elle peut jouer dans la répression des disparitions ou crimes d'individus ou de génocides, ont vite réagi et positivement à son égard. Nul besoin de rappeler qu'ils ont été les premiers à ratifier les statuts de la Cour Pénale Internationale. N'eût été cette ratification, l'actuelle justice pénale internationale, recherchée depuis de si longues années, n'aurait pas existé de sitôt.

L'analyse présentée sur ce point pose l'épineuse question de « la justice internationale à l'épreuve de la politique » (Nzaou–Moyen Ngnia-Ngama). De manière plus précise, elle s'interroge sur l'influence que pourrait avoir la politique sur la justice internationale, sur le « droit ». La dialectique entre la politique et la justice internationale – celle-ci entendue comme le moyen juridique par lequel, on sanctionne les auteurs de crimes – se traduit ici par une opposition entre d'une part, un juge pénal « vainqueur » de la politique et, d'autre part, une justice internationale « vaincue » par la politique. Si la ratification des statuts de la Cour est un acte juridique, le désir de la rejoindre ou de la quitter est en revanche un acte politique. Le refus des États-Unis, de la Russie ou d'Israël de ratifier ces statuts, de même que l'attitude mitigée de la France à son égard, relèvent plus de considérations politiques que juridiques. La politisation de la justice constitue ici un obstacle au principe de la primauté du droit sur la politique. Les règles de droit international, durement et difficilement acquises dans le temps pour réprimer les crimes du droit international humanitaire, se heurtent ainsi à une redoutable réalité politique : la souveraineté des États. L'analyse se caractérise par ce jeu d'influence de l'un envers l'autre. L'ambivalence que manifeste ce « jeu » est révélatrice des imperfections du système, vis-à-vis desquelles il est impérieux de trouver une solution car, en dernière analyse, il a été rappelé que « la politique est présente dans cette justice pénale internationale de bout en bout et à tous les niveaux ; reconnue ou pas, assumée ou pas ».

Dans le cadre de la justice « hors les juges », deux interventions ont successivement porté sur le dialogue politique, et sur la justice transitionnelle.

Le dialogue politique - comme la justice transitionnelle - entre dans cette catégorie de pratiques qui relèvent plus de la politique que du droit, même si le cadre reste juridique. Les États africains sont encore marqués par de nombreuses crises internes de diverses natures – celles entre les États ayant fortement diminué en nombre aujourd'hui –, dont les conséquences sont souvent dramatiques. Les auteurs de telles crises sont généralement jugés devant les tribunaux classiques. Depuis quelques années, d'autres procédés, certes organisés et encadrés par des normes juridiques adoptées à cet effet, apparaissent de plus en plus sur la scène politique interne des États. Leur particularité est qu'ils relèvent de décisions politiques, et se situent donc en dehors du champ du droit existant. Mais, si le dialogue a pour objectif premier le règlement d'une situation ou d'un conflit politique, « il n'est pas moins cerné par le droit » (Isséme Lionel Pierre Guessele). Celui-ci, en dernière analyse, intervient à un double niveau : d'une part, il constitue le cadre dans lequel ce dialogue est organisé et mené par les protagonistes (et en cela, il en est la limite) ; et, d'autre part, il est l'« instrument qui renforce les recommandations du dialogue politique ».

Dans quelle mesure ce mode de dialogue politique est-il perceptible dans les rapports entre droit, pouvoir et politique ? Comment et où s'insère-t-il dans ces rapports ? Son utilité, au-delà de sa fonction de résolution des crises politiques, est de donner au droit la possibilité de traduire en « normes juridiques » les recommandations et conclusions auxquelles les négociations politiques ont abouti. En conclusion, on retiendra que « le dialogue politique et le droit sont dans une relation de poids et de contrepoids », autrement dit, une dialectique fertile pour la paix sociale.

De même, en dehors du cadre du droit – sans pour autant trop s'en éloigner –, on s'est interrogé, dans les rapports *inextricables* entre les trois concepts, sur le statut, la place et le rôle de la justice transitionnelle dans les crises survenues en Afrique (Simon Pierre Bela Nyebe). Utilisée dans les sorties de crises, elle relèverait non pas du droit et des procédures sur lesquelles repose l'administration traditionnelle de la justice, mais du domaine de la politique : dérogatoire et par nature temporaire, elle est le mode idéal et régulièrement utilisé en Afrique dans un but de pacification de la société. Sa flexibilité et sa rigueur lui permettent de prendre en compte les données d'une crise née d'un « contexte donné », ou de « circonstances du moment », pour trouver la solution la plus appropriée à la situation. A l'issue d'une étude sur les rapports entre ces trois concepts, au prisme de la justice transitionnelle, le droit apparait à la fois comme une limite et un instrument du pouvoir. En tout état de cause, cette justice transitionnelle est utilisée en vue de pacifier la société, en lui évitant de succomber à l'arbitraire : « le droit, en régissant le politique, procède de la politique ».

CONCLUSION

La synthèse d'une rencontre n'a pas pour vocation de traiter du thème travaux présentés par les participants et des débats qu'ils ont suscités. Elle ne peut toutefois ignorer les problématiques que ce sujet soulève, notamment lorsqu'elles occasionnent autant de controverses et d'ambiguïtés. Là se trouve la particularité du sujet proposé par les organisateurs de ce séminaire. La conclusion n'ira pas plus loin que ce constat, confirmé par des débats aussi riches que les présentations qui les ont générés. On se limitera alors à suggérer une conciliation au niveau de la doctrine divisée, comme au sujet des concepts opposés ou en tension durant ces trois jours de réflexion. Au-delà des divergences et des oppositions, il n'est pas impossible que ces concepts se réconcilient - à l'aide d'un « compromis systémique/historique », à l'issue d'un dialogue fécond (Fabrice Hourquebie) - dans la pratique et le fonctionnement des institutions sur le continent africain. Mais faudrait-il alors que le constitutionnalisme en Afrique atteigne une maturité suffisante grâce à une « bonne gouvernance », c'est-à-dire au respect de la constitution, qui souffre encore de graves atteintes dans plusieurs pays, mais surtout à une foi en l'État de droit démocratique et en la démocratie. Cela s'est fait ailleurs ; nul doute qu'un tel objectif puisse être réalisé en Afrique si seulement le continent se dote des hommes qu'il faut pour satisfaire à une telle finalité.

D'éminents représentants de la doctrine africaine participent aujourd'hui à la réflexion sur le thème de ce séminaire et, de manière générale, sur les problématiques du droit constitutionnel soulevées dans les États africains. Ces auteurs évoluent quotidiennement dans l'environnement juridique et politique du continent, qu'ils connaissent et maitrisent parfaitement. Au même titre que d'autres auteurs venus d'ailleurs, ils peuvent utilement aider à la réalisation de cet objectif, bien que l'on puisse regretter la faible référence à ces nombreux auteurs africains dans les communications présentées durant cette rencontre par nos collègues (André Mbata Mangu).

Pr. Alioune Badara FALL

Ancien Directeur du CERDRADI, Directeur et rédacteur en chef de la Revue Afrilex, Université de Bordeaux (France

CÉRÉMONIE DE CLÔTURE

Mot de remerciements de Monsieur **NAREY Oumarou**, Président de l'Association Nigérienne de Droit Constitutionnel (ANDC), suivi de la remise d'un témoignage de satisfaction pour services rendus à l'ANDC

ALLOCUTION DE MONSIEUR LE PRÉSIDENT DE L'ASSOCIATION NIGÉRIENNE DE DROIT CONSTITUTIONNEL (ANDC)

Mesdames et Messieurs les honorables députés, représentants des groupes parlementaires de l'Assemblée nationale ;

Monsieur le Secrétaire Général, représentant le Recteur de l'Université de Tahoua, Président de la présente cérémonie ;

Messieurs les Professeurs membres du comité scientifique ;

Madame la cheffe de département Science politique, représentante du Doyen de la FSJP ;

Mesdames et Messieurs, les Professeurs, chers collègues communicants ;

Mesdames et Messieurs les doctorants et étudiants ;

Mesdames et Messieurs les représentant des médias publics et privés ;

Mesdames et Messieurs, chers invités ;

Après trois jours d'intenses travaux et de débats riches et soutenus, j'aimerais, au nom de l'ensemble des membres du bureau de l'ANDC, vous dire quelques mots de remerciements. Mais avant, permettez-moi de revenir très succinctement sur la trilogie « ***Droit, pouvoir et politique*** », objet de cette rencontre scientifique qui a tenu toutes ses promesses comme j'en nourrissais l'espoir au début de nos travaux.

Ainsi, dans nos échanges sur le plan juridique, évoquant cet éternel trio, certains orateurs ont, à raison, rappelé la belle contribution du Professeur Georges Burdeau sur *« La règle de droit et le pouvoir, esquisse d'une théorie du pouvoir envisagé comme unificateur de l'idée de droit »*. En reprenant Professeur Georges Burdeau, il a été relevé que le Pouvoir se conçoit comme une force au service d'une idée. *« C'est une force*, [dit-il], *née de la conscience sociale, destinée à conduire le groupe dans la recherche du Bien commun et capable, le cas échéant, d'imposer aux membres l'attitude qu'elle commande »*.

D'autres orateurs ont convoqué, plus près de nous, les Mélanges en l'honneur de Jean Gicquel « *Constitutions et pouvoirs* ». D'autres encore ont repris la théorie de Max Weber sur l'acception contemporaine du Pouvoir, lorsqu'il le rapproche de l'idée de *Macht*, c'est-à-dire la puissance :

> « Puissance signifie toute chance de faire triompher au sein d'une relation sociale sa propre volonté, même contre des résistances, peu importe sur quoi repose cette chance ».

En distinguant ainsi le pouvoir politique du pouvoir social, le premier se caractérise avant tout par sa représentation symbolique, tout en présupposant sa nature permanente, Nicolas di Machiavelo écrivait *« qu'il ne suffit pas, pour le bonheur d'une République ou d'une monarchie, d'avoir un prince qui gouverne sagement pendant sa vie ; il en faut un qui lui donne des lois capables de la maintenir après sa mort »*. Il est clair dès lors que l'institutionnalisation du pouvoir politique, aux moyens des règles devient un impératif de sa durabilité, car comme disait Machiavelo :

> « Le plus fort n'est jamais assez fort pour être toujours le maître s'il ne transforme sa force en droit et l'obéissance en devoir ».

Il a été mis en évidence que le pouvoir politique se caractérise aussi par des rituels, des manières et des apparats. Reprenant les auteurs classiques, il a été admis que le pouvoir n'est pas simplement l'expression d'une autorité, d'une puissance construite autour de préceptes raisonnables et ostensibles. En tant que l'émanation d'un fait social, le pouvoir politique est donc antérieur au droit tel qu'il a été perçu dans sa substance, c'est-à-dire comme une idée véhiculée par la règle de droit, qu'elle soit coutumière ou écrite. Elle fait partie de l'ordre social et politique. Il a aussi été démontré que le droit constitue la matérialisation des valeurs sociales et politiques de la société politique. La règle de droit est le principe lui-même assorti de l'obligatoire et de sanction en cas de non-respect. Il fonde un ordre juridique, coordonnateur et neutre.

Quant au concept politique, il a été relevé qu'il est inséparable d'une relation avec le pouvoir, car le caractère politique est celui qui s'attache à tout fait, acte ou situation en tant qu'ils traduisent l'existence dans un groupe humain, de relations d'autorité et d'obéissance. Utilisé au sens masculin, il est teinté de solennité, en évoquant les gloses scholastiques qui nous font entrer dans le monde des essences. Au sens féminin, il renvoie à une activité, une fonction. Revêtant parfois et souvent un sens péjoratif, la politique consiste dans le sillage du pouvoir politique, en une assignation autoritaire des valeurs dans une société donnée, étant entendu que l'univers politique lui-même est irrationnel, magique, et mensonger sur des ressorts passionnels et passionnants. Il est peut-être utile pour les besoins de la cause d'associer pouvoir et politique.

Au total, nous retenons l'idée générale de l'obstination pure du droit pour cerner le pouvoir politique. Cette obstination se fixe dans le droit constitutionnel qui vise l'encadrement du pouvoir politique. Il se fait de trois manières.

D'abord, les fondements du pouvoir politique, qui se retrouvent pour l'essentiel dans la théorie générale de l'État. En effet, il a été suffisamment démontré que le droit constitutionnel, dans l'encadrement du pouvoir politique, recherche aussi son cadre d'exercice. Le pouvoir politique devant s'exprimer d'une façon linéaire dans l'État et traduire l'idée de droit, la suprématie de la constitution a été affirmée à travers la construction juridique de la pyramide normative kelsénienne. Ainsi, les fonctions de la constitution ont bien été énumérées : protéger les libertés des individus en limitant l'absolutisme du pouvoir politique.

Ensuite, les communicants ont relevé que l'encadrement du pouvoir politique par le droit constitutionnel s'effectue selon ses modes d'organisation dans l'État. Ainsi, il a été admis que le principe de la séparation des pouvoirs est, dans la majorité des cas, consacré dans les constitutions modernes. Le pouvoir politique dont l'unité ne saurait souffrir d'aucune contestation est réparti dans ses trois fonctions (exécutrice, législatrice et juridictionnelle).

Enfin, il a été démontré que les juridictions constitutionnelles ont aussi vu le jour pour réguler le fonctionnement des organes de l'État ainsi que la protection des libertés. Ces deux fonctions ont conduit à une juridicisation du débat politique qui se déroule dans l'arène des organes politiques de l'État, notamment l'Exécutif et le Législatif. Ils sont considérés comme tels car ils jouissent d'une légitimité populaire directe ou indirecte.

Ceci étant dit, je souhaiterais adresser mes sincères remerciements, au nom du bureau de l'ANDC, et au mien propre, à l'ensemble des Professeurs et collègues qui ont animé les panels de ce séminaire scientifique, pour leur enthousiasme et active participation.

Je saisis l'occasion pour dire un merci tout particulier aux Professeurs membres du comité scientifique qui ont fait l'effort de prendre de leur temps précieux pour venir participer à nos échanges sur ce thème particulièrement important, à savoir « ***Droit, pouvoir et politique*** ».

Je remercie également tous les participants pour leur assiduité et leur contribution, les membres du comité d'organisation et le personnel de l'Hôtel Bravia pour leur dévouement, les journalistes des médias publics et privés pour la couverture des travaux de ce séminaire.

Je vous réitère, au nom du bureau de l'ANDC, notre total engagement dans la poursuite de ce genre d'activité scientifique, en partenariat, d'une part, avec la Fondation Hanns Seidel, et d'autre part, avec les Universités de Niamey et de Tahoua pour mieux servir nos communautés scientifiques et nos pays respectifs dans les différents domaines de notre compétence.

Pour clore mon propos, je voudrais rappeler à notre bon souvenir le départ brusque d'un jeune et brillant collègue qui devait participer à ce séminaire : le Professeur Cyrille Momembou qui nous a quittés à la fleur de l'âge. Je vous demande de bien vouloir observer une minute de silence à sa mémoire.

Je vous remercie pour votre aimable attention.

Pr. NAREY Oumarou,

Président de l'Association Nigérienne de Droit Constitutionnel (ANDC)

MOT DE REMERCIEMENT DES PARTICIPANTS

Monsieur le Président de l'Association Nigérienne de Droit Constitutionnel,

Mesdames et messieurs les Professeurs et les membres des pouvoirs constitués et hautes institutions de l'État du Niger, en vos grades, titres, rangs, et qualités respectifs,

Mesdames, messieurs,

Il est de pratique que l'achèvement du désormais traditionnel colloque de l'ANDC soit ponctuée par un mot des participants à l'adresse de l'Association globalement et à votre adresse tout particulièrement, Monsieur le Professeur Narey, qui présidez aux destinées de cette société dynamique savante.

Les circonstances ont voulu que, primo-participant à cette belle rencontre du donner et du recevoir intellectuel, je me trouve investi du redoutable, mais ô combien agréable devoir de porter symboliquement la voix des illustres invités et participants à ce colloque pour dire, exprimer, en toute simplicité, mais en toute sincérité, nos remerciements à l'ANDC. Je dirais même qu'il s'agit de l'expression de double remerciements : remerciements d'abord pour le brassage humain que réalise et que nous permet de vivre l'ANDC à travers ses manifestations scientifiques (**I**) ; remerciements aussi pour l'échange intellectuel, ô combien enrichissant, dont le colloque qui s'achève a été le haut lieu trois jours durant (**II**).

I. NOS REMERCIEMENTS POUR LE BRASSAGE HUMAIN

Il n'y a de richesse que d'hommes, dit-on souvent, encore plus lorsqu'il s'agit d'hommes, et de femmes, de la qualité de ceux que vous avez su réunir ici à Niamey durant ce colloque. Soyez remerciés Monsieur le Président Narey vous et toute votre équipe pour avoir su orchestrer, de main de maître et avec un sens admirable de l'hospitalité un aussi exceptionnel mélange tant culturel qu'intergénérationnel.

Le colloque qui s'achève a été l'occasion d'un brassage culturel remarquable. Se sont retrouvés dans les murs de ce bel hôtel Bravia des juristes d'horizons et d'aires culturelles relativement différentes. Nous imaginons sans peine le défi logistique que l'ANDC a dû braver pour cela. Pour notre plus grande satisfaction à tous. Point n'est besoin de rappeler ici l'importance de la culture dans la formation et le mode de fonctionnement des systèmes juridiques, notamment sur le terrain du rapport du politique, des gouvernants au droit, et la représentation de la place que prend ou devrait prendre le juge dans l'articulation de ce rapport. C'est dire que, sans le croisement de regards culturellement différents sans être nécessairement distants et en tout cas toujours prodigieusement enrichissant, ce colloque n'eût pas été le même.

Au-delà de la diversité des cultures, vous avez également eu l'heur, Professeur Narey, de faire de ce colloque un lieu de brassage intergénérationnel. Pour reprendre les mots plaisants du Professeur Meledje, les « anciens » y sont venus à la rencontre des « nouveaux », eux-mêmes répartis entre « anciens nouveaux » et « jeunes nouveaux », voire jeunes tout court. Les derniers s'enrichissant de la fertilisation de leur pensée balbutiante par la sagesse des premiers. Nul doute que s'il avait été présent parmi nous à cet instant précis, le sage Hâmpaté Ba vous aurait lui-même décerné la couronne de laurier que nous tressons tous à l'ANDC pour son initiative.

II. REMERCIEMENTS POUR L'ÉCHANGE INTELLECTUEL

Et comment ne pas vous remercier aussi, Professeur, pour la séquence d'échanges intellectuels de haut vol qu'a été ce colloque. Nous en partirons tous, a divers égards il est vrai, un peu changés. A la fois mêmes et différents, enrichis chacun, à différents degrés, de la somme des idées proposées, des propositions avancées, des avancée suggérées quelquefois discutées. Enrichis aussi de la différence des perspectives méthodologiques qui oblige à réévaluer quelque postulat communément admis par-ci, quelque perspective appelant, à l'épreuve du débat, un approfondissement par-là.

Que dire au final, Professeur Narey, sinon qu'il me soit permis au nom de tous ici présents de vous remercier pour votre invitation, votre accueil chaleureux et toutes ces petites attentions qui rendront inoubliable le souvenir des trois journées que nous venons de passer ensemble. Et comme celui qui dit merci dit donne-moi encore, en félicitant derechef l'ANDC pour l'initiative sublime de ce grand colloque de droit constitutionnel, nous ne pouvons qu'exprimer le vœu que cette entreprise se poursuive encore pour que nous puissions à nouveau nous retrouver et que vive la science du droit constitutionnel en Afrique portée par le Niger à travers l'ANDC et son Président.

Je vous remercie pour votre aimable attention !

Dr Raphaël ATEBA EYONG A.
Université de Maroua (Cameroun)

ALLOCUTION DE MONSIEUR LE REPRÉSENTANT RÉGIONAL DE LA FONDATION HANS SEIDEL POUR L'AFRIQUE DE L'OUEST

Honorables députés nationaux ;
Monsieur le Secrétaire général de l'Université Abdou Moumouni de Niamey, représentant le Recteur de l'Université Abdou Moumouni, président de cette cérémonie ;
Monsieur le Secrétaire général de l'Université de Tahoua, représentant Monsieur le Recteur de l'Université de Tahoua ;
Monsieur le Président de l'Association Nigérienne de Droit Constitutionnel (ANDC), cher Professeur Narey ;
Mesdames et Messieurs les professeurs, membres du comité scientifique ;
Mesdames et Messieurs les membres de la communauté universitaire et scientifique, tout protocole respecté, chers étudiants et doctorants ;
Mesdames et Messieurs, distingués invités en vos titres, grades et qualités respectifs ;

Trois jours de travaux scientifiques et de discussions au plus haut niveau arrivent à terme. Et, comme nous venons de l'entendre, les résultats sont à la hauteur des attentes et font en même temps appel à la poursuite de la recherche et des échanges. Veuillez me permettre de vous en féliciter en toute sincérité !

Les conclusions de vos exposés et discussions marquent une nouvelle étape dans la recherche sur l'évolution de nos constitutions suivant une approche à la fois systémique et comparative. Le droit constitutionnel comparatif est devenu un signe de marque de l'engagement de l'Association Nigérienne de Droit Constitutionnel (ANDC) qui, d'ailleurs, ne se limite pas au continent africain, mais qui suit, intègre et enrichit les évolutions au niveau global.

L'analyse des relations et interactions entre le droit, le pouvoir et la politique dans leur facettes et impacts multiformes fait nécessairement appel à des compétences avérées dans les domaines du droit, des sciences politiques et de la sociologie, notamment de la sociologie de l'administration publique, des sciences administratives et même de l'histoire. Veuillez me permettre de vous féliciter du fait d'avoir une fois de plus brisé les barrières entre les facultés et adopté une vue holistique.

Notre souhait est que les conclusions de vos travaux continuent à orienter et accompagner les décideurs aux niveaux politique et administratif dans la prise de leurs décisions et dispositions qui produisent des impacts sur notre vie en société, pour le plus grand bénéfice et le bien-être de la nation nigérienne ainsi que des nations sœurs du continent africain et du reste du monde.

C'est tout en vous encourageant à poursuivre ce chemin combien valeureux et fructueux que je vous remercie une fois de plus d'avoir associé la Fondation Hanns Seidel comme partenaire à ce grand événement. Et c'est avec grand intérêt que nous en attendons la suite – probablement l'année prochaine.

Veuillez recevoir encore une fois nos remerciements sincères pour toutes vos contributions, surtout scientifiques, mais aussi celles d'ordre organisationnel et logistique. Merci beaucoup à nos experts venus de l'étranger de vous être déplacés pour participer de manière active à ce séminaire. Un grand merci à l'ANDC et son président, Professeur Oumarou Narey, pour avoir conçu la cadre conceptionnel et opérationnel du séminaire et à mon équipe de la Fondation Hanns Seidel sous la direction de mon collègue Ali Mounkaïla pour cet appui très engagé, intense et efficace à l'organisation pratique de ces trois jours. La qualité des exposés et des échanges stimulent déjà la curiosité pour les sujets et l'élan pour la préparation des prochaines séances dans ce cadre, cette série, dans l'espoir que le professeur Narey, son comité scientifique et son équipe songent à y donner une suite.

Sur ce, je vous souhaite un bon retour dans vos foyers respectifs. Restez surtout en bonne santé et faites un bon voyage ! Au plaisir de nous retrouver l'année prochaine !

Merci de votre aimable attention.

Dr. Klaus GRÜTJEN
Représentant régional Afrique de l'Ouest / Sahel
de la Fondation Hanns Seidel

ALLOCUTION DE CLÔTURE DU SÉMINAIRE SCIENTIFIQUE PAR PRONONCÉE MONSIEUR LE REPRÉSENTANT DU RECTEUR DE L'UNIVERSITÉ DE TAHOUA

Mesdames et Messieurs les honorables députés, représentants des groupes parlementaires de l'Assemblée nationale ;

Monsieur le Président de l'ANDC ;

Messieurs les Professeurs membres du comité scientifique ;

Madame la cheffe de département Science politique, représentante du Doyen de la FSJP ;

Mesdames et Messieurs, les Professeurs, chers collègues communicants ;

Mesdames et Messieurs les doctorants et étudiants ;

Mesdames et Messieurs les représentant des médias publics et privés ;

Mesdames et Messieurs, chers invités ;

A l'ouverture de cette rencontre scientifique, le mercredi 20 octobre dernier, le Recteur de l'Université de Niamey formulait le vœu que nos travaux apportent un plus dans le débat constitutionnel et donc, dans la connaissance scientifique dans ce domaine oh combien important dans la vie socio-politique de notre temps. Dans cette perspective, il annonçait, entre autres, les attentes suivantes que nos travaux devaient satisfaire :

- Identifier les différents mécanismes par lesquels le droit est instrumentalisé par le pouvoir politique ;
- Identifier les situations politiques dans lesquelles le droit a une vocation sinon purement, du moins, largement instrumentale ;
- Identifier les mécanismes par lesquels le droit encadre le pouvoir et la politique ;

- Identifier les mécanismes par lesquels le droit contrôle le pouvoir et la politique dans leurs dimensions institutionnelles ;
- Identifier les mécanismes par lesquels le droit contrôle l'activité normative des pouvoirs politiques.

Mesdames et Messieurs, chers invités ;

Au vu des vingt et une (21) communications et des débats qu'elles ont suscités, je constate que les attentes sont satisfaites au-delà des espérances. En effet, force est de constater que durant ces trois (3) jours, Niamey a conforté encore un peu plus son statut de capitale du débat constitutionnel en Afrique, pour reprendre les mots du Professeur Babacar KANTE.

En effet, de nos travaux, on retient, que si le Droit est l'ensemble des règles organisant la vie en société ; le pouvoir, la prérogative qui permet à une personne de gouverner, de commander, de diriger les autres ; la politique, la science du gouvernement des États, la manière de gouverner, ou l'ensemble des affaires publiques, alors ces trois notions « **Droit, pouvoir, politique** », sont intimement liées. Cette relation a été scrutée en profondeur ; les rapports qu'entretiennent ces trois notions, analysés sous différentes coutures.

Ainsi en tant que juriste, je peux affirmer que de nos échanges trois conclusions peuvent être tirées et chacune d'elle documentée à travers des communications et des échanges de haute facture scientifique :

- Premièrement, le droit encadre le ou la politique, le/la discipline dans une perspective d'un État de droit démocratique construit ou à construire ;
- Deuxièmement, les rapports du droit et du pouvoir politique peuvent aussi être ambivalents et plusieurs communications ont réalisé cette démonstration, notamment celles consacrées à la journée du jeudi 21 octobre ;
- Troisièmement, tel un chasseur surpris à être le gibier, le droit peut aussi être saisi par le ou la politique. Et cela arrive plus souvent qu'on veut bien le croire même chez les défenseurs les plus résolus de l'État de droit démocratique.

Mesdames et Messieurs, chers invités ;

Telles sont les leçons que je tire, avec un immense honneur, de nos travaux. En formulant le vœu que nous nous retrouvions l'année prochaine, et en souhaitant un bon retour à chacun de vous, je déclare clos, le séminaire scientifique de Niamey au titre de l'année 2021.

Je vous remercie de votre aimable attention.

Monsieur Abdoulkarim SANI

Secrétaire Général, représentant le Recteur de l'Université de Tahoua

TABLE DES MATIÈRES

JEUDI 21 OCTOBRE 2021

Structures éditoriales du groupe L'Harmattan

L'Harmattan Italie
Via degli Artisti, 15
10124 Torino
harmattan.italia@gmail.com

L'Harmattan Hongrie
Kossuth l. u. 14-16.
1053 Budapest
harmattan@harmattan.hu

L'Harmattan Sénégal
10 VDN en face Mermoz
BP 45034 Dakar-Fann
senharmattan@gmail.com

L'Harmattan Cameroun
TSINGA/FECAFOOT
BP 11486 Yaoundé
inkoukam@gmail.com

L'Harmattan Burkina Faso
Achille Somé – tengnule@hotmail.fr

L'Harmattan Guinée
Almamya, rue KA 028 OKB Agency
BP 3470 Conakry
harmattanguinee@yahoo.fr

L'Harmattan RDC
185, avenue Nyangwe
Commune de Lingwala – Kinshasa
matangilamusadila@yahoo.fr

L'Harmattan Congo
67, boulevard Denis-Sassou-N'Guesso
BP 2874 Brazzaville
harmattan.congo@yahoo.fr

L'Harmattan Mali
ACI 2000 - Immeuble Mgr Jean Marie Cisse
Bureau 10
BP 145 Bamako-Mali
mali@harmattan.fr

L'Harmattan Togo
Djidjole – Lomé
Maison Amela
face EPP BATOME
ddamela@aol.com

L'Harmattan Côte d'Ivoire
Résidence Karl – Cité des Arts
Abidjan-Cocody
03 BP 1588 Abidjan
espace_harmattan.ci@hotmail.fr

Nos librairies en France

Librairie internationale
16, rue des Écoles
75005 Paris
librairie.internationale@harmattan.fr
01 40 46 79 11
www.librairieharmattan.com

Librairie des savoirs
21, rue des Écoles
75005 Paris
librairie.sh@harmattan.fr
01 46 34 13 71
www.librairieharmattansh.com

Librairie Le Lucernaire
53, rue Notre-Dame-des-Champs
75006 Paris
librairie@lucernaire.fr
01 42 22 67 13

www.ingramcontent.com/pod-product-compliance
Lightning Source LLC
LaVergne TN
LVHW011220061026
849535LV00001BA/113
* 9 7 8 2 1 4 0 2 6 1 0 0 8 *